JOACHIM MARQUARDT

DAS PRIVATLEBEN DER RÖMER

ERSTER TEIL

JOACHIM MARQUARDT

DAS PRIVATLEBEN DER RÖMER

ERSTER TEIL

WISSENSCHAFTLICHE BUCHGESELLSCHAFT
DARMSTADT

Unveränderter reprografischer Nachdruck 1990 der von A. Mau besorgten
zweiten Auflage, Leipzig 1886
(Handbuch der römischen Altertümer VII)

CIP-Titelaufnahme der Deutschen Bibliothek

Marquardt, Joachim:
Das Privatleben der Römer / Joachim Marquardt. –
Nachdr. – Darmstadt: Wiss. Buchges.
Ursprüngl. als: Handbuch der römischen
Altertümer. 7.
ISBN 3-534-02082-0

Nachdr.
Teil 1. – Unveränd. reprograf. Nachdr. d. von A. Mau
besorgten 2. Aufl., Leipzig 1886. – 1990

Bestellnummer 02082-0

Druck und Einband: Wissenschaftliche Buchgesellschaft, Darmstadt
Gedruckt auf säurefreiem und alterungsbeständigem Offsetpapier
Printed in Germany

ISBN 3-534-02082-0

DAS

PRIVATLEBEN DER RÖMER

VORREDE

ZUR ERSTEN AUFLAGE DES ERSTEN HALBBANDES.

Bei der neuen Bearbeitung des vorliegenden zuerst im Jahre 1864 erschienenen Halbbandes ist weder in der Begrenzung noch in der Anordnung des Stoffes eine Veränderung vorgenommen worden. Dagegen bin ich bemüht gewesen die Ergebnisse neuer Thatsachen und wissenschaftlicher Forschung, welche die letzten funfzehn Jahre geliefert haben, für das Buch möglichst vollständig zu verwerthen und werde meinen Zweck erreicht haben, wenn dasselbe dem gegenwärtigen Stande unserer Kenntniss entsprechend befunden wird. So sehr ich aber wünsche, von wichtigen Resultaten nichts übersehen zu haben, so muss ich doch darauf verzichten, die neue hieher gehörige Litteratur in ihrer ganzen Ausdehnung anzuführen. Denn einerseits wird mir bei aller Aufmerksamkeit manches entgangen sein, andererseits war vieles, was über das Leben der Römer in Gelegenheitsschriften, populären Vorträgen, Feuilletonartikeln und illustrirten Werken mit mehr Phantasie als Quellenkenntniss vorgetragen zu werden pflegt, für mich unbenutzbar, und es schien mir ungehörig, Aufsätze zu citiren, welche schwer zu erlangen sind, und wenn man sie erlangt hat, neue und sichere Aufschlüsse nicht gewähren. Ich habe deshalb in der Regel nur diejenigen Schriften citirt, in welchen man entweder eine Ausführung und Begründung meiner Annahmen, oder in streitigen Fällen das Material zu einer fortgesetzten Untersuchung vorfindet. Was schliesslich meine Auffassung der mir gestellten Aufgabe betrifft, so war es, wie ich bereits in der Vorrede der ersten Ausgabe bemerkte, meine Absicht, aus den zerstreuten und vereinzelt auf uns gekommenen Nachrichten die für die Beurtheilung des römischen Volkscharakters und der grossen Umwandelung, welche derselbe erfahren hat, entscheidenden Momente zu entwickeln und im Anschluss an die den Gegenstand dieser Arbeit betreffenden fruchtbaren Untersuchungen von Mommsen, Rossbach, Bernhardy, Wallon, Friedlaender u. A. das Aggregat der antiquarischen Ueberlieferung zu einer einheitlichen Darstellung zu gestalten. In diesem Versuche lag für mich der Reiz der Arbeit und wird vielleicht auch für den Leser einige Befriedigung liegen. Denn ein Volk, das, wie das römische, ein wesentliches Glied in der Kette der allgemeinen geschichtlichen Entwickelung bildet, gewährt nicht nur in den grossen Formen seiner politischen Geschichte, sondern auch in den kleinen Zügen seines Privatlebens, in welchen oft die tiefliegenden Ursachen weitgreifender Wirkungen zu erkennen sind, ein unvergängliches Interesse, und es ist auch in dieser Beziehung treffend, was vor Jahrhunderten Hildebert von Tours und ihm nachdichtend Fr. K. Meyer im Angesichte der ewigen Stadt mit lebhafter Empfindung ausspricht:

Nichts gleichet dir, o Trümmerheiligthum,
In deinem Sturz noch ist dein Glanz zu lesen;
Gefallne Stadt, was sag' ich dir zum Ruhm,
Als die drei Worte: Dies ist Rom gewesen.
Du ewger Grösse Bild und ewger Schmach,
So reich, so schön, trotz Alter, Zeit und Flammen!
Nie wieder ganz ersteht, was hier zerbrach,
Nie bricht, was hier noch stehet, ganz zusammen.

Gotha, den 19. November 1879.

VORREDE ZUR ZWEITEN AUFLAGE.

Die vorliegende zweite Auflage ist nach denselben Grundsätzen veranstaltet worden, wie die des zweiten und dritten Bandes der Staatsverwaltung. Marquardt's Werk ist im Wesentlichen unverändert geblieben. Einzelne zweifellose Irrthümer sind beseitigt worden; so schien es z. B. unstatthaft, Marquardt's auf Mangel an Anschauung beruhende Ansicht vom antiken Dach zu wiederholen, oder seine durch Bilfinger's Untersuchungen als irrig erwiesenen Reductionen der Tagesstunden. Wo es thunlich war, sind solche Veränderungen, sowie auch einige kurze Zusätze, durch eckige Klammern kenntlich gemacht. In solchen ist auch in den Anmerkungen bisweilen meine abweichende Ansicht ausgesprochen, ohne dass eine durchgehende Kritik beabsichtigt wäre. Die neuere Litteratur ist nach den von Marquardt befolgten und in seiner Vorrede ausgesprochenen Grundsätzen nachgetragen, die Citate sind revidirt, vielfach corrigirt, hie und da vervollständigt worden. Für das inschriftliche Material wurden namentlich die seither erschienenen Bände des Corpus Inscr. Lat. ausgenutzt und die Citate aus älteren Sammlungen auf das Corpus reducirt. Und zwar sind für die im Corpus erschienenen Inschriften die Nummern der Orelli-Henzen'schen Sammlung stehen geblieben, die Citate aus den älteren Sammlungen aber unterdrückt worden, so dass diese nur für noch nicht im Corpus gedruckte Inschriften angeführt sind. Herr Professor Mommsen hatte die Güte zu den Citaten aus Orelli-Henzen und den älteren Sammlungen die Corpusnummern aus der für das Corpus angefertigten Concordanz ausnotiren zu lassen. Für zahlreiche und wichtige Beiträge, namentlich aus den italischen Gräberfunden, bin ich Herrn Professor Helbig zu grösstem Danke verbunden, ebenso Herrn Dr. Chr. Hülsen für vielfachen Beistand in epigraphischen Dingen und Beiträge zu dem Abschnitt über das Begräbniss. Das Sachregister ist etwas ausführlicher als in der früheren Auflage bearbeitet worden.

Rom, den 28. December 1885.

A. Mau.

INHALT.

ERSTER THEIL.

Die Familie.

Erster Abschnitt.

Die Namen.

Zweiter Abschnitt.

Die Ehe.

Dritter Abschnitt.

Die Kinder und die Erziehung.

Vierter Abschnitt.

Die Sclaven.

Fünfter Abschnitt.

Die Gastfreunde, Clienten und Freigelassenen.

Sechster Abschnitt.

Das Haus.

Siebenter Abschnitt.

Das tägliche Leben.

Achter Abschnitt.

Das Begräbniss.

Verzeichniss der Holzschnitte und Tafeln.

ERSTER THEIL

DIE FAMILIE

Das Bild, welches wir von dem Privatleben der Römer zu entwerfen versuchen, hat seinen Mittelpunkt in der Darstellung der Familie, welche wir sowohl in ihrem inneren Organismus als in ihren äusserlichen Verhältnissen, d. h. in Beziehung auf Erwerb und Geselligkeit zu betrachten haben werden. Was die inneren Verhältnisse der Familie betrifft, so giebt es kein Volk des Alterthums, das dieselben sittlich strenger und rechtlich fester geordnet hätte; es spricht sich in ihnen deutlich das Bewusstsein aus, dass nicht nur überhaupt die Familie die Bedingung des Staates, sondern auch die Verfassung der Familie die Grundlage und das Vorbild der Verfassung des Staates ist.[1]) Jedermann in Rom gilt als Glied einer Familie, wäre es auch nur so, dass er allein dieselbe repräsentirte;[2]) es ist ein Fluch der Letzte seines Stammes zu sein;[3]) zu einer vollständigen Familie, welche zu haben Pflicht[4]) und Stolz[5]) eines Bürgers ist,

Begriff der Familie.

---

1) Vgl. Staatsverw. III S. 240. Rossbach Untersuchungen über die Röm. Ehe. Stuttg. 1853. 8. S. 33. Boecking Pand. I S. 166.

2) Ulpian. *Dig.* 50, 16, 195 § 2: *pater autem familias appellatur, qui in domo dominium habet recteque hoc nomine appellatur, quamvis filium non habeat.*

3) Orelli 4790: *Quisquis hoc sustulerit aut laeserit, ultimus suorum moriatur.* Auch Grabinschriften enthalten die Klage, dass der Verstorbene der Letzte seines Stammes gewesen sei. M. Antonius imper. *Comment.* 8, 31: χἀκεῖνο δὲ τὸ ἐπιγραφόμενον τοῖς μνήμασιν· ἔσχατος τοῦ ἰδίου γένους. *C. I. L.* I, 1051: *Ultuma suorum Cupieinnia L. f. Tertulla fuueit; quius heic relliquiae suprema manent.*

4) Bei der Censur fragte der Censor: *habesne uxorem liberorum quaerendorum gratia?* Gell. 4, 3, 2 und über die Formel Savigny in Zeitschr. f. gesch. Rechtsw. V S. 272f. Rossbach S. 4. Vgl. Cic. *in Verr.* 3, 69, 161: *susceperas enim liberos non solum tibi sed etiam patriae.*

5) Gepriesen wird wegen seines Glückes Q. Metellus Macedonicus, Cic. *Tusc.* 1, 35, 85. Vellei. 1, 11, und denselben erwähnt nebst anderen Beispielen Plin. *n. h.* 7, 59: *Q. Metellus Macedonicus, cum VI liberos relinqueret, XI nepotes reliquit, nurus vero generosque et omnis qui se patris appellatione salutarent, XXVII. In actis temporum divi Augusti invenitur, XII consulatu eius Lucioque Sulla collega a. d. III idus Aprilis C. Crispinum Hilarum ex ingenua plebe Faesulana cum liberis VIII — nepotibus XXVII, pronepotibus XIIX, neptibus VIII — in Capitolio immolasse.*

gehört der Hausherr (*pater familias*), die Hausfrau (*mater familias*), die Söhne und Töchter, die Kinder der Haussöhne und die Sclaven, [1]) alle vereinigt zu einem geschlossenen Ganzen, dessen Oberhaupt, der *pater familias*, allein *sui iuris* ist, während die anderen Glieder der Familie als *alieno iuri subiecti* der Gewalt des Hausvaters unterworfen sind. [2]) Wenn diese Gewalt dahin unterschieden wird, dass die Söhne nebst ihren Descendenten und die Töchter *in patria potestate*, die Frau *in manu*, die Sclaven *in dominica potestate* stehn, so betrifft dieser Unterschied nicht sowohl die Wirkung der in alter Zeit auf alle Glieder der Familie sich gleichmässig erstreckenden hausherrlichen Gewalt, als vielmehr den Ursprung und die auf denselben begründete rechtliche Entwicklung derselben. [3])

patria potestas. Die *patria potestas* ist ein natürliches Verhältniss, beruhend auf dem leiblichen und geistigen Zusammenhange [4]) so wie auf dem äusserlichen Zusammenleben des Vaters und der Kinder; eigenthümlich ist sie den Römern nur insofern, als sie bei ihnen bis in ihre äussersten Consequenzen zur Geltung kam, [5]) dem

---

1) In seiner weitesten Bedeutung ist *familia* Alles, was unter der Gewalt des *pater familias* steht, und es gehören dazu ausser den Personen auch die Vermögensgegenstände, die *res familiaris*. Ulpian. *Dig.* 50, 16, 195.

2) Gaius 1, 48—141. Ulpian. 4—10. *Inst.* 1, 8—12. *Dig.* 1, 6. 7.

3) Wenn Rossbach (Die röm. Ehe S. 27ff.) die Ansicht ausführt, es habe eine Zeit gegeben, wo kein Unterschied zwischen *manus* und *potestas* statt fand, und dies einerseits durch die Stammverwandtschaft von *manus*, *mancipium*, und die *manumissio servorum*, andererseits aus der bei Schriftstellern wirklich vorkommenden Verwechselung von *potestas* und *manus* rechtfertigt, so ist dagegen Folgendes zu bemerken: 1. Da *manus*, die Hand, ein tropischer Ausdruck ist, der auf verschiedene Verhältnisse übertragen werden kann, so kann an sich auch vom Sclaven gesagt werden, dass er *in manu* ist, weil er *manu mittitur*, aber es ist wirklich darum nicht gesagt worden, weil durch die *manus* schon ein anderes rechtliches Verhältniss bezeichnet war. Ebenso hätte man den, *qui mancipio accipit*, *manceps* nennen können, aber es ist nicht geschehen. In allen Bedeutungen aber geht *manus* auf ein willkürlich entstandenes Verhältniss, während *potestas*, welcher Ausdruck zunächst auf die Descendenten, nicht auf die Sclaven bezüglich ist, ein natürliches Verhältniss bezeichnet. 2. Die Verwechselung der Ausdrücke *manus* und *potestas* beruht nicht nur auf der Ungenauigkeit unjuristischer Schriftsteller, wie schon Dirksen (Beiträge zur Kunde des R. R. S. 284) hervorhebt, sondern auch auf einer Kürze des Ausdrucks, welche, wo es auf rechtliche Distinctionen nicht ankam, erlaubt schien. Liv. 34, 2, 11 sagt: *Maiores nostri — feminas — voluerunt in manu esse parentum, fratrum, virorum*, offenbar um den Ausdruck zu vereinfachen; ebenso ist es Liv. 34, 7, 11 und an den übrigen Stellen.

4) Von verschiedenen Standpunkten behandeln diesen Gegenstand Walter G. d. R. R. § 502. Boecking Pand. I § 43.

5) Gaius 1, 55: *Item in potestate nostra sunt liberi nostri, quos iustis nuptiis procreavimus, quod ius proprium civium Romanorum est: fere enim nulli alii*

Vater die volle Verfügung über seine Kinder gewährte und ihn berechtigte dieselben auszusetzen, 1) zu verkaufen 2) und zu tödten. 3) Eine Beschränkung erleidet sie nur durch die Ein-

---

sunt homines, qui talem in filios suos habent potestatem qualem nos habemus. Wir lernen aus der Urkunde von Salpensa, dass auch die *Latini coloniarii* (Staatsverw. I S. 52) die *patria potestas* hatten. *Lex Salpens.* p. 374, 3 Momms.: [*Qui IIvir aedilis quaestor ex hac lege factus erit, cives Romani sunto, cum post annum magistratu*] *abierint cum parentibus coniugibus ac liberis, qui legitumis nuptis quaesiti in potestatem parentium fuerint, idem nepotibus ac neptibus filio natis natabus, qui quaeque in potestate parentium fuerint. Lin.* 9. *R*(*ubrica*). *Ut qui civitatem Romanam consequantur, maneant in eorundem mancipio manu potestate.* S. Mommsen Die Stadtrechte von Salpensa und Malaca S. 401.

1) Nach Dionys. 2, 15 wurde dies Recht schon unter Romulus dahin beschränkt, dass alle Söhne und die erstgeborenen Töchter erzogen werden sollten. Besonders aber wurden missgeborene und gebrechliche Kinder ausgesetzt. Dion. 2, 15. Cic. *de leg.* 3, 8, 19: *Deinde cum esset cito necatus* (*legatus* die Hss.) *tanquam ex XII tabulis insignis ad deformitatem puer, brevi tempore nescio quo pacto recreatus multoque taetrior et foedior renatus est.* Liv. 27, 37, 5. Sen. *de ira* 1, 15, 2: *liberos quoque, si debiles monstrosique editi sunt, mergimus.* Erwähnungen solcher Fälle s. Suet. *Oct.* 65: *Ex nepte Julia post damnationem editum infantem agnosci alique vetuit.* Dio Cass. 45, 1. Plin. *ep.* 10, 72. 73. Suet. *de gr.* 7, p. 105; 21, p. 115 Reiffersch. Senec. *controv.* 9, 26, p. 261 Bursian. Suet. *Cal.* 5 sagt, die am Todestage des Germanicus geborenen Kinder seien ausgesetzt worden, weil dies ein Unglückstag war. Vielleicht geschah dasselbe mit allen an einem *dies ater* geborenen Kindern. Daher die Sitte, dass der Vater das neugeborene Kind anerkennt, *suscipit* oder *tollit*, wenn er es erziehen will. Cic. *ad Att.* 11, 9, 3. Ter. *Andr.* 2, 3, 26 u. ö. Zu Paulus' Zeit, d. h. unter Alexander Severus, galt das Tödten oder Aussetzen von Kindern bereits für einen Mord. *Dig.* 25, 3, 4. Spätere Verbote s. *Cod. Th.* 9, 14, 1. *Cod. Just.* 8, 51 (52), 2; indessen erwähnen dies Verbrechen noch oft christliche Schriftsteller. Lactant. 5, 9, 15; 6, 20, 18—26. Tertull. *apolog.* 9; *ad nat.* 1, 15. Minucius Felix 30. Vgl. Zumpt Ueber den Stand der Bevölkerung im Alterthum S. 67—70.

2) Numa soll verboten haben, den verheiratheten Sohn zu verkaufen. Dionys. 2, 27. Plut. *Num.* 17; die XII Tafeln beschränkten das Recht des Vaters auf dreimaligen Verkauf des Sohnes. Gai. 1, 132. Ulp. 10, 1. Kinderverkauf wird öfters erwähnt: Cic. *pr. Caecin.* 34, 98: *quid? quem pater patratus dedidit aut suus pater populusve vendidit?* Cic. *de or.* 1, 40, 181: *quia memoria sic esset proditum, quem pater suus aut populus vendidisset, — ei nullum esse postliminium.* Paulus *r. s.* 5, 1; verboten von Diocletian *Cod. Just.* 4, 43, 1; erlaubt bei neugeborenen Kindern im Falle grosser Armuth von Constantin *Cod. Just.* 4, 43, 2. Vgl. *Fr. Vat.* § 34.

3) Dionys. 2, 26, nachdem er das lose Familienverhältniss der Griechen geschildert, sagt: ὁ δὲ Ῥωμαίων νομοθέτης ἅπασαν ὡς εἰπεῖν ἔδωκεν ἐξουσίαν πατρὶ καθ' υἱοῦ καὶ παρὰ πάντα τὸν τοῦ βίου χρόνον, ἐάν τε εἴργειν ἐάν τε μαστιγοῦν ἐάν τε δέσμιον ἐπὶ τῶν κατ' ἀγρὸν ἔργων κατέχειν ἐάν τε ἀποκτιννύναι προαιρῆται, κἂν τὰ πολιτικὰ πράττων ὁ παῖς ἤδη τυγχάνῃ, κἂν ἐν ἀρχαῖς ταῖς μεγίσταις ἐξεταζόμενος, κἂν διὰ τὴν εἰς τὰ κοινὰ φιλοτιμίαν ἐπαινούμενος. Die XII Tafeln bestätigen dies Recht: Dionys. 2, 27. Gell. 5, 19: *utique ei vitae necisque in eum potestas siet, uti patri endo filio est.* Cic. *de domo* 29, 77. *Collat.* 4, 8. *Dig.* 28, 2, 11. Dio Cass. 37, 36 und die Sammlung der Beispiele bei Rossbach Die R. Ehe S. 15f. Erst die christlichen Kaiser erklärten die Tödtung des Sohnes für *parricidium. Cod. Just.* 9, 17, 1; 15, 1. (Ueber Einschränkungen dieses Rechts s. Rein Privatrecht S. 484; Criminalrecht S. 439 ff.

wirkung des Staates, welcher seinerseits seine Gewalt über die Person des *filius familias* als eines Bürgers geltend macht, woraus folgt, dass der Haussohn, sobald er das nöthige Alter erreicht hat,[1]) in Beziehung auf das öffentliche Recht selbständig, d. h. zur Bekleidung eines Amtes und zur Theilnahme an den Comitien (*ius honorum, ius suffragii*) fähig wird,[2]) in der Ausübung seiner Privatrechtsfähigkeit aber von seinem Vater abhängig bleibt, so dass er namentlich kein Eigenthum hat, sondern, was er erwirbt oder ererbt, der Familie, d. h. dem *pater familias*, zubringt.[3]) Nach diesem Rechtsgrundsatze sind in der Kaiserzeit auch die Prinzen des kaiserlichen Hauses unfähig über irgend ein Vermögensobject zu disponiren[4]) und können z. B. Spiele nur mit Genehmigung und auf Kosten des Kaisers selbst veranstalten.[5]) Die väterliche Gewalt endet erst, wenn der Vater stirbt,[6]) oder die Civität verliert,[7]) oder aus eigenem Willen den Sohn aus der Gewalt entlässt (emancipirt);[8]) sie kann aber auch auf eine andere Person übergehen, durch Arrogation des Vaters,[9]) durch Adoption des Sohnes, durch Eintritt der Tochter in die *manus* eines *pater familias* oder eines *in potestate patris* stehenden *filius*

Schon Ulpian *Dig.* 48, 8, 2 sagt: *inauditum filium pater occidere non potest, sed accusare eum apud praefectum praesidemve provinciae debet.* Vgl. *Dig.* 48, 9, 5.)

1) Für die Stimmberechtigung ist das 17. Jahr erforderlich, für die Quästur, das erste höhere Amt, das 30., seit Augustus das 25. Jahr. Mommsen Staatsrecht II² S. 394. I² S. 551, 554.

2) Pomponius *Dig.* 1, 6, 9: *Filius familias in publicis causis loco patris familias habetur, veluti ut magistratum gerat, ut tutor detur.* Ulpian. *Dig.* 36, 1, 13 § 5: *Si quis filius familias sit et magistratum gerat, patrem suum, in cuius est potestate, cogere poterit suspectam dicentem hereditatem adire et restituere.* Hermogenianus *ib. l.* 14: *nam quod ad ius publicum attinet, non sequitur ius potestatis.* Vgl. Paulus *Dig.* 3, 4, 6.

3) Gai. 2, 86 ff. Ulp. 19, 18. 19. *Instit.* 2, 9. *Dig.* 41, 1, 10 § 2; 41, 2, 49 § 1.

4) Sueton *Tib.* 15: *Gaio et Lucio intra triennium defunctis adoptatur ab Augusto. — — nec quidquam postea pro patre familias egit aut ius, quod amiserat, ex ulla parte retinuit. Nam neque donavit neque manumisit, ne hereditatem quidem aut legata percepit ulla aliter quam ut peculio referret accepta.*

5) *Monum. Ancyr.* 4, 31: *Ter munus gladiatorium dedi meo nomine et quinquiens filiorum meorum aut nepotum nomine.* Hiernach ist Tac. *ann.* 1, 76 zu erklären. 6) Ulpian. *fr.* 10, 2.

7) Dies geschieht durch Exil (Gai. 1, 128. Ulp. 10, 3) und vorübergehend im Falle der Kriegsgefangenschaft des Vaters und auch des Sohnes. Gai. 1, 129. Ulp. 10, 4 und mehr bei Rein Privatrecht d. R. S. 307. 308.

8) Die Emancipation geschieht durch dreimalige Mancipation an einen dritten und dreimalige Freilassung. Gai. 1, 132. Rein Privatrecht S. 497. Walter Gesch. d. R. R. II § 548. Ein Beispiel einer solchen *emancipatio*, zu welcher ein besonderer Grund vorlag, s Liv. 7, 16, 9.

9) Staatsverwaltung III S. 293. Rein Privatr. S. 473 ff.

familias, [1]) endlich durch Ernennung des Sohnes zum Flamen oder der Tochter zur Vestalin. [2])

Die *manus* ist ein ursprünglich ebenso enges, aber freiwilliges und auf Consens beruhendes Verhältniss. Die Frau des Hausvaters erhält die Rechte der Tochter (sie ist *filiae familias loco*); [3]) damit scheidet sie aus jeder Verbindung mit ihrem väterlichen Hause und tritt in die Familie ihres Mannes ein; sie ist ebenso wie die Haussöhne ohne Vermögen; [4]) was sie einbringt, bringt sie dem Familienhaupte zu, in dessen Hause sie selbst erbberechtigt wird. [5]) Aber während sie in Hinsicht auf ihr Vermögen der Tochter gleichsteht, kann sie weder verkauft, [6]) noch willkürlich getödtet, [7]) noch einem anderen *ex noxali causa* *manus.*

1) S. über alle diese Fälle Rein a. a. O. S. 497.

2) S. Staatsverwaltung III S. 316. 301.

3) Serv. *ad Aen.* 4, 214; *Ge.* 1, 31. Gai. 1, 111—115; 2, 159. *Collat.* 16, 2 § 3. Böcking Pand. I S. 171. Rossbach S. 11 Anm. 33. Die Frau selbst heisst *matrona*, sie wird *mater familias* (nach strengem Sprachgebrauch erst), wenn ihr Mann *sui iuris* wird. Festi *ep.* p. 125, 16: *materfamiliae non ante dicebatur, quam vir eius pater familiae dictus esset; nec possunt hoc nomine plures in una familia praeter unam appellari; sed nec vidua hoc nomine nec quae sine filiis est appellari potest.* Suetonii *reliquae ed.* Reifferscheid p. 280 (aber nur, wenn sie *in manu* ist: Cic. *Top.* 3, 14: *genus est uxor; eius duae formae: una matrum familias, eae sunt quae in manum convenerunt; altera earum quae tantum modo uxores habentur*). Gell. 18, 6, 8 f. Serv. *ad. Aen.* 11, 476. Isidori *different.* lib. I., Vol. V p. 48 Arev., p. 48 Migne. (Doch kennt der Sprachgebrauch diese Beschränkungen nicht. Cicero selbst nennt jede Frau *mater familias*, z. B. *in Verr.* 1, 24, 62; die juristische Anerkennung dieses weiteren Gebrauchs bei Ulpian *Dig.* 50, 16, 46 § 1. Dass *mater familias* die Mutter mehrerer Kinder bezeichne (Gell. l. l. 4. Serv. l. l. Isidor. l. l.) ist wohl Erfindung der Grammatiker.)

4) Cic. *Top.* 4, 23. Gai. 2, 98; 3, 83 f.

5) Dionys. 2, 25. Weitere Belege s. unten zum 2. Abschnitt, 2.

6) Plut. *Rom.* 22: τὸν δ' ἀποδόμενον γυναῖκα θύεσθαι χθονίοις θεοῖς. Augustin. *ep.* 157, 31, Vol. II p. 422 Bened., II p. 689 Migne: *uxor, quam nullis humanis legibus licet vendere, Christi autem legibus nec dimittere.*

7) Es stand dem Manne zu, wenn er seine Frau im Ehebruch betraf, sowohl sie als auch den *adulter* zu tödten (Cato bei Gell. 10, 23, 5. Horat. *serm.* 2, 7, 61), allein dies Strafrecht hat er nicht in Folge der *manus* (vgl. Böcking Pand. I S. 176), sondern es hat dies jeder Ehemann, auch wenn seine Frau nicht *in manu* ist; und über alle Vergehungen, auch Untreue, mit Ausnahme des flagranten Falles, entscheidet er nur mit Hinzuziehung eines Familiengerichtes. Dionys. 2, 25: ἁμαρτάνουσα δέ τι δικαστὴν τὸν ἀδικούμενον (den Mann) ἐλάμβανε καὶ τοῦ μεγέθους τῆς τιμωρίας κύριον· ταῦτα δὲ οἱ συγγενεῖς μετὰ τοῦ ἀνδρὸς ἐδίκαζον. S. Lipsius *exc. ad Tac. Ann.* 4, 42. Rossbach S. 16. Als solche Richter werden erwähnt *cognati* (Plaut. *Amphitr.* 847—853. Liv. 39, 18, 6 und *epit.* 48. Val. Max. 6, 3, 7); *propinqui* (Tac. *ann.* 2, 50; 13, 32. Sueton. *Ti.* 35. Val. Max. 6, 3, 8); *amici* bei einer Scheidung hinzugezogen (Gell. 17, 21, 44. Val. Max. 2, 9, 2). Wenn Egnatius Mecennius seine Frau tödtete, weil sie Wein getrunken hatte, und dies unbestraft blieb (Val. Max. 6, 3, 9), so betraf dies einen ausdrücklich im ältesten Recht bezeichneten Criminalfall (Dionys. 2, 25); in einem anderen Falle stiessen die Censoren des J. 447 = 307 den L.

mancipirt,[1]) oder in die *manus* übergeben werden,[2]) sie kann ferner, wenigstens in späterer Zeit, das freiwillig eingegangene Verhältniss selbständig lösen.[3])

dominica potestas. Die *dominica potestas* endlich beruht auf dem Eigenthum, welches der Herr an seinen Knechten hat, aber schon insofern, als diese, wie die Söhne, *in potestate* stehen,[4]) werden sie zugleich als Mitglieder der Familie anerkannt, welche durch die Freilassung auch Personen in rechtlichem Sinne werden können.[5])

In allen drei Beziehungen beschränkt sich das Gewaltverhältniss allmählich immer mehr zu Gunsten der individuellen Freiheit, bis in der Kaiserzeit die natürlichen und sittlichen Bande der Hausgenossenschaft sich völlig lösen und die feste Form der Familienverfassung auseinandergeht.[6])

Wir werden diese Entwicklung einmal in der äusseren Erscheinung der römischen Familienverfassung, wie sie in dem Namensystem vorliegt, und zweitens in dem inneren Leben des Hauses, den Verhältnissen der Frau, der Kinder und der Sclaven nachzuweisen haben.

Annius aus dem Senat, weil er seine Frau verstossen hatte *nullo amicorum consilio adhibito* (Val. Max. 2, 9, 2). Die *lex Julia de adulteriis* nahm dem Manne selbst für den Fall des Ehebruchs das Recht, die Frau zu bestrafen. Pauli *s. r.* 2, 26 § 14: *adulterii convictas mulieres dimidia parte dotis et tertia parte bonorum ac relegatione in insulam placuit coerceri.* cf. § 1—8.

1) Wenn ein Haussohn einem Anderen einen Schaden zugefügt hatte, so musste der Hausvater entweder den Schaden gut machen, oder den Sohn dem Beschädigten mancipiren zu dem Zwecke, den gemachten Schaden durch Arbeit zu ersetzen. Gaius 1, 140: *quem pater ex noxali causa mancipio dedit, veluti quod furti eius nomine damnatus est et eum mancipio actori dedit: nam hunc actor pro pecunia habet.* 4, 75. *Inst.* 4, 8 § 7. cf. § 3. *Coll.* 2, 3. *Dig.* 43, 29, 3 § 4; 47, 2, 41 § 2. Göttling Staatsverf. S. 95 nimmt zwar an, auch der Mann habe seine Frau wegen Delicts mancipiren können, aber ohne Beweis. Siehe Böcking Pand. I S. 176 Anm. 8.

2) Der Fall, dass der jüngere Cato seine Frau Marcia dem Q. Hortensius abtrat und sie nach dessen Tode wieder heirathete (Plut. *Cat. min.* 25. 52), beweist hiefür nichts, da die Marcia nicht *in manu* des Cato war, und eine Scheidung stattgefunden zu haben scheint. S. Rein Privatrecht S. 374.

3) Hierüber s. weiter unten.

4) Gaius 1, 52. Ulpian. *Dig.* 24, 1, 3 § 3: *Verbum potestatis non solum ad liberos trahimus, verum etiam ad servos.* Senec. *ep.* 47, 14: *Dominum patrem familiae appellaverunt, servos, quod etiam in mimis adhuc durat, familiares.*

5) Böcking Pand. I S. 148 bemerkt, dass die Sclaverei als ein unwahres, rechtswidriges Institut einer consequenten juristischen Behandlung nicht fähig ist. Die Sclaven sind nach dem *ius naturale* freigeboren, nach sacralem Recht allen übrigen Menschen gleich (Ulp. *Dig.* 11, 7, 2 pr.), ihrem Herrn gegenüber zugleich Sachen und Personen, und werden als letztere in der Gesetzgebung der Kaiserzeit immer mehr anerkannt.

6) Die letzten Phasen dieser Entwickelung, in welche das Christenthum reformatorisch eingreift, behandelt Troplong *De l'influence du Christianisme sur le droit civil des Romains.* Louvain 1844. 8.

Erster Abschnitt.

Die Namen.[1])

Obgleich zur Bezeichnung des Individuums ein einfaches *nomen* ausreicht, so ist doch in der römischen Bürgerschaft, so weit wir zurückgehen können, der einfache Individualname nie- Eigenthümlichkeit des röm. Namens.

1) Eine vollständige Untersuchung über die römischen Namen, welche sich einerseits auf die sprachliche Formation, andererseits auf die sachliche Bedeutung derselben richten müsste, ist nicht die Aufgabe des folgenden Abschnittes. Derselbe wird sich vielmehr dem Zusammenhange meiner Darstellung gemäss auf die Erörterung des normalen römischen Namensystems beschränken, welches während der Republik und der früheren Kaiserzeit bestand, aber seit dem zweiten Jahrhundert immer mehr in Verfall gerieth. Benutzt sind für denselben die Inschriften der genannten Zeit, besonders die Consularfasten, in welchen indess bei der unter Augustus vorgenommenen Redaction die später üblichen *cognomina* den älteren Consuln willkürlich zugeschrieben worden zu sein scheinen; die Münzen, bei Mommsen Gesch. des Röm. Münzwesens. Berlin 1860. 8. *C. I. L.* I p. 128 ff., die nur zum Theil erhaltene Schrift *Incerti auctoris liber de praenominibus de nominibus de cognominibus de agnominibus de appellationibus de verbis in epitomen redactus a Julio Paride* hinter dem Valerius Maximus ed. Kempf p. 741—750; ed. Halm p. 484—487 (über die Zeit derselben s. Kempf p. 53—57) und insbesondere die Untersuchung von Mommsen Die Römischen Eigennamen der republikanischen und Augusteischen Zeit, zuerst erschienen im Rheinischen Museum XV (1860) S. 169 ff., sodann neu bearbeitet in Römische Forschungen I S. 1—68. Ausserdem die Abh. von Sigonius und Panvinius in Graevii *Thes.* Vol. II; Wesseling *Observ. variae.* Amstel. 1727. 8. lib. II c. 21. H. Cannegieter *De mutata Romanorum nominum sub principibus ratione.* Lugd. Bat. 1774. 4. Von der übrigen Litteratur, von welcher ich nur in soweit Gebrauch gemacht habe, als es für meinen Zweck geboten war, führe ich an: Fr. Ellendt *De cognomine et agnomine Romano.* Regimontii 1853. Aem. Huebner *Quaestiones onomatologicae Latinae.* Bonn 1854. 8. Heffter Ueber die römischen Personen- und Geschlechts-Eigennamen, in Zeitschr. für das Gymnasialwesen XVII (1863) S. 511 ff., S. 636 ff. G. Lahmeyer Ueber die Reihenfolge der Eigennamen bei den Römern, im Philologus XXII (1865) S. 469 ff. C. Angermann Die röm. Männernamen auf *a* in G. Curtius Studien V (1872) S. 377 ff. R. Mowat *Les noms propres Latins en -atius* in *Mémoires de la société de linguistique de Paris* 1868. p. 98 ss. und *Les noms familiers chez les Romains*, ebendas. 1871. p. 293 ff. A. Schneider Beiträge zur Kenntniss der Röm. Personennamen. Zürich 1874. 8. Huebner *Quaestiones onomatologicae Latinae.* I. *Nomina* in *-anus*, in *Ephem. epigr.* II (1875) p. 25—92. Mommsen *Cognomina africana*, in *Eph. epigr.* IV (1881) p. 520 ff.

mals üblich gewesen.[1]) Dem römischen Namen ist vielmehr von Anfang an der Zusammenhang der Person mit der Familie und dem Staate aufgeprägt und der Einzelne je nach seiner Stellung als ein organisches Glied eines grösseren Ganzen bezeichnet worden. Man kann als sicher annehmen, dass in ältester Zeit dem Namen des Sohnes, der Tochter, der Frau und des Sclaven gleichmässig der Name des Gewalthabers im Genetiv hinzugefügt wurde (*Marcus Marci*, *Caecilia Metelli*, *Marcipor* d. h. *Marci puer* oder *servus*); [2]) in der folgenden Zeit werden die Bezeichnungen aber complicirter und verändern sich im Zusammenhange mit den Verhältnissen.

Namen der Männer.

1. Für freigeborene Männer geben die Alten selbst den dreifachen Namen an[3]) (*M. Tullius Cicero*), bestehend aus dem *praenomen* als Bezeichnung der Person, dem *nomen* als Bezeichnung der *gens* und dem *cognomen* als Bezeichnung der Familie; im officiellen Gebrauch finden wir ferner den Namen des Vaters, des Grossvaters, des Urgrossvaters und der Tribus hinzugefügt, z. B. *M. Tullius M. f. M. n. M. pr*(*onepos*) *Cor*(*nelia tribu*) *Cicero*[4])

---

1) Varro bei dem *auct. de praen.* 1 sagt, *simplicia in Italia fuisse nomina*, führt aber nur die mythischen Namen *Romulus*, *Remus*, *Faustulus* zum Beweise an, und wird von dem Autor selbst widerlegt durch die ältesten bekannten Namen *Rhea Silvia*, *Silvius Numitor*, *Titus Tatius*, *Numa Pompilius* u. a. m.

2) Mommsen R. Forsch. I S. 5 ff. Diese Bezeichnung findet sich noch auf Münzen des Bundesgenossenkrieges mit oskischer Inschrift G. Paapi G. (Mommsen G. d. R. Mw. S. 589, Bd. 2 S. 424 d. französ. Uebers.) (dass im Oskischen diese Bezeichnungsweise die allgemein übliche war, lehren die Inschriften (Mommsen Unterital. Dial. S. 169 ff. Zvetaieff *Sylloge inscr. oscarum*). Ebenso im Volskischen und Umbrischen), und auf den pränestinischen Grabinschriften bei Henzen *Annali* 1855 p. 82 ff. = *C. I. L.* I, 74—165 haben die Frauen immer nur einen Namen, entweder den des Vaters (mit *f*: *Iunia L. n.* 113 war wohl mit einem *L. Iunius* verheirathet) oder des Mannes neben dem eigenen (woraus Mommsen a. a. O. S. 6 schliesst, dass ursprünglich, als auch der Vatername ohne *f* beigefügt wurde, dieser nicht von dem des Mannes unterschieden und daher nicht mit ihm cumulirt werden konnte). *C. I. L.* I, 1493 (= IX, 6090, 9). 1559 sind zweifelhafte Beispiele von Vaternamen ohne *f*. (Ein sicheres Beispiel giebt die im *ager Falernus* gefundene alte Inschrift *C. I. L.* X, 4719.)

3) Plut. *q. R.* 102: χρῶνται δὲ δυσὶ μὲν ὀνόμασιν αἱ θήλειαι, τρισὶ δὲ οἱ ἄρρενες. Juven. 5, 127. Artemidor. *on.* 1, 45: οἶδα δέ τινα, ὃς ἔδοξε τρία ἔχειν αἰδοῖα δοῦλος ὤν· καὶ ἐγένετο ἐλεύθερος καὶ ἀνθ' ἑνὸς ὀνόματος τρία ἔσχε. Seneca *de benef.* 4, 8, 3: *quoniam, sive praenomen eius sive nomen dixisses sive cognomen, idem tamen ille esset.* *Digest.* 28, 1, 21 § 1. Auson. *idyll.* 11, 80: *tria nomina nobiliorum.* In späterer Zeit ist namentlich das *cognomen* Beweis, dass jemand *liber* und nicht *servus* ist. *Cod. Just.* 7, 16, 9.

4) Mommsen *I. N.* 4320. 4321. In den Fasten fehlt die Tribus, z. B. *L. Quinctius L. f. L. n. Cincinnatus.* *A. Manlius Cn. f. P. n. Vulso*, dagegen findet sie sich auf Inschriften, z. B. *C. Metilius C. f. Pomptina tribu Marcel-*

und nach der *lex Julia municipalis* hat der in den Colonien und Municipien den Census abhaltende Beamte von allen römischen Bürgern die Angabe der *nomina, praenomina, patres* oder *patroni, tribus* und *cognomina* zu verlangen. [1]) Die Reihenfolge der Namen ist regelmässig die, dass auf das *praenomen* das *nomen* und auf dieses das *cognomen* folgt, und gute Prosaiker wie Cicero und Caesar beobachten durchaus diese Regel, während Dichter das *praenomen* auch an die zweite Stelle setzen, [2]) und wenn Personen überhaupt unvollständig, d. h. mit Weglassung des *praenomen* bezeichnet werden, was in mündlicher Unterhaltung ohne Zweifel immer vorkam, in der Schriftsprache aber seit Caesar üblich wird, die meisten Schriftsteller das *cognomen* bald vor, bald hinter das *nomen* stellen. [3]) Indessen ist der in der späteren Republik gewöhnliche dreifache Name weder die ursprüngliche Namensform gewesen, noch rechtlich erfordert worden, noch endlich in der Kaiserzeit normal geblieben. [4]) Der

---

linus; auf Münzen nur zuweilen, bei mangelndem *cognomen*. *L. Memmi(us) Gal(eria)*. Mommsen G. d. R. Mw. S. 456, Bd. 2 S. 173 d. franz. Uebers. (Wie die Münzen verhalten sich auch die vorsullanischen Inschriften, *C. I. L.* I, 51. 52. 957. 1054. 1056. 1072, und der Sprachgebrauch Cicero's. Hinzufügung der Tribus war in den Censuslisten wohl schon früh, in Richterverzeichnissen schon in der gracchischen Zeit (*lex repetundarum C. I. L.* I, 198 Z. 14. 18) üblich, allgemein gebräuchlich im officiellen Gebrauch der nachsullanischen Zeit, namentlich seit Caesar. Mommsen R. F. I S. 63.)

1) *Lex Julia municip. C. I. L.* I, 206 lin. 146.

2) S. die Inschr. des Scipionengrabes *C. I. L.* I, 30 = VI, 1285: *Cornelius Lucius Scipio Barbatus* und die von Lahmeyer S. 470 angeführten Beispiele: *Cetegus Marcus* und *Aelius Sextus* bei Ennius *ann.* 305. 335; *Laelius Decumus*, *Tubulus Lucius* bei Lucilius (Cic. *de or.* 2, 6, 25; *de deor. nat.* 1, 23, 64), *Cascellius Aulus* bei Horat. *ep. ad Pis.* 371. Die wenigen Stellen des Varro und Livius dagegen, in welchen in unseren Texten das *praenomen* dem *nomen* nachgestellt wird, sind, wie Lahmeyer gut ausführt, sämmtlich kritisch unsicher.

3) Das Resultat der sorgfältigen Untersuchung Lahmeyer's S. 480 ff. ist, dass nach älterem Gebrauch bei Weglassung des *praenomen* das *cognomen* vorangestellt wird; so die Inschriften *C. I. L.* I, 619 = III, 547: *Pulcher Claudius et Rex Marcius;* I, 805: *Clesipus Geganius;* 840: *Cratea Caecilius*; so constant Cicero nicht nur in den Briefen (z. B. *Balbus Cornelius, ad Att.* 8, 15, 3), sondern auch in den Reden (z. B. Ahala Servilius, *pr. Mil.* 3, 8; vgl. Ellendt zu Cic. *de or.* 2, 62, 253). Die umgekehrte Stellung braucht zuerst consequent Caesar; die folgenden (Horaz, Livius, Tacitus) schwanken, bei dem jüngeren Plinius erscheint sie wieder consequent durchgeführt.

4) Dies ist auch den Alten nicht unbekannt. Appian. *praef.* 13: Καὶ τὰ ὀνόματα Ῥωμαίοις πάλαι μὲν ἦν ἕν, ὥσπερ ἀνθρώποις ἅπασιν, ἑκάστῳ· μετὰ δὲ ἐγένοντο δύο, καὶ οὐ πολὺς χρόνος, ἐξ οὗ καὶ τρίτον ἤρξατό τισιν ἐς ἐπίγνωσιν ἐκ πάθους ἢ ἀρετῆς προστίθεσθαι. Pausan. 7, 7, 8: ἐπεὶ καλοῦνταί γε οὐ πατρόθεν οἱ Ῥωμαῖοι κατὰ ταὐτὰ Ἕλλησιν, ἀλλὰ καὶ τρία, ὁπότε ἢ ὀλίγιστα, καὶ ἔτι πλέονα ὀνόματα ἑκάστῳ τίθενται. Plutarch. *Mar.* 1.

ältere römische Name entbehrt, wie der der Griechen und Italiker, des *cognomen*; er besteht aus *praenomen*, *gentile* und dem Namen des Vaters oder Gewalthabers, z. B. *Q. Fabius Q. f.* oder *Q. Fabius Q(uinti)*. Das *gentile* hat ursprünglich, bei patricischen Stämmen immer,[1] die Ableitungssilbe *ius*,[2] es wird vererbt und kommt allen Angehörigen der *gens*, den Männern, den Frauen, den Clienten[3] und den Freigelassenen in gleicher Weise zu, während das *praenomen*, der Individualname, eine Bedeutung hat,[4] von den Eltern am *dies lustricus*, d. h. am neunten Tage nach der Geburt den Söhnen ertheilt und bei der Verleihung der *toga virilis*, mit welcher die persönliche Selbständigkeit des Sohnes beginnt, zum Behuf der Eintragung in die Bürgerlisten officiell constatirt wurde.[5] Gerade das Bestreben aber, die Haussöhne von den übrigen Angehörigen der *gens* zu unterscheiden, scheint der Grund gewesen zu sein, dass

nomen gentile.

praenomen.

---

1) Mommsen Röm. Forschungen I S. 107.

2) Ueber die *gentilicia* auf *ius* und die identischen auf *eius*, *aius*, *aeus*, *eus* handelt Hübner *Quaest. on.* p. 20—27. Die abweichenden Formen sind meistens fremden Ursprungs wie die *gentes* selbst, die auf *acus* (*Avidiacus*) gallisch (Hübner p. 27 ff.), die auf *na* (*Caecina*, *Perperna*), wohl ursprünglich *nas*, wie in *Maecenas*, etruskisch (p. 14—19); die auf *enus*, *ienus* (*Q. Salvidienus Rufus*) umbrisch oder picentisch. Mommsen Unt. Dial. S. 362. Ein Theil der *gentilicia* ist von Städten hergenommen, entweder mit dem Suffix *ius* wie *Perusius*, *Parmensius*, oder in der regelmässigen Form des *ethnicon*. So *M. Acerranus M. f. Aem. Secundus*, von *Acerrae* (Mur. 665, 5), *Albanus*, *Coranus*, *Norbanus*, *Aquileiensis* u. a., welche Borghesi *Dipl. di Decio*, *Oeuvres* IV p. 319 und Hübner *Ephem. epigr.* II p. 30 ff. zusammenstellen. Aber ganz singulär ist das *gentile Verres*, welches Mommsen Röm. Forschungen I S. 51 für ein zum *nomen* gewordenes *cognomen* hält.

3) Des *Ap. Claudius* Client heisst *M. Claudius*. Liv. 3, 44, 5. Mommsen Röm. Forschungen I S. 369.

4) »Der Bedeutung nach gehen die *Praenomina*, so weit sie verständlich sind, der grossen Mehrzahl nach entweder die Umstände der Geburt an, z. B. *Lucius*, *Manius*, der am Tage, am Morgen Geborene, *Quintus*, *Sextus*, *Postumus*, *Opiter* d. i. *cui avus est pro patre*, oder zurück auf den allgemeinen Begriff des Erhaltens und Gedeihens (*Tullus* von *tollere*, *Servius* von *servare*, *Vibius* wohl mit *vivere* verwandt, *Volero* wie *Volusus* von *valere*, *Gaius* von *gaudere*) oder knüpfen, obwohl seltener, an eine Gottheit an (*Marcus*, *Mamercus*, *Lar*, *Tiberius*).« Mommsen Röm. Forsch. I S. 43. Varro *de l. l.* 9, 60. *Auct de praen.* 5. 6 und das. Kempf.

5) Ueber die Namengebung am 9. Tage nach der Geburt s. unten. Wenn es nun nichts destoweniger bei dem *auct. de praen.* c. 3 heisst: *Pueris non prius quam togam virilem sumerent — praenomina imponi moris fuisse Scaevola auctor est*, so ist dies mit Mommsen Röm. Forsch. I S. 32 so zu verstehen, dass die officielle Erklärung über den Vornamen zum Zweck der Eintragung in die Bürgerlisten erst dann stattfand. Factisch pflegte, namentlich in späterer Zeit, das *praenomen* dem Kinde gleich gegeben zu werden, wie der *auct. de praen.* selbst andeutet und Inschriften beweisen. S. Or. 2708—2710. *C. I. L.* X, 2221: *M. Calvio Ofilioni qui vixit annis VIII.* Furlanetto *Lapidi Patavine*

für diese in jedem Hause gewisse Vornamen ausschliesslich in Gebrauch kamen, und zwar in solcher Beschränkung, dass von der anfangs unzweifelhaft viel grösseren Anzahl überhaupt nur einige dreissig Vornamen 1) nachweisbar sind, von denen wieder vierzehn früh antiquirt wurden 2) und in der Zeit vor Sulla nur achtzehn in Gebrauch waren. 3) Aber auch unter diesen wählt jedes Geschlecht die seinigen; 4) unter den patricischen *gentes* kommt *Kaeso* nur vor bei den *Fabii* und *Quinctilii*, *Decimus* nur bei den *Claudii*, *Mamercus* bei den *Aemilii*, *Appius* bei den

---

n. 228: *T. Flavio T. f. Vibiano, vixit an. uno mens. VIII.* Grut. 688, 8. *C. I. L.* III, 4471. X, 2454 und die neuerdings gefundene Grabinschrift von Castellammare *C. I. L.* X, 8131:

A! male Parcarum dura de lege sororum
raptus in his iaceo telluris sedibus atrae
bis septem minus ante dies quam quinque per orbes
Solis equigenae (etwa *coeligenae?*) *complerem parvulus annos*,
nomine Longinius, praenomine Caius olim,
cui Proculus cognomen erat, nunc umbra nec umbra
subter humum positus mortis tegor ecce sepulchro.

(Die pompejanische Inschrift *C. I. L.* X, 1041 = *I. R. N.* 2354: *N. Velasio Grato vix. ann. XII* stammt wahrscheinlich aus republikanischer Zeit: Overbeck Pompeji[4] S. 408.) Allein es kommt auch in dieser Zeit noch vor, dass Knaben auf Grabsteinen entweder keinen Namen haben (*C. I. L.* VI, 11075. Grut. 674, 11), oder zwar die übrigen Namen, aber statt des *praenomen* den Kindernamen *Pupus* führen (Henzen 6222[a] = *C. I. L.* IX, 2789: *Pup. Pontio T. f. Vol. Proculo an. XIII.* vgl. Or. 2718 = *C. I. L.* V, 5505. Or. 2719. *C. I. L.* III, 1236. X, 3772), also bei ihrem Tode ihr eigentliches *praenomen* noch nicht hatten. Auf gleiche Weise ist in der spanischen Inschrift *C. I. L.* II, 1528: *PVP. AGRIPPAE. M. F.*, *Agrippa Postumus* gemeint, der vor der Adoption *M. Agrippa M. f.* hiess, hier aber *Pupus Agrippa* genannt wird, wie er auch in der pompejanischen Inschrift des Jahres 747 Mommsen *I. N.* 2293 heisst. (Pupus kommt aber auch als *praenomen* vor: *C. I. L.* V, 4021.)

1) Varro bei dem *auctor de pr.* 3.

2) Es sind nach Varro a. a. O.: *Agrippa, Ancus, Caesar, Faustus, Hostus, Lar, Opiter, Postumus, Proculus, Sertor, Statius, Tullus, Volero, Vopiscus.* Hinzu fügt Mommsen R. F. I S. 21 noch *Numa, Denter, Aruns; Vibius* ist als patricischer Vorname nicht sicher, *Volusus* als Vorname sabinisch.

3) Davon kommen 15 in verschiedenen patricischen Geschlechtern vor, nämlich *Aulus* (*A*), *Decimus* (*D*), *Gaius* (*C*), *Gnaeus* (*Cn*), *Kaeso* (*K*), *Lucius* (*L*), *Manius* (*M'*), *Marcus* (*M*), *Publius* (*P*), *Quintus* (*Q*), *Servius* (*SER*), *Sextus* (*SEX*), *Spurius* (*S* oder *SP*), *Tiberius* (*TI*), *Titus* (*T*), drei nur bei einzelnen: *Mamercus* (*MAM*), *Appius* (*AP*), *Numerius* (*N*). Mommsen R. F. I S. 17.

4) Nach Mommsen R. F. I S. 15 finden sich bei den
Aemilii: *C, Cn, L, MAM, M', M, Q, TI.*
Claudii: *AP, C, D, P, TI, L* (später abgeschafft), Q. (*Ephem. epigr.* IV p. 218).
Cornelii: *A, CN, L, M, P, SER, TI.*
Fabii: *C, K, M, N, Q.*
Furii: *Agrippa, C, L, M, P, SEX, SP.*
Julii: *C, L, SEX, Vopiscus.*
Manlii: *A, CN, L, M* (abgeschafft 370), *P, T.*

Claudii, *Numerius* bei den *Fabii*, ja auch die Familien der Patricier haben ihre bestimmten Vornamen, 1) welche die *gens* oder die Familie feststellte, 2) so dass für das gewöhnliche Leben der Vorname für die Bezeichnung der Person ausreichte 3) und der vollständige Name nur für den officiellen Gebrauch erfordert ward. Die Plebejer waren zwar frei von diesem Namenszwange und die *ignobiles* kommen wirklich mit sehr verschiedenen Vornamen vor, 4) allein die Nobilität folgte in der Namengebung dem Vorgange der Patricier und setzte in ihren Familien eine ebenfalls sehr beschränkte Zahl derselben Vornamen, deren sich die Patricier bedienten, fest. 5) Die Sullanische Restauration der Aristokratie hatte zur Folge, dass das Streben nach ausschliesslichen Vornamen einen neuen Aufschwung nahm; von hier an bis zum Ende des Julischen Kaiserhauses sehen wir noch einmal veraltete oder ganz neue *praenomina* in Gebrauch kommen, wie *Faustus* bei den *Cornelii Sullae*, *Paullus* bei den *Aemilii Lepidi*;

---

1) »So kommen die Vornamen *Tiberius* und wahrscheinlich auch *Decimus* ausschliesslich den *Claudii Nerones* zu, so beschränken sich die *Cornelii Scipiones* auf die drei Vornamen *Gnaeus*, *Lucius* und *Publius*.« Mommsen R. F. I S. 16.

2) Dies ergiebt sich aus der bereits erwähnten Abschaffung gewisser *praenomina* durch Beschluss der Gens. Vgl. Staatsverwaltuug III S. 127. So schafften die *Manlii* den Vornamen *Marcus* (Cic. *Phil.* 1, 13, 32. Liv. 6, 20, 14. Plut. *q. R.* 91. Quintilian 3, 7, 20. Dio 26, 1. Festi *ep.* p. 125, 11; 151, 1), die *Claudii* den Vornamen *Lucius* ab. Sueton. *Tiber.* 1. Später indessen griff auch der Staat in diese Angelegenheit ein. Denn ein Senatus-Consult meint wohl Dio Cass. *fr.* 44 = Mai *Nova Coll.* II p. 541: ἐπὶ Μάρκου Κλαυδίου καὶ Τίτου Σεμπρωνίου ὑπάτων (514 = 240) μόνῳ τῆς τοῦ πατρὸς ἐπωνυμίας τῷ πρεσβυτέρῳ τῶν παίδων μετέχειν Ῥωμαῖοι παρεκελεύσαντο, in welcher Stelle ἐπωνυμία von Mommsen R. F. I S. 53 als *cognomen*, von Borghesi *Oeuvres* III p. 208 f. als der ganze Name, inclusive des Praenomens verstanden wird; unter Augustus verbot der Senat den *Antonii* den Vornamen *Marcus* (Plut. *Cic.* 49. Dio Cass. 51, 19), unter Tiberius den *Calpurnii Pisones* den Vornamen *Gnaeus* zu führen. Tac. *ann.* 3, 17 und dazu Nipperdey.

3) Söhne, Sclaven und Clienten nennen den Hausherrn beim Vornamen: Freunde nennen sich beim *cognomen*. Cic. *de domo* 9, 22. *ad fam.* 7, 32, 1.

4) So findet sich *Novius* *C. I. L.* I, 878 (= VI, 8271). 1261 (= X, 169), *Paquius* ib. 1257. 1542 = X, 497, *Salvius* ib. 1286 = IX, 3435 u. ö., *Statius* ib. 1266 = IX, 448 u. ö., *Trebius* ib. 1257 = X, 290, *Vibius* ib. 1279 = IX, 3138 u. ö. Vgl. Mommsen Unt. Dial. S. 241. Henzen *Inscr.* p. 237 ff. Henzen *Annali* 1855 p. 82 f. Wilmanns *Ephem. ep.* I p. 15 ff. Mommsen ib. IV p. 42. Indices zu *C. I. L.* V. IX. X.

5) So haben die *Domitii* nach Suet. *Nero* 1 nur die Vornamen *Gnaeus* und *Lucius*, unter den *Domitii Calvini* kommt aber einigemal auch ein *Marcus* vor. Drumann III, 1. Unter den *Calpurnii* haben die *Pisones* nie das *praenomen Publius*, die *Bibuli* nur die drei Vornamen *Caius*, *Lucius*, *Marcus*. Borghesi *Oeuvres* I p. 140.

Julus, *Cossus*, *Nero*,[1]) *Agrippa*, *Drusus*, *Germanicus*,[2]) welche alle auf die Freigelassenen, wie es scheint, nicht übergehen.[3])

Das *cognomen* ist zwar in den patricischen Geschlechtern der Republik allgemein vorhanden,[4]) unter den Plebejern aber nicht regelmässig üblich gewesen.[5]) Sowohl hieraus, als auch aus dem Umstande, dass es doppelt gesetzt wird und seine Stelle hinter der Tribus hat, welche selbst nicht weiter als auf Servius Tullius zurückgeht, kann man schliessen, dass es ursprünglich *cognomen.*

---

1) S. die Beweise bei Mommsen R. F. I S. 34 ff. (und für die Consuln bei Klein *Fasti consulares*). *Faustus Cornelius Sulla*, der Sohn des Dictators; *Faustus Cornelius Sulla* Cos. 31; *Faustus Cornelius Sulla Felix* Cos. 52; vgl. Drumann G. R. II, 509. *Paullus Aemilius C. f. M. n. Lepidus* Cos. 720. Drumann I, 10 (nicht ganz sicher, da ihn Dio Cass. 53, 29. ind. 55 *L.* nennt); *Paullus Fabius Q. f. Maximus* Cos. 743; *Paullus Fabius Persicus* Cos. 34 p. Chr.; *Julius* (vgl. S. 24 Anm. 2) *Antonius M. f.* Cos. 744. Drum. I, 520; *Cossus Cornelius Lentulus* Cos. 753; *Drusus*, der Stiefsohn des *Augustus*, Bruder des *Tiberius*, hiess anfänglich *Decimus* (Suet. *Claud.* 1), nahm aber dafür den Vornamen *Nero* an und hiess sonach *Nero Claudius Ti. f. Drusus* Henzen n. 5375 = *C. I. L.* IX, 2443. Sein Adoptivenkel, der Kaiser *Nero*, heisst nach der Adoption *Nero Claudius Aug. f. Caesar Drusus*. Eckhel VI, 260.

2) *Agrippa Postumus* (Tac. *ann.* 1, 3) muss nach der Adoption (Suet. *Oct.* 65) geheissen haben *Agrippa Julius Aug. f. Caesar* (Mommsen R. F. I S. 36 f); für die Namen der übrigen Mitglieder des augusteischen Hauses ist Hauptquelle der Ehrenbogen von Pavia (bei Mommsen Ber. d. S. Gesellsch. d. W. 1850 S. 313 ff. Henzen *Inscr.* p. 60). Darin hat *Germanicus* den vollständigen Namen *Germanicus Julius Ti. f. Aug. nep. Divi pron. Caesar*; der Sohn des *Tiberius* heisst *Drusus Julius Ti. f. Augusti nep. Divi pron. Caesar*, die Söhne des *Germanicus: Nero Julius Germanici f. Aug. pron. Caesar* und *Drusus Julius Germanici f. Aug. pron. Germanicus*. Der Kaiser *Claudius* hiess ursprünglich *Ti. Claudius Drusus*, hernach *fratre maiore in Juliam familiam adoptato Germanici cognomen adsumpsit.* Suet. *Claud.* 2. Er heisst nun *Ti. Claudius Drusi Germanici f. Nero Germanicus.* (Richtiger fasst Marquardt auf S. 23 diese Namen als *cognomina*, welche als *praenomina* verwendet sind; vgl. Lahmeyer l. l. S. 492. Es sind durchaus solche Namen, die der Betreffende auch als *cognomen* führen könnte; wir dürfen daher annehmen, dass z. B. Agrippa Postumus so hiess, nicht weil Agrippa ein alter Vorname war, sondern weil sein natürlicher Vater dies *Cognomen* führte. Einige vornehme Familien machten die S. 9 Anm. 3 besprochene abgekürzte Bezeichnungsweise zur officiellen Benennung.)

3) Ein Freigelassener des Kaisers *Nero* heisst immer *Ti. Claudius Aug. l.*

4) Indessen hatte nach Plutarch. *Cor.* 11 auch *C. Marcius*, ehe er den Beinamen *Coriolanus* verdiente, nur zwei Namen.

5) Kein *cognomen* haben die *Antonii*, *Duilii*, *Flaminii*, *Marii*, *Memmii*, *Mummii*, *Sertorii*. Vgl. Plut. *Mar.* 1: Γαΐου Μαρίου τρίτον οὐκ ἔχομεν εἰπεῖν ὄνομα, καθάπερ οὐδὲ Κοΐντου Σερτορίου — οὐδὲ Λευκίου Μομμίου und Borghesi *Oeuvres* II p. 277. Wie die Plebejer die *cognomina* erwarben, sieht man aus dem Beispiele der Familie des Triumvir *Pompeius*, der in Folge seines africanischen Sieges 673 = 81 durch den Zuruf des Heeres das *cognomen Magnus* erhielt und dann vererbte. Drumann IV S. 355. Mommsen G. d. R. Mw. S. 609. Aber auch geradezu usurpirt wurden die dreifachen Namen. So nannte sich *C. Staienus C. Aelius Paetus.* Cic. *Brut.* 68, 241: *C. Staienus, qui se ipse adoptaverat et de Staieno Aelium fecerat.* Cic. *pro Cluent.* 26, 72: *Quid tu Paete?* — *hoc enim sibi Staienus cognomen ex imaginibus Aeliorum delegerat.*

nicht vorhanden war, und wirklich kommen, obwohl es auf Grabschriften,[1]) Münzen[2]) und officiellen Listen[3]) etwa seit dem zweiten punischen Kriege nachweisbar ist, doch in Gesetzen und Senatsbeschlüssen *cognomen* und *tribus* nicht vor Sulla vor.[4]) Uebrigens lehrt die Bedeutung der *cognomina*, welche sich meistens auf eine körperliche Eigenschaft[5]) oder Herkunft beziehen,[6]) dass sie ursprünglich persönlich, nicht erblich waren; sie wurden aber erblich und theilweise auch in dem Wappen der Familie dargestellt,[7]) wenn ein Haus sich aus der *gens* abzweigte, wozu ein Gentilbeschluss nöthig war,[8]) oder aus dem Hause selbst

---

1) So in den Scipioneninschriften *C. I. L.* I, 29 ff. VI, 1284 ff. Orelli 550 ff.

2) Auf Münzen steht es häufig mit Auslassung des *gentile.* Mommsen G. d. R. Mw. S. 455. R. F. I S. 46, seltener auf Inschriften, wie *C. I. L.* I, 1490 *Sex. Vetto. C. Pedo aed.*

3) In der *lex repetund.* des Jahres 631 oder 632 u. c. (*C. I. L.* I, 198) kommt wiederholt die Formel vor: *Quos legerit, eos patrem tribum cognomenque indicet.* s. *lin.* 14. 17. 18; in der *lex Julia municipalis* des Jahres 709 u. c. (*C. I. L.* I, 206) wird *lin.* 146 für den Census in Municipien, Colonien und Präfecturen vorgeschrieben: *censum agito eorumque nomina praenomina patres aut patronos tribus cognomina — accipito.* Vgl. Pseudo-Ascon. p. 137 Or.

4) Die *Epistola consulum de Bacchanalibus* aus dem J. 558 der St. (*C. I. L.* I, 196 = X, 104) beginnt: *Q. Marcius L. f. Sp. Postumius L. f. cos. senatum consoluerunt;* die *lex Antonia de Termessibus* aus dem J. 683 u. c. ib. n. 204: *C. Antonius M. f.* — — — — — — — — — *C. Fundanius C. f. tr(ibunei) pl(ebei) de S. s[ententia] plebem [ioure rogaverunt].* Vgl. die *epistula praetoris ad Tiburtes* n. 201: *L. Cornelius Cn. f. pr(aetor) sen(atum) cons(uluit).* Dasselbe findet sich in älteren Inschriften überhaupt. *C. I. L.* I, 41 (= VI, 475): *P. Corn(elios) L. f. Coso[l].* n. 599: *C. Antonis M. Tuli. cos.* (aus dem J. 691). n. 1006 = VI, 13696: *Hoc est factum monumentum Maarco Caicilio.* Näheres Mommsen R. F. I S. 47 f.

5) So *Barbatus*, *Cincinnatus*, *Longus*, *Capito*, *Naso* u. a. S. Plut. *Coriol.* 11. Einige seltenere giebt Letronne *Insc. de l'Egypte* I p. 421.

6) So *Sabinus*, *Maluginensis* u. a.

7) Die *Flaminii* führen im Wappen den *apex*, die *Servilii Augures* und die *Minucii Augurini* (s. Borghesi *Oeuvr.* I p. 162) den Augurnstab, die *Manlii Torquati* die *torques*, die *Marcii Philippi* einen Reiter, die *Fostli* oder *Faustuli* ein Melkgefäss, die *Servilii Gemini* die Dioskuren, die *Caecilii Metelli Pii* eine *Pietas*, die *Furii Purpureones* eine Purpurschnecke, die *Junii Silani* einen Eselskopf, die *Antestii Graiuli* eine Krähe, die *Poblicii Malleoli* einen Hammer, die *Furii Crassipedes* einen dicken Fuss, die *Lucretii Triones* das Siebengestirn (s. Mommsen G. d. R. Mw. Verzeichniss n. 115. 130. 150. 151. 159. 163. 172. 75. 79. 103. 173. 237. 249), die *Voconii Vituli* ein Kalb, die *Pomponii Musae* eine Muse, die *Aquillii Flori* eine Blume, der Tribun *L. Appuleius Saturninus* den Saturn, die *Plaetorii Cestiani* einen Faustkämpfer mit dem *cestus* (Borghesi *Oeuvres* I p. 181), die *Rutilii Lupi* den Wolf (Borghesi *Oeuvres* VII p. 75). Andere Beispiele s. bei Borghesi II p. 320. Regelmässig ist dies aber nicht, da z. B. die *Decii Mures* nicht eine Maus, sondern einen Schild und Lituus im Wappen haben.

8) Mommsen R. F. I S. 49. Solche Trennung hatte nämlich rechtliche Folgen, zunächst in Betreff des Erbrechts, sodann aber auch in Beziehung auf den gemeinsamen Begräbnissplatz, von welchem die austretende Familie ausgeschlossen wurde. Ueber den ersten Punkt vgl. Cic. *de or.* I, 39, 176: *Quid? qua de re inter Marcellos et Claudios patricios centumviri iudicarunt, cum Mar-*

sich ein neues Haus absonderte, wie aus den *Scipiones* die *Nasicae*. Ausserdem aber unterschieden sich die Genossen der vornehmen (patricischen wie plebejischen) Geschlechter von den minderen Geschlechtsgenossen (Clienten und Freigelassenen) durch das *cognomen*, woraus sich zugleich erklärt, dass sie seitdem den ausschliesslichen Gebrauch ihrer Vornamen preis gaben, indem sie dieselben auch ihren Freigelassenen gestatteten. Im Allgemeinen kann man behaupten, dass der dreifache Name während der Republik der Nobilität und etwa den vornehmen Familien der Municipalstädte ausschliesslich eigen ist[1]) und von denen, welche ihn nicht haben, zuweilen durch Hinzufügung der *tribus* ersetzt wird.[2]) Die Nobilität aber hat sich auf drei Namen nicht beschränkt, sondern auch ein zweites und drittes *cognomen* — denn so und nicht *agnomen* wird in guter Zeit der vierte und fünfte Name genannt[3]) — schon während der Republik angenommen,[4]) hauptsächlich in Folge einer Adoption[5]) oder einer

Mehrfaches *cognomen*.

celli ab liberti filio stirpe, Claudii patricii eiusdem hominis hereditatem gente ad se redisse dicerent.

1) Auson. *idyll.* 11, 80: *tria nomina nobiliorum.* Schol. Juv. 5, 127: *tanquam habeas tria nomina] hoc est tanquam nobilis sis.* Dass *ignobiles* kein *cognomen* haben, zeigen die Künstlernamen; *C. I. L.* I, 51: *C. Ovio(s) Ouf(entina) fecit;* n. 52: *C. Pomponi Quir(ina) opos;* n. 53: *Calenu(s) Canoleiu(s f)ecit;* n. 54: *Novios Plautios med Romai fecid.* Mommsen R. F. I S. 56.

2) Mommsen G. d. R. Mw. S. 456, Bd. 2 S. 173 d. franz. Uebers. Orelli 4046: *P. Acuvius P. f. Tro.*, aus d. J. 26 n. Chr. So setzen auch Söhne von *liberti*, wenn sie das *cognomen* ihres Vaters, den früheren Sclavennamen, fortlassen, statt dessen die *tribus* ihrem Namen hinzu. S. unten und oben S. 8 Anm. 4.

3) Dies sah schon Perizonius *Animadv. hist. ed.* Harles p. 72 und in Burmann *Sylloge epist.* Vol. IV p. 767; s. jetzt Kempf *ad Val. Max. praef.* p. 62 ff. Erst im 4. Jahrh. kommt die Lehre vom *agnomen* bei den Grammatikern auf. S. die Stellen bei Kempf p. 64 und Isidor *different.* I, 388 p. 50 Migne. *Africanus* ist nach Cicero *pro Mur.* 14, 31. Val. Max. 3, 7, 1 ein *cognomen*, so auch *Pius* nach Val. Max. 5, 2, 7; andere Beispiele s. bei Perizonius und Kempf. Der von Lahmeyer S. 479 formulirte Unterschied des *cognomen fixum* d. h. des dritten Namens, und des *cognomen adiunctum* beruht auf keiner alten Autorität.

4) In den Fasten z. B. kommen vor: 365 u. c. *L. Postumius Regillensis Albinus;* 366 *T. Quintius Cincinnatus Capitolinus*, *L. Lucretius Tricipitinus Flavus;* 368 *P. Valerius Potitus Poblicola;* 370 *L. Lucretius Flavus Tricipitinus;* 377 *C. Veturius Crassus Cicurinus*, 379 *L. Sextius Sextinus Lateranus.* Diese doppelten *cognomina* sind, wie die einzelnen, wohl bei der Redaction der Fasten nachgetragen (Mommsen R. F. I S. 57. 65 ff.), allein sie waren doch in späterer Zeit in diesen Familien.

5) Nach der älteren Sitte nimmt der Adoptivsohn die drei Namen seines Adoptivvaters an und fügt als vierten sein ererbtes *gentile* mit dem Suffix *anus* hinzu. *P. Cornelius Scipio Aemilianus* war der Sohn des *L. Aemilius Paullus* und war adoptirt von *P. Cornelius Scipio*, dem Sohne des älteren *Africanus*. Ebenso ist gebildet *Q. Fabius Maximus Aemilianus; T. Annius T. f. Milo Pa-*

namhaften Kriegsthat [1]) (*cognomen ex virtute*) [2]) oder einer volksgemässen Bezeichnung, [3]) ohne dass zwischen den verschiedenen Beinamen ein sachlicher Unterschied stattfindet. Denn Personen, welche nur zwei Namen haben, ersetzen durch den Ehrennamen das gewöhnliche *cognomen*, [4]) Personen dagegen, welche mehrere *cognomina* führen, beobachten in der Anführung derselben keine regelmässige Ordnung. [5]) Der durch eine rühmliche That erworbene Beiname erbt, wie der Familienname, wenigstens auf die ältesten Söhne fort [6]) und in der Kaiserzeit legte man ein beson-

---

pianus (Ascon. p. 47 Kiessling); *Sex. Attilius Serranus Gavianus* (Cic. *pro Sest.* 34, 74); *Cn. Cornelius Lentulus Clodianus* u. a. Unregelmässig ist gebildet *Cn. Cornelius Lentulus Marcellinus*, vom *cognomen Marcellus*; er sollte auch *Clodianus* vom *gentile* heissen. S. hierüber Orelli *Onomast. Tull.* II p. 177. Hat der Adoptivvater bloss zwei Namen (s. oben), so behält der Adoptivsohn sein altes *cognomen* auch bei. *Cn. Aufidius Orestes Aurelianus* und *M. Pupius Piso Calpurnianus* hiessen vor der Adoption der erste *Aurelius Orestes*, der zweite *Calpurnius Piso*. Cic. *de dom.* 13, 35. Seit Sulla wird es gewöhnlich, statt der mit *anus* abgeleiteten Form des *gentile* einen der ererbten Namen unverändert anzusetzen. So *M. Terentius Varro Lucullus* Cos. 681; *Q. Marcius Rex Vatia* Cos. 686; *Q. Caecilius Metellus Pius Scipio* Cos. 702; hierüber s. Borghesi *Oeuvres* I p. 194f.; V p. 241. Drum. G. R. II, 44. 566; IV, 176. 195. Eigenthümlich ist der Name des *Brutus*, des Mörders Caesar's; er war vom *Q. Servilius Caepio* adoptirt, heisst aber nicht *Q. Servilius Caepio Brutus*, sondern ohne *gentile Q. Caepio Brutus*. Vgl. Mommsen R. F. I S. 51. Was der Autor der Schrift *de nominibus* bemerkt, dass bei ihm das *cognomen Caepio nominis locum obtinuit*, bestätigt die Inschrift *C. I. L.* VI, 9357, in welcher ein Freigelassener des von Plin. *ep.* 4, 9 erwähnten *Caepio Hispo* den Namen *Ti. Caepio Hieronymus* führt. Siehe Mommsen a. a. O. Ueber die durch die Adoption in der Kaiserzeit eintretende Namensveränderung handelt ausführlich Mommsen Hermes III S. 62ff.

1) So *P. Cornelius Scipio Africanus*, *L. Cornelius Scipio Asiaticus;* unter den *Caecilii Metelli* ein *Macedonicus*, *Dalmaticus*, *Numidicus*, *Balearicus*, *Creticus* und so viele andere.

2) Sall. *Jug.* 5, 4. Vgl. Liv. 30, 45, 6.

3) So *P. Cornelius Lentulus Spinther*, *Q. Caecilius Metellus Celer*, *P. Cornelius Scipio Nasica Corculum*, *P. Cornelius Scipio Nasica Serapio*. Mehr bei Plin. *n. h.* 7, 54 f. *Seneca Grandio*, weil er lauter grosse Dinge liebte. Sen. *suas.* 2, 17 p. 16 Burs.

4) *Mummius*, der kein *Cognomen* hatte, hiess nach seinem Siege *L. Mummius Achaicus*, so dass dies nicht sein vierter, sondern dritter Name wurde. Plut. *Mar.* 1. Ebenso *M. Antonius Creticus;* derselbe Beiname *Sura* oder *Sulla* d. i. *Surula* (s. Mommsen in *Oeuvr. de Borghesi* I p. 163) kommt als vierter Name vor in *P. Cornelius Lentulus Sura*, als dritter in *L. Cornelius Sulla*.

5) Dieselbe Person heisst in den Fasten des Capitolinischen Jahres 365 *L. Lucretius Tricipitinus Flavus*, aber 370 und 373 *L. Lucretius Flavus Tricipitinus*.

6) Im *Somnium Scipionis* (Cic. *de rep.* 6, 11, 11) sagt der ältere *Scipio* zu dem jüngeren: *Hanc (Carthaginem) hoc biennio consul evertes eritque cognomen id tibi per te partum, quod habes adhuc a nobis hereditarium.* Dass nur der älteste Sohn ein solches *cognomen* erbte, schliesst Mommsen R. F. I S. 53 aus der oben S. 12 Anm. 2 angeführten Stelle des Dio Cassius, deren Erklärung indessen unsicher ist. Doch ist es noch in der Kaiserzeit Regel, dass das *cognomen*

deres Gewicht darauf, selbst ausser Gebrauch gekommene Ehrennamen zur Verherrlichung der Familie wieder in Gebrauch zu nehmen.[1])

2. Die Frauen und Töchter setzten, wie die Söhne, ursprünglich ihrem Namen den ihres Gewalthabers ohne weiteren Zusatz bei, die Tochter den des Vaters, die Frau den des Mannes; später fügte die Tochter *filia* hinter dem Namen des Vaters bei,[2]) für die Frau aber erhielt sich die alte Bezeichnung auch nachdem das Gewaltverhältniss längst antiquirt war.[3]) Der Tochtername besteht aus dem *gentile* des Vaters und einem *praenomen*,[4]) welches aber, da es ohne politische Bedeutung ist, die Beschränkung des männlichen Vornamens nicht erleidet, sondern, wie bei den Männern das *cognomen*, facultativ und in der Auswahl unbeschränkt ist, auch nicht, wie das männliche *praenomen*, abge- Name der Frauen.

---

des Vaters auf den älteren Sohn übergeht und erst nach dessen Tode auf den zweiten vererbt. Der bekannte Freund des Tibull *M. Valerius Messala Corvinus* hatte zwei Söhne. Der erste (Cos. 751) hiess *M. Valerius Corvinus Messalla* (Tac. *ann.* 1, 8. *Mon. Anc.* 3. 29. Suet *Aug.* 58. 74) oder *Messalinus* (Tac. *ann.* 3, 18, 34. Dio ind. 55. Vell. 2, 112); der zweite nahm das *gentile* seiner Mutter *Aurelia* an, von deren Bruder er sich adoptiren liess und hiess nun *M. Aurelius Cotta Maximus.* Als aber sein älterer Bruder starb, erbte er (Vell. 2, 112) das *cognomen Messalinus*, das er nun statt des Beinamens *Maximus* führte. S. Henzen *Annali* 1865 p. 7 ff.

1) Borghesi *Oeuvres* I p. 251.

2) Doch sagt noch Cic. *de div.* 1, 46, 104 *Caecilia Metelli* ohne Zusatz von *filia.* Vgl. Suet. *Claud.* 26.

3) So auf Inschriften: *Caecilia Q. Cretici f. Metella Crassi* Orelli 577 = *C. I. L.* VI, 1274; *Lepida M. Silani* Borghesi *Oeuv.* V p. 213; *Paulla Cornelia Gn. filia Hispalli* Or. 551 = *C. I. L.* VI, 1294; *Livia Augusti* Or. 614 = *C. I. L.* X, 7464; *Antonia Augusta Drusi* Or. 650 = *C. I. L.* VI, 921; *Agrippina Germanici Caesaris* Or. 673; *Domitia Cn. f. Domitiani Caesaris* Mommsen *I. N.* 2402 = *C. I. L.* X, 1422; *Plotina Traiani* Or. 793; *Sabina Hadriani* Or. 819 = *C. I. L.* II, 4992; *Domitia Bibuli* Or. 2874 = *C. I. L.* VI, 9523; auf Münzen der Kaiserzeit: *Agrippina M. f. Germanici Caesaris. Octavia Neronis. Plotina Aug. imp. Traiani. Sabina Augusta Hadriani Aug. p. p.;* bei Schriftstellern: Suet. *Caes.* 50: *Postumia Servii Sulpicii, Lollia A. Gabinii, Tertulla M. Crassi, Mucia Cn. Pompeii;* Suet. *Otho* 10: *Messalina Neronis*; Quintilian 6, 3, 73. 74: *Fabia Dolabellae, Domitia Passieni.* Zahlreiche Beispiele in den Indices *C. I. L.* III. V. IX. X.

4) Frauen mit Vornamen in älteren Inschriften s. bei Mommsen Unt. Dial. S. 81. 242. 363; *C. I. L.* I p. 32. Z. B. *Secunda Valeria M. f. C. I. L.* I, 1433 = V, 3794; *Maxsuma Sadria S. f.* Henzen n. 6232 = *C. I. L.* I, 1256; *Dindia Macolnia* auf der Ficoron. Cista *C. I. L.* I, 54; *Rutila Fulcinia* Henzen 6233 = *C. I. L.* I, 1301 = IX, 4298; *Prima Pompeia* Henzen 6234 = *C. I. L.* I, 1010. So *Tertia Sapiena, Tertia Turpedia, Vibia Tetidia, Paula Cornelia;* s. den Index zu *C. I. L.* I p. 641; vgl. *auct. de praen.* 7: *Antiquarum mulierum frequenti in usu praenomina fuerunt Rutila, Caesellia, Rodacilla, Murrula, Burra a colore ducta. Illa praenomina a viris tracta sunt: Gaia, Lucia, Publia, Numeria.*

kürzt geschrieben wird. Der Frauenname muss bei der ältesten Form der Ehe, der weiter unten zu besprechenden *confarreatio*, das *gentile* des Mannes gehabt haben, da die Frau durch dieselbe ganz in die *gens* ihres Mannes überging und daher, wie das Adoptivkind, ihren Namen verändern musste;[1]) bei der späteren bürgerlichen Ehe fand indessen eine Namensveränderung nicht statt, und ist überhaupt aus unseren Quellen nicht nachweisbar,[2]) da einerseits die allerdings vorkommende Namensgleichheit der Frau und des Mannes auf ursprünglich gleicher Gentilität beruhen kann,[3]) andererseits in den meisten uns bekannten Fällen die Frau das väterliche *gentile* beibehält.[4]) In der späteren Republik werden die Vornamen der Frauen und Töchter immer seltener, und der einfache Geschlechtsname üblich;[5]) denn ein *cognomen*, wie die Männer der Nobilität, führen die Frauen nicht;[6]) dagegen beginnen sie am Ende der freistaatlichen Zeit ihren persönlichen Namen wieder zu brauchen und dem *gentile* wie ein *cognomen* nachzusetzen[7]) und zwei Namen haben sie regelmässig auch in der Kaiserzeit, entweder das *nomen* und *cognomen* des Vaters oder die beiden Gentilnamen des Vaters und der Mutter;[8]) nur ausnahmsweise findet

1) Diese Frage behandeln Reinesius *Synt. Inscr.* p. 42. 202. Grupen *De uxore Rom.* p. 100 und neuerdings Mommsen R. F. I S. 9 ff.

2) Cannegieter p. 81. 93. 109. Hagenbuch *Ep. Epigr.* p. 53.

3) Die alten Ehen wurden meistens innerhalb der *gens* geschlossen. Siehe unten. Vgl. Cannegieter p. 81.

4) Beispiele von gleichen und von ungleichen Namen der Eheleute giebt Reinesius p. 42, die ersten sind im Ganzen selten. S. Marini *Inscr. Albane* p. 112. Orelli n. 2751. 2757 (= *C. I. L.* X, 1807). *C. I. L.* IX, 2115; X, 2462. (Gleiche Gentilnamen sind vielmehr in der Kaiserzeit sehr häufig: s. Schneider Beitr. S. 70 ff., welcher daraus schliesst, dass die Frau doch manchmal den des Mannes annahm.)

5) So *Antonia*, *Atia*, *Caesonia*, *Calpurnia*, *Cornelia*, *Cossutia*, *Julia* u. a.

6) Also nicht *Lepida*, *Scaura*. Nur *Metella* kommt vor bei Cic. *ad Att.* 11, 23, 3; 13, 7, 1. Mommsen R. F. I S. 61.

7) *Junia Tertia* oder *Tertulla*, *C. Cassii uxor*. Macrob. *sat.* 2, 2, 5 (Borghesi *Oeuvres* V p. 178). So auch *Arrecina Tertulla* Suet. *Tit.* 4. *C. I. L.* VI 12355. 12357 = Henzen 5429; *Lania M. f. Tertia*, *Lania M. f. Secunda* Or. 2732; *Vespasia Polla* Suet. *Vesp.* 1. Vgl. Henzen *Inscr.* n. 7363. *Vitellia Rufilla* Or. 1171.

8) Borghesi *Oeuvres* V p. 184. Beispiele der ersten Art sind: *Aemilia Paulli f. Lepida*, Tochter des *L. Aemilius Lepidus Paullus* Cos. 754 und der *Julia*, Tochter des *Agrippa* und der *Julia Augusti f.*; *Caecilia Metella* (Or. 577 = *C. I. L.* VI, 1274); *Livia Medullina* Suet. *Claud.* 26; *Junia Torquata* *C. I. L.* VI, 2127. 2128 = Or. 696; *Licinia Magna* Or. 697; *Domitia Longina* Suet. *Dom.* 1; *Aelia Frontina* Or. 2741. Für die zweite Art ist belehrend Or. 2749, wo die Eltern *S. Attius Atticus* und *Valeria Sextina* sind, die Tochter *Valeria Attia* heisst. (Diese letztere Art ist nicht häufig. Oefter ist der zweite Name das *cognomen* der Mutter: *Junia Lepida* (Mommsen *Eph. ep.* IV p. 65). *Annia Faustina* (Capit. *Ant. Pius* 1, 6; vgl. *M. Aur.* 1, 4). Noch weit öfter

sich bei vornehmen Frauen[1]) und in einzelnen Gegenden[2]) der dreifache, sonst den Männern eigenthümliche Name vor.

Name der Sclaven.

3. Die Sclaven wurden ursprünglich nur mit dem Namen des Herrn bezeichnet, nämlich *Marcipor*[3]) oder *Marpor*[4]), *Quintipor*[5]), *Olipor*[6]), *Gaipor*[7]), *Lucipor*[8]), *Naepor*[9]), *Publipor*[10]), d. h.

---

ist er eine Ableitung auf *-ina*, *-illa* oder *-ulla* (in Africa auch *-osa;* einzeln *-itta*, z. B. *Iulitta*. Mommsen *Eph. ep.* IV p. 520 ff.), und zwar 1, vom *gentile* des Vaters: *Terentia M. f. Terentulla*, *Fabia L. f. Fabulla* (*C. I. L.* II, 3645. 3652). 2, vom *cognomen* des Vaters: *Plautia Urgulanilla* (Suet. *Cl.* 26). *Statilia Messalina*. 3, seltener vom Vornamen des Vaters: *Postumia Q. f. Quintilla*, *Iunia L. f. Lucilla* (*C. I. L.* II, 245. 1342); einzeln tritt die einfache weibliche Form des Vornamens ein: *Cornelia L. f. Lucia* (l. l. 3896). 4, vom *gentile* der Mutter: *Terentia Vibiana*, Tochter der *Vibia Aquilina* (*C. I. L.* V, 1458). 5, vom *cognomen* der Mutter: *Maridia Quietilla*, Tochter der *Baebia Quieta* (*C. I. L.* II, 4340). Es werden aber auch Namen irgend welcher Verwandten angenommen oder Ableitungen von ihnen gebildet. Nicht ganz selten begegnet das *gentile* der Mutter mit dem *cognomen* des Vaters oder einem anderen: *Aelia Sosiola*, Tochter des *Minucius Sosius* und der *Aelia Primitiva* (*C. I. L.* V, 1058). Die jüngere *Annia Faustina* trug beide Namen ihrer Mutter. Beispiele für alles dies bei Schneider Beitr. p. 62 ff. 72 ff.) Wenn Schriftsteller nur einen Namen brauchen, so darf man daraus nicht auf das Fehlen des anderen schliessen. So z. B. heissen bei Suet. *Cal.* 7 die drei Töchter des Germanicus *Agrippina*, *Drusilla*, *Livilla*. Ihr vollständiger Name ist aber *Julia Agrippina* (Eckhel VI, 259. Henzen n. 5387), *Julia Drusilla* (Or. 672 = *C. I. L.* V, 5722), *Julia Livilla*, bald *Julia* (Or. 676 = *C. I. L.* VI, 10563. Eckhel VI, 233. Tac. *ann.* 2, 54; 6, 15. Suet. *Claud.* 29), bald *Livilla* (Suet. *Cal.* 7) genannt. Ebenso heisst *Junia M. f. Claudilla* bei Tacitus *Claudia*, bei Sueton *Claudilla*. Siehe Borghesi *Oeuvres* V p. 220.

1) Drei Namen kommen zwar öfter in späterer Zeit vor, s. Suet. *Claud.* 26: *Livia Medullina, cui et cognomen Camillae erat.* So auch *Julia Soaemias Bassiana* Or. 946 = *C. I. L.* X, 6569; *Furia Sabina Tranquillina* Or. 969; *Otacilia Apollonia Marcella C. I. L.* X, 2815. Andere Beispiele s. bei Borghesi *Oeuvres* III p. 239. Des Ausonius Schwiegervater, *Attusius Lucanus Talisius* (Auson. *Parent.* 8) hatte mehrere Töchter, *Attusia Lucana Talisia* (ib. 21), *Attusia Lucana Sabina* (ib. 9) und *Pudentilla* (ib. 18), welche wohl auch *Attusia Lucana Pudentilla* geheissen hat, allein selten sind solche Namen, die wie die Männernamen ein *praenomen* haben. *L. Baebia Sallustia Crescentilla C. I. L.* VI, 1398; vgl. Or. 2738. *G. Valeria Candidilla*, *L. Catellia Dionysia*, *Q. Silia Novella* (*C. I. L.* V, 7959. IX, 2710. VIII, 6607). Weitere Beispiele im Index zu *C. I. L.* VIII.

2) So in Lugdunum. *G. Titia Fortunata* Boissieu *Inscr. de Lyon* c. XV, 107 p. 524. *L. Vindicia Luperca* ib. c. XV, 121 p. 527. Mommsen *Annali* 1853 p. 82 hält dies für einen Provincialbarbarismus.

3) Plin. *n. h.* 33, 26. Priscian 6 p. 236.

4) *C. I. L.* I, 1076 = VI, 6907.

5) Festus p. 257a: *Quintipor servile nomen frequens aput antiquos erat, a praenomine domini ductum, ut Marcipor Gripor* (lies *Gaipor*).

6) *C. I. L.* I n. 1034: *A. Caecili A. l. Olipor;* n. 1386: *C. Socconius C. l. Olipor.*

7) Festus l. l. Römische Inschrift *Bull. della commissione arch. comunale* 1878 p. 95.

8) Plin. l. l.

9) *C. I. L.* I n. 1539e.

10) Quintilian 1, 4, 26: *In servis iam intercidit illud genus, quod ducebatur a domino, unde Marcipores Publiporesque.* Priscian 6 p. 236. Vgl. Mommsen

Marci puer, *Quinti puer* u. s. w., und Plinius ist der Ansicht, dass dieser Gebrauch auf eine Zeit zurückgeht, in welcher die Römer durchschnittlich nur einen Sclaven hielten, 1) der von dem Herrn, wie dies auch später geschah, 2) *puer* genannt wurde, sich selbst aber nach seinem Herrn nannte. Indessen erhielt sich diese älteste Benennung der Sclaven, wenn auch vereinzelt, die ganze Zeit der Republik hindurch 3) und kommt am häufigsten vor bei Freigelassenen, welche, obgleich sie das *praenomen* und *nomen* des Herrn annehmen, doch auch im *cognomen* durch dieselbe ihr altes Dienstverhältniss andeuten, z. B. *Aulus Caecilius, Auli libertus, Olipor.* 4) Als man bei der grossen Vermehrung der Sclaven genöthigt war, ihnen eigene willkürliche Namen zu geben, 5) trat allmählich an die Stelle des familiären Ausdrucks *puer* der juristische Ausdruck *servus*, dem zur Zeit der Republik das *gentile* und dann das *praenomen* des Herrn vorgesetzt wurde, z. B. *Aphrodisius Ploti*, *Gai servus; Pharnaces Egnatii*, *Publii servus*; 6) *Nicomachus Albi*, *Marci servus*, 7) in der Kaiserzeit aber der dreifache Name des Gewalthabers in gewöhnlicher Ordnung voransteht, z. B. *Eleutherus C. Juli Florentini servus*, 8)

I. R. N. 5149 = *C. I. L.* IX, 2818: *P. por.* Die Inschrift ist indess von zweifelhafter Aechtheit.

1) Plin. *n. h.* 33, 26: *Aliter apud antiquos singuli Marcipores Luciporesve dominorum gentiles omnem victum in promiscuo habebant.*

2) Horat. *sat.* 1, 10, 100: *I puer atque meo citus haec subscribe libello.* Ebenso *od.* 1, 38, 1; 2, 11, 18; 3, 14, 17; 3, 19, 10; *epist.* 1, 7, 52.

3) Sallust. *hist.* 3 *fr.* 69 (Dietsch) erwähnt im Sclavenkriege einen Sclaven Namens *Publipor* und unter den Varronischen Satiren hatte eine den Titel *Marcipor.*

4) *C. I. L.* I, 1034. Ein Freigelassener war auch der Dichter *Quintipor Clodius*, von dem Varro bei Nonius p. 117 und in der Satire *Bimarcus* fr. 15 Bücheler (Nonius p. 448) spricht. Quintilian bezeugt zwar an der so eben angeführten Stelle, dass zu seiner Zeit diese Art von Namen nicht mehr gebräuchlich war, allein in dem Verzeichnisse der Vigiles vom Jahre 205 n. Chr. *C. I. L.* VI, 1057 findet sich noch ein Centurio mit Namen *Aulupor*, der wie alle Vigiles ein Freigelassener war (Staatsverwaltung II² S. 485).

5) Varro *de l. L.* 8, 21: *Sic tres quom emerunt Ephesi singulos servos, nonnunquam alius declinat nomen ab eo qui vendit Artemidorus atque Artemidorum sive Artemam appellat, alius a regione, quod ibi emit, ab Ionia, Iona, alius quod Ephesi, Ephesium; sic alius ab alia aliqua re, ut visum est.* Man wählte auch Königsnamen, *Pharnaces*, *Mithridates*, *Arsaces* (s. Marini *Arv.* p. 528), oder mythologische, wie *Lucifer* und *Hesper* Orelli 2785 = *C. I. L.* VI, 3950; im Hause geborene Sclaven (*vernae*) wurden auch wohl nach dem *cognomen* des Herrn benannt. So hat *M. Coelius Narcissus* bei Murat. p. 1550, 2 einen *verna Narcissus.* Andere Beispiele giebt Borghesi *Oeuvres* I p. 79. 80. (Auch römische Namen, wie *Auctus*, *Celer*, *Felix*, *Fortunatus*, *Hilarus*, *Optatus*, *Primus*, *Secundus*, *Venustus*, sind häufig.)

6) *C. I. L.* I, 602 = V, 4087 aus dem Jahre 695 u. c.

7) *C. I. L.* I, 1168 = IX, 3911. 8) Murat. p. 1580 n. 10.

Pallas, T. Staberi Faventini serva, [1]) insofern es überhaupt erforderlich schien, den Sclavennamen vollständig anzuführen. [2]) Kommt ein Sclave durch Kauf oder Erbschaft an einen neuen Gewalthaber, so wird ihm das *cognomen* seines frühern Herrn mit dem Suffix *anus* beigegeben, z. B. *Secundus Caesaris nostri servus Crescentianus,* [3]) *Anna Liviae Maecenatiana;* [4]) wird er freigelassen, so führt er den Gentilnamen [5]) seines Herrn und einen Vornamen, der beliebig gewählt wird und nicht nothwendig der Vorname des Herrn sein darf; [6]) erst im 7. Jahrhundert erhält der Freigelassene mit der *toga* [7]) auch einen römischen Vornamen und zuletzt regelmässig den seines Herrn, [8]) und nimmt gewöhn- Name der Freigelassenen.

---

1) Doni *cl.* 12 n. 47.

2) Beispiele des vollständigen Namens s. *C. I. L.* I, 602 = V, 4087; Hagenbuch *Epist. epigr.* p. 157 ff. Doch wird derselbe auch abgekürzt entweder durch Auslassung von *servus,* z. B. *Amandus Q. Valerii Asiatici* Orelli 2786 = *C. I. L.* V, 7592 oder durch unvollständige Angabe des Herrennamens. Beides ist regelmässig in den Marken der Arretinischen Geschirre. S. Gamurrini *Le iscrizioni degli antichi vasi fittili Aretini.* Roma 1859. 8. p. 11; *Eros Calidi Strigonis; Menola Strigonis; Apollo C. Anni; Felix L. Titi; Anteros L. Titi; Chrysantus L. Titi;* ferner auf den *tesserae C. I. L.* I p. 195 ff.

3) *C. I. L.* VI, 8475.

4) Orelli 2991 = *C. I. L.* VI, 4095; ebenso *Diocles Ti. Caesaris minister Germanicianus* Or. 2924 = *C. I. L.* VI, 4351; *Photio Caesaris nostri servus cocus Sestianus C. I. L.* VI, 8754 u. ö. Siehe hierüber Letronne *Inscr. de l'Egypte* I p. 158. Fabretti p. 319. 343. 344. Wilmanns *Index* vol. II p. 405.

5) Borghesi's Meinung, *Oeuvres* I p. 78; IV p. 318, als hätten die Freigelassenen bisweilen das *cognomen* des Herrn als Gentilnamen geführt, ist berichtigt von Henzen an den beiden angeführten Orten und in Orelli-Henzen *Inscr.* n. 6247. Auch Sclavinnen erhalten bei ihrer Freilassung den Gentilnamen. *C. I. L.* I, 1429: *Trutedia hic cubat, P. Trutedi Amphionis lib(erta), nomine servile Appia.*

6) Der Dichter *L. Livius Andronicus,* denn so nennt ihn Gellius 17, 21, 42 und Cassiodor ad a. 515 = 240, in Mommsen Die Chronik des Cassiodorus Senator Abh. d. sächs. Ges. VIII p. 609, war ein Freigelassener des *M. Livius Salinator* Cos. 535 = 219. Unter den im Jahre 1732 an der *via Appia* gefundenen Grabinschriften, jetzt in *C. I. L.* I, 822 ff. VI, 8211 ff., welche in das siebente Jahrhundert der Stadt gehören, kommen bereits Freigelassene mit dem Vornamen des Patrones, daneben aber auch Freigelassene mit anderen Vornamen vor. In dem *Scitum pagi Herculanei* aus dem Jahre 600 der St., Orelli 3793 = *C. I. L.* I, 571 = X, 3772 stehen neben einander *L. Aufustius L. l. Strato; C. Antonius M. l. Nico; Cn. Avius Cn. l. Agathocles; C. Blossi(us) M. l. Protemus; M. Ramnius P. l. Diopant(us)* u. s. w. Andere Beispiele verschiedener Vornamen s. Orelli-Henzen 5683 (= *C. I. L.* VI, 9974). 6381 (= *C. I. L.* IX, 1222). *C. I. L.* I, 1465 = V, 717. I, 1469 = III, 1784. I, 1471 = III, 1820. III, 4815. X, 1407. 5118; s. ferner den Index zu *C. I. L.* IX. Von willkürlich gewählten, sonst nicht vorkommenden Vornamen sind Beispiele *Cratea Caecili(us) M. l(ibertus) C. I. L.* I, 840 = VI, 8230; *Clesipus Geganius C. I. L.* I, 805 = X, 6488. Vgl. Mommsen R. F. I S. 30 (vgl. oben S. 9 Anm. 3). 7) Polyb. 30, 19. Appian. *Mithr.* 2.

8) Mommsen R. F. I S. 30.

lich seinen alten Namen als *cognomen* an.[1]) *Liberti* einer Frau nehmen das *nomen* und *praenomen* des Vaters ihrer *patrona* an, z. B. *M. Livius*, *Augustae libertus*, *Ismarus*,[2]) auch kommt es ausnahmsweise vor, dass der Herr zu Ehren eines Freundes dessen Gentilnamen statt des seinigen für den *libertus* bestimmt, wie Cicero den Erzieher seines Sohnes, *Dionysius*, den Atticus besonders schätzte,[3]) diesem zu Ehren bei der Freilassung nicht *M. Tullius Dionysius*, sondern *M. Pomponius Dionysius* nannte.[4]) Hatte ein Sclave ein *cognomen* von seinem ersten Herrn, so behielt er das auch nach der Freilassung,[5]) andererseits aber suchten die Freigelassenen die Erinnerung an ihren früheren Stand möglichst zu verwischen und ihren Sclavennamen einem römischen *cognomen* ähnlich zu machen.[6]) Die Nachkommen derselben hörten ganz auf, sowohl den Namen des Patrones als den Sclavennamen zu führen.[7])

---

1) In den Inschriften v. S. Cesario *C. I. L.* I, 822 = VI, 8211 ff. aus der ersten Hälfte des siebenten Jahrhunderts finden sich Freigelassene ohne *cognomen*, wie *M. Caled(ius)*, *M. l.* n. 846 (8236) nach Mommsen's Lesung; Σέξτος Κλώδιος Δεκόμου λιβερτῖνος n. 857 (8247); *A. Fulvi(us) A. A. l.* n. 872 (8264); *L. Furi(us) L. l.* n. 875 (8266); *C. Juni(us) A. li.* n. 880 (8274); *C. Lutati(us) Q. l.* n. 900 (8296); *A. Minati(us) A. l.* n. 911 (8308); *T. Sulpici(us) L. l.* n. 963 (8359); und gleichzeitig Freigelassene mit *cognomen*, wie *P. Claudi M. l. Philocratis* n. 855 (8245); *P. Clodis C. l. Pampi(lus)* n. 856 (8246); *P. Larci(us) C. l. Hilarus* n. 888 (8283); *C. Pacci(us) C. l. Salvi(us)* n. 929 (8325); *P. Public(ius) M. l. Protemus* n. 943 (8339); *C. Valeri(us) C. l. Barnaes* n. 973 (8371). Andere Beispiele von Freigelassenen ohne *cognomen* sind *Q. Caecilius Cn. A. Q. Flamini leibertus C. I. L.* I, 1110; *A. Plotius M. l.*; *C. Sehius C. l.*; *C. Claudius C. l. Ephem. epigr.* IV p. 42. *C. I. L.* V, 6450. IX, 755. 1056. 2824. 4426. 4873. 5054. 6152. X, 4099. 5628. 5693.

2) S. hierüber Henzen *Inscr.* 6386. 3) Cic. *ad Att.* 7, 7, 1.

4) Cic. *ad. Att.* 4, 15, 1: *ut est ex me et ex te iunctus Dionysius, M. Pomponius.* Nämlich *Marcus* hiess er von *Cicero*, *Pomponius* von *Atticus*. Dies Verfahren, das Orelli *Onomast.* p. 223 nicht verstanden hat, erklärt Borghesi *Oeuvres* V p. 329 an der Inschrift Henzen 6379, in welcher ein *patronus L. Valerius M. f. Ouf(entina tribu) Giddo* und dessen zwei Freigelassene, *L. Calpurnius M. l. Menophilus Valerianus* und *Valeria L. l. Truphera* genannt werden. Der *libertus* hat weder das *nomen* noch das *praenomen* des Herrn, sondern der Vater des in der Inschrift erwähnten *Giddo*, *M. Valerius Giddo*, hat ihm zwei fremde Namen gegeben, weshalb der *libertus* seinem wirklichen Herrn zu Ehren noch das zweite *cognomen Valerianus* führt.

5) *Ti. Claudius Aug. lib. Secundus Philippianus C. I. L.* VI, 1860; *Ti. Claudius Aug. lib. Epictetus Acteanus* Or. 2755 = *C. I. L.* VI, 15027. Vgl. Or. 103. 107.

6) Sueton. *de gr.* 18 S. 114 Reifferscheid: *L. Crassitius genere Tarentinus ordinis libertini cognomine Pasicles mox Pansam se transnominavit.* Mart. 6, 17: *Cinnam, Cinname, te iubes vocari.* Zwei andere Beispiele, wo durch kaiserliche Bewilligung römische Namen angenommen wurden, s. Suet. *Galb.* 14. Dio Cass. 79, 16.

7) Borghesi *Oeuvres* VI p. 204 schliesst aus der Inschrift eines römischen Columbariums (*C. I. L.* VI, 8012) *Caius . GARGILIVS . HAEMON . PRO-*

4. Die festen Formen des Namensystems haben sich erhalten, so lange die Familie selbst unter der hausherrlichen Gewalt eng verbunden war; als einerseits die Bande der Familie sich lösten, andererseits die eingeborene römische Bürgerschaft in der Masse der Provincialen und Freigelassenen aufging, ist auch in die Namen die Unregelmässigkeit eingedrungen, die wir am Ende der Republik beginnen und im 2. und 3. Jahrhundert sich vollenden sehen. Sowohl in den kaiserlichen Namen, welche gleich anfangs das *praenomen* aufgeben,[1] im 2. und 3. Jahrhundert immer länger und unregelmässiger werden,[2] als in den Namen aller vornehmen Leute zeigt sich ein Streben nach einer gesetzlosen Vielnamigkeit, welches seinen Grund in dem verschwindenden Bewusstsein einer bestimmten Familienangehörigkeit hat und den Verfall der Einheit des Hauses anschaulich zu erkennen giebt.

Aenderungen des alten Namensystems.

Vielnamigkeit.

Bereits am Ausgange der Republik wird es bei vornehmen Leuten Sitte, das *praenomen* durch eines der *cognomina* zu ersetzen,[3] wie z. B. im J. 743 ein Consul *Paulus Fabius Maximus*,[4] im J. 744 ein Consul *Africanus Fabius Maximus*,[5] unter Tiberius ein XVvir s. f. *Paulus Aemilius Regillus*[6]) vorkommt, oder auch zwei Gentilnamen zu verbinden, wie der Sohn des Triumvir *An-*

CVLI . PHILAGRI . DIVI . AVGusti . Liberti . AGRIPPIANI . FILII . PAEDAGOGVS . IDEM . Libertus, dass der Freigelassene selbst, der Vater, *C. Julius Philagrius Divi Aug. libertus Agrippianus* geheissen haben müsse, während der Sohn sich *C. Gargilius Proculus* nennt, vielleicht mit dem Namen seiner Mutter oder eines Adoptivvaters. Einen deutlicheren Beweis giebt die Inschrift bei Garucci in *Annali d. Inst.* XXXII (1860) p. 254, wo der Vater *MV . AVONIVS . MV . L . MENANDER*, der Sohn aber *MV . AVONIVS . MV . F . HOR(atia)* heisst. In dem Namen des Sohnes ist das *cognomen* des Vaters und der Name des Patrones weggelassen und statt dessen die *tribus* eingesetzt. *C. I. L.* I, 582 ist *C. Sergius M. f. Vel. Mena* der Sohn eines *libertus*, dessen *cognomen Mena* er noch hat; sein Sohn heisst aber *Sergius C. f.* ohne *cognomen*.

1) Es wurde durch das *praenomen imperatoris* (Suet. *Caes.* 76, wo es mit Unrecht Caesar beigelegt wird. *Tib.* 26. *Claud.* 12) ersetzt, das Augustus 29 v. Chr. erhielt. Seitdem nennt sich Augustus nicht *Imp. C. Caesar*, sondern *Imp. Caesar*. Die folgenden Kaiser brauchen wieder ihr *praenomen*, aber ohne *Imperator*, Nero braucht beide *praenomina*, Vespasian aber nennt sich immer *Imp. Caesar Vesp.* ohne sein eigenes *praenomen*. S. Mommsen Staatsrecht II² S. 743 ff.

2) Ueber die Zusammensetzung der Kaisernamen s. Borghesi *Dichiarazione d'una lapida Grut.* p. 28—31 (*Oeuvres* III p. 488 ff.). Mommsen a. a. O. S. 741 ff.

3) Mommsen R. F. I S. 34. Lahmeyer S. 492. Oben S. 9 Anm. 2. S. 12 Anm. 5.

4) Plin. *n. h.* 8, 65. *Acta fr. Arvalium* ed. Henzen p. XXIX und dazu p. 185. Klein *Fasti consul.* s. a. 743.

5) So heisst er auf einer Münze von Hadrumetum. Borghesi *Oeuvres* I p. 248. Müller *Numism. de l'ancienne Afrique* II S. 52 n. 29.

6) Inschrift von Saguntum. *C. I. L.* II, 3837.

tonius, als ihm verboten wurde, das *praenomen* seines Vaters fortzuführen, [1]) den Namen *Julius Antonius* annahm. [2]) Seit Augustus ferner hört das *praenomen* überhaupt auf, die Individualbezeichnung der verschiedenen Söhne eines Vaters zu sein; [3]) die Brüder erhalten vielmehr dasselbe *praenomen* und unterscheiden sich durch das *cognomen*, welches beispielsweise der älteste Sohn unverändert vom Vater bekommt, der zweite durch das Suffix *anus* vom Mutternamen ableitet, [4]) der dritte endlich ebenfalls als Derivativum des väterlichen *cognomen* gestaltet. [5]) Hatte dies Verfahren noch eine Analogie mit der alten Zeit, in welcher *cognomina* auf *anus* gewöhnlich adoptirte Personen von ihrem wirklichen Vater, [6]) seltener Söhne zweiter Ehe von ihrer Mutter er-

---

1) Dio Cass. 51, 19. Plutarch. *Cic.* 49.

2) Dies scheint in der That die richtige Form des Namens zu sein. S. Borghesi *Oeuvres* I p. 469 ff. Mommsen Röm. Forsch. I S. 35, an welcher man nur gezweifelt hat wegen Horat. *od.* 4, 2, 2: *Jule ceratis ope Daedalea.* Allein in dieser Stelle ist *Juli* wie *Jule* metrisch schwierig und schwerlich haltbar. (Wenn die Münze Mionnet *Méd. ant.* Supplém. I p. 72 n. 412 sich auf ihn bezieht, so hiess er *C. Julius Antonius*. Dann war *Julius* eigentlich *gentile*, wurde jedoch gewöhnlich wie ein *praenomen* gebraucht. S. Borghesi a. a. O.)

3) Borghesi *Oeuvres* I p. 437. Schneider Beitr. S. 15 Anm. 78.

4) Beispiele bei Cannegieter p. 10. 11. Borghesi *Oeuvres* III p. 493 ff. Schneider l. l. p. 73 Anm. 282. *Flavius Sabinus* hatte von der *Vespasia Polla* zwei Söhne, von denen der älteste vom Vater *Sabinus*, der jüngere von der Mutter *Vespasianus* hiess. Suet. *Vesp.* 1; *C. Salvius Vitellianus* ist der Sohn des Redners *C. Salvius Liberalis* und der *Vitellia Rufilla* Or. 1171; *Ser. Cornelius Dolabella Petronianus* Cos. 839 (Henzen *Act. Arv.* p. 183) ist der Sohn eines *Cornelius Dolabella* und einer *Petronia* Tac. *hist.* 2, 64; und so sind gebildet die Namen *L. Burbuleius Optatus Ligarianus; Galerius Trachalus Turpilianus; C. Bellicus Natalis Tebanianus* (Mur. 307, 3); *Q. Septimius Florens Tertullianus; C. Prastina Pacatus Messalinus* Cos. 900 (Borgh. *Oeuvres* IV p. 471); *C. Erennius Amintas Medirnianus* (*C. I. L.* V, 6662) u. a. In der Inschrift *C. I. L.* III, 231 heissen zwei Söhne des *A. Curtius Crispinus* der eine *A. Curtius Crispinus Arruntianus*, der andere *A. Curtius Auspicatus Titinnianus*. Allein diese regelmässige Stellung wird nicht immer beibehalten, z. B. *M. Pedo Vergilianus C. I. L.* VI, 1984 heisst auch *M. Vergilianus Pedo* ib. 44. (Das *cognomen* der Mutter wird auch unverändert geführt. *C. I. L.* III, 234. 971. 2875: *Pompeius Marcellinus*, Sohn des *Pompeius Marinianus* und der *Aufidia Marcellina.* V, 120. 250. 3600. Auch das *gentile* der Mutter mit dem *cognomen* des Vaters oder auch einem anderen *cognomen* kommt vor: *C. I. L.* IX, 678 *Sex. Tussidius Felix*, Sohn des *T. Carinius Felix* und der *Tussidia Fortunata.* *C. I. L.* III, 1228. 5890; VI, 5073. 5080; X, 1307. Schneider Beitr. S. 72 ff. Beispiele von Brüdern mit gleichem *praenomen*, die sich durch das *cognomen* unterscheiden, geben die Indices zu *C. I. L.* III. V. VIII. IX.)

5) *C. I. L.* IX, 506 hat *M. Cosinius Priscus negotiator suarius* von seiner Frau *Tuccia Prima* drei Söhne: 1. *M. Cosinius Priscus*, 2. *M. Cosinius Primus*, 3. *M. Cosinius Priscianus*, wo also das Suffix *anus* dem Vaternamen angefügt ist. Bei Appuleius *de magia* c. 68 hat *Sicinius Amicus* von seiner Frau *Aemilia Pudentilla* zwei Söhne, *Sicinius Pontianus* (wohl vom Vater oder Grossvater) und *Sicinius Pudens*, von der Mutter benannt.

6) S. oben S. 15 Anm. 5.

hielten,[1]) so blieb man doch dabei nicht stehen, sondern nahm das *gentile* oder auch alle Namen der Mutter, des mütterlichen Grossvaters, des Adoptivvaters oder endlich bekannter Personen, namentlich solcher, von denen man testamentarisch adoptirt wurde,[2]) zuweilen auch ganz willkürliche Namen an, und stellte diese bald vor, bald zwischen die eigentlichen Namen, so dass sich zwei *praenomina*,[3]) zwei *nomina*[4]) und viele *cognomina* neben einander finden, aus welchen der Familienname an keinem Kriterium zu erkennen ist. Neben der Auflösung des alten Namensystems influirt auf diese Umgestaltung aber auch zweitens das Eindringen fremder Elemente. Griechen, Syrer, Aegypter und andere Peregrinen setzten, wenn sie das römische Bürgerrecht

Fremde Namen.

1) Gell. 13, 19, 8: (*Cato Censorius*) *iam multum senex, Saloni clientis sui filiam virginem duxit in matrimonium, ex qua natus est ei M. Cato Salonianus: hoc enim illi cognomentum fuit a Salonio, patre matris, datum.* Plut. *Cato* 24. Die andere Linie hiess *Licinianus* nach der ersten Frau Cato's, Licinia: Plin. *n. h.* 7, 61 f.

2) S. Bachofen Ueber die testamentarische Adoption in Ausgew. Lehren des Röm. Civilrechts. Bonn 1848. 8. S. 228—244 und jetzt Mommsen *Hermes* III S. 62 ff. Das älteste Beispiel sind die *Scipiones Salvittones* Plin. *n. h.* 35, 8; das bekannteste ist Octavian, den Caesar in seinem Testamente adoptirte. Suet. *Jul.* 83. Vgl. Suet. *Tib.* 6. Suet. *Oct.* 101: *Heredes instituit primos Tiberium — et — Liviam — quos et ferre nomen suum iussit.* Suet. *Galb.* 17. Val. Max. 7, 8, 5.

3) *C. Appius Junius Silanus* Cos. 781 (*C. I. L.* X, 1196. Dio Cass. 60, 14) heisst *Appius* wahrscheinlich von seiner Mutter; der Kaiser Galba hiess eigentlich *Ser(vius) Sulpicius Galba*, war aber von seiner Stiefmutter *Livia Ocellina* adoptirt und nahm von deren Vater die drei Namen *L. Livius Ocella* an (Suet. *Galb.* 3, 4), so dass er *L. Livius Servius Sulpicius Galba* heisst. Borghesi *Annali* 1855 p. 16[b] und *Oeuvres* V p. 145 f. Mommsen *Hermes* III, 65 Anm. 2. So wie er aber den Vornamen *Servius* hinter das erste *gentile* stellt, so findet sich auch diese Stellung in *L. Pompeius Vopiscus C. Arruntius Catellius Celer* Henzen *Act. fr. Arv.* p. 195; *C. Antius Aulus Julius Quadratus* Borghesi *Oeuvres* II p. 14. 15. Henzen *Act. fr. Arv.* p. CXLVI und 176. Klein *Fasti cons.* s. a. 93. Viele andere Beispiele s. bei Marini *Arv.* p. 234. 235. Vgl. Cannegieter p. 7. Das zweite *praenomen* wird in diesen Fällen ganz wie ein *cognomen* behandelt. Es kann ohne Abkürzung geschrieben werden, was sonst bei dem *praenomen* nicht vorkommt (Mommsen *Hermes* III S. 72 f. Das von Nipperdey *Variarum observationum antiquitatis Romanae cap.* II p. 11 (*Opusc.* p. 535) dagegen angeführte Beispiel eines *Marcus Salonius* Orelli-Henzen n. 6005 erledigt sich dadurch, dass dieser Name in der jetzt *C. I. L.* V, 3117 edirten Inschrift von ganz unsicherer Lesart ist), und nimmt in der Gruppe der Namen zuweilen die letzte Stelle ein, wie in *P. Aelius Aelianus Archelaus Marcus C. I. L.* X, 3725; Αὖλος Παντουλήϊος Γάϊος *C. I. Gr.* 339, wo Böckh ohne Grund Γαΐου liest; Γ. Μάριος Πόπλιος ib. 3408 und dazu Böckh. S. mehr bei Cavedoni *Annali* XIX (1847) p. 135.

4) *M. Valerius Antonius Antico* hat ein *gentile* vom Vater, das andere von der Mutter. Borghesi *Oeuvres* IV p. 297 ff.; so auch der schon angeführte *L. Livius Sulpicius Galba* Eckhel VI, 300; *Q. Herennius Etruscus Messius Decius* von seiner Mutter *Herennia Etrusca* und seinem Vater *Decius* Borgh. *Lap. Grut.* p. 28 f. (*Oeuvres* III p. 490). Vgl. Schneider Beitr. p. 76.

erhielten, ihrem Namen zwei römische,[1]) und zwar eigentlich die ihres Patrones[2]) vor, aber indem auch sie die Ordnung der Namen verändern[3]) und den ganzen Namen beliebig abkürzen,[4]) bringen sie in die Namensform eine neue Regellosigkeit. Hiezu kommt noch endlich drittens eine familiäre Bezeichnung, die eigentlich *signum*,[5]) bei Tacitus einmal *vocabulum*[6]) heisst, und mit *sive*[7]) oder *qui et*, griechisch ὁ καὶ angefügt wird,[8]) z. B. *M. Datellius*

Familiäre Bezeichnungen.

---

1) Γ. Κλαύδιος Σειλιανὸς Πολύκριτος *C. I. Gr.* 393; M. Κοκκήϊος Ἀλέξανδρος ib. 4010; Κλαύδιος Αἰμίλιος Φιλωνίδης ib. 4014; M. Ἰούλιος Εὐσχήμων ib. 4033 und so öfters. Africanische Namen dieser Art, *L. Postumius Namphamo; C. Julius Baricio*, hat aus Renier's Inschriften zusammengestellt Henzen *Annali d. Inst.* XXXII (1860) p. 80. 81.

2) Cic. *Verr.* 4, 17, 37: *Lutatius Diodorus, qui Q. Catuli beneficio ab L. Sulla civis Romanus factus est.* Cic. *ad fam.* 13, 36: *Cum Demetrio Mega mihi vetustum hospitium est. — Ei Dolabella rogatu meo civitatem a Caesare impetravit. — Itaque nunc P. Cornelius vocatur.* Andere Beispiele s. bei Drumann G. R. II, 595. IV, 553. 594. Cic. *ad fam.* 13, 35: *C. Avianius Philoxenus antiquus est hospes meus — quem Caesar meo beneficio in Novocomenses retulit. Nomen autem Avianii secutus est, quod homine nullo plus est usus quam Flacco Avianio, meo familiarissimo.* In der Kaiserzeit nahmen die Neubürger vorzugsweise das *gentile* des Kaisers an. Dio Cass. 60, 17, 7. Daher die vielen *Claudii, Flavii, Aelii*, und selbst Könige thaten dies aus Schmeichelei. Borghesi *Oeuvres* I p. 473.

3) Αὐρήλιος Ἀγησίλαος Σεκοῦνδος *C. I. Gr.* 4016; T. Στατίλιος Λαμπρίου υἱὸς Τιμοκράτης Μεμμιανός ib. 1124.

4) *Ti. Claudius Atticus Herodes* Cos. 143 (*C. I. Gr.* n. 1833) heisst gewöhnlich *Herodes Atticus*, in seinen Briefen *Herodes*, Philostr. *vit. soph.* 2, 1, 13; in Inschriften Κλ. Ἀττικὸς Ἡρώδης *C. I. Gr.* n. 2978; Τιβέριος Κλαύδιος Ἀττικὸς Ἡρώδης *C. I. Att.* III, 675; Κλαύδιος Ἡρώδης *ib.* 663; Ἡρώδης Ἀττικοῦ ib. 69. 160. 667 oder Ἡρώδης ib. 403. 811. 813. 815. 1417. Ebenso sind gebildet Ἡρώδης Ἀγρίππας, Ἀριστείδης Κοϊντιλιανός, Ἀχιλλεὺς Τάτιος, Διονύσιος Λογγῖνος, *Dio Cassius*, bei Suidas s. v. Δίων ὁ Κάσσιος χρηματίσας, d. h. *Dion*, genannt *Cassius*, s. Letronne *Inscr. de l'Égypte* I p. 128f. Solche vorangestellte Peregrinennamen meint Ammian. Marc. 28, 4, 7: *Praenominum claritudine conspicui quidam, ut putant, in immensum semet extollunt, cum Reburri et Flabuni et Pagonii Gereonesque appellentur ac Dalii cum Tarraciis et Perrasiis aliisque ita decens sonantibus originum insignibus multis.*

5) Lamprid. *Diadumen.* 4, 4 *signum Diademati.* Vgl. Capitolin. *Gordiani tres* 4. 8: *Iam illud satis constat, quod filium, Gordianum nomine, Antonini signo inlustraverit, cum apud praefectum aerarii more Romano professus filium publicis actis eius nomen insereret.* Or. 2780: *Lucilius Metrobius signo Sapricus. C. I. L.* X, 3796: *Delmatius signo prisco de nomine Laetus* und dazu Mommsen *Hermes* I S. 158 Anm. *C. I. L.* III, 2439: *locus concessus a Navio Aulo Fortunato signo Asterio.* Renier *Inscr. de l'Algérie* 1777 = *C. I. L.* VIII, 4411: *Virrullius Hilarus, signo Concordius.* Anderes s. bei Hübner in Jahn's Jahrb. Suppl. III H. 5 S. 613 und in den Indices *C. I. L.* II. III. V. VIII. IX. X.

6) Tac. *ann.* 1, 41: *militari vocabulo Caligulam appellabant.* Solch ein militärischer Name ist *Cedo alteram* (Tac. *ann.* 1, 23). Vgl. Lamprid. *Aurelian.* 6: *huic signum exercitus apposuerat manus ad ferrum.*

7) *Eustatius sive Lampadius* Or. 2772. Vgl. 2773. 3927 = *C. I. L.* V, 4410.

8) Gr. 1140, 7. In den *Fr. Vat.* § 42 ist eine kaiserliche Verfügung des J. 294 adressirt *Aurelio Loreo cui et Enucentrio.* Andere Namen dieser Art s. Orelli-Henzen 2766: *Ti. Claudius Niceros qui et Asiaticus.* 4719. 5007; auch bei Frauen: *Salustia Homilia quae et Caecilia* 2767. 2768 = *C. I. L.* III

Trophimus qui et Fortunatus. Häufig ist diese ein Witzwort, in vielen Fällen aber ein nothwendiges Auskunftsmittel. Denn vielnamige Personen — und es kommen Leute mit 30 Namen vor[1]) — mussten im gewöhnlichen Leben einen üblichen Namen haben[2]) und wir finden, dass dieser, da er in der Masse der Namen an der Stellung nicht erkennbar ist, auf Statuen separat vorangesetzt wurde. Zuweilen aber ist dieser individuelle Name in dem langen Namencomplexe gar nicht enthalten und lässt erkennen, dass selbst für angesehene Personen gerade ein solcher Name als Bezeichnung galt, der mit der Familie derselben gar keinen Zusammenhang mehr hatte[3]). Einen besonderen Einfluss sowohl auf die Verdoppelung[4]) als auf die Neubildung von Namen übte auch das Christenthum aus; zu Augustinus' Zeit gab es Namen wie *Deogratias*[5]) und *Quodvultdeus*, welche auch declinirt wurden.[6])

3192b; oder *qui vocatur* Or. 2770; *qui vocitatur* 2769. 6249; *Philadelphus qui et Polydapanus C. I. L.* III, 2468, Σαμψιγέραμος ὁ καὶ Σεῖλας Waddington n. 2567, aus dem J. 78 n. Chr. Vgl. Cannegieter p. 26. 27. Borghesi *Lap. Grut.* p. 42 (*Oeuvres* III p. 501). Von einem zweijährigen Kinde heisst es in einer Grabschrift des J. 371 p. Chr.: *Hic iacet Muscula quae et Galatea* De Rossi *Inscr. Christ.* I p. 112 n. 224. Weitere Beispiele in den S. 26 Anm. 5 citirten Indices des *C. I. L.* Wenn bei diesem Ausdrucke der Hauptname im Dativ steht, findet sich in dem mit dem Relativum beginnenden Zusatz eine dreifache Construction, nämlich 1. *L. Peccennio Lascivo, qui et Monnicus* (*C. I. L* VI, 1487); 2. *Flaviae Capitolinae cui et Pacciae* (Fabr. p. 146 n. 175), so dass also *cui et Pacciae* wie ein declinirbares Wort betrachtet wird; 3. eine Vermischung beider Constructionen, wie in der Inschrift von Arles (Herzog *Gall. Narb.* n. 333): *Liciniae Magnae quae Matronae*, wofür allerdings der correcte Ausdruck wäre *sive Matronae. C. I. L.* X, 3049.

1) Or. 2761. vgl. 2759. 2760 = *C. I. L.* II, 1371.

2) Dies ist schon in alter Zeit Sitte, wenn durch die Adoption der Name unklar geworden war. *M. Pomponius Atticus* wurde von seinem Oheim *Q. Caecilius* adoptirt (Nepos *Att.* 5) und hiess deshalb *Q. Caecilius Q. f. Pomponianus Atticus*, gewöhnlich *Atticus*, Cannegieter p. 14.

3) Sirmond. ad Sidon. Apoll. p. 3—6 stellt die Regel auf, dass unter den vielen Namen der Kaiserzeit der letzte der Individualname sei. Dass dies falsch ist, zeigt Borghesi *Lap. Grut.* p. 43—47 (*Oeuvres* III p. 503 ff.). Auf den *bases honorariae* der Kaiserzeit findet sich der Hauptinschrift ein einzelner Name im Genetiv oder Dativ vorgesetzt, und dies ist der gangbare Name dessen, dem die Statue gewidmet ist; es ist aber nicht immer der letzte Name des ganzen Namencomplexes; zuweilen kommt er gar nicht in demselben vor. S. die Beispiele bei Borghesi a. a. O. und bei Henzen n. 6252.

4) Der christliche Name wird mit dem römischen durch *sive* verbunden. Cannegieter p. 12.

5) Den *frater Deogratias* in Carthago erwähnt Augustin *de catechizandis rudibus* c. 1. Vol. VI p. 191a Bened. = VI p. 309 Migne. *Ep.* 249, 1, Vol. II p. 1065 Migne.

6) Augustini *de haeresibus ad Quodvultdeum liber unus*. Vol. VIII p. 1 Bened. = VIII p. 21 Migne. De Rossi *Inscr. Chr.* I n. 436. Vgl. De Rossi l. l. n. 372: *dulcissimae filiae Adeodatae.* Aehnlich ib. n. 913: *Hic requiescit Deusdedit, qui* u. s. w.; n. 923 *Deusdet.* Ausserdem findet sich eine grosse

Zweiter Abschnitt.

Die Ehe. [1]

iustum matrimonium.

Erfordernisse desselben.

1. Eine gültige Ehe, *iustum matrimonium* [2]) können nach römischem Rechte nur Personen eingehn, welche zur Eheschliessung politisch berechtigt, durch ihr Alter qualificirt, nicht zu nahe verwandt, und, insofern sie noch unter väterlicher Gewalt stehn, durch ihre Gewalthaber dazu ermächtigt sind. [3])

Anzahl von Schimpfnamen, welche von den Christen nicht nur ertragen, sondern auch als ein Zeichen von Demuth freiwillig geführt wurden, wie *Foedulus*, *Pecus*, *Proiectus*, *Stercorius*, welchen letzten Namen mehrere Bischöfe haben. S. hierüber E. le Blant *Revue archéologique* Nouv. Série Vme année. Vol. X (1864) p. 4—11.

1) Ueber die rechtlichen Verhältnisse der Ehe, welche hier nur insoweit zur Besprechung kommen, als unsere Aufgabe es nöthig macht, findet man das Quellenmaterial und die neue Litteratur in Rein Privatrecht d. R. S. 267—468. Böcking Pandekten § 46. Walter G. d. R. R. (3. Ausg.) § 511—548. Den ganzen Stoff mit Hinzuziehung der antiquarischen Notizen behandeln Barnabae Brissonii *De ritu nuptiarum liber sing.* in Brissonii *Opera* ed. Trekell. Lugd. Bat. 1749. fol. p. 287—339 und in Graevii *Thes. A. R.* VIII p. 1007. Hotomann *De veteri ritu nuptiarum* in Graevii *Thes. A. R.* Vol. VIII p. 1107. Grupen *De uxore Romana.* Hannover 1727. 8. Becker *Gallus* her. v. Rein II S. 4—56 (Göll S. 5ff.). Lange Röm. Alt. I³ S. 112ff. Van Maanen *De muliere in manu et in tutela secundum Gaii institt. principia.* Lugd. Bat. 1823. 8. Hasse Das Güterrecht der Ehegatten nach röm. Rechte. Berlin 1827. 8. Eggers Ueber das Wesen und die Eigenthümlichkeit der altrömischen Ehe mit *manus.* Altona 1833. 8. Hase *De manu iuris Romani antiquioris.* Halae 1847. 8. Rossbach Untersuchungen über die röm. Ehe. Stuttgart 1853. 8. Derselbe Römische Hochzeits- und Ehedenkmäler. Leipzig 1871. 8. Fresquet *De la manus en droit Romain*, in *Revue historique de droit Français* II (1856) p. 135. Die Grabrede des Q. Lucretius Vespillo Cos. 735 = 19 auf seine Gemahlin *Turia C. I. L.* VI, 1527 und dazu Mommsen Zwei Sepulcralreden aus der Zeit Augusts und Hadrians, Abhandl. der k. Acad. d. Wiss. zu Berlin 1863 S. 455ff. und Huschke Zu der Grabrede auf die *Turia* in Zeitschrift für Rechtsgeschichte V (1866) S. 168ff. Karlowa Die Formen der röm. Ehe und Manus. Bonn 1868. 8. Hoelder Die röm. Ehe. Zürich 1874. 8. Vgl. auch P. Laband Die rechtliche Stellung der Frauen im altrömischen und germanischen Recht, in Lazarus und Steinthal Zeitsch. für Völkerpsychologie III (1865) S. 137—194. Ueber die Stellung der Frauen in der Kaiserzeit handelt besonders L. Friedlaender Darstellungen aus der Sittengeschichte Roms I⁵ S. 403—515.

2) Gaius 1, 76. Auch *iustae nuptiae.* Gai. 1, 55. Cic. *de rep.* 5, 5, 7.

3) Gaius 1, 67—80. Ulp. 5, 2—5: *Justum matrimonium est si inter eos, qui nuptias contrahunt, conubium sit, et tam masculus pubes quam femina potens sit, et utrique consentiant, si sui iuris sunt, aut etiam parentes eorum, si in potestate sunt. Conubium est uxoris iure ducendae facultas. Conubium habent cives Romani cum civibus Romanis; cum Latinis autem et peregrinis ita, si concessum sit; cum servis nullum est conubium.* Ein Beispiel für die Bewilligung des *conubium* an *Latini* und *Peregrini* s. Gaius 1, 57: *Unde et veteranis quibusdam concedi solet principalibus constitutionibus conubium cum his Latinis peregrinisve,*

Das *ius conubii* hatten in alter Zeit nur die römischen Patricier unter sich und vielleicht mit latinischen Patricierfamilien, [1]) bis das Gesetz des Tribunen C. Canuleius (309 = 445) *de conubio patrum et plebis* es allen römischen Bürgern gestattete. [2]) Mit der Civität selbst erhielten es sodann die Latiner, [3]) in Folge der *lex Julia* und *Plautia Papiria* (664 und 665 = 90. 89) sämmtliche Italiker, endlich durch die Constitution Caracalla's alle Bewohner des römischen Reichs. [4]) Ehen, bei welchen der eine Theil der römischen Bürgerschaft, der andere den Latinern jüngeren Rechtes [5]) oder den Peregrinen angehörte, sind nach römischem Recht nicht gültig, sodass die aus ihnen hervorgehenden Kinder dem Stande der Mutter folgen und nicht in der *potestas* des Vaters sind. [6]) War die Mutter eine römische Bürgerin, so wurden die Kinder allerdings *cives Romani*, indessen nach einer *lex Minicia* aus unbestimmter Zeit nur in dem Falle, dass sie mit einem *Latinus* verehelicht war, während die Kinder eines *peregrinus* und einer *civis Romana* in den schlechteren Stand, nämlich den des Vaters, traten. [7]) *ius conubii.*

Die Altersqualification, d. h. der Termin der Pubertät, ist von den Juristen für Männer auf das 14., für Frauen auf das 12. Jahr gesetzt worden, [8]) in der Praxis aber trat die Verheirathung des Mannes regelmässig erst nach Annahme der *toga* Altersqualification.

---

quas primas post missionem uxores duxerint; et qui ex eo matrimonio nascuntur et cives Romani et in potestate parentum fiunt. S. Staatsverwaltung II² S. 565.

1) Strabo 5 p. 231: οὐδὲν ἧττον ἐπιγαμίαι τε ἦσαν πρὸς ἀλλήλους καὶ ἱερὰ κοινὰ τὰ ἐν Ἄλβᾳ καὶ ἄλλα δίκαια πολιτικά. S. Staatsverwaltung I S. 53.

2) Liv. 4, 1 ff. Cic. *de rep.* 2, 37, 63. Dionys. 10, 60; 11, 28.

3) Staatsverwaltung I S. 27.

4) Staatsverwaltung I² S. 566; II² S. 224. 268. Von seiner Zeit sagt Prudentius *c. Symmachum* 2, 612:

Distantes regione plagae divisaque ponto
litora conveniunt nunc per vadimonia ad unum
et commune forum; nunc per commercia et artes
ad coetum celebrem, nunc per genialia fulcra
externi ad ius conubii; nam sanguine mixto
texitur alternis ex gentibus una propago.

5) Staatsverwaltung I S. 53. 6) Gaius 1, 66.

7) Ulpian. 5, 8 nach Krüger's Lesung: *Conubio interveniente liberi semper patrem sequuntur: non interveniente conubio matris condicioni accedunt, excepto eo qui ex peregrino et cive Romana peregrinus nascitur, quoniam lex Minicia* (die Handschrift hat *Mensia*) *ex alterutro peregrino natum deterioris parentis condicionem sequi iubet.* Die *l. Minicia* erwähnt Gaius 1, 78 Studemund.

8) *Cod. Just.* 5, 4, 24. Macrob. *in somn. Scip.* 1, 6, 71; *sat.* 7, 7, 6. Tertull. *de virg. velandis* 11 (p. 526 extr. Oehler). Dio Cass. 54, 16, 7 und mehr im dritten Abschnitt.

virilis ein,[1]) auf welche wir in dem dritten Abschnitt zurückkommen werden.

Verwandtschaftsgrad.

Was drittens die Verwandtschaft betrifft, so ist es in alter Zeit gewöhnlich, dass Väter ihre Schwiegersöhne in ihrer *gens* suchen,[2]) und es wird als etwas Ausserordentliches erwähnt, dass Frauen aus der *gens* herausheirathen (*enubunt*).[3]) Dagegen ist unter Familienmitgliedern, welche als unter einem *pater familias* stehend, alle *liberorum loco* sind,[4]) eine Verheirathung unsittlich und ungesetzlich (*nefariae et incestae nuptiae*).[5]) Dieser Rechtsgrundsatz bezieht sich allerdings nicht auf die natürliche Entwicklung der Familie, welche durch Descendenz und Seitenverwandtschaft in unbegrenzter Weise stattfindet, sondern auf eine bestimmte Definition, nach welcher man unter Familienmitgliedern (*cognati*) diejenigen versteht, welche bis zum sechsten Grade verwandt sind.[6]) Auf diesen Kreis beschränken sich die sprachlichen Bezeichnungen der Verwandten,[7]) das für die

---

1) Auch Mädchen heiratheten gewöhnlich später. S. Friedlaender Darstellungen I^5 S. 504—514.

2) Vgl. Augustin. *de civ. d.* 15, 16: *Fuit autem antiquis patribus religiosae curae, ne ipsa propinquitas se paulatim propaginum ordinibus dirimens longius abiret et propinquitas esse desisteret, eam nondum longe positam rursus matrimonii vinculo colligare et quodammodo revocare fugientem.*

3) Man sagt *enubere e patribus* (Liv. 4, 4, 7; 10, 23, 4), *enubere extraneo* (Isidori *append.* XXIII, 153, VII p. 1327 Migne, VII p. 436 Arev.) und ebenso *innubere* (Liv. 1, 34, 4); die *gentis enuptio* wird nur einmal im Jahre 568=186 erwähnt (Liv. 39, 19), wo der Senat beschloss und das Volk bestätigte, *ut Feceniae Hispallae — — gentis enuptio, tutoris optio item esset, quasi ei vir testamento dedisset.* Da die Wittwe demnach nur durch die testamentarische Verfügung ihres Mannes zur *enuptio gentis* berechtigt wird, so schliesst Mommsen R. F. I S. 10 mit Recht, dass den Frauen überhaupt ebensowenig der Austritt aus der *gens* als die freie Disposition über ihr Vermögen zustand, und vermuthet, dass zu dem ersteren nicht bloss der Consens des Vaters oder Vormundes, sondern ein Beschluss der *gens* erforderlich gewesen sei, worüber allerdings ein Zeugniss nicht vorliegt. (Gegen diese Auffassung Zippel, Histor. Zeitschr. 1884 p. 490, der aber keine befriedigende Erklärung der Worte des Livius giebt. Eine andere Erklärung ist wohl nur möglich, wenn man mit M. Voigt (Rhein. Mus. 1878 (N. F. 33) p. 483 ff.; Sächs. Ber. 1878 p. 160 ff.) die Worte *quasi — dedisset* nur auf die *tutoris optio* bezieht, was aber sprachlich schwierig ist.)

4) S. die Beweise bei Rossbach Untersuchungen S. 422 ff.

5) Gaius 1, 59. 64. *Cod. Just.* 5, 27, 7 u. ö. *Incestum* ist der technische Ausdruck für eine eheliche Verbindung zu nahe verwandter Personen. Paullus 2, 19, 5. *Dig.* 48, 5, 39.

6) Klenze in Zeitschrift für geschichtliche Rechtswissenschaft VI S. 20 ff.

7) Es sind für die Descendenten 1. *filius*, *filia*, 2. *nepos*, *neptis*, 3. *pronepos*, *proneptis*, 4. *abnepos*, *abneptis*, 5. *adnepos*, *adneptis*, 6. *trinepos*, *trineptis;* für die Ascendenten 1. *pater*, *mater*, 2. *avus*, *avia*, 3. *proavus*, *proavia*, 4. *abavus*, *abavia*, 5. *atavus*, *atavia*, 6. *triavus*, *triavia*. Ueber diese Zahl hinaus heissen die Ascendenten *maiores*, die Descendenten *posteriores*. Ueber die

Frauen geltende *ius osculi*, [1]) das Institut der Familiengerichte, die Trauerpflicht und die in verschiedenen Gesetzen vorkommenden die *cognati* betreffenden Bestimmungen; [2]) auf denselben Kreis erstreckte sich in älterer Zeit auch das Eheverbot. [3]) Je mehr sich indessen die strengen Bande der alten Familienverfassung lösten, um so weniger war dieses Verbot in seinem ganzen Umfange zu erhalten; schon vor dem zweiten punischen Kriege wurde der sechste Verwandtschaftsgrad für die Eheschliessung freigegeben [4]) und hiebei blieb es nicht. Denn wenn Livius richtig berichtet, waren Ehen von Geschwisterkindern (*consobrini*), d. h. Verwandten vierten Grades, seit der Zeit des zweiten punischen Krieges gestattet, [5]) und als im J. 49 n. Chr. der Kaiser Claudius die Tochter seines Bruders Germanicus, Agrippina, zu heirathen beabsichtigte, genehmigte der Senat auch die Eheschliessung zwischen Verwandten dritten Grades, jedoch mit der Beschränkung, dass die Frau zwar mit dem Bruder des Vaters (*patruus*), nicht aber mit dem Bruder der Mutter (*avunculus*), der Mann dagegen weder mit der Schwester seines Vaters (*amita*) noch mit der Schwester seiner Mutter (*matertera*) eine Ehe einzugehen berechtigt war. [6])

Bezeichnung der Grade insbesondere der Seitenverwandten (Geschwister, Geschwisterkinder u. s. w.) s. *Instit.* 1, 10; Paullus *Dig.* 38, 10, 10; den *Tractatus de gradibus* hinter dem Ulpian von Krüger p. 166 und in Huschke *Jurispr. Anteiustin.* ed. 4 p. 609. Vgl. Böcking Pandekten I S. 206. Puchta Instit. § 195, und über die Eheverbote überhaupt Rossbach Untersuchungen S. 420 ff.

1) Polybius bei Athenaeus 10, p. 440 f.: πρὸς δὲ τούτοις (τὴν γυναῖκα) φιλεῖν δεῖ τοὺς συγγενεῖς τοὺς ἑαυτῆς καὶ τοὺς τοῦ ἀνδρὸς ἕως ἐξανεψίων d. h. bis zu den *sobrini*, welche sechsten Grades sind. Ueber das *ius osculi* s. Plutarch *q. R.* 6. Gellius 10, 23, 1. Cato bei Plin. *n. h.* 14, 90.

2) Hierüber handelt ausführlich Klenze Zeitschrift für geschichtliche Rechtswissenschaft VI S. 21 ff.

3) S. das von Krüger entdeckte Fr. des Livius *Hermes* IV S. 372: *Livius libro vicesimo. B. Cloelius* (die Handschrift hat *Celius*) *patricius primus adversus veterem morem intra septimum cognationis gradum duxit uxorem*, und dazu Mommsen. Er heirathete nämlich seine *sobrina*, also im sechsten Grade, der bisher verboten gewesen war, und darauf bezieht sich auch Vitellius in seiner Rede bei Tacitus *ann.* 12, 6: *et sobrinarum diu ignorata* (*coniugia*) *tempore addito percrebuisse*, wo die Lesart der Handschrift nicht zu ändern ist.

4) Dies lehrt das angeführte Fr. des Livius. Denn dessen 20stes Buch umfasst die Zeit von 513 = 241 bis 535 = 219.

5) Bei Liv. 42, 34, 3 sagt im J. 583 = 171 Sp. Ligustinus: *cum primum in aetatem veni, pater mihi uxorem fratris sui filiam dedit.* Spätere Beispiele solcher Ehen s. bei Rossbach Untersuchungen S. 431.

6) Tac. *ann.* 12, 7. Suet. *Cl.* 26. Ulpian. 5, 5, 6. Gaius 1, 62. Das *Senatus consultum Claudianum* wurde i. J. 342 wieder aufgehoben durch Constantinus und Constans. S. *Cod. Theodos.* 3, 12, 1. Vgl. *Instit.* 1, 10, 3: *Fratris vel sororis filiam uxorem ducere non licet.*

Consens. So lange die *patria potestas* in voller Kraft wirkte, war die Verheirathung der Kinder Sache der Hausväter und konnte von einem eigenen Willen der Kinder, zumal wenn sie in sehr jugendlichem Alter zusammengegeben wurden, nicht die Rede sein; [1]) principiell aber wird für die Eheschliessung der Consens aller Theile erfordert, [2]) des Sohnes [3]) wie der Tochter, [4]) und bei der Ehe des Enkels die Einwilligung des Vaters wie des Grossvaters. [5])

Formen der Eheschliessung. 2. Unter diesen Voraussetzungen kann nach dem uns überlieferten Rechte eine Ehe in zweierlei Weise geschlossen werden, entweder so, dass die Frau in die *manus* des Mannes kommt, oder *sine in manum conventione*. [6]) Im ersten Falle tritt sie aus der *potestas* ihres Vaters [7]) und geht in die Familie ihres Mannes über, [8]) ihr eingebrachtes Vermögen fällt ihrem Manne oder, wenn derselbe noch *in potestate* steht, dessen Vater zu, [9]) wogegen sie selbst das Erbrecht in der Familie ihres Mannes erhält; [10]) im zweiten Falle bleibt sie in der Gewalt ihres eigenen Vaters [11]) und in ihren eigenen Vermögensrechten. Die *manus* konnte aber wieder auf dreifache Weise erworben werden, [12]) nämlich:

Ehe mit *manus*.

---

1) Daher ist die Hauptbedingung für die Gültigkeit der Ehe der Consens des Vaters. Paulus 2, 19, 2. *Dig.* 23, 2, 35. 23, 2, 2. *Cod. Just.* 5, 4, 2.

2) Paulus *Dig.* 23, 2, 2: *Nuptiae consistere non possunt nisi consentiant omnes, id est qui coeunt quorumque in potestate sunt.*

3) Paulus *Dig.* 23, 1, 13. *Cod. Just.* 5, 4, 12. 4) Ulpian. *Dig.* 23, 1, 12.

5) Paulus *Dig.* 23, 2, 16. Ausführlich handelt über den Consens Rossbach Untersuchungen S. 393 ff. Auch den Consens der Mutter bei Verheirathung der Tochter erwähnt die Grabrede auf die *Murdia*. S. Rudorff Zeitschrift für Rechtsgeschichte IX S. 297.

6) Cic. *Top.* 3, 14: *Genus est uxor: eius duae formae: una matrum familias; eae sunt, quae in manum convenerunt; altera eorum, quae tantummodo uxores habentur.* Gellius 18, 6, 9. Quintilian. 5, 10, 62. Ulpian. 26, 7: *id actum est, ut sine in manum conventione matrum legitimae hereditates ad filios pertineant.*

7) Gaius 1, 136. Tacit. *ann.* 4, 16. Sie verliert auch das Erbrecht in der Familie des Vaters: Grabrede der Turia I, 15 f.

8) Gaius 1, 111. 114. 136; 2, 139. 159.

9) Cic. *Top.* 4, 23: *Cum mulier viro in manum convenit, omnia, quae mulieris fuerunt, viri fiunt dotis nomine.* Gaius 2, 98; 3, 83.

10) Dionys. 2, 25: γυνὴ κυρία τοῦ οἴκου τὸν αὐτὸν τρόπον ἦν, ὅνπερ ὁ ἀνήρ. καὶ τελευτήσαντος ἀνδρὸς κληρονόμος ἐγίνετο τῶν χρημάτων, ὡς θυγάτηρ πατρός, εἰ μὲν ἄπαις τε καὶ μηδὲν διαθέμενος ἀποθάνοι, πάντων οὖσα κυρία τῶν ἀπολειφθέντων, εἰ δὲ γενεὰν ἔχοι, τοῖς παισὶν ἰσόμοιρος γινομένη. Gaius 2, 159; 3, 3; 14, 40. 41. Ulp. 22, 14; 23, 3; 29, 1. Gell. 18, 6, 9. *Collat.* 16, 2 § 3. Serv. *ad Aen.* 7, 424; 11, 476; *Georg.* 1, 31.

11) *Dig.* 43, 30, 1 § 5. Rein Privatr. p. 392 Anm. 1.

12) Gai. 1, 109. 110. Servius *ad Verg. Ge.* 1, 31: *Tribus enim modis apud veteres nuptiae fiebant; usu, si verbi gratia mulier anno uno cum viro, licet sine legibus fuisset; farre, cum per pontificem maximum et Dialem flaminem per fruges et molam salsam coniungebatur, unde confarreatio appellabatur, ex quibus*

1. durch *confarreatio*, d. h. durch eine religiöse Handlung, welche unter Anstellung von Auspicien und Darbringung eines Opfers von dem *Pontifex Maximus* und dem *Flamen dialis* in Gegenwart von 10 Zeugen[1]) vollzogen wurde, und ihren Namen hat von dem Speltkuchen (*farreum libum*),[2]) welcher dabei in Anwendung kam; *confarreatio.*

2. durch *usus*, d. h. Verjährung, wenn die Frau ein Jahr hindurch, ohne sich drei hinter einander folgende Nächte von dem Manne zu entfernen, im Hause desselben blieb;[3]) *usus.*

3. durch *coemtio*,[4]) d. h. durch einen symbolischen Kauf, bei welchem der Vater seine Tochter dem künftigen Manne mancipirt,[5]) die Tochter aber gleichzeitig ihren Consens zur einzu- *coemtio.*

---

nuptiis patrimi et matrimi nascebantur; coemtione vero atque in manum conventione, cum illa in filiae locum, maritus in patris veniebat, ut si quis prior fuisset defunctus, locum hereditatis iustum alteri faceret. Eine andere Redaction derselben Ueberlieferung hat G. Loewe aus einem Glossar des *Cod. Montecassinensis* 439 membr. 8⁰. aus dem XI. Jahrh. im Rheinischen Museum XXXIII (1878) S. 631 veröffentlicht, welche mit Ergänzung zweier ausgelassenen Worte so lautet: *Confarreatis nuptiis. Multis modis nuptiae fiunt, usu, si anno verbi gratia (mulier) cum viro, licet sine legitimis sollemnitatibus fuerit; coemptione vel in manum conventione, cum (illa) in filiae locum, maritus in patris venit, ut, si quis prior fuerit defunctus, locum hereditatis iustum alteri faciat; farre, cum per pontificem maximum et Dialem flaminem per fruges et molam salsam coniunguntur, ex quibus nuptiis patrimi et matrimi nascuntur.*

1) S. die unten (S. 50) zu besprechende, zuerst von Studemund vollständig gelesene Stelle des Gaius 1, 112: *Farreo in manum conveniunt per quoddam genus sacrificii quod Jovi farreo fit: in quo farreus panis adhibetur, unde etiam confarreatio dicitur. Conplura praeterea huius iuris ordinandi gratia cum certis et sollemnibus verbis, praesentibus decem testibus, aguntur et fiunt. Quod ius etiam nostris temporibus in usu est: nam flamines maiores, id est Diales, Martiales, Quirinales, item reges sacrorum nisi ex farreatis nati non leguntur: ac ne ipsi quidem sine confarreatione sacerdotium habere possunt.* Vgl. Ulpian. 9, 1. Plin. *n. h.* 18, 10. Serv. *ad Aen.* 4, 103. 374. Dionys. 2, 25, erklärt von Rossbach S. 107.

2) Festi *ep.* p. 88, 11: *farreum genus libi ex farre factum.*

3) Gaius 1, 111: *Usu in manum conveniebat quae anno continuo nupta perseverabat; quae enim veluti annua possessione usucapiebatur, in familiam viri transibat filiaeque locum optinebat. Itaque lege XII tabularum cautum est, ut si qua nollet eo modo in manum mariti convenire, ea quotannis trinoctio abesset atque eomodo (usum) cuiusque anni interrumperet.* Gellius 3, 2, 12. Macrob. *sat.* 1, 3, 9. Serv. *ad Ge.* 1, 31.

4) Gaius 1, 113 ed. Studemund: *Coemptione vero in manum conveniunt per mancipationem, id est per quandam imaginariam venditionem: nam adhibitis non minus quam V testibus civibus Romanis puberibus, item libripende, emit* [*is*, die HS. hat *eum*] *mulierem, cuius in manum convenit.*

5) In der Grabrede der *Turia* I, 15 f. heisst es von der Schwester derselben, die *per coemtionem* verheirathet war: *Sororem omni*[*um rerum*] *fore erpertem, quod emancupata esset Cluvio* und nach Gellius 18, 6, 9 stehen alle *matres familias in mariti manu mancipioque.* Vgl. Serv. *ad Aen.* 11, 476. (Ueber die hier angeführten Stellen des Gellius und Servius s. oben S. 5 Anm. 3.)

gehenden Ehe erklärt.[1]) Dass die Tochter aus der väterlichen Gewalt emancipirt wird, ist nöthig, da sie in die *manus* und das *mancipium* des Mannes übergeht, aber ihre selbständige Erklärung hat die Folge, dass die Wirkung der *mancipatio* für sie nicht der Eintritt in ein sclavisches Verhältniss, sondern in eine freie durch beiderseitiges Uebereinkommen gesicherte Stellung ist.[2])

Das Unterscheidende der *confarreatio* liegt nicht in dem Opfer überhaupt — denn Opfer und andere religiöse Caerimonien sind bei allen Arten von Eheschliessungen gebräuchlich[3]) — sondern in der Mitwirkung der Staatspriester, ausserdem aber darin, dass bei der *confarreatio* Ehe und *manus* zugleich entsteht, während bei dem *usus* die Ehe durch Consens geschlossen, die *manus* erst nach Verlauf eines Jahres bewirkt wird, bei der *coemtio* dagegen Ehe und *manus* zwar gleichzeitig, aber durch zwei verschiedene Acte zu Stande kommen. Denn die Mancipation ist nur ein Mittel zur Manuserwerbung, nicht zur Eheschliessung, indem durch sie eine Frau in die *manus* eines Mannes treten kann, auch ohne dessen *uxor* zu werden.[4])

---

1) Boethius *ad Cic. Top.* p. 299 Or.: *Coemtio vero certis solemnitatibus peragebatur, et sese in coemendo invicem interrogabant, vir ita: an sibi mulier mater familias esse vellet? Illa respondebat, velle. Item mulier interrogabat, an vir sibi pater familias esse vellet? Ille respondebat, velle. Itaque mulier viri conveniebat in manum et vocabantur hae nuptiae per coemtionem et erat mulier mater familias viro loco filiae. Quam solemnitatem in suis institutis Ulpianus exponit.* Hiemit stimmt genau Serv. *ad Aen.* 4, 214.

2) Gaius 1, 123 ed. Studemund: [*E*]*a quidem, quae coemtionem fac*[*it, non deducitur in*] *servilem conditionem; a* [*parentibus autem vel a coemtionatoribus*] *mancipati mancipataeve servorum loco constituuntur, adeo quidem, ut ab eo, cuius in mancipio sunt, neque hereditatem neque legata aliter capere possint quam* [*si*] *simul eodem testamento liberi esse iubeantur, sicut iuris est in persona servorum.* — — — *quod non similiter fit in coemtione.* Vgl. Isidor. *orig.* 5, 24, 26. Die Basis für die Rechtsverhältnisse der Frau beruht bei der *coemtio* überhaupt nicht auf dem Begriffe der *mancipatio*, sondern auf der Formulirung der Uebereinkunft. Cic. *de or.* 1, 56, 237: *neque illud est mirandum, qui, quibus verbis coemptio fiat, nesciat, eundem eius mulieris, quae coemptionem fecerit, causam posse defendere.* Die Frage, wer bei der *coemtio* der Käufer, wer das Object des Kaufes ist, hat zu ausführlichen Erörterungen Veranlassung gegeben, auf welche hier nicht eingegangen werden kann. S. darüber Rossbach Unters. S. 77 ff. Karlowa S. 53. Man sagt ebenso *vir coemptionem facit* (Rede auf die Turia I, 14) als *mulier coemptionem facit* (Cic. l. l. Gaius 1, 114) oder *mulier atque vir inter se quasi emptionem faciunt* (Serv. *ad Aen.* 4, 103). *Coemtio* ist also allgemeine Bezeichnung des ganzen Actes, dessen einer Theil die *mancipatio* ist. Denn in dieser erwirbt der Mann durch Kauf die Tochter von dem Vater.

3) Daher sagt man θύειν γάμους Plut. *Pomp.* 55.

4) Gaius 1, 114: *Potest autem coemptionem facere mulier non solum cum marito suo sed etiam cum extraneo; scilicet aut matrimonii causa facta coemtio dicitur aut fiduciae.* Der letzte Fall kommt vor: 1. *tutelae mutandae causa.* Gaius 1, 115: *quod est tale: si qua velit quos habet tutores reponere, et alium*

Das Vorkommen von vier verschiedenen Arten der Eheschliessung bei ein und demselben Volke hat zu den mannigfachsten Erklärungsversuchen Veranlassung gegeben. Die Ursache der Erscheinung liegt aber nicht in der ursprünglichen Stammverschiedenheit der römischen Bevölkerung, [1] sondern vielmehr in der zeitlichen Entwickelung der Verhältnisse. Unbedenklich und mit der Ueberlieferung übereinstimmend darf man die *confarreatio* als die älteste unter den genannten Formen der Ehe bezeichnen; sie ist noch in späterer Zeit den Patriciern eigenthümlich [2] und für die Ausübung der patricischen *sacerdotia publica* erforderlich; sie war aber in alter Zeit ebenso wesentlich für die Besorgung der *sacra privata*, worunter man nicht den Cult der Laren und Penaten, der allen, auch den plebejischen Häusern gemeinsam war, sondern die gewissen Familien angeerbten oder vom Staate übertragenen, an besondere *sacella* geknüpften Gentil- oder Familienculte zu verstehen hat. [3] Dass die Priester des Staates, die Pontifices und der Flamen bei der *confarreatio* fungiren, macht es wahrscheinlich, dass diese Ehen weder im Hause des Bräutigams noch der Braut [4] durch eine Privathandlung, [5] sondern an einem heiligen Orte durch eine öffentliche Feierlichkeit vollzogen wurden, und dass sie zu den Familienacten gehören, welche im Angesicht der patricischen Gemeinde stattfinden. So wie die Arrogationen [6] und Testamente [7] in alter Zeit in

---

nancisci, illis auctoribus coemptionem facit; deinde a coemptionatore remancipata ei cui ipsa velit, et ab eo vindicta manumissa incipit eum habere tutorem a quo manumissa est vgl. 1, 137a. 166a. 195a. 2. *testamenti faciendi gratia*, Gaius 1, 115a. 3. *Sacrorum interimendorum gratia* s. Staatsverwaltung III S. 293 und die ausführliche Erörterung von Karlowa S. 83 ff. Rein Privatr. S. 386 ff.

1) Hierüber verweise ich auf Rossbach Untersuchungen S. 162—197, wo man die verschiedenen Erklärungsversuche vollständig zusammengestellt findet.

2) S. Staatsverwaltung III S. 221. 292. Tac. *ann.* 4, 16: *Sub idem tempus de flamine Diali in locum Servii Maluginensis defuncti legendo, simul roganda nova lege disseruit Caesar. nam patricios confarreatis parentibus genitos tres simul nominari, ex quis unus legeretur vetusto more; neque adesse, ut olim, eam copiam, omissa confarreandi adsuetudine aut inter paucos retenta; pluresque eius rei causas afferebat, potissimam penes incuriam virorum feminarumque: accedere ipsius caerimoniae difficultates, quae consulto vitarentur.*

3) Staatsverwaltung III S. 128 ff.

4) Das erste nimmt Rein R. Privatr. S. 379 und Becker, das zweite Rossbach S. 109 an.

5) Eine Eheschliessung ohne Oeffentlichkeit fand bei Wittwen statt, worauf zu beziehen scheint Varro bei Non. p. 480, wenn man anders dort mit Popma liest: *biviris nuptiis sacrificabantur in cubiculo viduae.* Die handschriftliche Lesart *viri nuptis* ist ohne Sinn.

6) Mommsen Staatsrecht II² S. 35. Staatsverwaltung III S. 293.

7) Staatsverwaltung III S. 295.

Curiatcomitien gemacht wurden, so scheinen, nach der Anzahl der 10 Zeugen zu schliessen, die Confarreationen in der Curie in Gegenwart der 10 *gentes*[1]) gefeiert worden zu sein, und zwar darum, weil die aus solchen Ehen geborenen Kinder (*patrimi et matrimi*)[2]) allein befähigt waren zur Verwaltung der *sacra publica* und *privata* und diese Befähigung durch die Oeffentlichkeit der Eheschliessung vor der betheiligten Gemeinde constatirt wurde.[3])

Schwieriger ist es über die drei übrigen Formen der Ehe zu urtheilen, welche das Gleichartige haben, dass sie weder öffentlich noch nach sacralem Rechte geschlossen werden, sondern als Civilehen zu betrachten sind. Doch lässt sich Folgendes als das Wahrscheinliche annehmen. Die alte d. h. patricische Bürgerschaft war in sich abgeschlossen, nicht allein als eine politische, sondern auch als eine kirchliche Gemeinde.[4]) In derselben gab es nur eine Art der Manuserwerbung, nämlich die *confarreatio*, welche für Clienten[5]) und Plebejer, da diese zur Gemeinde nicht gehörten, ohne Geltung war. Will man nun auch zugeben, dass das Institut der *manus* ein in Italien allgemein bekanntes gewesen sei, so konnte doch in Rom eine plebejische Manusehe nicht zu Recht bestehen, so lange es überhaupt nur eine auf dem patricischen Sacralrecht beruhende Form der Ehe gab. Die ältesten ausserhalb der patricischen Bürgerschaft geschlossenen Ehen sind demnach gar nicht *iusta matrimonia* und gewiss Ehen ohne *manus* gewesen; als aber das Plebejerthum sich entwickelte, haben nicht allein die Ehen ohne

Ehe ohne *manus.*

---

1) S. Schwegler R. G. I S. 614 f. Auch Rossbach bezieht daher die 10 Zeugen auf die 10 *gentes*. Andere denken an die 10 Curien der ältesten Verfassung. Walter G. d. R. R. § 504. Mommsen R. G. I S. 70 Anm.

2) Staatsverwaltung III S. 220. 316. 325.

3) Bemerkenswerth und empfehlend für die gegebene Erklärung der 10 Zeugen ist es, dass die Flamines, wenn sie kinderlos waren, die *camilli* und *camillae* aus den Curien auswählten. Dionys. 2, 22: ἐπεὶ δὲ καὶ διὰ γυναικῶν ἔδει τινὰ ἱερὰ συντελεῖσθαι καὶ διὰ παίδων ἀμφιθαλῶν ἕτερα, — τάς τε γυναῖκας τῶν ἱερέων ἔταξε τοῖς ἑαυτῶν ἀνδράσι συνιερᾶσθαι — καὶ παῖδας αὐτῶν τὰ καθήκοντα λειτουργεῖν· τοῖς δὲ ἄπαισιν ἐκ τῶν ἄλλων οἴκων τοὺς χαριεστάτους, καταλεγέντας ἐξ ἑκάστης φράτρας κόρον καὶ κόρην, τὸν μὲν ἕως ἥβης ὑπηρετεῖν τοῖς ἱεροῖς, τὴν δὲ κόρην ὅσον ἂν ᾖ χρόνον ἁγνὴ γάμων. Gegen diese Vermuthung erklärt sich Rossbach Hochzeitsdenkmäler S. 48 f.; für dieselbe Karlowa S. 13.

4) S. Staatsverwaltung III S. 38 ff. Schwegler R. G. I S. 636.

5) Die Clienten gehörten zwar zur *gens* ihres Patrones, aber nicht als vollberechtigte Gentilen; sie haben gar keine eigenen *sacra*, sondern nehmen an den *sacris* ihrer Patrone, aber nicht activ, sondern passiv Theil. Vgl. Mommsen Das röm. Gastrecht und die röm. Clientel, R. Forschungen I S. 355 ff.

manus ihre rechtliche Anerkennung als *iusta matrimonia* gefunden, sondern die plebejischen Häuser wie in der Namengebung so in der Familienverfassung sich der patricischen Sitte immer entschiedener anzuschliessen begonnen und das Rechtsinstitut der *manus*, soweit es auf sie anwendbar war, in zwei Formen ausgebildet, von welchen der *usus* als die ältere, die *coemtio* als die jüngere zu betrachten ist. [1]) Denn einerseits war der *usus*, welcher zur Zeit der XII Tafeln rechtlich bestand, zur Zeit des Gaius schon antiquirt, [2]) während die *coemtio* sich in Geltung erhielt, [3]) und lässt sich also vermuthen, dass er durch die *coemtio* ersetzt wurde; andererseits ist die *coemtio* unter beiden Formen der Manuserwerbung die rechtlich ausgebildetere, da sie statt der langsamen und ungewissen Verjährung eine feste Form sowohl für die Bewirkung der *manus* in der *mancipatio* [4]) als für die Auflösung der *manus* in der *remancipatio* [5]) gewährte. Dass

1) Bei den Juristen ist die Reihenfolge der drei Formen *usus*, *confarreatio*, *coemtio*, worin eine chronologische Bestimmung nicht zu suchen ist. Der *usus* ist als veraltet den beiden noch üblichen Formen vorangeschickt. Gaius 1, 110. vgl. Serv. *ad Ge.* 1, 31. Boethius *ad Cic. Top.* p. 299, 8 (aus Ulpian). Arnob. 4, 20.

2) Gai. 1, 111: *sed hoc totum ius partim legibus sublatum est, partim ipsa desuetudine oblitteratum est.*

3) Die *coemtio* kennt noch Ulpian bei Boeth. *ad. Cic. Top.* l. l. 17. vgl. Rossbach S. 57.

4) *Coemptione in manum conveniunt per mancipationem*, sagt Gaius 1, 113, und diesen Act beschreibt er 1, 119 so: *Est autem mancipatio — imaginaria quaedam venditio: — eaque res ita agitur: adhibitis non minus quam quinque testibus civibus Romanis puberibus et praeterea alio eiusdem condicionis, qui libram aëneam teneat, qui appellatur libripens, is, qui mancipio accipit, aes tenens ita dicit: Hunc ego hominem ex iure Quiritium meum esse aio isque mihi emptus est hoc aere aëneaque libra; deinde aere percutit libram idque aes dat ei a quo mancipio accipit quasi pretii loco.* Diesen Vorgang erklärt vortrefflich Böcking Pand. I S. 177 A. 19: »Das eigentlichste *manu capere* ist das *ex hostibus*, wodurch man, ganz entsprechend der Rechtsansicht einer kriegerischen Nation, am vollständigsten das Eigenthumsrecht erwirbt (Gai. 4, 16: *maxime sua esse credebant quae ex hostibus cepissent*). Soll aber von einem Berechtigten, *ex cive, non ex hostibus* die Sache manucapirt und dadurch Eigenthum des Capienten werden, so ist dieses ein Privatrechtsgeschäft, wobei der das Eigenthum überlassende ebenfalls als Eigenthümer geachtet und durch Entgeltung bestimmt wird, zu wollen, dass der andere sich die Sache nehmen dürfe, und dieses muss vor dem Volk geschehen, wie ja auch das *ex hostibus manu capere* (*in exercitu*). Das gesammte Volk aber (die *V classes*, der *exercitus*) kann sich nicht mehr selbst des Rechtsgeschäftes wegen versammeln; das *mancipio dare* und *accipere* geschieht daher vor 5 Zeugen und einem *libripens*. — Die Zeugen sind das Volk, der *libripens* ist mitthätig, weil der Manucapient und der Mancipant gleichberechtigte *cives* sind, nicht *ex hoste* capirt wird; ein Unparteiischer hält die Wage, die bei allem Kaufe unentbehrlich ist, wo das Geld nach dem Gewicht gilt.« Anderer Ansicht ist Rossbach S. 84.

5) Es ist ganz gewöhnlich, dass Mancipationen wie Käufe unter Bedingung

beide Arten der Manuserwerbung, der *usus* wie die *coemtio*, nicht uralte, sondern künstliche und gemachte Rechtsformen sind, erhellt aus dem doppelten Umstande, dass sie nicht mit der Eheschliessung identisch, sondern ein Accedens zur Ehe sind, folglich eine Ehe ohne *manus* voraussetzen, und dass sie zweitens nur unvollständig erreichen, was die *confarreatio* ohne Weiteres zur Folge hatte, nämlich den völligen Eintritt der Frau in das Haus und den Namen des Mannes. Wir haben oben erwähnt, dass die confarreirte Frau, weil sie in die Familie des Mannes überging, ebenso wie das Adoptivkind den Namen ändern musste, dass dies aber für die späteren Manusehen weder nachweisbar noch wahrscheinlich ist. Der Grund hievon liegt in dem *usus*, bei welchem die Frau unzweifelhaft im Beginn der Ehe den Vaternamen beibehielt, eine neue Caerimonie der Namengebung aber hernach nicht mehr statt fand. Was die *coemtio* ins Besondere betrifft, so ist diese immer wegen ihres symbolischen Charakters und der von dem Sachenrecht auf das Personenrecht übertragenen *mancipatio* für eine verhältnissmässig späte Rechtsform erklärt worden; dasselbe darf man aus dem Umstande schliessen, dass die durch *coemtio* entstandene *manus* von Seiten der Frau auflösbar ist, was bei der durch *confarreatio* und durch *usus* bewirkten *manus*, so viel wir wissen, nicht der Fall war. [1])

---

oder Vorbehalt (*leges*) geschehen. Gai. 1 § 140: *quem pater ea lege mancipio dedit, ut sibi remancipetur*, vgl. 1, 172. Boethius *ad Cic. Top.* p. 340, 39 Or.: *Fiduciam vero accepit, cuicunque res aliqua mancipatur, ut eam mancipanti remancipet.* Es ist daher keines Beweises bedürftig, dass ebenso wie für die Frau, welche *cum extraneo fiduciae causa coemptionem facit*, die *remancipatio* ausbedungen wird (Gai. 1, 114. 115), dies auch für die Frau, welche *cum marito coemptionem facit matrimonii causa* im Falle einer eintretenden Scheidung vorweg festgesetzt wurde; und dass wirklich in diesem Falle *remancipatio* stattfand, lässt die, obwohl lückenhafte, so doch in der Ergänzung sichere Stelle des Gaius 1, 137 nicht wohl bezweifeln. S. auch Festus p. 277[a], 12: *Remancipatam Gallus Aelius esse ait, quae mancipata sit ab eo, cui in manum convenerit*, und besonders Huschke Studien des R. Rechts. Breslau 1830. S. 216 ff.

1) Zu ganz verschiedenen Resultaten ist Rossbach gelangt. Er nimmt an, dass, wie bei den indogermanischen Völkern überhaupt, so bei den Römern, ein wirklicher Kauf der Frau die älteste Art der Eheschliessung gewesen sei, und dass sich aus diesem später die *confarreatio* und der Scheinkauf (die *coemtio*), und zuletzt als Uebergang zur Ehe ohne *manus* der *usus* entwickelt habe (Röm. Ehe S. 198—252). Allein einmal beruht die älteste Ehe, die *confarreatio*, nicht auf einem Kaufe, wie Rossbach S. 145 selbst anerkennt, und zweitens lässt sich die für die römische Familie so charakteristische, vollberechtigte und anerkannte Stellung der *mater familias* aus dieser Hypothese nicht erklären. Böcking Pandekten I S. 179 A. 25 hält die *coemtio*, wie ich, für die neueste der Manusformen; auch Mommsen scheint nach der Andeutung R. Forsch. I S. 12 die historische Entwickelung so, wie ich sie versucht habe,

3. Die eben entwickelte Ansicht von dem Verhältnisse der römischen Eheformen zu einander erhält eine wesentliche Bestätigung durch eine Zusammenstellung der vielfachen, uns freilich zusammenhanglos überlieferten und den Quellenschriftstellern schon grossentheils unverständlich gewordenen Nachrichten von den Gebräuchen der Hochzeit, aus welchen sich zunächst ergiebt, dass es für die verschiedenen Arten der Ehe nicht verschiedene, sondern völlig gleichartige Riten gab, welche alle auf die eine ursprüngliche Art der Eheschliessung, die *confarreatio*, zurückgehen und, obgleich sie für das rechtliche Bestehen der Ehe nicht erforderlich waren, doch bis in sehr späte Zeit in traditioneller Anwendung blieben. Zwar wurden die Eheschliessungen aus der Curie in das Haus verlegt, die Staatspriester durch die Hausväter oder Privatauspices ersetzt, aber das alte Ritual, welches bei den patricischen Ehen gegolten hatte, und namentlich das Hochzeitsopfer erhielt sich für alle Arten der Ehe mit und ohne *manus* wenigstens in beschränktem Maasse. [1]) Hochzeitsgebräuche.

a. Der Eheschliessung selbst ging der Act der Verlobung Die Verlobung.

anzunehmen. (Obiges ist nicht entscheidend, überhaupt eine sichere Entscheidung wohl unmöglich. Es ist wahrscheinlich, dass für die Manusehe der Plebejer gleich eine Form geschaffen wurde, durch welche sie sofort und durch einen bestimmten Act (*coemptio*) eintrat. Vielleicht sollte durch den *usus* ursprünglich dem Versuch gesteuert werden, sich der *manus* durch Unterlassung der *coemptio* zu entziehen. Dann begann man sich der Wirkung des *usus* durch *usurpatio* zu entziehen, welche als *ius trinoctii* vom Zwölftafelgesetz anerkannt wurde. Als dann die Ehe ohne *manus* die gewöhnliche wurde, konnte der *usus* nicht aufrecht erhalten werden, während dem Fortbestehen der *coemptio* nichts im Wege stand. Aus dem früheren Verschwinden des *usus* ist also auf höheres Alter desselben nicht zu schliessen.)

1) Zu den Quellen, welche wir für diesen Abschnitt benutzen können, gehören ausser den Schriftstellern eine Reihe von Denkmälern, namentlich Sarkophagreliefs, welche man jetzt bei Rossbach Römische Hochzeits- und Ehedenkmäler. Leipzig 1871. übersichtlich zusammengestellt findet. Dieselben beziehen sich indessen nur auf zwei Riten, die *dextrarum iunctio* und das Hauptopfer, sie gehören ferner dem zweiten, dritten und vierten Jahrh. n. Chr. an, in welcher Zeit die alten Hochzeitsgebräuche längst ausser Uebung gekommen waren, und sind überhaupt nicht original-römische Compositionen, sondern meistens Nachbildungen griechischer Vorbilder, in welchen die Götter selbst, und zwar griechische Götter, wie Aphrodite, Hymenaeus, die Charitinnen, auftreten. Ich werde diejenigen Kunstdarstellungen, welche für die hier zu behandelnden Fragen einigen Aufschluss geben, an der betreffenden Stelle anführen. Was das Opfer betrifft, so erzählt Lucan. 2, 350, dass, als der jüngere Cato seine frühere Frau Marcia wieder heirathete, er zwar des beginnenden Krieges wegen auf alle Festlichkeiten verzichtet, aber die rechtlichen Formalitäten und die religiösen Verpflichtungen nicht versäumt habe: *Et tempora quamquam sunt aliena toris, iam fato in bella vocante, Foedera sola tamen, vanaque carentia pompa Iura placent, sacrisque deos admittere testes.*

voraus,[1] der, von den Eltern beider Theile, zuweilen lange vor der Hochzeit[2] abgeschlossen, von der dabei üblichen Formel *Spondesne? Spondeo*[3] den Namen *sponsalia*[4] führt und in alter Zeit in Latium zu einer Klage berechtigte,[5] während in Rom selbst das Verlöbniss zwar, so lange es besteht, gewisse rechtliche Wirkungen hat,[6] aber einen Zwang zur Vollziehung der

---

1) *Dig.* 23, 1. *Cod. Iust.* 5, 1. Cic. *ad Q. fr.* 2, 5: *Dederam ad te litteras, quibus erat scriptum, Tulliam nostram Crassipedi Non. April. esse desponsam.* Cic. *ad Att.* 6, 6, 1. Andere Beispiele Dio Cass. 48, 38. 59, 12, 1. 63, 13.

2) *Dig.* 23, 1, 14. Dio Cass. 54, 16, 7. Eine Braut von 8 Jahren Orelli 2647. Caesar wurde als *praetextatus* verlobt. Suet. *Jul.* 1; Vipsania Agrippina wurde *vix annicula* mit Tiberius verlobt. Nepos *Att.* 19. Anderes bei Friedlaender Darst. I⁵ S. 504f.

3) Plaut. *Aul.* 255: *Meg. Quid nunc? etiam mihi despondes filiam? Eucl. illis legibus, Cum illa dote, quam tibi dixi. Meg. Sponden' ergo? Eucl. Spondeo.* Aehnlich *Trin.* 500, 1157—1162. *Curcul.* 674. *Poenul.* 1157. Terent. *Andr.* 1, 1, 75. Vgl. Varro *de l. L.* 6, 69—72, und dazu Lachmann Rhein. Mus. VI (1838) S. 112ff. Huschke Zeitschr. f. geschichtl. Rechtswiss. X S. 327ff.

4) Ulp. *Dig.* 23, 1, 2: *Sponsalia autem dicta sunt a spondendo: nam moris fuit veteribus stipulari et spondere sibi uxores futuras.* Isidor. *or.* 9, 7, 3: *Sponsus a spondendo vocatus. Nam ante usum tabellarum matrimonii cautiones invicem sibi emittebant, in quibus spondebant, se invicem consentire in iura matrimonii, et fideiussores dabant.* Dieselben Worte bei Serv. *ad Aen.* 10, 79. Vgl. Arnobius 4, 20: *Uxores enim dii habent atque in coniugalia foedera condicionibus veniunt ante quaesitis. Usu farre coemtione genialis lectuli sacramenta condicunt. Habent speratas, habent pactas, habent interpositis stipulationibus sponsas.* Festi *ep.* p. 41, 14: *Consposos antiqui dicebant fide mutua colligatos.*

5) Gell. 4, 4 zu lesen nach Mommsen *Symbolae Bethmanno Hollwegio oblatae.* Berolini 1868. 8. p. 99: *Sponsalia in ea parte Italiae, quae Latium appellatur, hoc more atque iure solita fieri scripsit Ser. Sulpicius in libro quem [in]scripsit de dotibus. Qui uxorem, inquit, ducturus erat, ab eo, unde ducenda erat, stipulabatur eam in matrimonium [datum iri; qui daturus erat, id eidem spondebat. Item qui uxorem daturus erat, ab eo cui eam daturus erat, stipulabatur eam in matrimonium] ductum iri; qui ducturus erat, id eidem spondebat. Is contractus stipulationum sponsionumque dicebatur* s p o n s a l i a *tunc, quae promissa erat,* s p o n s a *appellabatur, qui spoponderat ducturum* s p o n s u s. *Sed si post eas stipulationes uxor non dabatur aut non ducebatur, qui stipulabatur ex sponsu agebat; [iudex], quam ob rem data acceptave non esset, quaerebat; si nihil iustae causae videbatur, litem pecunia aestimabat quantique interfuerat eam uxorem [dari aut accipi], eum qui spoponderat [ei] qui stipulatus erat condemnabat. Hoc ius sponsaliorum observatum dicit Servius ad id tempus, quo civitas universo Latio lege Iulia data est,* und dazu Dirksen Die Wirksamkeit der Ehegelöbnisse in Abh. der Berl. Acad. 1848. S. 89—103. Huschke Zeitschr. für G. R. X (1842) S. 315—326. Lachmann im Rhein. Museum VI S. 114. Rein Privatr. S. 407.

6) Verlobte dürfen z. B. nicht Zeugniss gegen einander ablegen, ein Sohn darf nicht die Braut seines Vaters, der Vater nicht die des Sohnes heirathen (*Dig.* 23, 2, 12 § 12). Ueber diese rechtlichen Folgen des Verlöbnisses s. Burchardi Lehrb. d. R. R. II § 117. Rein Privatr. S. 411. (Nach einem Rescript des Septimius Severus konnte die Verlobte wegen Ehebruch verfolgt werden. *Dig.* 48, 5, 14 (13) § 3.)

Ehe nicht bewirkt,[1]) da es einseitig aufgelöst werden kann (*repudium renuntiare, remittere, sponsalia dissolvere*).[2]) Zur Verlobung genügt ein *nudus consensus*;[3]) es bedarf dazu weder der Zeugen, obwohl diese zugezogen zu werden pflegen,[4]) noch einer schriftlichen Verpflichtung;[5]) indessen war es Sitte, dass der Bräutigam der Braut, wie dies bei allen Contracten geschah,[6]) ein Handgeld (*arra*) zahlte oder als Handgeld einen Ring übergab,[7]) welcher von dieser am vierten Finger getragen wurde,[8]) aber mit dem bei uns üblichen Verlobungsringe nur eine entfernte Aehnlichkeit hat, da er nur von dem Bräutigam der Braut als

---

1) Paulus *Dig.* 45, 1, 134 pr.: *inhonestum visum est, vinculo poenae matrimonia obstringi sive futura sive iam contracta. Cod. Just.* 5, 1, 1: *Alii desponsata renuntiare conditioni et nubere alii non prohibetur.* Juvenal 6, 200: *Si tibi legitimis pactam iunctamque tabellis Non es amaturus, ducendi nulla videtur Causa.* Apul. *de magia* c. 68: *facit quidem tabulas nuptiales cum quo iubebatur, cum Sicinio Claro: verum enimvero vanis frustrationibus nuptias eludit.*

2) *Dig.* 24, 2, 2 § 2; 24, 3, 38; 23, 1, 10. Plautus *Aul.* 783. 799. Plut. *Cat. min.* 7; *Caes.* 14. Suet. *Caes.* 21 u. ö. *Dig.* 50, 16, 101 § 1: *Divortium inter virum et uxorem fieri dicitur, repudium vero sponsae remitti videtur, quod et in uxoris personam non absurde cadit.* Vgl. ib. 191. (Obige Unterscheidung ist nicht richtig; s. vielmehr *Dig.* 24, 2, 2 § 1. In der That wird die Trennung der Ehe nicht nur *divortium* genannt, sondern auch *repudium*: Sen. *d. benef.* 3, 16, 2. Plin. *n. h.* 7, 122. Tac. *ann.* 3, 22. Suet. *Tib.* 11; *Cal.* 36. *Dig.* 24, 2, 4. 24, 3, 38.)

3) *Dig.* 23, 1, 4 pr. und 11.

4) Als der alte Cato zum zweitenmal heirathen will, macht er die *sponsalia* vor Zeugen auf dem Forum. Plut. *Cato M.* 21. Diese Zeugen sind die *sponsores.* Macrob. *sat.* 1, 6, 29: *Nam Asinae cognomentum Corneliis datum est, quoniam princeps Corneliae gentis empto fundo seu filia data marito, cum sponsores ab eo solemniter poscerentur, asinam cum pecuniae onere produxit in forum, quasi pro sponsoribus praesens pignus.*

5) *Dig.* 23, 1, 7 § 1.

6) Bei einem Kauf von Wein, Oel oder Grundstücken wird *arrae nomine* entweder eine *certa summa* oder ein *anulus* gegeben. *Dig.* 19, 1, 11 § 6; 18, 3, 6 und 8; 14, 3, 5 § 15: *Si institor, cum oleum vendidisset, anulum arrae nomine acceperit, neque eum reddat, dominum institoria teneri.* 19, 5, 17 § 5. Plin. *n. h.* 33, 28: *ad sponsiones etiamnum anulo exsiliente.* Terent. *Eun.* 3, 4, 3: *dati anuli, locus, tempus constitutum est.* Augustin. *serm.* 23, 8. 9; 156, 16. 378. (Eine aus werthvolleren Gegenständen bestehende *arra* erwähnt Capit. *Max. duo* 27, 7.)

7) Juven. 6, 27. *Dig.* 24, 1, 36 § 1. Plin. *n. h.* 33, 12: *etiamnunc sponsae muneris vice ferreus anulus mittitur isque sine gemma.* Isidor. *or.* 19, 32, 4: *Feminae non usae anulis nisi quos virgini sponsus miserat.* Goldene Ringe erwähnt Tertull. *apol.* 6: *Aurum nulla norat praeter unico digito, quem sponsus oppignerasset pronubo anulo.* Auch Ringe mit Gemmen müssen gewöhnlich gewesen sein, da die noch vorhandenen Ringsteine mit der Darstellung verbundener Hände mit Wahrscheinlichkeit auf Verlobungsringe bezogen werden. Rossbach Hochzeitsdenkm. S. 27 ff.

8) Isidor. *de eccles. offic.* 2, 20, 8: *Quod in primis anulus a sponso sponsae datur, fit hoc nimirum vel propter mutuae fidei signum vel propter id magis, ut eodem pignore eorum corda iungantur. Unde et quarto digito anulus idem inseritur.* Ueber diesen Finger s. Gellius 10, 10.

Unterpfand für die Erfüllung seiner eingegangenen Verpflichtung gegeben wird.[1] In der späteren Kaiserzeit wurde die Abfassung eines schriftlichen Ehecontractes immer gewöhnlicher, welcher *tabulae nuptiales* und *sponsales* ohne Unterschied genannt wird (s. unten), und regelmässig war es ausserdem immer, dass die Feier in Gegenwart geladener Gäste vor sich ging[2] und mit einem Mahle beschlossen wurde.[3] Geschenke empfängt die Braut sowohl am Verlobungstage als auch später bei der Hochzeit.[4]

Die Hochzeit.

b. Die solennen Hochzeitsgebräuche waren darauf berechnet, dass die Braut Jungfrau war, und fanden daher nur in beschränkter Weise bei der Wiederverheirathung einer Wittwe statt,[5] welche selbst in späterer Zeit etwas Anstössiges hatte[6] und im

Wahl des Tages.

höheren Alterthum selten vorgekommen sein wird. Der Tag der Hochzeit war besonders zu wählen, da gewisse Zeiten des Jahres für Eheschliessungen in religiöser Hinsicht ungeeignet waren,

---

1) Daher heisst er *pignus*. Juven. 6, 27.

2) Suet. *Oct.* 53: *in turba sponsaliorum die vexatus.* Tertull. *de idololatr.* 16. Plin. *ep.* 1, 9. Senec. *de benef.* 4, 39, 3.

3) Plin. *n. h.* 9, 117. Cic. *ad Q. fr.* 2, 6.

4) Papinian. *Dig.* 16, 3, 25.

5) Plut. *q. R.* 105: ταῖς μὲν παρθένοις καλὸν μὴ ὀλίγων, ταῖς δὲ χήραις αἰσχρὸν πολλῶν ὄντων γαμεῖσθαι. Optatus *de schism. Donatistarum* p. 163 ed. Lond. 1631: *Hoc nec mulieres patiuntur, quae carnaliter nubunt. Ex quibus si alicui maritum mutare contigerit, non repetitur illa temporalis festivitas: non in altum tollitur, non populi frequentia procuratur.*

6) Plut. l. l.: ζηλωτὸς ὁ πρῶτος γάμος, ὁ δὲ δεύτερος ἀπευκταῖος· αἰσχύνονται γάρ, ἂν ζώντων τῶν προτέρων ἑτέρους λαμβάνωσι, ὀδύρονται δέ, ἂν ἀποθανόντων. Val. Max. 2, 1, 3; 4, 3, 3. Plut. *Ti. Gr.* 1. In Grabschriften werden die *univiriae* oft lobend erwähnt. Orelli 2742. 4530 (= *C. I. L.* VI, 3604. 12405). Propert. 5, 11, 36: *In lapide hoc uni nupta fuisse legar.* Vgl. Festus p. 242b s. v. *pronubae.* Seneca *fr.* XIII, 71 Haase. *C. I. L.* VI, 7732: *unum ab virginitate L. Aemili Regilli matrimonium experta.* l. l. 14404: *Diceris coniunxs una fuisse viri.* Renier *Inscr. de l'Alg.* 1987 = *C. I. L.* VIII, 7384: *Geminia Ingenua univira.* Wilmanns n. 224: *D. M. Egriliae A. f. Storges univiriae.* Boissieu *Inscr. de Lyon* p. 493: *Diis Manib(us) et memoriae Septiciae Geminae feminae sanctiss(imae) uniusq(ue) marita(e).* *C. I. L.* III, 3572: *Veturia — — unicuba, uniiuga* und die längere Inschr. n. 1537. *C. I. L.* VIII, 7384. IX, 5142. X, 3058. 3351. 7196. Vgl. Rossbach Untersuchungen S. 262. Friedlaender Darstellungen I⁵ S. 465. Eine besondere Bedeutung hat dieser Vorzug im Cultus. Liv. 10, 23: *Eodem ferme ritu et haec ara (Pudicitiae plebeiae), quo illa antiquior, culta est, ut nulla nisi spectatae pudicitiae matrona, et quae uni viro nupta fuisset, ius sacrificandi haberet.* Tac. *ann.* 2, 86. Serv. *ad Aen.* 4, 19. Festus p. 245a, 1. Trebell. Pollio *XXX tyr.* 32: *Huius uxor Calpurnia fuit, sancta et venerabilis femina, quam maiores nostri univiriam sacerdotem inter sacratissimas feminas adorarunt.* Die christlichen Kirchenväter eifern einstimmig gegen eine zweite Ehe. Die Stellen s. bei Heineccius *ad l. Jul. et Pap. Popp.* p. 302, und in Grabinschriften christlicher Frauen wird gerühmt, dass die Verstorbene *unius viri consortio coniuncta* gewesen sei. De Rossi *Inscr. Chr.* I, 882.

nämlich der ganze Monat Mai[1]) und die erste Hälfte des Juni.[2]) Denn in den Mai fallen die Lemuria und die Argeeropfer,[3]) in den Anfang des Juni die dem Heiligthum der Vesta geweihten *dies religiosi*, die mit der Reinigung des Vestatempels den 15. Juni schliessen.[4]) Ferner die *dies parentales* (13—21. Februar),[5]) die erste Hälfte des März,[6]) die drei Tage, an welchen die Unterwelt offen steht (*mundus patet* 24 Aug. 5 Oct. 8. Nov.),[7]) alle *dies religiosi*,[8]) die *Kalendae*, *Nonae* und *Idus*.[9]) Aber überhaupt fanden an Festtagen feierliche Hochzeiten nicht statt, weil in alter Zeit wenigstens die Theilnehmer der Hochzeit durch das Fest verhindert waren; Wittwen dagegen wählten auch solche Hochzeitstage.[10])

Was von der Schmückung der Braut berichtet wird, hat ebenfalls nur auf Mädchen Beziehung. Schon am Tage vor der Hochzeit legte die Braut ihre Mädchenkleidung (*toga praetexta*)[11]) ab, welche sie mit ihrem Kinderspielzeug den Göttern, und zwar wohl ursprünglich den Laren des väterlichen Hauses weihte,[12]) und wurde, wie dies auch bei Jünglingen vor der Ertheilung der *toga* geschah, vor dem Schlafengehen *ominis causa* mit einer ihrem neuen Stande entsprechenden Kleidung, einer *tunica recta* oder *regilla* und einem rothen Haarnetze angethan.[13]) Das Braut- Schmückung der Braut.

1) Ovid. *fast.* 5, 487 ff. Plut. *q. R.* 86. 2) Ovid. *fast.* 6, 225.
3) S. Staatsverwaltung III S. 552. 4) S. daselbst S. 333.
5) Ovid. *fast.* 2, 555. Staatsverwaltung III S. 548.
6) Ovid. *fast.* 3, 393. Staatsverwaltung III S. 418 f. Zu allgemein sagt Porphyr. *ad Hor. epp.* 2, 2, 209: *Maio mense religio est nubere et item Martio.*
7) S. Staatsverwaltung III S. 351.
8) S. Staatsverwaltung III S. 283.
9) Macrob. *sat.* 1, 15, 21. Festi *ep.* p. 179 s. v. *Nonarum.*
10) Plut. *q. R.* 105. Macrob. l. l.
11) *praetextis depositis* Festus p. 245a, 11. vgl. Propert. 5, 11, 33: *mox ubi iam facibus cessit praetexta maritis.*
12) Schol. Cruq. *ad Hor. sat.* 1, 5, 66: *egressi annos pueritiae iam sumpta toga diis Penatibus bullas suas consecrabant ut puellae pupas.* Nach Porphyrio zu derselben Stelle weihten sie die *pupae* den Laren, und das scheint auch zu sagen Varro bei Nonius p. 538, 14: *suspendit Laribus manias, mollis pilas, reticula ac strophia*, nach Röper's Emend., über w. s. Staatsverwaltung III S. 187 Anm. 3. Dagegen sagt Arnobius 2, 67: *Cum in matrimonia convenitis — puellarum togulas Fortunam defertis ad Virginalem.* vgl. Varro bei Non. p. 189 s. v. *undulatum.* Persius 2, 70: *Veneri donatae a virgine pupae.* — Varro *ap. schol. ad h. l: Solebant virgines antequam nuberent quaedam virginitatis suae dona Veneri consecrare.* Dies scheint aber griechischer Gebrauch. S. über die Sitte Jahn *ad Pers.* p. 139.
13) Festus p. 286b: *Regillis, tunicis albis, et reticulis luteis utrisque rectis, textis sursum versum a stantibus pridie nuptiarum diem virgines indutae cubitum ibant ominis causa, ut etiam in togis virilibus dandis observari solet.* Dass dies

tunica recta. kleid selbst nämlich war eine *tunica recta*,[1]) d. h. ein nach alter Sitte mit vertical, nicht horizontal gezogenen Kettenfäden gewebter Rock,[2])

---

nicht derselbe Anzug ist, den die Braut am Hochzeitstage trägt, ist selbstverständlich. Auch ist das *reticulum* nicht identisch mit dem *flammeum*. Augustin. *ep.* 109 (211), 10: *Ne sint vobis tam tenera capitum tegmina, ut retiola subter appareant.* (Das *reticulum* war wohl eine Art Haube, kein Netz, denn es ist nach Festus a. a. O. gewebt. S. Helbig Ueber den Pileus der alten Italiker (Sitzungsber. d. Münch. Ak. philol.-philos. Cl. 1880) S. 520.)

1) Plin. *n. h.* 8, 194: *Ea* (Tanaquil) *prima texuit rectam tunicam, quales cum toga pura tirones induuntur novaeque nuptae.* Die Worte *cum toga pura* beziehen sich als Zeitbestimmung nur auf die *tirones*, und Rossbach S. 274—276 nimmt ohne Grund an, dass die Bräute eine *toga* getragen hätten. Dies ist zwar in alter Zeit der Fall gewesen, wo die *toga* für Männer wie für Frauen das einzige Kleid war (Nonius p. 540: *Toga non solum viri sed etiam feminae utebantur.* — *Varro de vita pop. Ro. lib.* 1: *Praeterea quod in lecto togas ante habebant; ante enim olim fuit commune vestimentum et diurnum et nocturnum et muliebre et virile.* — Serv. *ad Aen.* 1, 282), aber für die spätere Zeit unmöglich anzunehmen, da die Frauen die *stola* trugen, die *toga* aber das Kleid der *meretrices* und aller bescholtenen Frauen, namentlich der *iudicio publico damnatae, in adulterio deprehensae*, war (vgl. Heineccius *ad leg. Juliam et Pap. Popp.* p. 130 f.). Juven. 2, 68: *Est moecha Fabulla; Damnetur, si vis, etiam Carfinia, talem Non sumet damnata togam.* Mart. 2, 39: *Coccina famosae donas et ianthina moechae, Vis dare quae meruit munera, mitte togam.* 10, 52: *Thelyn viderat in toga spadonem. Damnatam Numa dixit esse moecham.* Cic. *Phil.* 2, 18, 44: *Sumpsisti virilem, quam statim muliebrem togam reddidisti. Primo vulgare scortum, sed cito Curio intervenit, qui te a meretricio quaestu abduxit, et tanquam stolam dedisset, in matrimonio stabili et certo collocavit.* Horat. *sat.* 1, 2, 63: *Quid inter Est in matrona, ancilla peccesne togata!* und Acron *ad h. l.* Wirklich überliefert ist nur dies, dass der *lectus* nach alter Art (Varro bei Nonius p. 540) mit einer *toga* bedeckt wurde. Arnob. 2, 67: *Cum in matrimonia convenitis, toga sternitis lectulos.*

2) Festus p. 277a: *Rectae appellantur vestimenta virilia, quae patres liberis suis conficienda curant ominis causa, ita usurpata, quod a stantibus et in altitudinem texuntur.* Isidor. *or.* 19, 22, 18: *Recta dicitur vestis, quam sursum versum stantesque texunt.* Von dieser Erklärung mit Rossbach S. 276 abzugehn, sehe ich keinen Grund, da im Alterthum die Methode des verticalen und des horizontalen Aufschlags einen wesentlichen Unterschied ausmachte. S. Mongez *Rech. sur les habillements des anciens* in *Mém. de l'Institut* Vol. IV (1818) p. 241—248. Salmasius *ad Vopisci Aurel.* 46. Serv. *ad Aen.* 7, 14. Schneider *Ind. Scr. R. R.* s. v. *tela.* Blümner Technol. I p. 120 ff. Der χιτὼν ὀρθοστάδιος kann mit der *recta tunica* wenig Aehnlichkeit gehabt haben, da selbst Nero sich schämte, diese Kitharödenkleidung (Visconti *Mus. P. Cl.* I. Milan. 1818. p. 161 f.) anzulegen. Dio Cass. 63, 17 und dazu Fabricius. (Die Uebertragung des dem Webestuhl zukommenden Prädicats auf die Tunica ist sehr bedenklich. Rossbach's Annahme, dass *t. recta* eine Tunica ohne *sinus* war, wird auch dadurch empfohlen, dass man noch im 3. Jahrh. mit *recta* eine von Soldaten getragene, also vermuthlich eng anliegende Kleidung bezeichnete (Vopisc. *Aurel.* 46, 6. Hesych. s. v. ῥεκτός und ῥεκτῶν). Von dem χιτὼν ὀρθοστάδιος konnte sie dabei im übrigen sehr verschieden sein. Vgl. auch Helbig Das homer. Epos aus den Denkmälern erläutert S. 134.) Die Ableitung der *regilla* von *rex* (Nonius p. 539. Isid. *or.* 19, 25, 1. Plaut. *Epid.* 2, 2, 39) ist ein Scherz der Komiker, obwohl Varro bei Plin. *n. h.* 8, 194 die *toga regia* des Servius Tullius von der Tanaquil weben und von derselben die *recta tunica* erfinden lässt. (S. jedoch Rossbach S. 277. Es ist wohl schwerlich eine andere Ableitung denkbar; mit *recta* kann das Wort etymologisch nicht gleichbedeutend sein, und am wenigsten jene alte Art des Webens bezeichnen.)

den ein wollener Gürtel (*cingulum*),[1] gebunden mit einem *nodus herculeus*,[2] zusammenhielt; dazu kam statt des Haarnetzes ein rother Schleier (*flammeum*),[3] womit die Braut das Haupt verhüllt (*nubit, obnubit*),[4] nur durch die rothe Farbe von dem unterschieden, welchen alle Frauen beim Ausgehen trugen.[5] Das Haar wurde in *sex crines*,[6] d. h. wohl Flechten oder Locken, *flammeum.* *sex crines.*

---

1) Festi *ep.* p. 63 s. v. *cingulo.* Ueber diesen Gürtel handelt ausführlich Schrader *ad Musaeum* p. 268 ed. Schaefer. (Er wurde von dem Manne auf dem *lectus genialis* gelöst. Fest. *epit.* l. l. s. v. *Cinxiae Iunonis.*)

2) Festi *ep.* l. l. Der Herculische Knoten ist ein Amulet gegen *fascinatio* (vgl. Staatsverw. III S. 105) und wird auch bei dem Verbande von Wunden angewendet. Plin. *n. h.* 28, 63.

3) In den zahlreichen Stellen, welche das *nuptiale flammeum* erwähnen (s. die Lexica und Rossbach Untersuchungen S. 279), ist meistens nur von der Farbe die Rede, welche als *luteus color* (*Schol. Juv.* 6, 225 als *sanguineus*) bezeichnet wird (Plin. *n. h.* 21, 46. Lucan. 2, 361), nicht von der Form. (Unter dem *luteus color* des *flammeum* ist wahrscheinlich eine rothbraune Farbe zu verstehen, ähnlich der, mit welcher auf den ältesten cornetaner Grabgemälden die mantelartigen Kopftücher der Frauen gemalt sind. S. Helbig a. a. O. p. 514. 521. Vgl. Blümner *Technol.* I S. 243.) Einigemal heisst das *flammeum amictus* (Festi *ep.* p. 89: *Flammeo amicitur nubens. Schol. Juven.* l. l.: *Flammea genus amicti*) oder *vestimentum* (Festi *ep.* p. 92, 16), und von einem Kopftuche ist nirgends die Rede. In den erhaltenen Hochzeitsdarstellungen verhüllt die Braut den Hinterkopf, nicht das Gesicht, mit dem Oberkleide, welches die gewöhnliche *palla* der Frauen zu sein scheint (Rossbach Hochzeitsdenkmäler S. 16. 44. 45 u. ö.). (In anderen Darstellungen ist die Stirn bedeckt, z. B. Rossbach S. 94. 119. 153 u. ö. Vgl. Lucan. 2, 361.) Da nun das *flammeum* die ganze Kaiserzeit hindurch bis zum 4. und 5. Jahrhundert (Claudian *de nupt. Hon. et Mar.* 285. *de laud. Stilich.* 2, 358. Marcianus Capella 5, 538 Kopp) Tracht der Bräute war, so scheint das *flammeum* ein langer Schleier gewesen zu sein, der wie die *palla* getragen wurde und seine Eigenthümlichkeit nur in dem Stoffe und der Farbe hatte; und das bestätigt Hieronymus *ep.* 12 = 128 Vallars c. 2: *Solent quaedam, cum futuram virginem spoponderint, palla tunica eam induere et furvo operire pallio*, nach welcher Stelle die Braut Christi dieselben Kleider trägt, wie eine andere Braut, aber von anderer Farbe.

4) Festi *ep.* p. 184: *Obnubit caput, operit, unde et nuptiae dictae a capitis opertione.* Festus p. 170b s. v. *Nuptias.*

5) Val. Max. 6, 3, 10: (C. Sulpicius Gallus) *uxorem dimisit, quod eam capite aperto foris versatam cognoverat.*

6) Festus p. 339a: *Senis crinibus nubentes ornantur, quod is ornatus vetustissimus fuit.* Dass *crinis* eine Locke bedeutet, zeigt Sueton. *Cal.* 35: *Vetera familiarum insignia nobilissimo cuique ademit, Torquato torquem, Cincinnato crinem.* Adhelm. *de laud. virg.* 17 ed. Giles, Oxon. 1844: *Ista tortis cincinnorum crinibus calamistro crispantibus delicate componi satagit*, und vielleicht bezieht sich geradezu auf eine Braut das Fragm. des Varro bei Non. p. 456, 6, emend. von Röper im Philologus IX S. 264: *ante auris modo ex subolibus parvuli Intorti demittuntur sex cincinnuli.* Es scheint, dass Mädchen bis zur Verheirathung die Haare in einen Zopf zusammenflochten. Varro bei Non. p. 236 s. v. *apertum: minores natu capite aperto erant, capillo pexo, utique innexis crinibus.* Bei der Hochzeit änderten sie die Haartracht. Plautus *Most.* 224: *Si tibi sat acceptumst, fore tibi victum sempiternum Atque illum amatorem tibi proprium futurum in vita, Morem gerundum censeo tibi et capiundas crines;* wo *capere crines* »Locken anlegen« die Heirath bezeichnet. cf. *Mil. gl.* 791. Darauf geht auch Tertullian *de virg. veland.* 12: *Quid quod etiam hae*

geordnet, nicht mit einem Kamm, sondern mit einem an der Spitze gekrümmten[1] Lanzeneisen (*hasta coelibaris*),[2] und mit Bändern auseinander gehalten.[3] Unter dem Kopftuch trug die

nostrae (die Christinnen) *etiam habitu mutationem aetatis confitentur, simulque se mulieres intellexerunt, de virginibus educantur, a capite quidem ipso deponentes quod fuerunt*: *vertunt capillum* (sie verändern die Haartracht) *et acu lasciviore comam sibi inserunt* (dies bezieht sich auf die Mode hoher Frisuren, *enormitates capillamentorum* Tertull *de cultu fem.* II, 7) *crinibus a fronte divisis apertam professae mulieritatem.* (Helbig a. a. O. S. 515 ff. identificirt die *sex crines* der Braut und der Vestalinnen (Fest. *ep.* p. 339ª 23) mit der *tutulus* genannten hohen Haartracht der *flaminica* und der *romano ritu* opfernden *materfamilias* (Festus p. 355ª 29; *ep.* p. 354, 7. Varro *de l. l.* 7, 44) und erklärt sie als die je drei Partien, in denen vorn und hinten die Haare in die Höhe gezogen wurden. Jordan Festgabe an E. Curtius, 1884, S. 218, identificirt sie mit der *infula* der Vestalinnen, welche an einer Statue (*Not. d. Scavi* 1883 tav. XVIII, 3) aus sechs Streifen besteht.)

1) Ovid. *fast.* 2, 558: *comat virgineas hasta recurva comas.*

2) Festi *ep.* p. 62 s. v. Arnobius 2, 67. Plut. *Rom.* 15. *q. R.* 87. Die Bedeutung des Gebrauchs war den Römern selbst später unklar, wie man aus Festi *ep.* l. l. sieht: *Coelibari hasta caput nubentis comebatur, quae in corpore gladiatoris stetisset abiecti occisique, ut, quemadmodum illa coniuncta fuerit cum corpore gladiatoris, sic ipsa cum viro sit; vel quia matronae Junonis Curitis in tutela sint, quae ita appellabatur a ferenda hasta, quae lingua Sabinorum Curis dicitur; vel quod fortes viros genituras ominetur; vel quod nuptiali iure imperio viri subiicitur nubens, quia hasta summa armorum et imperii est. Quam ob causam viri fortes ea donantur et captivi sub eadem veneunt, quos Graeci δορυαλώτους et δορυκτήτους vocant.* Dass die Lanze aus dem Leichnam eines Gladiatoren gezogen sein musste, ist vielleicht ein später hinzugetretener Aberglauben, dem man sympathetische Kraft zuschrieb, wie dem Blute, der Leber, dem Kleide des Gladiators oder dem Dolch, womit er getödtet war. S. Jahn Ueber den Aberglauben des bösen Blicks in den Berichten der sächs. Gesellsch. Phil.-hist. Classe. 1855. S. 96.

3) Serv. *ad Aen.* 7, 403: *crinales vittas, quae solarum matronarum erant. Nam meretricibus non dabantur.* Plaut. *Mil. gl.* 791: *Itaque eam huc ornatam adducas, ut matronarum modo Capite compto crines vittasque habeat adsimuletque se Tuam esse uxorem.* Ovid. *a. a.* 1, 31: *Este procul vittae tenues insigne pudoris.* Ov. *tr.* 2, 252: *Quas stola contingi vittaque sumta negat.* Ov. *ep. ex Ponto* 3, 3, 51: *Scripsimus haec istis, quarum nec vitta pudicos Contingit crines, nec stola longa pedes.* Tibull. 1, 6, 67: *Sit modo casta, doce, quamvis non vitta ligatos Impediat crines nec stola longa pedes.* In diesen Stellen wird die *libertina* von der *ingenua*, nicht zunächst von der *matrona* unterschieden, und dass auch Jungfrauen eine *vitta* trugen, zeigt Ovid. *fast.* 6, 457, der von den Vestalinnen sagt: *Nullaque dicetur vittas temerasse sacerdos.* Val. Cato *Dirae* 156: *Ausus egon' primus castos violasse pudores Sacratamque meae vittam tentare puellae?* Vergil. *Aen.* 2, 168 von der Pallas: *virgineas ausi divae contingere vittas.* Valer. Flaccus 8, 6 von der Medea: *Ultima virgineis tunc flens dedit oscula vittis.* Die *matronae* wie die Bräute müssen daher ihre eigene Art *vittae* gehabt haben. Prop. 5, 3, 15: *nec recta capillis Vitta data est, nupsi non comitante deo.* 5, 11, 33: *Mox, ubi iam facibus cessit praetexta maritis, Vinxit et acceptas altera vitta comas,* was ich von einem doppelten Bande verstehe, während die Jungfrau ihr Haar mit einem Bande zusammen hielt, wie es in Griechenland geschah (Spanh. *ad Callim. in Cer.* 5). Und darauf kann auch das Privilegium der Matronen gehn bei Valer. Max. 5, 2, 1: *Sanxit namque* (*senatus*) *ut feminis semita viri cederent — vetustisque aurium insignibus novum vittae discrimen adiecit.* (Ueber die *vittae* vgl. Helbig a. a. O. S. 516 ff.)

Braut einen Kranz von Blumen, die sie selbst gelesen,[1]) so wie auch der Bräutigam in späterer Zeit bekränzt erscheint.[2])

Die Feierlichkeit des Hochzeitstages zerfällt in drei Theile, die Uebergabe der Braut, die Heimführung und den Empfang im Hause des Mannes; über die Anordnung der einzelnen Gebräuche nach diesen drei Acten sind wir indess zum Theil auf Vermuthungen angewiesen.

Die Hochzeitsfeier begann mit Auspicien,[3]) welche in der Stille des frühen Morgens[4]) gewöhnlich von eigenen Auspices angestellt wurden.[5]) In alter Zeit beobachtete man wirklich Vögelflug,[6]) später ersetzte man, wie im öffentlichen, so im Privatleben diese Art der Divination durch die leichtere der Haruspicin.[7]) Allein das consultative Opfer, dessen Vollzieher man ebenfalls *auspices* genannt hat, ist nicht identisch mit dem Hauptopfer, sondern fand vor der Uebergabe der Braut statt. Das Opferthier ist wahrscheinlich ein Schaf,[8]) dessen Fell hernach **Auspicien.**

---

1) Festi *ep.* p. 63: *Corollam nova nupta de floribus verbenis herbisque a se lectis sub amiculo* (d. h. unter dem *flammeum*, vgl. *Schol. Juv.* 6, 225) *ferebat.*

2) Plut. *Pomp.* 55. Tertull. *de coron. mil.* 13. Auch sonstige Theilnehmer erscheinen bekränzt. Claudian. *d. r. Pros.* 2, 328; so der Brautvater. Claudian *fesc.* 13, 1. 2. Claudian. *epithal.* 92. Dies ist indessen griechische Sitte. S. Helbig *Annali* 1866 p. 453 ff. Dilthey *Ann.* 1869 p. 44 Anm.

3) Serv. *ad Aen.* 4, 45: *nuptiae enim captatis fiebant auguriis.* Vgl. Serv. *ad Aen.* 4, 340: *Maiores omnia auspicato gerebant.* 1, 346: *nihil nisi captatis faciebant auguriis et praecipue nuptias.* Cic. *de div.* 1, 2, 3: *Nihil publice sine auspiciis nec domi nec militiae gerebatur.* Val. Max. 2, 1, 1: *Apud antiquos non solum publice sed etiam privatim nihil gerebatur nisi auspicio prius sumpto.*

4) Gellius 3, 2, 10. Staatsverwaltung III S. 385.

5) Serv. *ad Aen.* 4, 45: *Varro de pudicitia ait, auspices in nuptiis appellatos ab auspiciis, quae ab marito et nova nupta per hos auspices captabantur in nuptiis.* Plaut. *Cas.* prol. 86.

6) Plin. *n. h.* 10, 21: *Accipitrum genera sedecim invenimus; ex iis aegithum — prosperrimi auguri nuptialibus negotiis. Auspicia de coelo*, d. h. Blitz und Donner, waren wie für die Comitien (Mommsen Staatsrecht I² S. 77), so für die Ehe ein Hinderniss, namentlich für die *confarreatio.* Serv. *ad Aen.* 4, 166. 339.

7) Cic. *de div.* 1, 16, 28: *Nihil fere quondam maioris rei nisi auspicato, ne privatim quidem, gerebatur, quod etiamnunc nuptiarum auspices declarant, qui, re omissa, nomen tantum tenent. Nam ut nunc extis, sic tunc avibus magnae res impetriri solebant.* Val. Max. 1, 1. Die *auspicia privata* im eigentlichen Sinne werden überhaupt wie die *auspicia publica* nur den Patriciern zugestanden haben. S. Liv. 4, 2, 5. Mommsen Staatsrecht I² S. 85 Anm. 4. Voigt *Jus naturale* III S. 177 Anm. 214.

8) Dies ist die Ansicht von Karlowa S. 7 f. und Studemund Mittheilungen aus dem Palimpsesten des Gaius. Leipzig 1869. 4. S. 6. Das Auspicienopfer erwähnt Serv. *ad Aen*, 3, 136: *Apud veteres neque uxor duci neque ager arari sine sacrificiis peractis poterat.* Vgl. *ad* 4, 56—65. Ein solches bringt Dido

bei der Confarreation gebraucht wird. Haben sich die Gäste versammelt, so erscheinen die Auspices um den Erfolg der Auspicien zu verkündigen.[1]) Dann erst wird der Ehecontract vollzogen[2]) und zwar noch in später Zeit vor zehn Zeugen,[3]) wie sie bei

Ehecontract.

(Verg. *Aen* 4, 56) in verschiedenen Tempeln, wobei es v. 63 heisst: *pecudumque reclusis Pectoribus inhians spirantia consulit exta.*

1) So wie bei den Staatsauspicien der Magistrat selbst *auspicia habet*, der *augur* aber als Sachverständiger zugezogen wird (*adhibetur*) und die *nuntiatio* vollzieht (s. Mommsen Staatsr. I² S. 86 f.), so hat bei den Hochzeiten der Betheiligte selbst die *spectio*, kann aber Sachverständige hinzuziehen (Quintil. *decl.* 291: *ipse auspices adhibui*), welche ihre Erklärung über die Auspicien vor den Gästen abgeben. Suet. *Claud.* 26: *dote inter auspices consignata.* Tac. *ann.* 11, 27: *atque illam audisse auspicum verba.* Juvenal. 10, 336: *veniet cum signatoribus auspex.* Tac. *ann.* 15, 37: *inditum imperatori flammeum, visi auspices, dos et genialis torus et faces nuptiales.* In dem Umstande, dass sowohl die, welche die Auspicien anstellen lassen, als die, welche sie anstellen, *auspices* heissen können, liegt die Erklärung davon, dass mit dem Abkommen der eigentlichen Auspicien der Name *auspices* in allgemeiner Bedeutung von den *auctores nuptiarum* gebraucht wurde. Val. Max. 2, 1, 1: *Apud antiquos non solum publice sed etiam privatim nihil gerebatur nisi auspicio prius sumpto. Quo ex more nuptiis etiamnunc auspices interponuntur, qui, quamvis auspicia petere desierint, ipso tamen nomine veteris consuetudinis vestigia usurpant.* Es wird nämlich so genannt die Person, welche die Braut übergiebt (Symmach. *ep.* 6, 3: *Sororem Pompeiani, olim viro maturam, te auspice in manum optat accipere.* Lucan. 2, 371: *Junguntur taciti contentique auspice Bruto.* Cic. *pro Cluent.* 5, 14: *Nubit genero socrus nullis auspicibus, nullis auctoribus*), namentlich auch die *pronuba* (Seneca *Troad.* 863. Claudian. *in Rufin.* 1, 83. Serv. *ad Aen.* 4, 166), oder die, welche die Opferhandlung leitet und die Formel des Gebets vorspricht. S. unten.

2) Der Ehecontract heisst *tabulae nuptiales* (Tac. *ann.* 11, 30. *Cod. Just.* 5, 4, 9. Apul. *de mag.* c. 68. 88. Tertull. *ad ux.* 2, 3); *tabellae sponsalium et nuptiarum* Tertull. *de virg. veland.* 12; *tabulae dotales Dig.* 23, 4, 29 pr.; *tabulae dotis* 24, 1. 66; Isidor. *de ecclesiasticis officiis* 2, 20, 10; *matrimoniales* Firmicus 7, 17. Isidor. *orig.* 9, 5, 8. Augustin. *Serm.* 292 (214), 3; *instrumenta dotis, dotalia Cod. Just.* 5, 4, 13. 22. 23 § 7: und zwar heissen bei Apuleius *de mag.* c. 68 die bei einer Verlobung, welche nachher aufgehoben wurde, verfassten *tabulae* auch *nuptiales.* Dieser Contract macht überhaupt die Ehe nicht (Quintil. 5, 11, 32: *Nihil obstat, quominus iustum matrimonium sit mente coeuntium, etiamsi tabulae signatae non fuerint; nihil enim proderit signasse tabulas, si mentem matrimonii non fuisse constabit.* Dositheus *Hadr. sent.* § 11: ἀπεκρίθη ἡ γυνή, Ῥωμαϊκὴν αὐτὴν γεγονέναι, καὶ δέλτους μόνον συγγεγραφέναι, γάμους δὲ μὴ γεγονέναι. *Dig.* 39, 5, 31 pr. 45, 1, 134. *Cod. Just.* 5, 4, 13: *Neque sine nuptiis instrumenta facta ad probationem matrimonii sunt idonea, diversum veritate continente, neque non interpositis instrumentis iure contractum matrimonium irritum est, cum omissa quoque scriptura cetera nuptiarum indicia non sint irrita*); er kann daher auch *post contractum matrimonium* signirt werden (*Dig.* 24, 1, 66); allein da gerade in der *dos* eine Unterscheidung der Ehe von dem Concubinat liegt (Plaut. *Trin.* 689—691), so pflegte man bei der Eheschliessung selbst den Contract von Zeugen unterschreiben und siegeln zu lassen. Juvenal. 2, 119; 10, 336. Suet. *Claud.* 26. Tac. *ann.* 11, 27. Obwohl der Ausdruck *tabulae nuptiales* sich immer erhalten hat, so erscheint doch der Ehecontract in allen bildlichen Darstellungen, in welchen der Bräutigam bei der *dextrarum iunctio* ihn in der linken Hand hält, als *volumen*, nicht als *diptychon.*

3) Ambrosius *de lapsu virg. cons.* 5, 20: *Nam si inter decem testes confectis spon-*

der alten *confarreatio* üblich waren: darauf erklären Braut und Bräutigam ihren Consens zur Ehe, und im Falle einer *confarreatio* die erstere ihren Willen in die *manus* und dadurch in den Stamm des Mannes einzutreten,[1] indem sie durch die Formel *quando tu Gaius ego Gaia* ursprünglich auch den eigenen Namen mit dem des Mannes vertauschen zu wollen kund giebt.[2] Nach dieser Erklärung werden die Brautleute durch eine verheirathete Frau (*pronuba*)[3] zusammengeführt und reichen sich die Hände

Uebergabe der Braut.

salibus, *nuptiis consummatis*, *quaevis femina viro coniuncta mortali non sine magno periculo penetrat ad adulterium* —

1) S. oben S. 18.

2) Die Formel ist nur griechisch überliefert von Plutarch *q. R.* 30: Διὰ τί τὴν νύμφην εἰσάγοντες λέγειν κελεύουσιν· Ὅπου σὺ Γάϊος, ἐγὼ Γαΐα; und es hängt von der Erklärung ab, ob man ὅπου durch *quando* oder *ubi* übersetzt. Unter den vielen Erklärungsversuchen derselben scheint mir allein begründet zu sein der von Mommseu Röm. Forsch. I S. 11 ff., welcher davon ausgeht, dass Gaius in der Formel nicht ein Praenomen, sondern ein altes, nachweisbares Gentile ist. Die Braut erklärte also, den Gentilnamen ihres künftigen Mannes annehmen zu wollen und das konnte sie am zweckmässigsten bei dem Acte, durch welchen sie sich in die Gewalt des Mannes an Tochterstatt gab, und es scheint mir nicht nöthig, zumal da die Erklärung nur unvollständig erhalten ist, sie mit Karlowa S. 28 hinter den Act der Confarreation zu setzen. Welche Bedeutung sie dagegen bei der *coemtio* hat, bei welcher sie ebenfalls vorkam (Cic. *pro Mur.* 12, 27: *In omni denique iure civili aequitatem reliquerunt, verba ipsa tenuerunt — putarunt, omnes mulieres, quae coemtionem facerent, Gaias vocari*), ist, wie Cicero selbst andeutet, sehr zweifelhaft. Denn der Uebergang der Frau in den Gentilnamen des Mannes ist weder bei der *coemtio* noch bei der Usus-ehe anzunehmen, sondern die Formel zwar erhielt sich bei der Manusehe, aber sie wurde unverständlich namentlich dadurch, dass man Gaius und Gaia dem späteren Gebrauche nach als Vornamen betrachtete. Denn nach der Ueberlieferung der Alten hat sie später einen ganz allgemeinen Sinn und wird nicht bei der Eheschliessung, sondern bei dem Empfang der Frau im Hause des Mannes gesprochen. *Auctor de praenom.* 7: *Ceterum Gaia usu super omnes celebrata est. Ferunt enim Gaiam Caeciliam, Tarquinii Prisci regis uxorem, optimam lanificam fuisse et ideo institutum, ut novae nuptae ante ianuam mariti interrogatae, quaenam vocarentur, Gaias esse dicerent.* Ebenso Festi *ep.* 95, 18. Dies ist die Erklärung, die schon Cicero verspottet. Neben ihr hat Plut. *q. R.* 30 noch eine andere ganz allgemeine, wonach der Sinn der Formel sein soll: Ὅπου σὺ κύριος καὶ οἰκοδεσπότης, καὶ ἐγὼ κυρία καὶ οἰκοδέσποινα. (So Schneider Beitr. z. Kenntn. d. röm. Personennamen S. 47 ff. — Die Formel wird noch erwähnt Quintil. *Inst.* 1, 7, 28.)

3) Festus p. 242b, 29: *Pronubae adhibentur nuptis, quae semel nupserunt, ut matrimonii perpetuitatem auspicantes.* Festi *ep.* p. 244, 3. Serv. *ad Aen.* 4, 166: *Varro pronubam dicit, quae ante nupserit quaeque uni tantum nupta est, ideoque auspices deliguntur ad nuptias.* Isidor. *or.* 9, 7, 8. Donat. *ad Ter. Eun.* 3, 5, 45. Die Vereinigung des Paares durch die *pronuba* ist zwar kein nothwendiges Erforderniss zur Eheschliessung, denn bei Lucan. 2, 371 werden Cato und Marcia durch Brutus zusammen gegeben, kommt aber auf allen uns erhaltenen Hochzeitsdenkmälern vor, und zwar wird sie theils allein (Bartoli *Admiranda* 56. 57 und vollständige Nachweisungen bei Rossbach) theils im Zusammenhange mit dem Opfer dargestellt. Auf dem Mantuanischen Relief (Labus *Museo della Reale Accademia di Mantova* III tav. LIII p. 300) besteht die hieher gehörige Gruppe aus sechs Figuren. Der Mann hält in der linken

(*dextras iungunt*), [1]) worauf bei der *confarreatio* dem ältesten römischen Opferbrauche gemäss ein unblutiges, [2]) aus Früchten und einem *panis farreus* bestehendes Opfer [3]) gebracht wurde. Es galt dem Jupiter [4]) und wurde daher wahrscheinlich von dem anwesenden Flamen Dialis vollzogen; er sprach die Formen des Gebetes vor, [5]) in welchem auch die Götter der Ehe, insbesondere Juno [6]) und die agrarischen Gottheiten, Tellus, [7]) Picumnus und Pilumnus [8]) indigitirt wurden. Während des Opfers sassen die Brautleute auf zwei unter sich verbundenen Stühlen, über welche das Fell des vorher geschlachteten Schafes gebreitet war, [9]) bei dem

Hochzeitsopfer.

Hand die Schriftrolle mit dem Contract und reicht die Rechte der Braut; hinter beiden steht die *pronuba*, beiden die Hände auf die Schultern legend; vor beiden ein Knabe mit der Fackel; neben dem Bräutigam ein *paranymphus*, neben der Braut ebenfalls eine weibliche Person. Die *paranymphi* erwähnt auch Augustin. *de c. d.* 14, 18: *Nonne omnes famulos atque etiam ipsos paranymphos ante mittit foras, quam vel blandiri coniux coniugi incipiat.* Sie sind indess, wie schon ihr Name anzeigt, nicht ursprünglich römisch.

1) Bei Claudian 31, 128 giebt Venus als *pronuba* die Brautleute zusammen: *Tum dextram complexa viri dextramque puellae Tradit et his ultro sancit connubia dictis.* Stat. *silv.* 1, 2, 11. Trebell. Pollio *Gall.* 11. Ueber die bildlichen Darstellungen der *dextrarum iunctio* s. Rossbach Hochzeitsd. S. 37 ff.

2) S. Staatsverw. III S. 164 f. (vgl. jedoch S. 51 Anm. 4).

3) Gaius 1, 112: *Farreo in manum conveniunt per quoddam genus sacrificii, quod Iovi farreo* (d. h. durch ein *farreum*) *fit: in quo farreus panis adhibetur.* Ulpian 9: *Farreo convenitur in manum certis verbis — — et testibus X praesentibus et solemni sacrificio facto, in quo panis quoque farreus adhibetur.* Dionys. 2, 25: ἐκάλουν δὲ τοὺς ἱεροὺς καὶ νομίμους οἱ παλαιοὶ γάμους Ῥωμαϊκῇ προσηγορίᾳ περιλαμβάνοντες φαρραχείους ἐπὶ τῆς κοινωνίας τοῦ φαρρός, ὃ καλοῦμεν ἡμεῖς ζέαν. αὕτη γὰρ ἦν ἀρχαῖα καὶ μέχρι πολλοῦ συνήθης ἅπασιν αὐτοῖς ἡ τροφή. — — καὶ ὥσπερ Ἕλληνες τὸν κρίθινον καρπὸν ἀρχαιότατον ὑπολαμβάνοντες ἐπὶ τῶν θυσιῶν κριθαῖς καταρχόμεθα οὐλὰς αὐτὰς καλοῦντες, οὕτω Ῥωμαῖοι τιμιώτατόν τε καρπὸν καὶ ἀρχαιότατον εἶναι νομίζοντες τὰς ζέας διὰ τούτων ἁπάσης ἐμπύρου θυσίας κατάρχονται. μένει γὰρ ἔτι καὶ οὐ μεταπέπτωκεν εἰς πολυτελεστέρας ἀπαρχὰς τὸ ἔθος. Die Früchte erwähnt Serv. *ad Ge.* 31: *per fruges et molam salsam coniungebantur*, und die Anwendung des *farreum libum* auch bei der *diffarreatio* Festi *ep.* p. 74, 13.

4) Dies hatte bereits Karlowa vermuthet und wird jetzt durch die angeführte, zuerst von Studemund gelesene Stelle des Gaius bestätigt.

5) Ueber das *praeire verba* s. Staatsverwaltung III S. 172.

6) Serv. *ad Aen.* 4, 58: *Junoni, cui curae sunt nuptiae.* 59: *hanc Varro pronubam dicit.* Vgl. Serv. zu 4, 176. Dieser gelten zum Theil die Namen, welche indigitirt werden. S. Staatsverwaltung III S. 14. 19.

7) Serv. *ad Aen.* 4, 166: *Quidam sane Tellurem praeesse nuptiis tradunt. Nam et in auspiciis nuptiarum vocatur, cui etiam virgines vel cum ire ad domum mariti coeperint vel iam ibi positae diversis nominibus vel ritu sacrificant.* Für die Tellus tritt später Ceres ein. Serv. *ad Aen.* 4, 58. Festi *ep.* p. 87.

8) Staatsverwaltung III S. 16. Nonius p. 528: *Pilumnus et Picumnus dii praesides auspiciis coniugalibus deputantur.*

9) Serv. *ad Aen.* 4, 374: *Mos enim apud veteres fuit flamini et flaminicae ut,* (lies *cum*) *per farreationem in manus convenirent, sellas duas iugatas ovili pelle super iniecta poni eius ovis, quae hostia fuisset, et* (lies *ut*) *ibi nubentes*

Gebete wandelten sie um den Altar nach rechts hin, [1] ein *camillus* leistete den Dienst, ein *cumerum* (auch *camillum* genannt) tragend, [2] in welchem *mola salsa* und andere Requisiten des Opfers enthalten waren. [3]

Ob neben dem Speltopfer bei der Confarreation noch ein Thieropfer statt fand, wissen wir nicht; Ulpian scheint es indessen anzunehmen [4] und bei den Hochzeitsopfern der späteren Zeit, bei welchen das Faropfer fortfiel, im Uebrigen aber der alte Ritus möglichst beibehalten wurde, so dass z. B. das Gebet immer vorkam, wenn es gleich nicht von einem Priester, sondern von einem *auspex nuptiarum* gesprochen [5] und an andere Götter gerichtet wurde, [6] concentrirte sich die Hochzeitsfeierlichkeit um

---

velatis capitibus in confarreatione flamen et flaminica residerent. Festi *ep.* p. 114: *In pelle lanata nova nupta considere solet.*

1) Valer. Flaccus *Arg.* 8, 245: *ignem Pollux undamque iugalem Praetulit et dextrum pariter vertuntur in orbem.* Diesen Ritus, der auch sonst vorkommt (Staatsverwaltung III S. 174. Rossbach Untersuchungen S. 314 ff.) und bei dem man ἐπιδέξια geht, d. h. so, dass die rechte Seite des Umwandelnden dem Altar zugekehrt wird (s. Bötticher in Gerhard Arch. Anz. 1860 n. 137 S. 68b. Plautus *Curc.* 69: *Ph. quo me vertam, nescio. Pa. Si deos salutas, dextroversum censeo*) erwähnt Serv. *ad Aen.* 4, 62: *Matronae enim sacrificaturae circa aras faculas tenentes ferebantur. — Quidam genus sacrificii appellant, quod veteres, cum aras circuirent et rursus cum reverterentur et deinde consisterent, dicebant minusculum sacrum.*

2) Varro *de l. L.* 7, 34: *dicitur (in) nuptiis camillus, qui cumerum fert, in quo quid sit, in ministerio plerique nesciunt.* Festi *ep.* p. 63: *Cumerum vocabant antiqui vas quoddam, quod opertum in nuptiis ferebant, in quo erant nubentis utensilia, quod et camillum dicebant, eo, quod sacrorum ministrum* κάσμιλον *appellabant.* p. 50: *Cumerum vas nuptiale a similitudine cumerarum, quae fiunt palmeae vel sparteae ad usum popularem, sic appellatum.* Der *camillus* mit dem *cumerum* ist dargestellt auf den Reliefs bei Gerhard Antike Bildwerke I, Taf. 74. 75. Bartoli *Admiranda* tav. 58. *Monumenti pubbl. dall' Instit. arch.* IV tav. 9. (Alle diese Monumente stellen einen Kasten, die *acerra*, dar, während das *cumerum* nach Festus *ep.* p. 50 ein geflochtener Korb war.)

3) Dies folgert Rossbach mit Recht daraus, dass *cumerum* ein Getreidekorb ist, *utensilia* aber Lebensmittel sind, während Becker das Spinngeräthe der Frau in dem Korbe enthalten glaubte, das bei dem Opfer nicht vorkommen konnte. (Der Ausdruck *nubentis utensilia* passt weder auf Spinngeräth noch auf *mola salsa.* Letztere Annahme erklärt auch nicht das Geheimniss; und die Thätigkeit des *camillus* wäre dann nicht verschieden von der, welche er bei jedem Opfer hat, während Varro ihm eine besondere Function bei der Hochzeit zuschreibt. Wahrscheinlich bezog sich diese auf den Zug. Auf den Denkmälern hält der ministrirende *camillus* die *acerra.*)

4) Wenn Ulpian 9 sagt, bei dem Opfer sei auch (*quoque*) ein *panis farreus* gebraucht worden, das Opfer selbst aber sei ein *solemne sacrificium* gewesen, so scheint doch nicht bloss ein Opfer von Früchten gemeint zu sein, wie Karlowa § 1 annimmt.

5) Dies sind die *auspicum verba* bei Tac. *ann.* 11, 27.

6) Statt der oben erwähnten agrarischen Götter erwähnt Plutarch *q. R.* 2 fünf andere Schutzgötter der Ehe: πέντε δεῖσθαι θεῶν τοὺς γαμοῦντας οἴονται, Διὸς τελείου καὶ Ἥρας τελείας καὶ Ἀφροδίτης καὶ Πειθοῦς, ἐπὶ πᾶσι δ' Ἀρτέμιδος, ἣν ταῖς λοχείαις καὶ ταῖς ὠδῖσιν αἱ γυναῖκες ἐπικαλοῦνται.

das Opfer eines Rindes[1]) oder auch wohl eines Schweines[2]) und dieses Opfer stellen die Neuvermählten selbst,[3]) und zwar nicht immer im Hause, sondern auch vor einem öffentlichen Tempel an. Hiefür sprechen nicht nur ausdrückliche Zeugnisse,[4]) sondern auch die bildlichen Darstellungen, auf welchen theils der Tempel angedeutet ist,[5]) theils der Opferzug in Bewegung erscheint,[6]) was ohne Sinn sein würde, wenn das Opfer im Hause vorginge. Dazu kommt, dass ein Thieropfer im Hause wie im Tempel nur unter gewissen Bedingungen ausführbar, dagegen an den auch zu Privatopfern eingerichteten, vor den Tempeln stehenden Opferaltären ganz gewöhnlich war.[7]) An das Opfer schliesst sich, nachdem die Zeugen ihre Glückwünsche in der *cena.* Acclamation *feliciter*[8]) ausgesprochen, die *cena*, welche, wie alle bisher beschriebenen Theile der Feier, gewöhnlich im väterlichen

1) S. die Reliefs Bartoli tav. 82. Gerhard Ant. Bildw. I Taf. 74. Labus *Museo di Mantova* III tav. 53. *Monumenti* IV tav. 9. Gori *Inscr. Etr.* III tav. 38. Rossbach Hochzeitsdenkm. Taf. 1. Nach Verg. *Aen.* 4, 61 liesse sich annehmen, dass eine Kuh geopfert wird, und diese ist das Opferthier der Juno (Staatsverwalt. III S. 168), indessen ist dies aus den Bildwerken nicht erkennbar. (Bei Vergil ist nicht vom Hochzeitsopfer die Rede.)

2) Varro *de r. r.* 2, 4, 9: *nuptiarum initio antiqui reges ac sublimes viri in Hetruria, in coniunctione nuptiali nova nupta et novus maritus primum porcum immolant. Prisci quoque Latini et etiam Graeci in Italia idem factitasse videntur.* Auch in Griechenland ist das Schwein Opferthier der Aphrodite. S. Stephani *Mém. de l'acad. de St. Pétersbourg* Série VI Vol. VIII (1855) p. 370 = d. ausr. Her. S. 118.

3) Varro a. a. O. Iason bei Val. Flaccus *Arg.* 8, 243. Octavia bei Seneca *Oct.* 700. Messalina bei Tac. *ann.* 11, 27 sind selbst bei dem Opfer thätig: die *victimarii*, welche auf den Bildwerken erscheinen, sind hülfeleistende Personen.

4) Seneca *Oct.* 700: *Vidit attonitus tuam Formam senatus, tura cum superis dares, Sacrosque grato spargeres aras mero, Velata summum flammeo tenui caput, Et ipse lateri iunctus atque haerens tuo Sublimis inter civium laeta omina Incessit.* Tac. *ann.* 11, 27: (*Messalinam*) *sacrificasse apud deos* d. h. vor den Tempeln. Apul. *met.* 4, 26: *Speciosus adolescens inter suos principales — votisque nuptialibus pacto iugali pridem destinatus, consensu parentum tabulis etiam maritus nuncupatus ad nuptias, officio frequenti cognatorum et affinium stipatus templis et aedibus publicis victimas immolabat.* Hier ist nicht von dem consultativen, sondern von dem nach der Eheschliessung folgenden Opfer die Rede. (Dies letztere Beispiel bezieht sich vielmehr auf ein nach griech. Sitte vor der Hochzeit von dem Bräutigam dargebrachtes Opfer; s. Göll in Becker's Gallus II S. 38 f.) 5) Bartoli tav. 82.

6) So ist der Zug dargestellt auf dem Sarcophag von S. Lorenzo, Bartoli tav. 58 (Coburger Handzeichnungen n. 35. Jahn *Cod. Pigh.* p. 226 n. 221).

7) Staatsverwaltung III S. 203 f.

8) Juvenal. 2, 119: *Signatae tabulae, dictum* feliciter*: ingens Cena sedet, gremio iacuit nova nupta mariti.* Ueber die Acclamation *feliciter* oder *felicia* s. Brisson. *de form.* VIII c. 24. Marini *Arvali* p. 581—583. Henzen *Acta fr. Arv.* p. 13. 27. 45. 156.

Hause der Braut gehalten wird.[1]) Nachdem man sich von dieser beim Einbruch der Nacht erhoben,[2]) beginnt die *deductio*. Die Braut wird aus den Armen ihrer Mutter entführt[3]) und in einem festlichen Zuge in das neue Haus geleitet, an den sich ausser den Gästen auch theilnehmendes Publicum anschliesst.[4]) Flöten- ***deductio.***

1) Die sich widersprechenden Ansichten der Neueren, so wie die unklaren Nachrichten der Alten über diesen Punkt haben ihren Grund darin, dass in dem alten Ritus das Hauptopfer weder im Hause des Bräutigams noch der Braut, sondern in der Curie vollzogen wurde, also für die Eheschliessung im Hause keine Norm vorhanden war. Wir haben Beispiele von *cenae* im Hause des Bräutigams, wobei vielleicht ein grosser Theil der Caerimonie ausgefallen sein mag. Plaut. *Curc.* 728. Bei Plaut. *Aul.* 262 f. besorgt zwar der Bräutigam die *cena*, indessen wird dies als auffallend bezeichnet (294: *quid? hic non poterat de suo Senex obsonari filiae in nuptiis*) und motivirt durch die Armuth des Vaters, der indessen doch zur *traditio* sein Haus schmücken lässt (270. 385) und in dessen Hause auch das Mahl angerichtet wird. Cic. *ad Q. fr.* 2, 3, 7: *Pridie Id. Febr. haec scripsi ante lucem; eo die apud Pomponium in eius nuptiis eram cenaturus.* Juvenal. 6, 202; allein die Regel war, dass die nach der *cena* beginnende *deductio* vom Hause der Braut ausging. Pomponius *Dig.* 23, 2, 5: *Mulierem absenti per literas eius vel per nuntium posse nubere placet, si in domum eius deduceretur: eam vero quae abesset, ex literis vel nuntio suo duci a marito non posse: deductione enim opus esse in mariti, non in uxoris domum, quasi in domicilium matrimonii.* Macrob. *sat.* 1, 15, 22 bezeugt ausdrücklich, dass die *nupta* erst am Tage nach der Hochzeit in ihres Mannes Hause geopfert habe, dass also das Hochzeitsopfer dort nicht stattfand; Seneca *contr.* 7, 21 p. 222 Burs. sagt von einem Vater, der die Tochter verheirathet: *Indicit festum diem, aperire iubet maiorum imagines.* Quintil. *decl.* 306 p. 202 ed. Ritter: *Aspice illam virginem, quam pater tradidit, euntem die celebri, comitante populo.* Capitolin. *Ant. Pius* 10: *Nuptias filiae suae Faustinae, cum M. Antonino eam coniungeret, — celeberrimas fecit.* Am deutlichsten Sidon. Apoll. *ep.* 1, 5 extr.: *Iam quidem virgo tradita est, iam corona sponsus — honoratur — et nondum tamen cuncta thalamorum pompa defremuit, quia necdum ad mariti domum nova nupta migravit.* Dass also die *traditio* und auch das Opfer gewöhnlich im elterlichen Hause der Braut stattfand, kann man mit Sicherheit annehmen.

2) Servius *ad Buc.* 8, 29: *Varro in A e t i i s dicit, sponsas ideo faces praeire, quod antea non nisi per noctem nubentes ducebantur a sponsis.* Festus p. 245ᵃ, 3: *quia noctu nubebant.* Catull. 62, 1: *Vesper adest: iuvenes, consurgite, Vesper Olympo Exspectata diu vix tandem lumina tollit. Surgere iam tempus, iam pinguis linquere mensas.* Vgl. 20 ff. Auch aus diesem Gedicht ist ersichtlich, dass die *cena* (v. 3) wie die *traditio* (v. 60) und der Abschied von der Mutter (v. 21. 22) im elterlichen Hause der Braut vor sich geht.

3) Festus p. 289ᵃ, 4: *Rapi simulatur virgo ex gremio matris aut, si ea non est, ex proxima necessitudine, cum ad virum trahitur, quod videlicet ea res feliciter Romulo cessit.* Macrob. *sat.* 1, 15, 21: *nuptiae, in quibus vis fieri virgini videtur.* Catull. 61, 3: *qui rapis teneram ad virum virginem, o Hymenaee.* Vgl. v. 58.

4) Claudian. 10, 286: *Ante fores iam pompa sonat.* Statius *silv.* 1, 2, 233. Claudian. 14, 30. Auf etruskischen Reliefs bei Gori *Mus. Etr.* I tav. 169 n. 2. III cl. 3 tav. 22, welche einen Hochzeitszug darstellen, fährt das Brautpaar in einem verdeckten Wagen mit zwei Pferden. Voran geht ein Knabe mit der Fackel, hinterher die Begleitung. Diese Art von Hochzeitszügen, nur mit offenem Wagen, kommt schon auf Vasenbildern vor. Gerhard Auserl. Vasenb. 310—315. (Das Fahren ist griechische Sitte. Becker Charikles III², 304 (371 Göll).)

spieler[1]) und Fackelträger[2]) gehen voran, der Zug stimmt ein Fescenninenlied an[3]) und lässt den Ruf *talasse*[4]) ertönen; die Knaben fordern, dass der Bräutigam Wallnüsse ausstreue,[5]) da

1) Plaut. *Cas.* 4, 3, 1. Terent. *Adelph.* 5, 7, 6. Claudian. 14, 30 und mehr bei Rossbach S. 342.

2) Fest. p. 245ª. 289ª. Servius *ad Buc.* 8, 29: *Varro — (sponsas) ait faces praeire.* Plaut. *Cas.* 1, 1, 30: *lucebis novae nuptae facem.* Terent. *Adelph.* 5, 7, 9. Senec. *contr.* 7, 21, 9 p. 222 B.: *cum infelici face ad dotalem suum nova nupta deduceretur.* Cic. *pro Cluent.* 6, 15 und mehr bei Rossb. S. 337. Dass die Worte Plutarch's *q. R.* 2: Διὰ τί οὐ πλείονας οὐδ' ἐλάττονας, ἀλλὰ πέντε λαμπάδας ἅπτουσιν ἐν τοῖς γάμοις, ἃς κηρίωνας ὀνομάζουσι; sich auf den Zug beziehen, wie Rossbach annimmt, bezweifle ich. Auch vor der *deductio* ist das Atrium beleuchtet. *Epithal. Laur. et Mar.* bei Riese *Anthol.* 742 v. 59 = Baehrens *P. L. M.* 3, 42, 61. Claudian. 10, 206: *alii funalibus ordine ductis Plurima venturae suspendite lumina nocti.*

3) *Fescennini versus, qui canebantur in nuptiis* (Festi *ep.* p. 85); *nuptiales Fescennini* (Plin. *n. h.* 15, 86. Seneca *contr.* 7, 21, 12 p. 223 B.) und mehr bei Rossbach S. 341. Eigenthümlich war diesen Hochzeitsgedichten der Refrain, den auch Catull. 61. 62 hat, und ein derber, stark obscöner Scherz, welcher wesentlich ist, da die Fescenninen von *fascinum* ihren Namen haben (Porphyrio *ad Hor. epod.* 8, 18: *fascinum pro virili parte posuit, quoniam praefascinandis rebus haec membri deformitas apponi solet.* Festi *ep.* p. 85: *Fescennini versus — ideo dicti, quia fascinum putabantur arcere*) und ursprünglich Phalloslieder sind. Siehe Rossbach S. 343. Die ganze Unterhaltung bei der Hochzeit schildert Cyprian. *de habitu virg.* p. 179 ed. Paris. 1726, fol. als sehr unanständig: *Quasdam non pudet, nubentibus interesse et in illa lascivientium libertate sermonum colloquia incesta miscere* u. s. w.

4) Talasius (Plut. *q. R.* 31. v. *Rom.* 15) oder Thalassius (Liv. 1, 9, 12. Catull. 61, 134), Thalasio (Serv. *ad Aen.* 1, 651. Plut. *Pomp.* 4), Talassus (Mart. 12, 42, 4), Talassio (Mart. 1, 35, 6. 7; 3, 93, 25) gehört zu den verschollenen alten Göttern (Staatsverwalt. III S. 67. Rossbach S. 345 ff.) und kam nur noch in dem Liede selbst, wie es scheint im Refrain, vor. Sidon. Apollin. *ep.* 1, 5 a. E.: *Talassio fescenninus explicaretur.* Plut. *Rom.* 15: ἀφ' οὗ δὴ τὸν Ταλάσιον ἄχρι νῦν, ὡς Ἕλληνες τὸν Ὑμέναιον, ἐπᾴδουσι τοῖς γάμοις. Anders erklärten die Alten selbst. Festus p. 351ᵇ, 27 nach der Ergänzung von Mercklin im *Ind. Schol. Dorpat.* 1860 p. 13: *Talassionem in nuptiis Varro ait s i g n u m e s s e l a n i-fici* τάλαρον, *id est quasillum, i-n d e e n i m s o-litum appellari Talassionem. S e d C n. G e l l i u s historiarum scriptor Talassium ait n o m i n e virum rapta virgine unicae p-u l c h r i t u-dinis, quod ei id coniugium fuerit f-e l i x, b o n i ominis gratia nunc redintegrari.* Mercklin hält θαλάσσιος für ein *cognomen* des Consus, an dessen Feste der Sabinerinnenraub stattfand. (Preller *R. Myth.* II³ S. 216. Man rief *Talassio* (s. die Erzählung bei Livius und Plutarch), welchen Ruf man entweder als Nominativ oder als Dativ fasste.)

5) Festi *ep.* p. 172: *Nuces flagitantur nuptiis et iaciuntur pueris, ut novae nuptae intranti domum novi mariti secundum fiat auspicium.* Interp. Mai *ad Virg. ecl.* 8, 30: *S p a r g e m a r i t e n u c e s*] *nuptiali festo nuces dividi vel in solum abiici solent. Sic puerorum colligentium strepitu vox puellae non auditur. Vel ne infausta verba ad aures ferantur. Est et illa opinio, quod, qui nuptias contrahunt, lusus — relinquunt.* Serv. *ad h. l.* Plin. *n. h.* 15, 86: *nuces iuglandes — nuptialium Fescenninorum comites —. Nec non et honor iis naturae peculiaris gemino protectis operimento — quae causa eas nuptiis fecit religiosas, tot modis fetu munito, quod est verisimilius, quam quia cadendo tripudium sonivium faciant.* In der Inschrift Orelli-Henzen 7128 = *C. I. L.* X, 5849 trifft jemand eine Anordnung zur Feier seines Geburtstages, in welcher es am Schlusse heisst: *item populo fieri (divisiones) et pueris nuces spargi die s(upra) s(cripto).*

er nun von den Spielen der Kindheit Abschied nimmt.[1]) Die Braut wird geleitet von drei *pueri patrimi et matrimi*, von welchen einer die Fackel[2]) vorträgt, die beiden anderen die Braut führen;[3]) Rocken und Spindel werden ihr nachgetragen.[4]) Die Fackel des Brautführers ist nicht, wie die der übrigen Fackelträger, von Fichtenharz,[5]) sondern von Weissdorn (*spina alba*)[6]), welcher der Ceres heilig[7]) und ein Mittel gegen bösen Zauber ist;[8]) sie wird hernach von den Gästen erbeutet und im Raube davongetragen.[9]) Ist der Zug angelangt, so salbt die Braut die Thürpfosten des neuen Hauses mit Fett oder Oel und umwindet sie mit wollenen Binden;[10]) darauf wird sie über die Schwelle des Hauses gehoben[11]) und

---

1) Dieser Erklärung, welche auch die Interpreten des Vergil haben, folgt Catull. 61, 131—135: *Da nuces pueris iners Concubine; satis diu Lusisti nucibus: lubet iam servire Thalassio. Concubine nuces da.* (Die Nüsse sind ein Symbol der Fruchtbarkeit. Mannhardt Zts. f. deutsche Mythol. u. Sittenk. III, 95 ff. Mythol. Forschungen S. 361.)

2) Die Fackel ist das eigentliche Symbol der Hochzeit wie des Begräbnisses. Prop. 5, 11, 46: *Viximus insignes inter utramque facem*, und mehr bei Rossbach S. 337—340.

3) Festus p. 245ᵃ, 1: *Patrimi et matrimi pueri praetextati tres nubentem deducunt; unus, qui facem praefert ex spina alba, quia noctu nubebant, duo, qui tenent nubentem.* Catull. 61, 182.

4) Plin. *n. h.* 8, 194. Plut. *q. R.* 31, vgl. Cic. *de or.* 2, 68, 277.

5) *pinea taeda* Ov. *fast.* 2, 558; *pronuba pinus* Seneca *Medea* 37. 111. Verg. *Cir.* 439.

6) Varro bei Nonius p. 112. Festus p. 245ᵃ; bei Serv. *ad Buc.* 8, 29 *corneae faces.* Plin. *n. h.* 16, 75: *spina nuptiarum facibus auspicatissima.*

7) Festi *ep.* p. 87: *facem in nuptiis in honorem Cereris praeferebant.* (*in honorem Cereris* bezieht sich auf die Fackeln, nicht auf den Weissdorn; dass dieser der Ceres heilig gewesen wäre, scheint nicht bekannt zu sein.)

8) Ovid. *fast.* 6, 129. 165. Varro *ap. Charis.* I p. 144 Keil.

9) Festus p. 289ᵃ, 7: *Rapi solet fax, qua praelucente nova nupta deducta est, ab utriusque amicis, ne aut uxor eam sub lecto viri ea nocte ponat, aut vir in sepulcro comburendam curet, quo utroque mors propinqua alterius utrius captari putatur.* Einfacher erklärt Serv. *ad Buc.* 8, 29: *Quas (faces) rapiunt tanquam vitae praesidia. Namque his qui sunt potiti, diutius feruntur vixisse.*

10) Donat. *ad Ter. Hec.* 1, 2, 60: *cum puellae nuberent, maritorum postes ungebant ibique lanam figebant.* Isidor. *or.* 9, 7, 12. Serv. *ad Aen.* 4, 458. Plut. *q. R.* 31. Nach Einigen war das, womit sie salbten, Schweinefett (Plin. *n. h.* 28, 135), nach Anderen Wolfsfett (Plin. l. l. § 142. Servius l. l.), nach Anderen Oel (Isidor. l. l. Servius l. l.). Hier antwortete sie auf des ihr entgegentretenden Bräutigams Frage nach ihrem Namen: *ubi tu Gaius ego Gaia.* S. oben S. 49.

11) Plut. *q. R.* 29. Serv. *ad Buc.* 8, 29. Isidor. *or.* 9, 7, 12. Plautus *Cas.* 4, 4, 1. Lucan. *Phars.* 2, 359. Ob dies geschah, um nochmals den Raub der Braut symbolisch darzustellen (Plut. l. l. Rossbach S. 360), oder um ein böses Omen durch Anstossen des Fusses an der Schwelle zu vermeiden (Becker *Gallus* II³ S. 26, S. 46 Göll) ist streitig. Plautus l. l., Catull. 61, 166: *Transfer omine cum bono Limen aureolos pedes* und Lucan l. l. folgen der letzteren, und gegen dieselbe spricht auch nicht Optatus *de schism.* Donat. 6, 3 p. 163

im Atrium[1]) von ihrem Manne in die Gemeinschaft des Feuers und Wassers,[2]) d. h. in die Theilnahme an dem häuslichen Leben und Gottesdienste aufgenommen.[3]) In dem Atrium, ihrem künftigen Wohnzimmer, ist der *lectus genialis* gegenüber der Thür von der *pronuba*[4]) bereitet,[5]) hier betet sie zu den Göttern des neuen Hauses um eine glückliche Ehe.[6]) Am Tage nach der Hochzeit

---

ed. Lond. 1631: *Si alicui maritum mutare contigerit, non reperitur illa temporalis festivitas, non in altum tollitur, non populi frequentia procuratur*, in welcher überhaupt nur gesagt wird, dass keine *pompa* stattfand.

1) Varro *de l. L.* 5, 61 sagt *in limine.*

2) Die Formel ist *igni et aqua accipere* (*novam nuptam*). Digest. 24, 1, 66. Novius bei Nonius p. 516 s. v. *puriter*. Varro bei Serv. *ad Aen.* 4, 167. Festi *ep.* 2 s. v. Vgl. Dion. 2, 30: ἐπὶ κοινωνίᾳ πυρὸς καὶ ὕδατος ἐγγυῶν τοὺς γάμους ὡς καὶ μέχρι τῶν καθ' ἡμᾶς ἐπιτελοῦνται χρόνων. Festi *ep.* p. 87 s. v. *facem: Facem in nuptiis in honorem Cereris praeferebant; aqua adspergebatur nova nupta sive — sive ut ignem atque aquam cum viro communicaret.* Varro *de l. L.* 5, 61. Ovid. *fast.* 4, 792. Plut. *q. R.* 1. Statius *silv.* 1, 2, 5. 6. *Dig.* 24, 1, 66 § 1. Serv. *ad Aen.* 4, 103.

3) Festi *ep.* p. 2: *Aqua et igni tam interdici solet damnatis, quam accipiuntur nuptae, videlicet quia hae duae res humanam vitam maxime continent.* Varro *de l. L.* 5, 61. Ueber die Bedeutung des Wassers und Feuers s. Staatsverwaltung III S. 329, und über die Theilnahme der Frau an den *sacra* s. daselbst III S. 291, vgl. Senec. *contr.* 7, 21, 8 p. 222 Burs.: *Habeamus generum, si possumus, parem: sin minus, non erubescendum, cui cognatus sit aliquis, cui sacra aliqua et penetralia, in quae deducatur uxor.* Wie der Ritus dabei war, wissen wir nicht genau. Varro bei Non. p. 112 s. v. *fax: cum a nova nupta ignis in face adferretur, foco eius sumptus, cum fax ex spina alba esset, ut eam puer ingenuus adferret.* Derselbe bei Non. p. 302 s. v. *felix* = p. 182 s. v. *titionem: contra a novo marito cum item e foco in titione ex felici arbore et in aquali aqua allata esset.* Wenn diese beiden Fragmente zusammen gehören, so zündeten beide Eheleute das neue Herdfeuer gemeinsam an; dann wird die Fackel von den Gästen geraubt, da sie nun ihren Zweck erfüllt hat, und für den, der sie erbeutet, offenbar die Vorbedeutung der eigenen baldigen Hochzeit ist. Plut. *q. R.* 1 sagt: τὴν γαμουμένην ἅπτεσθαι πυρὸς καὶ ὕδατος κελεύουσιν. Mit dem im *aquale* herbeigebrachten Wasser wurde die Braut besprengt. Festi *ep.* p. 87, 11. Propert. 5, 3, 15. Das Benetzen des Hauptes ist ein Opferritus der Vestalinnen Ovid. *fast.* 4, 315; nach Serv. *ad Aen.* 4, 167 wurden der Braut die Füsse gewaschen. Vgl. Bartoli *Admiranda* Taf. 59.

4) *Epithalamium Laurentii* bei Baehrens *P. L. M.* III, 42, 69 ff.

5) *Lectus genialis* (Cic. *pro Cluent.* 5, 14. Festi *ep.* p. 94, 11. Horat. *epist.* 1, 1, 87), auch *lectus adversus* (Prop. 5, 11, 85. Laberius bei Gell. 16, 9, 4), weil er der Thür gegenüber steht. Asconius *in Milon.* p. 43 Or.: *Deinde, omni vi ianua expugnata, et imagines maiorum deiecerunt et lectulum adversum uxoris eius Corneliae — fregerunt, itemque telas, quae ex vetere more in atrio texebantur, diruerunt.*

6) Arnob. 2, 67: *cum in matrimonium convenitis, toga sternitis lectulos et maritorum genios advocatis.* Ueber den *genius* s. Staatsverwaltung III S. 121. Mit diesem Acte hängt eine andere Caerimonie zusammen, bei welcher die junge Frau, wenigstens nach den Erzählungen der Kirchenväter (s. die Stellen Staatsverwaltung III S. 14 Anm. 15), auf einen Mutunus Tutunus gesetzt wurde, um ihr Fruchtbarkeit zu erflehen. Siehe hierüber Rossbach p. 369 f. Unklar dagegen ist ein anderer Ritus, über welchen Varro bei Nonius p. 531 sagt: *Nubentes veteri lege Romana asses tres ad maritum venientes solebant pervehere atque unum, quem in manu tenerent, tanquam emendi causa, marito dare; alium,*

empfängt sie die Verwandten bei dem Feste der *repotia*[1]) als Matrone[2]) und bringt den Göttern des Hauses ihr erstes Opfer dar.[3]) *repotia.*

c. Indem so die Frau mit ihrem Manne in eine Lebensgemeinschaft[4]) tritt, welche, auf dem Willen der Götter,[5]) dem Interesse des Staates[6]) und dem gegenseitigen Bedürfniss[7]) beruhend, sittlich begründet und ursprünglich unlösbar war,[8]) ist sie, wie auf der einen Seite der Gewalt des Hausherrn unterthan, so auf der anderen Theilnehmerin an der Herrschaft des Hauses[9]). Sie ist von allen knechtischen Diensten frei, sie mahlt Stellung der Hausfrau.

---

quem in pede haberent, in foco Larium familiarium ponere; tertium, quem in sacciperio condidissent, compito vicinali solere resonare.

1) Festus p. 281[a]: *Repotia, postridie nuptias apud novum maritum [cum] cenatur, quia quasi reficitur potatio.* Gell. 2, 24, 14. Hor. *sat.* 2, 2, 60 und die Schol. zu d. St. Auson. *epist.* 9, 50. Symmachus *epist.* 7, 19.

2) Acro *ad Hor. sat.* 2, 2, 60: *Repotia — secundus dies a nuptiis, quo virgo ad muliebrem habitum componitur.*

3) Macrob. *sat.* 1, 15, 22: *Nam quia primus nuptiarum dies verecundiae datur, postridie autem nuptam in domo viri dominium incipere oportet adipisci et rem facere divinam, omnes autem postriduani dies seu post Kalendas sive post Nonas Idusve ex aequo atri sunt, ideo et Nonas inhabiles nuptiis esse dixerunt, ne nupta aut postero die libertatem auspicaretur uxoriam aut atro immolaret, quo nefas est sacra celebrari.* ⟨Auf die Sitte einer Morgengabe deutet Juv. 6, 204. Das junge Ehepaar pflegte dann viele Einladungen zu erhalten. Apul. *apol.* 539.⟩

4) Dionys. 2, 25: ἦν δὲ τοιόςδε ὁ νόμος· γυναῖκα γαμετὴν τὴν κατὰ γάμους ἱεροὺς συνελθοῦσαν ἀνδρὶ κοινωνὸν ἁπάντων εἶναι χρημάτων τε καὶ ἱερῶν. Plutarch. *coniug. praec.* 34 p. 169 Dübner.

5) Nicht nur wurden alle Ehen mit religiöser Feierlichkeit geschlossen, sondern auch eheliche Zwiste in dem *sacellum deae Viriplacae in Palatio* beigelegt. Val. Max. 2, 1, 6. Von der römischen Frau gilt das, was die Pythagoreerin Phintys bei Stobaeus *Floril.* tit. 74, 61 sagt: παρανομοῖσα ἀδικεῖ γενεθλίως θεώς, οἴκῳ καὶ συγγενείᾳ οὐ γνασίως ἐπικούρως ἀλλὰ νόθως παρεχόμενα· ἀδικεῖ δὲ τὼς φύσι θεώς, [οὕςπερ] ἐπομόσασα μετὰ τῶν αὐτᾶς πατέρων τε καὶ συγγενῶν συνελεύσεσθαι ἐπὶ κοινωνίᾳ βίω καὶ τέκνων γενέσι τᾷ κατὰ νόμον· ἀδικεῖ δὲ καὶ τὰν αὐτᾶς πατρίδα μὴ ἐμμένουσα τοῖς ἐνδιατεταγμένοις.

6) Cic. *de off.* 1, 17, 54: *Nam, cum sit hoc natura commune animantium, ut habeant libidinem procreandi, prima societas in ipso coniugio est: proxima in liberis: deinde una domus, communia omnia. Id autem est principium urbis et quasi seminarium reipublicae.*

7) Columella 12 pr.: *Nam et apud Graecos et mox apud Romanos usque in patrum nostrorum memoriam fere domesticus labor matronalis fuit, tanquam ad requiem forensium exercitationum omni cura deposita patribus familias intra domesticos penates se recipientibus. Erat enim summa reverentia cum concordia et diligentia mixta, flagrabatque mulier pulcherrima diligentiae aemulatione, studens negotia viri cura sua maiora atque meliora reddere. Nihil conspiciebatur in domo dividuum, nihil, quod aut maritus aut femina proprium esse iuris sui diceret, sed in commune conspirabatur ab utroque.*

8) Dionys. 2, 25: καὶ τὸ διαιρῆσον τοὺς γάμους τούτους οὐδὲν ἦν.

9) Dionys. 2, 25: σωφρονοῦσα μὲν οὖν καὶ πάντα τῷ γεγαμηκότι πειθομένη γυνὴ κυρία τοῦ οἴκου τὸν αὐτόν τρόπον ἦν, ὅνπερ ὁ ἀνήρ. Daher erklärt Plut. *q. R.* 30 die Worte Ὅπου σὺ Γάϊος, ἐγὼ Γαΐα· Ὅπου σὺ κύριος καὶ οἰκοδεσπότης, καὶ ἐγὼ κυρία καὶ οἰκοδέσποινα. Bekannt ist der Scherz des alten Cato bei

nicht und kocht nicht,[1]) aber sie sitzt in dem Atrium spinnend und webend mit den Mägden,[2]) verwaltet die Hauswirthschaft,[3]) nährt selbst ihre Kinder[4]) und sorgt für deren Erziehung,[5]) insofern nicht bei dem Zusammenwohnen mehrerer Familien im Hause eines *pater familias*[6]) eine der älteren Frauen ausschliesslich das Geschäft, die Kinder zusammen zu beaufsichtigen, übernimmt.[7]) Nicht in ein Frauengemach eingeschlossen, wie die

---

Plut. *Reg. et imp. apophth.*, *Cato* 6, p. 240 Dübner: Πάντες ἄνθρωποι τῶν γυναικῶν ἄρχουσιν, ἡμεῖς δὲ πάντων ἀνθρώπων, ἡμῶν δὲ αἱ γυναῖκες.

1) Plut. *q. R.* 85: Διὰ τί τὰς γυναῖκας οὔτ' ἀλεῖν εἴων οὔτ' ὀψοποιεῖν τὸ παλαιόν; er sagt, schon den geraubten Sabinerinnen sei zugestanden worden μήτ' ἀλεῖν ἀνδρὶ Ῥωμαίῳ μήτε μαγειρεύειν.

2) Arnobius 2, 67: *Matres familias vestrae in atriis operantur domorum, industrias testificantes suas.* Asconius *in Milon.* p. 43 Or.: *telas, quae ex vetere more in atrio texebantur, diruerunt.* Liv. 1, 57: (*Lucretiam*) *nocte sera deditam lanae inter lucubrantes ancillas in medio aedium sedentem inveniunt.* Plaut. *Men.* 796. In der Grabrede des Q. Lucretius Vespillo (Cos. 735 = 19) auf seine Frau *Turia* (*C. I. L.* VI, 1527) heisst es I, 30: *Domestica bona pudicitiae, opsequi, comitatis, facilitatis, lanificiis tuis (adsiduitatis) — — cultus modici cur (memorem)?* und in Grabinschriften (*C. I. L.* I, 1007 = Or. 4848) rühmt man von der Frau: *domum servavit, lanam fecit;* nennt sie *lanifica, pia, pudica, domiseda* (*C. I. L.* VI, 11602 = Or. 4639. vgl. 4860) und fügt als Symbol ihrer Wirksamkeit das Bild des Webstuhles hinzu. De Rossi *Inscr. Christ.* I p. 21. 22. Raoul Rochette *Mém. de l'acad. des Inscr.* XIII p. 257. Vgl. Friedlaender Darstellungen I[5] S. 408.

3) Columella 12 pr. Tertull. *exhort. castitatis* 12: *Scio, quibus causationibus coloremus insatiabilem carnis cupiditatem. praetendimus necessitates adminiculorum, domum administrandam, familiam regendam, claves custodiendas, lanificium dispensandum, victum procurandum.* Die Frauen sind *dominae apothecarum et cellariorum* und haben auch den Weinvorrath unter sich. Cic. *ad fam.* 16, 26, 2. Augustin. *confess.* 9, 8, 2. Plautus *Menaechm.* 120: *Quando ego tibi ancillas, penum, lanam, aurum, vestem, purpuram Bene praebeo nec quicquam eges, malo cavebis, si sapis: Virum observare desines.* Eine Frau soll sein οἰκουρός, οἰκονόμος, παιδοτρόφος. Dio Cass. 56, 3.

4) So nährte des alten Cato Frau ihr Kind selbst. Plut. *Cat. mai.* 20. Vgl. Plut. *de educatione puerorum* 5, p. 3 Dübn.

5) Dies heisst *in gremio matris educari.* Tac. *dialog.* 28: *iam primum suus cuique filius, ex casta parente natus, non in cella emptae nutricis sed gremio ac sinu matris educabatur, cuius praecipua laus erat, tueri domum et inservire liberis. — ac non studia modo curasque, sed remissiones etiam lususque puerorum sanctitate quadam ac verecundia temperabat.* 29: *at nunc natus infans delegatur Graeculae alicui ancillae.* Vgl. Catull. 61, 216. Cic. *Brut.* 58, 210. 211. Tac. *Agr.* 4. Plut. *Sertor.* 2. Cornelia Hispulla bei Plin. *ep.* 3, 3, 3 hat ihren Sohn *intra contubernium suum* und lässt ihn auch im Hause unterrichten. Vgl. 4, 19, 6; 7, 24, 3: *vixit in contubernio aviae severissime et tamen obsequentissime.*

6) Val. Max. 4, 4, 8: *Quid Aelia familia? Sedecim eodem tempore Aelii fuerunt, quibus una domuncula erat — et unus in agro Veiente fundus.* Plut *Aem. Paull.* 5. Vgl. Val. Max. 7, 7, 5. Plut. *M. Crass.* 1: Μάρκος δὲ Κράσσος ἦν τιμητικοῦ καὶ θριαμβικοῦ πατρός· ἐτράφη δ' ἐν οἰκίᾳ μικρᾷ μετὰ δυοῖν ἀδελφῶν· καὶ τοῖς ἀδελφοῖς αὐτοῦ γυναῖκες ἦσαν, ἔτι τῶν γονέων ζώντων· καὶ πάντες ἐπὶ τὴν αὐτὴν ἐφοίτων τράπεζαν. In dem kleinen Hause des alten Cato wohnte auch sein verheiratheter Sohn. Plut. *Cato mai.* 24.

7) Tac. *dial.* 28.

griechischen Frauen, [1]) sondern in der Mitte des häuslichen Treibens sich bewegend, nimmt sie als die Gebieterin eine bestimmte Etikette in Anspruch, der sich auch der Hausherr zu unterwerfen hat; [2]) alle Familienglieder, auch der Mann, nennen sie *domina*, [3]) Anstand in Rede und Benehmen herrscht in ihrer Gegenwart, [4]) an dem Mahle des Mannes nimmt sie Theil [5]) und zwar, wenigstens nach älterer Sitte, sitzend, [6]) während die Kinder an einem eigenen Tische essen; [7]) Besuche von Verwandten empfängt sie mit dem Kusse der Begrüssung; [8]) eigene Gesellschaft hat sie nicht, sondern die Freunde des Mannes sind auch die ihrigen, [9]) aber sie theilt nicht die Genüsse der Männer und namentlich Wein zu trinken ist für sie unschicklich; [10]) am ersten März, den Matronalien, bringt ihr das ganze Haus Glückwünsche und Geschenke dar, [11]) ihr Geburtstag wird gleichfalls festlich begangen. [12]) Bei der Beschränkung auf den Umgang mit der Familie bewahrt sich die Frau einen alterthümlichen Dialekt; [13]) ihre Bildung ist eine überwiegend praktische; geistige Anregung erhält sie zunächst von ihrem Manne, [14])

---

1) Corn. Nep. *praf.: Quem enim Romanorum pudet uxorem ducere in convivium? aut cuius non materfamilias primum locum tenet aedium atque in celebritate versatur? Quod multo fit aliter in Graecia. Nam neque in convivium adhibetur, nisi propinquorum, neque sedet nisi in interiore parte aedium, quae* γυναικωνῖτις *appellatur, quo nemo accedit nisi propinqua cognatione coniunctus.*

2) Plut. *coni. praec.* 13, p. 165 Dübner: ὁ Κάτων ἐξέβαλε τῆς βουλῆς τὸν φιλήσαντα τὴν ἑαυτοῦ γυναῖκα τῆς θυγατρὸς παρούσης. *Cat. mai.* 18.

3) Suet. *Claud.* 39. Verg. *Aen.* 6, 397. Ovid. *trist.* 4, 3, 9. Seneca *fr.* 13, 51 Haase. Epictet. *Ench.* 62 (40): αἱ γυναῖκες εὐθὺς ἀπὸ τεσσαρεσκαίδεκα ἐτῶν ὑπὸ τῶν ἀνδρῶν κυρίαι καλοῦνται. Orelli *Inscr.* 2663. *Digest.* 32, 1, 41 pr.: *Uxorem et filium communem heredes instituit et uxoris fidei commisit in haec verba: peto a te, domina uxor, ne — —.* Friedlaender Darstellungen I[5] S. 400. ⟨Aus republikanischer Zeit ist diese Anrede von Seiten des Mannes nicht nachweisbar; bei Terenz *Heaut.* 4, 1, 15 ist *domina* Conjectur. Göll in Becker's *Gallus* II S. 6.⟩ 4) Plut. *Rom.* 20. Tac. *dial.* 28.

5) Plut. *coni. praec.* 15, p. 166 Dübn.: οἱ τὰς γυναῖκας μὴ ἡδέως βλέποντες ἐσθιούσας καὶ πινούσας μετ' αὐτῶν διδάσκουσιν ἐμπίπλασθαι μόνας γενομένας.

6) Val. Max. 2, 1, 2. 7) Tac. *ann.* 13, 16.

8) S. oben S. 31 Anm. 1 und Arnobius 2, 67. Plut. *de virt. mulier.* 1 p. 301 Dübner; *q. R.* 6. Plautus *Stich.* 89. 91. Prop. 2, 6, 7.

9) Plut. *coniug. praec.* 19, p. 166 Dübn.: Ἰδίους οὐ δεῖ κτᾶσθαι φίλους τὴν γυναῖκα, κοινοῖς δὲ χρῆσθαι τοῖς τοῦ ἀνδρός.

10) Plin. *n. h.* 14, 90. Val. Max. 6, 3, 9. Tertull. *apol.* 6. Serv. *ad Aen.* 1, 737. Gell. 10, 23, 1. Dionys. 2, 25. Plut. *q. R.* 6.

11) Staatsverwaltung III S. 548.

12) Seneca *fr.* 13, 51 Haase. Ovid. *tr.* 4, 5, 1.

13) Cic. *de or.* 3, 12, 45. *Brut.* 58, 210. 211. Quintil. 1, 1, 6. ⟨Die beiden letzten Stellen gehören nicht hierher.⟩

14) Plut. *coni. praec.* 48, p. 172 Dübn. Seneca *fr.* 13, 61 Haase: (*Terentia*) *coniux egregia et quae de fontibus Tullianis hauserat sapientiam.* Vgl. über Helvia, Seneca's Mutter, Sen. *cons. ad Helv.* 17, 4. Sehr lebendig schildert

an dessen Bestrebungen sie persönlichen Antheil nimmt, [1]) und von welchem sie wiederum in Familienangelegenheiten, z. B. bei der Verheirathung der Kinder zu Rathe gezogen wird. [2]) Auch wenn sie ausgeht in der decenten Tracht der Frau, der *stola matronalis*, [3]) was sie indess nicht ohne Wissen des Mannes [4]) und nicht ohne Begleitung [5]) thut, ist sie einer achtungsvollen Behandlung sicher; man macht ihr Platz auf der Strasse; [6]) sie anzurühren ist selbst bei einer gerichtlichen Vorladung nicht gestattet; [7]) sie erscheint bei gottesdienstlichen Handlungen, [8]) bei Mahlzeiten, [9]) im Theater [10]) und selbst vor Gericht, [11]) entweder als Zeugin [12]) oder um für einen angeklagten Verwandten zu bitten, [13]) ja noch

---

besonders Plinius *ep.* 4, 19, welchen Antheil seine zweite Frau Calpurnia an seinen Beschäftigungen nahm; und *ep.* 1, 16, 6 sagt er vom Pompeius Saturninus: *gloria dignus est, qui — — uxorem, quam virginem accepit, tam doctam politamque reddiderit.*

1) Die ehrgeizigen Pläne der Fabia, Frau des C. Licinius Stolo bei Liv. 6, 34 sind, wenn auch Fiction, doch ganz im Charakter römischer Frauen. Auch bei amtlichen Geschäften werden Frauen zu Hülfe genommen, wie die Sulpicia von ihrem Schwiegersohn Postumius bei der Untersuchung über die Bacchanalien Liv. 39, 11. Cic. *ad Att.* 15, 11 erwähnt einer politischen Berathung zwischen ihm, Brutus, Cassius und Favonius, an welcher Servilia, Mutter des Brutus, Tertulla, Frau des Cassius, und Porcia, Frau des Brutus, Theil nehmen.

2) Liv. 38, 57, 7. 3) Val. Max. 6, 1 pr. Hor. *sat.* 1, 2, 94.

4) Plaut. *Mercat.* 809. Val. Max. 6, 3, 10—12. (Aus diesen Stellen folgt obiges nicht. Plautus ist für römische Sitten nicht beweisend.)

5) Senec. *contr.* 2, 15, 3 p. 174 Burs.: *Matrona — prodeat in tantum ornata quantum ne immunda sit: habeat comites eius aetatis, qui impudica, si nihil aliud, verecundia annorum removere possint.*

6) Plut. *Rom.* 20. Val. Max. 5, 2, 1.

7) Val. Max. 2, 1, 5: *Sed quo matronale decus verecundiae munimento tutius esset, in ius vocanti matronam corpus eius attingere non permiserunt, ut inviolata manus alienae tactu stola relinqueretur.*

8) Feste der Frauen sind die *Carmentalia* d. 11 Januar, die *Matronalia* d. 1 März, das Fest der *Fortuna virilis* d. 1 April, die *Matralia* d. 11 Juni, das *sacrum Cereris* im August (Staatsverwaltung III S. 546 ff.), das Fest der *Bona dea* (Staatsverwaltung III S. 331); ausserdem nehmen sie an allen Supplicationen Theil (Staatsverwaltung III S. 50).

9) Nepos *praef.* Cic. *pro Caelio* 8, 20: *uxores a cena redeuntes.* Auch Vestalinnen essen bei feierlichen Gelegenheiten in Gesellschaft von Männern. Macrob. *sat.* 3, 13, 11.

10) S. Friedlaender Staatsverwaltung III S. 514. Val. M. 6, 3, 12. Cic. *de har. resp.* 12, 24. Suet. *Oct.* 44.

11) In älterer Zeit traten Frauen auch als Klägerinnen auf, bis dies in Folge der Processsucht der Afrania († 48 v. Chr.) durch das praetorische Edict verboten wurde. Ulp. *Dig.* 3, 1, 1 § 5. Val. Max. 8, 3, 2. Drumann G. R. I S. 39. (Ihnen wurde nur verboten, als Vertreter anderer zu klagen (*pro aliis postulare*).)

12) Cic. *in Verr.* 1, 37, 94. Ascon. *in Milon.* p. 41 Or. p. 35 Kiessling. Suet. *Caes.* 74. Tac. *ann.* 2, 34; 3, 49. Paulus *Dig.* 22, 5, 18. Ulp. *Dig.* 28, 1, 20 § 6.

13) So war im Process des Fonteius dessen Mutter und Schwester, eine Vestalin, anwesend. Cic. *pro Font.* 21, 46, im Process des Caelius die Mutter. Cic. *pro Cael.* 2, 4. Cato *fr.* ed. Jordan p. 28: *Cato igitur dissuadet, neve*

nach ihrem Tode ehrt man sie durch eine öffentliche *laudatio*, auf welche wir in dem Abschnitte über das Begräbniss zurückkommen.

Charakterzüge der römischen Frau.

Die strenge Sitte, welche das Verhalten der Frau in und ausser dem Hause regelte und die hohe Achtung, die ihr erwiesen wurde, hat nicht nur äusserlich dazu beigetragen, die Heiligkeit des Ehebündnisses lange Zeit unverletzt zu erhalten,[1]) sondern auch in der römischen Frau selbst einen eigenthümlichen Charakterzug ausgebildet, der, je schroffer er hervortrat, um so unverträglicher mit dem Glücke der Ehe wurde. Das Charakteristische der römischen Frau ist die *austeritas*,[2]) sie ist sittlich makellos, aber ihr fehlt die Grazie der Griechinnen und die heitere Liebenswürdigkeit, die das Glück des Mannes ausmacht. Ist sie dabei von altem Adel[3]) oder erheblichem Reichthum, oder verdankt sie auch nur ihrem Manne eine hervorragende Stellung, so ist sie anspruchsvoll, hochmüthig und prunksüchtig.[4]) In

---

suos neve alienos quis liberos ad misericordiam conciliandam producat neve uxores neve ullas omnino feminas.

1) Was Tacitus *Germ.* 19 von den deutschen Frauen sagt: *saepta(e) pudicitia agunt* und *Plus ibi boni mores valent, quam alibi bonae leges*, kann von den römischen Frauen alter Zeit ebenfalls gesagt werden. Seneca *fr.* 13, 70 nennt noch die Zeit des ersten punischen Krieges ein *seculum, quo impudicitia monstrum erat, non vitium.*

2) Plut. *coni. praec.* 27, p. 168 Dübn.: δεῖ γὰρ εἶναι τῆς οἰκοδεσποίνης ὥσπερ οἴνου τὸ αὐστηρὸν ὠφέλιμον καὶ ἡδύ, μὴ πικρόν, ὥσπερ ἀλόης, μηδὲ φαρμακῶδες. 29: Ἂν δ' ἄρα φύσει τις αὐστηρὰ καὶ ἄκρατος γένηται καὶ ἀνήδυντος, εὐγνωμονεῖν δεῖ τὸν ἄνδρα καὶ — — οὕτω λογίζεσθαι περὶ τῆς σώφρονος καὶ αὐστηρᾶς γυναικός· Οὐ δύναμαι τῇ αὐτῇ καὶ ὡς γαμετῇ καὶ ὡς ἑταίρᾳ προσεῖναι ⟨Dieser Charakterzug der Römerinnen ist keinenfalls aus der angeführten Stelle, und wohl überhaupt nicht zu erweisen; vgl. Göll in Becker's *Gallus* II S. 10.⟩

3) Für Rangverhältnisse haben die Frauen in Rom wie überall ein besonderes Interesse. Bekannt ist der Stolz der Claudiae, Suet. *Tib.* 2 und das. die Ausleger, die Rivalität der beiden Fabiae Liv. 6, 34, der Streit der patricischen und plebejischen Frauen an dem Altar der Pudicitia Liv. 10, 23. Aber der alte Cato zog doch eine adliche Frau einer reichen vor. Plut. *C. mai.* 20: γυναῖκα μὲν οὖν εὐγενεστέραν ἢ πλουσιωτέραν ἔγημεν, ἡγούμενος, ὁμοίως μὲν ἀμφοτέρας ἔχειν βάρος καὶ φρόνημα, τὰς δὲ γενναίας, αἰδουμένας τὰ αἰσχρά, μᾶλλον ὑπηκόους εἶναι πρὸς τὰ καλὰ τοῖς γεγαμηκόσι. Juven. 6, 167:

Malo Venusinam, quam te, Cornelia, mater
Gracchorum, si cum magnis virtutibus adfers
Grande supercilium et numeras in dote triumphos.

4) Horat. *od.* 3, 24, 19: *nec dotata regit virum coniux.* Diese *dotatae* sind die Qual der Ehemänner in der Comödie. So sagt Demaenetus bei Plautus *Asin.* 87: *Argentum accepi, dote imperium vendidi*, und Megadorus bei Plautus *Aul.* 167 ff. und 498 ff. zählt alle Uebelstände solcher Ehen auf und schliesst v. 532:

Hae sunt atque aliae multae in magnis dotibus
Incommoditates sumptusque intolerabiles.
Nam quae indotata est, ea in potestate est viri:
Dotatae mactant et malo et damno viros.

reichem Schmucke einherzugehen, Gold, Purpur [1]) und in späterer Zeit Perlen zu tragen, [2]) eine Equipage zu halten, [3]) Sclaven und Sclavinnen zum eigenen Dienst zu haben [4]) und Handwerker aller Art für ihre Zwecke zu beschäftigen [5]) sind die römischen Frauen immer geneigt gewesen; und wenn es gleich zu allen Zeiten glückliche Ehen gegeben hat, von welchen Schriftsteller zu berichten selten Gelegenheit finden [6]) und nur hie und da eine von dem überlebenden Theile in Dankbarkeit gewidmete Grabschrift Zeugniss giebt, [7]) während die sittliche Zerrüttung, besonders der vornehmen Familien einen Gegenstand des Stadtgesprächs bildete und vielleicht übertrieben geschildert wird, so lässt sich doch nicht allein aus den stehenden Scherzen der Komiker, die, obgleich den Griechen entlehnt, doch auch in Rom grossen Anklang fanden, [8]) sondern auch auf Grund zuverlässiger Nachrichten ein Bild einer römischen Frau entwerfen, in welchem herrschsüchtiges Streben nach dem Regiment des Hauses, [9]) unfreundliche

---

Juven. 6, 460: *Intolerabilius nihil est quam femina dives.* Seneca *contr.* 1, 6, 5. 7 p. 94. 95 Burs.: *Impotens malum est beata uxor.*

1) Val. Max. 2, 1, 5. Der Tribun C. Oppius gab im J. 539 = 215 das Gesetz, *ne qua mulier plus semunciam auri haberet neu vestimento versicolori uteretur neu iuncto vehiculo in urbe oppidove aut propius inde mille passus nisi sacrorum publicorum causa veheretur;* es wurde aber bereits 559 = 195 wieder abrogirt. Liv. 34, 1—7 (aus ihm Val. Max. 9, 1, 3; vgl. 5, 2, 1). Zonaras 9, 17. Vgl. Cato bei Festus p. 265ᵃ, 1: *Mulieres opertae auro purpuraque.*

2) Plin. *n. h.* 9, 115: *cupiuntque iam et pauperes, lictorem feminae in publico unionem esse dictitantes.*

3) Sie wünschen *eburata vehicula, pallas, purpuram.* Plaut. *Aul.* 168; vgl. 502; *pretiosae vestes, aurum, gemmae, sumptus, ancillae, supellex varia, lecticae* und *esseda deaurata* Seneca *fr.* 13, 48 Haase, aus Theophrast *de nuptiis* offenbar mit Bezug auf römische Frauen angeführt. Von der Censur des Cato 570 = 184 sagt Liv. 39, 44: *Ornamenta et vestem muliebrem et vehicula, quae pluris quam quindecim millium aeris essent, in censum referre viatores iussit.* Das Fahren in der Stadt oder deren Nähe verbot die *l. Oppia* Liv. 34, 1, 3; dass aber früher und später Frauen in der Stadt auf einem *carpentum* fahren, lehrt Suet. *Tib.* 2. Plut. *q. R.* 56.

4) Plaut. *Trin.* 251—255.

5) Eine lange Liste von Handwerkern, die eine elegante Frau im Solde hat, giebt Plautus *Aul.* 508 ff., und von anderen Personen, deren Dienste sie braucht, *Mil. gl.* 691—696.

6) Val. Max. 4, 6, 1—5. Tac. *Agr.* 6. Plin. *paneg.* 83.

7) S. Orelli 4626 ff. O. Jahn *Spec. epigr.* p. 58. 59. Wilmanns 224. 248. 249. 253. Ein schönes Denkmal einer trefflichen Frau ist die Grabrede der Turia, oben S. 28 Anm. 1.

8) Plaut. *Asin.* 19. 42; *Mil. glor.* 684 ff.; *Trin.* 51 ff.; *Cas.* 2, 6, 1—3. *Poenul.* 210 ff. Caecilius bei Gell. 2, 23, 10. (Es wird gut sein, aus diesen Komikerstellen keine Schlüsse auf speciell römische Sitten zu ziehen; dergleichen Klagen sind in jeder volksthümlichen Komödie beliebt.)

9) Senec. *fr.* 13, 52 Haase: *Si totam domum regendam ei commiseris, serviendum est: si aliquid tuo arbitrio reservaveris, fidem sibi haberi non putabit sed in odium vertetur ac iurgia, et nisi cito consulueris, parabit venena;* vgl. 54.

Strenge und Bewusstsein des eigenen Werthes die Hauptzüge sind. [1])

Emancipation der Frauen durch die Ehe ohne *manus*.

Die grossen Veränderungen, welche seit dem zweiten punischen Kriege [2]) der wachsende Reichthum, die Bekanntschaft mit asiatischem Luxus und der eintretende Verfall der Religion [3]) in allen Verhältnissen des römischen Lebens veranlasste, übten ihren unmittelbarsten Einfluss auf den Charakter des weiblichen Geschlechtes aus, [4]) und schon lange Zeit früher, als die grauenhafte Auflösung aller sittlichen Schranken, welche die Bürgerkriege zur Folge hatten, [5]) die Corruption der Frauen vollendete, sehen wir, während Beispiele alterthümlicher Frauentugend als bewunderungswürdige Seltenheiten erwähnt werden, [6]) die Masse zunächst der hochgestellten und bemittelten Frauen von allen

---

1) Beispiele solcher Frauen sind Pomponia, Schwester des Atticus, Frau des Q. Cicero. S. Drumann G. R. V S. 90f. und besonders die charakteristische Anekdote bei Cic. *ad Att.* 5, 1, 3; M. Cicero's Frau Terentia, von der Plut. *Cic.* 20 sagt: καὶ γὰρ οὐδ' ἄλλως πρᾳεῖά τις οὐδ' ἄτολμος τὴν φύσιν, ἀλλὰ φιλότιμος γυνὴ καὶ μᾶλλον, ὡς αὐτός φησιν ὁ Κικέρων, τῶν πολιτικῶν μεταλαμβάνουσα παρ' ἐκείνου φροντίδων, ἢ μεταδιδοῦσα τῶν οἰκειακῶν ἐκείνῳ. vgl. 29; des Maecenas *uxor morosa* Senec. *de provid.* 3, 10. Selbst der alte Cato hatte von seiner Frau zu leiden nach Senec. *fr.* 13, 65 Haase: *M. Cato censorius habuit uxorem Actoriam Paulam humili loco natam, vinolentam, impotentem, et, quod nemo posset credere, Catoni superbam.* Indessen ist in dieser Notiz ein historischer Irrthum; es ist von Aemilia Paula, Frau des M. Porcius Cato Licinianus, des Sohnes, darin die Rede. Drumann G. R. V S. 151. Friedlaender Darst. I[5] S. 440.

2) Val. Max. 9, 1, 3: *Urbi autem nostrae secundi Punici belli finis et Philippus Macedoniae rex devictus licentioris vitae fiduciam dedit.* Liv. 39, 6, 7: *luxuriae enim peregrinae origo ab exercitu Asiatico invecta in urbem est.* Juvenal. 6, 298—300. Das erste Luxusgesetz, die *lex Orchia*, ist 572 = 182, die bekannte *lex Voconia* 585 = 169 gegeben.

3) S. Staatsverwaltung III S. 56ff.

4) Plin. *n. h.* 17, 244: *a quo tempore* (600 = 154) *pudicitiam subversam Piso gravis auctor prodidit.* Festus p. 285[b], 25.

5) Dio Cass. 54, 16. Eine lebhafte Schilderung der Demoralisation der Frauen in Sullanischer Zeit, und zwar der Frauen des Bürgerstandes, giebt die Rede Cicero's *pro Cluentio*; vgl. Drumann G. R. V S. 360ff.; eine gleiche Entartung zeigte ein Theil der hochgestellteren Frauen in den Zeiten der Proscriptionen. S. Drumann I S. 376; II S. 472. Die Zeugnisse über die Corruptel der Frauen in der Kaiserzeit hat Friedlaender a. a. O. S. 460 gesammelt.

6) Gepriesen werden Cornelia, die Mutter der Gracchen, und Porcia, des M. Brutus Frau, Plut. *de virt. mul.* 1, p. 301 Dübner. Val. Max. 4, 4 pr. Cic. *Br.* 58, 211, beides sittlich reine, aber männlich gesinnte Frauen; Cornelia, die Frau des Triumvir Lepidus, *cuius castitas pro exemplo habita est*, Ascon. p. 43 Or.; Marcia, Cato's Tochter, Senec. *fr.* 13, 72. 73 (und andere Beispiele das. 74—77 Haase); aber obgleich es immer auch in Rom noch edle Frauen und treue Mütter gegeben hat, wie Aurelia, Caesar's Mutter (Drumann III S. 128), Octavia, des Triumvir Antonius unglückliche Gemahlin (Drumann IV S. 244), Agrippina, des Germanicus Gattin, so war doch ihre Zahl klein geworden, und darum ihr Lob um so grösser. Ehrenvolle Zeugnisse über Frauen der Kaiserzeit findet man gesammelt bei Friedlaender Darst. I[5] S. 459ff.

Pflichten, die ihnen Glaube, Recht und Sitte der Väter auferlegt, sich mit Selbständigkeit emancipiren. Die Ehe, welche die Frau in die Hand des Mannes giebt, hatten in alter Zeit die Plebejer auch für sich in Anspruch genommen; die Frau hatte dabei nichts zu verlieren gehabt: denn war sie nicht in der Gewalt des Mannes, so blieb sie in ihres Vaters *potestas*; sie änderte nur den Gewalthaber, aber büsste an Freiheit nichts ein, so lange die Familienverfassung in ihrer Strenge bestand. Mit dem Verfall der alten Sitte lockerte sich die Zucht der Familie,[1] die väterliche Gewalt sank zugleich mit der eheherrlichen; beim Eintritt in die Ehe ward Bedacht genommen, dass die Disposition über das Vermögen der Frau nicht der Mann erhielt; die Ehen ohne *manus* nehmen schon seit den punischen Kriegen überhand und sind in der Kaiserzeit allein in Uebung geblieben.[2] Indess auch der Bevormundung der eigenen Verwandten sich zu entziehen gab es ein rechtliches Mittel,[3] und die Masse des Capitals, welches sich in den Händen der Frauen befand, wurde so bedeutend, dass der Staat selbst im Jahre 585=169 gegen diesen Uebelstand einzuschreiten sich bewogen fand, indem er durch die *lex Voconia* verbot, Frauen testamentarisch zu Erben einzusetzen.[4] Eine Frau, welche mit ihrem Manne nicht in Gütergemeinschaft lebte,[5] hielt ihren eigenen Procurator, der ihr Rathgeber und Vertrauter, öfters auch ihr Liebhaber wurde.[6]

---

1) Ausführlich handelt hierüber Rossbach Untersuchungen S. 42 ff.

2) Der *usus* bestand zu Gaius' Zeit nicht mehr (Gai. 1, 111); die *coemtio* ist nach Gaius' und Ulpian's Zeit nicht mehr nachweisbar; die *confarreatio* war schon viel früher ausser Uebung gekommen und würde ganz aufgehört haben, wenn sie nicht für die *flamines* nothwendig gewesen wäre. Aber auch zu diesem Zwecke konnte sie nur dadurch erhalten werden, dass Tiberius für die confarreirten Frauen die privatrechtlichen Folgen der *manus* aufhob. Tac. *ann.* 4, 16. Gaius 1, 136.

3) Es ist die *coemtio fiduciaria tutelae evitandae causa.* S. oben S. 34 Anm. 4.

4) Liv. *ep.* 41: *Q. Voconius Saxa tr. pl. legem tulit, ne quis mulierem heredem institueret.* Cic. *act. in Verr.* 1, 42, 107. Gai. 2, 274. Das Gesetz bezog sich nur auf Bürger der ersten Censusclasse, Gell. 7, 13. Gai. l. l., und hatte nur den Zweck, Frauen von grossen testamentarischen Erbschaften auszuschliessen, ohne dabei die Intestaterbfolge zu verhindern. Ueber die sehr streitigen einzelnen Bestimmungen des Gesetzes s. Bachofen Die *lex Voconia.* Basel 1843. 8. Rein Privatr. S. 778 ff., wo die übrigen Untersuchungen angeführt sind. Huschke Zeitschrift für Rechtsgeschichte V (1866) S. 180 ff.

5) Apuleius *de mag.* c. 75, p. 591 Hild. erzählt, dass jemand Bankrott macht, nachdem er den Haupttheil seines Vermögens seiner Frau verschrieben hat: *pleraque tamen rei familiaris in nomen uxoris callidissima fraude confert.* S. Friedlaender Darst. I⁵ S. 418.

6) Friedlaender a. a. O. S. 419 führt an den Aebutius, Geschäftsführer der

Griechische Bildung,

Wenn der Besitz von Vermögen für die gemeineren Naturen unter den Frauen zu Eitelkeit und Ueppigkeit Veranlassung gab, so boten dagegen die letzten Jahrhunderte des Freistaates durch die Möglichkeit einer höheren griechischen Bildung den begabteren Frauen die Mittel zu einer geistigen Freiheit, die nicht weniger bedenklich war. Die Damen, welche griechische Poesie und wohl auch Philosophie trieben [1],

fremde Culte

sich fremden Religionsculten eifrig zuwendeten [2] und der häuslichen Geschäfte und der Erziehung ihrer Kinder sich überhoben, [3] traten ebenfalls aus der Sicherheit eines engen aber heiligen Berufes auf den schlüpfrigen Boden einer gefährlichen Freiheit, die für sie selbst wie für das eheliche Verhältniss verderblich wurde. [4] Die in der Kaiserzeit immer mehr Ueberhand nehmende Leidenschaft für

---

Wittwe Caesennia (Cic. *pro Caecin.* 5, 14), den Pudens, Procurator der im J. 20 p. Chr. hingerichteten Lepida (Orelli *Inscr.* 639 = *C. I. L.* VI, 9449), den *speciosus procurator* bei Senec. *contr.* 7, 20 p. 213 Burs., den *formosus assecla et procurator calamistratus* in Senec. *fragm.* 13, 51 Haase. Noch Hieronymus schreibt an die Salvina *ep.* 79, 9 (I p. 505 Vallars): *Non ambulet iuxta te calamistratus procurator.* Ausführlich verspottet ein solches Verhältniss Martial 5, 61: *Crispulus ille quis est, uxori semper adhaeret Qui, Mariane, tuae? — — Uxoris res agit, inquis, Iste meae. — — Res uxoris agit? res ullas crispulus iste? Res non uxoris, res agit ille tuas.*

1) Von Sempronia, Frau des D. Brutus, Cos. 677 = 77, Mutter des D. Brutus, der unter Caesar's Mördern war, sagt Sallust *Cat.* 25: *genere atque forma praeterea viro atque liberis satis fortunata fuit, litteris Graecis et Latinis docta, psallere et saltare elegantius quam necesse est probae, multa alia, quae instrumenta luxuriae sunt. Sed ei cariora semper omnia, quam decus atque pudicitia fuit: pecuniae an famae minus parceret haud facile discerneres.* Litterarisch gebildet war auch Caerellia, Cicero's Freundin, Drumann VI S. 415, und Cornelia, die Frau des Pompeius. Plut. *Pomp.* 55: καὶ γὰρ περὶ γράμματα καλῶς ἤσκητο καὶ περὶ λύραν καὶ γεωμετρίαν· καὶ λόγων φιλοσόφων εἴθιστο χρησίμως ἀκούειν καὶ προσῆν τούτοις ἦθος ἀηδίας καὶ περιεργίας καθαρόν, ἃ δὴ νέαις προστρίβεται γυναιξὶ τὰ τοιαῦτα μαθήματα. Aber noch in der Kaiserzeit machen sich strenge Urtheile über die wissenschaftliche Bildung der Frauen geltend. Lucian. *de mercede cond.* 36 verspottet die Frauen, welche sich mit Philosophie und Poesie beschäftigen. Vgl. Senec. *ad Helv.* 17, 3. Juven. 6, 185 ff. Mart. 2, 90, 9; 11, 19 und über die griechische Bildung der Frauen überhaupt Friedlaender Darst. I^5 S. 441 ff.

2) So wie die Bacchanalien in Rom durch Frauen Eingang fanden (Liv. 39, 13, 8), so auch andere fremde Culte (Liv. 25, 1, 7), namentlich der der Isis (s. Staatsverwaltung III S. 78). Daher fordert Plutarch *coni. praec.* 19, p. 166 Dübner: καὶ θεούς, οὓς ὁ ἀνὴρ νομίζει, σέβεσθαι τῇ γαμετῇ καὶ γινώσκειν μόνους προσήκει. Vgl. Friedlaender Darst. I^5 S. 448 ff.

3) Columella 12 pr. 9: *Nunc vero, cum pleraeque sic luxu et inertia diffluant, ut ne lanificii quidem curam suscipere dignentur, sed domi confectas vestes fastidio habeant — nihil mirum est, easdem ruris et instrumentorum agrestium cura gravari.*

4) Epictet *fr.* 53 Vol. III p. 84 Schweigh.: Ἐν Ῥώμῃ αἱ γυναῖκες μετὰ χεῖρας ἔχουσι τὴν Πλάτωνος πολιτείαν, ὅτι κοινὰς ἀξιοῖ εἶναι τὰς γυναῖκας. Τοῖς γὰρ ῥήμασι προσέχουσι τὸν νοῦν, οὐ τῇ διανοίᾳ τοῦ ἀνδρός κ. τ. λ.

und Freiheit der Bewegung ausserhalb des Hauses. Theater, Amphitheater und Circus [1]) gewährte den Frauen nicht nur Gelegenheit in dem Prunke einer reichen Toilette sich öffentlich zu zeigen, [2]) Bekanntschaften mit Männern zu machen [3]) und sich auch wohl für die Darsteller selbst, d. h. Schauspieler, Mimen, Pantomimen, Athleten, Gladiatoren und Kutscher der Rennbahn zu enthusiasmiren, [4]) sondern gab sie auch dem entsittlichenden Einflusse preis, welchen die Mimen mit ihren unzüchtigen Darstellungen [5]) und die Arena mit ihren Schlächtereien selbst auf unverdorbenere Naturen hätten ausüben müssen; die Freiheit, den Mahlen der Männer beizuwohnen, führte sie zur Theilnahme an den schwelgerischen Gelagen der Kaiserzeit, bei welchen sie, nicht, wie in alter Zeit, sitzend und sich der Tafelgenüsse enthaltend, sondern gelagert zwischen den übrigen Gästen, [6]) mittrinkend [7]) und den unzüchtigen musikalischen und orchestischen Tischunterhaltungen Auge und Ohr leihend [8]) erscheinen; ihre Promenaden zu Fuss oder in unverschlossener Sänfte [9]) und ihre Betheiligungen an Geschäften und Zerstreuungen, die früher dem Manne vorbehalten gewesen waren, [10]) brachten sie täglich in Berührung mit den bedenklichsten Elementen der römischen Gesellschaft und entfremdeten sie immer mehr ihrer ursprünglichen Aufgabe.

Eheliches Verhältniss. In allen Staaten, in welchen Sclaverei besteht, hat die Dauer einer glücklichen und einträchtigen Ehe besondere Schwierigkeiten. [11]) Bei den Römern aber bildete sich neben der alten

---

1) Ausführlich handelt hierüber Friedlaender Darst. I[5] S. 432 ff.; s. besonders Ovid *ars am.* 1, 93: *Ut redit itque frequens longum formica per agmen,* — — *Sic ruit in celebres cultissima femina ludos.*

2) Tertull. *de spect.* 25.

3) Ovid. *ars am.* 1, 135 empfiehlt jungen Leuten zur Anknüpfung von Bekanntschaften namentlich den Circus, wo Männer und Frauen neben einander sässen. S. Friedlaender im III. Bande der Staatsverwaltung S. 486.

4) Beispiele s. bei Friedlaender Darst. I[5] S. 434 ff.

5) Martial. 3, 86. Friedlaender Darst. I[5] S. 433.

6) Val. Max. 2, 1, 2. Friedlaender S. 436.

7) Juven. 6, 426 ff. Senec. *ep.* 95, 21.

8) Plut. *quaest. conv.* 7, 8, 4, 4, p. 868 Dübner: οἱ δὲ πολλοὶ καὶ γυναικῶν συγκατακειμένων καὶ παίδων ἀνήβων ἐπιδείκνυνται μιμήματα πραγμάτων καὶ λόγων, ἃ πάσης μέθης ταραχωδέστερον τὰς ψυχὰς διατίθησιν. Quintil. 1, 2, 8.

9) Friedlaender a. a. O. S. 437. 10) Friedlaender a. a. O. S. 439.

11) Plaut. *Mercat.* 805:

Ecastor lege dura vivont mulieres
Multoque iniquiore miserae quam viri.
Nam vir si scortum duxit clam uxorem suam,
Id si rescivit uxor, impunest viro:

Praxis des *pelicatus* [1]) dem oben bezeichneten Charakter der Frauen gegenüber auch die Theorie aus, dass die Frau ein Gegenstand der pflichtmässigen Achtung, nicht aber der Liebe sei, [2]) und da es vor der Verheirathung ganz gerechtfertigt erschien, entweder ein bestimmtes Liebesverhältniss zu unterhalten oder auch im Wechsel seine Befriedigung zu suchen, [3]) so musste eine Heirath,

---

Uxor virum si clam domo egressast foras,
Viro fit causa, exigitur matrumonio.

Vgl. Quintil. 5, 11, 35. Hieronym. *epist. ad Oceanum* (*ep.* 77, 3 Vallars = Vol. I p. 72 ed. Colon. 1616 = Vol. IV, 2, 84 p. 658 Bened.): *Aliae sunt leges Caesarum, aliae Christi. — Apud illos viris impudicitiae frena laxantur et solo stupro atque adulterio condemnato passim per lupanaria et ancillulas libido permittitur, quasi culpam dignitas faciat, non voluntas. Apud nos quod non licet feminis, aeque non licet viris.* Augustinus *de verbis Apost. Serm.* 153, 5: *Quis enim aliquando ad iudicem ductus est, quia meretricis lupanar intravit? — Quis aliquando, habens uxorem, quia ancillam suam vitiavit, crimen invenit?* Id. *Serm.* 224, 3: *Dicis: Ancilla mea concubina mea est: num quid ad uxorem alienam vado? — An non licet mihi in domo mea facere, quod volo?* Von Drusus, dem Bruder des Tiberius, wird es gerühmt, dass er seiner Frau Antonia ganz treu war (Val. Max. 4, 3, 3); aber wie bei Plautus *Men.* 787 ff. der Vater seine klagende Tochter ermahnt: *Quotiens monstravi tibi, viro ut morem geras, Quid ille faciat, ne id observes, quo eat, quid rerum gerat — — Quando curatam et vestitam bene habet te, ancillas, penum Recte praehibet, meliust sanam, mulier, mentem sumere,* so sagt auch Plut. *coni. praec.* 16, p. 166 Dübner: ἂν οὖν ἰδιώτης ἀνήρ, ἀκρατὴς δὲ περὶ τὰς ἡδονὰς καὶ ἀνάγωγος, ἐξαμάρτῃ τι πρὸς ἑταίραν ἢ θεραπαινίδα, δεῖ τὴν γαμετὴν μὴ ἀγανακτεῖν μηδὲ χαλεπαίνειν, λογιζομένην, ὅτι παροινίας καὶ ἀκολασίας καὶ ὕβρεως, αἰδούμενος αὐτήν, ἑτέρᾳ μεταδίδωσιν. Es gab Frauen, welche nach diesen Grundsätzen verfuhren, wie Tertia Aemilia, die Frau des älteren Africanus, von der Val. Max. 6, 7, 1 sagt: *Tantae fuit comitatis, ut, cum sciret viro suo ancillulam ex suis gratam esse, dissimulaverit, ne domitorem orbis Africanum — impotentiae reum ageret,* und später Livia (Suet. *Oct.* 69—71), aber gewöhnlich führten solche Verhältnisse zu argen Scenen, wie sie die Komiker schildern, Plaut. *Men.* 604 ff. *Asinar.* 851 ff. Caecilius bei Gell. 2, 23, 10 = Ribbeck *Com. fr.*² p. 58 f., und die *ancilla* erfuhr die Rache der Frau. Juven. 2, 57.

1) Schon in einem angeblichen Gesetze des Numa hiess es *Pelex aram Iunonis ne tangito.* Gell. 4, 3, 3. Festi *ep.* p. 222, s. v. *pellices.* Gegen Untreue des Mannes ist die Frau rechtlos. Cato bei Gell. 10, 23: *In adulterio uxorem tuam si prehendisses, sine iudicio impune necares: illa te, si adulterares sive tu adulterarere, digito non auderet contingere, neque ius est.*

2) Plut. *coni. praec.* 29, p. 168 Dübner: ἂν δ' ἄρα φύσει τις αὐστηρὰ καὶ ἄκρατος γένηται καὶ ἀνήδουντος, εὐγνωμονεῖν δεῖ τὸν ἄνδρα καί — — λογίζεσθαι· Οὐ δύναμαι τῇ αὐτῇ καὶ ὡς γαμετῇ καὶ ὡς ἑταίρᾳ συνεῖναι. Senec. *fr.* 13, 84. 85: *In aliena uxore omnis amor turpis est, in sua nimius. Sapiens vir iudicio debet amare coniugem, non affectu. — nihil est foedius quam uxorem amare quasi adulteram.* Daher braucht man *amare* im Gegensatze zu der ehelichen Liebe vorzugsweise von einer Liebschaft. Terent. *Andr.* 1, 2, 20. Ebenso *amator* als Schimpfwort Plaut. *Asin.* 921, 924 f.

3) *Vulgari et permissa venere uti.* Val. Max. 7, 3, 10. Hor. *sat.* 1, 2, 31—35. Seneca *contr.* 2, 12, 10 p. 153 Burs.: *Nihil peccaverat: amat meretricem: solet fieri; adulescens est; exspecta, emendabitur, ducet uxorem.* 2, 14, 11 p. 171: *concessis aetati voluptatibus utor et iuvenali lege defungor.* Vgl. Cic. *pro Cael.* 12, 28: *Datur concessu omnium huic aliqui ludus aetati et ipsa natura profundit adolescentiae cupiditates: quae si ita erumpunt, ut nullius vitam*

welche eine bestehende, aus Neigung geschlossene Verbindung den Wünschen der Eltern und den Rücksichten auf Standes- und Vermögensverhältnisse zu opfern zwang, allemal die Sache eines Entschlusses sein,[1]) zu welchem man theils durch die Pflicht, theils durch die Hoffnung auf eine Mitgift[2]) veranlasst wurde. So lange nun das Bewusstsein der Pflicht lebendig, die Gewalt des Herrn im Hause ungeschmälert, das Leben einfach und die strenge Sitte in Geltung war, sind auch solche Ehen einträchtig und wohl auch glücklich gewesen; als aber die Einheit des Hauses sich lockerte und die Individualitäten der Familienmitglieder zur Anerkennung gelangten, da musste, wenn die Ehe bestehen sollte, das sich lösende äussere Verhältniss der Gewalt durch die freie gegenseitige Verpflichtung[3]) und durch persönliche Zuneigung ersetzt werden. Je weniger aber der Mann diese mitbrachte, und je weniger die Frau diese sich zu gewinnen geschickt war, desto mehr trat der Verfall des ehelichen Verhältnisses zu Tage, in Hass und Untreue, auffallender Zunahme der Scheidungen und Ueberhandnehmen der Ehelosigkeit.

Lockerung desselben.

Scheidung.

Die strenge Fessel der alten Ehe wurde mehrfach durch Verbrechen gelöst; Giftmord kommt in Rom zuerst in der Ehe vor;[4]) die laxe Zucht der späteren Zeit lehrte auch die Frau, die dem

---

labefactent, nullius domum evertant, faciles et tolerabiles haberi solent. Vgl. § 30. 42. 44. 48: *Verum si quis est, qui etiam meretriciis amoribus interdictum iuventuti putet, est ille quidem valde severus — negare non possum — sed abhorret non modo ab huius saeculi licentia, verum etiam a maiorum consuetudine atque concessis. Quando enim hoc non factum est, quando reprehensum, quando non permissum? quando denique fuit ut quod licet non liceret?*

1) Terent. *Andr.* 1, 2, 20: *omnes qui amant, graviter sibi dari uxorem ferunt.* Seneca *contr.* 1, 6, 7 p. 95 Burs. Propert. 2, 7, 7:

Nam citius paterer caput hoc discedere collo,
Quam possem nuptae perdere amore faces.

Juven. 6, 28—37.

2) Riese *Anth.* 468 = Baehrens *P. L. M.* IV, 78:

Uxor legitimus debet quasi census amari:
Nec censum vellem semper amare meum.

3) Lactant. 6, 23, 24: *Non enim, sicut iuris publici ratio est, sola mulier adultera est, quae habet alium, maritus autem, etiamsi plures habeat, a crimine adulterii solutus est, sed divina lex — duos in matrimonium — pari iure coniungit* (gehört nicht hierher, weil auf das Christenthum bezüglich).

4) Im J. 425=329 sollen 170 Matronen, darunter auch patricische, die damals wohl noch confarreirt waren, ihre Männer vergiftet haben. Liv. 8, 18; im J. 574=180 wurde der Consul Piso von seiner Gemahlin Quarta Hostilia ermordet. Liv. 40, 37; im J. 600=154 werden zwei Consularen von ihren Frauen vergiftet. Liv. *ep.* 48. Val. Max. 6, 3, 8. Vgl. Quintil. 5, 11, 39: (*M. Cato*) *nullam adulteram non eandem esse veneficam dixit.* Juven. 1, 69—72. Cic. *ad Herenn.* 4, 16, 23. Seneca *exc. contr.* 6, 6 p. 406 Burs. Senec. *de ira* 2, 9, 2. *fragm.* 13, 52.

Manne gestattete Freiheit für sich in Anspruch zu nehmen; [1]) die Untreue der Frau hatte die Scheidung der Ehe zur Folge, und schon Cicero's Zeit bietet ein widerwärtiges Bild von der Zerrüttung des Familienlebens in den höheren Kreisen der Gesellschaft dar, [2]) welches den auffallenden Contrast des alten und des neuen römischen Lebens herauszustellen besonders geeignet ist. Zwar ist die Nachricht des Dionysius, [3]) dass die älteste confarreirte Ehe unlösbar gewesen sei und nur im Falle eines bestimmten Verbrechens der Frau [4]) auf Grund eines vom Hausgericht gesprochenen Urtheils durch den Tod habe getrennt werden können, [5]) in welchem Falle vor der Vollstreckung des Urtheils die *diffarreatio* eintrat, [6]) in neuerer Zeit vielfach in Zweifel gezogen worden, [7]) aber dem Charakter der confarreirten Ehe ist

---

1) Lactant. 6, 23, 29: *quae iniquitas effecit profecto ut essent adulteria, feminis aegre ferentibus, praestare se fidem non exhibentibus mutuam caritatem. Denique nulla est tam perditi pudoris adultera, quae non hanc causam vitiis suis praetendat, iniuriam se peccando non facere, sed referre.*

2) Einzelheiten findet man bei Drumann G. R. zusammengestellt. Sempronia, die Frau des D. Brutus Cos. 677=77, Theilnehmerin an Catilina's Plänen (V, 416 f.), die herrschsüchtige Fulvia, *nihil muliebre praeter corpus gerens* (Vell. 2, 74), οὐ ταλάσια οὐδ' οἰκουρίαν φρονοῦν γύναιον, οὐδ' ἀνδρὸς ἰδιώτου κρατεῖν ἀξιοῦν, ἀλλ' ἄρχοντος ἄρχειν (Plut. *Ant.* 10. Drum. II, 371—374), die streitsüchtige und ausschweifende Clodia, Frau des Q. Metellus Celer Cos. 694=60, den sie vergiftet zu haben in Verdacht stand, von Cicero in der Rede *pro Caelio* als freche Buhlerin, *procax meretrix*, geschildert (20, 49) und des Mordes beschuldigt (24, 59), Aurelia Orestilla, Frau des Catilina (Drum. V, 388), Mucia und Fulvia, die das Bacchanal des Gemellus verherrlichten (Val. Max. 9, 1, 8), sind Beispiele emancipirter Frauen; von unglücklichen Ehen ist es kaum nöthig, Beispiele anzuführen. Wegen Untreue der Frau schied die Ehe L. Lucullus Cos. 680=74 zweimal, mit Clodia (Drum. II, 382; IV, 174) und mit Servilia (Drum. IV, 174); M. Lucullus Cos. 681=73 mit einer dem Namen nach unbekannten Frau (Drum. IV, 179); P. Lentulus Spinther, Sohn des Cos. 697=57 mit der berüchtigten Caecilia Metella (Drum. II, 58); M. Lepidus Cos. 676=78 mit Appuleia, in Folge welcher Scheidung er aus Gram starb (Plin. *n. h.* 7, 122); Pompeius mit seiner dritten Gemahlin Mucia (Drum. IV, 557); Cato Uticensis mit seiner ersten Frau Atilia (Drum. V, 198); Caesar stand mit den vornehmsten Frauen in Liebesverhältnissen (Drum. III, 741).

3) Dionys. 2, 25: (Die Confarreation) εἰς σύνδεσμον ἀναγκαῖον οἰκειότητος ἔφερεν ἀδιαλύτου, καὶ τὸ διαιρήσον τοὺς γάμους τούτους οὐδὲν ἦν.

4) Diese Verbrechen waren Ehebruch, Ermordung der Kinder, Fälschung der Schlüssel und Weintrinken. Dion. a. a. O. Plut. *Rom.* 22. Vgl. Rein Privatr. S. 447.

5) Da auf dem Weintrinken der Tod stand, so wird dieser auch in den anderen schwereren Fällen die Strafe gewesen sein.

6) S. Staatsverwaltung III S. 292 Anm. 8. Der dort angeführte *sacerdos confarreationum et diffarreationum* ist aus kaiserlicher Zeit, in welcher auch die patricische Ehe dem damals üblichen Eherechte accommodirt worden war, was unter Tiberius begann, Tac. *ann.* 4, 16, worauf dann Domitian auch für confarreirte Ehen Scheidung gestattete. Plut. *q. R.* 50, p. 341 Dübner.

7) Rein Privatr. S. 447, wo die übrige Litteratur angeführt ist. S. besonders Klenze in Savigny Zeitschrift VII, 21—42. Vgl. Walter G. d. R. R. § 522.

sie völlig angemessen. Aus denselben Gründen, aus welchen die Ehe des Flamen Dialis unlösbar war, [1] ist überhaupt eine confarreirte Ehe unlösbar: Mann und Frau hätten ihre priesterlichen Functionen, zu welchen sie durch Geburt und lebenslänglich berufen waren, niederlegen müssen, [2] die Kinder hätten aufgehört, *patrimi* und *matrimi*, d. h. zu patricischen Priesterämtern befähigt zu sein [3] und die patricische Gemeine selbst hätte durch eine Ehescheidung Schaden gelitten. Dagegen mag für die Ehen ohne *manus*, sowie für die künstlichen Manusehen [4] eine Trennung von Anfang an möglich gewesen sein; die Formel für die Verstossung der Frau (*claves adimere, exigere*) findet sich in den XII Tafeln, [5] und eine Ehescheidung wird bereits im J. 448 = 306 erwähnt. [6] Obgleich es demnach auf einem Missverständnisse

---

1) S. Staatsverwaltung III S. 316.

2) Gell. 10, 15, 22: *uxorem si amisit, flaminio decedit. Matrimonium flaminis nisi morte dirimi ius non est.* Plut. *q. R.* 50. Hieronym. *ep.* 11. Vol. I p. 30a ed. Colon. 1616. fol. = *ep.* 123. Vol. I p. 906 Vallars: *flamen unius uxoris ad sacerdotium admittitur. Flaminica quoque unius mariti eligitur uxor.* Dass zwischen der Ehe des Flamen und den übrigen confarreirten Ehen in diesem Punkte ein Unterschied gewesen sei, nimmt Rein Privatr. S. 449 ohne allen Grund an; die Patricier bildeten nicht nur eine politische, sondern auch eine kirchliche Gemeine, und mussten alle zu priesterlichen Aemtern befähigt sein. Auch zu weiblichen Priesterthümern sind geschiedene oder zum zweiten Mal vermählte Frauen nicht tauglich, s. oben S. 42 Anm. 6.

3) *Patrimi* und *matrimi* sind die, welche Vater und Mutter haben. Staatsverwaltung III S. 220. Eine Mutter haben sie aber nicht mehr, wenn dieselbe aus dem Hause verstossen ist. Dieser Umstand ist noch unter Tiberius bei der Wahl einer Vestalin erheblich. Tac. *ann.* 2, 86: *praelata est Pollionis filia, non ob aliud, quam quod mater eius in eodem coniugio manebat; nam Agrippa discidio domum imminuerat.* Aber nicht allein für Vestalinnen kommt dies in Betracht; jede *sacerdos* muss *casta e castis* sein, wie es in der Formel heisst. Senec. *controv.* 1, 2, 12. 15 p. 72, 28; 74, 4 Burs.

4) Wie die *usu* entstandene *manus* gelöst wurde, wissen wir nicht; die durch *coemtio* entstandene *manus* wurde aber durch *remancipatio* aufgehoben. S. S. 37.

5) Cic. *Phil.* 2, 28, 69: *illam — suas res sibi habere iussit, ex duodecim tabulis claves ademit, exegit.* Ueber die erste Formel, die nicht aus den XII Tafeln ist, s. Gai. *Dig.* 24, 2, 2, 1: *In repudiis autem, id est renuntiatione, comprobata sunt haec verba: Tuas res tibi habeto, item haec: Tuas res tibi agito.* Senec. *contr.* 2, 13, 9. p. 160, 13 Burs. Sie findet sich schon bei Plautus *Amphitr.* 928, wo Alcumena sagt: *Valeas, tibi habeas res tuas, reddas meas,* und *Trin.* 266: *tuas tibi res habeto*; (eine andere Formel findet sich gleichfalls bei Plautus *Cas.* 2, 2, 35: *ei foras mulier*;) vgl. Mart. 11, 104, 1: *Uxor, vade foras aut moribus utere nostris.* Juvenal. 6, 146: *Collige sarcinulas, dicet libertus, et exi.* Varro *sat.* τοῦ πατρὸς τὸ παιδίον fr. 2 p. 211 Bücheler: *annos multos quod parere ea non poterat, mulierem foras baetere iussit,* aus welcher Stelle Bücheler in Fleckeisen's Jahrbüchern CV (1872) p. 566 vermuthet, dass die ursprüngliche, in den XII Tafeln gebrauchte Formel *baete foras mulier* gelautet habe. Mehr s. bei Brisson. *de formulis* VIII, 35.

6) Val. Max. 2, 9, 2. Ueber das Jahr vgl. Liv. 9, 43, 25.

beruht, wenn der bekannte Fall des Sp. Carvilius 523 = 231 für den ersten einer Trennung der Ehe gehalten wurde, [1]) so geht doch aus dieser Nachricht hervor, dass nach der Ueberlieferung der Alten die Scheidungen in den ersten fünf Jahrhunderten der Stadt eine Seltenheit gewesen sein müssen Von da an werden sie nicht allein häufiger, sondern auch willkürlicher; [2]) wird von der Frau [3]) oder dem Manne der Wille zur Trennung erklärt, so bedarf es keines erheblichen Scheidungsgrundes mehr; Missfallen [4]) oder der Wunsch, eine neue Ehe einzugehen, wozu auch bei der Frau kein Hinderniss vorliegt, [5]) genügen. Am Ende der Republik und noch mehr in der Kaiserzeit gilt die Ehe den meisten als eine vorübergehende Verbindung, welche ebenso leichtsinnig getrennt als geschlossen, [6]) im Falle die Scheidung bereut wird,

---

1) Savigny Ueber die erste Ehescheidung in Rom in Abh. der Berl. Acad. 1814—1815 S. 61—66, auch in Zeitschr. f. gesch. Rechtsw. V S. 269—279 und Verm. Schr. I S. 81—93. Die übrige Litteratur s. bei Rein R. Privatr. S. 451. Plutarch, *comp. Thesei et Romuli* 6 und *comp. Lycurgi et Numae* 3, setzt den Fall 230=524, was wohl ein Irrthum ist; Dionys. 2, 25 mit Angabe des Consulates 523=231; Gellius 17, 21, 44 519=235, dagegen 4, 3, 2 527=227; Val. Max. 2, 1, 4 520=234 (hier ist 150 überliefert); Tertullian *apolog.* 6 und *de monogamia* 9 ins Jahr 154. Der Fall galt den Juristen als der erste, weil seit ihm *cautiones rei uxoriae* üblich wurden; Gell. 4, 3 1: *Memoriae traditum est, quingentis fere annis p. R. c. nullas rei uxoriae neque actiones neque cautiones in urbe Roma aut in Latio fuisse, quia profecto nihil desiderabantur, nullis etiamtunc matrimoniis divertentibus. Servius quoque Sulpicius in libro, quem composuit de dotibus, tum primum cautiones rei uxoriae necessarias esse visas scripsit, cum Sp. Carvilius, cui Ruga cognomentum fuit, divortium cum uxore fecit, quia liberi ex ea corporis vitio non gignerentur.* In sofern also konnte diese Scheidung als die erste gelten, als sie ohne Verschuldung nnd Verurtheilung der Frau stattfand, und die Zurückhaltung der Mitgift, welche dem Manne im Fall der Schuldigerklärung der Frau zustand (Rein Privatr. S. 418. 435) nicht gestattete. Von ihr an beginnt die Formel *tuas res tibi habeto.*

2) Aemilius Paullus verstiess die Papiria, die Mutter des Scipio, nach einer langen Ehe, ohne dass ein Grund bekannt wurde. Plut. *Aem. P.* 5. Vgl. die Beispiele Val. Max. 6, 3, 10. 11. 12. Auch Cicero schied sich von seinen beiden Frauen ohne besondere Veranlassung. Plut. *Cic.* 41. Ueber die spätere Zeit s. Juven. 6, 142—148.

3) Bei Plautus *Amphitr.* 928 sagt Alcumena: *Valeas, tibi habeas res tuas, redde meas.* Vgl. Mart. 10, 41, 2. Seneca *suas.* 1, 7. p. 4, 27 Bursian. *Res suas repetere* von der Frau sagt Senec. *contr.* 1, 6, 5. p. 94, 21.

4) Bei Plut. *Aem. Paull.* 5 (vgl. *coni. praec.* 22, p. 167 Dübner) sagt jemand auf die Frage, warum er seine junge, reiche, verständige Frau verstosse, er wisse am besten, wo ihn der Schuh drücke; dann fährt Plutarch fort: Τῷ γὰρ ὄντι μεγάλαι μὲν ἁμαρτίαι ἀναπεπταμέναι γυναῖκας ἀνδρῶν ἄλλας ἀπήλλαξαν· τὰς δ' ἔκ τινος ἀηδίας καὶ δυσαρμοστίας ἠθῶν μικρὰ καὶ πυκνὰ προσκρούσματα, ἃ λανθάνοντα τοὺς ἄλλους ἀπεργάζεται τὰς ἀνηκέστους ἐν ταῖς συμβιώσεσιν ἀλλοτριότητας.

5) Cic. *ad fam.* 8, 7: *Paulla Valeria, soror Triarii, divortium sine causa, quo die vir e provincia venturus erat, fecit. Nuptura est D. Bruto.*

6) Q. Lucretius Vespillo sagt in der Rede auf die Turia 1, 27: *Rara sunt tam diuturna matrimonia finita morte, non divortio in[terrupta: nam contigit]*

ohne Hinderniss erneut werden kann, [1]) und beiden Theilen keine Schranke in der Befriedigung ihrer Neigungen auflegt. [2]) Ovid [3]) und der jüngere Plinius [4]) haben dreimal, Caesar [5]) und Antonius [6]) viermal, Sulla [7]) und Pompeius [8]) fünfmal, Cicero's Tochter Tullia [9]) dreimal geheirathet; aus der Kaiserzeit haben wir die Grabinschrift einer siebenten Frau [10]) und die Satiriker wissen von acht- und zehnmaligen Verheirathungen zu erzählen. [11])

Abneigung der Männer gegen die Ehe.

Es würde ungerecht sein, die Schuld an dem Verfalle der Ehe den Frauen ausschliesslich zuzuschreiben; auch unter den Männern zeigt sich schon in früher Zeit eine Abneigung gegen den Zwang der Ehe. Die Familien selbst und der Staat machten die Forderung der Ehe geltend; [12]) der Censor legte dem Bürger die Frage vor, ob er in rechter Ehe lebe, [13]) und schritt gegen

---

nobis, ut ad annum XXXXI sine offensa perduceretur. Und Senec. *de ben.* 3, 16: *Numquid iam ulla repudio erubescit, postquam inlustres quaedam ac nobiles feminae non consulum numero sed maritorum annos suos conputant et exeunt matrimonii causa, nubunt repudii? Tamdiu istuc timebatur quamdiu rarum erat: quia vero nulla sine divortio acta sunt, quod saepe audiebant, facere didicerunt.* Tertull. *apol.* 6 braucht an der Stelle, an welcher er die Frauen seiner Zeit schildert, den Ausdruck: sie heirathen, um sich scheiden zu lassen: *repudium iam et votum est, quasi matrimonii fructus.*

1) *Dig.* 23, 2, 18; 48, 5, 13 § 9. *Fr. Vat.* 107.

2) Dies gilt wenigstens von den meisten Ehen der Kaiserzeit. Senec. *de ben.* 1, 9, 3. 4: *Coniugibus alienis ne clam quidem, sed aperte ludibrio aditis suas aliis permisere. — Si quis nulla se amica fecit insignem, nec alienae uxori annuum praestat, hunc matronae humilem et sordidae libidinis et ancillariolum vocant.* Und von den Frauen Clem. Alex. *paed.* 3, 2, 5: τῆς παρὰ μὲν τοῖς ἀνδράσιν οἰκουρίας ὀλίγα φροντίζουσιν· λύσασαι δὲ τἀνδρὸς τὸ βαλάντιον ἐκτρέπουσι τὰς χορηγίας εἰς ἐπιθυμίας, ὡς πολλοὺς ἔχωσι τοῦ καλαὶ δοκεῖν εἶναι μάρτυρας. κ. τ. λ. Juven. 6, 457 ff.

3) Ovid. *trist.* 4, 10, 69 ff.

4) Mommsen *Hermes* III S. 35.

5) Drumann III S. 762.

6) Seine Frauen waren, die Cleopatra nicht gerechnet, Fadia, Antonia, Fulvia, Octavia. Drumann I S. 517 ff.

7) Drumann II S. 508.

8) Drumann IV S. 556 ff.

9) Drumann VI S. 710.

10) Henzen *Bull. dell' Inst.* 1865 p. 252.

11) Juvenal. 6, 224:

Imperat ergo viro, sed mox haec regna relinquit
permutatque domos et flammea conterit, inde
avolat et spreti repetit vestigia lecti. — —
Sic crescit numerus, sic fiunt octo mariti
quinque per autumnos, titulo res digna sepulcri.

Martial. 6, 7: *Aut minus aut certe non plus tricesima lux est,*
Et nubit decimo iam Telesilla viro.

12) Dion. 9, 22: ὁ γὰρ ἀρχαῖος αὐτῶν νόμος γαμεῖν τε ἠνάγκαζε τοὺς ἐν ἡλικίᾳ, καὶ τὰ γεννώμενα ἅπαντα ἐπάναγκες τρέφειν· ὃν οὐκ ἂν δήπου κατέλυσαν οἱ Φάβιοι μόνοι, πεφυλαγμένον ἄχρι τῆς ἑαυτῶν ἡλικίας ὑπὸ τῶν πατέρων. Daher sagt bei Dio Cass. 56, 5, 3 Augustus zu den *caelibes*: καὶ μέντοι καὶ τὴν πολιτείαν καταλύοντες οὐ πείθεσθε τοῖς νόμοις. c. 6, 4: ἦν μὲν γὰρ οὐδὲ πρόσθεν ἐξὸν ἀμελεῖν τισι παιδοποιίας καὶ γάμων· καὶ γὰρ ἀπ' ἀρχῆς εὐθὺς ἅμα τῇ πρώτῃ τῆς πολιτείας καταστάσει ἀκριβῶς περὶ αὐτῶν ἐνομοθετήθη· καὶ μετὰ τοῦτο πολλὰ καὶ τῇ βουλῇ καὶ τῷ δήμῳ ἔδοξεν, ἃ περιττὸν ἂν εἴη καταλέγειν.

13) S. Mommsen Staatsrecht II² S. 361 ff.

die Hagestolzen mit Strafen ein;[1]) im Jahre 623=131 hielt der Censor Metellus[2]) die merkwürdige Rede, in welcher er die Ehe als ein Uebel, aber ein unvermeidliches Uebel darstellt, indem er an die Pflicht des Bürgers appellirt, der sich auch diesem Uebel nicht entziehen dürfe.[3]) Aber nachdem das Aufhören der einfachen Verhältnisse des Lebens auf der einen Seite die standesmässige Erhaltung und Versorgung einer zahlreichen Familie erschwert,[4]) auf der anderen Seite der Neigung zu zügelloser Freiheit Raum gegeben hatte, als die gesicherte Macht des Staates die Kraft der Nation nach aussen hin nicht mehr in Anspruch nahm,[5])

---

1) Cic. *de leg.* 3, 3, 7: (*Censores*) *caelibes esse prohibento.* Val. Max. 2, 9, 1: *Camillus et Postumius censores* (351=403 v. Chr.) *aera poenae nomine eos, qui ad senectutem caelibes pervenerunt, in aerarium deferre iusserunt.* Plut. *Cam.* 2. *Cat. mai.* 16. Festi *ep.* p. 379, 1: *Uxorium pependisse dicitur, qui quod uxorem non habuerit res* (lies *aes*) *populo dedit.*

2) Liv. *ep.* 59: *Q. Metellus censor censuit, ut cogerentur omnes ducere uxores liberorum creandorum causa.* Es ist Q. Metellus Macedonicus. Drum. II, 20. Dagegen schreibt diese Rede dem Q. Metellus Numidicus Cos. 645=109 Cens. 652=102 zu Gell. 1, 6, 1. 2.: *Legebatur oratio Metelli Numidici, quam in censura dixit ad populum de ducendis uxoribus, cum eum ad matrimonia capessenda hortaretur. In ea oratione ita scriptum fuit: Si sine uxore possemus, Quirites, esse, omnes ea molestia careremus: sed quoniam ita natura tradidit, ut nec cum illis satis commode nec sine illis ullo modo vivi possit, saluti perpetuae potius quam brevi voluptati consulendum est.* Die Rede benutzte auch Augustus. Suet. *Oct.* 89. Liv. *epit.* 59. Das Urtheil des Metellus über die Last der Ehe ist um so charakteristischer, je glücklicher er selbst als Familienvater war. Er hatte 4 Söhne, 2 Töchter, 11 Enkel, von seinen Söhnen waren 3 Consularen. S. oben S. 1 Anm. 5.

3) Das Argument *civitatem salvam esse sine matrimoniorum frequentia non posse* (Gell. 1, 6, 6) führt weiter aus Augustus bei Dio Cass. 56, 3, 6 ff.

4) Polyb. *fr.* 37, 4. p. 1149 Bekk.: ἐπέσχεν ἐν τοῖς καθ' ἡμᾶς καιροῖς τὴν Ἑλλάδα πᾶσαν ἀπαιδία καὶ συλλήβδην ὀλιγανθρωπία, δι' ἣν αἵ τε πόλεις ἐξηρημώθησαν καὶ ἀφορίαν εἶναι συνέβαινε καίπερ οὔτε πολέμων συνεχῶν ἐσχηκότων ἡμᾶς οὔτε λοιμικῶν περιστάσεων. — τῶν γὰρ ἀνθρώπων εἰς ἀλαζόνειαν καὶ φιλοχρημοσύνην, ἔτι δὲ ῥᾳθυμίαν ἐκτετραμμένων καὶ μὴ βουλομένων μήτε γαμεῖν μήτ' ἐὰν γήμωσι τὰ γιγνόμενα τρέφειν, ἀλλὰ μόλις ἓν τῶν πλείστων ἢ δύο χάριν τοῦ πλουσίους τούτους καταλιπεῖν καὶ σπαταλῶντας θρέψαι, ταχέως ἔλαθε τὸ κακὸν αὐξηθέν. Caecilius ⟨aus Menander⟩ bei Gell. 2, 23, 21:

Is demum infortunatus est homo,
Pauper qui educit in egestate liberos.

Plut. *de amore prolis* 5, p. 602 Dübner: οἱ μὲν γὰρ πένητες οὐ τρέφουσι τέκνα, φοβούμενοι μὴ χεῖρον ἢ προσήκει τραφέντα δουλοπρεπῆ καὶ ἀπαίδευτα καὶ τῶν καλῶν πάντων ἐνδεᾶ γένηται. Der Schwierigkeit der Aufziehung der Kinder suchten die Kaiser seit Nerva durch das Institut der Alimentationen abzuhelfen. S. Staatsverwaltung II S. 137—141. Aber noch Lactant. 6, 20, 24 sagt: *At enim parricidae facultatum angustias conqueruntur, nec se pluribus liberis educandis sufficere posse praetendunt.*

5) Prop. 2, 7, 13:

Unde mihi Parthis gnatos praebere triumphis?
Nullus de nostro sanguine miles erit.

Seneca *fr.* 13, 58 Haase: *Porro liberorum causa uxorem ducere, ut vel nomen*

da halfen weder Strafen noch Belohnungen,[1]) es empfahl sich das Caelibat. Caelibat als Befreiung von häuslichen Sorgen, als Mittel zu einer bequemen dem Wechsel der Neigungen angemessenen Existenz,[2]) als eine sittlich gerechtfertigte, selbstgenügsame Freiheit,[3]) und eine durch die Aufmerksamkeiten der auf die Erbschaft hoffenden Verwandten und Freunde beneidenswerthe Stellung.[4])

---

nostrum non intereat, vel habeamus senectutis praesidia et certis utamur heredibus, stolidissimum est.

1) Belohnungen für die Aufziehung einer zahlreichen Familie und Strafen für Ehelosigkeit sind keine römischen Erfindungen. Sie kommen in Sparta (Arist. *de rep.* 2, 6, 3. Aelian. *v. h.* 6, 6. Clem. Alex. *Str.* 2, 23, 141) und sonst in Griechenland vor (Heineccius *ad leg. Juliam et Pap. Popp. commentarius.* Amstel. 1726. 4. p, 22—25. Vgl. Osann *de coelibum apud veteres populos conditione comm.* I. II. Gissae 1827. 1840. 4.). Allgemein waren solche Belohnungen bei den Sclaven auf dem Lande. Colum. 1, 8, 19: *Feminis quoque fecundioribus, quarum in subole certus numerus honorari debet, otium nonnumquam et libertatem dedimus, cum complures natos educassent. Nam cui tres erant filii, vacatio, cui plures, libertas quoque contingebat. Praemia patrum,* welche der Staat den Bürgern verwilligte, erwähnt Scipio in der Rede, die er als Censor 612=142 hielt; Gell. 5, 19, 15: *Animadvertimus in oratione P. Scipionis, quam censor habuit ad populum de moribus, inter ea, quae reprehendebat, quod contra maiorum instituta fierent, id etiam eum culpavisse, quod filius adoptivos patri adoptatori inter praemia patrum prodesset.* Auch von Caesar heisst es bei Dio Cass. 43, 25, dass er 708=46 πολυπαιδίας ἆθλα ἐπέθηκεν. Vgl. Cic. *pro Marc.* 8, 23; wir wissen aber nicht, worin diese bestanden. Wir erfahren nur, dass die *libertini*, welche einen leiblichen Sohn von 5 Jahren oder darüber hatten, schon vor 585=169 den politischen Vorzug hatten, in den *tribus rusticae* censirt zu werden (s. Liv. 45, 15, 1), und dass in Caesar's *lex agraria* 695=59 bei der Ackervertheilung diejenigen Bürger bevorzugt wurden, die drei oder mehr Kinder hatten. Suet. *Caes.* 20. Appian *b. c.* 2, 10. Dio Cass. 38, 7, 3.

2) Die Schilderung, welche Plin. *ep.* 3, 14 von einem *vir praetorius* giebt, der, auf einer Villa lebend, von seinen Sclaven ermordet wird, worauf seine *concubinae cum ululatu et clamore concurrunt,* mag schon auf viel frühere Zeiten passen.

3) Die Philosophen insbesondere nahmen für sich die Freiheit von allem häuslichen Zwange in Anspruch. Senec. *fr.* 13, 61 Haase: *Cicero rogatus ab Hirtio, ut post repudium Terentiae sororem eius duceret, omnino facere supersedit, dicens non posse se uxori et philosophiae pariter operam dare.* Cic. *parad.* 5, 2, 36: *An ille mihi liber, cui mulier imperat? cui leges imponit, praescribit, iubet, vetat, quod videtur? et q. s.* Man berief sich dabei auf die Aussprüche der Griechen, des Bias (Gell. 5, 11, 2), Demokrit und Epikur (Clemens Alex. *Strom.* 2, 23, 138); nach stoischer Lehre war die Ehe ein ἀδιάφορον (Clem. Al. ib.), nach platonischer ist sie pflichtmässig, ib. 141. Vgl. Tertull. *exhort. castitatis* 12: *Sufficiant ad consilium viduitatis vel ista, praecipue apud nos, importunitas liberorum, ad quos suscipiendos legibus compelluntur homines, quia sapiens quisque nunquam libens filios desiderasset* und ausführlicher *ad uxor.* 1, 5.

4) Plaut. *Mil. gl.* 705:

Quando habeo multos cognatos, quid mihi opus est liberis?
Nunc bene vivo et fortunate atque ut volo atque animo ut lubet.
Nam mea bona meis cognatis dicam, inter eos partiam.
Ideo ut liberi me curant, visunt quid agam, ecquid velim:
Prius quam lucet, adsunt, rogitant noctu ut somnum ceperim.
Sacruficant: dant inde partem mihi maiorem quam sibi,
Abducunt me ad exta, me ad se ad prandium, ad cenam vocant.

Augustus machte den Versuch, der zu Grunde gehenden Sittlichkeit durch die Gesetzgebung zu Hülfe zu kommen, [1]) zuerst vergeblich vielleicht schon 727=27, [2]) dann 736=18 durch die *Juliae rogationes*, [3]) nämlich die *lex Julia sumptuaria*, [4]) *lex Julia de adulteriis et de pudicitia*, [5]) *lex Julia de maritandis ordinibus*, [6])

Die Augusteische Gesetzgebung und ihre Folgen.

Illi inter se certant donis: egomet mecum mussito:
Bona mea inhiant: at certatim nutricant et munerant.

Senec. *cons. ad Marc.* 19, 2: *In civitate nostra plus gratiae orbitas confert, quam eripit, adeoque senectutem solitudo, quae solebat destruere, ad potentiam ducit, ut quidam odia filiorum simulent et liberos eiurent.* Tacit. *ann.* 15, 19; 13, 42. 52; 14, 40. *hist.* 1, 73. *Germ.* 20. *dial.* 6. Plin. *n. h.* 14, 5: *postquam coepere orbitas in auctoritate summa et potentia esse, captatio in questu fertilissimo.* Horat. *sat.* 2, 5. *epist.* 1, 1, 77. Cic. *parad.* 5, 2, 39. Senec. *de ben.* 6, 38, 4. Lucian. *dial. mort.* 6. Iuvenal. 12, 93—130. Senec. *contr.* 1, 6, 6. p. 94 Burs. Petron. 116: *In hac urbe nemo liberos tollit, quia, quisquis suos heredes habet, nec ad cenas nec ad spectacula admittitur, sed omnibus prohibetur commodis, inter ignominiosos latitat. Qui vero nec uxores unquam duxerunt, nec proximas necessitudines habent, ad summos honores perveniunt.* Plutarch. *de amore prolis* 4, p. 602 Dübner: Πολλοὺς γοῦν πολυφίλους καὶ πολυτιμήτους ὄντας ἓν παιδίον γενόμενον ἀφίλους καὶ ἀδυνάτους ἐποίησεν. Noch vom Jahre 353 p. Chr. sagt Ammian. 14, 6, 22: *vile esse quidquid extra urbis pomerium nascitur existimant praeter orbos et caelibes: nec credi potest, qua obsequiorum diversitate colantur homines sine liberis Romae.* Vgl. Tertullian. *de patientia* 16. Eine Schilderung der in Rom völlig kunstgerecht betriebenen Erbschleicherei giebt Friedlaender Darst. I[5] S. 367 ff.

1) *Monum. Anc.* 2 lin. 12: *Legibus novi[s latis e]xempla maiorum exolescentia [revocavi et fugientia] iam ex nos[tra memoria] avitarum rerum exempla imitanda [edictis me]is proposui.* 2) Propert. 2, 7, 1:

Gavisa es certe sublatam, Cynthia, legem,
Qua quondam edicta flemus uterque diu
Ne nos divideret.

Diese Elegie ist um 728 geschrieben; im J. 727 erwähnt Dio Cass. 53, 13, 2 eine Verfügung des Augustus, wonach die Statthalter der Provinzen jährig sein und erloost werden sollten, πλὴν εἴ τῳ πολυπαιδίας ἢ γάμου προνομία προςείη, und auf eine frühere Verfügung bezieht er sich 54, 16, wo er von den Rogationen des J. 736 sagt: τοῖς τε ἀγάμοις καὶ ταῖς ἀνάνδροις βαρύτερα τὰ ἐπιτίμια ἐπέταξε καὶ ἔμπαλιν τοῦ τε γάμου καὶ τῆς παιδοποιίας ἆθλα ἔθηκεν. Man darf also diese Verordnungen zu den censorischen Massregeln rechnen, die August 726 =28 vornahm und auf welche Horat. *od.* 4, 15; 3, 6, 17:

Fecunda culpae saecula nuptias
Primum inquinavere et genus et domos,
Hoc fonte derivata clades
In patriam populumque fluxit.

vgl. 3, 2; 3, 24 offenbar Bezug nimmt. S. Franke *Fasti Horat.* p. 183. 193.

3) Tac. *ann.* 3, 25.

4) Suet. *Oct.* 34. 40. Dio Cass. 54, 16. Gell. 2, 24, 14.

5) Suet. *Oct.* 34. Dio Cass. 54, 16. *Institut.* 4, 18 § 4: *Item lex Iulia de adulteriis coercendis, quae non solum temeratores alienarum nuptiarum gladio punit, sed etiam eos, qui cum masculis infandam libidinem exercere audent. Sed eadem lege Iulia etiam stupri flagitium punitur, cum quis sine vi vel virginem vel viduam honeste viventem stupraverit. Poenam autem eadem lex irrogat peccatoribus, si honesti sunt, publicationem partis dimidiae bonorum, si humiles, corporis coercitionem cum relegatione.* Horat. *od.* 4, 5, 21—24; 4, 15, 10—16.

6) Suet. *Oct.* 34. Dio Cass. 54, 16. Gaius 1, 178; 2, 111. Ulp. 13, 1, 2. Horat *carm. saec.* 17—20 (geschrieben 737=17). Liv. *ep.* 59.

endlich durch die *lex Papia Poppaea* des J. 762=9 p. Chr.,[1]) welche die Ehelosigkeit bei Männern zwischen 20—60 Jahren, bei Frauen zwischen 20—50 Jahren und die Kinderlosigkeit der Männer über 25, der Frauen über 20 Jahre durch vermögensrechtliche Benachtheiligungen zu verhindern,[2]) dagegen Eltern von Kindern, namentlich von drei oder mehren durch verschiedene Vorrechte und Vortheile (*ius liberorum*) zu begünstigen,[3]) Personen aus senatorischen Familien zu standesmässigen Ehen zu

---

1) Dio Cass. 56, 10. Gaius 1, 145. Tac. *ann.* 3, 25. Suet. *Nero* 10. Tertull. *apol.* 4. Ueber das Verhältniss der genannten Gesetze zu einander und die betreffende Litteratur s. ausser der Hauptschrift Heineccius *ad legem Iuliam et Papiam Poppaeam commentarius.* Amstelod. 1726. 4. Rein Privatr. S. 461—468.

2) Nach der *lex Pap. Popp.* sind nur Verheirathete und Eltern zu einer Erbschaft befähigt; Ehelose erben gar nicht (Ulp. 17, 1. Gaius 2, 111: *caelibes — lege Iulia hereditatem legataque capere vetantur.* 144. 286); kinderlose Eheleute zur Hälfte. Gaius 2, 286a: *orbi qui per legem Papiam ob id quod liberos non habebant, dimidias partes hereditatum legatorumque perdunt.* Solche ausfallende Erbtheile oder Legate wurden nach altem Recht als Accrescens an die Miterben *pro portione* vertheilt (Rudorff Ueber die *caducorum vindicatio* in Savigny Zeitschr. VI S. 397. Schneider Das altcivile und Justinianische Anwachsungsrecht bei Legaten. Berlin 1837. Danz Röm. Rechtsgesch. § 158. Walter G. d. R. R. § 684) und dies Recht gestattete das Gesetz auch ferner den Kindern oder Eltern des Testators bis zum dritten Grad (Ulp. 18. *Dig.* 31, 1, 29 § 2. *Cod. Just.* 6, 51, 1) und den in dem Testamente bedachten mit dem *ius patrum* versehenen Personen, und zwar zuerst den Erben, dann den Legatarien (Gaius 2, 206. 207. Ulp. 1, 21. Gaius *Dig.* 28, 6, 5). Daher sagt Ulp. 19, 17: *Lege nobis acquiritur velut caducum vel ereptorium ex lege Papia Poppaea;* vgl. 25, 17. *Fr. de iure fisci* § 3: *sane si post diem centesimum patres caducum vindicent, omnino fisco locus non est.* Hierdurch erklären sich: Juvenal 9, 87:

Jam pater es: —
Jura parentis habes, propter me scriberis heres,
Legatum omne capis nec non et dulce caducum.

Auson. *epigr.* 89:

Jurisconsulto, cui vivit adultera coniux,
Papia lex placuit, Julia displicuit;

die *Papia*, weil die Kinder seiner Frau ihm das *ius liberorum* gewähren, die *Julia* (*de adulteriis*), weil er straffällig wird wegen der wissentlichen Duldung des *adulterium*. *Dig.* 48, 5, 2 § 2; endlich Tac. *ann.* 3, 28: *et lege Papia Poppaea praemiis inducti, ut, si a privilegiis parentum cessaretur* (d. h. wenn von Seiten der privilegirten *parentes* kein Anspruch auf die Erbschaft erhoben wurde, wie es ähnlich heisst: *edictum cessat Dig.* 39, 1, 1 § 1), *velut parens omnium populus vacantia teneret.* (Wenn nämlich keiner der Erben das *ius liberorum* hatte, fielen die *caduca* an das Aerar, seit Caracalla an den Fiscus. S. Rein Privatr. S. 835.)

3) Zu den Vorzügen der Vermählten (τὰ τῶν γεγαμηκότων δικαιώματα Dio Cass. 60, 24) gehört ausser der Qualification zu Erbschaften auch ein besonderer Platz im Theater. Suet. *Oct.* 44. Mart. 5, 41. Die *praemia patrum* gelten in Rom, wenn drei, in Italien, wenn vier, in den Provinzen, wenn fünf Kinder vorhanden sind (*Vat. fr.* 191. 192. 247), und bestehen in Ehrenrechten (Gell. 2, 15. *Schol. Juv.* 9, 90), in Bevorzugung bei Amtsbewerbungen (Tac. *ann.* 2, 51; 15, 19. Plin. *ep.* 7, 16. Ulp. *Dig.* 4, 4, 2. Mommsen Stadtrechte von Salpensa und Malaca S. 420. 421), Befreiung von lästigen Aemtern, Heinecc. l. l.

veranlassen[1]) und die Ehescheidungen wenigstens an bestimmte Formen[2]) und Vorschriften[3]) zu knüpfen bestimmt war. Unter allen Massregeln welche Augustus ergriff, um dem in seinen

---

p. 206—212), und verschiedenen privatrechtlichen Vortheilen (Rein Privatr. 465. 466). Zur Befähigung für eine Erbschaft genügte für den Mann schon der Nachweis eines Kindes. Juvenal. a. a. O.

1) Verboten war die Ehe zwischen Personen senatorischen Ranges und Libertinen. Paulus *Dig.* 23, 2, 44 pr. und § 1. Dio Cass. 56, 7; 54, 16. Zonar. 10, 34. *Cod. Just.* 5, 4, 28. Anderen *ingenui* war die Ehe mit einer Freigelassenen (Dio Cass. 54, 16. *Dig.* 23, 2, 23. *Cod. Just.* l. l.), auch dem *patronus* mit der von ihm selbst freigelassenen Sclavin (*Dig.* 23, 2, 28. 29. Orelli *Inscr.* 3025. 3026. 3027. 4649 = *C. I. L.* V, 1071. Or. 4693 = *C. I. L.* X, 2819. *C. I. L.* V, 1916. 7574. 7606. IX, 1884. *Cod. Just.* 5, 4, 15) gestattet, nicht aber die Verheirathung mit einer bescholtenen Person (*quae quaestum corpore fecit*). Ulp. 13, 16 § 2. *Dig.* 23, 2, 43. Dass die *patrona* ihren *libertus* heirathet, kommt zwar vor (Orelli *Inscr.* 3024. 4361. 4633. *C. I. L.* X, 593), war aber nur erlaubt, *si patrona tam ignobilis sit, ut ei honestae sint vel liberti sui nuptiae.* Ulp. *Dig.* 23, 2, 13. Paulus 2, 19, 9. Indess auch für die Verbindung freier Bürger mit bescholtenen Frauen gewährte das Gesetz eine Form, indem es den *concubinatus* für diesen Fall legalisirte. Marcian. *Dig.* 25, 7, 3 § 1 und pr.: *In concubinatu potest esse et aliena liberta et ingenua et maxime ea quae obscuro loco nata est vel quaestum corpore fecit.* Will jemand eine unbescholtene *ingenua*, welche *uxor* sein könnte, *in concubinatu* haben, so muss er hievon Anzeige machen. ib. Seit dieser Zeit ist *concubina* eine rechtliche, nicht beschimpfende Bezeichnung, die auch auf Grabmonumenten vorkommt. Orelli *Inscr.* 2673. 2875. 3101. 3812. 4198 u. ö. zahlreiche Beispiele in den Indices *C. I. L.* V. VIII. IX. X.; *concubina* ist weder *pelex*, noch *meretrix*, sondern *uxoris loco. Dig.* 50, 16, 144. *Cod. Just.* 5, 26; die Kinder aus solchen Verbindungen sind nicht *legitimi*, aber auch nicht *spurii*, sondern *naturales* (*C. I. L.* V, 3417. 4762. IX, 888. *Cod. Just.* 5, 27; Paulus 5, 6, 16. *Cod. Theod.* 4, 6 und das. Gothofr.), die Verbindung selbst ein *inaequale coniugium*, *Cod. Just.* 5, 27, 3, und besonders üblich nach dem Tode der ersten Frau, um nicht den Kindern erster Ehe nahe zu treten. In solchem Verhältniss lebten Vespasian (Suet. *Vesp.* 3), Antoninus Pius (Capit. *Ant.* 8), M. Aurel. (Capit. *M. A.* 29).

2) Suet. *Oct.* 34: *divortiis modum imposuit.* Ueber die Form s. *Dig.* 38, 11, 1 § 1: *Lex Julia de adulteriis, nisi certo modo divortium factum sit, pro infecto habet.* 48. 5, 44 (43); 24, 2, 9: *nullum divortium ratum est nisi septem civibus Romanis puberibus adhibitis praeter libertum eius, qui divortium faciet.* Dieser *libertus* scheint der Ueberbringer einer schriftlichen Erklärung zu sein, welche die Zeugen vollzogen, und welche das Gesetz vorschrieb. *Dig.* 48, 5, 43: *Si ex lege repudium missum non sit. Cod. Just.* 5, 17, 8 pr.: *contracta* (*matrimonia*) *non nisi misso repudio dissolvi praecipimus.* Wenn Tac. *ann.* 3, 22 *repudium dicere* sagt, so ändert er, wie er pflegt, absichtlich die Formel, welche *mittere repudium* heisst, sowohl vom Manne (*fr. Vat.* 107. Suet. *Cal.* 36. *remittere* Suet. *Tib.* 11) als von der Frau (*Dig.* 24, 1, 57. Gaius 1, 137[a]). Dafür sagt man auch *repudium scribere* (Tertull. *apol.* 6), oder *libellum divortii tradendum alicui dare* (*Dig.* 24, 2, 7), *repudii libellum tradere* (*Cod. Just.* 5, 17, 6). Ausführlich handeln hierüber Schlesinger Ueber die Form der Ehescheidung bei den Römern seit der *lex Julia de adulteriis*, in Zeitschrift für Rechtsgeschichte V (1860) S. 193ff. Schirmer Die formlose Scheidung nach der *lex Julia de adulteriis.* Zeitschr. für Rechtsgeschichte XI S. 355ff.

3) Nämlich in Betreff der Rückgabe der *dos* bei willkürlicher Verstossung der Frau, oder der pecuniären Nachtheile für den schuldigen Theil. Heinecc. p. 323ff. Rein Privatr. S. 454.

Fundamenten wankenden Staate in dem monarchischen Princip eine neue Grundlage der Existenz zu geben, ist keine gewaltsamer gewesen, keine mit grösserem Widerstande[1]) durchgesetzt worden, als der despotische Eingriff der Ehegesetze in die persönliche Freiheit. Es war nicht allein die Sittenlosigkeit,[2]) es war auch ein gegründeter Rechtsanspruch,[3]) der diesem Gesetze Opposition machte; aber in der traurigen Ueberzeugung, dass diese schamlose Generation nur durch Furcht in Schranken zu halten sei,[4]) hat Augustus die lange Zeit seiner Regierung an die Durchführung einer Gewaltmassregel gesetzt, welche, wie sie auf äusserliche Wirkung berechnet war, so auch äusseren Erfolg gehabt,[5]) allein, statt der Sittlichkeit und dem Bedürfnisse des Staates zu helfen, durch das Eindringen polizeilicher Spionage in die Geheimnisse des Hauses zu dem alten Uebel noch ein neues gefügt hat. Man schloss nunmehr Ehen, aber nicht um Erben zu haben, sondern um Erbschaften zu erlangen;[6]) Frauen auch wohl, um, gesichert durch einen willenlosen[7]) oder im Einverständniss mit einem geldgierigen Ehemann,[8]) ungestraft dem

---

1) Suet. *Oct.* 34. Dio Cass. 56, 1, 2. 2) Dio Cass. 56, 7.

3) *Cod. Just.* 6, 51, 1: *Et quemadmodum in multis capitulis lex Papia ab anterioribus principibus emendata fuit, et per desuetudinem abolita: ita et a nobis circa caducorum observationem invidiosum suum amittat vigorem, qui et ipsis prudentissimis viris displicuit.*

4) Es ist dieses ein Satz, den schon Aristoteles *eth.* 10, 10, II p. 1179 Bk., von seinen Zeitgenossen ausspricht: οὐ γὰρ πεφύκασιν αἰδοῖ πειθαρχεῖν, ἀλλὰ φόβῳ· οὐδ' ἀπέχεσθαι τῶν φαυλῶν διὰ τὸ αἰσχρόν, ἀλλὰ διὰ τῆς τιμωρίας.

5) *Incert. Paneg. in Maximian. et Constant.* c. 2, 4: *leges hae, quae mulcta caelibes notaverunt, parentes praemiis honorarunt, vere dicuntur esse fundamenta rei publicae, quia seminarium iuventutis et quasi fontem humani corporis semper Romanis exercitibus ministrarunt.* Tertull. *exhort. ad cast.* 12: *importunitas liberorum, ad quos suscipiendos legibus compelluntur homines. ad uxor.* 1, 5.

6) Plut. *de am. prolis* 2, p. 597 Dübner: Ῥωμαίων πολλοὶ γαμοῦσι καὶ γεννῶσιν, οὐχ ἵνα κληρονόμους ἔχωσιν ἀλλ' ἵνα κληρονομεῖν δύνωνται. Indess kommen wirklich zahlreiche Familien vor, wie unter Pertinax ein Vater 16 Söhne hat. *Dig.* 50, 6, 6 (5) § 2.

7) Seneca *fr.* 13, 87 Haase: *Nam quid de viris pauperibus dicam, quorum in nomen mariti ad eludendas leges, quae contra caelibes latae sunt, pars magna conducitur? quomodo potest regere mores et praecipere castitatem et mariti auctoritatem tenere, qui nupsit?* Hieronym. *ep.* 16. Vol. I p. 41[h] ed. Colon. 1616. fol. = *ep.* 127 Vallars: *Unde et pauperes eligunt, ut nomen tantum virorum habere videantur, qui patienter rivales sustineant; si mussitaverint, illico proiiciendi.*

8) Dass die Frau mit Bewilligung des Mannes *adultera* ist und von ihren Liebhabern Geld, auch jährliche Zahlungen (Senec. *de benef.* 1, 9, 4) annimmt (Hor. *od.* 3, 6, 29), von denen der Mann etwas erhält (*Dig.* 48, 5, 2 § 2—6. Auson. *epigr.* 90), dass der Mann also *quaestum ex adulterio uxoris facit* (*Dig.* 48, 5, 8 und 29 § 3. § 4), scheint häufig vorgekommen zu sein. Scaevola *Dig.* 24, 3, 47: *Cum mulier viri lenocinio adulterata fuerit, nihil ex dote retinetur. Cur enim improbet maritus mores, quos ipse aut ante corrupit aut postea pro-*

Laster zu fröhnen; aber jedes Haus war unsicher geworden, [1]) und es gab Frauen, welche die öffentliche Schande der Verfolgung der Delatoren vorzogen. [2]) Das Leben selbst ist durch die julischen Gesetze nicht gebessert worden; Rom und Italien sinkt in der Kaiserzeit zu der tiefsten Stufe sittlichen Verfalls herab; die freche Schamlosigkeit des Hofes wie der höheren Stände, die Zerrissenheit der Familie, die Fortdauer des Caelibats, die öffentliche Prostitution, die Masse unnatürlicher, Leib und Seele zu Grunde richtender Laster, welche zu bezeichnen den alten Sprachen zum Theil ausschliesslich möglich ist, [3]) die Behaglich-

---

bavit? Einen solchen Mann, allerdings aus der Provinz, schildert Apuleius *de magia* 75: *Ita ei lecti sui contumelia vectigalis est. Olim sollers suo, nunc coniugis corpore vulgo meret. Cum ipso plerique, nec mentior, cum ipso, inquam, de uxoris noctibus paciscuntur. Hinc iam, inquam, illa inter virum et uxorem nota collusio; qui amplam stipem mulieri detulerunt, nemo eos observat; suo arbitratu discedunt; qui inaniores venere, signo dato pro adulteris deprehenduntur.* Darauf bezieht sich schon das Lucilianische, sprichwörtlich gewordene »*Non omnibus dormio*«. Festus p. 173[a], 5; Cic. *ad fam.* 7, 24. Vgl. Plut *Amat.* c. 16, p. 928 Dübner. Juven. 1, 55ff.

1) Tac. *ann.* 3, 25: *ceterum multitudo periclitantium gliscebat, cum omnis domus delatorum interpretationibus subverteretur, utque antehac flagitiis, ita tunc legibus laborabatur.* Schon unter Tiberius bedurfte der sich aus der *lex Papia* entwickelnde Delatorenunfug einer Abhülfe. Tac. *ann.* 3, 28; Nero setzte gleichfalls den Delatorenantheil herab (Suet. *Ner.* 10: *praemia delatorum Papiae ad quartas redegit*). Aber nicht allein die *lex Pap. Poppaea* und namentlich die Majestätsgesetze beförderten die Denuntiationen durch die Aussetzung eines Antheils von den an den Fiscus fallenden *caduca*, sondern auch die übrigen *leges Juliae* gaben den Delatoren Gelegenheit zu Verdienst. Die *l. Julia de adulteriis* z. B. gestattete nicht bloss dem Manne, sondern jedem *extraneus* die Anklage (*Dig.* 48, 5, 4 § 2), und zwar sowohl gegen den *adulter* und die *adultera*, als gegen die Gelegenheitsmacher (*Dig.* 48, 5, 8—10); schon die Drohung einer Anklage führte daher zu einer Gelderpressung von den Betheiligten (*Dig.* 48, 5, 15). Beweise zu schaffen, war in Häusern, die zahlreiche Sclaven hatten, und in denen nichts geheim blieb (Juven. 9, 102:

O Corydon, Corydon, secretum divitis ullum
Esse putas? servi ut taceant, iumenta loquentur
Et canis et postes et marmora),

ohne Schwierigkeit, da die Sclaven peinlich verhört wurden. Hat eine Frau gar mit einem Sclaven ein Verhältniss, so wird wenigstens nach Constantin's Verfügung *Cod. Th.* 9, 9, 1 der Angeber auch belohnt: *Sit omnibus facultas, crimen publicum arguendi: sit officio copia nunciandi: sit etiam servo licentia deferendi, cui probato crimine libertas dabitur.*

2) Tac. *ann.* 2, 85: *Eodem anno gravibus senatus decretis libido feminarum coercita cautumque, ne quaestum corpore faceret cui avus aut pater aut maritus eques Romanus fuisset. Nam Vistilia praetoria familia genita licentiam stupri apud aediles vulgaverat, more inter veteres recepto, qui satis poenarum adversus impudicas in ipsa professione flagitii credebant.* Suet. *Tib.* 35. *Dig.* 48, 5, 11 (10) § 2.

3) Der einzige Gesichtspunkt, von dem sich diese Dinge besprechen lassen, ist der des Arztes, und unter diesem findet man die vollständigste Auskunft in Rosenbaum Die Lustseuche im Alterthume. Halle 1839. Diese Laster sind nicht alle aus dem Orient nach Rom gekommen; sie waren schon in Campanien be-

keit, mit welcher ernste wie leichtfertige Schriftsteller der Zeit in diesem Schmutze sich bewegen, charakterisiren die Schattenseite dieser Periode, bei welcher zu verweilen ein undankbares Geschäft ist. Besser als die polizeiliche Ueberwachung der Sitten wirkte die Uebersiedelung angesehener Familien aus den Colonien, Municipien und Provinzen nach Rom [1]) und das vereinzelte Beispiel besserer Kaiser; [2]) aber auch diese Einwirkung war nur vorübergehend, denn auch die Provinzen wurden schnell ein Opfer der sich verbreitenden Schwelgerei und Verweichlichung. [3])

Dritter Abschnitt.

Die Kinder und die Erziehung. [4])

Es ist eine merkwürdige Erscheinung, dass, während der Staat durch Luxus- und Ehegesetze dem Verfall der strengen Sitte entgegenzutreten bemüht war, man die Erziehung der wer-

---

kannt. Festus p. 189a, 31: *frequentissimus fuit usus Oscis libidinum spurcarum.* vgl. p. 198b, 31. Päderastie wird in Rom schon 429=325 erwähnt (Liv. 8, 28. vgl. Val. Max. 6, 1, 9. Dionys. Hal. *fr.* 16, 9) und machte eigene Gesetze nöthig, s. Rosenbaum S. 116. 140. Goth. *ad Cod. Th.* Vol. III p. 65.

1) Seit Claudius und Vespasian Tac. *ann.* 3, 55.

2) Von Vespasian sagt dies Tacitus *ann.* 3, 55, von Traian Plinius *Paneg.* 45, welcher mit dem Satze schliesst: *Nam vita principis censura est, eaque perpetua. Ad hanc dirigimur, ad hanc convertimur, nec tam imperio nobis opus est, quam exemplo.* Id. c. 46: *manifestum, principum disciplinam capere etiam vulgus.* Claudian. *d. IV cons. Hon.* 299:

componitur orbis
Regis ad exemplum, nec sic inflectere sensus
Humanos edicta valent ut vita regentis.

S. hierüber Friedlaender Darst. I5 S. 67 ff.

3) S. Zumpt Ueber den Stand der Bevölkerung im Alterthum. Berl. 1841. 4. S. 71 ff.

4) Unter den zahlreichen Erörterungen über römische Erziehung steht obenan die von Bernhardy G. d. röm. Litteratur. 5te Bearbeitung 1872. S. 35 ff., bei welchem man die älteren hiehergehörigen Schriften angeführt findet. Ausserdem s. Fr. Cramer Gesch. der Erziehung und des Unterrichts im Alterthume. Th. I. II. 8. Elberfeld 1832. 1838. Egger *Étude sur l'éducation et particulièrement sur l'éducation littéraire chez les Romains.* Paris 1833. 8. J. H. Krause Geschichte der Erziehung, des Unterrichtes und der Bildung bei den Griechen, Etruskern und Römern. Halle 1851. 8. Becker Gallus. 3. Aufl. von W. Rein. Leipz. 1863. Bd. II S. 62 ff. (S. 61 ff. Göll). J. L. Ussing Darstellung des Erziehungs- und Unterrichtswesens bei den Griechen und Römern, übers. v. Friedrichsen. Altona 1870. L. Grasberger Erziehung und Unterricht im classischen Alterthum. Würzburg. Bd. I. II. III. 1864—1881. 8.

denden Generation völlig ausser Acht liess,[1]) obgleich man von dem im Alterthume unbezweifelten Grundsatze aus, dass der Einzelne für den Staat da ist, zu einer Einwirkung auf die Erziehung der Jugend ebenso berechtigt in Rom als in Sparta und Athen war.[2])

Man kann in der Darstellung der Geschichte der römischen Erziehung zwei wesentlich verschiedene Perioden, die der Republik und die der Kaiserzeit unterscheiden, von denen jede wieder in zwei Abschnitte zerfällt. Was charakteristisch für die römische Erziehung ist, gehört der älteren Zeit des Freistaates bis c. 150 v. Chr. an und hat sich nur theilweise in den folgenden Zeitabschnitten erhalten; als fremde Bildungselemente von aussen in die Erziehung eindrangen, fehlte es bei allem Talente der Einzelnen für die Aneignung derselben doch dem Staate an jedem Mittel, das Fremde mit dem Einheimischen zu einem organischen Ganzen zu verbinden. Das Anheimgeben der ganzen Erziehung an die Familie, wie es in der *patria potestas* des Familienoberhauptes bedingt war, bringt ein Princip der Stabilität zur Geltung, das darauf ausgeht, den *mos maiorum* zu erhalten,[3]) d. h. die folgende Generation der vorhergehenden gleich zu stellen; es schliesst jeden Fortschritt in Wissenschaft und Gesittung, also den Zweck der modernen Erziehung gänzlich aus; und wenn der Widerstand gegen diesen Fortschritt durch die Macht der geschichtlichen Entwickelung dennoch gebrochen wird, so ist die Folge der Verfall der alten Zucht ohne den Ersatz durch eine dem Charakter des Volkes und den Bedürfnissen des Staates entsprechende neue Bildung.[4]) Dazu kommt, dass der beschränkte

Charakter der röm. Erziehung.

1) Cic. *de rep.* 4, 3, 3: *Principio disciplinam puerilem ingenuis (de qua Graeci multum frustra laborarunt, et in qua una Polybius noster hospes nostrorum institutorum negligentiam accusat) nullam certam aut destinatam legibus aut publice expositam aut unam omnium esse voluerunt.* Die Worte des censorischen Edictes bei Suet. *de rh.* 1, in welchem die Censoren des Jahres 662 = 92 gegen die *rhetores Latini* einschreiten: *Maiores nostri, quae liberos suos discere et quos in ludos itare vellent, instituerunt. Haec nova, quae praeter consuetudinem ac morem maiorum fiunt, neque placent neque recta videntur*, sind daher nicht auf eine gesetzliche Bestimmung, sondern auf den herkömmlichen Gebrauch zu beziehen, den auch in dem häuslichen Leben und der Erziehung zu erhalten die Censoren verbunden waren. Dionys. 20, 3. Mai.

2) Aristoteles *Polit.* 8, 1: Ὅτι μὲν οὖν τῷ νομοθέτῃ μάλιστα πραγματευτέον περὶ τὴν τῶν νέων παιδείαν, οὐδεὶς ἂν ἀμφισβητήσειεν. καὶ γὰρ ἐν ταῖς πόλεσιν οὐ γιγνόμενον τοῦτο βλάπτει τὰς πολιτείας.

3) Ennius bei Cic. *de rep.* 5, 1: *Moribus antiquis res stat Romana virisque.* Cic. *Tusc.* 1, 1, 2.

4) Kein Verhältniss ist in der alten römischen Familie musterhafter, als

Gesichtskreis des Privatmanns der Familienerziehung die engste Begrenzung giebt.[1]) Die ideale Richtung auf eine harmonische Bildung des Menschen, welche die Griechen gross gemacht hat, ist den Römern stets fremd geblieben; ihr wunderbares praktisches Talent ersetzte einigermassen, was wir heutzutage durch Schulbildung zu erreichen suchen; sie haben die Welt erobert und beherrscht mit den dürftigsten geographischen Kenntnissen;[2]) sie haben einen enormen Staatshaushalt geführt bei der grössten Schwierigkeit der Rechnung, aber sie sind zuletzt durch ihre praktische Richtung in einen Materialismus gerathen, in welchem Religion und Sittlichkeit, Staat und Familie zu Grunde ging.[3]) Das ist das letzte Resultat ihrer realistischen Erziehung gewesen, welche wir nunmehr im Einzelnen zu betrachten haben.

Aussetzung der Kinder.

Ein Theil der geborenen Kinder, nicht nur der unehelichen, sondern auch der ehelichen, wurde gar nicht aufgezogen, sondern ausgesetzt.[4]) Es war ein Glück für diese Kinder, wenn

---

das zwischen Sohn und Vater, und doch thut Velleius 2, 67 über die Probehaltigkeit desselben in der Zeit der Proscriptionen die furchtbare Aeusserung: *Id tamen notandum est, fuisse in proscriptos uxorum fidem summam, libertorum mediam, servorum aliquam, filiorum nullum.*

1) Auch gegen diese erklärt sich Aristoteles *Pol.* 8, 1: Ἐπεὶ δ' ἓν τὸ τέλος τῇ πόλει πάσῃ, φανερὸν ὅτι καὶ τὴν παιδείαν μίαν καὶ τὴν αὐτὴν ἀναγκαῖον εἶναι πάντων καὶ ταύτης τὴν ἐπιμέλειαν εἶναι κοινὴν καὶ μὴ κατ' ἰδίαν, ὃν τρόπον νῦν ἕκαστος ἐπιμελεῖται τῶν αὑτοῦ τέκνων ἰδίᾳ τε καὶ μάθησιν ἰδίαν, ἣν ἂν δόξῃ, διδάσκων, δεῖ δὲ τῶν κοινῶν κοινὴν ποιεῖσθαι καὶ τὴν ἄσκησιν. Ἅμα δὲ οὐδὲ χρὴ νομίζειν αὐτὸν αὑτοῦ τινα εἶναι τῶν πολιτῶν, ἀλλὰ πάντας τῆς πόλεως· μόριον γὰρ ἕκαστος τῆς πόλεως. Schon im Alterthum stritt man, wie heute, über die Zwecke der Erziehung, namentlich den ethischen, den wissenschaftlichen und den rein realistischen. ib. § 4.

2) Charakteristisch ist hiefür eine Anekdote, welche ein gelehrter Mann, Galen, Vol. XII p. 171 Kühn, von sich selbst erzählt. Er wollte nämlich von Alexandria Troas nach Lemnos fahren, um die Bereitung der Lemnischen Siegelerde kennen zu lernen, und da er nicht wusste, dass es in Lemnos zwei Städte gab, nämlich Myrina im Westen und Hephaestias im Osten, sondern glaubte, wie Samos, Chios und Cos, so habe auch Lemnos nur eine gleichnamige Stadt, so machte er mit dem Schiffer den Contract, ihn nach Lemnos zu fahren, in der Ansicht, dass dies eine Stadt sei, fand aber bei der Landung, dass er sich in Myrina befinde, während er für seinen Zweck in Hephaestias hätte aussteigen sollen.

3) Cic. *de rep.* 5, 1: *Ante nostram memoriam et mos ipse patrius praestantes viros adhibebat, et veterem morem ac maiorum instituta retinebant excellentes viri. Nostra vero aetas, cum rempublicam sicut picturam accepisset egregiam sed iam evanescentem vetustate, non modo eam — renovare neglexit, sed ne id quidem curavit, ut formam saltem eius — servaret. Quid enim manet ex antiquis moribus? — Nam de viris quid dicam? Mores enim ipsi interierunt virorum penuria, cuius tanti mali non modo reddenda ratio nobis, sed etiam, tanquam reis, capitis quodammodo dicenda causa est.*

4) S. oben S. 3, Anm. 1. In späterer Zeit kommt es auch vor, dass Kinder in Folge der zerrütteten ehelichen Verhältnisse, *ob discordiam parentum*

sie einen mitleidigen Pflegevater fanden[1]) oder auch starben, allein dies war nicht immer der Fall; die gefundenen Kinder waren ein Capital für Speculanten: sie wurden als Sclaven verkauft, häufig der Prostitution preisgegeben,[2]) in späterer Zeit auch von Bettlern aufgegriffen und, wie das jetzt noch in Italien üblich ist, an allen Gliedern verstümmelt und abgerichtet für den Vortheil Anderer die Wohlthätigkeit in Anspruch zu nehmen.[3]) Wie schreckliche Begegnungen verlorener Kinder mit ihren Eltern möglich waren, haben die Alten selbst mehrfach angedeutet.[4])

Anerkennung der Kinder.

Namengebung.

Wurde das Kind aber vom Vater anerkannt (*suscipere*),[5]) so erhielt es an dem *dies lustricus*, d. h. wenn es ein Knabe war, am 9., wenn es ein Mädchen war, am 8. Tage seinen Namen[6]) und seine religiöse Weihe[7]) durch ein Opfer im Hause oder eine Darstellung im Tempel,[8]) womit eine Festfeier und ein Mahl ver-

---

(Suet. *de gr.* 21), d. h. weil der Vater das Kind nicht als seines anerkannte, ausgesetzt wurden.

1) Suet. *de gr.* 7. 21.

2) S. besonders Justinus Mart. *apolog.* 1, 27.

3) Dies schildert ausführlich Seneca *contr.* 10, 33 p. 316—325 Burs.

4) Lactant. 6, 20, 23. Clem. Alex. *paed.* 3, 3, 21: παιδὶ πορνεύσαντι καὶ μαχλώσαις θυγατράσιν ἀγνοήσαντες πολλάκις μίγνυνται πατέρες, οὐ μεμνημένοι τῶν ἐκτεθέντων παιδίων. Senec. l. l. p. 325 extr.

5) (Oder *tollere*: die Anerkennung geschah nämlich durch Aufheben vom Boden. Augustin. *de civ. dei* 4, 11.)

6) Macrob. *sat.* 1, 16, 36: *Est etiam Nundina Romanorum dea a nono die nascentium nuncupata, qui lustricus dicitur. Est autem dies lustricus, quo infantes lustrantur et nomen accipiunt: sed is maribus nonus, octavus est feminis.* Plut. *q. R.* 102. Festi *ep.* p. 120, 19. Suet. *Ner.* 6. Arnob. 3, 4. Der Tag heisst auch *solennitas nominalium.* Tertull. *de idol.* 16. Ulp. 15, 2 und 16, 1ª, wo jetzt *post nominum diem* gelesen wird, hat die Hschr. *post nonum diem*, was Mommsen R. Chron. S. 229 beibehält. Die ersten 8 Tage heissen *primordia.* Serv. *ad Verg. ecl.* 4, 1. Vgl. oben S. 10 Anm. 5.

7) Dass die *lustratio* eine religiöse Weihe ist, geht aus dem Namen hervor. Es findet dabei ein Opfer statt (Tertull. *de idol.* 16), nachdem die ganze Woche über verschiedene Caerimonien vorgenommen sind (Tertull. *de anima* 39), in welchen die Götter des Kindesalters und Juno die Hauptrolle spielen. S. Staatsverwaltung III S. 12. Serv. *ad Verg. ecl.* 4, 62: *Proinde nobilibus pueris editis in atrio domus Junoni lectus, Herculi mensa ponebatur.* Tertull. *de anima* 39: *per totam hebdomadem Junoni mensa proponitur.* Zu diesen häuslichen Feiern gehört ein Opfer am fünften Tage nach der Geburt des Kindes (Plautus *Trucul.* 423: *Quin Dis sacruficare hodie pro puero volo quinto die quod fieri oportet*), wenn dasselbe nicht vielleicht griechischer Ritus ist. Suidas s. v. Ἀμφιδρόμια· τὴν πέμπτην ἄγουσιν ἐπὶ τοῖς βρέφεσιν, ἐν ῇ ἀποκαθαίρονται τὰς χεῖρας αἱ συναψάμεναι τῆς μαιώσεως, τὸ δὲ βρέφος περιφέρουσι τὴν ἑστίαν τρέχοντες καὶ δῶρα πέμπουσιν οἱ προσήκοντες.

8) Suet. *Cal.* 25: *Infantem autem, Juliam Drusillam appellatam, per omnium dearum templa circumferens Minervae gremio imposuit alendamque et instituendam commendavit.* (Dies beweist keinen allgemeinen Brauch. Joseph. *ant.* 19, 2 bezeichnet das Verfahren Caligula's als ein aussergewöhnliches.)

bunden war.[1] Zu den vielen superstitiösen Gebräuchen,[2] die man bei der ersten Erziehung des Kindes beobachtete,[3] und namentlich zum Schutze desselben vor Bezauberung (*fascinatio*) anwendete, gehörte auch der, dass man ihm eine *bulla*[4] um den Hals hängte, d. h. eine runde oder herzförmige[5] goldene[6] Kapsel, in welcher ein Amulet[7] verschlossen war, und welche regelmässig von Knaben bis zur Annahme der *toga virilis*, von Mädchen wohl in der Regel bis zu ihrer Verheirathung,[8] bei besonderen Gelegenheiten, z. B. bei dem Triumphe[9] auch von Männern getragen wurde. Die goldenen *bullae*, deren verschiedene Form nicht nur aus monumentalen Darstellungen,[10] sondern auch aus meh-

Die *bulla*.

1) *solemnitas* Tertull. *de idol.* 16; *convivium* Capitolin. *Albin.* 4. (Diese Stelle ist kritisch unsicher.)

2) Die Superstition der Grossmütter und Kinderfrauen beschreibt Persius 2, 31—40 u. das. Jahn.

3) S. Staatsverwaltung III S. 105. 106.

4) S. Ficoroni *La bolla d'oro de' fanciulli nobili Romani.* Rom. 1732. 4. Morcelli *Della bolla de' fanciulli Romani.* Milan. 1816. 8. Jahn *ad Pers.* 5, 31. Raoul Rochette *Troisième Mém. sur les ant. chrétiennes des Catacombes* in *Mém. de l'Institut roy. de France, Acad. des Inscr.* Vol. XIII. 1838. p. 628—630, und besonders Yates in *Archaeological Journal.* Vol. VI. 1849. p. 112—113; Vol. VIII. 1851. p. 166—171; Vol. X p. 159. Cuming ebendas. Vol. XIII p. 321—323. (Letzteres Citat ist falsch.)

5) *Cordis figuram* schreibt ihr zu Macrob. *sat.* 1, 6, 17; rund und mondförmig nennt sie Plut. *q. R.* 101. Die Kinder trugen auch ein halbmondförmiges Amulet, σεληνίς, *lunula* (Plaut. *Epid.* 640). Jahn Ueber d. Aberglauben des bösen Blicks in Ber. der sächs. Gesellschaft d. Wiss. Ph.-hist. Cl. 1855 S. 42.

6) *Bulla aurea* Macrob. *sat.* 1, 6, 16. Plin. *n. h.* 33, 10. Festi *ep.* s. v. p. 36. Prop. 5, 1, 131. Plautus *Rud.* 1171. Das Gold selbst ist als Amulet wirksam. Plin. *n. h.* 33, 84. Jahn a. a. O. S. 43.

7) Diese Zauber abwehrenden Mittel heissen *praebia*. Varro *de l. L.* 7, 108: *praebia a praebendo, quod sint remedia in collo pueris.* Festi *ep.* 235, 3 M. Festus p. 238b M.

8) Hierüber fehlt es an einer Nachricht. Wenn aber Garrucci *Mon. del Museo Lateranense* p. 31 zu tav. 20 behauptet, Mädchen hätten überhaupt keine *bulla* getragen, und die Inschrift Orelli 1301: *Junoni — Claudia Sabbatis bullam d. d.* aus diesem Grunde bezweifelt, so widerlegt sich dies Bedenken durch Plaut. *Rud.* 1171, wo die Palaestra unter den ihr angehörigen Sachen aufführt: *Et bulla aurea est, pater quam dedit mihi natali die.* (Die Inschr. ist unecht.)

9) Macrob. *sat.* 1, 6, 9: *Nam sicut praetexta magistratuum ita bulla gestamen erat triumphantium, quam in triumpho prae se gerebant inclusis intra eam remediis, quae crederent adversus invidiam valentissima.* Plin. *n. h.* 28, 39.

10) Zu den Denkmälern der *pueri bullati* gehören 1. die Münze der *gens Aemilia* mit jugendlichem Reiter mit der *bulla*. Mommsen G. d. R. M. S. 634, II, 501 d. franz. Uebers. (die Münzen mit den Bildern der Söhne des Drusus. Cohen *Méd. imp.* I² p. 217, 1. Cavedoni *Ann. d. Inst.* 1851 p. 233); 2. eine grosse Anzahl von Statuen, Reliefs und Terracotten; s. *Sculture del palazzo della villa Borghese.* Rom 1796. Vol. II p. 24. Visconti *Mus. P. Clem.* III t. 24 p. 123. *Icon. rom.* pl. 19*. *Mus. Borb.* VII t. 49. *Annali d. Inst.* 1858 p. 16 (*Monum.* VI t. 13); 1850 p. 135, wo die *bulla* herzförmig ist. Gerhard Berlins ant. Bildw. I n. 212. Becker's *Augusteum* III t. 119. Gerhard u.

reren in Gräbern gefundenen Exemplaren [1]) ersichtlich ist, sind den Etruskern [2]) und Römern gemeinsam: bei den letzteren waren sie zuerst ein *insigne* der Patricier, [3]) hernach der Senatoren und Ritter, [4]) und immer sind sie ein Vorrecht reicher und vornehmer Familien geblieben. Denn *bullae* tragen zwar alle *pueri ingenui*, [5])

Panofka Neapels ant. Bildw. I S. 51 n. 171. 173. Garrucci *Mon. del Mus. Lateranense* tav. 20. Hübner Ant. Bildw. in Madrid p. 84 n. 80. Yates in *Arch. Journ.* VIII p. 169. Micali *Storia* t. 44 n. 1. T. III p. 70. Ficoroni p. 23; drei Terracotten bei Agincourt *Recueil de Fragmens de sculpture en terre cuite* p. 14, 1. 3. 5; 3. einige Vasen etruskischer Fabrik. Jahn Ficor. Cista S. 18. Ders. Vasensamml. K. L. S. 49 n. 152. Gemalte Gläser, eines im britischen Museum, ein Medaillon von 2″ Durchm. Das Portrait eines *puer bullatus* mit der Beischrift *M CECILIVS*, abg. bei Yates *Arch. Journ.* VIII p. 170; ein anderes grösseres Medaillon abg. bei Ficoroni p. 11, angeblich gefunden in Tivoli, jetzt in England, eine Mutter mit einem Knaben darstellend, ist modern, s. Garrucci *Vetri ornati di figure in oro.* Roma 1858 fol. p. 83 tav. XL 9 (p. 230 tav. XLII, 9 d. 2. Ausg.); vgl. Yates a. a. O., wo noch zwei Gläser dieser Art, das Leipziger, abgeb. bei Leich *De diptychis veterum* p. 15, und ein in Oxford befindliches angeführt werden. Auch Götter und Heroen kommen mit der *bulla* vor; so Bacchus auf der ficoronischen Cista, Jahn Fic. Cist. S. 18, wo andere Beispiele nachgewiesen werden.

1) Von erhaltenen Exemplaren sind bekannt: 1. eines aus Pompeji, jetzt im Mus. Borb., s. Gerhard u. Panofka Neapels ant. Bildwerke I S. 438 n. 104. *Mus. Borb.* II tav. 14; 2. das im Mus. Chigi, edirt in Causei *Mus. Rom.* 6 (= Graev. *Thes.* XII p. 955), 6; 3. ein bei Rom gefundenes, abg. bei Ficoroni p. 8, bei Middleton *Ant. Mon.* t. III n. 1 p. 29—48, *Dict. des Ant.* p. 755, jetzt in London in Privatbesitz; 4. das im britischen Museum, abg. *Arch. Journal* VI p. 113; 5. ein sehr schön erhaltenes, jetzt in London in Privatbesitz, abg. bei Yates *Arch. Journ.* VIII p. 166; 6. ein im J. 1840 bei Adria gefundenes, jetzt in Privatbesitz. S. Heydemann Mittheilungen aus den Antikensammlungen in Ober- und Mittel-Italien. Halle 1879. 4. S. 27. Jede dieser Bullen besteht aus zwei kreisförmigen, concaven Goldblechen, welche, etwa 2″ im Durchmesser, die Gestalt eines Uhrglases haben und zusammengelegt eine linsenförmige (φακοειδής Plut. *q. R.* 101) Kapsel bilden. Die beiden Hälften schliessen nicht in einander, sondern werden durch eine breite auf jeder der Hälften befestigte Klammer zusammengedrückt, die zugleich als Henkel für das Halsband dient, an welchem die *bulla* getragen wird. Auf dieser Klammer steht zweimal der Name des Knaben, nämlich auf Nr. 2 *CATVLVS*, auf Nr. 5 *HOSTus HOStilius* (wohl nicht der Name des Besitzers, sondern dessen, der nach Macrob. 1, 6, 16 zuerst die Bulle erhielt). Zwei kleinere goldene Bullen, in England gefunden, eine rund und ohne den breiten Henkel, die andere halbmondförmig s. b. Yates *A. J.* VIII p. 108; eine durch das Verbrennen des Leichnams sehr beschädigte, jetzt in Wiesbaden befindlich, s. Habel Annalen des Vereins f. Nassauische Alterthumsk. III, 3 S. 179—191 Taf. 3—5; (eine aus Pompeji stammende im german.-röm. Centralmuseum in Mainz, s. Hattemer Aus dem Leben der Kinder in Hellas und Rom, Progr. d. Gymn. Mainz 1865 S. 9;) Bullen von Silber und Bronce s. b. Habel a. a. O. und Raoul-Roch. a. a. O. S. 630. Ficoroni t. 4.

2) *Aurum Etruscum* Juven. 5, 164. *Bullae* in etruskischen Gräbern gefunden *Bull.* 1860 p. 186f.; zwei etr. Knaben mit *bullae* s. *Mus. Gregoriano* I tav. 43. (Die Sitte wird auf Tarquinius Priscus zurückgeführt. Plin. *n. h.* 33, 10. Macrob. 3, 14, 7.)

3) Macrob. *sat.* 1, 6, 11.

4) Macrob. l. l. 10. Plin. *n. h.* 33, 10.

5) Die *bulla* heisst *insigne ingenuitatis* Val. Max. 5, 6, 8. Was Pseudo-Asconius *ad Verr.* p. 199 Or. sagt: *bulla suspendi in collo infantibus ingenuis*

aber nur die vornehmen goldene,[1]) die ärmeren lederne;[2]) die Sitte selbst hat sich bis in das 3. Jahrhundert n. Chr. erhalten.[3])

Anmeldung der Geburten.

Eine Anmeldung der geborenen Kinder bei einer kirchlichen oder weltlichen Behörde ist in der Zeit der Republik niemals üblich gewesen;[4]) selbst der Name wurde bei Knaben erst bei Anlegung der männlichen Toga officiell constatirt;[5]) wenn der Censor bei der Census fragte, ob der Bürger verheirathet sei,[6]) so lässt dies schliessen, dass einerseits statistische Listen über den Bestand der Familie nicht vorhanden waren, andererseits den Censuslisten die bei der Census gemachte eigene Angabe des Vaters über seinen Sohn zu Grunde lag. Erst M. Aurel führte amtliche Geburtslisten zu dem speciellen Zweck ein, um den *status* und das Alter der Personen in vorkommenden Fällen constatiren

---

solet aurea, libertinis scortea, ist ein ungenaues und theilweise falsches Excerpt aus der Stelle des Laelius bei Macrob. *sat.* 1, 6, 14: *ex quo* (seit dem zweiten punischen Kriege) *concessum, ut libertinorum quoque filii, qui ex iusta dumtaxat matre familias nati fuissent, togam praetextam et lorum in collo pro bullae decore gestarent*, was nur heisst, dass den *libertini* wie den ärmeren *ingenui* der Gebrauch der ledernen *bulla* gestattet wurde. Die *bulla* also trugen alle *ingenui*, was bestimmt hervorgeht aus der Geschichte bei Sueton. *de rhet.* 1, p. 122 Reifferscheid, aber die goldene *bulla* die Kinder der Senatoren (Liv. 26, 36) und der Ritter (*qui equo meruissent.* Plin. *n. h.* 33, 10). Ausführlich handelt über das Recht, die *bulla*, und insbesondere die *bulla aurea* zu tragen Voigt Berichte der k. Sächs. Gesellschaft der Wissensch. 1878 S. 186 Anm. 128.

1) Statius *silv.* 5, 3, 116 sagt von seinem Vater:

Non tibi deformes obscuri sanguinis ortus
Nec sine luce genus — etenim te divite ritu
Ponere purpureos infantia adegit amictus
Stirpis honore datos et nobile pectoris aurum;

ebenso *Schol. Juven.* 5, 164: *antiquitus nobilium pueri bullas aureas habebant, pauperum de loris, signum libertatis.* Ein Beispiel eines Knaben *de plebe romana*, der, weil er ganz in Armuth gerathen war, auch die goldene *bulla* nicht mehr besass, führt Cic. *in Verr.* 1, 58, 152 an.

2) Juven. 5, 164:

quis enim tam nudus, ut illum
Bis ferat, Etruscum puero si contigit aurum
Vel nodus tantum et signum de paupere loro.

Arme trugen also das Amulet in einem Lederbeutelchen oder knüpften es in einen Lederriemen ein, den sie um den Hals trugen.

3) Die oben erwähnten Glasmedaillons sind aus der Zeit der Gordiane; aber die *bullae* sind auch in die christlichen Zeiten übergegangen. Raoul Roch. a. a. O. p. 733.

4) Wenn Piso bei Dionys. 4, 15 berichtet, Servius Tullius habe, um die Zahl der Einwohner Roms zu constatiren, angeordnet, dass ein Geldstück für jeden Geborenen an den Tempel der Juno Lucina, für jeden Gestorbenen an den Schatz der Libitina, für jeden, der die *toga virilis* erhielt, an den Schatz der Juventas gezahlt werden solle, so scheint dies nur die Erklärung einer alten Sitte zu sein, nach welcher man in allen drei Fällen ein Geldopfer darbrachte; von einer Registrirung der angemeldeten Fälle zum amtlichen Gebrauch, die sich leicht hätte einrichten lassen, sagt er nichts.

5) S. oben S. 10 Anm. 5. 6) S. S. 1 Anm. 4.

zu können; nach seiner Anordnung hatte jeder Vater innerhalb dreissig Tagen den Namen und die Geburtszeit des neugebornen Kindes in Rom bei dem *praefectus aerarii*, in den Provinzen bei den *tabularii publici* anzumelden [1]) und es wurde über diese Meldung eine doppelte Urkunde ausgestellt, nämlich ein Original für das Archiv und eine Ausfertigung für den Angemeldeten, [2]) wie dies auch bei den in den Militärdiplomen verliehenen Privilegien zu geschehen pflegte. [3]) Allein schon ehe diese Einrichtung getroffen war, scheint man bei der Wichtigkeit, welche die Feststellung des *status personae* und die *probatio aetatis* für die mannichfachsten Rechtsfälle hat, [4]) an dem *dies lustricus* einen Act

---

1) Capitolin. *M. Ant. ph.* 9: *Inter haec liberales causas ita munivit, ut primus iuberet apud praefectos aerarii Saturni unumquemque civium natos liberos profiteri intra tricesimum diem nomine imposito. Per provincias tabulariorum publicorum usum instituit, apud quos idem de originibus fieret, quod Romae apud praefectos aerarii: ut si forte aliquis in provincia natus causam liberalem diceret, testationes inde ferret.* S. über diese Stelle und die ganze Sache Brisson *Sel. Ant.* I c. 5 in *Opp. Min.* ed. Treckell p. 10, und die dort von Treckell angeführte ältere Litteratur; Dirksen Die *Scriptores Hist. Augustae.* Leipzig 1842. 8. S. 183—193. Hübner *De Senatus populique Romani actis* in Jahn's Jahrb. Suppl. Bd. III p. 611. 613. Becker *Gall.* II S. 67—70 (64. 65 Göll). Ueber die *tabularia* in den Provinzen s. Huschke Ueber den Census der fr. Kaiserzeit S. 199 n. 44. Vgl. Staatsverwaltung I[2] S. 339.

2) Apuleius *de mag.* c. 89: *De aetate vero Pudentillae — paucis tibi respondebo. — Pater eius natam sibi filiam more ceterorum professus est; tabulae eius partim tabulario publico, partim domo asservantur: quae iam tibi ob os obiiciuntur. Porrige Aemiliano tabulas istas, linum consideret, signa, quae impressa sunt, recognoscat, consules legat, annos computet.* Serv. *ad Verg. Georg.* 2, 502: *Populi tabularia, ubi actus publici continentur. Significat autem templum Saturni, in quo et aerarium fuerat et reponebantur acta, quae susceptis liberis faciebant parentes* (*acta facere* heisst eine Urkunde aufnehmen lassen). Aus dieser Stelle geht so viel hervor, dass in dem Aerarium nicht nur *tabulae*, d. h. Register, sondern auch *acta*, d. h. Urkunden über die Geburten angefertigt wurden, was Hübner p 611 in Abrede stellt. Diese Urkunden meint auch Modestin. *Dig.* 27, 1, 2 § 1: ἡ δὲ ἡλικία δείκνυται ἢ ἐκ παιδογραφιῶν ἢ ἐξ ἑτέρων ἀποδείξεων νομίμων. Möglicher Weise kann man auch auf die *professio* beim Aerarium beziehen *Dig.* 22, 3, 29 § 1: *Mulier gravida repudiata, filium enixa absente viro, ut spurium in actis professa est.* Denn 22, 3, 16 heisst es wohl von demselben Falle: *Etiam matris professio filiorum recipitur et avi recipienda est.* Aber nothwendig ist diese Erklärung nicht, da *profiteri apud acta* von jeder gerichtlichen Aussage, die man zu Protocoll giebt, gebraucht wird. *Cod. Just.* 7, 16, 24: *Interrogatam et professam apud acta, se esse ancillam. Fr. vat.* § 266[a]: *professio donationis apud acta facta.* Tertull. *adv. Marc.* 5, 1: *Plane profiteri potest semetipsum quivis. Verum professio eius alterius auctoritate conficitur: alius scribit, alius subscribit, alius obsignat, alius actis refert.*

3) Staatsverwaltung II[2] S. 565.

4) Alle diese Verhältnisse bespricht Pardessus *Sur les différents rapports, sous lesquels l'âge était considéré dans la législation Romaine* in *Mém. de l'Acad. des Inscr.* XIII (1838) p. 266—344. Um nur eins anzuführen, so war bei jeder Mündigkeitserklärung die *probatio aetatis* nöthig. *Dig.* 4, 4, 32. Eine Frau muss zu diesem Zwecke *annos aetatis probare posse testibus vel instrumentis. Cod. Just.* 2, 45, 2 § 1.

vor Zeugen aufgenommen zu haben; wenigstens wird später auf einen solchen in dem Falle recurrirt, wenn die *professio* bei dem *aerarium* unterlassen war, [1]) in welchem Falle Alter und *status* durch Zeugen und schriftliche Beweismittel aller Art, die nicht immer ohne Widerspruch unter sich waren, ermittelt werden mussten. [2]) Dagegen war ohne alle rechtliche Bedeutung die Sitte vornehmer Familien, häusliche Ereignisse und darunter auch Geburten in den seit Caesar üblichen [3]) *acta populi diurna* bekannt zu machen, [4]) und es hat keinen Grund, wenn man diesen namentlich bei Geburtsfällen in der kaiserlichen Familie vorkommenden Gebrauch mit der von M. Aurel vorgeschriebenen *professio* in Verbindung gebracht hat. [5])

---

1) Rescript des Probus *Cod. Just.* 5, 4, 9: *Si vicinis vel aliis scientibus uxorem liberorum procreandorum causa domi habuisti et ex eo matrimonio filia suscepta est, quamvis neque nuptiales tabulae neque ad natam filiam pertinentes factae sunt, non ideo minus veritas matrimonii aut susceptae filiae suam habet potestatem.*

2) Dahin gehört zuerst die *professio censualis*; denn *aetatem in censendo significare necesse est. Dig.* 50, 15, 3 pr.; sodann jede Erklärung, die man gerichtlich zu Protocoll giebt, *professio apud acta*; doch ist diese allein nicht beweisend (*Cod. Just.* 6, 23, 5), sondern muss durch schriftliche und mündliche Zeugnisse (*instrumentis et testimoniis Cod. Just.* 4, 19, 12; 2, 45, 2 § 1; 2, 43, 3) beglaubigt werden, z. B. durch Nachweis der legitimen Ehe, der Adoption, *Cod. Just.* 4, 19, 14, durch Correspondenz der Eheleute. *Dig.* 22, 3, 29. Dass bei solchen Beweisführungen *diversae professiones* vorkamen, ist nicht zu verwundern (*Dig.* 22, 3, 13), zumal da oft absichtliche Täuschung (*ementita professio Cod. Just.* 4, 19, 14) im Spiele war.

3) Dass Caesar diese Einrichtung traf, sagt Suet. *Jul.* 20, und ist mit Hübner a. a. O. p. 594 gegen Becker Th. I S. 30. 32 anzunehmen.

4) Die Beweise giebt Hübner S. 597 ff. In diesen *acta diurna* war angezeigt die Geburt des Tiberius (Suet. *Tib.* 5), des älteren Drusus (Dio Cass. 48, 44), des Caligula (Suet. *Cal.* 8), des jüngeren Gordianus (Capit. *Gord. tres* 4), auch der Kinder vornehmer Privatleute. Juven. 9, 84: *tollis enim et libris actorum spargere gaudes Argumenta viri.* Ebenso Ehescheidungen in bedeutenden Familien. Suet. *Cal.* 36. Senec. *de benef.* 3, 16, 2.

5) Man wurde dazu veranlasst durch Capitolin. *Gord. tres* 4: *Iam illud satis constat, quod filium Gordianum nomine Antonini signo inlustravit, cum apud praefectum aerarii more Romano professus filium publicis actis eius nomen insereret;* allein Hübner bemerkt mit Recht, dass hier zwei verschiedene Dinge berichtet werden, die *professio* bei dem *aerarium* und die Anzeige in den *acta diurna.* Dagegen erklärt wirklich der *Schol. Juven.* 9, 83: *et libris actorum*] *propter professionem scilicet, qua apud aerarium patres natorum deferebantur filiorum,* welche Worte zwar corrupt sein müssen, da die *nomina filiorum deferuntur,* nicht die *patres,* weshalb ich lese: *quam* (*professionem*) *patres natorum deferebant filiorum,* aber doch dem Sinne nach deutlich sind. Indessen trifft diese Erklärung den Sinn der Stelle Juvenal's nicht (Hübner p. 611), sondern richtig erklärt offenbar das folgende Scholion: *spargere gaudes*] *id est nominum noticiam divulgare contestatione publica.* Wenn endlich Suet. *Calig.* 8 den *acta publica* eine *publici instrumenti auctoritas* zuschreibt, so betrachtet er sie als historische Urkunden, nicht als juristische Beweismittel, und es lässt sich überhaupt nicht annehmen, dass die *acta diurna,* in welche nur allgemein interessi-

Seine körperliche wie seine geistige Ausbildung erhält das Kind in alter Zeit regelmässig im Hause. Genährt und behütet von der Mutter selbst oder einer freien Frau[1]) aus der Familie, unter den Augen der Eltern erwachsend und, wenn es grösser wurde, an den Beschäftigungen und Unterhaltungen der Eltern theilnehmend, lebte es sich unmittelbar und ungestört durch fremde Einflüsse in die derbe Tüchtigkeit altrömischer Sitte und Denkart ein. Körperliche Gesundheit und Kraft,[2]) Gottesfurcht, Ehrfurcht vor den Gesetzen,[3]) Bescheidenheit und Züchtigkeit in Rede und Betragen,[4]) strenger Gehorsam,[5]) Anstand im äusseren Auftreten,[6]) mässige Gewöhnung (*frugalitas*),[7]) praktische Thätig- Elterliche Erziehung.

---

rende Nachrichten auf Anordnung der Behörden eingerückt wurden, dazu gedient haben sollten, vollständige Geburtslisten zu geben, von denen vor der Anordnung M. Aurel's keine Spur nachweisbar ist.

1) S. oben S. 58. (Die Kinder wurden jedoch schon früh auch von Ammen genährt. Plaut. *Men.* 19. Lucr. 5, 230. Cic. *Tusc.* 3, 1, 2. Gell. 12, 1. *nutrices* erscheinen häufig auf Inschriften. Or. Henzen 2738. 2817. 6199. 6241. 6260. 6291. 6484. *C. I. L.* VI, 4352. 4457. 6323. 6324. 8941—8943; Indices *C. I. L.* IX. X unter *parentelae*. Die Wärterin, welche nicht Amme ist, heisst auch *assa nutrix* (Jahn *ad Pers.* p. 129). Die Kinder wurden gewiegt. *cunae* die Wiege, Mart. 11, 39. Vgl. auch Göll in Becker's Gallus II, 75 ff.)

2) Von Cato sagt Plut. *Cat. mai.* 9: Τῶν δὲ νέων ἔφη χαίρειν τοῖς ἐρυθριῶσι μᾶλλον ἢ τοῖς ὠχριῶσι. Daher wurde auf die Diät der Kinder besonders geachtet, Schlaf und Nahrung geregelt. Varro im *Catus aut de liberis educandis* bei Gell. 4, 19. Non. p. 201 s. v. *cepe*.

3) Varro bei Non. p. 543 s. v. *patella: Quocirca oportet bonum civem legibus parere et deos colere.* Ueber die Religiosität der alten Römer s. Staatsverwaltung III S. 6.

4) Cato sagt bei Plut. *C. mai.* 20: τὰ αἰσχρὰ τῶν ῥημάτων οὐχ ἧττον εὐλαβεῖσθαι τοῦ παιδὸς παρόντος ἢ τῶν ἱερῶν παρθένων. Juvenal. 14, 47: *Maxima debetur puero reverentia*, und die ganze Stelle v. 25—55. Cic *de off.* 2, 13, 46: *prima igitur commendatio proficiscitur a modestia cum pietate in parentes.* Eine rühmende Bezeichnung ist *adolescens pudentissimus et in primis honestus* (Cic. *pro Cluent.* 60, 165); *navus et pudens et probus filius* (Cic. *in Verr.* 3, 69, 161).

5) Hierüber handelt ausführlich Dionys. 2, 26.

6) Cic. *de off.* 1, 35, 126 ff.

7) Cic. *pro r. Deiot.* 9, 26: *ego tamen frugalitatem, id est modestiam et temperantiam, virtutem maximam iudico.* Cic. *Verr.* 2, 3, 7. Varro *Cat. vel de lib. ed.* bei Non. p. 108 s. v. *ephippium: Mihi puero modica una fuit tunica et toga, sine fasciis calceamenta, equus sine ephippio, balneum non cottidianum, alveus rarus*, und bei Non. p. 520 s. v. *modestia: omnia, inquam, in docendis pueris, quae demta non prohibent virum bonum fieri, mediocria, modica sunto.* Cato, welcher als Muster eines *homo frugi* gelten kann, lebte bis in sein hohes Alter in der Einfachheit aber auch in der Geschmacklosigkeit eines Bauern. Sein Haus blieb ohne Abputz, sein Hausrath dürftig. Sein Wahlspruch war: *Si quid est, quod utar, utor, si non est, egeo* (Gell. 13, 24 [23]) und: *Emas non quod opus est, sed quod necesse est: quod non opus est, asse carum est.* (Senec. *ep.* 94, 27. Plut. *C. mai.* 4.)

keit,[1]) natürlicher Verstand[2]) und Vertrauen auf die eigene Kraft und den Herrscherberuf des Staates,[3]) das waren die Eigenschaften, die man in dem Knaben zu entwickeln suchte, um aus ihm einen verständigen Mann, einen guten Hausvater[4]) und einen brauchbaren Bürger[5]) zu machen. Zu allem diesem bedurfte es keines besonderen Unterrichtes. Wenn der Vater im Hause, oder, insofern ihm priesterliche Functionen oblagen, in einem Heiligthume der *gens* oder des Staates opferte, leisteten die Kinder den Dienst als *camilli*[6]) — man überliess die Erweckung und Gestaltung des religiösen Lebens in dem Kinde dem Cultus selbst —; wenn der Hausherr beim Beginne des Tages in dem Atrium seines Hauses auf hohem Stuhle sitzend seine Clienten empfing, um sie in ihren Angelegenheiten zu berathen;[7]) wenn er bei Festen und Trauerfeierlichkeiten die Schränke des Atrium öffnete, und die Bilder der Ahnen sehen liess, an welche sich das Andenken der ruhmvollen Vergangenheit der Familie knüpfte; wenn das Gespräch der Männer auf die grossen Thaten der Vorzeit kam,[8]) oder die in alter Zeit üblichen Tischlieder zum Preise der Helden gesungen,[9]) oder die Verdienste verstorbener Staatsmänner

---

1) Das *otium Graecum* (Cic. *or.* 30, 108) ist den Römern unbekannt, da sie ihre Musse für wissenschaftliche Beschäftigungen zu benutzen nicht gewöhnt waren. Ennius bei Gell. 19, 10, 12: *Otioso in otio animus nescit, quid velit.* Cic. *de off.* 3, 1. Es ist bereits eine Abweichung von dem alten Leben, welche Scipio bei Cic. *de rep.* 1, 4, 7 für sich in Anspruch nimmt: *Is enim fueram, cui cum liceret maiores ex otio fructus capere, quam ceteris, propter variam suavitatem studiorum, in quibus a pueritia vixeram, —;* denn für den alten Römer gilt der Satz Seneca *de provid.* 2, 2: *industrio otium poena est.* Pacuvius bei Gell. 13, 8: *Ego odi homines ignava opera et philosopha sententia*, während noch Aristoteles *polit.* 8, 2, 5 sagt: τὸ δὲ σχολάζειν ἔχειν αὐτὸ δοκεῖ τὴν ἡδονὴν καὶ τὴν εὐδαιμονίαν καὶ τὸ ζῆν μακαρίως.

2) Cic. *de or.* 1, 4, 15; *Tusc.* 1, 1, 1. Dies ist die *scintilla ingenii*, die schon in dem Knaben sichtbar wird. Cic. *de rep.* 2, 21, 37.

3) Am stolzesten spricht dies Vergil. *Aen.* 6, 847—853 aus:

Excudent alii spirantia mollius aera — —
Tu regere imperio populos, Romane, memento.
Hae tibi erunt artes.

4) Cato sagte (Plut. *C. mai.* 20): ἐν ἐπαίνῳ μείζονι τίθεσθαι τὸ γαμέτην ἀγαθὸν ἢ τὸ μέγαν εἶναι συγκλητικόν.

5) Cic. *de rep.* 1, 20, 33.

6) S. Staatsverwaltung III S. 222.

7) Cic. *de or.* 3, 33, 133 (vgl. Plut. *Cat. mai.* 24). Horat. *epist.* 2, 1, 103; *sat.* 1, 1, 10. Dionys. 2, 10. Mommsen Das R. Gastrecht und die R. Clientel in v. Sybel's Hist. Zeitschr. I, 2 S. 357 = Röm. Forsch. I S. 373.

8) Plut. *C. mai.* 25: τὴν δὲ τράπεζαν ἐν τοῖς μάλιστα φιλοποιὸν ἡγεῖτο καὶ πολλὴ μὲν εὐφημία τῶν καλῶν καὶ ἀγαθῶν πολιτῶν ἐπεισήγετο, πολλὴ δ' ἦν ἀμνηστία τῶν ἀχρήστων καὶ πονηρῶν.

9) Von dieser früh verschollenen Sitte haben wir nur eine unvollkommene und sich widersprechende Ueberlieferung. Nach Cato bei Cic. *Brut.* 19, 75;

in öffentlicher Standrede gepriesen wurden,[1]) hiess man die Knaben zugegen sein, damit sie an lehrhaftem Beispiele die Aufgabe ihres eigenen Lebens sich zum Bewusstsein brächten. Auch an der gemeinsamen Mahlzeit nehmen die Kinder Theil, und zwar sitzend,[2]) bisweilen an eigenen Tischen;[3]) sie ministriren bei dem mit dem Mahl verbundenen Opfer.[4]) Ein Abbild dieser Sitte sind die vier *pueri patrimi et matrimi*, welche an den Mahlen der Arvalbrüder sitzend und beim Opfer ministrirend Theil nehmen.[5]) Sie begleiten sogar den Vater, wenn er auswärts geladen ist;[6]) die Töchter spinnen und weben mit der Mutter;[7]) die Söhne ackern, säen und ernten mit dem Vater;[8]) von ihm lernen sie reiten, schwimmen, mit der Faust und den Waffen kämpfen; von ihm erhalten sie auch den einzigen theoretischen Unterricht,[9]) der für die Verwaltung des Hauses nöthig war,

---

Tusc. 4, 2, 3 wurden Lieder *de clarorum virorum laudibus a singulis convivis* gesungen; vgl. Val. Max. 2, 1, 10; nach Varro bei Non. p. 77 s. v. *assa voce* sangen *pueri modesti carmina antiqua, in quidus laudes erant maiorum.* Die letzte Nachricht ist besonders zweifelhaft, da nach allem, was wir sonst wissen, römische Knaben keine Anleitung im Singen erhielten.

1) S. den Abschnitt Ueber das Begräbniss.

2) Tac. *ann.* 13, 16. Suet. *Aug.* 67. *Claud.* 32. 3) Suet. l. l.

4) Varro bei Non. p. 156 s. v. *puerae: Sic in privatis domibus pueri liberi et puerae ministrabant.*

5) Staatsverwaltung III S. 432. Henzen *Act. Arv.* p. VII. Vgl. auch Mommsen Grenzboten 1870 S. 172.

6) Plut. *q. R.* 33: διὰ τί τὸ παλαιὸν οὐκ ἐδείπνουν ἔξω χωρὶς τῶν υἱῶν ἔτι τὴν παιδικὴν ἡλικίαν ἐχόντων.

7) Hieronymus *ad Laetam* (*ep.* 7=107 Vallars) c. 10: *Discat* (*filia tua*) *et lanam facere, tenere colum, ponere in gremio calathum, rotare fusum, stamina pollice ducere.* Vgl. *ep.* 12=128 Vallars c. 1.

8) Cato bei Festus p. 281a, 21: *Ego iam a principio in parsimonia atque in duritia atque industria omnem adolescentiam meam obstinui agro colendo, saxis Sabinis, silicibus repastinandis atque conserendis.* Dies ist die von Horat. *od.* 3, 6, 37 zurückgewünschte Erziehung der

Rusticorum mascula militum
Proles, Sabellis docta ligonibus
Versare glaebas et severae
Matris ad arbitrium recisos
Portare fustis.

9) Plut. *Cat. mai.* 20: αὐτὸς μὲν ἦν γραμματιστής, αὐτὸς δὲ νομοδιδάκτης, αὐτὸς δὲ γυμναστής· οὐ μόνον ἀκοντίζειν οὐδ' ὁπλομαχεῖν οὐδ' ἱππεύειν διδάσκων τὸν υἱὸν, ἀλλὰ καὶ τῇ χειρὶ πὺξ παίειν καὶ καῦμα καὶ ψῦχος ἀνέχεσθαι καὶ τὰ δινώδη καὶ τραχύνοντα τοῦ ποταμοῦ νηχόμενον ἀποβιάζεσθαι. Für den Leseunterricht seines Sohnes hatte Cato mit eigener Hand in grossen Buchstaben ein Geschichtsbuch geschrieben, und obwohl er einen gelehrten Sclaven besass, der andere Kinder unterrichtete, so wollte er doch seinen Sohn nicht unter der Zucht eines Sclaven sehen. Ebenso unterrichtet König Tarquinius den Servius, den er wie seinen Sohn hielt (Cic. *de rep.* 2, 21, 37); Scipio bei Cic. *de rep.* 1, 22, 36 schildert sich *ut unum e togatis, patris diligentia non illiberaliter institutum — usu tamen et domesticis praeceptis multo magis eruditum quam li-*

im Lesen, Schreiben, Rechnen und in der Kenntniss der Gesetze.[1])

Schulen. Für diesen eigentlichen Unterricht indess, den nicht alle Eltern zu ertheilen im Stande waren, hat es schon sehr früh sowohl Hauslehrer[2]) als Schulen[3]) gegeben, und die Elementarschulen haben sich, wie es scheint, so unverändert bis in die Kaiserzeit erhalten, dass es gestattet sein dürfte, die wenigen Notizen, welche wir aus sehr verschiedenen Zeiten über sie haben, zu einem Bilde zu vereinigen.

Elementarlehrer. Der Elementarlehrer, *litterator* oder γραμματιστής,[4]) zu unterscheiden von dem einer späteren Zeit angehörigen Sprachlehrer, dem *grammaticus*,[5]) ist entweder ein Sclave, welcher sowohl die Kinder seines Herrn als auch andere Kinder im Hause unterrichtet, in welchem letzteren Falle an den Herrn des Sclaven Zahlung geleistet wird,[6]) oder ein Freigelassener, der entweder ebenfalls

---

teris; vgl. Plut. *Aem. Paul.* 6. Bei Plautus *Most.* 126 heisst es von den Eltern: *Expoliunt, docent litteras iura leges Suo sumptu et labore,* und noch des Atticus Vater (Nep. *Att.* 1) und selbst Cicero (*ad Att.* 8, 4, 1) betheiligten sich bei dem Unterrichte ihrer Söhne. Allgemein charakterisirt diese Sitte Plin. *ep.* 8, 14, 4: *Erat autem antiquitus institutum, ut a maioribus natu non auribus modo, verum etiam oculis disceremus, quae facienda mox ipsi ac per vices quasdam tradenda minoribus haberemus.* — — *Suus cuique parens pro magistro aut cui parens non erat, maximus quisque et vetustissimus pro parente.* Vgl. Tac. *ann.* 6, 15: *Cassius plebeii Romae generis, verum antiqui honoratique, et severa patris disciplina eductus.* (Ueber das Alter, in welchem der Unterricht begann, s. Quintil. *instit.* 1, 1, 15, dem das siebente Jahr schon zu spät ist.)

1) Noch im 7. Jahrh. d. St. lernte man die XII Tafeln auswendig. Cic. *de leg.* 2, 23, 59: *discebamus enim pueri XII, ut carmen necessarium, quas iam nemo discit.*

2) Plaut. *Bacch.* 431:

Inde de hippodromo et palaestra ubi revenisses domum,
Cincticulo praecinctus in sella aput magistrum adsideres.

3) Der Ueberlieferung nach sind die Schulen in Italien so alt als die Stadt Rom selbst; schon Romulus und Remus lernten lesen in Gabii (Plut. *Rom.* 6); in Rom geht Virginia in die Schule 305=449 (Liv. 3, 44. Dionys. 11, 28); zu Camillus' Zeit gab es Schulen in Falerii (Liv. 5, 27) und Tusculum (Liv. 6, 25), und dass man bereits unter den Königen geschrieben hat und also schreiben lernte, ist ausser Zweifel. Mommsen R. G. I S. 211. 212.

4) Suet. *de gr.* 4. Martianus Cap. III, 229. Apulei. *Flor.* 20. Bernhardy R. L. G. S. 48. Wittig *De grammatistarum et grammaticorum ap. Rom. scholis.* Eisenach 1844. 4.

5) Augustin. *confess.* 1, 13, 1: *Adamaveram latinas* (*literas*), *non quas primi magistri, sed quas docent qui grammatici vocantur.* Apuleius *Florida* 20: *prima craterra litteratoris ruditatem eximit, secunda grammatici doctrina instruit, tertia rhetoris eloquentia armat.* Orbilius bei Suet. *de gr.* 4: *apud maiores cum familia alicuius venalis produceretur, non temere quem litteratum in titulo sed litteratorem inscribi solitum esse* (*ait*).

6) Solch einen δοῦλος γραμματιστής hatte Cato, und benutzte ihn als Erwerbsquelle, da derselbe viele Kinder unterrichtete. Plut. *C. mai.* 20.

als Hauslehrer[1]) fungirt, oder eine Schule in einer *pergula*,[2])

1) (So unterrichtete der Dichter Livius Andronicus, Freigelassener des M. Livius Salinator Cos. 535=219, dessen Kinder. Suet *fr.* p. 291, 11 Roth.) Atticus liess seine Tochter von einem seiner Freigelassenen unterrichten. Suet. *de gr.* 16; Augustus seine Enkel durch den Verrius Flaccus, ib. 17, und schon Aemilius Paulus hatte den athenischen Philosophen Metrodorus als Lehrer seiner Kinder im Hause (Plin. *n. h.* 35, 135) (die beiden letzteren waren aber *grammatici*, nicht *litteratores*), und Plin. *ep.* 3, 3, 3 schreibt an die Corellia Hispulla in Betreff ihres Sohnes: *Adhuc illum pueritiae ratio intra contubernium tuum tenuit: praeceptores domi habuit.* Quintil. 1, 2 untersucht ausführlich, *utilius domi an in scholis erudiantur pueri.*

2) *Pergula* ist nicht eine Dachstube, sondern ein Vorbau an einem Hause oder einer *taberna*, der theils als Veranda und Laube, theils als Atelier oder Laden gebraucht wird, und zwar bedeckt, aber ohne Seitenwände ist. In einer *pergula* stellen Maler ihre Bilder zum Verkauf aus. Plin. *n. h.* 35, 84: *Idem* (*Apelles*) *perfecta opera proponebat in pergula transeuntibus;* vgl. 21, 8. Lucilius bei Lactant. 1, 22, 13: *pergula pictorum, veri nihil: omnia ficta.* Fronto *ad M. Caesarem* 4, 12, p. 81 ed. Rom. 1846, p. 74 Naber: *Scis ut in omnibus argentariis mensulis, perguleis, taberneis, protecteis, vestibulis, fenestris — imagines vestrae sint volgo propositae.* *Cod. Theod.* 13, 4, 4: (*picturae professores*) *pergulas et officinas in locis publicis sine pensione obtineant,* also in *pergulae publicae*, die wie die *tabernae* vermiethet wurden. Und so auch Ulpian. *Dig.* 5, 1, 19 § 2: *At si — tabernulam, pergulam, horreum, armarium, officinam conduxit,* und die Inschr. Orelli 4323. 4324 = *C. I. L.* IV, 1136. 138, wo zum Vermiethen ausgeboten werden *tabernae, pergulae, coenacula; tabernae cum pergulis suis.* Die *pergulae magistrales* (Vopiscus *Saturnin.* 10) und die *pergula*, in welcher Crassicius lehrte (Suet. *de gr.* 18), sind daher nichts anderes als die *tabernae* auf dem *forum* (*ibi namque in tabernis literarum ludi erant* Liv. 3, 45, 6), woraus sich auch Liv. 6, 25 erklärt, der von Falerii sagt: *et tabernis apertis proposita omnia in medio vidit, intentosque opifices suo quemque operi et ludos literarum strepere discentium vocibus,* was alles sich auf die öffentliche Thätigkeit an der Strasse bezieht. Allerdings können *pergulae* auch etwas höher als das Strassenpflaster liegen, oder auch auf dem flachen Dache einer *taberna* oder eines Hauses angebracht sein. Der erstere Fall scheint *Dig.* 9, 3, 5 § 12 gemeint zu sein: *Nam et cum pictor in pergula clipeum vel tabulam expositam habuisset eaque excidisset et transeunti damni quid dedisset, Servius respondit — dari oportere actionem.* Auf den zweiten Fall bezieht sich Suet. *Oct.* 94: *Theogenis mathematici pergulam — ascenderat.* Dies war nämlich ein astrologisches Observatorium, wie die Stelle zeigt, und in dem Sinne eines Ausbaues über dem Dache erklären das Wort die Glossen durch ὑπερῷον, ὀροφή. Als Dach- oder Mansardzimmer einer *insula* finde ich das Wort nur in einer bildlichen Stelle bei Tertullian. *adv. Valentinianos* 7: *Etiam creatori nostro Enniana cenacula in aedicularum disposita sunt forma, aliis atque aliis pergulis superstructis et unicuique Deo per totidem scalas distributis, quot hereses fuerint. Meritorium factus est mundus, insulam Feliculam credas tanta tabulata coelorum. Illic enim Valentinianorum deus ad summas tegulas habitat.* (Eine *cella* ist auch Propert. 5, 5, 68 gemeint.) Aber wie die *pergulae* der *lenones*, Plaut. *Pseud.* 214. 229, in welchen die Buhlerinnen sich ausstellten (*prostabant*), von Scaliger *ad Prop.* l. l. mit Recht als ein nach der Strasse zu liegender, halb offener Anbau definirt werden, so bezeichnet auch die Verordnung des Theodosius iunior *Cod. Th.* 14, 9, 3 die *pergulae* oder *cellae* der Lehrer als auf Ostentation berechnete Locale, welche er im Interesse der berechtigten Professoren zu schliessen befiehlt: *Universos, qui usurpantes sibi nomina magistrorum in publicis magistrationibus cellulisque collectos undecunque discipulos circumferre consueverunt, ab ostentatione vulgari praecipimus amoveri.* Auch in Griechenland lehrte man auf der Strasse. Dio Chrys. *or.* 20 p. 493 R.: οἱ γὰρ τῶν γραμμάτων διδάσκαλοι μετὰ τῶν παίδων ἐν ταῖς ὁδοῖς κάθηνται, καὶ οὐδὲν

d. h. einem halboffenen Vorbau eines Hauses oder einer *taberna* einrichtet.[1]) Der Staat bekümmert sich um die Schulen nicht, son-
Schulgeld. dern die Kinder zahlen dem *litterator*, wie in späterer Zeit dem *grammaticus* und dem *rhetor* Schulgeld[2]) in monatlichen Raten[3]) und zwar für 8 Monate,[4]) denn während der Monate Juli, August,
Ferien. September und October sind Ferien;[5]) ausserdem waren Geschenke an gewissen Festtagen, namentlich an den *Quinquatrus* (*Minervale munus*), an den Saturnalien (*sportula Saturnalicia*), am Neujahrstage (*strena calendaria*), am Feste der *cara cognatio* und des *septimontium* üblich.[6]) Indessen kann auch ein Con-

---

αὐτοῖς ἐμποδών ἐστιν ἐν τοσούτῳ πλήθει τοῦ διδάσκειν τε καὶ μανθάνειν. (Ein Vorhang trennte das Schullocal von der Strasse. Augustin. *conf.* 1, 13, 22.)

1) Plut. *q. R.* 59, p. 343 Dübn., nimmt an, dass die erste Schule dieser Art von Sp. Carvilius errichtet worden sei, d. h. um 523=231 v. Chr., und dass bis dahin die Kinder im Hause der Eltern unterrichtet seien, wobei er sich in Widerspruch mit den S. 92 Anm. 3 citirten Stellen befindet.

2) *mercedes grammaticorum* Suet. *de gr.* 3, 7, 13. — Fronto *ad M. Ant.* 1, 5, p. 103 Naber: *Litteratores etiam isti discipulos suos, quoad puerilia discunt et mercedem pendunt, magis diligunt. Merces rhetoris* Cic. *Phil.* 2, 17, 43. Auson. *profess.* 17, 10. Juvenal. 7, 228.

3) Für die spätere Zeit steht dies genügend fest. Nach dem Edict des Diocletian von 301, *C. I. L.* III p. 831, erhält der *magister institutor litterarum in singulis pueris menstruos denarios quinquaginta* als Maximum. Der Diocletianische Denar ist seinem Werthe nach unbekannt, Staatsverwaltung II S. 33, Mommsen setzt ihn auf 9 Pf., wonach das Schulgeld höchstens 4 M. 20 Pf. monatlich betragen sollte; der *calculator* erhält *in singulis pueris menstruos denarios LXXV*, ebensoviel der *notarius*, Tachygraph, dagegen der *grammaticus Graecus sive Latinus* und der *geometres* monatlich 200 Denare. So zahlt auch in Mädchenschulen die *nutrix* monatlich. Paulus Alex. in Jacobs *Anth. gr.* III p. 124 n. 46, 3: ἔνθα τροφὸς κατὰ μῆνα φέρει μισθὸν μετ' ἀνάγκης, so wird in Attica monatliches Schulgeld gezahlt, und wenn ein Knabe den Monat versäumt, zahlt der Vater für den Monat nicht. Theophrast. *char.* 30 p. 157 Petersen; vgl. Lucian. *Hermot.* 80: ἀπαιτῶν γὰρ παρά τινος τῶν μαθητῶν τὸν μισθόν, ἠγανάκτει, λέγων ὑπερήμερον εἶναι καὶ ἐκπρόθεσμον τοῦ ὀφλήματος, ὃν ἔδει πρὸ ἑκκαίδεκα ἡμερῶν ἐκτετικέναι τῇ ἕνῃ καὶ νέᾳ. οὕτω γὰρ συνθέσθαι.

4) Hor. *sat.* 1, 6, 75: *pueri Ibant octonis referentes Idibus aera*, richtig erklärt von K. Fr. Hermann *Diss. de loco Horatii Serm.* 1, 6, 74—76. Marburg. 1838. 4. (Diese Erklärung ist neuerdings vielfach und mit Recht bestritten; s. Göll in Becker's Gallus II, 88 ff. Bei Horaz lasen die Scholiasten *octonos — aeris* (scil. *asses*). Martial 10, 62 ermahnt nicht, zu schliessen, sondern nur die Züchtigungsinstrumente ruhen zu lassen, würde überdies auf höchstens dreimonatliche Ferien, 15. Juli — 15. Oct., führen, denn im Juli (vs. 7) ist noch nicht geschlossen, und vs. 11 heisst es *Idus in Octobres*. So sind also die viermonatlichen Ferien nicht bezeugt.) 5) Martial. 10, 62.

6) Hieronymus *comm. in ep. ad Ephesios* 3, 6, VII p. 666 Vallars, in H. *Opp.* ed. Bened. Paris 1706. Vol. IV p. 396: *et quod in corbonam pro peccato virgo vel vidua — obtulerat, hoc Kalendariam strenam et Saturnalitiam sportulam et Minervale munus grammaticus et orator aut in sumptus domesticos aut in templi stipes aut in sordida scorta convertit. Calendariae strenae* sind die einmal jährlich, am 1. Januar gespendeten. Denn *strenae* sind das Neujahrsgeschenk, und der Ausdruck *Calendae* bezeichnet κατ' ἐξοχὴν die *Cal. Ian.* auch bei Symmachus 1, 44; 10, 27 (an beiden Stellen sind die *calendae* ausdrücklich als die ersten

tract[1]) auf jährliches Gehalt,[2]) zahlbar nach dem Schlusse des altrömischen Jahres, d. h. im März,[3]) abgeschlossen, oder das jährliche Honorar der Liberalität der Eltern überlassen werden.[4]) Das Einkommen der Elementarlehrer war sehr gering,[5]) und sie waren genöthigt, einen Nebenerwerb zu suchen, wie z. B. ein *magister ludi litterari* Philocalus in Capua Testamente schrieb;[6]) geschickte Grammatiker konnten unter Umständen mehr gewinnen;[7]) am besten bezahlt wurden in der Kaiserzeit die Rhetoren,[8]) doch auch sie kamen nur selten zu bedeutender Einnahme; die Concurrenz drückte

---

des Jahres bezeichnet). Tertullian. *de idololatr.* 10: (*Ludimagistris necesse est*) *solemnia festaque eorundem* (*deorum*) *observare, ut quibus vectigalia sua supputent. — Ipsam primam novi discipuli stipem Minervae et honori et nomini consecrat* (*ludimagister*), *etiam strenae captandae et septimontium et brumae et carae cognationis honoraria exigenda omnia.* Das Fest der Minerva ist der 19. März (Staatsverwaltung III S. 417), an welchem die Schüler Ferien haben (Hor. *epist.* 2, 2, 197 f. Symmach. *ep.* 5, 85: *Nempe Minervae tibi solemne de scholis notum est, ut fere memores sumus etiam procedente aevo puerilium feriarum*) und auch ihrerseits an dem Feste theilnehmen. Ovid. *fast.* 3, 815. Juvenal. 10, 114. Ueber das *septimontium* s. Staatsverwaltung III S. 185; die *bruma* bezeichnet die Saturnalien, die *cara cognatio*, auch *caristia* genannt, ist der 22. Februar. Staatsverwaltung III S. 125.

1) *pacisci de mercedibus* Suet. *de gr.* 7. Lucian. *Hermot.* 80.

2) Suet. *de gr.* 3, 17.

3) Macrob. *sat.* 1, 12, 7: *hoc mense mercedes exsolvebant magistris, quas completus annus deberi fecit.* Juven. 7, 242. *Anth. Gr.* 3 p. 125 n. 46, 9. Das Schuljahr begann nämlich im März. Ovid. *fast.* 3, 830.

4) Suet. *de gr.* 7: *M. Antonius Gnipho — fuisse dicitur — comi facilique natura, nec unquam de mercedibus pactus, eoque plura ex liberalitate discentium consecutus.* Dies in der Form eines Geschenkes gegebene Honorar konnte *Minerval* heissen. Varro *de r. r.* 3, 2, 18, wo Axius sagt: *Recipe me discipulum* und Merula antwortet: *Quin simulac promiseris Minerval — incipiam.* (Ist so zu erklären, dass der im März neu eintretende nur das Minerval zahlt.)

5) Suet. *de gr.* 9: *Orbilius—docuit maiore fama quam emolumento, namque iam persenex pauperem se et habitare sub tegulis quodam scripto fatetur.* ib. 11. *Anth. gr.* l. l. Ovid. *fast.* 3, 829.

6) Inschr. von Capua, herausg. von Nissen *Hermes* I S. 149 = *C. I. L.* X, 3969.

7) Suet. *de gr.* 3: Q. Remmius Palaemon verdiente *ex schola quadringena annua* (*sestertia*), 400,000 HS = 87000 M. Suet. *de gr.* 23. Verrius Flaccus erhielt als Lehrer der Enkel des Augustus *centena sestertia*, 21000 M. ib. 17. Zuweilen zahlte in den Provinzen auch eine Stadt dem *grammaticus* ein *salarium*, wie z. B. die Stadt Tritium in Hispania Tarraconensis, *C. I. L.* II, 2892, und in der Kaiserzeit genossen in den Municipien sowohl die *ludimagistri* (*lex metalli Vipascensis* lin. 57. *Eph. epigr.* III p. 185. 188) als die *grammatici* Immunität von den *munera municipalia.* S. die Constitution des Antoninus Pius *Dig.* 27, 1, 6, 2 und mehr bei Kuhn Die städtische Verfassung des Röm. Reichs I S. 83 f.

8) Nach Juven. 7, 186 bekommt der Rhetor für einen Schüler *duo sestertia* = 435 M. offenbar jährlich, der Grammatiker aber weniger. id. 7, 217. Senec. *contr.* 26, 14 p. 265, 24 Burs.: *Dixit Haterius quibusdam querentibus pusillas mercedes eum accepisse cum duas res doceret: nunquam magnas mercedes accepisse eos, qui ermeneumata docerent.*

den Preis[1]) und alle Lehrer mussten die abgemachte Bezahlung zuweilen mit Abzügen annehmen[2]) oder gerichtlich einklagen.[3])

Unterrichtsgegenstände. Die Gegenstände des Elementarunterrichts sind nur Lesen,[4]) Schreiben[5]) und Rechnen;[6]) das Auswendiglernen der XII Tafel-Gesetze mag in Verbindung mit dem Lesen statt gefunden haben, da ein anderer Lesestoff aus alter Zeit wenigstens uns nicht bekannt ist und solche Stellen, wie die von *Cicero de leg.* 2, 8, 9 angeführten, in dem Schulunterrichte ebenso gebraucht werden konnten, als bei uns der Katechismus. Ausserdem dienten als Lehrstoff die Vorschriften, welchen ein dazu geeigneter Inhalt gegeben wurde[7]) und die *dictata magistri.*[8]) Lesen und Schreiben ist nun allerdings nicht nur in Rom, sondern auch im ganzen römischen Reiche von einem grossen Theile der Einwohner gelernt worden.[9]) Man ersieht dies namentlich aus den militärischen Einrichtungen, nach welchen zu Polybius' Zeit die Parole schriftlich ausgegeben wurde,[10]) und zu allen Zeiten bei der Aushebung auf Leute gesehen wird, die des Schreibens kundig und

Lesen und Schreiben.

---

1) Die Knaben gehen aus einer Rhetorenschule in die andere um zu sehen, wo es am wohlfeilsten ist. Juv. 7, 173—177.

2) Juv. 7, 218—227. *Anth. gr.* l. l. v. 7. 8.

3) Juv. 7, 157. 228. Suet. *de gr.* 9: (*Orbilius*) *librum etiam, cui est titulus* περιαλγής, *edidit continentem querelas de iniuriis, quas professores neglegentia aut ambitione parentum acciperent.*

4) Plautus *Bacch.* 400 ff. Die später, vielleicht nur bei Hauslehrern übliche Methode: *pueris olim dant crustula blandi Doctores, elementa velint ut discere prima* (Hor. *sat.* 1, 1, 25) erwähnt auch Hieronymus *ep.* 12 = 128 Vallars, c. 1: *Itaque Pacatula nostra — litterarum elementa cognoscat, iungat syllabas, discat nomina, verba consociet, atque ut voce tinnula ista meditetur, proponantur ei crustula mulsa praemia et quidquid gustu suave est, quod vernat in floribus, quod rutilat in gemmis, quod blanditur in pupis acceptura festinet.* Salvian. *de gub. dei* 6, 92: *Infantes quoque et omnes fere parvulos contumaces, quos morigeros minae ac ferulae non efficiunt, interdum* πάγχρηστα *atque blanditiae ad obediendum trahunt.* Ueber die Methode des Leseunterrichtes s. Grasberger II S. 256—300.

5) Das Schreiben begann damit, dass das Kind die im Wachs vorgezeichneten oder in einer Holztafel eingeschnittenen Buchstaben mit dem *stilus* nachzog (*ad praescriptum discere* Sen. *ep.* 94, 51; *litteras praeformatas persequi* Quint. *inst.* 5, 14, 31), wobei ihm die Hand von dem Lehrer geführt wurde (Quint. 1, 1, 27; vgl. Vopisc. *Tac.* 6). Später schrieb es nach Vorschriften (*proposita*), Seneca l. l. Solche Schreibübungen sind noch erhalten. S. unten den Abschnitt über das Schreibmaterial. Ueber den Schreibunterricht s. Grasberger II S. 300 ff. Vgl. Gardthausen Griech. Palaeographie S. 293 ff.

6) Augustin. *confess.* 1, 13: *illas primas, ubi legere et scribere et numerare discitur. — Iam vero »unum et unum duo, duo et duo quattuor« odiosa cantio mihi erat.* Vgl. Capitolin. *Pertin.* 1. Hor. *a. p.* 325.

7) Quint. 1, 1, 34—36.

8) Hor. *epist.* 1, 18, 13; 2, 1, 71. Cic. *ad Q. fr.* 3, 1, 4 § 11. Persius 1, 29.

9) S. Nissen Pompeianische Studien S. 494.

10) Staatsverwaltung II² S. 421.

für Bureaugeschäfte verwendbar sind.[1]) Ein besonders schwieriges und von den Römern selbst als wichtig betrachtetes Object der Schule war dagegen das Rechnen, für welches die bereits erwachsenen Knaben in späterer Zeit noch einen eigenen Rechenmeister (*calculator*) frequentirten,[2]) dessen Unterricht schon für einen höheren galt,[3]) besser, als der des *litterator* bezahlt wurde (siehe S. 94 Anm. 3), und seiner eigenthümlichen Methode wegen auch für uns nicht ohne Interesse ist.[4])

Rechnen.

Schwierigkeit und Methoden des Rechnens bei den Römern.

Das römische Zahlensystem, welches nicht nur einfache, sondern auch zusammengesetzte Zahlzeichen hat (II, III, IV, VI, VII, VIII, VIIII), und zur Bezeichnung zweier Zahlstellen einmal zwei Zeichen (XI), ein andermal neun Zeichen braucht (LXXXVIIII), welches ferner der Null entbehrt[5]) und endlich die Zahlstellen überhaupt nicht consequent unterscheidet,[6]) ist für die Methode unseres Zifferrechnens vollkommen ungeeignet und macht nicht nur für

1) Vegetius 2, 19: *Sed quoniam in legionibus plures scholae sunt, quae litteratos milites quaerunt, ab his, qui tirones probant, in omnibus quidem staturae magnitudinem, corporis robur, alacritatem animi convenit explorari, sed in quibusdam notarum peritia, calculandi computandique usus eligitur.*

2) Isidor. *orig.* 1, 3, 1: *Primordia grammaticae artis litterae communes existunt, quas librarii et calculatores sequuntur.* Martial. 10, 62, 4. *C. I. L.* V, 3384. Or. Henzen 7220: *Lupulius Lupercus doctor artis calculaturae.*

3) Dies zeigt die Verordnung *Cod. Just.* 10, 52, 4: *Oratione divi Pii liberalium studiorum professores, non etiam calculatores continentur.*

4) Ueber die römische Bezeichnung der ganzen Zahlen wie der Brüche habe ich Staatsverwaltung II² S. 39—52 das Nöthige zusammengestellt, was ich hier voraussetze; über das Verfahren bei dem römischen Rechnen liegt uns ausser gelegentlichen Bemerkungen der Alten nur eine Hauptquelle in dem um 440 n. Chr. verfassten *Calculus Victorii* vor, über welchen Christ in den Sitzungsberichten der Münchener Academie 1863 S. 100—152 und Friedlein in der Zeitschrift für Mathematik und Physik IX S. 314—320 handeln. Die Hauptuntersuchung über die römische Rechenkunst ist enthalten in Friedlein Die Zahlzeichen und das elementare Rechnen der Griechen und Römer und des christlichen Abendlandes vom 7.—13. Jahrhundert. Erlangen 1869. 8. S. 87—98, nach welcher ich meine in der ersten Bearbeitung dieses Bandes gegebene Darstellung in wesentlichen Punkten habe verbessern müssen. Ausserdem vgl. die noch unvollendete Schrift von H. Stoy Zur Geschichte des Rechenunterrichtes. Erster Theil. Jena 1876. 8. und über die gesammte Geschichte des Rechnens Wildermuth in Encyclopaedie des gesammten Erziehungs- und Unterrichtswesens von R. A. Schmidt. VI S. 695—789.

5) Friedlein S. 14 § 21. Nesselmann Die Algebra der Griechen. Berlin 1842. 8. S. 137. Cantor Mathematische Beiträge zum Culturleben der Völker. Halle 1863. 8. S. 121—127.

6) Es ist Staatsverwaltung II² S. 40 gezeigt worden, dass man die Zahlstellen der Tausende und der Millionen durch eine bestimmte Bezeichnung unterschied, z. B. $\boxed{\text{X}}$ = 1,000,000, $\overline{\text{C}}$ = 100,000; allein in ein und derselben Urkunde, der Tafel von Veleia (s. Desjardins *De tabulis alimentariis*. Paris 1854. 4), findet sich VNDECIENS . $\overline{\text{LVIII}}$. CL (col. 5, 31) also 11, 58, 150 und $\boxed{\text{X}}$ $\overline{\text{CLXXX}}$ DC (col. 2, 13) also 1,180,600 mit verschiedener Stellenabtheilung.

das Rechnen mit ganzen Zahlen, sondern auch für das Rechnen mit den bei den Römern üblichen Duodecimalbrüchen,[1]) besondere Hülfsmittel nöthig.[2]) Diese Hülfsmittel sind die Finger der Hände und der Abacus, welche beide auf dem Princip der decimalen Anordnung der Zahlen beruhen. Das Fingerrechnen,[3]) welches, wie im Orient und Griechenland, so auch in Italien allgemein üblich und bis in das Mittelalter im Gebrauch war, hat seinen Namen davon, dass man durch 18 Figuren der linken Hand die 9 Einer und die 9 Zehner, durch ebensoviele entsprechende Lagen der rechten Hand die 9 Hunderte und die 9 Tausende ausdrückt, während man 10,000 und die höheren Zahlen durch Berührung eines bestimmten Körpertheiles mit einer der beiden Hände bezeichnet,[4]) und ist ursprünglich hervorgegangen aus der den südlichen Völkern eigenthümlichen Mimik, welche nicht nur die Rede begleitet, sondern auch eine Unterhaltung ohne Worte gestattet, hat sich aber dann zu einer eigentlichen Technik ausgebildet, die namentlich bei einer Verrechnung zwischen zwei Personen (*computatio*) in Anwendung kam. Der Gastwirth, wenn er dem Reisenden,[5]) und der Kaufmann, wenn er dem Käufer die Rechnung

Das Fingerrechnen.

---

1) S. Staatsverwaltung II² S. 48.

2) Nach Horat. *a. p.* 325 ff. lernten die Knaben zwar auch Kopfrechnen und es kamen bei diesem Unterricht Exempel vor wie $^5/_{12} - ^1/_{12} = ^1/_3$; $^5/_{12} + ^1/_{12} = ^1/_2$; wenn aber Horaz an der angeführten Stelle sagt: *Romani pueri longis rationibus assem Discunt in partes centum diducere*, so bezieht sich dies auf die Berechnung der Procente eines Capitals, die je nach dem Zinsfusse als *centesimae* (d. h. *partes centesimae*) oder vielfache *centesimae* bezeichnet werden (Staatsverwaltung II² S. 60 f.), und diese Berechnung führt immer zu der Aufgabe: wenn 100 *as* 1 *as* Zins geben, wieviel Zins giebt 1 *as*? Bei dieser Aufgabe muss $^1/_{100}$ in einen Duodecimalbruch verwandelt werden, wozu eine weitläufige, von Friedlein in Fleckeisen's Jahrbüchern 93 (1866) S. 570 ausgeführte Rechnung erforderlich ist, die in dem Schulunterricht ausserordentliche Schwierigkeit haben musste.

3) Die Art, wie die Zahlen durch Halten und Legen der Finger ausgedrückt werden, ist genau bekannt aus Νικολάου Σμυρναίου ἔκφρασις δακτυλικοῦ μέτρου in Schneider *Eclogae physicae* Vol. I p. 477 ff. und aus Beda *De loquela per gestum digitorum et temporum ratione* in Bedae *Opera*. Colon. 1612. fol. Vol. I p. 127 ff., einzeln abgedruckt in Jahn's Jahrb. XV. Suppl.-Bd. (1849) p. 511 ff. und mit Benutzung der orientalischen Quellen erschöpfend erörtert von Rödiger im Jahresbericht der deutschen morgenländischen Gesellschaft für 1845. Leipzig 1846. 8. In diesem Aufsatze findet man erklärt Juvenal. 10, 249 (vgl. *Anthol. Gr.* II p. 146 n. 2, 4). Apuleius *de magia* 89. Macrob. *sat.* 7, 13, 10. Quintil. 11, 3, 177. Plin. *n. h.* 34, 33. Neuerdings handeln über das Fingerrechnen Friedlein § 4—7. 38. 82. Stoy S. 33 ff.

4) Die bildliche Darstellung der Fingerfiguren des Beda ist wiederholt in *Ioannis Aventini Annalium Boiorum libri VII, quibus eiusdem Aventini Abacus accessit.* Lipsiae 1710. fol. und bei Stoy Taf. 1. 2. 3.

5) Eine solche *computatio* ist dargestellt auf dem später nochmals zu er-

macht und die einzelnen Posten derselben aufzählt, fixirt den Betrag des ersten durch eine Fingerzahl, einigt sich dann über den zweiten, addirt diesen zum ersten und bezeichnet die Summe wieder durch eine Fingerzahl bis der dritte Posten festgestellt und hinzuaddirt ist u. s. w., und dasselbe Verfahren beobachtet der Redner, wenn er vor Gericht eine Rechnung anschaulich machen will, [1]) endlich Jedermann, der eine Reihe einzeln gegebener Posten zusammenzählt, [2]) oder auf irgend eine andere Art verrechnet.

Der Abacus ist eine Tafel [3]) von Stein, Holz oder Metall, deren sich die Mathematiker zu verschiedenen Zwecken bedienen. Für geometrische Zeichnungen brauchte man eine glatte, mit feinem Sand bestreute Tafel, auf welcher man die Figuren mit dem Stilus zeichnete; [4]) für das Rechnen dagegen diente ein Rechenbret, [5])

---

wähnenden Relief von Aesernia *Bull. Nap.* VI tav. I. O. Jahn Berichte der Sächs. Gesellsch. der Wiss. Hist.-phil. Cl. 1861 S. 369. Taf. X, 6.

1) Quintilian 1, 10, 35: *Numerorum quidem notitia non oratori modo, sed cuicunque saltem primis literis erudito necessaria est. In causis vero frequentissime versari solet, in quibus actor, non dico, si circa summas trepidat, sed si digitorum saltem incerto aut indecoro gestu a computatione dissentit, iudicatur indoctus.*

2) Sueton. *Claud.* 21: *Nec ullo spectaculi genere communior aut remissior erat, adeo ut oblatos victoribus aureos prolata sinistra pariter cum vulgo voce digitisque numeraret.*

3) Ueber *abacus* als architektonische Verzierung und als Tischplatte wird an einem anderen Orte die Rede sein. Auch das Spielbret heisst *abacus*. *Lex. Synon.* in *Notices et Extraits*. Vol. XIII. Paris 1838. 4. p. 133: ἄβαξ καὶ ἀβάκιον διαφέρει· ἄβαξ γάρ, ἐφ' οὗ τὰ πράγματα παρατιθέασι, ἀβάκιον δέ, ἐφ' οὗ ψηφίζουσιν.

4) Persius 1, 131, und dazu der Schol. Seneca *ep.* 74, 27. Cic. *de d. n.* 2, 18, 48. Plut. *Cato min.* 70: ἀβάκιόν τι τῶν γεωμετρικῶν. Hieronym. *in Ezech.* 4, ed. Colon. 1616. fol. Vol. IV p. 339 G. = V p. 37 Vallars: πλίνθιον, *quem nos laterculum et abacum appellare possumus. In cuius pulvere solent geometrae* γραμμάς *i. e. lineas radiosque describere.*

5) Ueber römische *abaci* handeln Pignorius *De servis*. Amstelod. 1674. 8. p. 336 ff. Garrucci *Bull. Nap.* N. S. II. 1853—54 p. 93—96; über griechische *abaci* von entsprechender Einrichtung s. Rangabé, Letronne und Vincent in *Revue archéol.* année III p. 295—308. 401—405. Böckh in Gerhard Arch. Zeitung 1847 n. 3 S. 42 ff.; über die Abbildung eines etruskischen Abacus auf einer Gemme Müller Etr. II S. 318. Die Gemme bei Arneth Die antiken Cameen des k. k. Münz- und Antikencabinets. Wien 1849. fol. tab. XIX, 8, stellt ebenfalls zwei Frauen dar, die an einem Abacus rechnen, was der Herausgeber nicht erkannt hat. Einen gleichen Zweck wie der Abacus haben die asiatischen und amerikanischen Rechenschnüre und namentlich der chinesische Suanpan. Siehe A. v. Humboldt Ueber die bei verschiedenen Völkern üblichen Systeme von Zahlzeichen und über den Ursprung des Stellenwerthes in den indischen Zahlen in Crelle's Journal für reine und ang. Math. IV S. 205—231. Cantor a. a. O. S. 128—139.

das im Hause[1]) wie in öffentlichen Cassen[2]) bei jeder Einnahme und Ausgabe in Anwendung kam und von doppelter Art ist.[3])

Abacus für Rechensteine.

Die eine ist bestimmt für das Rechnen mit Rechensteinen (*calculi*), statt deren man sich in neuerer Zeit bis in das 17. Jahrhundert[4]) der Rechenpfennige bedient hat. Sie bedarf für das Rechnen mit kleinen Zahlen keiner besonderen Einrichtung. Denn sollte man z. B. 26 von 68 abziehen, so legte man 68 *calculi* auf, nahm 26 weg und zählte den Rest; sollte man 969 mit 26 dividiren, so nahm man von der aufgezählten Summe von 969 *calculi* sovielmal 26 ab, bis ein Rest unter 26 blieb und fand so den Quotienten 37 und den Rest 7. Da indessen bei grösseren Zahlen dies Verfahren sehr weitläufig ist, so vereinfachte man es dadurch, dass man das Rechenbret mit 7 vielleicht horizontalen[5]) Linien versah, von denen die erste die Tausende, die zweite die Fünfhunderte, die dritte die Hunderte, die vierte die Funfziger, die fünfte die Zehner, die sechste die Fünfer, die siebente die Einer bezeichnete, so dass man 2000 durch 2 *calculi* auf der Linie der Tausende, und 200 durch 2 *calculi* auf der Linie der Hunderte ausdrücken konnte. Dass dies für die Addition und Subtraction grösserer Zahlen eine Erleichterung gewährte, ist selbstverständlich; die Multiplication und Division ist auch bei dieser Einrichtung nicht ohne Weitläufigkeit, indessen konnte sie ausgeführt werden und ist auch ausgeführt worden.[6])

Abaçus mit verschiebbaren Knöpfen.

Die Rechenbretter der zweiten Art sind mit verticalen Einschnitten versehen, in welchen sich verschiebbare Knöpfe befinden. Von ihnen sind vier Exemplare bekannt,[7]) welche in der

1) Juvenal 9, 40: *ponatur calculus, adsint Cum tabula pueri, numera sestertia quinque.* Auf einem Sarkophagrelief (*Mus. Capitol.* IV tav. 20. Righetti *Descrizione del Campidoglio* II tav. 311) ist ein Hausvater bei der Mahlzeit dargestellt; vor ihm steht ein Sclave mit dem Rechenbret (allein abgebildet bei Böttiger Kleine Schriften III Taf. I, 1).

2) Auf der Dariusvase hat der Einnehmer des Tributes einen Abacus. Gerhard Denkm. und Forsch. 1857 S. 60. 61.

3) Eine dritte Art, der sogenannte Pythagoreische Abacus, ist bei den Römern nicht üblich gewesen, sondern der Abacus mit Columnen ist erst seit dem 10. Jahrh. nachweisbar. Friedlein § 34. 142.

4) Klügel Mathematisches Wörterbuch Th. II S. 736.

5) Dies ist die Ansicht von Friedlein, für welche es indess einen Beweis nicht giebt. Gegen dieselbe erklärt sich Stoy S. 49 ff.

6) Beispiele s. bei Friedlein, Gerbert Die Geometrie des Boethius und die indischen Ziffern. Erlangen 1861. 8. Taf. 5 und in Fleckeisen's Jahrbüchern 1866 S. 573.

7) 1. Abacus von Metall 3,5 cm hoch, 4,2 cm breit, früher im Besitz von

Einrichtung im Wesentlichen übereinstimmen, und von welchen eines, jetzt in Rom befindlich, die Methode veranschaulichen mag.

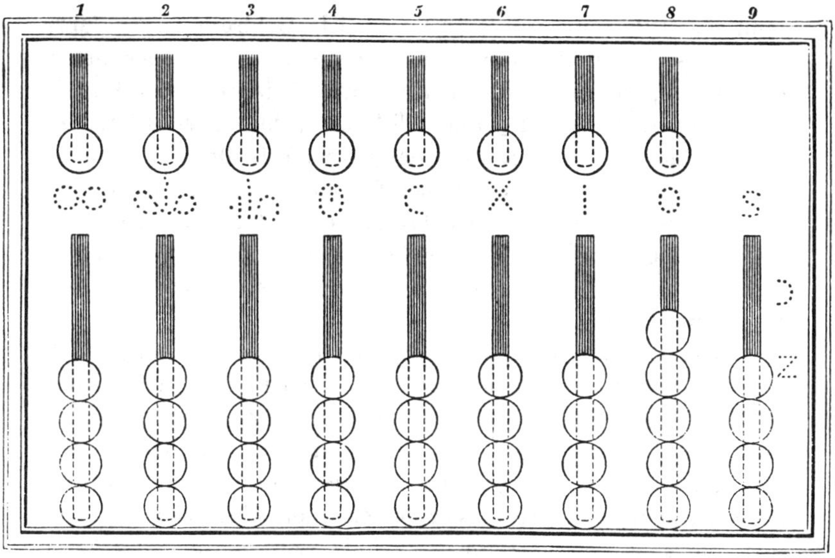

Die Tafel hat 8 längere und 8 kürzere correspondirende Einschnitte, und einen 9. längeren, welchem kein kürzerer gegenüberliegt und statt dessen die Exemplare Nr. 1 und 2 drei kleine, gesonderte Einschnitte haben. In den Einschnitten befinden sich bewegliche Stifte mit Knöpfen, in den längeren Einschnitten 1—7 vier Knöpfe, in den kürzeren Einschnitten 1—7 je ein Knopf.[1]) Diese sieben Einschnitte sind auf den anderen Exemplaren deutlicher als auf dem vorliegenden, welches punctirte Zahlen hat, bezeichnet:

	[X]	CCCIↃↃↃ	CCIↃↃ	CIↃ	C	X	I
d. h.	1,000,000	100,000	10,000	1000	100	10	1

M. Welser in Augsburg, edirt in M. Velseri *Opp.* Norimb. 1682 p. 819. 842 ff. und daraus bei Gruter p. 224 und Pignorius a. a. O. p. 340. 2. Römischer Abacus, früher im Besitz von Ursinus, schlecht abgebildet bei Pignorius p. 339. 3. Römischer Abacus, jetzt im Museum Kircherianum, abgebildet bei Garrucci a. a. O. tav. VI n. 2 und hier wiederholt. 4. Römischer Abacus, beschrieben in Du Molinet *Le cabinet de la bibliothèque de Ste-Geneviève.* Paris 1692. fol. p. 23, pl. 1, jetzt im Cabinet des Antiques in Paris (*Dictionnaire de l'Académie des Beaux-Arts.* Paris 1858. 8. I p. 6). Die Zahlen welche zur Bezeichnung der Columnen dienen, hat Garrucci tav. VI n. 5 wiederholt.

1) N. 4 hat fast alle Knöpfe, n. 3 nur einen, die anderen sind ergänzt.

Das Princip ist demnach, dass jeder Einschnitt eine Zahlstelle bezeichnet,[1] und dass jede Reihe, welche die Zahlen 1—9 in der Geltung dieser Zahlstelle enthält, so getheilt ist, wie die römische VIIII selbst, d. h. in V und IIII. Geldrechnungen führt man entweder in Denaren oder in Sesterzen.[2] Ist der Denar die Einheit, so bedeutet im Einschnitt 7 jeder der 4 Knöpfe einen Denar, der einzelne Knopf 5 Denare, zusammen 9 Denare; im Einschnitt 6 bedeutet jeder der 4 Knöpfe 10 Denare, der einzelne Knopf 50 Denare, zusammen 90 Denare und so erhöht sich in demselben Verhältniss der Werth der Knöpfe nach dem aus der Bezeichnung ersichtlichen Stellenunterschiede der Einschnitte. Zur Erklärung des 8. Einschnittes ist indessen eine besondere Bemerkung nöthig.

Wie wir nach Mark und Pfennigen rechnen, so kamen auch bei den Römern Summen unter dem Denar vor; diese nennt man *aes excurrens*,[3] verrechnet sie aber nicht nach Sesterzen und Assen, in welchen sie wirklich gezahlt werden, sondern als Bruchtheil des Denars nach dem bei den Römern üblichen Duodecimalsystem.[4] Diese Umsetzung erfordert eine leichte Operation, die ganz besonders in der Schule geübt wurde; der As $= {}^1/_{16}$ Denar wird in ${}^3/_{48}$ verwandelt und dieser Bruch auf Zwölftel und Vierundzwanzigstel reducirt, d. h. auf *unciae* und deren Theile.

Es ist demnach[5])

1 As	$= {}^1/_{16}$	Denar	$= {}^1/_{24} + {}^1/_{48}$	*Denarii*	*semuncia sicilicus*
2 „	$= {}^2/_{16}$	„	$= {}^1/_{12} + {}^1/_{24}$	„	*uncia semuncia*
3 „	$= {}^3/_{16}$	„	$= {}^2/_{12} + {}^1/_{48}$	„	*sextans sicilicus*
4 „	$= {}^4/_{16}$	„	$= {}^3/_{12}$	„	*quadrans*

1) Polyb. 5, 26, 13: Ὄντως γάρ εἰσιν οὗτοι παραπλήσιοι ταῖς ἐπὶ τῶν ἀβακίων ψήφοις· ἐκεῖναί τε γὰρ κατὰ τὴν τοῦ ψηφίζοντος βούλησιν ἄρτι χαλκοῦν καὶ παραυτίκα τάλαντον ἰσχύουσιν. Diogenes Laert. 1, 59: Ἔλεγε δὲ (ὁ Σόλων) τοὺς παρὰ τοῖς τυράννοις δυναμένους παραπλησίους εἶναι ταῖς ψήφοις ταῖς ἐπὶ τῶν λογισμῶν. καὶ γὰρ ἐκείνων ἑκάστην ποτὲ μὲν πλείω σημαίνειν, ποτὲ δὲ ἥττω.

2) Volusius Maecianus 48. 63. 64. 65. 75: *posteaquam in sedecim asses denarius distributus est, denariaria ratio expeditius confici coepit.* Vgl. Staatsverwaltung II² S. 16. 51.

3) *excurrentis aeris nota.* Volus. Maec. 63. Vgl. *Dig.* 16, 3, 26 § 2: *item ex ratione patris vestri decem et quod excurrit*, zu welcher St. Gothofredus andere Beispiele anführt,

4) S. hierüber Staatsverwaltung II² S. 48 ff.

5) Volus. Maec. 48—62 erklärt von Gronov *De sestertiis.* Lugd. Bat. 1691. 4. lib. III. c. 10. 11.

5 As	$= {}^{5}/_{16}$ Denar	$= {}^{3}/_{12} + {}^{1}/_{24} + {}^{1}/_{48}$	*Denarii quadrans semuncia sicilicus*
6 „	$= {}^{6}/_{16}$ „	$= {}^{4}/_{12} + {}^{1}/_{24}$	„ *triens semuncia*
7 „	$= {}^{7}/_{16}$ „	$= {}^{5}/_{12} + {}^{1}/_{48}$	„ *quincunx sicilicus*
8 „	$= {}^{8}/_{16}$ „	$= {}^{6}/_{12}$	„ *semis*
9 „	$= {}^{9}/_{16}$ „	$= {}^{6}/_{12} + {}^{1}/_{24} + {}^{1}/_{48}$	„ *semis semuncia sicilicus*
10 „	$= {}^{10}/_{16}$ „	$= {}^{7}/_{12} + {}^{1}/_{24}$	„ *septunx semuncia*
11 „	$= {}^{11}/_{16}$ „	$= {}^{8}/_{12} + {}^{1}/_{48}$	„ *bes sicilicus*
12 „	$= {}^{12}/_{16}$ „	$= {}^{9}/_{12}$	„ *dodrans*
13 „	$= {}^{13}/_{16}$ „	$= {}^{9}/_{12} + {}^{1}/_{24} + {}^{1}/_{48}$	„ *dodrans semuncia sicilicus*
14 „	$= {}^{14}/_{16}$ „	$= {}^{10}/_{12} + {}^{1}/_{24}$	„ *dextans semuncia*
15 „	$= {}^{15}/_{16}$ „	$= {}^{11}/_{12} + {}^{1}/_{48}$	„ *deunx sicilicus.*

Hatte also jemand zu zahlen 60 Denare und 5 As, so hiess das *nomen* in seinem Rechnungsbuche, wenn dies die Rechnung nach Denaren hatte (*conficere rationem ad denarium*), [1] *Sempronio expensos tuli* X LX = £Ɔ d. h. *denarios sexaginta quadrantem semunciam sicilicum.* Kam endlich noch $^1/_2$ As (*semis*) oder $^1/_4$ As (*quadrans*) in Zahlung, so war es möglich,

$^1/_2$ As	$= {}^{1}/_{32}$ Denar	$= {}^{2}/_{72} + {}^{1}/_{288}$,	*Denarii duae sextulae scripulum*
$^1/_4$ „	$= {}^{1}/_{64}$ „	$= {}^{4}/_{288} + {}^{3}/_{1728}$,	*quattuor scripula tres siliquae*
		$= {}^{4}/_{288} + {}^{1}/_{576}$,	*quattuor scripula et dimidium*

in Rechnung zu bringen. Denn soweit gerade reichen die römischen Bruchbezeichnungen der älteren Zeit, welche vorhanden sind für $^1/_{48}$, $^1/_{72}$, $^1/_{288}$, $^1/_{1728}$, für alle dazwischen liegenden Duodecimalbrüche aber fehlen. [2] Für die Sesterzenrechnung (*ratio sestertiaria*) gilt überhaupt die griechische Theilung in Zehntel, welche eigene Namen haben, nämlich $^1/_{10}$ *libella*, $^1/_2$ *quinque libellae*, $^1/_{20}$ *sembella* oder *singula*, $^1/_{40}$ *teruncius* [3] und

---

1) Volus. Maec. 63. 64 u. ö. So auch *ad denarium solvere.* Cic. *pro Quinct.* 4, 17.

2) Dass die angeführten Brüche vorkamen, ist Staatsverwaltung II² S. 49 nachgewiesen, wo auch der Ausdruck *scripula quatuor et dimidium* belegt ist. Der Bruch $^1/_{576}$ hat nämlich weder Zeichen noch Namen mehr, der Bruch $^1/_{1728}$ dagegen hat noch einen Namen. Die auch in Rom gebrauchte Bezeichnung *drachma* für $^1/_{96}$ und *obolus* für $^1/_{576}$ ist griechisch; eine Anzahl anderer Namen für Brüche findet sich in der dem Boethius zugeschriebenen *Geometria* in dem Abschnitt *de minutiis* (Boethius ed. Friedlein. Lipsiae 1867. 8.), welcher nicht von Boethius herrührt. S. Friedlein Die Zahlzeichen S. 44.

3) Staatsverwaltung II² S. 51.

wird somit das *aes excurrens* nicht in Theilen des As ausgedrückt. Unter den im J. 1875 in Pompeji gefundenen und von de Petra *Le tavolette cerate di Pompei.* Napoli 1877. 4. herausgegebenen Quittungstafeln des L. Caecilius Jucundus findet sich hiefür ein sicheres Beispiel Tav. 119, wo es heisst: HS ∞ DCLIS d. h. *sestertia mille sescentos quinquaginta unum nummos libellas quinque.* [1])

Zur Rechnung mit den Bruchposten diente nun der 8. und 9. Einschnitt; der 8., mit O oder Θ bezeichnet, [2]) für die Zwölftel, *unciae*, der 9. für die kleineren Brüche. Die 4 Knöpfe dieses 9. Einschnittes unserer Tafel müssen durch drei Farben oder sonstige Zeichen unterschieden gewesen sein; in den Exemplaren Nr. 1 und 2 sind sie auf drei abgesonderte Einschnitte vertheilt, so dass einer, mit S bezeichnet, einen Knopf, einer mit Ɔ bezeichnet, einen Knopf, einer mit Z oder 2 bezeichnet, zwei Knöpfe enthält, nämlich für $^1/_{24}$ (*semuncia*), $^1/_{48}$ (*sicilicus*) und $^2/_{72}$ (*duae sextulae*). Für die noch kleineren Brüche ist keine Einrichtung da; wie man bei der Landvermessung nicht weiter ging, als bis auf das *scripulum*, [3]) so scheint man bei dem *aes excurrens* nur bis zur *sextula* gerechnet und die kleineren Brüche ausser Ansatz gelassen zu haben. Die Operation selbst, welche beim Addiren, Subtrahiren, Multipliciren und Dividiren auf diesem Abacus vorzunehmen war, ist von Friedlein [4]) ausführlich erörtert, durch Beispiele erläutert und durch Zeichnungen veranschaulicht worden, zu ihrem Verständniss ist es aber nöthig, nach dieser Anleitung, auf die ich verweisen muss, eine Rechnung selbständig auszuführen.

Es schien mir nöthig, auf diesen Gegenstand des Unterrichtes etwas specieller einzugehen, da er sowohl in der älteren römischen Schule eine wichtige Stelle einnahm, als auch später immer in einer gewissen Geltung blieb, nachdem der Charakter der Jugenderziehung sich völlig anders gestaltet hatte. Als nämlich etwa seit der Zeit des zweiten punischen Krieges zu den bisher

---

1) Auf der Quittung stehen ausser der Zahl die Worte: *Sestertios mille sescentos quinquaginta nummos numm. I libellas quinque*, was wohl ein Versehen ist. S. Mommsen *Hermes* XII S. 130.

2) Das Unzenzeichen *O* oder *Θ* halte ich für dieselbe Bezeichnung, welche auf den Unzenstücken vorkommt. S. Staatsverwaltung II S. 8.

3) Staatsverwaltung II² S. 50.

4) Friedlein Zahlzeichen § 124—136.

erwähnten elementaren Lehrobjecten zuerst in einzelnen Familien, [1]) sodann immer allgemeiner der Unterricht des *grammaticus* oder *litteratus*, d. h. des griechischen Sprachlehrers [2]) hinzutrat, so war dies nicht bloss eine Erweiterung des bis dahin sehr beschränkten Kreises der Gegenstände des Schulunterrichtes, sondern die Einführung eines vollkommen neuen pädagogischen Principes, welches statt der nothdürftigen Vorbildung für das praktische Leben die idealen Erziehungszwecke der Griechen zur Basis hatte. [3]) Den Mittelpunkt dieses Unterrichtes bildete die Erklärung eines griechischen Dichters; [4]) Homer ward bei den Römern das Schulbuch wie bei den Griechen, und blieb es immer; [5]) daneben fing man an, den Unterricht auch lateinisch zu geben [6])

Schule des *grammaticus.*

Gegenstände und Methode des Unterrichts.

1) Livius Salinator Cos. 535 = 219 liess seine Kinder durch den Freigelassenen Livius Andronicus unterrichten (Sueton. bei Hieronym. *chron.* Ol. 148, 2); auch Ennius war Lehrer (Suet. *de gr.* 1); Aemilius Paulus liess sich als Lehrer seiner Kinder den Philosophen Metrodorus aus Athen kommen. Plin. *n. h.* 35, 135. Etwa 604 = 150 beginnen dann die Schulen der Grammatici. Suet. *de gr.* 2 ff.

2) Suet. *de gr.* 1: *Grammatica Romae ne in usu quidem olim, nedum in honore ullo erat, rudi scilicet ac bellicosa etiamtum civitate necdum magnopere liberalibus disciplinis vacante. Initium quoque eius mediocre exstitit, si quidem antiquissimi doctorum qui idem et poetae et semigraeci erant — Livium et Ennium dico, quos utraque lingua domi forisque docuisse adnotatum est — nihil amplius quam Graecos interpretabantur aut si quid ipsi Latine composuissent praelegebant.* c. 4: *Appellatio grammaticorum Graeca consuetudine invaluit; sed initio litterati vocabantur. Cornelius quoque Nepos libello quo distinguit litteratum ab erudito, litteratos quidem vulgo appellari ait eos qui aliquid diligenter et acute scienterque possint aut dicere aut scribere, ceterum proprie sic appellandos poetarum interpretes, qui a Graecis grammatici nominentur.* Der erste griechische Grammatiker, welcher in Rom Vorträge (ἀκροάσεις) hielt, war nach Sueton *de gr.* 2 Crates von Mallos, der Zeitgenosse des Aristarch, dessen Aufenthalt in Rom Clinton *F. Hell.* III p. 90 in das Jahr 597 = 157 setzt.

3) Cic. *de or.* 3, 15, 58: *in iis artibus, quae repertae sunt, ut puerorum mentes ad humanitatem fingerentur atque virtutem.* Cic. *Tusc.* 2, 11, 27: *At vero nos, docti scilicet a Graecia, haec* (Dichterwerke) *et a pueritia legimus et discimus: hanc eruditionem liberalem et doctrinam putamus.* Ib. 3, 2, 3. Scipio bei Cic. *de rep.* 1, 18, 30 will von der Wissenschaft als Lebenszweck nichts wissen. Doch fügt er hinzu: *Istae quidem artes, si modo aliquid, valent, ut paullum acuant et tanquam irritent ingenia puerorum, quo facilius possint maiora discere.* Ausführlicher und bestimmter entwickelt den Begriff der *liberalia studia* Seneca *ep.* 88, 20 ff.

4) Den Gegensatz dieser neuen Methode erkennt man aus Cato bei Gell. 11, 2, 5, der von den alten Römern sagt: *Poeticae artis honos non erat. Si quis in ea re studebat aut sese ad convivia adplicabat, grassator vocabatur.*

5) Quintil. *inst.* 1, 8, 5. Plin. *ep.* 2, 14, 2. Horat. *epist.* 2, 2, 41.

6) Die griechischen Grammatiker, welche am Ende der Republik in Rom lehrten, verstanden und schrieben Lateinisch, wie L. Ateius Philologus, der in Athen geboren war, aber von Asinius Pollio ein *nobilis grammaticus Latinus* genannt wird (Suet. *de gr.* 10), und M. Antonius Gnipho, der bei Suet. *de gr.* 7 *non minus Graece quam Latine doctus* heisst, und noch in der Kaiserzeit giebt

und es trennte sich der Beruf der *grammatici Graeci*[1]) und der *grammatici Latini*,[2]) welche als Lese- und Lehrstoff des Livius Andronicus lateinische Odyssee,[3]) Terenz,[4]) später Vergil,[5]) Horaz[6]) und einzelne neuere Dichter einführten.[7]) Die Aufgabe bei diesem Unterrichte war zunächst die, dass der Schüler die gewählte Dichterstelle correct, mit Verständniss und Ausdruck lesen lernte. Der Lehrer las dieselbe zuerst vor[8]) und musste dazu besonders befähigt sein;[9]) bei dem Lesen der Schüler hielt er auf fehlerlose Aussprache, Theilung der Sätze nach der Interpunction, richtige Betonung[10]) und, wo es nöthig ist, affectvollen Vortrag.[11]) Zu einem solchen Lesen ist aber vollkommenes Verständniss erforderlich.[12]) Darum knüpft sich an die Lectüre eine Erklärung, in welcher zuerst das Sprach-

---

es Lehrer, die sich bloss als *grammatici* bezeichnen. Orelli 1200. *C. I. L.* II, 5079 (vgl. 3872). VI, 9444—9452. IX, 1654.

1) So heissen sie und nennen sie sich selbst in Inschriften. Orelli 1198. 1199 (= *C. I. L.* VI, 9453. 9454). 4953. *C. I. L.* II, 2236. X, 3961.

2) Ein solcher kommt vor in Rom *C. I. L.* VI, 9455, in Comum Orelli 1197 = *C. I. L.* V, 5278, in Verona *C. I. L.* V, 3433, ferner *C. I. L.* II, 2892. III, 406. IX, 5545, und Ausonius verewigt im 10. Gedicht seiner *Professores* sechs *grammatici Latini Burdigalenses*.

3) Horat. *epist.* 2, 1, 69. 4) Quintil. 1, 8, 11.

5) Quintil. *inst.* 1, 8, 5. Suet. *de gr.* 16. Augustin. *de c. d.* 1, 3. Juven. 7, 227. Macrob. *sat.* 1, 24, 5.

6) Quintil. *inst.* 1, 8, 6. Juvenal. 7, 227.

7) Martial. 8, 3, 15. Dafür, dass auch Prosaiker, namentlich, wie Bernhardy G. d. R. L. 5. Ausg. S. 62 Anm. 40 annimmt, Cicero erklärt worden sei, finde ich keinen Beweis. Im Gegentheil bezeichnet Quintil. 1, 4, 2 als die Aufgabe der *grammatici* die *poetarum enarratio*, und empfiehlt 1, 1, 36 zum Auswendiglernen Stellen *ex poetis maxime. Namque eorum cognitio parvis gratior est.* (Diese Stelle bezieht sich auf den Elementarunterricht.) Wenn er dann 1, 4, 4 sagt: *Nec poetas legisse satis est; excutiendum omne scriptorum genus, non propter historias modo sed verba*, so mag sich dies auf ältere Schüler beziehen, ist aber immer mit Beschränkung zu verstehen. Ausonius *idyll.* 4, 45 ff. räth auch seinem Grosssohn, als er anfängt, in die Schule zu gehen: *Perlege, quodcunque est memorabile*; aber er nennt Homer, Menander, Tragiker, Lyriker, Horaz, Vergil, Terenz, und sagt zuletzt, er habe auch Sallust und andere Historiker gelesen, ohne hinzuzufügen, dass dies in der Schule geschehen sei. Dass dagegen Anecdoten und Apophthegmata, *exempla, dicta clarorum virorum* gelesen oder zu Dictaten verwendet worden, ist daraus zu schliessen, dass man solche Stoffe für die schriftlichen Uebungen brauchte.

8) Dies heisst *praelegere.* Quintil. 1, 8, 8. 13 u. ö.

9) Inschr. Orelli 1200 = *C. I. L.* VI, 9447: *Grammaticus lectorque fui, set lector eorum More incorrupto qui placuere sono.* S. Quintil. 1, 10, 23: *sonus in oratione quoque varie, pro rerum modo, adhibetur, sicut in musice.* Cic. *de or.* 1, 42, 187: *pronuntiandi quidam sonus.*

10) Quintil. 1, 8, 1.

11) Quintil. 1, 10, 25: *in orando quoque intentio vocis, remissio, flexus, pertinet ad movendos audientium affectus.*

12) Quintil. 1, 8, 2: *Unum est igitur, quod in hac parte praecipiam: Ut omnia ista facere possit, intelligat.*

liche in Beziehung auf Grammatik und Stilistik behandelt,[1]) dann aber der Inhalt ausführlich erörtert wird, und bei derselben geht der Lehrer je nach seiner Befähigung auf alles ein, zu dessen Besprechung entweder das ganze Werk des Dichters oder die vorliegende Stelle Veranlassung bietet, namentlich Fragen aus der Poetik,[2]) der Litteraturgeschichte,[3]) Metrik,[4]) Musik,[5]) Philosophie, und zwar nicht nur der Logik und Ethik, sondern auch der Physik,[6]) ferner auf Geographie,[7]) Astronomie, insbesondere den Jahres-Auf- und -Untergang der Gestirne, dessen sich die Dichter sämmtlich für die Zeitbestimmung bedienen,[8]) endlich auf Mythologie[9]) und Geschichte. Dass auch die letztere in der Schule zur Behandlung kam, ist deswegen nicht zu bezweifeln, weil die Schüler schriftliche Arbeiten über berühmte Männer und Aussprüche derselben anfertigten, zu denen der Lehrer das Material geben musste, allein sie wurde nicht im Zusammenhange, sondern fragmentarisch, soweit dies für einen bestimmten Zweck nöthig war, vorgetragen, weshalb Tacitus diesen Unterricht als vollkommen ungenügend bezeichnet.[10]) Wenn von den Grammatikern öfters gesagt wird, dass

---

1) Quintil. 1 c. 4—7.

2) Auf diese bezogen sich zum Theil die *quaestiones* der Grammatiker (Quintil. 1, 2, 14: *si quaestiones explicet*) und Bernhardy nimmt mit Recht an, dass, was Horaz über solche Fragen urtheilt, er grossentheils der Anregung der Schule verdankt. Eine solche Frage erwähnt er *sat.* 1, 4, 45: *Idcirco quidam, comoedia necne poema Esset, quaesivere.*

3) Ein Beispiel der Behandlung giebt die sogleich zu besprechende *Tabula Iliaca*, auf welcher die Quellen des ganzen Troianischen Krieges in sachlicher Ordnung zusammengestellt sind, nämlich 1. Ἰλιὰς κατὰ Ὅμηρον. 2. Αἰθιοπὶς κατὰ Ἀρκτῖνον τὸν Μιλήσιον. 3. Ἰλιὰς μικρὰ λεγομένη. 4. Ἰλίου πέρσις κατὰ Στησίχορον.

4) Quintil. 1, 8, 13. Seneca *ep.* 88, 3.

5) Quintil. 1, 4, 4.

6) Quintil. 1, 4, 4: *nec ignara philosophiae (grammatice potest esse), cum propter plurimos in omnibus fere carminibus locos, ex intima naturalium quaestionum subtilitate repetitos, tum propter Empedoclem in Graecis, Varronem et Lucretium in Latinis, qui praecepta sapientiae versibus tradiderunt.*

7) Einige Grammatiker waren zugleich Geographen, wie Tyrannio, der im Hause des Cicero unterrichtete (Cic. *ad Q. fr.* 2, 4, 2), und Asclepiades von Myrlea, der zu Pompejus' Zeit in Rom lehrte, schrieb eine Periegese.

8) Quintil. 1, 4, 4.

9) Cicero *accus. in Verr.* 1, 18, 47. Tertull. *de idolatr.* 10: *Quaerendum autem est etiam de ludi magistris, sed et ceteris professoribus litterarum. Immo non dubitandum affines illos esse multimodae idolatriae. Primum quibus necesse est deos nationum praedicare, nomina, genealogias, fabulas, ornamenta honorifica quaeque eorum enuntiare tum solemnia festaque eorundem observare.*

10) Tacitus *dial.* 30: *Transeo prima discentium elementa, in quibus et ipsis parum laboratur, nec in auctoribus cognoscendis nec in evolvenda antiquitate nec in notitia vel rerum vel hominum vel temporum satis operae insumitur.*

sie »*historiam explicant*«, [1]) so hat dies auf die politische Geschichte gar keinen Bezug, sondern ist ein griechischer technischer Ausdruck für die Sacherklärung überhaupt. [2])

Das Gelernte fixirte man theils durch Memoriren der erklärten Stelle, theils durch schriftliche Verarbeitung. [3]) Man liess im Anschluss an die Lectüre zuerst kleine Erzählungen niederschreiben oder poetische Stücke in Prosa setzen und stellte Themata für Chrien und *ethologiae*; [4]) geschickte Grammatiker zogen auch, namentlich so lange es noch keine Rhetorenschule gab, einen Cursus der Rhetorik in den Unterricht, mit welchem wieder schriftliche Compositionen, aber auch in Redeform (*allocutiones*), in Verbindung gesetzt wurden, [5]) so dass, wenn jemand noch in der Musik und im Rechnen und der Geometrie einen ausser der Schule liegenden Unterricht erhalten hatte, [6]) der ganze Kreis der allgemeinen Bildung, welche man für das praktische Leben nöthig zu haben glaubte, d. h. nach griechischer Bezeichnung der ἐγκύκλιος παιδεία, vollendet war, [7]) und es gab Leute, welche unmittelbar aus der Schule des Grammatikers in einen selbständigen Beruf, sogar des Sachwalters übertraten und diesem völlig genügten. [8])

---

1) Cic. *de or.* 1, 42, 187: *in grammaticis poetarum pertractatio, historiarum cognitio, verborum interpretatio.* Quintil. 1, 2, 14: *Grammaticus quoque si de loquendi ratione disserat, si quaestiones explicet, historias exponat, poemata enarret.* Seneca *ep.* 88, 3.

2) So heisst es bei den Scholiasten zur Ilias 14, 226: ἡ ἱστορία παρὰ Μαρσύᾳ, 295: ἡ ἱστορία παρὰ Εὐφορίωνι, 325: ἡ ἱστορία παρ' Εὐριπίδῃ ἐν Βάκχαις. Ausführlich erörtert dies L. Friedlaender *De historiarum enarratione in ludis grammaticis.* Index lect. Acad. Regiomont. 1874. II. Auch Quintilian versteht den Ausdruck so, indem er warnt, diese gelegentlichen Excurse zu weit auszudehnen. 1, 8, 18: *His accedet enarratio historiarum, diligens quidem illa, non tamen usque ad supervacuum laborem occupata. Nam receptas aut certe claris auctoribus memoratas exposuisse satis est.* Und ebenso Juvenal. 7, 231—236.

3) Quintil. 1, 9. Seneca *ep.* 33, 7.

4) Quintil. a. a. O. Sueton *de gr.* 4.

5) Suet. *de gr.* 4: *Veteres grammatici et rhetoricam docebant — Secundum quam consuetudinem posteriores quoque existimo, quanquam iam discretis professionibus, nihilominus vel retinuisse vel instituisse et ipsos quaedam genera institutionum ad eloquentiam praeparandam, ut problemata, paraphrases, allocutiones, ethologias atque alia hoc genus, ne scilicet sicci omnino atque aridi pueri rhetoribus traderentur.* c. 7 sagt er von dem Grammatiker Gnipho: *docuit rhetoricam* und c. 10 von L. Ateius Philologus: (*eum*) *inter grammaticos rhetorem, inter rhetores grammaticum fuisse.*

6) Quintil. 1, 10, 9 ff. und 34 ff.

7) Quintil. 1, 10, 1: *nunc de ceteris artibus, quibus instituendos, priusquam rhetori tradantur, pueros existimo, strictim subiungam, ut efficiatur orbis ille doctrinae, quam Graeci* ἐγκύκλιον παιδείαν *vocant.*

8) Sueton *de gr.* 4: *Audiebam etiam, memoria patrum quosdam e gramma-*

Seit dem Ende der Republik waren für den Unterricht auch zweckmässige Lehrmittel vorhanden, bei denen es nur zweifelhaft ist, ob sie in der Schule Anwendung fanden, oder zur selbständigen Weiterbildung nach der Schulzeit, zur Instruction der Lehrer, oder zum häuslichen Gebrauch dienten, nämlich geographische Karten, die öffentlich ausgestellt aber auch in Privatbesitz waren, [1]) Geschichtscompendien [2]) und chronologische Tafeln, [3]) kurze Inhaltsangaben epischer Gedichte oder ganzer Sagenkreise in prosaischer und poetischer Form, [4]) und endlich die von O. Jahn als Bilderchroniken bezeichneten Reliefplatten, [5]) von denen die bekannteste die *Tabula Iliaca* [6]) ist. Diese kleinen Sculpturwerke haben das gemein, dass sie nicht bloss einen künstlerischen Zweck verfolgen, sondern offenbar Illustrationen zu einem, auf Belehrung berechneten, auf dem Bilde selbst be- Lehrmittel. Karten. Bilderchroniken.

---

tici statim ludo transisse in forum atque in numerum praestantissimorum patronorum receptos.

1) Ueber die Karte des Agrippa s. Staatsverwaltung II² S. 207. Aber schon Varro *de r. r.* 1, 2, 1 erwähnt im Tempel der Tellus eine *picta Italia*. Vgl. Propert. 5, 3, 37: *cogor et e tabula pictos ediscere mundos*. Unter Domitian wurde jemand angeklagt, ὅτι τὴν οἰκουμένην ἐν τοῖς τοῦ κοιτῶνος τοίχοις εἶχεν ἐγγεγραμμένην Dio Cass. 67, 12, 4, und Hieronymus *ep.* 60, 7 I p. 334 Vallars setzt den Gebrauch der Karten als bekannt voraus: *Et sicut hi, qui in brevi tabella terrarum situs pingunt, ita in parvo isto volumine cernas adumbrata, non expressa signa virtutum.* Ueber die Bestimmung der Karten für den Unterricht haben wir ebenfalls eine belehrende Nachricht, allerdings erst aus dem 4. Jahrh. bei Eumenius *pro restaur. scholis* 20, welche sich auf Augustodunum bezieht: *Videat praeterea in illis porticibus iuventus et quotidie spectet omnes terras et cuncta maria et quidquid invictissimi principes urbium, gentium, nationum — devinciunt. Siquidem illic — instruendae pueritiae causa, quo manifestius oculis discerentur, quae difficilius percipiuntur auditu, omnium cum nominibus suis locorum situs, spatia, intervalla descripta sunt, quidquid ubique fluminum oritur et conditur, quacunque se litorum sinus flectunt, qua vel ambitu cingit orbem vel impetu irrumpit Oceanus.*

2) L. Ateius Philologus hatte ein *breviarium rerum omnium Romanarum* geschrieben (Suet. *de gr.* 10), aber nicht für die Schule, sondern für Sallust.

3) In Griechenland hatte man solche an verschiedenen Orten, so das *Chronicon Parium*, welches für den Privatgebrauch bestimmt war (*C. I. Gr.* n. 2374. ed. Flach, Tübingen 1884.), die ἀναγραφὴ ἡ περὶ τῶν ποιητῶν in Sikyon, welche Plutarch *de musica* 3 und 8, p. 1383. 1386 Dübner citirt, und auch in der Umgebung Roms ist eine solche Tabelle gefunden, die von Henzen Rhein. Mus. N. F. IX (1853) S. 161 und *Annali* XXV p. 83 ff. edirt ist, aber in Alexandria verfasst zu sein scheint.

4) Hierüber handelt ausführlich Michaelis in dem gleich anzuführenden Werke. S. beispielsweise *C. I. Gr.* 5984, wo die Thaten des Herakles erst prosaisch, dann in Memorialversen verzeichnet sind. Stephani Der ausruhende Herakles. Petersb. 1854.

5) Griechische Bilderchroniken, bearbeitet von O. Jahn, aus dem Nachlasse des Verfassers herausgegeben und beendigt von A. Michaelis. Bonn 1873. 4.

6) Oft abgebildet, am besten *C. I. Gr.* 6125 und bei Michaelis Taf. I und I*.

findlichen Texte sind; Lehrmittel kann man sie also unbedenklich nennen, aber Lehrmittel der Schule sind sie ohne Zweifel nie gewesen. Denn dazu hätten sie ganz anders eingerichtet werden müssen. Man kannte im Alterthume sehr wohl den Nutzen grosser Wandtafeln, und hat auf solchen die Karte des Agrippa,[1] den römischen Kalender mit Erklärungen,[2] die Consular- und Triumphalfasten[3] und die Denkwürdigkeiten des Augustus ausgestellt; solche Wandtafeln, wenngleich weniger kostbar ausgeführt, wären auch für die Schule nützlich gewesen; die in Rede stehenden Reliefs sind aber von geringen Dimensionen,[4] mit sehr kleiner nur in der nächsten Nähe lesbarer Schrift und enthalten zum Theil für Schüler ganz unpassende Darstellungen.[5] Sie können nur benutzt worden sein entweder als Ornament von Tempeln und Bibliotheken,[6] oder wie illustrirte Ausgaben poetischer und wissenschaftlicher Werke,[7] welche man in der Hand halten muss, um sie zu betrachten, und sind so auch wohl mit Auswahl von Privatlehrern einzelnen Schülern mit Nutzen vorgelegt und erklärt worden.

Rhetorenschulen. Die encyclopädische Bildung, welche die Schule des Grammatikers gewährte, galt zwar als ausreichend für das grosse Publicum, hatte aber einen wissenschaftlichen Charakter nicht, wie man daraus ersieht, dass auch Mädchen entweder im Hause, oder, wenn es dazu an Gelegenheit fehlte, in der Schule, zuweilen mit den Knaben zusammen, diesen Unterricht erhielten.[8]

---

1) Staatsverwaltung II² S. 207.

2) Staatsverwaltung III S. 276 f.

3) Staatsverwaltung III S. 289.

4) Die *Tabula Iliaca* ist 12 Zoll hoch, 14 Zoll breit, die albanische Tafel (Michaelis Taf. V) 13 Zoll hoch.

5) Dies gilt von dem albanischen Herculesrelief. Mich. Taf. V, welches zu den Grundsätzen, die Quintil. 1, 8, 6 f. ausspricht, schlecht passen würde.

6) Die Apotheose des Homer (abgeb. bei Visconti *Mus. P. Cl.* I tav. B (am Ende) und verkleinert reproducirt bei E. Braun Die Apoth. d. H. in galvanoplastischer Nachbildung. Leipzig 1848. 4), welche von Jahn nicht besprochen worden ist, aber denselben Charakter hat, wie die von ihm zusammengestellten Sculpturen, stand wahrscheinlich in einem Tempel, vielleicht in dem Heiligthum der Julii zu Bovillae, wo mehrere dieser Reliefs gefunden sind.

7) Dass diese im Alterthum in grosser Anzahl vorhanden waren, wird in dem Abschnitt über die Schreiber und Buchhändler nachgewiesen werden.

8) Dass auch Mädchen an diesem Unterricht Theil nahmen, geht hervor aus Hor. *sat.* 1, 10, 91. Martial. 8, 3, 16. Sall. *Cat.* 25. Plin. *ep.* 5, 16, 3. Suet. *de gr.* 16. Nach alter Sitte war dies allerdings nicht, wie man aus Seneca *ad Helv.* 17, 3 ersieht: *his (liberalibus studiis) etiamsi numquam adsuesses, nunc utendum erat. Sed quantum tibi patris mei antiquus rigor permisit, omnes bonas artes non quidem comprehendisti, attigisti tamen. Utinam quidem virorum optimus, pater meus, minus maiorum consuetudini deditus voluisset te praeceptis sa-*

Für wissenschaftliche Fachbildung, z. B. in Philosophie und Jurisprudenz gab es in Rom keine Lehranstalt; was dagegen für die, welche sich einer politischen Thätigkeit zu widmen beabsichtigten, als wirkliches Bedürfniss anerkannt wurde, war die fortgesetzte Uebung in der Redekunst, und für diesen Zweck entstanden noch im Laufe der Republik die Rhetorenschulen, welche nunmehr die höchste Stufe der römischen Erziehung repräsentirten. Die Rhetorenschulen waren wie die Grammatikerschulen ursprünglich ausschliesslich griechische, und die Versuche, welche seit der Jugendzeit Cicero's [1]) lateinische Rhetoren, wie Plotius und später Blandus [2]) und Cestius [3]) machten, die griechischen Uebungen durch lateinische zu ersetzen, fanden weder bei dem Staate noch bei den Einzelnen Beifall. Im J. 662 = 92 verboten die Censoren Domitius und Crassus die lateinischen Schulen der Rhetorik [4]) und zwar aus dem Grunde, weil die griechischen Rhetoren, wie sie auch sein mochten, doch immer wissenschaftliches Streben und vielseitige Kenntniss in ihren Beruf mitbrächten, die lateinischen Uebungen dagegen nichts seien, als eine Erziehung zur leeren Zungenfertigkeit und eine Schule der Unverschämtheit, [5]) und als Cicero in seinen Knabenjahren Nei-

und zwar griechische.

pientiae erudiri potius, quam imbui! non parandum tibi nunc contra fortunam esset auxilium, sed proferendum: propter istas, quae litteris non ad sapientiam utuntur, sed ad luxuriam instruuntur, minus te indulgere studiis passus est. Vgl. Friedlaender Darst. 1^5 S. 409 f.

1) Cicero bei Suet. *de rhet.* 2.

2) Seneca *contr.* 2 pr., p. 116, 18 Bursian: *Habuit (Fabianus) et Blandum rhetorem praeceptorem, qui eques Romanus Romae docuit: ante illum intra libertinos praeceptores pulcerrimae disciplinae continebantur et minime probabili more turpe erat docere quod honestum erat discere. Nam primus omnium Latinus rhetor Romae fuit puero Cicerone Plotius.*

3) Suet. *fr.* p. 272, 7 Roth.

4) Gellius 15, 11, 2: *Cn. Domitius Ahenobarbus et L. Licinius Crassus censores* (662 = 92) *de coercendis rhetoribus Latinis ita edixerunt: Renuntiatum est nobis esse homines, qui novum genus disciplinae instituerunt, ad quos iuventus in ludum conveniat; eos sibi nomen inposuisse Latinos rhetoras; ibi homines adulescentulos dies totos desidere. Maiores nostri, quae liberos suos discere et quos in ludos itare vellent, instituerunt. Haec nova, quae praeter consuetudinem ac morem maiorum fiunt, neque placent, neque recta videntur.* Suet. *d. rhet.* 1.

5) Bei Cic. *de or.* 3, 24, 93 sagt Crassus: *Verborum eligendorum et collocandorum et concludendorum facilis est vel ratio vel sine ratione ipsa exercitatio. Rerum est silva magna, quam cum Graeci iam non tenerent, ob eamque causam iuventus nostra dedisceret paene discendo, etiam Latini, si diis placet, hoc biennio magistri dicendi extiterunt; quos ego censor edicto meo sustuleram, non quo — acui ingenia adolescentium nollem, sed contra ingenia obtundi nolui, corroborari impudentiam. Nam apud Graecos, cuicuimodi essent, videbam tamen esse praeter hanc exercitationem linguae doctrinam aliquam et humanitate dignam scientiam, hos vero novos magistros nihil intelligebam posse docere, nisi ut aude-*

gung zeigte den Plotius zu hören, riethen sachverständige ältere Freunde ihm ab, da sie griechische Uebungen als förderlicher für die geistige Entwickelung betrachteten.[1])

Somit war der gesammte Schulunterricht in drei Stufen, den elementaren, den grammatischen und den rhetorischen, zerlegt und auf allen drei Stufen auf griechische Muster angewiesen. Um daher für diesen griechischen Unterricht die Knaben und zuweilen auch die Mädchen bequem vorzubereiten, hielt man es für zweckmässig, die Kinder gleich von Anfang an griechisch sprechen zu lassen, womit auch Quintilian einverstanden ist;[2]) statt des Familiengliedes[3]) oder des alten Sclaven oder Freigelassenen,[4]) den man ehedem dem Kinde als *custos* d. h. als beständigen Begleiter gab, fungirte nun ein griechischer *paedagogus*[5]) oder

Graecisirung der häuslichen Erziehung.

Der *paedagogus.*

---

rent. — — *Hoc cum unum traderetur et cum impudentiae ludus esset, putavi esse censoris, ne longius id serperet, providere.* Dasselbe wiederholt für seine Zeit Tacit. *dial.* 35.

1) Cicero bei Suet. *d. rh.* 2: *Equidem memoria teneo, pueris nobis primum Latine docere coepisse Plotium quendam. Ad quem cum fieret concursus, quod studiosissimus quisque apud eum exerceretur, dolebam, mihi idem non licere. Continebar autem doctissimorum hominum auctoritate, qui existimabant Graecis exercitationibus ali melius ingenia posse.*

2) Quintil. 1, 1, 12. In diesem Falle gab gleich den ersten Unterricht ein *magister Graecus litterator.* Capitolin. *Maximin. iun.* 1; im anderen Falle lernten die Kinder in der Schule griechisch sprechen. Ueber die dabei befolgte Methode geben die sogenannten *Colloquia scholastica* Aufschluss, die man im Londoner *Thesaurus Ling. Gr.* IX p. 423—433, in *Dosithei magistri interpretamenta* ed. Böcking. Bonnae 1832. p. 89ff. und M. Haupt *Opuscula* II p. 508ff. findet.

3) S. oben S. 58.

4) Quintil. 1, 2, 5: *praeceptorem eligere sanctissimum quemque — licet, et nihilominus amicum gravem virum aut fidelem libertum lateri filii sui adiungere, cuius assiduus comitatus etiam illos meliores faciat, qui timebuntur.* Seneca *de benef.* 3, 11, 2: *et quia utile est iuventuti regi, imposuimus illi quasi domesticos magistratus, sub quorum custodia contineretur.* Den Horaz begleitete sein Vater selbst als Custos zu allen Lehrern, Hor. *sat.* 1, 6, 81. Bei Vergil. *Aen.* 5, 546 hat Julus einen *custos comesque* und Statius *silv.* 5, 2, 60 sagt zu dem jungen Crispinus: *Haec iterent comites praecepta senesque paterni.* Auch Virginia wird von ihrer *nutrix* in die Schule begleitet. Liv. 3, 44, 7.

5) Der Name kommt erst in der letzten Zeit der Republik vor; die Einrichtung ist aber so alt als die Sitte, die Kinder von Anfang an griechisch sprechen zu lassen. Bei dem *Auct. ad Herenn.* 4, 52 ist, wie man aus dem Zusammenhange sieht, der *Gorgias, pedisequus puerorum,* der Pädagog; einen Pädagogen, der auch so genannt wird, hat Antonius (Dio Cass. 46, 5, 1), Octavian (ib. 48, 33), Gaius Caesar (Suet. *Oct.* 67); hernach kommen sie oft vor. Sueton. *Oct.* 44. *Claud.* 2. *Nero* 36 u. ö. Inschr. bei Orelli n. 716. 4850. 2879. 2880. *C. I. L.* VI, 2210. 3998. 3999. 6327—6330. 9741—9757. Sie begleiten den Knaben in die Schule und bleiben darin anwesend (Appian. *b. c.* 4, 30. Suet. *de gr.* 23), sie erinnern ihn bei allen Gelegenheiten: *sic incede, sic cena* (Seneca *ep.* 94, 8, 9. vgl. *ep.* 11, 9; 25, 6; 89, 13. Petron. 94), vor allem aber müssen sie ihn richtig sprechen lehren und zwar griechisch. Quintil. 1, 1, 11. 12. Ihr Amt dauert, bis der Knabe die *toga virilis* erhält. Statius *silv.* 5, 2, 68.

eine griechische Sclavin;[1]) daneben gewann die Schule bei der Erweiterung der Lehrobjecte und dem Bedürfnisse griechischer litterarischer Bildung eine grössere Wichtigkeit;[2]) früh morgens[3]) zog der Knabe mit der Schulmappe, der Tafel und den Büchern,[4]) begleitet von dem Pädagogus, auch wohl noch von einem *capsarius*, der die Bücher trug,[5]) in die Schule, in welcher, wenn sie zahlreich besucht war, die Schüler, ihren Fähigkeiten gemäss in verschiedene Abtheilungen gesondert,[6]) durch eine strenge Disciplin[7]) sowie zuweilen durch Wetteifer und Belohnungen[8]) zur Aufmerksamkeit und Thätigkeit angehalten wurden. Der Unterricht in den verschiedenen Schulen dauerte, nur von den ziemlich oft eintretenden Ferien[9]) unterbrochen, bis zu der Zeit,

---

Denn was Plautus *Bacch.* 422 in der Vergleichung der älteren und neueren Stellung des Pädagogen sagt, derselbe habe seinen Zögling bis zu dessen 20. Jahre beaufsichtigt, ist wohl auch für griechische Erziehung übertrieben. (Auch ein nicht griechischer Hofmeister wurde *paedagogus* genannt. Suet. *Cl.* 2. Or. 2870. *C. I. L.* VI, 6327.)

1) Tac. *dial.* 29. *Germ.* 20. *paedagoga C. I. L.* VI, 6331. 9758. VIII, 1506. IX, 6325.

2) Suet. *de gr.* 3: *Posthac magis ac magis et gratia et cura artis increvit, ut — temporibus quibusdam super viginti celebres scholae fuisse in urbe tradantur.*

3) (Ovid *am.* 1, 13, 17. Mart. 9, 68, 3. 14, 223. Juv. 7, 222. Der Unterricht dauerte bis zum *prandium* und wurde am Nachmittag fortgesetzt. Apul. *met.* 10, 5. *Colloquia schol.* p. 94 in Dosith. ed. Böcking. Lucian *de paras.*)

4) Zu Horat. *sat.* 1, 6, 72: *Noluit in Flavi ludum me mittere, magni Quo pueri magnis e centurionibus orti Laevo suspensi loculos tabulamque lacerto Ibant* giebt die beste Erklärung Philostratus *v. s.* 2, 36, 5: Ἱερὸν δὲ κατιδὼν καὶ παιδαγωγούς τε προςκαθημένους, ἀκολούθους τε παῖδας ἄχθη βιβλίων ἐν πήραις ἀνημμένους. Die *tabula* ist nichts als eine Schreibtafel.

5) Suet. *Nero* 36. Juven. 10, 117. Hor. *sat.* 1, 6, 78.

6) Quintil. 1, 2, 23.

7) Das gewöhnliche Disciplinarmittel ist körperliche Züchtigung (Martial. 9, 68), wogegen sich erst Quintilian. 1, 3, 14—17 und Plut. *de lib. ed.* c. 12, p. 10 Dübn. erklären. Bekannt ist der *plagosus Orbilius* (Horat. *ep.* 2, 1, 70. Suet. *de gr.* 9), die Züchtigungsscene auf dem herculanischen Wandgemälde (Helbig 1492. *Le pitture di Ercolano* III, 41. Piroli *Le antichità di Ercol.* III (1790, 4) tav. 11) (ähnliches auf geschnittenen Steinen Stephani *C. R.* 1872 p. 215) und die Beschreibung der Schulzucht bei Auson. *idyll.* 4, 1—34 (XIII, 2 Schenkl). Die Züchtigungsinstrumente sind die *ferula*, νάρθηξ (Martial. 10, 62, 10), mit welcher man auf die Hand schlug, daher *ferulae manum subducere* Juv. 1, 15 u. ö., die *scutica* und das *flagellum*. Ueber alle drei handelt Kirchner zu Horat. *sat.* 1, 3, 119 (das *flagellum* kam in der Schule wohl nicht zur Anwendung).

8) Suet. *de gr.* 17.

9) Ausser den viermonatlichen Sommerferien, die bereits S. 94 erwähnt sind, waren freie Tage an allen grossen Festen, z. B. den Quinquatrus, Hor. *epist.* 2, 2, 197. Symmach. *ep.* 5, 85, den Saturnalien, Martial. 5, 84, 1. 2. Plin. *ep.* 8, 7, 1. Auch die Nundinae scheinen frei gewesen zu sein. Varro bei Non. p. 133: *Utri sunt magis pueri, hi pusilli nigri, qui spectant nundinas, ut magister dimittat lusum* (d. h. *ludum*). Diese Menge der durch alle Feste verursachten Ferien tadelt Tertull. *de idol.* 10: *Flaminicae et aediles sacrificant,*

wo der Knabe die Toga anlegte;[1]) der rhetorische Unterricht auch zuweilen lange über diese Zeit hinaus, da an diesem auch Männer zu ihrer Fortbildung Theil zu nehmen pflegten.[2])

Griechische Bildung und römischer Volkscharakter.

Man würde indessen irren, wenn man annähme, dass diese griechische Bildung nunmehr wirklich in der Masse der Bevölkerung Eingang gefunden hätte; sie war vielmehr während der ganzen Zeit der Republik so unpopulär, dass selbst die Redner, welche sich dieselbe anzueignen für nützlich hielten, doch dem Volke gegenüber kein Bedenken trugen, sie zu verleugnen.[3]) Seit dem Beginne der Kaiserzeit war dies allerdings nicht mehr

Litteratur.

nöthig, in der Litteratur kam das griechische Vorbild zur entschiedenen Anerkennung, in Privat- und öffentlichen Bibliotheken waren beide Litteraturen gleichmässig vertreten,[4]) in Rom wurden

---

creatis schola honoratur feriis. Idem fit idoli natali; er meint den *natalis Minervae* 19. März: s. Staatsverwaltung III S. 417.

1) Die Ansicht von Bernhardy R. L. G. S. 46, dass der grammatisch rhetorische Cursus erst begonnen habe, wenn der Knabe ins öffentliche Leben eintrat, also die Prätexta ablegte, ist der Sache wie der Ueberlieferung widersprechend. Die erwähnten Strafmittel passen nur für Knaben, und es wird von Sueton. *de gr.* 16 als Ausnahme bezeichnet, dass *Q. Caecilius Epirota scholam aperuit, sed ita, ut paucis et tantum adolescentibus praeciperet, praetextato nemini, nisi si cuius parenti hoc officium negare non posset.*

2) Sueton. *de gr.* 7.

3) Beim Volke galt noch immer der Grundsatz des alten Cato (Plin. *n. h.* 29, 14): *bonum illorum litteras inspicere, non perdiscere,* und *quandoque ista gens suas litteras dabit, omnia corrumpet* und die Ansicht, welche der Grossvater des Cicero aussprach (Cic. *de or.* 2, 66, 265): *nostros homines similes esse Syrorum venalium: ut quisque optime Graece sciret, ita esse nequissimum.* Diesem gegenüber glaubten die Redner ihre griechische Bildung nur vorsichtig geltend machen zu dürfen. So Lucullus, welcher zu Atticus über seine griechischen *historiae* äusserte, *se, quo facilius illas probaret Romani hominis esse, idcirco barbara quaedam et σόλοικα dispersisse* (Cic. *ad Att.* 1, 19, 10); so Antonius bei Cic. *de or.* 2, 36, 153, so Cicero selbst, nicht nur in den Reden (Hauptstelle ist *pro Mur.* 29, 61 und weiterhin) sondern auch in den Einleitungen der philosophischen Bücher *Acad. pr.* 2, 2, 5. 6. *de fin.* 1, 4, 11 und *Tusc.* 1, 1, wo er den Satz aufstellt: *sed meum semper iudicium fuit, omnia nostros aut invenisse per se sapientius quam Graecos aut accepta ab illis fecisse meliora,* vgl. 4, 2, 5. Mehrmals spricht er die Ansicht seiner Zeit dahin aus, dass die Wissenschaft für die Erziehung junger Leute und die Beschäftigung in Mussestunden geeignet, für den Lebensberuf des Menschen aber ungeeignet sei (*de or.* 3, 15, 58. *de rep.* 1, 18, 30), während er doch ein anderes Mal nicht verhehlen kann, dass die Halbheit in der Philosophie zu nichts führt. *Tusc.* 2, 1. Die Volksfreunde verachteten ganz die aristokratische Bildung. Marius sagt bei Sallust. *bell. Jug.* 85, 32: *Neque litteras Graecas didici — quippe quae ad virtutem doctoribus nihil profuerunt.* Vgl. Bernhardy R. L. G. S. 56 Anm. 35.

4) Die ersten Bibliotheken, welche es in Rom gab, waren griechische. Aemilius Paulus hatte schon griechische Bücher aus Macedonien mitgebracht (Plut. *Aem. P.* 28. Isidor. *or.* 6, 5, 1), hernach Sulla aus Athen (Strabo 13, p. 609. Plut. *Sull.* 26), Lucull aus Asien (Isidor. *or.* 6, 5. Plut. *Luc.* 42). Atticus hatte eine Bibliothek (Cic. *ad Att.* 1, 10, 4; 4, 14, 1), die wenigstens

Lehrer der *artes liberales* gesucht und geehrt,[1]) über den ganzen Umfang der westlichen Provinzen verbreitete sich griechische Bildung;[2]) aber der Geschmack in Poesie und Beredsamkeit, nunmehr sich befestigend durch die in Mode gekommenen Recitationen[3]) und die in den Rhetorenschulen gleichmässig eingeführte Uebung in Suasorien und Controversen,[4]) so wie der erweiterte Kreis der Schulbildung[5]) (ἐγκύκλιος παιδεία), zu der namentlich auch Musik und Geometrie gehörte,[6]) blieb immer

---

theilweise griechisch war (ib. 13, 31, 2; 32, 2), so auch M. Cicero, sowohl in seinem Tusculanum, als seinem Cumanum (Drumann Gesch. Roms VI S. 389. 391. 393), ebenso Q. Cicero (Cic. *ad Q. fr.* 3, 4, 5). Caesar liess durch Varro *bibliothecas Graecas et Latinas* sammeln. Suet. *Caes.* 44. In gleicher Weise waren die seit Augustus eingerichteten öffentlichen Bibliotheken für beide Sprachen bestimmt, nämlich:

1. die des Asinius Pollio *in atrio Libertatis* (Becker Topographie S. 460), *Graeca* und *Latina* Isidor. *or.* 6, 5, 2. Ovid. *trist.* 3, 1, 71. Plin. *n. h.* 7, 115; 35, 10.
2. die Bibl. *in porticu Octaviae* s. Becker Topogr. 611 ff. Suet. *de gr.* 21. Dio Cass. 49, 43. Plut. *Marcell.* 30. Ein *Laryx de porticu Octav. bybliothe. Graec.* und zwei *vilici a bibliotheca Octaviae latin(a)* in den Columbarieninschriften *C. I. L.* VI, 4431—4435. vgl. 5192 = Or.-Henzen 6270 ff.
3. *bibl. Palatina* s. Becker Topogr. S. 426, ebenfalls *Latina Graecaque* Suet. *Aug.* 29. Ein *ab bybliothece graeca templi Apollinis C. I. L.* VI, 5188 = Or.-Henzen 6307; *a bybliothece latina Apollinis C. I. L.* VI, 5189 (Or.-Henzen 6306). 5191.
4. *bibl. domus Tiberianae* Becker Topogr. S. 429, dazu Suet. *Tib.* 74. Fronto *ep. ad M. Caes.* 4, 5, p. 68 Naber.
5. *bibl. Pacis*, von Vespasian gestiftet. Becker Topogr. S. 437.
6. *bibl. Ulpia* oder *bibl. templi Traiani*. Becker Topogr. S. 380. Sie heisst auch *utraque bibliotheca* d. h. *Graeca et Latina* Sidon. Ap. *ep.* 9, 16 p. 612 Savar.

In der späteren Kaiserzeit gab es in Rom 28 öffentliche Bibliotheken (Preller Die Regionen der Stadt Rom S. 219) und eine Bibliothek gehörte zur gewöhnlichen Einrichtung jeder Villa. Paulli *sent.* 3, 6, 51: *Instructo fundo legato libri quoque et bibliothecae, quae in eodem fundo sunt, legato continebuntur.* Martial. 7, 17. Sidon. Apoll. *ep.* 2, 9; 8, 4. Bei Petron. 48 sagt Trimalchio: *Tres* [so die Hs.] *bibliothecas habeo, unam Graecam, alteram Latinam.* Sidonius *epist.* 4, 11 erwähnt dagegen wirklich eine dreifache Bibliothek des Claudianus, *Romana, Attica, Christiana.* Vgl. 4. Abschn. II f.

1) Suet. *Caes.* 42: *liberalium artium doctores, quo libentius et ipsi urbem incolerent et ceteri appeterent, civitate donavit.* Vespasian setzte ihnen bekanntlich ein Gehalt aus. Suet. *Vesp.* 18. Euseb. *chron. ad Ol.* 216. S. hierüber Staatsverwaltung II² S. 106.

2) Bernhardy G. d. R. L. S. 72 ff.

3) Bernhardy a. a. O. S. 282 Anm. 190.

4) Bernhardy a. a. O. S. 83 Anm. 60.

5) Den Gegensatz zu der ἐγκύκλιος παιδεία bilden die *artes liberales*, Seneca *ep.* 88, 23; indess wird die Grenze der Lehrobjecte in beiden verschieden festgestellt. Quintilian 1, 10 rechnet die Grammatik zu den Objecten der ἐγκύκλιος παιδεία; dagegen Ulpian. *Dig.* 50, 13, 1 pr. definirt: *Liberalia autem studia accipimus, quae Graeci ἐλευθέρια μαθήματα appellant; rhetores continebuntur, grammatici, geometrae.* So auch Seneca a. a. O.

6) Quint. a. a. O. So hatte z. B. M. Antoninus zu Lehrern zuerst einen

ein Vorzug der höheren Stände, ohne Einfluss auf das Volk zu gewinnen,[1]) bis in der zweiten Periode der Kaiserzeit, etwa seit Hadrian, die liberalen Studien, sich auf einen immer kleineren Kreis concentrirend, ein ausschliessliches Eigenthum der für den Beamten- und Gelehrtenstand erzogenen Fachmänner wurden.[2]) Wenn so wenigstens in wissenschaftlicher Beziehung für einen Theil der Nation im Beginne der Kaiserzeit eine Vermittelung griechischer und römischer Bildungselemente erreicht wurde, ist das eigentliche Princip der harmonischen Erziehung der Griechen niemals bei den Römern völlig zur Anerkennung gekommen. Gymnastik, Musik und Orchestik der Griechen lernten die Römer zu einer Zeit kennen, als nach dem Untergange der hellenischen Freiheit diese Künste, auf deren Uebung die politische Weisheit der alten Zeit die gesunde und gedeih-

---

litterator, dann einen *comoedus*, einen *musicus* und *geometra*, dann einen *grammaticus Graecus* und mehrere *grammatici Latini*, dann *oratores Graeci et Latini*. Capitolin. *M. Ant. phil.* 2. Noch Cicero *Tusc.* 1, 2, 4 hatte als Unterschied der römischen und griechischen Erziehung hervorgehoben, dass zu der letzteren Musik und Geometrie gehöre, und von der letzteren gesagt: *In summo apud illos honore geometria fuit. — At nos metiendi ratiocinandique utilitate huius artis terminavimus modum.*

1) Wie die wissenschaftlichen Entdeckungen für das Volk verloren waren, möge ein Beispiel zeigen. Im J. 586 = 168 hatte bereits ein Römer eine Mondfinsterniss berechnet und das römische Heer von der Furcht davor befreit Plin. *n. h.* 2, 53; im Jahr 14 n. Chr. war dennoch eine Mondfinsterniss für drei römische Legionen, welche aus Bürgern bestanden, ein unerklärliches und furchterregendes Ereigniss. Tac. *ann.* 1, 28.

2) Dies entwickelt Bernhardy R. L. G. S. 86 § 17. Von den Alten hat niemand diesen Gegensatz zwischen dem Manne der Wissenschaft und dem in materiellem Leben aufgehenden Römer der höheren Stände, wie er sich erst damals herausstellte, treffender geschildert als Galen. In der Schrift *de constitutione artis medicae*, Vol. I p. 243 ff. Kühn, sagt er von sich selbst, er suche in nichts den Ruhm vor Menschen, sondern in Allem die Wahrheit allein. Zu dieser könne aber nur gelangen, wer erstens gute Anlagen, zweitens guten Unterricht, namentlich in der Mathematik habe, drittens Ausdauer besitze, so dass er Tag und Nacht an nichts denke als an seine Wissenschaft, endlich wer mit ganzer Hingebung nach Wahrheit trachte, mit Hintansetzung alles dessen, wonach die Masse strebt. Im Gegensatz dazu führt er in der *methodus medendi* 1, 1 (Vol. X p. 2 ff.) aus, es gebe zu seiner Zeit fast niemand, der auf diese Wahrheit ausgehe, sondern Geld, Macht und unersättliche Vergnügungssucht herrsche. Das Vorhandensein der Weisheit, d. h. der Erkenntniss göttlicher und menschlicher Dinge leugne man geradezu; die Medicin, Geometrie, Rhetorik, Arithmetik, Musik lasse man gelten, aber mit gehöriger Beschränkung auf den praktischen Nutzen. Des Morgens geht man zur Salutatio, dann auf das Forum oder zu Tänzern und Kutschern, Würfelspiel, Liebschaften, Bad, Trinken und Essen, Abends wieder zum Symposion, bei welchem keine Musik, keine geistige Unterhaltung statt findet, sondern nur gegessen und bis zur Trunkenheit gezecht wird. Das sind die Beschäftigungen der höheren Stände.

liche Entwickelung des Staates gegründet hatte,[1]) ihrer ursprünglichen Bestimmung beraubt, nicht mehr getragen von einem grossen Gedanken, als Sache der Gewohnheit, Unterhaltung oder Epideixis ihrem Verfalle entgegengingen. Wie in der litterarischen Thätigkeit der Römer der Erfolg der Nachahmung nicht bloss von der Anlage, die sie mitbrachten, abhing, sondern ebenso von der stärkeren oder schwächeren Anregung, die sie durch die classischen Vorbilder alter Zeit oder durch die unmittelbare Einwirkung der Zeitgenossen erhielten,[2]) so war es auch bei ihrem Bekanntwerden mit der griechischen Gymnastik entscheidend, dass sie diese nicht in der Blüthe ihrer Entwickelung, sondern in einer Hinneigung zu athletischer Kunstfertigkeit[3]) und sittlicher Zügellosigkeit antrafen, welche erkennen liess, dass dies Erziehungsinstitut sich bereits überlebt habe. Sie liessen sich daher die Athleten gefallen, wie die Schauspieler und Mimen, als einen Gegenstand der Unterhaltung, bei dem sie Zuschauer waren;[4]) allein ihre Kinder in die Palaestra zu schicken, hielt alle, in welchen noch ein Andenken des *mos maiorum* vorhanden war, ein dreifacher Grund ab: die nach römischem Gefühl unanständige Nacktheit der Uebenden, die Gefahr der Corruption der Knaben und das müssige Herumtreiben der Jugend wie der Zuschauenden[5]) auf den Uebungs- Gymnastik.

1) Die Stellen der Griechen über die Bedeutung der Orchestik für Cultur und Erziehung s. bei Krause Gymnastik und Agonistik der Hell. II S. 807 ff.

2) Dass die Römer z. B. in der Philosophie verhältnissmässig wenig geleistet haben, mag einerseits in ihrer Anlage begründet sein; andererseits war es gewiss von Einfluss, dass sie, statt den Plato und Aristoteles zu studiren, bei ihren Zeitgenossen Anleitung suchten, aus welcher sie zwar formelle Bildung, nicht aber einen begeisternden Antrieb zu eigener speculativer Thätigkeit mitbrachten.

3) Dies bemerken die Alten selbst oftmals, Diogenes der Cyniker bei Diog. Laert. 6, 30. Euripides *fr. Autol.* 284 Nauck. Aristoteles *polit.* 8, 3, 4; 4, 1. Vgl. Krause Agon. II S. 645 ff.

4) Athletenspiele werden zuerst erwähnt 568 = 186. Liv. 39, 22. Faustkampf, Ringen und Wettlauf kommen allerdings viel früher vor, aber als einheimische Wettkämpfe. Friedlaender in Staatsverwaltung III S. 504. Es findet sich ausnahmsweise, dass Römer sich activ bei griechischen Kampfspielen betheiligen, wie z. B. Ol. 177 = 72 in Olympia ein Römer Gaius im δόλιχος siegte (Phot. *Bibl.* p. 83b, 38 Bekk.), aber in Rom selbst geschah dies erst seit Nero; denn darauf geht Sueton. *Nero* 12: *Instituit et quinquennale certamen primus omnium Romae more Graeco triplex, musicum gymnicum equestre.* Der *mos Graecus* und das *primus* bezieht sich auf den Umstand, dass in diesen Spielen nicht bezahlte Leute, sondern anständige Personen, wie in Griechenland um den Preis kämpften und unter diesen auch Römer. Tac. *ann.* 14, 20. Vgl. Friedlaender Darst. II[5] S. 436.

5) Seneca *de br. vit.* 12, 2: *Illum tu otiosum vocas, — qui in ceromate*

plätzen, ein Uebel, das der Nutzen einer nicht auf einen praktischen Zweck berechneten allgemeinen Körperbildung aufzuwiegen nicht geeignet schien.[1]) Nicht anders war es mit der Musik und Orchestik. Die erste kam allerdings zu einer gewissen Geltung im Cultus, seitdem der durch die sibyllinischen Bücher eingeführte *Graecus ritus*[2]) bei den Festen des Apollo und den Supplicationen die Betheiligung der vornehmen Jugend bei der Ausführung der Gesänge veranlasste,[3]) womit wohl zunächst zusammen hängt, dass seit dem zweiten punischen Kriege auch anständige Jünglinge und Jungfrauen im Singen und Tanzen Unterricht nehmen;[4]) später erhält wenigstens die Musik ihre

Musik und Orchestik.

(*nam, pro facinus, ne Romanis quidem vitiis laboramus*) *sectator puerorum rixantium sedet?* *Ceroma* ist ein Theil des Ringplatzes. Krause Agon. I S. 106.

1) Cic. *Tusc.* 4, 33, 70. *de rep.* 4, 4. Bei der Einsetzung der Neronischen Spiele lässt Tacitus *ann.* 14, 20 die Leute urtheilen: *spectaculorum quidem antiquitas servaretur, quotiens praetores ederent, nulla cuiquam civium necessitate certandi. ceterum abolitos paulatim patrios mores funditus everti per accitam lasciviam, ut, quod usquam corrumpi et corrumpere queat, in urbe visatur, degeneretque studiis externis iuventus, gymnasia et otia et turpes amores exercendo. — — quid superesse, nisi ut corpora quoque nudent et caestus adsumant, easque pugnas pro militia et armis meditentur?* Ebenso urtheilt Seneca *ep.* 88, 18: *aeque luctatores et totam oleo ac luto constantem scientiam expello ex his studiis liberalibus.* Plut. *q. R.* 40, p. 338 Dübn.: τὸ γὰρ ξηραλοιφεῖν ὑφεωρῶντο Ῥωμαῖοι σφόδρα, καὶ τοῖς Ἕλλησιν οἴονται μηδὲν οὕτως αἴτιον δουλείας γεγονέναι καὶ μαλακίας, ὡς τὰ γυμνάσια καὶ τὰς παλαίστρας, πολὺν ἄλυν καὶ σχολὴν ἐντεκούσας ταῖς πόλεσι καὶ κακοσχολίαν καὶ τὸ παιδεραστεῖν καὶ τὸ διαφθείρειν τὰ σώματα τῶν νέων ὕπνοις καὶ περιπάτοις καὶ κινήσεσιν εὐρυθμοῖς καὶ διαίταις ἀκριβέσιν, ὑφ' ὧν ἔλαθον ἐκρυέντες τῶν ὅπλων καὶ ἀγαπήσαντες ἀνθ' ὁπλιτῶν καὶ ἱππέων ἀγαθῶν εὐτράπελοι καὶ παλαιστρῖται καὶ καλοὶ λέγεσθαι.

2) Staatsverwaltung III S. 180 ff.

3) Bei den Supplicationen, die *more Graeco* gehalten wurden, sangen drei mal neun Jungfrauen ein Lied (Staatsverwaltung III S. 181 Anm. 4); dies wird schon 547 = 207 erwähnt Liv. 27, 37, in welchem Jahre Livius Andronicus das Lied gedichtet hatte, nachher öfters; es sind dies offenbar römische Jungfrauen, wie bei Horaz *virginum primae puerique claris patribus orti* als Sänger der Festlieder erwähnt werden. Hor. *od.* 4, 6, 31. 32; 1, 25 und *carm. saec.* 5 ff. und noch später unter Caligula Suet. *Cal.* 16. Ueber den Gebrauch der Leier (*fides*) bei Cultushandlungen s. Mommsen R. G. I S. 222.

4) Macrob. *sat.* 3, 14, 4: *Ecce enim, ut ab illo ordiar tempore, quod fuit optimis moribus, inter duo bella Punica* (d. h. zwischen dem 2. und 3. Kriege), *ingenui, quid dicam ingenui, filii senatorum in ludum saltatorium commeabant. — Taceo quod matronae etiam saltationem non inhonestam putabant: sed inter probas quoque earum erat saltandi cura, dummodo non curiosa usque ad artis perfectionem. Quid enim ait Sallustius: Psallere saltare elegantius quam necesse est probae? adeo et ipse Semproniam reprehendit, non quod saltare, sed quod optime scierit. Nobilium vero filios et, quod dictu nefas est, filias quoque virgines inter studiosa* (lies *studia*) *numerasse saltandi meditationem testis est Scipio Africanus Aemilianus, qui in oratione contra legem iudiciariam Ti. Gracchi sic ait.* Es folgt eine Stelle, in welcher Scipio erzählt, er habe einen *ludus saltatorius* besucht, in welchem 50 Knaben und Mädchen getanzt hätten, darunter ein *puer bullatus.* Tänze der Priester gehören bekanntlich zum altrömischen Cultus

Stelle unter den Gegenständen der ἐγκύκλιος παιδεία,[1]) allein beides, Gesang und Tanz, ist niemals ein wesentliches und wirksames Bildungsmittel in Rom geworden. Es galt ebenfalls für eine Unterhaltung,[2]) an der man sich zuschauend und zuhörend erfreute, aber sich activ zu betheiligen immer Bedenken trug, wenn man für seinen Ruf zu sorgen für gut fand.[3])

Hätte Augustus, der in so harter Weise in das Recht der Familie eingriff, um einen Halt in die Entartung der Zeit zu bringen, der Erziehung der künftigen Generation seine Aufmerksamkeit zugewendet, so würde es ihm vielleicht möglich gewesen sein, aus den ursprünglichen, gesunden Erziehungsinstituten der Griechen ein auf die Heranbildung der römischen Jugend anwendbares Princip zu gewinnen; wie damals das Griechenthum war, konnte es zwar noch in aller Kunst zu reizender Unterhaltung und feinem Genusse die Mittel liefern, aber für die Erhaltung der sittlichen Kraft in Rom keine Hülfe sein. Es war nur eine andere und zuweilen noch falschere Richtung, welche die Freunde des griechischen Lebens einschlugen; sie führte auf neue Gegensätze und neue Abwege. Kinderzucht der Kaiserzeit.

Die mütterliche und väterliche Erziehung, an welche die römische Jugend gewiesen war, wurde schon am Ende der Republik, als die sittlichen Familienbande sich immer mehr lösten,

---

(Quint. *inst.* 1, 11, 18. Serv. *ad V. Buc.* 5, 73), hier aber handelt es sich um griechische Tanzkunst, in der ein griechischer Lehrer unterrichtete; denn der erste römische Tanzlehrer kommt erst unter Augustus vor. Plin. *n. h.* 7, 159.

1) Quint. *inst.* 1, 10. Seneca *ep.* 88, 9. Zu der Erziehung im kaiserlichen Hause gehörte die Musik, wie mehrmals berichtet wird, z. B. von Titus Suet. *Tit.* 3.

2) Auch bei den Griechen hatte die Musik ihre alte Geltung eingebüsst. Aristot. *polit.* 8, 2, 3: νῦν μὲν γὰρ ὡς ἡδονῆς χάριν οἱ πλεῖστοι μετέχουσιν αὐτῆς· οἱ δ' ἐξ ἀρχῆς ἔταξαν ἐν παιδείᾳ.

3) Noch vom Kaiser Alexander Severus sagt Lampridius *A. S.* 27: *cantavit nobiliter, sed nunquam alio conscio, nisi pueris suis testibus. — Lyra, tibia, organo cecinit: tuba etiam, quod quidem imperator nunquam ostendit.* Es ist dies noch immer der Grundsatz, den Nepos *Epam.* 1, 2 ausspricht: *Scimus enim, musicen nostris moribus abesse a principis persona, saltare vero etiam in vitiis poni. Quae omnia apud Graecos et grata et laude digna ducuntur.* Während Socrates bei Xenophon *symp.* 2, 15—19 den Tanz lobt und sich rühmt, als alter Mann noch an der Uebung des Tanzes Freude zu haben, gilt bei den Römern die *saltatio* als *ministra voluptatis* (Cic. *de off.* 1, 42, 150). *Nemo fere saltat sobrius, nisi forte insanit,* sagt Cic. *pro Mur.* 6, 13 und ähnlich äussert er sich *de off.* 3, 19, 75; 24, 93. *in Pison.* 10, 22. *in Cat.* 2, 10, 23. *pro Deiot.* 9, 26. So klagt auch Seneca *contr.* 1 *praef.* 8, p. 49 Burs.: *Torpent ecce ingenia desidiosae iuventutis — cantandi saltandique obscena studia effeminatos tenent,* und Hor. *od.* 3, 6, 21: *Motus doceri gaudet ionicos Matura virgo.*

ebenso verderblich, als sie ehedem förderlich gewesen war,[1]) aber die griechische Wärterin[2]) und der griechische Paedagogus, die nun theilweise an die Stelle der Eltern traten, waren eine neue Gefahr für das Kind, das im Umgang mit Sclaven und häufig mit schlechten Sclaven heranwuchs.[3]) Die alte Kinderzucht war einfach und bäuerlich gewesen; sie genügte der Zeit nicht mehr, aber die neue setzte an die Stelle derselben eine raffinirte Verweichlichung;[4]) das Kind lag in Purpur gewickelt, wurde in Wiegen geschaukelt,[5]) mit Näschereien gefüttert, in einer Sänfte umhergetragen[6]) und mit zierlichem Spielzeug versehen, wie es die geschmackvolle Fabrication der späteren Zeit lieferte;[7]) in die Knabenspiele fand neben dem alten und bewährten Ball- und Knöchel- und Nüssespiel[8]) auch der griechische Reif und das Würfelspiel Eingang;[9]) es war daher wohl

1) Quintil. *inst.* 1, 2, 6—8: *Utinam liberorum nostrorum mores non ipsi perderemus! — — Nostras amicas, nostros concubinos vident: omne convivium obscenis canticis strepit: pudenda dictu spectantur. Fit ex his consuetudo, deinde natura.* Zu diesen Sätzen giebt die Ausführung Juven. 14, 1—55.

2) Ueber die verderbliche Wirkung der Amme handelt ausführlich Gell. 12, 1.

3) Tacit. *dial.* 29: *at nunc natus infans delegatur Graeculae alicui ancillae, cui adiungitur unus aut alter ex omnibus servis plerumque vilissimus nec cuiquam serio ministerio accommodatus. horum fabulis et erroribus teneri statim et rudes animi imbuuntur: nec quisquam in tota domo pensi habet quid coram infante domino aut dicat aut faciat.* Auch bei den Griechen kam es oft vor, dass, wenn man einen Sclaven zu keinem Geschäfte brauchbar fand, man ihn zum Paedagogen machte. Plut. *de lib. educ.* 7, p. 4 Dübn. und mehr bei Krause Gesch. der Erz. S. 403 ff.

4) Quint. *inst.* 1, 2, 6. 7.

5) Galen. *de sanit. tuend.* 1, 8, Vol VI p. 37 Kühn. Vgl. S. 89 A. 1.

6) Quintil. l. l.

7) Hieher gehören die Puppen, *pupae* und *pupi*, über welche O. Jahn *ad Pers.* p. 139 das Material giebt. Vgl. Lactant. 2, 4, 13: *pupas, non a virginibus, quarum lusibus venia dari potest, sed a barbatis hominibus consecratas; crepundia* von Gold und Silber, schon bei Plautus *Rud.* 1154—1170 beschrieben; Peitschen, Glöckchen, Klappern, Buchstaben von Elfenbein, Kindergeschirr zum Essen und Trinken, und viele andere Gegenstände, welche aus den Gräberfunden von Raoul Rochette *3me Mém. sur les Antiquités Chrét. des Catacombes* in *Mém. de l'Acad. des Inscr.* XIII (1838) p. 623—633. p. 726 zusammengestellt sind. Die in Pompeji gefundene Terracottagruppe, zwei Männer, ein Kind in einer Sänfte tragend, abgebildet bei Niccolini *Le case ed i monum. di Pomp.* vol. I, *casa di Lucrezio* t. IV n. 2 gehört, wie viele andere Terracotten, zum Kinderspielzeug.

8) Von diesen Spielen wird weiter unten gehandelt werden.

9) Hor. *od.* 3, 24, 54:

nescit equo rudis
Haerere ingenuus puer,
Venarique timet, ludere doctior,
Seu graeco iubeas trocho
Seu malis vetita legibus alea.

eine Berechtigung vorhanden, wenn verständige Eltern wenigstens für die reifere Jugend an der alten Methode der Leibesübungen am zähesten festhielten, welche nicht nur auf Gewandtheit und Schönheit, sondern vornehmlich auf Abhärtung und Ausdauer für den Zweck des Kriegsdienstes berechnet war.[1]) Laufen,[2]) Springen,[3]) Ringen,[4]) Faustkampf ohne künstlichen Apparat,[5]) Speerwerfen und Waffenübung,[6]) Reiten[7]) und Schwimmen[8]) blieben bis in die Kaiserzeit hinein die anerkannten Mittel körperlicher Ausbildung, zu welcher die

---

Trochus, τροχός oder κρίκος, ist ein eiserner oder kupferner Reif, der mit einem schlüsselartig gekrümmten Stabe, ἐλατήρ, *clavis adunca* Propert. 4, 14, 6, getrieben wird. Das Spiel heisst κρικηλασία. Siehe Krause Gymn. u. Agonistik der Hell. I S. 319; II S. 901 taf. IX^b fig. 25n; taf. XXIV fig. 24.

1) Auch Horaz ist dieser Ansicht. *od.* 3, 24, 52: *tenerae nimis Mentes asperioribus Formandae studiis.* Vgl. 3, 2, 1—6.

2) Der Wettlauf ist eine altrömische Uebung. Dionysius 7, 73. Cic. *de leg.* 2, 15, 38. Vom Papirius Cursor sagt Liv. 9, 16, 13: *victorem cursu omnium aetatis suae fuisse ferunt.* Er war überhaupt ein Muster römischer Körperbildung, *invicti ad laborem corporis.* Ueber die spätere Zeit s. Hor. *od.* 3, 12, 9. Seneca *ep.* 15, 4. Veget. 1, 9.

3) Veget. 1, 9. Seneca *ep.* 15 eifert gegen den grossen Zeitaufwand, den die Leibesübungen erfordern und gegen die dadurch entstehende geistige Erschlaffung. Dann sagt er 4: *Sunt exercitationes et faciles et breves — cursus et saltus vel ille, qui corpus in altum levat, vel ille, qui in longum mittit, vel ille, ut ita dicam, saliaris aut — fullonius.* Er meint das *tripudium*, einen Aufsprung ohne Ortsveränderung.

4) Verg. *Ge.* 2, 531. vgl. *Aen.* 3, 281. Die *luctatio* kam auch in den *ludi publici* vor. Dionys. 7, 73. Cic. *de leg.* 2, 15, 38.

5) Plut. *Cat. mai.* 20. Hor. *od.* 3, 12, 8. Der altitalische Faustkampf (Dionys. 7, 73. Liv. 1, 35) wird noch unter Augustus bei öffentlichen Spielen neben dem griechischen erwähnt. Suet. *Aug.* 45. Auch Cic. *de leg.* 2, 15, 38 zählt unter den *ludi publici* auf: *cursus, pugilatio, luctatio, curricula equorum.*

6) Horat. *od.* 1, 8, 12. Verg. *Georg.* 2, 530. Silius Ital. *Pun.* 16, 558ff. Der Kaiser Commodus war berühmt im Speerwerfen. Herodian. 1, 15, 3—6. Im Allgemeinen Seneca *ep.* 88, 19: *an liberale studium istuc esse iuventuti nostrae credimus, quam maiores nostri rectum exercuerunt, hastilia iacere, sudem torquere, equum agitare, arma tractare?* Zu den Waffenübungen, welche oft erwähnt (Hor. *od.* 1, 8, 10) und ausführlich besprochen werden von Vegetius (1, 1: *nulla enim alia re videmus populum R. orbem subegisse terrarum, nisi armorum exercitio*), gehörte die Uebung mit dem *vectis*, einem schweren Knüttel, der die Stelle des Schwertes vertrat. Veget. 1, 9: *De exercitio Cn. Pompeii Magni Sallustius memorat: Cum alacribus saltu, cum velocibus cursu, cum validis vecte certabat.* Vgl. zur Erklärung der Sache 1, 11. 12; 3, 4. Solche Knüttel (*clavae*) trugen die Trossknechte. Festi *ep.* p. 62: *Calones militum servi dicti, quia ligneas clavas gerebant, quae Graeci κᾶλα vocant.* Vgl. p. 45 s. v. *cacula.* Servius *ad Aen.* 6, 1. Bei diesen Vorübungen kam es darauf an, die Kraft zu stärken, daher eine *sudes* schwerer ist als ein Speer, ein *vectis* schwerer als der *gladius* (Veget. 1, 14).

7) Plut. *Cat. mai.* 20. Hor. *od.* 1, 8, 6; 3, 7, 25. 12, 8. 24, 54. Statius *silv.* 5, 2, 113. Veget. 1, 18.

8) Plut. *Cat. mai.* 20. Hor. *od.* 1, 8, 8; 3, 7, 28. 12, 7. Maximiani *eleg.* 1, 37 bei Baehrens *P. L. M.* V p. 318. Veget. 1, 3; 1, 10.

bessere Jugend noch immer auf dem Marsfelde zusammen kam; [1]) von den Griechen nahm man nichts hinzu als den Discus, [2]) während die Palaestra, welche ihre erste Benutzung in Rom als Vorbereitung zum Bade für alle Altersklassen gefunden hatte, [3]) mehr in der Diätetik [4]) als in der Erziehung zur Anwendung kam [5]) und für die Jugend fortdauernd als verderblich betrachtet wurde. [6])

---

1) Veget. 1, 10: *Ideoque Romani veteres, quos tot bella et continuata pericula ad omnem rei militaris erudierant artem, campum Martium vicinum Tiberi delegerunt, in quo iuventus post exercitium armorum sudorem pulveremque dilueret ac lassitudinem cursus natandi labore deponeret.* Strabo 5 p. 236. Horat. *od.* 1, 8, 4; 3, 7, 26. Stat. *silv.* 5, 2, 113 und sonst oft. Vgl. Becker Topogr. S. 631.

2) Ueber den Discus s. Krause Agonistik I S. 439—465. Als römische Uebung erwähnen das Discuswerfen Hor. *od.* 1, 8, 11. *sat.* 2, 2, 13. *a. p.* 380. Martial. 14, 164.

3) Ein Gymnasium oder eine Palaestra hatte man auf den Landsitzen schon zu Cicero's Zeit, aber zum Privatgebrauche. Cic. *ad Att.* 1, 8. 9. 10; *in Verr. accus.* 5, 72, 185: *Mercuri, quem Verres in domo et in privata aliqua palaestra posuit.* Varro *de r. r.* 2 pr. 2 erklärt auch das für eine Verweichlichung, die erst eintrat, als die Römer aufhörten, sich mit Ackerbau zu beschäftigen. Bäder gehörten auch in Griechenland zu den Gymnasien, aber sie dienten ursprünglich nur zur Reinigung des Leibes nach der Uebung. In späterer Zeit, und namentlich in Rom, ist das Bad die Hauptsache, das Gymnasium aber ein Theil des Bades. Krause Agon. I S. 93—95. Noch Vitruv. 5, 11, 1 sagt, die *palaestrae* seien nicht *Italicae consuetudinis.* Nero scheint der erste gewesen zu sein, der zum Behuf der Neronischen Spiele ein Gymnasium baute, Tac. *ann.* 14, 47. Suet. *Nero* 12; aber auch dies stand mit den *thermae Neronianae* in Verbindung. Becker Topographie S. 684.

4) S. Krause Agon. I S. 376. 377.

5) Wenn Strabo 5 p. 236 sagt, das Marsfeld sei voll von der Menge τῶν σφαίρᾳ καὶ κρίκῳ καὶ παλαίστρᾳ γυμναζομένων, so ist dies gewiss von nackten Uebungen zu verstehen, wie man aus Hor. *od.* 1, 8, 8; 3, 12, 7 und anderen Stellen, namentlich der Aerzte, ersieht. Auch werden oft einzelne Uebungen erwähnt, wie der Gebrauch der Hanteln, ἁλτῆρες (Sen. *ep.* 15, 4: *cum aliquo pondere manus motae*), über welche ausführlich handelt Krause Agon. I p. 387 ff. II, 907 ff., und der Ringkampf Sen. *ep.* 88, 18.

6) Der ursprüngliche Zweck der Leibesübungen der Römer, die Vorbereitung für den Kriegsdienst, war nach der seit Augustus eingetretenen Umgestaltung des Heerwesens und Beschränkung der Aushebung in Italien (Staatsverwaltung II S. 521) wenigstens für die Masse der Bevölkerung nicht mehr vorhanden; nur die, welche eine militärische Laufbahn vor sich hatten, hielten noch an der alten Methode fest, wie noch Alexander Severus, von dem Lampr. *Al. S.* 3 sagt: *a prima pueritia artibus bonis imbutus, tam civilibus, quam militaribus: ne unum quidem diem sponte sua transire passus est, quo se non et ad litteras et ad militiam exerceret.* Man trieb jetzt Gymnastik, um eine frische Farbe zu haben (Cic. *de off.* 1, 36, 130), gut zu schlafen (Hor. *sat.* 2, 1, 8), mit Appetit zu essen, und mit Vergnügen zu baden, während zum Kriegsdienst erfordert wird eine *iuventus balnearum nescia.* Veget. 1, 3. Für solche Zwecke wurde die Palaestra nützlich befunden, galt aber nunmehr als eine Schule der Verweichlichung und Sittenlosigkeit. Noch Traian sagt bei Plin. *ep.* 10, 40: *Gymnasiis indulgent Graeculi;* Seneca *ep.* 88, 18 stellt die Ringer mit den Köchen zusammen, welche beide den Leib mästen und die Seele verkümmern

Als die Grenze der gewöhnlichen Jugendbildung gilt das vollendete 17. Jahr, mit welchem das Mannesalter (*iuventus*) und die Verpflichtung zum Kriegsdienste beginnt.[1]) Gab es auch Beispiele, dass strebsame junge Männer, um sich litterarisch auszubilden, den rhetorischen Unterricht in Rom fortsetzten, oder sich zu ihrer weiteren Ausbildung nach Griechenland begaben,[2]) so waren dies doch Ausnahmen, die erst in der letzten Zeit der Republik vorkamen, und man kann annehmen, dass in der Regel die Erziehung mit Vollendung des 17. Jahres beendigt war. Allein auch die Zeit bis zu diesem Termine zerfällt, wenigstens am Ende der Republik, wieder in zwei Entwickelungsstufen, das Knabenalter und das *tirocinium*.[3]) Hatte nämlich der Knabe

Austritt aus dem Kindesalter.

---

lassen. Ueber die Anschauungen der Römer in Betreff der Schädlichkeit der Palaestra s. oben S. 118 Anm. 1; vergl. Plut. *Cato mai.* 20.

1) Sowohl diese als die folgenden Altersbestimmungen sind vielfach bestritten. Becker Handbuch Th. II, 1 S. 215 nimmt das beginnende 17. Jahr, Mommsen R. G. I S. 93 das laufende 17. Jahr an. In der Praxis ist, wie die gleich anzuführenden Stellen zeigen, nach Bedürfniss verfahren worden; aber in der Vorschrift, auf die es hier darum ankommt, weil die weiter unten zu besprechenden Altersstufen mit derselben ebenfalls zusammenhängen, war, wie Huschke Verf. des Serv. Tull. S. 143 richtig urtheilt, das vollendete 17. Jahr bezeichnet, das auch vom Praetor gefordert wird von dem, der bei ihm postuliren will. Gell. 10, 28: *Tubero — scripsit, Servium Tullium — pueros esse existimasse, qui minores essent annis septem decem, atque inde ab anno septimo decimo — milites scripsisse.* Dies erklärt sprachlich Ulpian. *Dig.* 3, 1, 1 § 3: *Initium autem fecit Praetor ab his, qui in totum prohibentur postulare. In quo edicto aut pueritiam aut casum excusavit. Pueritiam, dum minorem annis decem et septem, qui eos non in totum complevit, prohibet postulare.* Liv. 22, 57, 9: *iuniores ab annis septemdecim — scribunt.* 25, 5, 8: *Tribuni plebis, si iis videretur, ad populum ferrent, ut, qui minores septem et decem annis sacramento dixissent, iis perinde stipendia procederent, ac si septem et decem annorum aut maiores milites facti essent.* Plut. *C. Gr.* 5: καὶ νεώτερον ἑπτὰ ἐτῶν καὶ δέκα μὴ καταλέγεσθαι στρατιώτην. *Cat. mai.* 1: φησὶ γὰρ αὐτός, ἑπτακαίδεκα γεγονὼς ἔτη τὴν πρώτην στρατεύσασθαι στρατείαν. Will man neben diesen Stellen die Annahme Becker's und Mommsen's, dass die Verpflichtung zum Kriegsdienste 30 Jahre, nämlich vom vollendeten 16. bis vollendeten 46. gedauert habe, aufrecht erhalten, so muss man das *tirocinium*, für welches, wie wir sehen werden, ein Jahr, und zwar ursprünglich das 17. bestimmt war, in diese 30 Jahre einrechnen.

2) Bernhardy R. L. G. S. 61. Friedlaender II[5] S. 72f.

3) *Tirocinium fori* oder *tirocinium militiae* ist zunächst die ganze Zeit zwischen der Annahme der *toga virilis* und dem Eintritt in die militärische Laufbahn oder die öffentliche Thätigkeit überhaupt, und zwar ist dies *tirocinium* in der Republik auf ein Jahr angesetzt. Cic. *pro Cael.* 5, 11: *Nobis quidem olim annus erat unus ad cohibendum brachium toga constitutus et ut exercitatione ludoque campestri tunicati uteremur, eademque erat, si statim mereri stipendia coeperamus, castrensis ratio ac militaris.* Von jemandem, der seine erste Rede hielt, sagt man daher *tirocinium ponit.* Liv. 45, 37, 3. Zweitens bedeutet aber *tirocinium fori* den Beginn dieser Zeit selbst, d. h. die *deductio in forum* nach Anlegung der *toga virilis* Suet. *Aug.* 26. *Tib.* 54. *Cal.* 10.

die körperliche Reife (*pubertas*) erreicht, so trat er durch einen feierlichen religiösen Act,[1]) zu welchem ein besonderes Fest, die *Liberalia*,[2]) am 17. März bestimmt war, aus dem Knabenstande aus.[3]) Er legte vor den Laren des Hauses[4]) die *insignia pueritiae*, die *toga praetexta*[5]) und die *bulla* ab, welche letztere den Laren geweiht und über dem Heerde aufgehängt wurde,[6])

Annahme der *toga virilis*.

---

1) *Solennitas togae purae* Tertull. *de idol.* 16.

2) Ovid. *fast.* 3, 771 ff. Cic. *ad Att.* 6, 1, 12: *Quinto togam puram Liberalibus cogitabam dare. Mandavit enim pater.* Die letzten Worte zeigen, dass der Termin nicht nothwendig eingehalten werden musste, und wir ersehen aus den uns vorliegenden Fällen, dass die Toga an anderen Tagen sowohl in Rom als an anderen Orten gegeben wurde. Der Sohn des Cassius sollte sie den 15. März 44 erhalten, Plut. *Brut.* 14; Vergil empfing sie am 15. October, Octavian am 18. October, Tiberius am 24. April, Nero, der älteste Sohn des Germanicus, am 7. Juni, Commodus am 7. Juli; wobei indess zu bemerken ist, dass alle diese Beispiele aus späterer Zeit sind; der junge Cicero bekam sie in Arpinum (Cic. *ad Att.* 9, 19, 1); Q. Cicero in Laodicea (ib. 5, 20, 9), der Sohn des M. Antonius in Alexandria (Plut. *Ant.* 71); die Municipalen erhielten sie in ihren Geburtsorten, z. B. Vergil in Cremona. *Vit. Verg.* p. 55 Reiffersch.

3) Die ältere Litteratur über die Termine der Pubertät und der *toga virilis* führt theilweise Beier *ad Cic. Lael.* 10, 33 an. S. besonders Ferrarius *De re vestiaria* 2, 1; Gruchius *De comitiis* 2, 3 in Graevii *Thes. A. R.* Vol. I; Dodwell *Praelect. Camden.* V § 1—6; Schott *De lege Villia annali magistratuum Romanorum.* Lips. 1765. 4. § II; Norisius *Cenotaph. Pisan.* II, 4 in Nor. *Opp.* Veronae 1729. fol. Vol. III p. 177—187 = I p. 158 ff. der Separatausgabe Pisa 1764; Lipsius, Gronov und besonders Ryckius zu Tac. *ann.* 12, 41; Masson *Ovidii vita.* Amstelod. 1708. 8. p. 28—45 = Ovid. ed. Burmann IV p. 37 ff.; Foggini *Fastorum anni Romani — reliquiae.* Rom. 1779. fol. p. 63; Cramer *De pubertatis termino ex disciplina Romanorum* in Cr. kleinen Schr. herausg. von Ratjen. Leipz. 1837. 8. p. 40—52; Böttiger *De originibus tirocinii apud Romanos* in B. *Opusc.* ed. Sillig. Dresd. 1837. 8. S. 206—220; Savigny System des heutigen Röm. Rechts. Bd. III. Berl. 1840. S. 55—82; Huschke Die Verfassung des Servius Tullius. Heidelb. 1838. 8. S. 139—145; Boecking Pandekten I S. 152—154; Rein Privatr. d. R. S. 146—150; Rudorff Vormundschaft III S. 210—218; Pauly Realencycl. VI S. 1996; Becker *Gallus* II S. 90—97; Rossbach Untersuch. üb. d. R. Ehe. S. 403—420.

4) Propert. 5, 1, 131:

Mox ubi bulla rudi dimissa est aurea collo,
Matris et ante deos libera sumpta toga.

5) Dies ist die Tracht der freigeborenen (*ingenui*) Kinder, Suet. *de gr.* 16. Quintil. *decl.* 340. Gell. 18, 4, 1. Cic. *accus. in Verr.* 1, 44, 113: *eripies pupillae togam praetextam.* Dazu Pseudo-Ascon. p. 190 Or.: *toga communis habitus fuit et marium et feminarum, sed praetexta honestorum, toga viliorum, quod etiam circa mulieres servabatur.* Macrob. *sat.* 1, 6, 10: *Hinc deductus mos, ut praetexta et bulla in usum puerorum nobilium usurparentur ad omen ac vota conciliandae virtutis ei similis, cui primis in annis munera ista cesserunt.* Quint. *decl.* 340 extr.: *Ego vobis allego etiam ipsum illud sacrum praetextarum — quo infirmitatem pueritiae sacram facimus ac venerabilem.* Die *praetexta* ist daher eine Bezeichnung des Knabenalters, *anni praetextae* Plin. *n. h.* 33, 10; *praetextatus* ist ein Knabe Suet. l. l. *Aug.* 94. Cic. *pr. Arch.* 3, 5. *Phil.* 2, 18, 44; *praetextam ponere* Cic. *Lael.* 10, 33 sagt man vom Austritt aus dem Knabenalter. Sen. *ep.* 4, 2.

6) Pers. 5, 31. *Schol. Hor. sat.* 1, 5, 65. und über diese Dedicationen der Insignien eines gewissen Lebensalters oder Lebensberufes Jahn *ad Pers.* 2, 70.

und bekleidete sich mit der *tunica recta*[1]) und der männlichen, unverbrämten Toga (*toga virilis*,[2]) *pura*,[3]) *libera*),[4]) weshalb er nun *vesticeps*[5]) heisst, während er so lange *investis*[6]) war. Nach einem Opfer im Hause[7]) wird er von seinem Vater oder Vormunde in Begleitung von Verwandten und Freunden[8]) auf das Forum geführt (*deducitur in forum*)[9]) und wahrscheinlich in dem Tabularium der Tribunen auf dem Capitol[10]) in die Bürgerlisten

---

1) Plin. *n. h.* 8, 194: *rectam tunicam, qualis cum toga pura tirones induuntur novaeque nuptae.* Festus p. 289ᵃ, 3. Die *tunica* erwähnt auch Sueton. *Aug.* 94. (Ueber *tunica recta* s. oben S. 44.)

2) Cic. *Phil.* 2, 18, 44. Suet. *Claud.* 2. Seneca *ep.* 4, 2. Apul. *de mag.* c. 70. 73.

3) Catull. 68, 15. Phaedr. *fab.* 3, 10, 9. Cic. *ad Att.* 5, 20, 9; 9, 17. 19, 1.

4) Propert. 5, 1, 132. Ovid. *fast.* 3, 777.

5) Festi *ep.* p. 368, 9. Gell. 5, 19, 7. Tertull. *de anim.* 56. Auson. *idyll.* 4, 73. Apul. *de mag.* c. 98.

6) Macrob. *sat.* 3, 8, 7. Apul. *met.* 5, 28. *de mag.* c. 98. Palladius 11, 14, 16; 8, 7. Tertull. l. l. Verkehrt erklären das Wort Nonius p. 45. Serv. *ad Aen.* 8, 659.

7) Dies scheint aus Prop. 5, 1, 132 hervorzugehn. Auch Tertull. *de idololatr.* 16 sagt, es fänden Opfer statt *circa officia privatarum et communium solennitatum, ut togae purae, ut sponsalium, ut nuptialium, ut nominalium,* in welchen Fällen allen ein häusliches Opfer gemeint scheint.

8) Cic. *pro Mur.* 33, 69: *qua in civitate rogati infimorum hominum filios prope de nocte ex ultima saepe urbe deductum venire soleamus.* Appian. *b. c.* 4, 30. Nicol. Damasc. *de vita Aug.* 4. Plut. *Brut.* 14. Suet. *Claud.* 2: *sine solenni officio* (d. h. ohne Begleitung) *lectica in Capitolium latus est.* Plin. *ep.* 1, 9, 2: *Hodie quid egisti? — Officio togae virilis interfui.*

9) Sen. *ep.* 4, 2. *Monum. Ancyr.* 3, 3. Suet. *Aug.* 26. *Tib.* 15. *Nero* 7.

10) Da die Einschreibung nicht immer an den Liberalien, sondern an jedem beliebigen Tage und sowohl in Rom als in den Municipien statt fand, so musste sie in einem Amtslocal vor einer stehenden Behörde vorgenommen werden. Ein solches Archiv für die Bürgerlisten nennt Cicero in Heraclea, damals einer föderirten Stadt, *tabularium* (Cic. *pro Arch.* 4, 8. vgl. *de nat. deor.* 3, 30, 74. *pro Rabir.* 3, 7, in welchen letzten Stellen von Rechnungsablegungen, die in dem Archiv lagen, die Rede ist, Claudius oder Calidius bei Non. 208, 27, wo von Städten die Rede ist, *quarum iacent muri, nec ulla horrea, curiaque et tabulariae publicae*), und solche *tabularia* (ἀρχεῖα) gab es nicht nur in den Provinzen, sondern auch seit alter Zeit in Rom. Ueber die letzteren handelt in einer brauchbaren Schrift J. G. Richter *De tabulariis urbis Romae.* Lips. 1736. 4. und unabhängig von derselben Mommsen *Sui modi usati da' Romani nel conservare e pubblicare le leggi ed i senatusconsulti* in *Annali d. Inst.* 1858 p. 181—212. In Rom gab es, nachdem anfangs die Magistratspersonen die *acta* ihres Amtsjahres selbst bewahrt hatten (Dionys. 1, 74), verschiedene Archive, namentlich 1. ein *tabularium censorium* (Liv. 43, 16, 13) bei der *aedes Nympharum* (Cic. *pro Mil.* 27, 73. *de har. resp.* 27, 57. *parad.* 4, 2, 31) in der Nähe des *atrium Libertatis* (Liv. l. l. Becker Topographie S. 458); 2. das Archiv der Consuln, unter Verwaltung der Quaestoren, im *aerarium Saturni.* In der topographischen Bestimmung des Saturnustempels irrt Becker S. 312 ff. Es steht jetzt fest, dass die dreisäulige Ruine der Tempel des Vespasian, die achtsäulige der des Saturn ist. S. Jordan Topographie 1, 2 S. 192. Von diesem Aerarium ist endlich 3. zu unterscheiden das Archiv der Tribunen und Aedilen, das an verschiedenen Orten erwähnt wird, in der *aedes Cereris* (Liv. 3, 55, 13), am Circus (Becker Topographie S. 471), später *in Capitolio* (Polyb. 3, 26: καὶ τη-

eingetragen,[1]) zu welchem Zwecke er, wenn dies nicht schon früher geschehen ist, seinen vollständigen Namen erhält.[2]) Den Beschluss der Feier macht ein Opfer,[3]) wie es scheint, auf dem Capitole,[4]) eine Bewirthung der Freunde, und bei hochgestellten Personen eine Spende an das Volk.[5])

ρουμένων τῶν συνθηκῶν ἔτι νῦν ἐν χαλκώμασι παρὰ τὸν Δία τὸν Καπιτώλιον, ἐν τῷ τῶν ἀγορανόμων ταμιείῳ. Plut. *Cicero* 34: (Milo) ἐπῆλθε μετὰ πολλῶν τῷ Καπετωλίῳ καὶ τὰς δημαρχικὰς δέλτους, ἐν αἷς ἀναγραφαὶ τῶν διῳκημένων ἦσαν (die *acta tribunatus Clodii*) ἀπέσπασε καὶ διέφθειρεν. *Cato min.* 40, und dies scheint dasselbe Archiv zu sein, für welches Catulus 78 v. Chr. sein *Tabularium* erbaute (s. die Inschr. bei Mommsen a. a. O. p. 211, *C. I. L.* I, 592 = VI, 1314 = Or. 3267), und welches, wie E. Braun ausführlich nachgewiesen hat, in den Substructionen des capitolinischen Baues lag, denen später der Vespasianustempel vorgebaut wurde. In diesem Archiv standen die Normalmaasse und Gewichte (Staatsverwaltung II^2 S. 76. Henzen *Inscr.* n. 7318=*C. I. L.* X, 8067, 3), für deren Richtigkeit die Aedilen zu sorgen hatten (Mommsen Staatsrecht II^2 S. 489), und die Urkunden über Ertheilung des Bürgerrechtes. Cic. *Phil.* 2, 36, 92. Mommsen a. a. O. p. 204. Die Censuslisten beruhten auf den Listen der Tribus; in die Listen der Tribus musste demnach der neue Bürger eingeschrieben werden; und es ist nach allem wahrscheinlich, dass dies in dem Tabularium der Tribunen durch deren Unterbeamte, die Aedilen, auf dem Capitol geschehen ist.

1) Appian. *b. c.* 4, 30: Ἀτίλιος δέ, ἄρτι τὴν τῶν τελείων περιθέμενος στολήν, ᾔει μέν, ὡς ἔθος ἐστί, σὺν πομπῇ φίλων ἐπὶ θυσίας ἐς τὰ ἱερά· ἄφνω δὲ ἐγγραφέντος αὐτοῦ τοῖς πίναξιν, οἱ φίλοι — διεδίδρασκον. Dio Cass. 55, 22, 4: Ἀγρίππας ἐς ἐφήβους — ἐσεγράφη. 56, 29: Γάλβας — ἐς τοὺς ἐφήβους ἐνεγράφη.

2) S. oben S. 10 Anm. 5. 3) Appian. l. l.

4) Val. Max. 5, 4, 4: *Hanc pietatem aemulatus M. Cotta eo ipso die, quo togam virilem sumpsit, protinus ut a Capitolio descendit, Cn. Carbonem — postulavit.* Suet. *Claud.* 2. Servius *ad Verg. ecl.* 4, 50: *cum pueri togam virilem sumpserint, ad Capitolium eunt.* Man könnte annehmen, dass das Opfer statt fand an der Ara der Juventas im capitolinischen Tempel, Dionys. 3, 69; siehe Becker Topographie S. 395—398. Hiehin brachten die in die *juventus* Eingetretenen schon seit Servius' Zeit eine Opfergabe. Dionys. 4, 15: ὡς δὲ Πείσων Λεύκιος — ἱστορεῖ, βουλόμενος καὶ τῶν ἐν ἄστει διατριβόντων τὸ πλῆθος εἰδέναι, τῶν τε γεννωμένων καὶ τῶν ἀπογινομένων καὶ τῶν εἰς ἄνδρας ἐγγραφομένων, ἔταξεν ὅσον ἔδει νόμισμα καταφέρειν ὑπὲρ ἑκάστου τοὺς προσήκοντας, εἰς μὲν τὸν τῆς Εἰλειθυίας θησαυρὸν — ὑπὲρ τῶν γεννωμένων· εἰς δὲ τὸν τῆς Ἀφροδίτης — ὑπὲρ τῶν ἀπογινομένων· εἰς δὲ τὸν τῆς Νεότητος ὑπὲρ τῶν εἰς ἄνδρας ἀρχομένων συντελεῖν. Allein das Calend. Farn. erwähnt bei dem 17. März ein Opfer *Libero in Ca[pitolio]*, wozu Mommsen *C. I. L.* I p. 388 bemerkt, dass auch die *lex Vespasiani de civitate danda* ausgehängt war *in Capitolio in podio arae gentis Juliae latere dextro ante signum Lib(eri) patris* (*C. I. L.* III p. 849), so dass man an diese *ara Liberi* zu denken haben wird.

5) Dies geschah namentlich in der kaiserlichen Familie, bei dem *tirocinium* des C. und L. Caesar, *Mon. Ancyr.* 3, 15, 19 und dazu Mommsen p. 62; des Nero, Sohnes des Germanicus, Tac. *ann.* 3, 29. Suet. *Tib.* 54. Fasti von Ostia Henzen *Inscr.* n. 6443; des Kaiser Nero, Suet. *Nero* 7; es war eine Ausnahme, dass es bei Caligula unterblieb. Suet. *Cal.* 10. Auch in den Municipien bewirthete man am Tage der *toga virilis* die ganze Bevölkerung, Henzen *Inscr.* n. 6211 = *C. I. L.* X, 688. Apulei. *de mag.* c. 88: *cum haud pridem Pudentilla de suo quinquaginta millia nummum in populum expunxisset ea die, qua Pontianus uxorem duxit et hic puerulus toga est involutus.* Plin. *ep.* 10, 116.

Die körperliche Reife (*pubertas*), deren Eintritt durch die Anlegung der männlichen Toga bezeichnet wird, 1) hat zur Folge den Genuss vollständiger Handlungsfähigkeit. 2) Der von den Eltern bis dahin angeordnete Unterricht hört auf und dem jungen Manne wird seine Weiterbildung selbst überlassen; 3) steht er noch unter väterlicher Gewalt, so ist er befähigt, Schulden zu contrahiren, 4) steht er unter Vormundschaft, so wird er mündig und erhält die Verfügung über sein Vermögen 5) und die Fähigkeit ein Testament zu machen; 6) in beiden Fällen steht ihm frei, eine Ehe zu schliessen. 7) Um dieser rechtlichen Folgen willen haben die Juristen für die Pubertät eine absolute Grenze festgestellt, nämlich für Knaben das zurückgelegte 14., für Mädchen das zurückgelegte 12. Jahr; 8) in der alten Praxis galt in-

Rechtliche Folgen derselben.

Termin derselben.

---

1) Dass die Anlegung der Toga nichts anderes ist, als die Erklärung der Pubertät, geht hervor aus der Identität der Ausdrücke *investis* und *impubes*, *vesticeps* und *puber*, so wie der rechtlichen Folgen. S. Savigny a. a. O. S. 62. Rossbach S. 410, welcher hierüber erschöpfend handelt.

2) Savigny S. 55ff. Rossbach S. 403. Daher macht man einen Angeklagten für seine Handlungen verantwortlich von der *toga pura* an. Cic. *ad Att.* 7, 8, 5. *Phil.* 2, 18, 44. Statius *silv.* 5, 2, 68:

Quem non corrumpit pubes effrena, novaeque
Libertas properata togae?

3) Festus *ep.* p. 36, 7 s. v. *bulla* sagt, der Knabe trage die *bulla*, *ut significaretur eam aetatem alterius regendam consilio*. Nach Ablegung derselben wird der *vesticeps* sich selbst überlassen. Persius 5, 30—37. *Schol. Persii* 5, 30. *Schol. Juven. ad.* 10, 99 bei Cramer *In Juven. Comment.* p. 605. Heinrich zu Juvenal I S. 330. Auson. *idyll.* 5, 1—11. Plut. *de auditione* 1, p. 46 Dübner: Τὴν γενομένην μοι σχολὴν περὶ τοῦ ἀκούειν, ὦ Νίκανδρε, ἀπέσταλκά σοι γράψας, ὅπως εἰδῇς τοῦ πείθοντος ὀρθῶς ἀκούειν, ὅτε τῶν προσταττόντων ἀπήλλαξαι, τὸ ἀνδρεῖον ἀπειληφὼς ἱμάτιον.

4) *Instit.* 3, 19 § 10. *Dig.* 45, 1, 141 § 2. Savigny System III S. 41. Hieraus erklärt sich Horat. *sat.* 1, 2, 16: *Nomina sectatur modo sumpta veste virili Sub patribus duris tironum.*

5) Savigny S. 56ff. Rossbach S. 403. Die Hauptstellen sind: Gaius 1, 145. Ulpian. *fr.* 11, 28. *Instit.* 1, 22. *Dig.* 42, 4, 5 § 2. Seneca *cons. ad Marc.* 24, 1. Tertull. *de virg. vel.* 11.

6) Savigny S. 70. Rossbach S. 404. *Dig.* 28, 1, 5; 28, 6, 2 pr. und 15. Gaius 2, 113. Paulli *sent.* 3, 4a, 1. *Cod. Just.* 6, 22, 4.

7) Savigny a. a. O. S. 71.

8) Das älteste Zeugniss hiefür ist die *lex coloniae Genetivae* (*Eph. Epigr.* II p. 105ff.) c. XCVIII: *quamcunque munitionem decuriones huiusce coloniae decreverint, — — eam munitionem fieri liceto, dum ne amplius in annos singulos inque homines singulos puberes operas quinas — — decernant. — — Uti decuriones censuerint, ita muniendum curanto (aediles) dum ne invito eius opera exigatur, qui minor annorum XIIII aut maior annorum LX natus erit.* Die übrigen Beweisstellen, welche Cramer *De pub. term.* p. 42ff. Savigny S. 71. Rossbach S. 404 anführen, sind namentlich Festus p. 250b s. v. *pubes*; Seneca *cons. ad Marciam* 21, 4, 1; Gaius 2, 113; Ulp. *fr.* 11, 28; *Dig.* 28, 1, 5; 28, 6, 2 pr. und 15; Paullus *sent.* 3, 4a, 1; Tertull. *de virg. vel.* 11; *de anima* 38; Macrob. *sat.* 7, 7, 6; *in somn. Scip.* 1, 6, 71; Auson. *idyll.* 5, 20; *Cod. Just.*

dess ein relativer Termin, welchen Eltern oder Vormünder feststellten. Schon die Sitte, dass die *toga virilis* an einem bestimmten Tage des Jahres gegeben wurde, hatte nothwendig zur Folge, dass die Knaben, welche sie empfingen, beinahe um ein Jahr im Alter verschieden sein konnten; wir wissen ausserdem, dass das Urtheil der Eltern über die körperliche [1]) und geistige [2]) Entwickelung des Kindes, so wie Familienrücksichten [3]) massgebend waren. Daraus erklärt sich, dass die uns überlieferten Fälle [4]) eine erhebliche Verschiedenheit des Termines constatiren lassen. [5]) M. Tullius Cicero, geboren 3. Januar 648 = 106, empfing die *toga* 664 = 90, nach Vollendung des 16. Jahres; [6]) M. Tullius Cicero, der Sohn, geb. 689 = 65, im J. 705 = 49, also 16 Jahr alt; [7]) Q. Tullius Cicero, der Sohn, geb. 688 = 66,

---

5, 60, 3; 6, 22, 4; Isidor. *or.* 11, 2, 3; id. *differentiarum lib.* 1, 460 p. 57 Migne. 2, 74 p. 81; und über die Mädchen besonders *Dig.* 23, 2, 4; 24, 1, 32 § 27; 27, 6, 11 § 3 § 4; 42, 5, 17 § 1; Dio Cass. 54, 16, 7; Plut. *Lycurgi et Numae comp.* 4.

1) Claudius dachte dem Britannicus, obgleich er noch *impubes* war, die Toga zu geben, *quando statura permitteret.* Suet. *Claud.* 43. Die Juristen selbst erkannten diesen Grundsatz wenigstens theilweise an. *Instit.* 1, 22: *Pubertatem autem veteres quidem non solum ex annis, sed etiam ex habitu corporis in masculis aestimari volebant.* Hierüber stritten die Cassianer und Proculeianer. Ulp. *fr.* 11, 28: *puberem autem Cassiani quidem eum esse dicunt, qui habitu corporis pubes apparet, id est, qui generare possit; Proculeiani autem eum, qui quattuordecim annos explevit, verum Prisco visum, eum puberem esse, in quem utrumque concurrit et habitus corporis et numerus annorum.* Gaius 1, 196. Quintil. *inst.* 4, 2, 5: *de iure quaeritur, ut apud centumviros — pubertas annis an habitu corporis aestimetur.* Mehr s. b. Cramer p. 44. 45. Savigny S. 63 ff. Rossbach S. 405.

2) Dies liegt in der Natur der Sache, da dem Vater z. B. daran liegen musste, dass der Sohn keine Schulden machte. Wir haben aber auch ein Beipiel des Vorwurfs, dass ein Oheim seinem Neffen und Mündel zu früh die *toga virilis* gegeben habe, bei Apulei. *de mag.* c. 98.

3) Apulei. a. a. O. Suet. *Claud.* 43. Drumann G. R. I S. 490.

4) Eine Zusammenstellung dieser Fälle hat bereits Rossbach S. 412—414 versucht, sie ist aber in den Daten nicht genau und lässt sich noch um einige Beispiele vermehren.

5) Unabhängig von der Bestimmung der Juristen, die das vollendete 14. Jahr als Termin der Pubertät annehmen, sagt der Schol. *ad Pers.* 5, 30: *Praetexta iuvenilis est vestis, qua usque ad sextum decimum annum pueri utebantur, in quo cultu dicit sub disciplina esse.* Das Zeugniss ist ohne allgemeinen Werth, da es von dem vorliegenden Fall des Persius abstrahirt ist. Der mittelalterige Schol. *Juven. ad* 10, 99 bei Heinrich I S. 330 sagt *usque ad XV annum,* was mit der juristischen Feststellung übereinstimmt. Bestimmt deutet auf den Termin Tac. *ann.* 13, 15: *Turbatus his Nero et propinquo die, quo quartum decimum aetatis annum Britannicus explebat, — occulta molitur, pararique venenum iubet.*

6) Drumann Gesch. Roms V S. 216. 224. S. besonders Cic. *Brut.* 88. 89.

7) Drumann VI S. 711. 712.

am 17. März 704 = 50, etwa 16 Jahr alt; 1) Vergil, geb. 15. October 684 = 70, 2) am 15. October 699 = 55, gerade 15 Jahr alt; 3) Octavian, geb. 23. Sept. 691 = 63, 4) am 18. October 706 = 48, 5) also 15 Jahr und 24 Tage alt; M. Antonius Antyllus, 6) Sohn des Triumvir Antonius und der Fulvia, etwa 709 = 45 geb., 7) im Anfang 724 = 30, also etwas über 14 Jahr alt — die besonderen Umstände beschleunigten seine Mündigkeitserklärung —; 8) C. Caesar, Grosssohn des Augustus, geb. 734 = 20, 9) erhielt die Toga 749 = 5, also im 15. Jahr; L. Caesar, geb. 737 = 17, 10) im J. 752 = 2, im 15. Jahr; 11) Agrippa Postumus, nach Agrippa's im März 742 = 12 erfolgtem Tode geboren, 12) im Jahr 758 = 5 p. Chr., 13) also nach dem vollendeten 15. Jahre; Tiberius, geb. 16. November 712 = 42, 14) am 24. April 727 = 27, 15) also $14^1/_2$ Jahr alt; Drusus, Sohn des Tiberius, geb. den 7. October 16) des Jahres 739 = 15, 17) im J. 755 = 2 p. Chr., etwa im Juli, 18) fast 16 Jahr alt; Nero, der älteste Sohn des Germanicus am

---

1) Drumann VI S. 752. 753.

2) Photius *bibl.* p. 84a, 18. Suet. *vita Verg.* p. 52. 54 Reifferscheid.

3) *Vita Verg.* p. 55 R.: *usque ad virilem togam, quam XV anno natali suo accepit.* Die Hdschr. haben XVII, aber die Angabe der Consuln sichert das Jahr.

4) Staatsverwaltung III S. 559. Drumann IV S. 245.

5) Staatsverwaltung III S. 561. Diesen völlig gesicherten Angaben gegenüber ist die Notiz bei Nicol. Damasc. *de vit. Aug.* 4 p. 90 Orelli: κατέβαινε δὲ εἰς τὴν ἀγορὰν περὶ ἔτη μάλιστα γεγονὸς τεσσαρεςκαίδεκα κ. τ. λ. als blosser Irrthum zu betrachten. S. über diese Stelle Weichert *Imp. Caesaris Aug. scriptorum reliquiae.* Grimae 1841. 4. p. 9. 10.

6) Drumann I S. 519.

7) Wenigstens nicht früher, da die Ehe des Antonius mit der Fulvia 708 = 46 am Ende des Jahres, nach Caesar's Abreise zum spanischen Kriege geschlossen wurde. Drumann II S. 372. Fischer Röm. Zeittafeln S. 295.

8) Drumann I S. 490. 9) Dio Cass. 54, 8.

10) Dio Cass. 54, 18.

11) Suet. *Aug.* 26. *Monum. Anc.* II, 46 — III, 4: *Gaium et Lucium Caesares honoris mei causa senatus populusque Romanus annum quintum et decimum agentes consules designavit, ut eum magistratum inirent post quinquennium et ex eo die, quo deducti sunt in forum, ut interessent consiliis publicis, decrevit senatus.* Fischer Zeittaf. zu 749. 752. Die Inschr. Grut. 228, 5, welche Rossbach S. 413 n. 1404 anführt, ist weder mit Sicherheit auf L. Caesar zu beziehen, noch überhaupt, als von Panvinius herrührend, von unzweifelhafter Echtheit, was schon Zumpt zum *Mon. Anc.* p. 57 bemerkt hat. (Sie ist echt und auf L. Caesar bezüglich. Mommsen *C. I. L.* VI, 900.)

12) Dio Cass. 54, 28. 29. 13) Dio Cass. 55, 22.

14) Suet. *Tib.* 5. Dio Cass. 57, 18.

15) *Kalend. Praenest. C. I. L.* I p. 317. Eckhel *d. n.* VI p. 182. 183.

16) *Kalend. Cumanum. C. I. L.* I p. 310 = X, 3682.

17) Borghesi *Bull. d. Inst.* 1846 p. 80. Mommsen *C. I. L.* I p. 403.

18) Gleich nach der Rückkehr des Tiberius aus Rhodus Suet. *Tib.* 15. Fischer R. Zeittafeln ad a. 755.

7. Juni (VII. IDVS. IVN.) 773 = 20,[1]) *iam ingressus iuventam*,[2]) also sicher über 14 Jahr alt; Caligula im 19. Jahre oder noch später;[3]) Ti. Caesar, Sohn des jüngeren Drusus, geboren 19 n. Chr.,[4]) im Jahr 37,[5]) also 18 Jahr alt; der Dichter Persius 16 Jahr alt;[6]) der Kaiser Nero, geboren 15. Dec. 790 = 37,[7]) erhielt die Toga vor der Zeit, 804 = 51,[8]) noch nicht 14 Jahr alt; Galba, geb. 24. Dec. 751 = 3,[9]) den 1. Januar 767 = 14 p. Chr., fast 16 Jahr alt;[10]) Crispinus, der Sohn des Vettius Bolanus, der seit 822 = 69 in Britannien commandirte,[11]) war 16 Jahr alt,[12]) und noch ohne Bart,[13]) als er die Toga eben erhalten hatte;[14]) M. Aurel legte die Toga an im 15. Jahr (*quinto decimo aetatis anno*);[15]) Commodus, geb. 31. Aug. 914 = 161, am 7. Juli 928 = 175, beinah 14 Jahr alt;[16]) Caracalla, geb. 941 = 188 im April,[17]) im J. 954 = 201,[18]) im 13. Jahre.[19])

---

1) *Fr. fast. Ostiens.* Henzen *Inscr.* n. 6443. Cardinali *Di un marmoreo frammento de' fasti discoperto in Ostia* p. 16—18. Mommsen *Ep. Anal.* in Ber. d. S. G. d. W. 1849 p. 294. 295. Irrthümlich giebt Eckhel *d. n.* VI p. 216 das Jahr 776.

2) Tac. *ann.* 3, 29.

3) Suet. *Cal.* 10: *undevicesimo aetatis anno.* So Roth. Oudendorp und Wolf corrigiren *unetvicesimo*, was auch Eckhel VI p. 218 billigt, der ihn die Toga 786 = 33 n. Chr. nehmen lässt, in welchem Jahre er heirathete. Tac. *ann.* 6, 20.

4) Tac. *ann.* 2, 84.

5) Caligula adoptirte ihn bei seiner Thronbesteigung an dem Tage, als er die *toga virilis* erhielt, liess ihn aber gleich darauf ermorden. Suet. *Cal.* 15, 23. Dio Cass. 59, 8. Eckhel *d. n.* VI p. 207. Henzen *Scavi nel bosco sacro dei fratelli Arvali.* Roma 1868. fol. p. 10. Seine noch vorhandene Grabschrift (*C. I. L.* VI, 892) lautet: *Ti. Caesar Drusi Caesaris f. hic situs est.*

6) Pers. 5, 30 sagt, er habe sich nach Anlegung der Toga an den Cornutus angeschlossen; die *vita Persii* p. 73 Reiff. lässt dies geschehen, *cum esset annorum XVI.* Vgl. Jahn *ad Pers. prol.* p. XXVI. p. 186.

7) Suet. *Nero* 6. Capitolin. *Ver.* 1. Eckhel *d. n.* VI p. 260.

8) Tac. *ann.* 12, 41: *virilis toga Neroni maturata.* 9) Suet. *Galb.* 4.

10) Dio Cass. 56, 29. 11) Tac. *Agr.* 16.

12) Statius *silv.* 5, 2, 12: *octonos bis iam tibi circuit orbes Vita.*

13) Ib. 62:

nondum validae tibi signa iuventae
Irrepsere genis et adhuc decor integer aevi.

Darum nennt Statius ihn *puer* v. 8. 51.

14) Ib. 67 sagt Statius, Bolanus hätte seinem Sohne die Toga nicht geben können, da er zuvor starb. Dass der Sohn aber die Toga schon hatte, zeigt v. 69: *Quem non corrumpit pubes effrena, novaeque Libertas togae? — At tibi Pieriae tenero sub pectore curae,* und der Umstand, dass er gleich eine Vertheidigung führte, v. 98—110.

15) Capitolin. *M. Ant. ph.* 4.

16) Lamprid. *Comm.* 1. 12. Eckhel *d. n.* VII p. 102.

17) Nach Dio Cass. 78, 6 den 4. Apr., nach Spart. *Carac.* 6 den 6. Apr.

18) Eckhel *d. n.* VII, 202.

19) *Annum decimum tertium agens* Spart. *Sev.* 16.

Aus dieser Zusammenstellung ergiebt sich zunächst nur das ziemlich unbestimmte Resultat, dass der Termin der männlichen Toga zwischen dem 12. und 19. Jahre lag; bringt man indessen die nur in der kaiserlichen Familie vorkommenden extremen Beispiele in Abrechnung, so darf man aus diesen Fällen als die normalen Altersgrenzen das vollendete 14. und das vollendete 16. Jahr constatiren. Zu erwägen ist aber, dass die meisten der angeführten Fälle der Kaiserzeit angehören und keinen unmittelbaren Schluss auf die Sitte der Republik gestatten, nicht deshalb weil — was Savigny geltend macht[1]) — das Abkommen der Toga als gewöhnlicher Tracht der Bürger Veranlassung gewesen wäre, dass die Ertheilung derselben überhaupt aufgehört hätte und an Stelle dieser Feierlichkeit die juristische Mündigkeit nach dem vollendeten 14. Jahre getreten wäre,[2]) sondern deshalb, weil in der Kaiserzeit in allen Verhältnissen des Beamtenthums wie des Lebens eine Verfrühung der Alterstermine nachweislich ist.[3]) Es fehlt nicht an Gründen für die Annahme,[4])

---

1) Savigny System III S. 66.

2) Die Toga wurde nicht, wie Savigny sagt, von der Paenula verdrängt, sondern sie blieb, wenigstens in officiellem Gebrauch bis in die späte Kaiserzeit, und die feierliche Ertheilung der *toga virilis* kommt nicht bloss in der kaiserlichen Familie vor, sondern Apuleius, der unter den Antoninen lebte, erwähnt sie in seiner Familie *de mag.* c. 70. 73. 88; L. Ragonius, Cos. 235 p.Chr., hatte sie erhalten (Orelli 2701 = *C. I. L.* V, 2089), und sie wird noch erwähnt in dem mittelalterigen Scholion zu Juvenal. 10, 99 bei Cramer *In Juvenalem commentarii vetusti.* Hamb. 1823. 8. p. 605; in Heinrichs Juvenal I S. 330: *Praetexta genus erat togae, qua utebantur pueri adhuc sub disciplina usque ad XV annum: deinde togam virilem accipiebant, unde in Vita Sancti Germani legitur Cessit praetexta togae.* Dagegen war der juristische Pubertätstermin schon zu Augustus' Zeit festgestellt, wie das auf Verrius Flaccus zurückgehende Zeugniss des Festus lehrt.

3) Für die Quaestur und den damit verbundenen Eintritt in den Senat waren früher 30, seit Augustus 25 Jahre nöthig, Mommsen Staatsr. I² S. 551 ff. Seit Augustus hatten die Kinder der Senatoren gleich nach Anlegung der Toga Zutritt zu den Senatssitzungen. Suet. *Aug.* 38. Seit Constantin erforderte die Quaestur und der Eintritt in den Senat nur 16 Jahre (*Cod. Theod.* 6, 4, 1. 2), das Consulat war zuletzt Kindern zugänglich. (Im Jahre 364 war Jovianus mit seinem Sohne Varronianus, einem kleinen Kinde, zusammen Consul. Ammian. 25, 10, 17. Themistius *in Jov.* 64ᵈ Dindorf.) Die Praetur wurde ebenfalls auf ein geringeres Alter gesetzt (Mommsen Staatsrecht I² S. 555), das für die Ritter und Decurionen erforderliche Alter immer geringer normirt (s. meine *Hist. equitum Rom.* p. 97), ganz abgesehen von den Prinzen des kaiserlichen Hauses, für welche schon seit Augustus derartige Begünstigungen eintraten. In Beziehung auf die *toga virilis* ging der Wunsch der Knaben natürlich auf Beschleunigung des Termins; Apuleius *de mag.* c. 98 nennt es eine verderbliche Nachsicht, wenn man diesem Wunsche vor der Zeit nachkomme. *At nunc adeo patientem te ei praebes — ut per haec suspicacioribus fidem facias. Investem a nobis accepisti, vesticipem illico reddidisti.*

4) Savigny hält diese Annahme für natürlich und wahrscheinlich, vermisst

dass die Anlegung der *toga virilis* ursprünglich ebenso die Befähigung zum Militärdienst und die politische Selbständigkeit, wie die privatrechtliche Handlungsfähigkeit zur Folge gehabt habe, und demnach nicht eher als nach vollendetem 17. Jahre üblich gewesen sei. Die feierliche und öffentliche Einkleidung kann keine andere Bedeutung gehabt haben, als die Aufnahme in die Bürgerschaft, weshalb diese an der Festlichkeit Theil nimmt und die Einschreibung in die Bürgerlisten erfolgt; und wenn gleich in der Kaiserzeit, in welcher das *ius suffragii* seine Bedeutung verloren hatte, als Folge dieses Actes nur die privatrechtliche Selbständigkeit hervorgehoben wird, so liegt es in der Natur der Sache, dass mit demselben auch die Ausübung der politischen Rechte des Bürgers ihren Anfang nahm. Dazu kommt, dass nach den uns vorliegenden übereinstimmenden Nachrichten in der servianischen Verfassung das Knabenalter bis zum vollendeten 17. Jahre gerechnet wird; [1]) dass im zweiten punischen Kriege bei der Aushebung nach der Schlacht bei Cannae nur zwei Classen junger Leute erwähnt werden, *iuniores* von 17 Jahren und *praetextati* unter 17 Jahren, [2]) und dass diese Altersstufe, welche man später als *plena pubertas* bezeichnet, [3]) sich noch bis in späte Zeit in Gebrauch [4]) und im Rechte [5])

---

aber einen Beweis. System III S. 59. Bestimmt erklären sich für dieselbe Huschke Serv. Tull. S. 142. Böcking Pand. I S. 151.

1) Dies sagt ausdrücklich Tubero bei Gellius 10, 28 und so definirt auch das praetorische Edict *Dig.* 3, 1, 1 § 3. Dionysius aber 4, 15 lässt den Servius die Einrichtung treffen, dass für die Geborenen im Tempel der Juno Lucina, für die Verstorbenen im Heiligthum der Libitina, ὑπὲρ τῶν εἰς ἄνδρας ἀρχομένων συντελεῖν im Tempel der Juventas eine Münze niedergelegt werden soll: ἐξ ὧν ἤμελλε διαγνώσεσθαι καθ' ἕκαστον ἐνιαυτόν, ὅσοι τε οἱ σύμπαντες ἦσαν (dies lehrte die Zahl der Geborenen und Verstorbenen), καὶ τίνες ἐξ αὐτῶν τὴν στρατεύσιμον ἡλικίαν εἶχον· das ergab sich aus der Zahl derer, welche die *toga virilis* erhalten haben; also stehen diese im militärischen Alter.

2) So allein kann ich mit Savigny a. a. O. S. 58 die Stelle des Livius 22, 57, 9 verstehen: *delectu edicto iuvenes ab annis septemdecim et quosdam praetextatos scribunt.*

3) *Institut.* 1, 11 § 4. *Dig.* 1, 7, 40 § 1. Nach diesen Stellen soll der Adoptirende oder Arrogirende 18 Jahr älter sein als der, den er adoptirt oder arrogirt, so dass das natürliche Altersverhältniss zwischen Vater und Sohn aufrecht erhalten wird. Es ist also angenommen, dass man nach dem vollendeten 17. Jahr heirathen und nach dem vollendeten 18. einen Sohn haben kann.

4) Der Fall des Caligula hatte ohne Zweifel den *mos maiorum* für sich; sonst würde er unerklärlich sein.

5) *Dig.* 3, 1, 1 § 3: *Initium autem fecit Praetor ab his, qui in totum prohibentur postulare. In quo edicto aut pueritiam aut casum excusavit. Pueritiam, dum minorem annis decem et septem, qui eos non in totum complevit, prohibet postulare.* Ebenso muss ein Richter *non minor decem et octo annis*, d. h. über 17 Jahre sein *Dig.* 42, 1, 57.

in Anwendung erhalten hat, in den meisten Fällen auch praktisch beibehalten werden musste, wenn ein junger Mensch selbst ein Gut verwalten oder eine bürgerliche Existenz begründen sollte.[1]) Der Bauerssohn blieb zu aller Zeit im väterlichen Hause, bis er ausgehoben wurde,[2]) auch der vornehme junge Mann trat nach alter Sitte unmittelbar aus der häuslichen Erziehung in den Felddienst;[3]) nur wer von vorn herein eine militärische Laufbahn einzuschlagen vorhatte, ging auch wohl vor dem gesetzlichen Termine in den Militärdienst und machte sein *tirocinium militiae* als *praetextatus*.[4]) Allein gerade dies freiwillige *tirocinium* mochte die Veranlassung gegeben haben, dass am Ende der Republik das Jahr der *toga virilis* ein anderes geworden war; man nahm nämlich die Toga damals bei dem Beginne des Tirociniums, welches man auf ein Jahr feststellte,[5]) also nach Vollendung des 16. Jahres,[6]) und betrachtete dies Jahr als das letzte Stadium der Erziehung, in welchem man sich entweder im Heere für den Kriegsdienst oder auf dem

Das *tirocinium*.

---

1) Aus diesem Grunde bestimmte Hadrian, dass bei den kaiserlichen Alimentationen (Staatsverwaltung II² S. 145), und Caracalla, dass bei allen testamentarischen Aussetzungen von Alimenten die Unterstützung bei Knaben *usque ad decimum octavum*, bei Mädchen *usque ad quartum decimum annum* ausgezahlt werden solle. Vgl. Böcking Pand. I S. 154 n. 15.

2) So z. B. Marius Plut. *Mar.* 3; Cato major, der bei Plut. *C. mai.* 1 sagt: ἑπτακαίδεκα γεγονὼς ἔτη τὴν πρώτην στρατεύσασθαι στρατείαν.

3) Plut. *T. Flamin.* 1. Plin. *ep.* 8, 14, 4: *Erat autem antiquitus institutum, ut a maioribus natu non auribus modo, verum etiam oculis disceremus, quae facienda mox ipsi — haberemus. Inde adolescentuli statim castrensibus stipendiis imbuebantur, ut imperare parendo — adsuescerent. Inde honores petituri adsistebant curiae foribus et consilii publici spectatores ante quam consortes erant.*

4) Der Sohn des Tarquinius Priscus kämpfte nach Macrob. *sat.* 1, 6, 8 schon *XIV annos natus* und erhielt damals die Praetexta, welche seitdem die Knaben trugen; Scipio Africanus rettete in der Schlacht am Ticinus seinen Vater; er war damals, im Jahre 536=218, etwa 17 Jahr alt (Polyb. 10, 3); Aurel. Victor *de vir. ill.* 49, 7 nennt ihn *decem et octo annorum*; da er 543=211 *quatuor et viginti ferme annos* hatte (Liv. 26, 18, 7), so ist die erste Angabe wohl richtig. Nichtsdestoweniger wird er in diesem Alter *praetextatus* (Sen. *de benef.* 3, 33, 1. Florus 2, 6), *puer* (Silius Ital. 4, 428 ff.), *vixdum annos pubertatis ingressus* (Val. Max. 5, 4, 2), *tum primum pubescens* (Liv. 21, 46, 7) genannt. Die Münze bei Mommsen G. d. Röm. Münzw. S. 634, II, 501 d. franz. Uebers. stellt einen jugendlichen Reiter mit langem Haare und *bulla* dar mit der Beischrift *M. LEPIDVS. ANnorum XV PRogressus Hostem Occidit Civem Servavit.* Vgl. Val. Max. 3, 1, 1. Er diente, wie die *bulla* beweist, als *praetextatus*. Vgl. über diesen Gegenstand Nipperdey Die *leges annales* p. 9.

5) Cicero bei Serv. *ad Aen.* 5, 546: *secundum Tullium, qui dicit, ad militiam euntibus dari solitos esse custodes, a quibus primo anno regantur,* und die S. 123 Anm. 3 angeführten Stellen.

6) Hiemit stimmt das Beispiel des Cicero, seines Sohnes und seines Neffen.

Forum für die staatsmännische Wirksamkeit praktisch befähigte. Im letzteren Falle schloss sich der junge Mann einem bewährten Staatsmanne an, in dessen Begleitung er den rechtlichen und politischen Verhandlungen beiwohnte, wie Cicero dem Augur Q. Mucius Scaevola[1]) und Caelius dem Cicero; [2]) im ersteren Falle trat er in die *cohors* eines Feldherrn ein, in welcher er, ohne die Dienste des gemeinen Soldaten zu thun, sich für eine Officierstelle vorbereitete.[3]) Wenn solche *tirones* zur Ausübung ihrer politischen Rechte fähig waren, wie anzunehmen wahrscheinlich ist,[4]) so war dies bereits eine Herabsetzung der gesetzlichen Altersstufe, welche die Nobilität für sich in Anspruch nahm[5]) — denn für die Masse der Bürgerschaft hat ein *tirocinium militiae* oder *fori* in diesem Sinne nie statt gefunden —; als aber in der Kaiserzeit das politische Recht der Bürger und namentlich das *ius suffragii* bedeutungslos wurde, war kein Hinderniss vorhanden, den Pubertätstermin auf das von der Natur und dem Rechte vorgeschriebene Minimum zu reduciren.

---

1) Cic. *Lael.* 1, 1. *Brut.* 89, 306. *de leg.* 1, 4, 13. Drum. V S. 224.

2) Cic. *pro Cael.* 4, 9.

3) Staatsverwaltung II² S. 366 ff.

4) Hiefür spricht, dass man sofort nach Anlegung der Toga 1. eine Anklage übernehmen oder eine Vertheidigung führen kann, wovon Cotta bei Val. Max. 5, 4, 4 und Crispinus bei Statius *silv.* 5, 2, 98—110 den Beweis liefern. Dies sind die *pueri nobiles*, die Cicero *divin. in Caecil.* 7, 24 als Ankläger erwähnt; 2. dass man fähig ist arrogirt zu werden, was Theilnahme an der Volksversammlung voraussetzt, Gaius 1, 102. Ulp. *fr.* 8, 5. Gell. 5, 19, 7; 3. dass man unter die *equites equo publico* eintritt, wozu militärisches Alter erfordert wird. *Monum. Ancyr.* III, 5; 4. dass man ein Priesteramt übernehmen kann, wie z. B. P. Cornelius Lentulus Spinther der Sohn 697 = 57 die *toga virilis* erhielt und zugleich Augur wurde. Cic. *pro Sest.* 69, 144 und dazu *Schol. Bob.* p. 313. Auch das Vigintivirat (s. Mommsen Staatsrecht II² S. 578—595) wurde bald nach Anlegung der Toga angetreten, wenigstens in der Kaiserzeit. Einen *IIIvir monetalis* von 18 Jahren s. *C. I. L.* IX, 39. Vgl. Borghesi *Oeuvres* I p. 196.

5) Tac. *dial.* 34: *Ergo apud maiores nostros iuvenis ille qui foro et eloquentiae parabatur, imbutus iam domestica disciplina — deducebatur a patre — ad eum oratorem, qui principem in civitate locum obtinebat. hunc sectari, hunc prosequi, huius omnibus dictionibus interesse sive in iudiciis sive in contionibus assuescebat.*

Vierter Abschnitt.

Die Sclaven.[1])

Gesichtspunkt für die folgende Darstellung.

Wie in den vorangehenden Abschnitten versucht worden ist, den Einfluss nachzuweisen, welchen die Umgestaltung der ehelichen Verhältnisse und der Kindererziehung auf den Charakter des römischen Volkes gehabt hat, so wird es auch die Aufgabe des folgenden Abschnittes sein, den dritten Bestandtheil der Familie, die Sclaven, nicht sowohl in seiner widerwärtigen Erscheinung, welche in allen Sclavenstaaten dieselbe ist, als in der eigenthümlichen Bedeutung darzustellen, welche das in Rom zuerst beschränkte, dann aber mit übermächtiger Gewalt zur Wirkung kommende Sclaventhum auf die Entwickelung der letzten Periode des Alterthums überhaupt gehabt hat. Das Alterthum beginnt mit starrer Absonderung der Nationalitäten, und innerhalb derselben mit schroffer Trennung der Stände; es gelangt aber endlich zur gänzlichen Vereinigung der verschiedenen

1) Von älteren Untersuchungen ist benutzt Titus Popma *De operis servorum.* Antverp. 1606. Pignorius *De servis et eorum apud veteres ministeriis* (beide Schriften auch in Poleni *Thes.* Vol. III). Burigny *Sur la condition des esclaves à Rome* in *Mém. de l'Acad. des Inscr.* XXXV. Creuzer Röm. Antiq. S. 34—81 und Deutsche Schriften IV, 1 S. 1—74. Kurz aber nicht ohne Werth ist G. d'Arnaud *De iure servorum ap. Romanos.* Franequerae 1734. 4. Ein neues Material über die Beschäftigungen und Namen der Sclaven haben seit den letzten hundert Jahren die Inschriften der Columbarien (*C. I. L.* VI pars 2) geliefert, namentlich 1. das 1726 entdeckte Columbarium, welches beschrieben ist in Bianchini *Camera ed iscrizioni sepulcrali de' liberti, servi ed ufficiali della Casa di Augusto.* Roma 1727. fol. und gleichzeitig in Gorii *Monumentum sive columbarium — Liviae Augustae.* Florentiae 1727. fol., abgedr. in Poleni *Thes.* Vol. III. 2. Zwei von Campana im Jahre 1840 entdeckte Columbarien. S. Campana *Di due sepolcri del seculo di Augusto.* Roma 1843. fol. und die Inschriften dieser Gräber in O. Jahn *Spec. epigr.* p. 24—100. 3. Zwei neuerdings entdeckte, beschrieben von Henzen *Annali* 1856, p. 8ff. Der grosse vorhandene Stoff ist immer erst theilweise bearbeitet in Becker *Gallus* her. v. Rein. 3. Ausg. II S. 99—154 (115ff. Göll). Blair *An inquiry into the state of slavery amongst the Romans.* Edinb. 1833. E. Biot *De l'abolition de l'esclavage ancien en Occident.* Paris 1840. 8. und am besten in H. Wallon *Histoire de l'esclavage dans l'antiquité.* 2e éd. Tome I. II. III. 8. Paris 1879. — Auf dieses mit ebensoviel Geist als Gelehrsamkeit geschriebene und den massenhaften Stoff überall in Beziehung zu der grossen historischen Entwickelung setzende Werk habe ich, obgleich meine Darstellung auf einem grossentheils selbständig gewonnenen Material beruht, vielfach verwiesen, wo ein tieferes Eingehen in die Untersuchung dem Leser wünschenswerth sein könnte. Neuerdings haben denselben Gegenstand erörtert Caqueray *De l'esclavage chez les Romains.* Paris 1864. 8. Boissier *La religion Romaine.* II p. 343—405. G. V. L. Lechler Sclaverei und Christenthum. Th. I. II. Leipzig 1877. 1878. 4. (Programm.)

Staaten in ein politisches Ganze und zur Ausgleichung der Standesunterschiede; beides vollendet sich in dem römischen Kaiserreich; [1]) und zwar nicht bloss äusserlich erfolgt die Gleichstellung der Einzelnen in Hinsicht auf politische Rechte, sondern auch innerhalb der Familie vollzieht sich derselbe Process. Die römische Ehe verlor ihre alterthümliche Strenge und Heiligkeit, aber die Frau wurde gleichberechtigt mit dem Manne; die Erziehung verlor die alte Tüchtigkeit und Derbheit, aber sie trug wesentlich bei zur Verschmelzung griechischer und römischer Eigenthümlichkeit; auch in dem Sclaventhum lag einerseits eines der wesentlichsten Momente, welche den Untergang des Römerthums beschleunigten, andererseits eine vielseitige positive Einwirkung auf die Umgestaltung des Lebens. Die steigende Zunahme einer Classe, die den Römern durch Abstammung, Religion und Sitte grossentheils fremd, an Bildung theilweise sehr überlegen war, die Geltung, welche die Sclaven und noch mehr die Freigelassenen im Hauswesen, in der Wissenschaft und zuletzt in Staatsdiensten erlangten, die Betriebsamkeit, welche durch sie seit den letzten Zeiten der Republik in Handel und Gewerbe gebracht ward, haben wesentlich dazu beigetragen, dem römischen Volke die verschiedensten Keime fremder Bildung einzupflanzen, den letzten Unterschied der Stände, den zwischen Sclaven und Freien, bis auf einen gewissen Grad auszugleichen, und das ursprünglich auf den Ackerbau beschränkte Rom zum Mittelpunkt des Handels und der Industrie zu machen. Dies ist der Gesichtspunkt, von welchem aus die Betrachtung der Sclavenfamilie ihr Interesse hat.

Ursachen der Vermehrung der Sclaven.

Sclaven haben die Römer seit den ältesten Zeiten gehabt, aber in geringer Anzahl. Ein Bauer, der mit seinen Kindern den Acker baute, brauchte bei dem kleinen Umfang altrömischer Wirthschaften nur wenige Hülfe für die Feldbestellung und noch weniger für die Bedienung, zu welcher ursprünglich ein Sclave ausreichte [2]) und noch später für mässige Leute wenige Diener genügten. [3]) Vier Umstände waren es hauptsächlich, die in Folge

1) Dieser Gedanke ist weiter ausgeführt in Staatsverwaltung I² S. 564 ff.

2) S. oben S. 20. Vgl. Juven. 14, 168: *unus Vernula, tres domini.* Val. Max. 4, 4, 11.

3) Manius Curius führte im Samniterkriege zwei Sclaven mit sich, der alte Cato in Spanien drei (diese und andere Beispiele bei Apul. *de mag.* c. 17), Scipio Africanus fünf, Caesar in Britannien drei, Athenaeus 6, c. 105 p. 273b.

des wachsenden Reichthums die Vermehrung der Sclaven veranlassten: das Aufhören der Bauernwirthschaften und das Ueberhandnehmen des grossen Grundbesitzes, verbunden mit der Bewirthschaftung durch Sclaven, welche man deshalb freien Leuten vorzog, weil sie nicht zum Militärdienst ausgehoben wurden; 1) der Luxus des Lebens, welcher eine Menge von vorher unbekannten Bedürfnissen einführte, zu deren Befriedigung die verschiedensten Dienste nöthig wurden; die durch die Masse der Sclaven entstehende Nothwendigkeit einer grossen Verwaltung, welche ein zahlreiches Personal zur Beaufsichtigung und Versorgung der *familia* erforderte; endlich die bei den Griechen lange übliche, von den Römern erst später angewendete Benutzung von Sclaven zu industriellen Zwecken.

Kategorien derselben. I. Die *familia rustica.*

I. Die Sclavenfamilie ist berechnet auf das Bedürfniss, und dies bedingte in alter Zeit der Ackerbau, die einzige anständige Erwerbsquelle des alten Römers. 2) Erst als man der alten Sitte, ganz oder doch grösstentheils auf dem Lande zu leben, untreu ward, und die Beschäftigung mit der Landwirthschaft verachtend entweder abwechselnd in der Stadt und auf dem Gute, oder auch wohl ganz in der Stadt zu leben bequemer fand, 3) trat die Theilung der *familia* in eine *urbana* und eine *rustica* ein, welche indess nie begriffsmässig unterschieden worden sind, 4) sondern von dem Herrn willkürlich bestimmt und durch Versetzungen der Sclaven aus einer in die andere verändert wurden. 5) Für die *familia rustica* ist ausserdem die Art des Gutes und der Bewirthschaftung massgebend, so dass eine Veränderung der letzteren auch eine Veränderung der *familia* nach sich zieht. Die Güter der alten Römer hatten entweder Viehwirthschaft oder

---

1) S. Staatsverwaltung I² S. 104.

2) Cato *de r. r.* pr. Varro *de r. r.* 2 pr. Colum. 1 pr. § 10. Cic. *de off.* 1, 42, 151: *Omnium autem rerum, ex quibus aliquid adquiritur, nihil est agri cultura melius — nihil homine libero dignius.*

3) Colum. 1 pr. § 13—20; und 12 pr. 9 sagt er, dass namentlich die Frauen *sordidissimum negotium ducebant paucorum dierum in villa moram.* Val. Max. 7, 5, 2: *P. Scipio Nasica, togatae potentiae clarissimum lumen, qui consul Jugurthae bellum indixit, — — cum aedilitatem curulem adulescens peteret manumque cuiusdam rustico opere duratam more candidatorum tenacius adprehendisset, ioci gratia interrogavit eum, num manibus solitus esset ambulare, quod dictum — ad populum manavit causamque repulsae Scipioni attulit. Omnes namque rusticae tribus paupertatem sibi ab eo exprobratam iudicantes iram suam adversus contumeliosam eius urbanitatem destrinxerunt.*

4) *Dig.* 32, 99 pr.

5) Colum. 1 pr. § 12.

Ackerwirthschaft,[1]) und zwar gab Cato der ersten den Vorzug;[2]) als die Bauerngüter den Latifundien wichen und die Bauernhütte von den Villen verdrängt ward, kam zu der Viehzucht und dem Ackerbau noch die auf den feinen Genuss berechnete Landhauswirthschaft, zu welcher Gartenbau und Zucht von Luxusthieren (*villatica pastio*) gehört,[3]) welche schon zu Varro's Zeit sehr einträglich war.[4]) Neben dem Umfang der Wirthschaft änderte sich auch der Betrieb; es gab noch immer kleinere Güter, die der Herr in Person verwaltete,[5]) die meisten Grundbesitzer aber zogen es vor, das Gut ganz oder theilweise zu verpachten, theils gegen bestimmte Pachtgelder und Dienstleistungen,[6]) theils auf Tantième,[7]) oder dasselbe ganz durch Sclaven bewirthschaften zu lassen, wobei noch immer einzelne Dienste durch freie oder un-

---

1) Varro *de r. r.* 1, 2, 12 ff. 2) Cato bei Colum. 6 pr. § 4.

3) Hievon handelt Varro lib. 3. Col. 8 ff. Der Thiergarten oder Wildpark, bei den Griechen παράδεισος, heisst *roborarium, leporarium, vivarium.* Die älteste Erwähnung desselben geschieht in einer Rede des Scipio Africanus minor bei Gell. 2, 20, 4—6. Vgl. Plin. *n. h.* 8, 211: *Vivaria eorum (aprorum) ceterorumque silvestrium primus togati generis invenit Fulvius Lippinus — nec diu imitatores defuere L. Lucullus et Q. Hortensius.*

4) Nach Varro *de r. r.* 3, 6, 1 verdiente M Aufidius Lurco durch die Pfauenzucht jährlich 60,000 Sesterzen.

5) Das beste Gut ist ein dem Umfang nach mässiges, aber von dem Herrn selbst verwaltetes. Col. 1, 3 § 8—13.

6) Nach Colum. 1, 7 bauen den Acker entweder *coloni* oder *servi*; die *coloni* leisten *opus et pensionem*; am besten sind *coloni indigenae*; schlecht ist ein *urbanus colonus, qui per familiam mavult agrum quam per se colere.* An den *colonus* wird ein Gut oder eine Parcelle verpachtet (*locatur* Col. 1, 7, 3); räthlich ist dies indess nur bei entlegenen Gütern, auf welchen der Herr einen *villicus* nicht controliren kann (1, 7, 6). Ein *colonus agri Cai Aelii Aenei* Orelli 4644 = *C. I. L.* VI, 9275; ein *colonus fundi Tironiani* Or. 7223 = *C. I. L.* IX, 3674; *col(onus) f(undi) Pacciani C. I. L.* IX, 888; *colonus fundo Mariano C. I. L.* VI, 9276 (vgl. X, 1877. 1918), und anderer kaiserlicher Güter *Dig.* 50, 1, 38 § 1; 1, 19, 3 § 1. Vgl. *Dig.* 49, 14, 50. Ueber die *pensio coloni* und das Verhältniss des *locator* und *conductor* s. *Dig.* 19, 2, 54. 55; der letztere leistet für die Pachtsumme Caution. Gai. 4, 147. (Ueber die *coloni* vgl. Mommsen Decret des Commodus für den *saltus Burunitanus*, *Hermes* XV S. 385 ff. Auch einem Sclaven (*villicus*) wurde bisweilen ein *fundus* gegen eine bestimmte Pachtsumme überlassen: *Dig.* 33, 7, 12 § 3; 18 § 4; 20 § 1.)

7) Von dem *colonus, qui ad pecuniam numeratam conduxit,* wird unterschieden der *partiarius colonus*, der gegen einen Antheil am Gewinne die Wirthschaft führt (*Dig.* 19, 2, 25 § 6) oder die Viehzucht treibt (*Cod. Just.* 2, 3, 9 (8)). Der erste heisst auch *politor. Dig.* 17, 2, 52 § 2: *agrum politori damus in commune quaerendis fructibus.* Cato *de r. r.* 136. Der jüngere Plinius hatte seine Güter verpachtet (*ep.* 7, 30, 3), und zwar auf fünf Jahre (9, 37, 2); er beschliesst aber, sie auf längere Zeit zu verpachten und zwar *non nummo* (d. h. um eine Geldsumme, so *nummis colere Dig.* 47, 2, 26 § 1), *sed partibus*, und dann einige Controleure (*exactores operis* und *custodes fructibus*) mit der Beaufsichtigung zu beauftragen. Ebenso verpachtet man die Wein- und Oelernte allein an einen *partiarius*, und beaufsichtigt diesen durch *custodes.* Cato *de r. r.* 13. 66. 137. 144.

freie Tagelöhner [1]) oder auch durch Unternehmer [2]) geleistet werden konnten. In dem letzteren Falle führt die Wirthschaft der *villicus* oder *actor*, [3]) ein Sclave, welcher entweder dem Herrn selbst oder dessen Bevollmächtigtem (*procurator*) [4]) Rechnung abzulegen hat; [5]) unter ihm steht die *familia rustica*, [6]) zuerst die Werkmeister für die einzelnen Zweige des Landbaues und der Viehzucht (*magistri operum*), [7]) dann die diesen untergebenen Arbeiter, deren grosse Masse sich in folgende Kategorien sondern lässt.

1. Die Ackerbausclaven und zwar Die Ackerbausclaven.

a. für die Feldwirthschaft: die *bubulci* [8]) oder *aratores* [9]) oder *iugarii*; [10]) der *asinarius*, *subulcus*, *opilio*, [11]) der *domitor*, welcher

---

1) Varro *de r. r.* 1, 17, 2: *Omnes agri coluntur hominibus servis aut liberis aut utrisque. Liberis, aut cum ipsi colunt — aut mercenariis, cum conducticiis liberorum operis res maiores, ut vindemias et foenisicia, administrant.* Cato *de r. r.* 4.

2) Suet. *Vesp.* 1: *Non negaverim iactatum a quibusdam Petronis patrem e regione Transpadana fuisse mancipem operarum, quae ex Umbria in Sabinos ad culturam agrorum quotannis commeare soleant.* Dies kommt nicht nur bei Wein- und Oelernten, sondern namentlich bei Bauten vor. Cato *de r. r.* 14. Colum. 1, 16.

3) *Actor* ist an sich nicht identisch mit *villicus*, sondern bedeutet allgemein den Geschäftsführer oder Cassenführer. Der *actor C. I. L.* IX, 425 heisst *C. I. Gr.* 5875, *a*[2] οἰκονόμος. So hat der Kaiser (Suet. *Dom.* 11), das römische Volk (*actor publicus* Tac. *ann.* 2, 30; 3, 67) und auch eine Commune (Plin. *ep.* 7, 18, 2. *Cod. Just.* 11, 40 (39). Mommsen *Hermes* XII p. 117) einen *actor*, ebenso Privatleute, Männer (*Aurelii Veriani actor* Orelli 1590. 2865. *C. I. L.* VI, 688. 1464. 3714. 6995. 7367. *Dig.* 34, 3, 12) wie Frauen (Or. 1233. 4688. 1617. *C. I. L.* VI, 41. 272. 365. 8696. 8697a. 9125. 9127. Apul. *met.* 2, 26); ein *tutor* kann die Geschäfte seines *pupillus* durch einen *actor* führen lassen. *Dig.* 26, 7, 24. Wenn aber ein solcher *actor* ein einzelnes Gut verwaltet (Plin. *ep.* 3, 19, 2. *actor praedii Cod. Just.* 2, 12 (13), 16. *actor praediorum[m] Tublinat[ium]* Or. 1773 = *C. I. L.* V, 5005), so ist er identisch mit dem *villicus*, was Colum. 1, 7, 7; 1, 8, 5; 12, 3, 6 bestätigt, vgl. Or. 4141 = *C. I. L.* X, 6592: *actori et agricolae optimo*, *C. I. L.* III, 5616: *Flora vilica Urso actori marito*, und Colum. 6, 27, 1, wo *actorem* (*equitii*) zu lesen ist, der Vorsteher einer Stuterei. Dieser *actor* führt die Rechnung (*Dig.* 11, 3, 1 § 5) wie der *villicus*, er ist ein Sclave (*servus actor Dig.* 26, 7, 39 § 18. Or. 4913 = *C. I. L.* V, 7473), und gehört zum Inventarium des Gutes (*Dig.* 33, 7, 12 § 38); unter ihm steht die *familia*. Salvian. 4, 3, 15: *pavent quippe actores, pavent silentiarios, pavent procuratores.*

4) Colum. 1, 6, 7 u. ö. Vgl. Plin. *ep.* 3, 19, 2.

5) Cato *de r. r.* 2, 5. 5, 4 und über den *villicus* überhaupt Colum. 11, 1 u. 2.

6) Colum. 11, 1, 3. Orelli 2857 = *C. I. L.* X, 3550: *villicus et familia, quae sub eo est.* n. 6275 = *C. I. L.* IX, 3028: *Hippocrati Plaut. vilic(o) familia rust(ica) quibus imperavit modeste.*

7) Colum. 1, 8, 17: *magistri singulorum officiorum.* ib. 1, 8, 11; 11, 1, 27, vgl. 1, 9, 1. 2.

8) Cato 5, 6 u. ö. 9) Col. 1, 9, 3. 10) Col. 1, 6, 6.

11) Cato 10. Schweine gehören zur gewöhnlichen Hofwirthschaft. Varro 2, 4.

die Ochsen einfährt,[1] und die *operarii*, welche als *occatores* bei dem Eggen, als *sarritores* bei dem Behacken, als *runcatores* bei dem Gäten, als *messores*[2] oder *foenisecae*[3] bei dem Schneiden beschäftigt sind;

b. für den Oelbau neben den *operarii* die *leguli*,[4] *factores*[5] oder *torcularii*[6] (Presser) und *capulatores* (Küfer);[7]

c. für den Weinbau, bei welchem als *magister* der *vinitor* fungirt,[8] und die zum Aufbinden des Weines erforderliche Weidenpflanzung, welche unter dem *salictarius* steht,[9] die *operarii* zum Graben (*fossores*),[10] Setzen (*satores*),[11] Behacken (*pastinatores*),[12] Anbinden (*alligatores*),[13] Beschneiden (*putatores*),[14] Abranken (*pampinatores*),[15] Lesen (*vindemiatores*),[16] Keltern (*calcatores*,[17] *factores*),[18] und Einbringen in die Fässer (*haustores*),[19] und Niederlagen (*phalangarii*, Träger).[20]

Die Hirten.

2. Die Hirten unter dem *magister pecoris*,[21] nämlich die *armentarii*,[22] *caprarii*,[23] *opiliones*,[24] *suarii*,[25] welche wieder zerfallen in *porculatores* und *subulci*.[26] Wo ein Gestüt (*equitium*)[27] ist, steht dies unter einem eigenen Gestütmeister (*equitiarius*).[28]

---

1) Col. 6, 2, 6. 2) Col. 2, 12 (13), 1. 3) Col. 2, 18, 4. 5.
4) Cato 64. Bei Cato wird übrigens das Lesen der Oliven in Entreprise gegeben, also durch fremde Leute besorgt, Cato 144.
5) Auch die *factores* sind bei Cato 145 *conducti*; sie werden von einem *redemtor* gestellt. 6) Col. 12, 52, 3.
7) Cato 66. Col. 12, 52, 10. Sie kommen öfters als *collegium* vor. *C. I. L.* IX, 2336. X, 5197 (= Or. 2173. 7190). IX, 665.
8) Col. 3, 3, 8. 9) Cato 11, 1. 10) Col. 3, 13, 3; 3, 15, 2.
11) Col. 3, 15, 3. 12) Col. 3, 13, 12. 13) Col. 4, 13, 1.
14) Col. 4, 24, 11. 15) Col. 4, 10, 2.
16) Col. 3, 21, 6; 12, 17, 2. 17) Calpurn. *ecl.* 4, 124.
18) Cato 13. (Die Anm. 10—18 genannten Arbeiter sind natürlich nicht lauter verschiedene Personen, sondern dieselben Sclaven dienten je nach der Jahreszeit als *fossores*, *satores* etc.)
19) Orelli 5089 = *C. I. L.* VI, 1785. 20) ibidem.
21) Varro 1, 2, 14, wo er dem *villicus* coordinirt wird. Vgl. 2, 3, 8; 2, 10, 12. Columella 6 pr. 6 unterscheidet die Zucht der Rinder, Maulesel, Pferde und Esel (Arbeitsthiere), und die Zucht der Schafe, Schweine, Ziegen, Hunde, und handelt von der ersteren Buch 6, von der letzteren Buch 7. Er versteht daher unter *magister pecoris* 7, 6, 9 den Inspector über das Kleinvieh, den er den *pastores alterius generis* entgegensetzt. Auch Varro 2, 5, 18 hat einen *armentarius*, welcher die Bücher des Mago liest, also auch mehr als ein Hirt zu sein scheint, so dass schon bei ihm jeder Zweig der Viehzucht seinen besonderen Vorsteher gehabt haben mag.
22) Varro 2 pr. 4. 23) Varro 2, 3, 10.
24) Varro 2 pr. 4. Col. 7, 3, 13. *Dig.* 33, 7, 25 § 2.
25) Plin. *n. h.* 8, 208.
26) Col. 1 pr. 26; 7, 9, 12. 14. Varro 2, 4, 1 und 20.
27) *Dig.* 6, 1, 1 § 3. Colum. 6, 27, 1. 28) Firmic. Mat. *Astr.* 8, 13.

3. Sclaven für die Hofwirthschaft (*villatica pastio*):[1] Sclaven für die Hofwirthschaft.

a. für Obst- und Gemüsegärten, sowie für künstliche Gartenanlagen der *hortulanus*[2] oder *supra hortos*,[3] der *arborator*[4] und *olitor*,[5] endlich der *topiarius*;[6]

b. für Bienenzucht der *curator apiarii*,[7] auch *melitturgus*,[8] *mellarius*[9] genannt;

c. für Federviehzucht der *curator aviarii*[10] oder *aviarius*,[11] auch *aviarius altiliarius*,[12] und für die einzelnen Arten der *columbarius*,[13] *curator gallinarius*,[14] *phasianarius*,[15] die Hirten der Gänse[16] und Pfauen,[17] die Aufseher über die Drosseln (*turdi*), Turteltauben (*turtures*) und Perlhühner (*Numidicae aves*);[18] die Hühner- und Gänsemäster[19] und die Vogelfänger;[20]

d. für den Wildpark (*leporarium*[21] oder *vivarium*),[22] in welchem wilde Schweine, Rehe, Hasen und Haselmäuse (*glires*) gehalten wurden,[23] der *custos vivarii*[24] und die *venatores*;[25]

e. für die Fischteiche die *piscatores*,[26], für die Brunnen und Wasserkünste in den Gärten die *aquarii*.[27]

Endlich für unbestimmte Dienste in Feld, Garten und Haus die *mediastini*[28] und für die Bewachung des Gutes und der Früchte die *saltuarii*.[29]

---

1) Colum. 8, 1, 2. 2) Orelli 4200 = *C. I. L.* VI, 9473.
3) *C. I. L.* VI, 4346. 9472; ***vilicus hortorum*** ib. 623.
4) Colum. 11, 1, 12.
5) Colum. 11, 1, 2; auf Inschr. ***holitor***. Orelli n. 2861; *C. I. L.* VI, 9457—9459.
6) Cic. ***ad Q. fr.*** 3, 1, 2 § 5. Orelli n. 2966. 4293. 6300. 6445. 6366. *C. I. L.* VI, 4360 f. 4423. 6369 f. 7300. 8639. 8738. 9943 ff.
7) Colum. 9, 5, 2; 9, 2. 8) Varro 3, 16, 3. 9) Varro 3, 16, 17.
10) Varro 3, 5, 5; ***custos***. Colum. 8, 11, 12.
11) Colum. 8, 3, 4; 8, 5, 14; 8, 11, 12. *C. I. L.* VI, 9200.
12) Orelli n. 2866 = *C. I. L.* VI, 9201; ***altiliarius*** ib. 4230.
13) Varro 3, 7, 7; ***pastor columbarius*** Varro 3, 7, 5.
14) Varro 3, 9, 7. 15) ***Dig.*** 32, 1, 66.
16) ***pastores anserum Dig.***, 32, 1, 66.
17) ***curator pavonum*** Col. 8, 11, 2; ***procurator*** Varro 3, 6, 3.
18) Colum. 8, 10. 11. 12. 19) ***fartores*** Colum. 8, 7, 1.
20) ***aucupes*** Varro 3, 3, 4. ***Dig.*** 33, 7, 12 § 13. Pauli ***sent.*** 3, 6, 71.
21) Varro 3, 3, 1. 2; 3, 12, 1. 22) Colum. 8, 1, 4; 9, 1, 3.
23) Varro 3, 3. 24) Orelli n. 22 = *C. I. L.* VI, 130.
25) Orelli n. 22. ***Dig.*** 33, 7, 12 § 12. Varro 3, 3, 4. Eine ***familia venatoria*** *C. I. L.* V, 2541. 26) Varro 3, 17, 6.
27) *C. I. L.* VI, 3935. 3936. 9131. 9145.
28) Col. 1, 9, 3; 2, 12, 7. Orelli 6325 = *C. I. L.* VI, 8894 (dies wohl kaum ein ländlicher ***mediastinus***; eher die *C. I. L.* VI, 9102 erwähnten; ***mediastini*** gab es auch in der ***familia urbana***: Hor. ***ep.*** 1, 14, 14). Mehr bei Forcellini s. v. Auch die Sclaven der Aerzte hiessen so. Plin. ***n. h.*** 29, 4.
29) ***Dig.*** 33, 7, 12 § 4; 7, 8, 16 § 1. *C. I. L.* VI, 9874. X, 1085. 1409.

Die *familia urbana*

II. Man ersieht aus dieser einfachen Zusammenstellung, dass die Organisation der ländlichen Sclavenfamilie durch das Bedürfniss grosser und complicirter Wirthschaften bedingt war, und dass die Ausdehnung der *familia rustica* einen natürlichen Grund in der Vielseitigkeit des Betriebes der Wirthschaft hatte; anders verhielt es sich mit der städtischen Dienerschaft, deren Zahl nicht durch das wirkliche Bedürfniss, sondern durch einen raffinirten Luxus bestimmt wurde, der in den beiden letzten Jahrhunderten der Republik immer mehr in den vornehmen Familien um sich greift und gerade in den Einrichtungen des häuslichen Lebens anschaulich hervortritt.

für Verwaltung des Hauses und des Inventars,

a. Die Verwaltung des Hauses und des Inventars hatte in alter Zeit ein Haushofmeister (*atriensis*),[1] welcher die ganze Wirthschaft führte, Gelder einnahm und ausgab, Käufe und Verkäufe abschloss und die Vorräthe unter sich hatte;[2] bei der Erweiterung des Hauswesens und der eintretenden Nothwendigkeit der Theilung der Geschäfte wurde für das Rechnungswesen ein eigener Beamter nöthig; dem *atriensis* blieb nur die Aufsicht über die Reinigung und Erhaltung des Hauses und Ameublements,[3] und es gab noch neben ihm untergeordnete Hausbeamte: für die einzelnen Wohnungen (*diaetae*) im Hause den *diaetarius*,[4] *zetarius*[5] oder *diaetarcha*;[6] für die Aufnahme fremder Gäste den *servus ab hospitiis*;[7] für die Hauscapelle,[8] für die Ahnenbilder[9] besondere Sclaven; endlich den Portier, *ianitor* oder *ostiarius*,[10] der nach altem Gebrauch[11] wie ein Hund an der

1) Orelli 2784 u. öfter. *C. I. L.* VI, 6239—6241. 9192—9199 u. öfter.
2) Plaut. *Asin.* 347. 368. 432sqq. *Pseud.* 608. 609. *Poen.* 1283.
3) Cic. *parad.* 5, 2, 38. Varro *de l. L.* 8, 61: *Si ab aede et tuendo aeditumus est, cur non ab atrio et tuendo potius atritumus sit, quam atriensis?* Bei Columella 12, 3, 9 hat über das Hausgeräth auf dem Lande die *villica* die Aufsicht, sie muss *insistere atriensibus, ut supellectilem exponant, ut ferramenta detersa nitidentur, atque rubigine liberentur.* Diese, so wie die *alticincti atrienses* bei Phaedrus 2, 5, 11 sind offenbar die, *qui tergunt, ungunt, verrunt, spargunt* (Cic. *parad.* 5, 2, 37), und bezeichnen die dem *atriensis* untergebenen Sclaven, z. B. *scoparii* (*Dig.* 33, 7, 8 § 1 *atrienses, scoparii*), welche sonst *atriarii* genannt werden. *Dig.* 4, 9, 1 § 5: *ceterum si quis opera mediastini fungitur, — ut puta atriarii et focarii.* Ein *atriarius* Orelli n. 6445 = *C. I. L.* X, 6638.
4) *Dig.* 33, 7, 12 § 42. 5) Pauli *sent.* 3, 6, 58.
6) Orelli n. 2912. 2913; *C. I. L.* VI, 5187. 5196. 8643ff. 8666. 8818.
7) Orelli 6291 = *C. I. L.* VI, 7290. ib. 9474.
8) *ad Venerem C. I. L.* VI, 4040; *a sacrario* ib. 4027.
9) *ad imagines* ib. 3972.
10) Orelli 5844. 6333. *C. I. L.* VI, 3995ff. 8961ff. u. öfter.
11) Suet. *de rhet.* 3.

Kette lag.[1]) Hiezu kamen in den grossen Familien, insbesondere der kaiserlichen, die zur Beaufsichtigung des Inventars erforderlichen Beamten, die Intendanten des Hausgeräthes, d. h. der Meubles, Teppiche und Küchengeräthe[2]) (*supellecticarius*[3]) oder *a supellectile*);[4]) der Ess- und Trinkgeschirre (*ab argento potorio*,[5]) *a crystallinis*,[6]) *a corinthiis*);[7]) der Vorräthe (*cellarius*[8]) und *a vinis*);[9]) der Kunstsammlungen (*a statuis*,[10]) *a pinacotheca*,[11]) *a tabulis*,[12]) *a dactyliotheca*);[13]) der Garderobe (*a veste*, *ad vestem*,[14]) *vestispicus*,[15]) *vestispica*,[16]) *vestiplicus*,[17]) *vestiplica*,[18])

---

1) Columella 1 pr. § 10. Ovid. *am.* 1, 6, 1.

2) *Dig.* 33, 10, 1: *Supellex est domesticum patris familiae instrumentum, quod neque argento aurove facto vel vesti annumeratur.* Ib. 3: *Supellectile — haec continentur: mensae, trapezophora, delphica, subsellia, scamna, lecti — culcitrae, toralia, vasa aquaria, pelves, aquiminaria, candelabra, lucernae, trullae, item vasa aenea vulgaria.*

3) *Dig.* 33, 7, 12 § 31. *C. I. L.* X, 1960.

4) Orelli n. 1927. 2957. 6445. *C. I. L.* VI, 4035 f. 4357. *ad supelect.* ib. 4471. 9049.

5) *ad argentum pot.* Orelli 6304 = *C. I. L.* VI, 8730; *ab argento* Or. 5391. 6303. 6651. *C. I. L.* VI, 4431 f. 5185 f. 5197; *ad argentum* ib. 3941. 4425. 5746; *supra argentum* ib. 4426 f.; *praepositus argenti potori* ib. 8729; *praepositus auri escari* ib. 8732; *praepositus auri potori* ib. 8733; *ab auro gemmato* ib. 8734 ff.

6) *praepositus a cristallinis*, ein Freigelassener Orelli n. 2952 = *C. I. L.* III, 536.

7) Orelli n. 6308. 6445 (= *C. I. L.* X, 692. 6638). *corinthiarius C. I. L.* VI, 5900. 8756 f.

8) *cellarius* Orelli 2423. 5732. 6287. 7189. *C. I. L.* VI, 9243 ff. *Dig.* 33, 7, 12 § 9 und sonst oft. *praepositus cellariorum C. I. L.* VI, 8746. Von der *cella promptuaria*, der Speisekammer, ist die *cella penaria*, die Vorrathskammer für den Jahresbedarf zu unterscheiden, s. Staatsverwaltung III S. 120; auf die letztere bezieht sich der *promus* oder *promus condus*, *procurator peni* Plaut. *Pseud.* 608 u. ö., der auch die nicht zum gewöhnlichen Gebrauch nöthigen Geräthschaften in Verwahrung hat. Colum. 12, 3, 4; *subpromus* Plaut. *Mil. gl.* 825.

9) Orelli 6377. 6378 (= *C. I. L.* VI, 9092. 9091.

10) *C. I. L.* VI, 4032.

11) Orelli 2417 = *C. I. L.* VI, 10234. Vgl. Varro *de r. r.* 1, 2, 10.

12) *C. I. L.* VI, 3970.

13) Mur. 907, 3 (nicht sicher echt).

14) *a veste* Orelli 794. *C. I. L.* VI, 4041 ff. 4251; *ab veste* Or. 6651 = *C. I. L.* VI, 5197; *ad vestem* ib. 5206. 6372. 6374; *supra veste* ib. 5206 = Or. 6372. In der kaiserlichen Familie ist dies Amt vielfach getheilt; *a veste castrensi C. I. L.* VI, 8547. 5248 = Or. 6375; *cistarius a veste forensi* Or. 6374 = *C. I. L.* VI, 5193; *a veste munda C. I. L.* VI, 8548 f.; *a purpura* ib. 4016; *a veste privata* ib. 8550; *regia* ib. 8551; *regia et graecula* ib. 8552 = Or. 2969; *p(rae)p(ositus) vestis scaenicae C. I. L.* VI, 8553; *praepositus vestis albae triumphalis* ib. 8546 = Or. 6376; *a veste venatoria C. I. L.* VI, 8555. Aus diesem Sclaven oder Freigelassenen *a veste* ist in der späteren Kaiserzeit der *comes sacrae vestis* geworden. Böcking *Not. Dign. Orient.* p. 233.

15) Nonius p. 12. (Die Inschr. Reines. cl. XI, 95 p. 642 ist unecht.)

16) Nonius p. 12.

17) *C. I. L.* VI, 7301. 9981.

18) Orelli 3315 = *C. I. L.* IX, 3318. Or. 6297 = ib. VI, 9901. Plaut. *Trin.* 252. Quintil. *decl.* 363.

ab ornamentis,[1] *ad margarita*,[2] *ad unguenta*,[3] *a fibulis*).[4]

für persönliche Bedienung.

b. Die persönliche Bedienung des Herrn und der Frau ist das Geschäft der Kammerdiener (*cubicularii*), die namentlich die Anmeldung der Besuche haben,[5] sowie der Pagen und Zofen

---

1) Orelli 5402. 6331. 6332. *C. I. L.* VI, 3991 f. 8952 ff. *adiutor a commentariis ornamentorum* Orelli 2892 = *C. I. L.* VI, 8951; *adiutor proc(uratoris) ab ornamentis C. I. L.* VI, 4228.

2) Orelli 2828 = *C. I. L.* VI, 7884.

3) *C. I. L.* VI, 4046; *ab unguentis* ib. 9098 (= Or. 2971). 9099.

4) *praepositus a fiblis* Or. 2952 = *C. I. L.* III, 536.

5) Orelli 2846. 2863. 2906. 4411. 4663 6312. 6651. 7191. *C. I. L.* VI, 3956 ff. 6254 ff. 8774 ff. 9295 ff. u. öfter. Sen. *d. const. sap.* 14, 1. *Dig.* 50, 16, 203 extr.; *a cubiculo* Orelli 1635. 2905. 6344. 6651. *C. I. L.* VI, 166. 5197. In der kaiserlichen Dienerschaft bilden die *cubicularii* eine zahlreiche Classe; sie sind in zwei *stationes* getheilt, welche im Dienste wechseln (*cubicularius stationis primae* Orelli 4663. 7191 = *C. I. L.* VI, 8532. 8774 vgl. 8775; *cubicularius stationis secundae* Orelli 6312 = *C. I. L.* VI, 5195) und wieder in Decurien eingetheilt sind (*decurio cubiculariorum* Suet. *Domit.* 17. *C. I. L.* VI, 8773). Für ihre Versorgung und Verpflegung giebt es eine besondere Verwaltung (*A FRVMento CVBiculariorum CAESAris Nostri STAtionis I C. I. L.* VI, 8518, vgl. 8771 f.; *ab aegris cubiculariorum* ib. 8770 = Or. 2886; *scr(iba) cubiculariorum C. I. L.* VI, 8767). Ihr Vorsteher heisst *supra cubicularios C. I. L.* VI, 3954 f. 4439. 8766. 9287; *praepositus cubiculo* Suet. *Dom.* 16; ὁ ἐπὶ τοῦ κοιτῶνος *Act. Apost.* 12, 20. Arrian. *diss. Epict.* 4, 7. *C. I. Gr.* 2947. 3804; κοιτωνίτης ib. 6418; πρόκοιτος Dio Cass. 67, 15, 1; 72, 4, 6. 12, 5. 19, 4; 78, 14, 1. 32, 4; 79, 16, 3. Er war der Gesellschafter des Kaisers beim Ballspiel und den gymnastischen Uebungen, wie beim Frühstück, und entkleidete den Kaiser beim Schlafengehen. Philo *leg. ad Gaium* 27, p. 571 M. Er hat τὴν τοῦ σώματος φρουρὰν καὶ τοῦ θαλάμου ἐξουσίαν. Herodian. 1, 12, 3; *thalami curam* (Ammian. 15, 2, 10; 22, 3, 12), so wie auch die ihm untergeordneten *cubicularii* Tag und Nacht im Vorzimmer den Dienst haben, und ich glaube, dass sie eben deswegen in zwei *stationes* getheilt sind, während Friedlaender Darstell. I[5] S. 100 die *stationes* für zwei Rangclassen von Kammerdienern erklärt. Von dem Nachtdienst im Vorzimmer (προκοιτέω Dio Cass. 54, 15, 8; 64, 7, 2) haben sie den Namen πρόκοιτοι oder οἱ τοῦ βασιλικοῦ θαλάμου φύλακες Herodian. 3, 12, 1. Zu dem Tagedienste gehört namentlich die Anmeldung der Besuche, welche in der Zeit der Republik die *cubicularii* hatten. Cic. *ad Att.* 6, 2, 5. Vgl. aus späterer Zeit Juven. 10, 216. Macrob. *sat.* 1, 7, 1. Petron. 30. Bei Hofe entstand aber für die Audienzen schon unter den ersten Kaisern ein bestimmtes Caerimoniell. Die zu Empfangenden waren in zwei Classen getheilt (Seneca *de ben.* 6, 33, 4: *non sunt isti amici, qui agmine magno ianuam pulsant, qui in primas et secundas admissiones digeruntur*; vgl. *de clem.* 1, 10, 1; die drei Classen, welche Suet. *Tib.* 46 angiebt, beziehen sich auf die *comites peregrinationum* und deren *cibaria*, nicht auf den Empfang bei Hofe), und aus den Dienern, die bei dem Empfange fungirten, war schon unter den ersten Kaisern ein eigenes *officium admissionis* (Suet. *Vesp.* 14) geworden. Dazu gehörten die Freigelassenen *ab admissione* (Orelli 2888. 5416 = *C. I. L.* VI, 8698. 8699; *aiutor ab admissione* ib. 8700), oder *ab of(ficiis) et admiss(ione) C. I. L.* VI, 4026, später *admissionales* (Lamprid. *Al. Sev.* 4, 3); ferner die *velarii*, *C. I. L.* VI, 6258. 6371, welche den Vorhang bei dem Eintritt öffneten (Lamprid. a. a. O.) und unter einem eigenen *praepositus velariorum* (*C. I. L.* VI, 8649. 9086. *supra velarios* Orelli 2967 = *C. I. L.* X, 1745) stehen, und der *nomenclator ab admissione* (*C. I. L.* VI, 8931; auf dem Stein steht *ab amissione*), welcher die Namen

(*delicati, delicatae*).[1] Die Toilette besorgen bei dem Herrn die *ornatores*,[2] *tonsores*,[3] *calceatores*,[4] bei der Frau die *ornatrices*[5] nebst den Friseuren (*ciniflones*[6] oder *cinerarii*),[7] endlich die Dienste beim Bade der *unctor*[8] oder *aliptes*,[9] der *alipilus*,[10] der *sphaerista*,[11] der *capsarius*, der die Kleider in Verwahrung nimmt,[12] und der Bademeister (*balneator*[13] oder *thermarius*)[14] und Heizer (*fornacator*).[15]

---

der Eintretenden nennt. Vgl. Sen. *ad Serenum* 14, 1. *de tr. an.* 12, 6. Lucian. *de merc. cond.* 10. Er weiss namentlich, wer zu den *amici* gehört und wer nicht, Sen. *ep.* 19, 11; er weist den Gästen den Platz bei Tische an, Athen. 2 p. 47e, und auf ihn möchte auch der Titel *a cura amicorum* Or. 1588. 2392. (2907 ist unecht) *C. I. L.* VI, 630. 8795—8799 zu beziehen sein, da er ein schriftliches Verzeichniss derselben führt. Sen. *de ben.* 6, 33, 4. Derselben Ansicht ist Mommsen *Hermes* IV S. 128 Anm. 3 (dagegen bezieht Friedlaender, I5 S. 121 A. 11 diesen Titel auf die Bedienung der beim Kaiser speisenden Freunde). Vgl. Sen. *ep.* 47, 8: *alius, cui convivarum censura permissa est, perstat infelix et exspectat, quos adulatio et intemperantia — revocet in crastinum.* Ammian. 14, 6, 12. In der constantinischen Zeit sind für diese verschiedenen Dienste der *cubicularii* zwei Hofämter vorhanden, von denen das eine unter dem *praepositus sacri cubiculi*, damals gewöhnlich einem Eunuchen (Böcking *ad N. D. Occ.* p. 293. 294. Friedlaender a. a. O. S. 73. 100 ff.), das andere unter dem *magister officiorum* oder *admissionum* steht. Böcking *ad N. D. Occ.* p. 322 sq.

1) Orelli 2801—2805. *C. I. L.* VI, 14559. 17416. V, 3825.

2) Als Titel finde ich nur *ornator deorum* Firmic. *astr.* 3, 6, 9 und *ornator glabrorum*, Orelli 694 = *C. I. L.* VI, 8956, der die Toilette der feinen Dienerschaft besorgt; möglich also, dass der Kammerdiener bei dem Herrn das Geschäft des *ornator* versah. Dass aber auch Männer eine kunstvolle Toilette machten, wird von Hortensius (Gell. 1, 5, 2. Macr. *sat.* 3, 13, 4), Gabinius (Cic. *post red. in sen.* 6, 13; 7, 16: *frons calamistri notata vestigiis. pro Sest.* 8, 18), Caesar (Plut. *Caes.* 4) ausdrücklich berichtet.

3) Orelli 2883. *C. I. L.* VI, 4359. 4474. 6366 ff. X, 1963 f. Martial. 6, 52; *tostrix* VI, 6368.

4) *C. I. L.* VI, 3939. Plin. *ep.* 3, 16, 8: *daturi estis consulari viro servulos aliquos, quorum e manu cibum capiat, a quibus vestiatur, a quibus calcietur.*

5) Orelli 1320. 2878. 2933. 4212. 4443. 4715. *C. I. L.* VI, 3993 f. 8957 ff. 9726 ff. u. öfter. Suet. *Claud.* 40. (Or. 6285 *ornatrix a tutulis* ist unecht.)

6) Hor. *serm.* 1, 2, 98 und dazu Acron.

7) Varro *de l. L.* 5, 129. Tertull. *ad uxor.* 2, 8. Acron. l. l.

8) Orelli 2791. 6369. *C. I. L.* VI, 4336. 4479. 5540. 6376 ff. u. öfter. *praepositus unctorum* Or. 6528 = *C. I. L.* VI, 8582; *decurio unctorum C. I. L.* VI, 9093; *unctrix* ib. 4045. 4252. 9097.

9) Cic. *ad fam.* 1, 9, 15. Juven. 3, 76; 6, 422 u. ö.

10) Sen. *ep.* 56, 2. Vgl. Juven. 11, 157.

11) Or. 6445 = *C. I. L.* X, 6638.

12) Der *capsarius* kann ein Sclave sein, den der Herr mitnimmt (*C. I. L.* VI, 3952. 6245. 7368. Petron. 30); gewöhnlich gehört er aber zu den Badedienern (*capsararius de Antoninianas C. I. L.* VI, 9232 = Or. 5092) und bekommt für seine Mühe eine Bezahlung. *Edict. Diocl.* VII, 75 Mommsen (*C. I. L.* III p. 831). *Dig.* 1, 15, 3 § 5.

13) *Dig.* 33, 7, 13 § 1; 33, 7, 17 § 2. *C. I. L.* VI, 6243. 8742. 9102. *praepositus balneariorum domus Aug.* ib. 8642.

14) Orelli 6445 = *C. I. L.* X, 6638.

15) *Dig.* 33, 7, 14.

für die Küche, c. Für die Küche genügten in alter Zeit auf dem Land die *villica* und die Mägde; in der Stadt miethete man bei festlichen Gelegenheiten einen Koch;[1]) allein später wurde ein eigener Koch unentbehrlich und stieg in dem Grade an Werth,[2]) dass man ihn theurer bezahlte als den *villicus*.[3]) Ihm wurde ein ganzes Hülfspersonal untergeordnet, die Knechte, welche das Holz tragen,[4]) die Einkäufer der verschiedenen Materialien,[5]) die Schaar der Kuchenbäcker[6]) und Küchengehülfen (*coqui*[7]) und *culinarii*)[8]), der er nunmehr als Dirigent und Oberkoch vorstand.[9])

für den Tisch, d. Noch grösser war der Luxus, den man bei der Tischbedienung entfaltete. Hier fungirt als Chef der *tricliniarcha*,[10]) der das ganze Arrangement und auch die Beleuchtung[11]) besorgt. Unter ihm stehen die *tricliniarii*, deren es mehrere Decurien[12]) geben konnte; der *structor*, welcher die Speisen anrichtet,[13]) aufträgt und vorschneidet,[14]) insofern nicht diese Dienste wieder getheilt werden zwischen dem Truchsess (*dapifer*[15]) oder *infertor*)[16]) und dem Vorschneider (*scissor*),[17]) die aufwartenden

---

1) Plin. *n. h.* 18, 108: *nec cocos vero habebant in servitiis eosque ex macello conducebant.* Dies geschieht bei Plautus *Pseud.* 165—169. *Aul.* 280.

2) Liv. 39, 6, 9: *coquus, vilissimum antiquis mancipium et aestimatione et usu in pretio esse et quod ministerium fuerat, ars haberi coepta.*

3) Sall. *Jug.* 85, 39.

4) *servus fornacarius Dig.* 9, 2, 27 § 9 für den Backofen; *servus focarius, ancilla focaria* für den Heerd. *Dig.* 4, 9, 1 § 5 u. ö.

5) *obsonatores* Sen. *ep.* 47, 8. Plaut. *Mil. gl.* 667. Orelli 2933. 2932 = *C. I. L.* VI, 8945. 8946. ib. 5353.

6) *turba pistorum* Sen. *ep.* 95, 24. Orelli 647. *C. I. L.* VI, 4010 ff. 8998 ff. u. öfter. Hiehin gehören ausser den Brodbäckern (*pistor candidarius, siliginarius* u. s. w. s. 2 Th. I, 1) die *dulciarii* und *lactarii* Lampr. *Heliog.* 27, 3, *libarii* und *crustularii* Sen. *ep.* 56, 2.

7) *concursantes coqui* Sen. *ep.* 114, 26. *Cocus* Orelli 646. 4166. 6651. *C. I. L.* VI, 6246 ff. 8753 ff. 9263 ff.

8) *culinarii* Scribonius Largus 230. Orelli 7227 (= *C. I. L.* IV, 373, keine Sclaven).

9) *supra cocos* Orelli 2827 = *C. I. L.* VI, 9261; *archimagirus* Orelli 6302 = *C. I. L.* VI, 7458. ib. 8750 f. Juven. 9, 109. Sidon. *epist.* 2, 9. *praepositus cocorum C. I. L.* VI, 8752.

10) Orelli 794. 2952. 6337. *C. I. L.* III, 536. VI, 1884. Friedlaender Darstellungen I⁵ S. 171.

11) Petron. 22. 12) Orelli 6367.

13) Serv. *ad Aen.* 1, 704. Petron. 35. Lamprid. *Heliog.* 27. Juven. 7, 184: *qui fercula docte Componat.* Orelli 4285. 6354. *C. I. L.* VI, 4034. 9046 ff. u. öfter. *p(rae)p(ositus) structorum* ib. 9045.

14) Juven. 5, 120—124; 11, 136 ff. Martial. 10, 48, 15.

15) *Gloss. Philox.: dapifer* σιτοφόρος. Die Inschr. Mur. 915, 3 ist unecht.

16) Schol. Juv. 9, 110.

17) Petron. 36. Ueber die *ars scindendi aves* s. Seneca *de br. vit.* 12, 5. *ep.* 47, 6; *scindendi obsonii magister*, Sen. *de vita beata* 17, 2; seltener heisst er *carptor* Juven. 9, 109.

Diener (*ministratores*,[1]) *a potione*,[2]) *pincernae*,[3]) *a lagona*,[4]) *a cyatho*),[5]) alles schöne, jugendliche Leute,[6]) gleich an Kleidung und Haartracht,[7]) endlich die Vorschmecker (*praegustatores*)[8]) und die Abräumer der Tafel (*analectae*).[9])

e. Verliess der Herr oder die Frau das Haus entweder zu Fuss oder in einer Sänfte, so geschah auch dies mit einem Gefolge, auf dessen Grösse und elegante Ausstattung man besonderen Werth legte.[10]) Ging man zu Fuss, so hatte man *pedisequi* oder — für Begleitung ausserhalb des Hauses,

1) Orelli 2812. 6327. *C. I. L.* VI, 8915 ff. 9641 ff. u. öfter. (Auch 4351 = Or. 2924 ist *ministr(ator)*, nicht *minister* zu lesen.) Petron. 31. *decurio ministratorum C. I. L.* VI, 8914. *a frumento ministratorum* (vgl. oben S. 144 A. 5) ib. 8924—8926.

2) Or. 794 = *C. I. L.* VI, 1884.

3) Or. 2881 = *C. I. L.* VI, 9798.

4) *a laguna* Or. 794; *adiutor a lagona* Or. 6321 = *C. I. L.* VI, 8866.

5) *C. I. L.* VI, 3963. 8815—8817. Vgl. Suet. *Caes.* 49. Horat. *od.* 1, 29, 7. Juven. 9, 47.

6) Cic. *de fin.* 2, 8, 23: *adsint etiam formosi pueri, qui ministrent.* Plut. *Cato mai.* 4 heissen sie ὡραῖοι, Lucian. *Gall.* 11 διάκονοι ὡραῖοι.

7) Seneca *ep.* 119, 13: *Quaeris, quali mensa, quali argento, quam paribus ministeriis et laevibus adferatur cibus?* Philo *de vita contempl.* 6 (II p. 479 M.): διακονικὰ ἀνδράποδα, εὐμορφότατα καὶ περικαλλέστατα, ὡς ἀφιγμένα οὐχ ὑπηρεσίας ἕνεκα μᾶλλον ἢ τοῦ φανέντα τὴν τῶν θεωμένων ὄψιν ἡδῦναι. Τούτων οἱ μὲν παῖδες ἔτι ὄντες οἰνοχοοῦσι, ὑδροφοροῦσι δὲ βούπαιδες, λελουμένοι καὶ λελειασμένοι, τά τε πρόσωπα ἐντρίβονται καὶ ὑπογράφονται καὶ τὰς τῆς κεφαλῆς τρίχας εὖ πως διαπλέκονται σφηκούμενοι· βαθυχαῖται γάρ εἰσιν ἢ μὴ κειρόμενοι τὸ παράπαν, ἢ τὰς προμετωπιδίους αὐτὸ μόνον ἐξ ἄκρων εἰς ἐπανίσωσιν κ. τ. λ. Dies sind die *comati* Martial. 12, 70, 9, *capillati* Petron. 27. 29. 57. 70. Mart. 3, 58, 31, *criniti* Sen. *ep.* 119, 14, und *crispuli* oder *calamistrati* Sen. *ep.* 95, 24: *transeo agmina exoletorum per nationes coloresque descripta, ut eadem omnibus laevitas sit, eadem primae mensura lanuginis, eadem species capillorum, ne quis, cui rectior est coma, crispulis misceatur.* Ambrosius *ep.* 69, 7 Migne = p. 1062 ed. Roman.: *quid de aliis dicimus, qui — calamistratos et torquatos habeant in ministerio?* Von der *laevitas*, d. h. der Bartlosigkeit oder auch künstlich hervorgebrachten weibischen Glätte der Haut haben die *glabri* ihren Namen. Sen. *ep.* 47, 7: *Alius vini minister in muliebrem modum ornatus cum aetate luctatur; non potest effugere pueritiam: retrahitur iamque militari habitu glaber retritis pilis aut penitus evulsis tota nocte pervigilat.* Phaedrus 4, 4 (5), 22. Sen. *de brev. vit.* 12, 5. Orelli n. 2911 = *C. I. L.* VI, 8817: *Liarus Antoniae Drusi glaber ab cyato.* Die Toilette dieser *glabri* erforderte einen besonderen Künstler. Orelli n. 694 = *C. I. L.* VI, 8956: *Diopanthus Ti. Caesaris ornator glabr(orum).*

8) Diese kommen wenigstens in der kaiserlichen Bedienung vor. Orelli-Henzen 6337. *C. I. L.* VI, 9004 f. Tac. *ann.* 12, 66; 13, 16. Suet. *Claud.* 44. Allein schon Antonius brauchte in Aegypten einen *praegustator.* Plin. *n. h.* 21, 12. Ein *collegium praegustatorum* mit einem *procurator C. I. L.* VI, 9003; ein *decurio praegustatorum* Mur. 907, 3 (nicht sicher echt).

9) Mart. 7, 20, 17; 14, 82. Sen. *ep.* 27, 7. Burm. *ad Petron.* 34. Vgl. Horat. *sat.* 2, 8, 10.

10) Noch Ammian. 14, 6, 16 beschreibt, wie vornehme Leute ausgehen, *familiarum agmina tanquam praedatorios globos post terga trahentes, ne Sannione quidem, ut ait Comicus, domi relicto*, und die Kirchenväter eifern gegen diese Unsitte. S. die Stellen bei Wallon III² p. 331 A. 5.

pediseguae[1]) hinter sich, *anteambulones*[2]) vor sich; man nahm auch wohl einen *nomenclator*[3]) mit, und die *pedisequae* hatten namentlich die Function, den Damen die Sandalen, Fächer und Sonnenschirme zu tragen; [4]) ass man ausser dem Hause, so behielt man einen Sclaven bei sich, der bei dem Mahle zu den Füssen des Herrn stand (*servus a pedibus*), [5]) die Schuhe desselben auszog und in Verwahrung nahm, [6]) und auch wohl das, was der Herr von dem Mahle nach Hause schaffen wollte, trug; [7]) zum Abholen aus der Gesellschaft erschienen wieder andere Diener, die *adversitores*, [8]) auch wohl des Abends Fackel- oder La-

---

1) *pedisequus* Nepos *Attic.* 13. Orelli 6445. 6651. 6369. *C. I. L.* VI, 4003 ff. 6332 ff. 8992 ff.; *pedisequa* Plaut. *Asin.* 183. *Aulul.* 807. Ter. *Andr.* 1, 1, 96. Orelli 6327. *C. I. L.* VI, 4002. 4355. 5821. 6335 f. 7410.

2) Diesen Dienst leisteten vornehmen Leuten die Clienten, auf welche die Benennung angewendet wird von Martial. 2, 18, 5; 3, 7, 2; 10, 74, 3. vgl. 3, 46; allein in der Regel versahen ihn Sclaven. Plin. *ep.* 3, 14, 7: *Eques Romanus a servo eius, ut transitum daret, manu leviter admonitus, convertit se, nec servum, a quo erat tactus, sed ipsum Macedonem tam graviter palma percussit, ut paene concideret.* Lucian. *Nigrin.* 34: προϊόντας γάρ τινας τῶν οἰκετῶν δεῖ βοᾶν καὶ παραγγέλλειν προορᾶσθαι τοῖν ποδοῖν, ἢν ὑψηλόν τι ἢ κοῖλον μέλλωσιν ὑπερβαίνειν, καὶ ὑπομιμνήσκειν αὐτοὺς — ὅτι βαδίζουσι.

3) Die Begleitung des Nomenclators beim Ausgehen war in der Zeit der Republik gewöhnlich (Cic. *ad Att.* 4, 1, 5. *pro Mur.* 36, 77), aber auch in der Kaiserzeit hatte man Nomenclatoren, theils für den Empfang der Besuche (s. S. 144 Anm. 5), theils wohl auch für den Gebrauch auf der Strasse. So hat der jüngere Plinius zwei Nomenclatoren (Plin. *ep.* 2, 14, 6), öfters erwähnt sie Seneca: s. S. 144 A. 5, dazu *ep.* 27, 5. *de ben.* 1, 3, 10; oft kommen sie in Inschr. vor, Or. 934. 2875. 6329. 6330; *Admetus Caesaris Aug. nomencl.* *C. I. L.* VI, 5352; ib. 8930 ff. 9687 ff. u. öfter; ein Knabe als Nomenclator *Dig.* 38, 1, 7 § 5. Plin. l. l.

4) Plaut. *Trin.* 251: *ducitur familia tota, Vestiplica, unctor, auri custos, flabelliferae, sandaligerulae, Cantrices, cistellatrices, nuntii, renuntii.* Ueber den Gebrauch des Fächers, *flabellum*, vgl. Ter. *Eun.* 3, 5, 47; es diente dazu ein Wedel von Pfauenfedern. Prop. 3, 24, 11 Haupt. Martial. 14, 67. Claud. *in Eutrop.* 1, 109. (Ein kreisförmiger Fächer zum Zusammenklappen auf dem Grabrelief *Archaeol. Journal* XXXVI (1879) p. 177. Blattförmige Fächer namentlich häufig auf pompejanischen Bildern.) Dass der die Dame beim Ausgehen begleitende *pedisequus*, wie er ihr Platz machte, so auch den Sonnenschirm trug, lehrt Ovid. *a. am.* 2, 209:

Ipse tene distenta suis umbracula virgis,
Ipse face in turba, qua venit illa, locum.

Claud. *in Eutr.* 1, 464: (*Eunuchi*) *umbracula gestant Virginibus.* Der Sonnenschirm heisst *umbraculum* Ov. *fast.* 2, 311. Mart. 14, 28, oder *umbella* Mart. 11, 73, 6. Juv. 9, 50. Mehr über diesen Gegenstand findet man in P. M. Paciaudi Σκιαδιοφόρημα *s. de umbellae gestatione.* Rom. 1752. 4; über die *flabella* ib. cap. VII.

5) Cic. *ad Att.* 8, 5, 1. *C. I. L.* VI, 4001: *Anthus Liviae puer a pedibus.* Seneca *de benef.* 3, 27, 1: *servus, qui cenanti ad pedes steterat.* Sueton. *Cal.* 26. Seneca *ep.* 27, 6. Petron. 58. 64. 68 (an den beiden letzten Stellen sitzen diese Diener.)

6) Martial. 12, 87.

7) Martial. 3, 23.

8) Donat. *ad Ter. Ad.* 1, 1, 2. Unter den *personae* der Plautinischen

ternenträger.[1]) Liess man sich in einer Sänfte tragen, so gehörten dazu sechs bis acht *lecticarii*,[2]) stattliche, starke Leute,[3]) am besten Syrer oder Cappadocier,[4]) die in gleicher und glänzender Livrée einhergingen;[5]) und da für die einzelnen Mitglieder der Familie besondere Sänften gehalten wurden,[6]) so war die Anzahl der *lecticarii* zuweilen so erheblich, dass sie einen eigenen Praefecten hatten.[7]) Aber ein noch grösseres Personal machten die Equipagen nöthig, die in der Stadt selbst allerdings zum Personenverkehr nicht gebraucht wurden,[8]) für das Reisen über Land aber, welches in der Kaiserzeit Mode wurde,[9]) unerlässlich waren. Schon am Ende der Republik machte man solche Reisen in grosser Begleitung,[10]) und in der Kaiserzeit wird für sie nicht nur ein

---

Mostellaria ist Phaniscus *advorsitor*, und der technische Ausdruck für abholen ist *advorsum ire*. Plaut. *Most.* 938. 947. *Men.* 437. 445. 464. 987. *Stich.* 607. *Cas.* 3, 6, 8.

1) *Servus praelucens* Suet *Aug.* 29; *lampadarius* Orelli 2845. 2930. *C. I. L.* VI, 8867—8869; *lanternarius* Cic. *in Pis.* 9, 20. Orelli 6292 = *C. I. L.* X, 3970; *lanternam praeferre* Val. Max. 6, 8, 1. Vgl. Juv. 3, 285. Petron. 79.

2) Die *lectica* ist entweder *hexaphoros* (Mart. 2, 81; 4, 51, 2; 6, 77, 10), oder *octaphoros* (Suet. *Cal.* 43. Cic. *ad Q. fr.* 2, 8 (10), 2. Mart. 6, 84 u. ö.). Vgl. Sen. *ep.* 31, 10: *turba servorum lecticam tuam per itinera urbana ac peregrina portantium.* cf. 80, 8. Lucian. *Cynic.* 10.

3) Sen. *ep.* 110, 17: *lectica formosis imposita calonibus.*

4) Ausser den Syrern (Mart. 9, 22, 9. Juven. 6, 351) und Cappadociern (Mart. 6, 77, 4) kommen als Sänftenträger auch vor Bithynier (Catull. 10, 16), Mösier (Juven. 9, 134), thracische Meder (Juven. 7, 132), Liburner (Juven. 6, 477), Gallier (Κελτοί Clem. Alex. *Paed.* 3, 27), Deutsche (Tertull. *ad uxor.* 1, 4).

5) Seneca *de ben.* 3, 28, 5: *quo te penulati isti in militum [et] quidem non vulgarem cultum subornati — efferunt?* Mart. 9, 22, 9: *Ut canusinatus nostro Syrus assere sudet.* Da Mart. 14, 129 *canusinae rufae* und *fuscae* erwähnt, so sieht man, dass die Livrée in einer *paenula* von rother oder dunkler canusinischer Wolle bestand.

6) Sen. *ad Serenum* 14, 1: *quid refert, quam (mulierem) habeant, quot lecticarios habentem? Dig.* 32, 1, 49 pr.: *lecticarii, qui solam matrem familias portabant.*

7) Ein *supra lecticarios* Orelli 6323 = *C. I. L.* VI, 5198. ib. 6301; *praepositus lectikariorum* ib. 8874; *decurio lecticariorum* ib. 8875. *Lecticarii C. I. L.* VI, 6302 ff. 9504 ff.

8) S. hierüber Friedlaender Darst. I[5] S. 60—63. Galen (*opp.* XI p. 299 Kühn) erzählt, dass ein reicher Mann, der vor Rom ἐν προαστείῳ wohnt, nach der Stadt fährt bis zu der Stelle, ἔνθα τῶν ὀχημάτων ἀποβαίνειν εἰσὶν εἰθισμένοι.

9) Sen. *de tranq. an.* 2, 13: *Inde peregrinationes suscipiuntur vagae et litora pererrantur et modo mari se modo terra experitur semper praesentibus infesta levitas. Nunc Campaniam petamus. Jam delicata fastidio sunt. Inculta videantur: Bruttios et Lucaniae saltus persequamur.* Hor. *od.* 2, 16, 18. Auch auf die *villa* fährt man in einer *rheda.* Mart. 3, 47, 5; 10, 13. Vgl. Friedlaender II[5] S. 85 ff.

10) Ascon. *in Milonian.* p. 32 Or.: *Vehebatur Clodius equo. Servi XXX fere expediti, ut illo tempore mos erat iter facientibus, gladiis cincti sequebantur.*

Marstall, zu dessen Verwaltung Reitknechte,[1] Bereiter,[2] Stallmeister,[3] Maulthiertreiber[4] und Rechnungsbeamte[5] gehören, sondern auch eine Schaar von Läufern, Vorreitern[6] und Begleitern gehalten, die vielleicht auch im Hause ihre Beschäftigung fanden,[7] insofern nicht für Bestellungen noch eigene Boten,[8] für die Einladungen eigene *invitatores*[9] und für die Correspondenz eigene *tabellarii*[10] vorhanden waren.

für die Geschäftsführung und Unterhaltung.

f. Die hervorragendste Stellung in der Dienerschaft nahmen die Sclaven ein, deren sich der Herr zur Hülfe bei seinen Geschäften und zur Unterhaltung in seiner Musse bediente. Es sind dies einerseits die Rechnungs- und Aufsichtsbeamten, von denen weiter unten die Rede sein wird, und die verschiedenen Secre-

p. 33: *Milo rheda vehebatur cum uxore. — Sequebatur eos magnum servorum agmen, inter quos gladiatores quoque erant.*

1) In diese Kategorie gehört der *agaso*, ferner der *strator*, der das Pferd sattelt und dem Herrn auf das Pferd hilft. Spartian. *Carac.* 7, 2. Ammian. 30, 5, 19. Orelli 6297. 6298. *C. I. L.* VI, 4033. 4888. 6352.

2) (*domitores* in diesem Sinne als Sclaven sind wahrscheinlich, aber nicht erweislich. Bei Cic. *de off.* 1, 26, 90 ist nicht nöthig, an einen Sclaven zu denken. Bei Or. 4179 beruht *domitor* auf falscher Lesung; vgl. jedoch S. 140 A. 1.)

3) *a iumentis* Orelli 6320. *C. I. L.* VI, 8864. *supra iumen(ta)* ib. 9486; *superiumentarius* Suet. *Cl.* 2; *a vehiculis C. I. L.* VI, 8542; *procurator a veredis* Orelli 2968 = *C. I. L.* X, 121.

4) Pauli *sent.* 3, 6, 72: *Muliones — inter urbana ministeria continentur. Dig.* 33, 7, 12 § 9. *C. I. L.* VI, 7409.

5) *a commentariis vehiculorum C. I. L.* VI, 8542. *tabularius a vehiculis* ib. 8543. *dispensator a iument(is)* ib. 8863.

6) Sen. *ep.* 123, 7: *Omnes iam sic peregrinantur, ut illos Numidarum praecurrat equitatus, ut agmen cursorum antecedat; turpe est, nullos esse, qui occurrentis via deiciant, aut qui honestum hominem venire magno pulvere ostendant.* Mart. 10, 13, 2; 12, 24, 7: *Succinctus neque cursor antecedit.* Petron. 28. 29. Suet. *Nero* 30. Sen. *ep.* 78, 20; 87, 9. An der letzten Stelle bezeichnet Seneca den Gebrauch der Läufer als einen neuen, über den der alte Cato erstaunen würde; aber schon Cicero erwähnt solche *praecursores de rep.* 1, 12, 18. *Verr.* 5, 41, 108. (Das erste dieser beiden Citate ist falsch, das zweite nicht beweisend.) Später waren die *cursores* ganz gewöhnlich; *Dig.* 32, 99 § 5. *C. I. L.* VI, 241. 8801. 9316. 9317. *praep(ositus) cursorum* ib. 8800. *exerchitator cursorum Eph. epigr.* V p. 304; vgl. Petron. 29. Galen. Vol. XIX p. 1 K.: δοῦλος δ' ἦν οὗτος τῶν παρατρεχόντων ἐν ταῖς ὁδοῖς τῷ δεσπότῃ und zwar εἰς ἀποδημίαν μακροτέραν κατὰ χώραν τοῦ δεσπότου στελλομένου, also bei einer grösseren Landreise; und sie kommen noch in dem byzantinischen Dienstpersonal vor. Corippus *de laud. Justini min.* 3, 160.

7) Die *cursores* besorgen auch Bestellungen und Briefe Mart. 3, 100. Plin. *ep.* 7, 12, 6. Suet. *Nero* 49. Apul. *met.* 10, 5.

8) *Nuntii, renuntii* Plaut. *Trin.* 253; *pueri salutigeruli* Plaut. *Aul.* 502.

9) Orelli 4436. 4821. *C. I. L.* VI, 3975. 8857—8862.

10) Cic. *Phil.* 2, 31, 77. *ad fam.* 12, 12, 1. Plin. *ep.* 3, 17, 2. *C. I. L.* VI, 6342. 6357. 6869. 9051 f. X, 1961. E. Desjardins. *Les tabellarii, courriers porteurs de dépêches chez les Romains* in *Mélanges de l'école des hautes études.* Paris 1878.

täre,[1]) andererseits die Vorleser,[2]) die beim Mahle,[3]) beim Bade[4]) und auch wohl vor dem Schlafen[5]) zu recitiren pflegten, die Litteraten,[6]) die Bibliothekare und Bücherabschreiber.[7]) Neben der litterarischen Unterhaltung liebte man seit dem Ende der Republik auch eine musikalische und orchestische und hielt zu diesem Zweck eine Hauscapelle,[8]) oder auch eine Anzahl Pantomi-

---

1) *Amanuenses* Pauli *sent.* 3, 6, 70. Suet. *Nero* 44. *Tit.* 3. *C. I. L.* VI, 9542; *a manu servi* Suet. *Caes.* 74. Orelli 2733. 2931. 5394. 6651. 7189. *C. I. L.* VI, 8886 ff. 9534 ff. u. öfter. *ad manum* ib. 4449; *a commentariis* ib. 8623 ff.; *notarii* (Stenographen) Plin. *ep.* 9, 36, 2. Auson. *epigr.* 146. *C. I. L.* VI, 9704 f. X, 1932. 4789; *a studiis* Orelli 719. 2958. *C. I. L.* VI, 8636—8638. Die Secretäre hiessen auch *librarii*, Plin. *n. h.* 7, 91. *C. I. L.* VI, 8435. 8450b. *librarius a manu* ib. 6314. 9524; *l. ad manum* ib. 9523 = Or. 2874. *libraria* Mart. Capella 1, 65. *C. I. L.* VI, 8882. 9301. 9525. Unter den Kaisern wurden diese Secretärstellen zu eigenen Hofämtern erhoben, *a libellis* (zur Erledigung der Bittschriften und Beschwerden) und *ab epistolis*. S. L. Friedlaender a. a. O. I5 S. 94 ff. 157 ff.

2) *Anagnostes* Cic. *ad fam.* 5, 9, 2. Nepos *Att.* 14, 1; *lector C. I. L.* VI, 3978; *lectrix* Orelli 2846 = *C. I. L.* VI, 8786.

3) Plin. *ep.* 3, 5, 11; 9, 36, 4. Nepos *Att.* 1. 1.

4) Plin. *ep.* 3, 5, 14. 5) Suet. *Aug.* 78.

6) Seneca *ep.* 27, 5: *Calvisius Sabinus — eruditus volebat videri. Magna summa emit servos, unum, qui Homerum teneret, alterum, qui Hesiodum, novem praeterea lyricis singulos adsignavit.* Andere Sclaven konnten Stücke (ῥήσεις, *partes* Petron. 46) recitiren. Orelli 2872: *Attico servo, qui vix. ann. XX, litteratus Graecis et Latinis librarius partes dixit CCC.*

7) Ueber die Bibliotheken s. oben S. 114 Anm. 4. Die Bibliothekare heissen *a bibliotheca* Orelli-Henzen 6445 = *C. I. L.* X, 6638. ib. VI, 5190; *a bybliotheca* ib. 4233. 8743 f.; *ad bybliothecam* ib. 4420; *ad libros* ib. 8877. (Der *medicus a bybliothecis* ib. 8907 = Or. 2929 gehörte wohl zu den öffentlichen Bibliotheken); auch *bibliothecarius* Fronto *ep. ad M. Caes.* 4, 5 p. 68 Naber. Für die Bücherschreiber ist der eigentliche Name *librarius C. I. L.* VI, 3979. 4688. 7293. 8879 f. 9516 ff. *scriba librarius* ib. 8881; Abschreiber von alten Handschriften heissen auch *antiquarii*. Isid. *orig.* 6, 14, 1. *Ed. Diocl.* 7, 69. Forcellini s. v.

8) Diese Sitte gehörte zu dem aus Asien nach Rom gekommenen Luxus, den Livius 39, 6 bei dem Jahre 567 = 187 bespricht: *Tunc psaltriae sambucistriaeque et convivalia ludiorum oblectamenta addita epulis;* und noch später lieferte Asien die κιθαρῳδοί, χοραῦλαι, ὀρχησταί und den ganzen θίασος Ἀσιανῶν ἀκροαμάτων, ὑπερβαλλομένων λαμυρίᾳ καὶ βωμολοχίᾳ τὰς ἀπὸ τῆς Ἰταλίας κῆρας Plut. *Ant.* 24. vgl. Capitol. *Ver.* 8, 11: *Adduxerat secum et fidicinas et tibicines et histriones scurrasque mimarios et praestigiatores et omnia mancipiorum genera, quorum Syria et Alexandria pascitur voluptate. Intt. ad Petron. fr.* p. 670 Burm. ed. 1709. Diese Künstler und Künstlerinnen waren käuflich (Plaut. *Stich.* 380: *fidicinas tibicinas Sambucas advexit secum forma eximia*) und man hatte sie im Hause. Milo hatte auf einer Ausfahrt *pueros symphoniacos uxoris* mit sich, Cic. *pr. Mil.* 21, 55; Verres schenkte einem Freunde sechs *symphoniacos*, Cic. *in Verr.* 5, 25, 64. Von Chrysogonus sagt Cic. *pro Rosc. Am.* 46, 134: *Familiam vero quantam et quam variis cum artificiis habeat, quid ego dicam? Mitto hasce artes vulgares, coquos, pistores, lecticarios; animi et aurium causa tot homines habet, ut cotidiano cantu vocum et nervorum et tibiarum nocturnisque conviviis tota vicinitas personet;* ein Ritter bei Gell. 19, 9, 3 besitzt *scitissimos utriusque sexus, qui canerent voce et qui psallerent;* und auch in Inschriften kommen Sclaven und Freigelassene der Art vor, *Licinia M. Crassi*

men,[1]) aber der Geschmack an allem künstlerischen Genusse verlor sich mehr und mehr schon im zweiten Jahrhundert[2]) und die Belustigung in Gesellschaft und Einsamkeit übernahm eine andere Gattung von Sclaven, deren Auswahl ein unerfreuliches Licht auf die Verkehrtheit dieser Zeiten wirft,[3]) nämlich Zwerge und Missgeburten,[4]) Narren und Possenreisser[5]) und Kinder, namentlich

---

lib. Selene choraule Or. 2610 = *C. I. L.* VI, 10122; *Demetria, Actes, Aug. libertae, serva acroamat(aria)* Or. 2885 = *C. I. L.* VI, 8693; *Synerotis Pamphili. Ti. Caesar. symphoniacus C. I. L.* VI, 4472. ib. 6356. 6888. vgl. 4720. *Ti. Claudius Corinthus musicarius Paridis* ib. 4454; vgl. 9649. 9650. *citharoedus* ib. 7286. *fistlator* ib. 4444. *cantrix* ib. 7285. Beim Petron geschieht fast alles mit Musikbegleitung, und Seneca *ep.* 12, 8 erwähnt einen Pacuvius, der *ad symphoniam* zu Bett gebracht wird.

1) Plin. *ep.* 7, 24, 5.

2) Hierüber spricht ausführlich Galen X p. 3 Kühn, wo er namentlich das Aufhören musikalischer Tischunterhaltung erwähnt.

3) Der allgemeine Ausdruck für diese ist *deliciae*, worunter man gewöhnlich Kinder zu verstehen hat, mit denen man spielt, aber auch Zwerge. Suet. *Aug.* 83: *talis aut ocellatis nucibusque ludebat cum pueris minutis, quos facie et garrulitate amabiles undique conquirebat, praecipue Mauros et Syros. Nam pumilos atque distortos et omnes generis eiusdem ut ludibria naturae malique ominis abhorrebat.* Plut. *Anton.* 59: ὁ δὲ Σάρμεντος ἦν τῶν Καίσαρος παιγνίων παιδάριον, ἃ δηλίκια ʽΡωμαῖοι καλοῦσιν. Plin. *n. h.* 7, 75: *Eodem praeside minimus homo duo pedes et palmum Conopas nomine in deliciis Juliae neptis eius fuit.* Solche Sclaven kommen auch in Inschriften vor, *delicium* Or. 680. 1724. 2679. 2680. 2682. 4394. 4958. *C. I. L.* VI, 12096. 12156. 14959. X, 5921.

4) Plut. *de curios.* 10, p. 629 Dübner: ὥςπερ οὖν ἐν ʽΡώμῃ τινὲς τὰς γραφὰς καὶ τοὺς ἀνδριάντας καὶ νὴ Δία τὰ κάλλη τῶν ὠνίων παίδων καὶ γυναικῶν ἐν μηδενὶ λόγῳ τιθέμενοι περὶ τὴν τῶν τεράτων ἀγορὰν ἀναστρέφονται, τοὺς ἀκνήμους καὶ τοὺς γαλεάγκωνας καὶ τοὺς τριοφθάλμους καὶ τοὺς στρουθοκεφάλους καταμανθάνοντες καὶ ζητοῦντες, εἴ τι γεγένηται σύμμικτον εἶδος κἀποφώλιον τέρας. Quintilian. *decl.* 298, p. 178 Ritter: *Habent hoc quoque deliciae divitum: malunt quaerere omnia contra naturam. Gratus est ille debilitate, ille ipsa infelicitate distorti corporis placet: alter emitur, quia coloris alieni est.* Quintil. *inst.* 2, 5, 11: *distortis et quocunque modo prodigiosis corporibus apud quosdam maius est pretium, quam iis, quae nihil ex communis habitus bonis perdiderunt.* Dies sind die *nani* (Suet. *Tib.* 61. Juv. 8, 32. Prop. 5, 8, 41. Lampr. *Al. Sev.* 34) und *pumili* (Gell. 19, 13, 2. Suet. *Aug.* 83) oder *pumiliones* (*C. I. L.* VI, 9842. Mart. 14, 212) oder *pumilones* (Stat. *silv.* 1, 6, 57 sqq.). Vgl. Suet. *Dom.* 4: *ante pedes ei stabat puerulus coccinatus parvo portentosoque capite.* Auch die Frauen liebten die Zwerge. Clemens Alex. *Paed.* 3, 4 p. 271 Potter: ἀλλ' αἵγε ἀστειότεραι τούτων ὄρνεις Ἰνδικοὺς καὶ ταῶνας Μηδικοὺς ἐκτρέφουσι καὶ συνανακλίνονται τοῖς φοξοῖς παίζουσαι, σικίννοις τέρασι γαννύμεναι· καὶ τὸν μὲν Θερσίτην ἀκούουσαι γελῶσιν· αὐταὶ δὲ πολυτιμήτους ὠνούμεναι Θερσίτας, οὐκ ἐπ' ἀνδράσιν ὁμοζύγοις, ἀλλ' ἐπ' ἐκείνοις αὐχοῦσιν, ἃ δὴ ἄχθος ἐστὶ γῆς. Und diese Zwerggestalten wurden zum Theil künstlich hervorgebracht, indem man das Wachsen der Kinder verhinderte. Longin. *de subl.* 44, 5. Abgebildet sieht man diese Zwerggestalten, deren sich auch die Kunst bemächtigte, *Ant. Ercol.* 8, 91. 92 p. 367. 373. Gori *Mus. Etr.* 1, 57. Vgl. Casaubonus *ad Suet. Oct.* 83.

5) Auch die *moriones* (Mart. 3, 72, 24; 6, 39, 17; 8, 13; 14, 210), *scurrae* und *cinaedi* (Plin. *ep.* 9, 17, 1. Hor. *sat.* 1, 5, 52), *copreae* (Suet. *Tib.* 61. *Claud.* 8), *fatui* und *fatuae* (Sen. *ep.* 50, 2, wo erwähnt wird, dass Seneca's

alexandrinische, die wegen ihrer naiven Geschwätzigkeit gesucht wurden. [1])

III. Man darf allerdings nicht annehmen, dass die ganze Masse der so eben aufgezählten Sclaven in allen reichen Familien vorhanden war; ein Theil der angeführten Functionen ist nur in den kaiserlichen Sclavenfamilien nachweisbar, ein anderer ist seiner Natur nach von der Art, dass er die ganze Beschäftigung eines Sclaven nicht ausgemacht haben wird, und wir wissen ausdrücklich, dass ein und derselbe Sclave verschiedene dieser Functionen gleichzeitig übernehmen konnte; [2]) allein einerseits muss man nicht glauben, dass im Beginne der Monarchie die Sclavenfamilien der Nobilität wesentlich hinter der des Kaisers an Ausdehnung und Kostbarkeit zurückgestanden haben, und andererseits hielt es selbst Cicero für ein Zeichen von Geschmack-

---

Frau eine *fatua* hatte) sind missgestaltig und von lächerlichem Aeusseren. So beschreibt Martial. 6, 39, 15 einen *morio*:

acuto capite et auribus longis,
Quae sic moventur, ut solent asellorum:

und Lucian. *conviv.* 18 einen γελωτοποιός· παρῆλθεν ἄμορφός τις ἐξυρημένος τὴν κεφαλήν, ὀλίγας ἐπὶ τῇ κορυφῇ τρίχας ὀρθὰς ἔχων· οὗτος ὠρχήσατό τε κατακλῶν ἑαυτὸν καὶ διαστρέφων, ὡς γελοιότερος φανείη κ. τ. λ.

1) Statius *silv.* 5, 5, 66:

Non ego mercatus Pharia de pube loquaces
Delicias, doctumve sui convicia Nili
Infantem, lingua nimium salibusque protervum
Dilexi.

Seneca *ad Serenum* 11, 3: *Pueros quidam in hoc mercantur procaces, et illorum impudentiam acuunt ac sub magistro habent, qui probra meditate effundunt; nec has contumelias vocamus, sed argutias.* So hatte Livia schon vor ihrer Verheirathung mit Augustus παιδίον τι τῶν ψιθυρῶν, οἷα αἱ γυναῖκες γυμνὰ ὡς πλήθει ἀθύρουσαι τρέφουσι Dio Cass. 48, 44; ein dreijähriges Kind dieser Art erwähnt die Inschrift *C. I. L.* VI, 3967: *Amaranthio Cerylli delicius. Vixit annis III m. III.* Ein Kind der Art hatte auch Commodus bei sich, Herodian. 1, 17, 3: ἦν δὲ καὶ παιδίον πάνυ νήπιον τούτων δὴ τῶν γυμνῶν μὲν ἐσθῆτος, χρυσῷ δὲ καὶ λίθοις πολυτίμοις κεκοσμημένων, οἷς ἀεὶ χαίρουσι Ῥωμαίων οἱ τρυφῶντες; ebenso Domitian, Dio Cass. 67, 15, 3. Endlich finden sich zum Zwecke der Unterhaltung bei Tische auch *ludiones*, *mimi* und Equilibristen aller Art, z. B. *petauristarii* (Petron. 53); dass diese indess zu der *familia* des Hauses gehört hätten, lässt sich schwerlich annehmen. Hieher gehört auch der *lusor* des Tiberius, *qui primum invenit causidicos imitari*, *C. I. L.* VI, 4886; *comoedus* ib. 6253 f.

2) *Dig.* 32, 65, 2: *Si unus servus plura artificia sciat, et alii coqui legati fuerunt, alii textores, alii lecticarii, ei cedere servum dicendum est, cui legati sunt, in quo artificio plerumque versabatur.* In der Familie des Atticus *erant pueri litteratissimi, anagnostae optimi, et plurimi librarii, ut ne pedisequus quidem quisquam esset, qui non utrumque horum pulchre facere posset* Nepos *Att.* 13; in der *villa* des Faustinus bei Mart. 3, 58 werden alle Sclaven nach dem Bedürfniss nützlich verwendet. Auch in Inschriften kommen Sclaven mit mehrfachen Functionen vor. Orelli 2868. 2882. 2909. *C. I. L.* VI, 4305. 7368. 7370. 8775.

losigkeit oder Armuth, wenn disparate Geschäfte ein und demselben Sclaven übertragen wurden.[1] Gehörte aber zu einem Haushalte eine dem entworfenen Bilde auch nur annähernd entsprechende Dienerschaft, so bedurfte diese wieder einer besonderen Beaufsichtigung und Verwaltung, welche man theils Sclaven, theils Freigelassenen übertrug.

Beaufsichtigung,

Für den Zweck der Beaufsichtigung sind die Sclaven auf dem Lande wie in der Stadt ihrer Beschäftigung nach gesondert, und in der Kaiserzeit wenigstens haben grosse Familien eine Organisation, die der Verfassung der städtischen Collegien nachgebildet ist.[2] Jede Classe hat ihren Vorsteher;[3] ist sie zahlreich, so wird sie wieder in *decuriae* getheilt, welche unter der Aufsicht von *decuriones*,[4] in der *familia rustica* auch *monitores* genannt,[5] ihre Arbeit verrichten. Die Aufseher bedürfen, um ihr Amt ununterbrochen zu führen, eines Stellvertreters, den ihnen entweder der Herr giebt[6] oder sie selbst von ihrem Peculium kaufen.[7] Sie sind es daher, die man vorzugsweise un-

---

1) Cic. *in Pison.* 27, 67: *Nihil apud hunc lautum, nihil elegans: — servi sordidati ministrant, nonnulli etiam senes: idem coquus, idem atriensis.*

2) Den Satz des Plin. *ep.* 8, 16, 2: *Nam servis respublica quaedam et quasi civitas domus est* versteht Mommsen *de coll.* p. 102 Anm. 18 von den Collegien, die in der Familie eingerichtet waren. So giebt es in der kaiserlichen Familie ein *collegium tabernaclariorum C. I. L.* VI, 9053. 9053[a], *coll. praegustatorum* ib. 9004, *coll. cocorum* ib. 8750, *corpus lecticariorum* ib. 8872; ein *collegium quod est in domo Sergiae L. f. Paulinae* Orelli 2414. 4938. *C. I. L.* VI, 9148. 9149. 10261—10264.

3) Hieher gehören in der *familia rustica* die *magistri operum* Colum. 1, 8, 17, in der *urbana* die *supra cubicularios, supra cocos,* auch *praepositi* genannt, die bereits oben angeführt sind, und vielleicht auch die Inschr. Orelli 4184: *M. Aelius Apollonius* (wohl ein Freigelassener) *faber tignuarius, mag(ister) in fam(ilia), praef(ectus) dec(uriae)* = *C. I. L.* VI, 9409.

4) Sen. *ep.* 47, 9. Von der *familia rustica* Colum. 1, 9, 7: *propter quod separandi sunt aratores a vinitoribus, iique a mediastinis. Classes etiam non maiores quam denum hominum faciundae, quas decurias appellaverunt antiqui et maxime probaverunt, quod is numeri modus in opere commodissime custodiretur, nec praeeuntis monitoris diligentiam multitudo confunderet. Itaque si latior est ager, in regiones diducendae sunt eae classes, dividundumque ita opus, ut neque singuli binive sint, quoniam dispersi non facile custodiuntur, nec tamen supra decem, ne rursus ubi nimia turba sit, id opus ad se pertinere singuli non existiment.* Ebenso in der *familia urbana* Petron. 47. Suet. *Dom.* 17. *C. I. L.* VI, 8773. 8914. 9093 und bei Handwerkersclaven Vitruv. 7, 3, 10 und in allen Collegien (Henzen *Ind.* p. 176). In den Columbarien kommen Decurionen, zuweilen auch Frauen vor, welche sich auf die Begräbnisssocietät, nicht auf die Verfassung der Sclavenfamilie beziehen. Henzen *Annali* 1856 p. 10[b]. 11.

5) Colum. 1, 9 § 4. § 7. Pauli *s. r.* 3, 6, 35.

6) Solch ein Sclave ist der *suppromus* Plaut. *Mil. gl.* 825. 837, der v. 868 *subcustos* genannt wird.

7) Plaut. *Asin.* 433 f. Hor. *sat.* 2, 7, 79. *Dig.* 15, 1, 17: *Si servus meus ordinarius vicarios habeat, id quod vicarii mihi debent, an deducam ex peculio*

ter den *ordinarii servi* zu verstehn hat, einer Classe, die sowohl durch das Vertrauen des Herrn bevorzugt, als auch durch den Besitz eines Peculium im Stande war, für einen Vicarius selbst einzustehn.[1]) Von untergeordneterem Range mögen die Disciplinarbeamten gewesen sein, in der Stadt der *silentiarius*,[2]) auf dem Lande der *ergastularius*, der die gefesselten Sclaven in Wahrsam hielt;[3]) aber eine wichtige Stellung in der Hausverwaltung nahmen die Sclaven ein, welche die Beköstigung, die Bekleidung und die Krankenpflege einer so grossen Dienerschaft, die bauliche Erhaltung und Bewachung der Wohn- und Wirthschaftsgebäude, endlich die Rechnungsführung sowohl über den Haushalt als über die sonstigen Einnahmen und Ausgaben des Herrn besorgten. Das Geschäft der Rechnungsführung hat, wo der Herr anwesend ist, der *dispensator*, welchem der *cellarius*, der die Wirthschaftsrechnung führt, untergeben ist;[4]) die Be- Verpflegung

---

servi ordinarii? et q. s. Vgl. 15, 1, 37 § 1. Cic. *Verr.* 3, 38, 86: *Hic Diognetus — vicarium nullum habet, nihil omnino peculii.* Auf Inschriften kommen *vicarii* oft vor. Orelli 1465. 2820 ff. 5362. 5961. 6277. 6279. *C. I. L.* VI, 6384 ff. und öfter. *vicarius supra cocos* ib. 9261 = Or. 2827. *vicarius subvillici* ib. 9991 = Or. 2860. *vicarius dispensatoris* Or. 2822. 5408. *C. I. L.* VI, 64. 4332. 6275. *arcarii provinciae Achaiae vicarius* ib. III, 556 = Or. 2821. *vicariae* Or. 2825. 2826. 2828. 6277. *C. I. L.* VI, 6392 ff. 7295 u. ö. Die kaiserlichen Sclaven mit selbständiger Verwaltung haben natürlich ganze Sclavenfamilien. Or. 6651 = *C. I. L.* VI, 5197.

1) *Dig.* 47, 10, 15 § 44: *multum interest, qualis servus sit, bonae frugi, ordinarius, dispensator, an vero vulgaris vel mediastinus, an qualisqualis.* Vgl. Suet. *Galba* 12: *ordinario dispensatori breviarium rationum offerenti.* Sen. *ep.* 110, 1: *unicuique nostrum paedagogum dari deum, non quidem ordinarium, sed hunc inferioris notae ex eorum numero, quos Ovidius ait de plebe deos.* Sen. *de ben.* 3, 28, 5: *ordinarium officium.*

2) Nach Seneca *ep.* 47, 3 ist dies eine späte, in alter Zeit unbekannte Function. Er sagt: *virga murmur omne compescitur, et ne fortuita quidem verberibus excepta sunt, tussis, sternumenta, singultus* (vgl. Sen. *de ira* 3, 35, 2. Salvian. *de gub. Dei* 4, 3); bei den Alten dagegen *in conviviis loquebantur, sed in tormentis tacebant.* Auf Inschriften kommen *silentiarii* vor, Orelli 2956 = *C. I. L.* VI, 6217. ib. 9041. 9042, und am byzantinischen Hofe ist die Stelle des *silentiarius* ein bedeutendes Hofamt. Gothofr. *ad Cod. Th.* 6, 23. Böcking *n. d. Occ.* p. 299. Orelli 3194.

3) Colum. 1, 8, 17. Ammian. 14, 11, 33. *C. I. L.* X, 8173.

4) Wie auf dem Lande die *cellarii cibum et potionem praebent servis* (Col. 11, 1, 19) und darüber Rechnung führen (*Dig.* 33, 7, 12 § 9: *Cellarium quoque ideo praepositum, ut rationes salvae sint, — instrumenti esse constat*), aber unter Aufsicht des *villicus* stehen (Col. l. l.), so scheinen die in der *familia urbana* oftmals genannten *cellarii* (S. 143 A. 8) unter dem Dispensator gestanden zu haben, denn dieser leistet alle Zahlunen. Macrob. *sat.* 2, 4, 31. Juven 1, 91, führt das Rechnungsbuch, Suet. *Vesp.* 22, und legt dem Herren Rechnung ab, Cic. bei Non. p. 193 s. v. *aera.* Suet. *Galba* 12. Selbst die Kaiser zahlen durch einen Dispensator (Macrob. l. l.), der indess nur ihre Privatcasse verwaltet. Dispensatoren auf dem Lande, wohl mit dem *actor* oder *villicus* (oben S. 139 A. 3) identisch, *Dig.* 50, 16, 166. Orelli 103. Einen *procurator* hat nur der,

köstigung besorgen Bäcker[1]) und Müller, Bäckerinnen und Küchenfrauen;[2]) die Bekleidung Mägde, welche in alter Zeit unter den Augen der Hausfrau, später auf dem Lande unter der Leitung der *villica*, in grossen Familien unter dem *lanipendius*[3]) spinnen (*lanificae*);[4]) ferner Weber,[5]) Schneider und Schneiderinnen,[6]) Walker[7]) und Schuster;[8]) für die Kranken giebt es Krankensäle im Hause und eigene Aerzte;[9]) Bauten und Reparaturen werden

---

welcher Güter oder Geschäfte, die er persönlich nicht verwalten kann, durch einen Stellvertreter verwalten lassen muss; unter einem solchen *procurator* kann eine ganze Sclavenfamilie und auch ein *dispensator* stehen. Ueber den *procurator* vgl. Göll in Becker's *Gallus* II S. 135.

1) Plin. *n. h.* 18, 107: *Pistores Romae non fuere ad Persicum usque bellum annis ab urbe condita super DLXXX. Ipsi panem faciebant Quirites mulierumque id maxime opus erat. Pistores* hiessen, sagt er weiter, *qui far pinsebant.* So definirt sie auch Varro bei Nonius p. 152. Später ist aber *pistor* ein Sclave, der Brod bäckt. Varro bei Gell. 15, 19: *quantum operae sumpsisti, ut tuus pistor bonum faceret panem.* Suet. *Caes.* 48. Pauli *sent.* 3, 6, 37. Vgl. oben S. 146 A. 6.

2) *Dig.* 33, 7, 12 § 5: *Trebatius etiam pistorem et tonsorem, qui familiae rusticae causa parati sunt putat contineri, item — mulieres, quae panem coquant, — item molitores, si ad usum rusticum parati sint, item focariam — et quae pulmentaria rusticis coquant.*

3) *C. I. L.* VI, 8870. *Lanipendus Caesaris nostri Aug. lib.* Orelli 6322; *lanip. Augustae lib. C. I. L.* VI, 3976; *lanipend.* ib. 3977. 9495; *lanipenda* ib. 9496—9498; *lanipens* Or. 2820; *lanipendia Dig.* 24, 1, 31 pr. *Schol. Juv.* 6, 476. (Nach dieser Stelle hiess die *lanipendia* auch *libraria*; vgl. oben S. 151 A. 1. Sicher in anderem Sinne steht *libraria* bei Mart. Cap. 1, 65; denn die Inschr. Grut. 594, 3 (*scriba libraria*) ist unecht.)

4) *Lanificae, quae familiam rusticam vestiunt Dig.* 33, 7, 12 § 5; *ancillae quae vestimenta rusticis faciunt* Pauli *sent.* 3, 6, 37; *quasillariae C. I. L.* VI, 6339—6346.

5) Varro *de r. r.* 1, 2, 21: *ut si habeas plures in fundo textores.* Suet. *de gr.* 23: *Q. Remmius Palaemon — mulieris verna, primo, ut ferunt, textrinum didicit.*

6) *Scriboniae Caesaris vestifex* Or. 5362 = *C. I. L.* VI, 7467; *vestificus* ib. 8554; *vestiarius* ib. 4044. 6373. 9963. 9965. 9966; *sarcinator* ib. 6348; *Irena Marcellae sarcinatrix* ib. 9039b = Or. 645; *Irena Marcellae l. sarcinatrix C. I. L.* VI, 4467. Vgl. ib. 6349 ff. 9037 ff. *vestifica* ib. 5206.

7) *Dig.* 33, 7, 12 § 6: *haec enim, quae rusticorum causa parantur, lanificae et tonsores et fullones — non a ri sunt instrumentum, sed instrumenti. C. I. L.* VI, 6287—6290. 7281a.

8) Pauli *sent.* 3, 6, 37. *C. I. L.* VI, 6355. 9050.

9) In alter Zeit war der *pater familias* auch der Arzt des Hauses, wie noch Cato (Plut. *Cato mai.* 23), welcher vor den seit 535 = 219 nach Rom übergesiedelten griechischen Aerzten (Plin. *n. h.* 29, 12) warnte (l. l. 14). Allein zu Varro's Zeit nahm man auch auf den Gütern, wenn sie einer Stadt nahe lagen, den Arzt aus der Stadt, oder schaffte, wenn dies nicht der Fall war, einen *servus medicus* an (Varro *de r. r.* 1, 16, 4); reiche Leute hielten meistens einen solchen. So Domitius, Caesar's Zeitgenosse (Sen. *de ben.* 3, 24. Suet. *Nero* 2); die kaiserliche Familie (Augustus bei Suet. *Cal.* 8: *Mitto ex servis meis medicum. C. I. L.* VI, 3985: *Tyrannus Liviae medicus*; 4450: *Philetus Marcellae medicus*; 4452: *Stachys Marcellae medicus*; 8899 (Or. 653): *Cyrus Liviae Drusi Caesaris medicus*; cf. ib. 3983—3987. 8895—8906) und die vornehmeren Personen der Kaiserzeit; so die Statilier l. l. 6319 f.; die Volusier

im Hause selbst besorgt, [1]) da die gewöhnlichen Handwerke in der Hausdienerschaft alle vertreten waren; [2]) und auch den Wachdienst im Hause versahen eigene Sclaven. [3]) Es war ferner bei allem Reichthum des Sclavenmarktes nicht immer leicht, Sclaven zu erwerben, welche für das jedesmalige Bedürfniss

und Erziehung der Sclaven.

---

ib. 7295. Vgl. V, 869 = Or. 2792: *Phaebiano servo medico Fabianus cos* (*conservus?*). Ein solcher *servus medicus* wird erwähnt Apul. *met.* 9, 2. *Dig.* 40, 5, 41 § 6; Apuleius selbst hatte einen *servus medicinae non ignarus* (*de mag.* c. 33); eine Frau einen *libertus medicus*, *Dig.* 34, 1, 16 § 1. Im *Cod. Iust.* 6, 43, 3 § 1; 7, 7, 1 § 5a wird ein *servus medicus* auf 60 *solidi* taxirt. Auch die Frauen haben eine *medica* d. h. *obstetrix* (Ambros. *epist.* 5 Vol. III p. 932 Migne) im Hause. *C. I. L.* VI, 8711: *Secunda, Livillaes medica*; ib. 6851. 9615. 9617; ib. 4458: *Hygia Marcellae l. obstetrix.* ib. 6325. 6832. 8947 ff. In der zahlreichen kaiserlichen Familie gab es sogar viele Aerzte, welche unter einem Oberarzte standen, l. l. 3982: *M. Livius Liviae lib. Orestes supra medicos.* Denn für grosse Familien gab es eigene Krankenhäuser, *valetudinaria* Colum. 11, 1, 18; 12, 3, 7—8, und eigene Sclaven für dieselben, *C. I. L.* VI, 4475: *Primus Messallae ad valetudin(arium)*; 9084: *Helpis Liviae ad valetudinar.*; 9085: *Philargurus Liviae ad valetud.*; X, 703: *Eutychus Aug. ser. a valetudin.*; ib. VI, 8639, in der kaiserlichen sogar mehrfache, z. B. ein besonderes für die *cubicularii* (Or. 2886 = *C. I. L.* VI, 8770), ferner auch eine Apotheke. *Dig.* 33, 7, 12 § 41. *medic. chirurgus C. I. L.* VI, 3986. 4350; — *ocularius* ib. 3987. 8909 f.; — *auricularius* ib. 8908.

1) Handwerker kann man auf dem Lande aus der Nachbarschaft beziehen (Varro *de r. r.* 1, 16, 4), und man giebt diesen die Arbeit in Accord (Cato *de r. r.* 14), allein oft hielt man eigene Handwerkersclaven. Varro *de r. r.* 1, 16, 4: *Si enim ab fundo longius absunt oppida aut vici, fabros parant, quos habeant in villa.* Colum. 11, 1, 5. So kommen als zum Inventar des Gutes gehörig vor *fabri, qui villae reficiendae parati sunt*, *Dig.* 33, 7, 12 § 5; *fabri ferrarii item tignarii* Pauli *sent.* 3, 6, 50. In der Familie des Atticus waren *artifices, quos cultus domesticus desiderat, apprime boni* Nep. *Att.* 13. In den *fasti Antiatini* (Or. 6445 = *C. I. L.* I p. 327. X, 6638) kommen unter den kaiserlichen Sclaven und Freigelassenen vor ein *tector, lapid(arius)*, *pavimen(tarius)*, *pictor, tegul(arius)*; *tector C. I. L.* VI, 5985; *lapidarius* ib. 8871; *marmorarius* 6318. 8893. 9102; *pictor* 4008 f. 9102; *colorator* 3953. 6217. 6250 f.; *tegularius* 8639; *faber* 3969. 4443. 6283 ff.; *faber tignarius* 6363 ff.; *plumbarius* 4460; *specularíarius* (Glaser) Orelli 6351 ff. *C. I. L.* VI, 5202 f. 8659 f. vgl. 4248. 9044; ausserdem *servi architecti* Or. 2896. *C. I. L.* VI, 8725 f. X, 4587; ferner wird in einer römischen Inschr. erwähnt (*Bull.* 1860 p. 174) Γν. Αῤῥιος Στρατοκλῆς πλάστης Ἀθηναῖος, Freigelassener eines Arrius. Ein *praepositus opificibus domus Augustanae* Or. 2947 = *C. I. L.* VI, 8648.

2) Hierher gehören nicht nur Barbiere (oben S. 145 Anm. 3. 156 A. 7), Buchbinder (Cic. *ad Att.* 4, 4. Or. 2925 = *C. I. L.* X, 1735: *Tiberii Caesaris glutinator.* Or. 6445 = l. l. 6638), sondern auch Gold- und Silberarbeiter. Cic. *acc. in Verr.* 4, 24, 54: *Palam artifices omnes, caelatores ac vascularios, convocari iubet: et ipse suos complures habebat.* *C. I. L.* VI, 3927: *Zeuxis Liviae l. aurifex*; 3950 (= Or. 2785): *Protogenes Caesaris aurifex*; vgl. n. 3943 ff. 4430. 8741; *inaurator* ib. 3928. *Crocus Marcellae argentarius* ib. 4422; *Epaphra Marcellae argentarius* ib. 4423; vgl. 4328 f. 5184. 5982. 8727. 9155. *caelator* 4328 = Or. 4146.

3) Orelli 2900 = *C. I. L.* VI, 8749. Or. 6310 = l. l. X, 711: *Lalemus Augusti circitor.* Petron. 53. Priap. 17:

Quid mecum tibi circitor moleste,
Ad me qui prohibes venire furem?

geeignet waren; man fand es daher zweckmässig, nicht nur die im Hause geborenen Sclavenkinder ordentlich zu erziehen, sondern auch fremde Sclaven jung zu kaufen und für bestimmte Arbeiten abzurichten. Der ältere Cato lieh seinen Sclaven zu diesem Ende Geld, wovon sie junge fremde Sclaven erwarben, die, wenn sie ein Jahr lang eingeübt waren, mit Vortheil verkauft wurden;[1] in den grossen Familien der Kaiserzeit unterrichtete man aber die Sclaven für den eigenen Gebrauch,[2] indem man sie nach ihrer Befähigung ein Handwerk oder eine Kunst[3] lernen, oder ihnen Anleitung zum Rechnen[4] oder zu wissenschaftlichen Beschäftigungen[5] geben liess. Doch war diese Art der Erziehung für die Verhältnisse der Kaiserzeit nicht die wich-
paedagogia. tigste. Die eigentlichen *paedagogia*,[6] in welchen Knaben unter *paedagogis*,[7] *subpaedagogis*[8] und *decanis*[9] gebildet wurden, und die noch in der kaiserlichen Hofverfassung des fünften Jahrhunderts vorkommen,[10] sind für die oben erwähnten Pagen (*delicati*) bestimmt, welche zur Aufwartung bei Tische,[11] zur

---

1) Plut. *Cato mai.* 21.

2) Nach Plutarch. *Crass.* 2 hielt Crassus viele und werthvolle Sclaven, ἀναγνώστας, ὑπογραφεῖς, ἀργυρογνώμονας, διοικητάς, τραπεζοκόμους· αὐτὸς ἐπιστατῶν μανθάνουσι καὶ προςέχων καὶ διδάσκων. Bei Petron. 94 lernen Knaben die Barbierkunst; in der kaiserlichen Familie haben die Glaser, *specularıarii*, einen *praepositus* und auch *discentes*, Lehrjungen. Orelli 6353 = *C. I. L.* VI, 8659. vgl. *Dig.* 17, 1, 26 § 8: *Faber mandatu amici sui emit servum decem (aureis) et fabricam docuit, deinde vendidit eum viginti.* Zuweilen erhielten Sclaven auch eine ausgezeichnete wissenschaftliche Bildung. Suet. *de gr.* 21. Seneca *de benef.* 3, 21, 2; aber für praktische Zwecke gab es in grösseren Familien immer *praeceptores*, denen die Sclaven *in disciplinam traduntur Dig.* 21, 1, 17 § 3.

3) Cic. *pro Rosc. Am.* 41, 120: *literis eorum et urbanitate Chrysogonus ducitur, ut inter suos omnium deliciarum atque omnium artium puerulos — velit hos versari.* Mehr hievon weiter unten.

4) Bei Petron. 29 kommt Trimalchio als Knabe (*capillatus*) nach Rom, lernt *ratiocinari* und wird hernach *dispensator.*

5) Calvisius Sabinus hatte einen Sclaven, der den Homer, einen, der den Hesiod, neun, welche einen der neun Lyriker auswendig wussten. Da er solche Sclaven nicht kaufen konnte, so liess er sie bilden, *faciendos locavit.* Seneca *ep.* 27, 6.

6) Sen. *ep.* 123, 7. Or. 2941: *Philonicus Ti. Caesaris Germ. de paedagogio.* ib. 2942: *Heleno Aug. vernae ex paedagogio.* *C. I. L.* VI, 4353. 8965—8967.

7) Spartian. *Hadr.* 2. *C. I. L.* VI, 8973a = Or. 2939: *Onesati Caes[aris] n[ostri] paedagogo puerorum.* *C. I. L.* VI, 8968—8975. 9740. Or. 5466. 6291. *C. I. L.* VI, 8978 = Or. 2943: *Pierii Aug. l. praec[eptoris] puerr. Caesaris n.* und ebenso *C. I. L.* VI, 8977. 8979 = Or. 2944.

8) *C. I. L.* VI, 8976 = Or. 2940.

9) *C. I. L.* VI, 9753 = Or. 2938: *P. STATIO P. L. BIONI DECano PAEDAG. DOMINI.* So und nicht *DECurioni* ist zu lesen s. Böcking *ad n. d. Occ.* p. 299. 402.

10) *Not. dign. Occ.* c. XIV.

11) *Dig.* 33, 7, 12 § 32: *Ea paedadogia, quae ibi habebat, ut, cum eo venisset, praesto essent in triclinio, legato continentur.*

Bedienung im Bade,[1]) zur Begleitung[2]) und Unterhaltung[3]) des Herrn und der Frau, zum Dienste auf der Jagd,[4]) oft auch zu unsittlichen Zwecken[5]) gehalten wurden, und in ihren glänzenden Kleidungen,[6]) ihrer zierlichen und gleichmässigen Haartracht[7]) und der Kunst ihrer weibischen Toilette[8]) die eigentliche Repräsentation eines vornehmen Hauses ausmachten. Nicht bloss die Kaiser,[9]) sondern auch Privatleute[10]) hatten mehrere solche *paedagogia* an verschiedenen Orten, und oft nennen sich Sclaven, die in ihnen eine gemeinschaftliche Erziehung genossen hatten,[11]) *compaedagogitae.*[12])

Zahl der Sclaven

IV. Wenn Athenaeus es als einen charakteristischen Unterschied hervorhebt, dass die Römer ihre ungeheuren Sclavenfamilien, welche zuweilen auf 10,000 und 20,000 Köpfe gestiegen seien, nicht zum Erwerbe, wie die Griechen, sondern zur Begleitung beim Ausgehn gebraucht hätten,[13]) so übersieht er

hauptsächlich bedingt durch die Landwirthschaft

---

1) Plin. *n. h.* 33, 40.

2) Julianus *Misopog.* p. 350 Spanh.: Οὐ κρεῖττον ἦν ὀδωδέναι μύρων τὴν ἀγορὰν βαδίζοντός σου καὶ παῖδας ἡγεῖσθαι καλούς, εἰς οὓς ἀποβλέψουσιν οἱ πολῖται. 3) Seneca *ad Seren.* 11, 3.

4) Ammian. 29, 3, 3: *adultus quidam ex his, quos paedagogianos appellant, ad observandam venaticiam praedam Spartanum canem retinere dispositus.*

5) Seneca *ep.* 95, 24. Suet. *Nero* 28. Tertull. *Apol.* 13.

6) Seneca *de vita beata* 17, 2: *Quare paedagogium pretiosa veste succingitur? De tranq. an.* 1, 8: *praestringit animum adparatus alicuius paedagogii, diligentius quam in tralatu vestita et auro culta mancipia et agmen servorum nitentium.* Ammian. 26, 6, 15: *Tunica auro distincta, ut regius minister, indutus a calce in pubem in paedagogiani pueri speciem.* Plin. *n. h.* 33, 40: *honestius viri paedagogiis id (aurum) damus.*

7) Martial. 3, 58, 30:

Et paedagogo non iubente lascivi
Parere gaudent vilico capillati.

Mehr s. oben S. 147 Anm. 7.

8) Sen. *ep.* 123, 7: *omnium paedagogia oblita facie vehuntur, ne sol neve frigus teneram cutem laedat.*

9) Das *paedagogium domini nostri* (oben S. 158 Anm. 6—10), welches in der *Notitia dign. Occ.* c. XIV *sub dispositione viri spectabilis castrensis* steht, befand sich wenigstens seit Anfang des 2. Jahrh. *ad caput Africae.* S. Orelli n. 2934. 2935. 2685. *C. I. L.* VI, 1052. 8982—8987. (Ein *paedagogium Palatinum* vermuthete man auf Grund einer wahrscheinlich irrigen Interpretation der in der *domus Gelotiana* am Palatin gefundenen Graffiti. S. hierüber, sowie über das *caput Africae* und das dort befindliche *paedagogium* Gatti *Ann. d. Inst.* 1882 p. 191 ff. 213 ff.) Die *pueri Caeretani* beruhen auf der nach Henzen's Urtheil falschen Inschr. Or. 2936.

10) S. oben S. 158 Anm. 11.

11) Diese Knaben lebten und schliefen gemeinsam. Plin. *ep.* 7, 27, 13.

12) Orelli 2818. 2819. *C. I. L.* VI, 9759—9764.

13) Athenaeus 6, 104 p. 272[d]: Ῥωμαίων ἕκαστος — πλείστους ὅσους κεκτημένος οἰκέτας· καὶ γὰρ μυρίους καὶ δισμυρίους καὶ ἔτι πλείους δὲ πάμπολλοι κέκτηνται· οὐκ ἐπὶ προςόδοις δὲ, ὥςπερ ὁ τῶν Ἑλλήνων ζάπλουτος Νικίας· (dieser vermiethete nämlich 1000 Sclaven dem Thracier Sosias in dessen Silber-

völlig, dass in den grossen Zahlen, die er anführt, neben der *familia urbana*, auf welche sich seine Vergleichung bezieht, auch die *familia rustica* enthalten ist, welche in der Gesammtheit der Sclaven den grösseren Theil ausmacht und vorzugsweise für den Erwerb gehalten wird. Der Freigelassene C. Caecilius Isidorus, welcher im Jahre 746=8 4116 Sclaven hinterliess, besass daneben auch eine Viehwirthschaft mit 3600 Joch Ochsen und 257,000 Stück sonstigen Viehes,[1]) in welcher natürlich der grösste Theil seiner Sclaven verwendet wurde. Richtiger würde man den von Athenaeus bemerkten Unterschied daher so bestimmen, dass, weil der Haupterwerb der Römer ursprünglich die Landwirthschaft war, sie für gewerbliche Unternehmungen Sclaven nicht in dem Grade brauchten, wie die Griechen. Allein auch dieser Unterschied gilt nur für die alte Zeit. Die Landwirthschaft selbst führte unmittelbar zu industriellen Thätigkeiten,[2]) wenn Sand- und Steingruben, Bergwerke, Ziegeleien, Töpfereien, Webereien, Walkereien und Gastwirthschaften[3]) auf

und industrielle Thätigkeit.

---

bergwerke gegen tägliche Zahlung von 1 Obol pro Kopf s. c. 103) ἀλλ' οἱ πλείους τῶν Ῥωμαίων συμπροϊόντας ἔχουσι τοὺς πλείστους.

1) Plin. *n. h.* 33, 135.

2) Paulus *Dig.* 8, 3, 6 § 1: *Item longe recedit ab usu fructu ius calcis coquendae et lapidis eximendi et harenae fodiendae aedificandi eius gratia quod in fundo est, item silvae caeduae.*

3) Schon Varro *de r. r.* 1, 2, 21—23 erwähnt, dass man auf den Gütern *plures textores atque institutos histonas* und andere *artifices*, ferner *figlinas, argenti fodinas et alia metalla, lapidicinas* und *arenarias* habe und auch *tabernas diversorias* einrichte, welche gut rentirten. Von Cato sagt Plutarch *Cat. mai.* 21: τὴν μὲν γεωργίαν μᾶλλον ἡγεῖτο διαγωγὴν ἢ πρόσοδον· εἰς δ' ἀσφαλῆ πράγματα καὶ βέβαια κατατιθέμενος τὰς ἀφορμὰς ἐκτᾶτο λίμνας, ὕδατα θερμά, τόπους κναφεῦσιν ἀνειμένους. Ueber die auf vielen Gütern vorhandenen *figlinae*, in welchen Ziegel, Dachpfannen, *dolia* und Töpfe aller Art gebrannt wurden, haben wir eine grosse Masse von Notizen in den Stempeln der Fabricate, die gewöhnlich eine kreisförmige Inschrift haben und theilweise von Fabretti c. VII, in grosser Anzahl von G. Marini in einem bisher nur handschriftlich im Vatican vorhandenen, jetzt aber publicirten Werke gesammelt sind: Gaetano Marini, *Iscrizioni antiche doliari pubblicate per cura dell' accademia storico-giuridica da G. B. de Rossi con annotazioni di Enr. Dressel*, Roma 1885, 4. Als Beispiel möge dienen: *Opus Doliare EX PRaedis DOMitiae LVCillae VERI: CLaudius QVinquatralis ANTonino IIII ET VERO II. COS.* Orelli 5467. Auf den Gütern dieser Domitia Lucilla, der Mutter des M. Aurel, welche bei Capitolin. *M. Ant. Phil.* 1 in unseren Texten fälschlich Domitia Calvilla heisst (s. Borghesi *Oeuvres* III p. 40 ff. *Bull. d. Inst.* 1833 p. 120. *Bull. Napol.* N. S. V, 1857, p. 73) gab es verschiedene *figlinae: Domitianae, Augustanae, Caninianae, Terentianae, Fulvianae* (Borghesi *Oeuvres* III p. 37 ff.). Ebenso lag die *officina Pansiana*, welche von Tiberius bis Vespasian in Thätigkeit war, auf einem kaiserlichen Gute, wie die Stempel mit *Neronis Claud. Pans(iana)* zeigen. S. Borghesi bei Furlanetto *Lapidi Patavine* p. 538.

den Gütern etablirt werden konnten, welche Geschäftszweige zwar an Pächter übergeben,[1]) aber auch durch Freigelassene oder Sclaven betrieben wurden.[2]) In dem Grade aber, wie der Landbau zurückging, nahm die Anlage des Capitals in industriellen Unternehmungen überhand, und hiezu diente das Sclaventhum auch in der Stadt in doppelter Weise.

Einmal legte man, ganz wie es in Griechenland geschah, sein Capital gradezu in einer Anzahl von Sclaven an, welche man zu einem Geschäftsbetrieb anlernte; und zwar behielt man sie entweder in seinem eigenen Geschäfte,[3]) wie der Kaufmann, der sie als *institores*[4]) oder als *navium magi-*

---

1) Beispiele von Verpachtung der *figlinae* geben zwei Stempel bei Borghesi *Bull.* 1856 p. 5:
EX · PRAEDIS Lucii MILASSI · VERI · FIGLINAS · MATRINIANAS · Quinti VOLVSI · BENEDICTI · CONDVCTORIS ·
EX · PRAEDiis HORTensii PAVLINI · DE · FIGVlinis · PROPETianis · NEGotiatoris · AVRelii ANTONIANI.

2) Wenn der Stempel nur den Besitzer erwähnt, z. B. Marini *Atti* p. 252b: *EX FIGLINIS LVCILLAES QVARTIONIS*; ib. p. 608b: *FIGLina DOLIARIS FVNDI FVRIANI PRECILIORVM*; oder wenn neben dem Gutsherrn nur ein Sclave in der Firma erscheint, z. B. ib. p. 196: *Q. ARTICVLEI PAETI SAGITTA Servus Fecit*; ib. p. 348: *IMP ANTONINO II . ET BRuTTiO COS De . Praediis. Quinti . Servilii . Pudentis . Doliare . Opus . ARABI SERvi*; p. 667: *ANICETVS DOMITIAE Publii Filiae LVCILLAE*; p. 769: *CALLISTI DVORVM DOMITIORum*, so sieht man, dass der Herr selbst den Betrieb des Geschäftes leitete; zuweilen enthält aber die Firma drei Namen, den Besitzer des Gutes, den Inhaber der Fabrik, der ein Freigelassener oder ein Pächter, oder beides sein kann, und den Sclaven, der die Arbeit gemacht hat, oder auch nur die ersten beiden Namen. Das Letzte ist das Gewöhnliche; drei Namen hat der Stempel bei Marini *Atti* p. 144, welchen Borghesi *Bull. Napol.* 1844 p. 114 so liest: *Caio Annio Largo Caio Prastina Pacato consulibus, ex officina Caii Calpetani Favoris, opus figlinum, ex praediis Cosiniae Gratillae, Calpetani Pannychi.* Der Arbeiter, Calpetanus Pannychius, der ein Sohn oder Bruder des Fabrikanten Calpetanus Favor gewesen zu sein scheint, kommt in einem späteren Stempel, den Borghesi anführt, als Vorsteher einer eigenen Fabrik vor. Dieser Stempel heisst: *OPVS FIGLINum DOLIARe EX PRaediis CAEsaris Nostri, OFficina Caii CALPETANI PANNYCI.* Die berühmten Töpferwaarenfabriken von Arretium waren im Besitz freier Leute; die Fabrikanten selbst aber sind gewöhnlich Sclaven, seltener Freigelassene, zuweilen die Herren selbst. S. Gamurrini *Le iscrizioni dei vasi Aretini*. Roma 1859. 8. z. B. ein Sclave: *Felix L. Titi* n. 17; ein Freigelassener: *C. Memmius C. l. Mahes* n. 195; der Herr selbst: *Aulus TITIus FIGVLus ARRETinus* n. 62. vgl. Murat. 963, 2: *Memoriae C. Lutati C. f. Pansiani figuli ab imbr.* Bergwerke und Steinbrüche wurden, insoweit sie Privateigenthum waren, wohl ausschliesslich von Sclaven betrieben, auch in den kaiserlichen Bergwerken war dies durchschnittlich der Fall. S. das Nähere Staatsverwaltung II S. 252 ff.

3) Ulpian. *Dig.* 14, 3, 13 pr.: *Habebat quis servum merci oleariae praepositum Arelate, eundem et mutuis pecuniis accipiendis.*

4) Hierüber handeln die *Dig.* 14, 3 und Gaius 4, 71: *institoria vero formula tum locum habet, cum quis tabernae aut cuilibet negotiationi filium ser-*

stri,[1]) der Banquier, der sie als *actores*,[2]) der Arzt, der sie als *unctores* und *mediastini*,[3]) der Schauspieldirector, der sie als *histriones*,[4]) der Besitzer einer Gladiatorenschule, der seinen *ludus*,[5]) der Buchhändler, der seine Schreiber,[6]) der Häuserspeculant, der seine Bauhandwerker selbst verwerthet;[7]) oder man vermiethete sie um Tagelohn, und zwar nicht nur Ackerbauer und Handwerker,[8]) sondern auch Gelehrte und Künstler. Der alte Cato liess einen *servus litteratus* zu seinem Vortheil Unterricht ertheilen,[9]) Fannius Chaerea einen Sclaven in die Schauspielertruppe des

---

vumve — praeposuerit. Der *institor* hat seinen Namen davon, *quod negotio gerendo instat* (l. 3); er kann ein Sclave sein (l. 1. l. 7 § 1), und alle Arten Geschäfte verwalten, eine *taberna* (3), eine *insula*, einen Getreidekauf, ein Banquiergeschäft, eine Ackerwirthschaft, einen Laden, eine Schnittwaarenhandlung, ein Fuhrmannsgeschäft, eine Walkerei, Schneiderei, ein Leichenfuhrwerk und dergleichen Geschäfte mehr, welche l. 5 aufzählt. Solche *servi institores* kommen auch in Inschriften vor; so hat bei Orelli 4202 ein *seplasiarius negotiator* einen *servus institor.*

1) Gaius 4, 71. 2) *Dig.* 40, 7, 40 § 8.

3) Plin. *n. h.* 29, 4: *Nec fuit postea quaestus modus, quoniam Prodicus Selymbriae natus — instituit quam vocant iatralipticen et unctoribus quoque medicorum ac mediastinis vectigal invenit.* Diese *fricatores* (Caelius Aurelianus *morb. chron.* 3, 7, 92) oder *iatraliptae* (Orelli 6326 = *C. I. L.* VI, 8981. Petron. 28) dienten dem Arzte als Gehülfen; und auch wenn sie frei gelassen werden, dauert dies fort. *Digest.* 38, 1, 25 § 2: *Item plerumque medici servos eiusdem artis libertos perducunt, quorum operis perpetuo uti non aliter possunt, quam ut eas locent. Ea et in ceteris artificibus dici possunt.*

4) Schauspieler waren gewöhnlich Sclaven, entweder des Entrepreneurs (*Digest.* 21, 1, 34: *cum eiusdem generis plures res simul veneant, veluti comoedi vel chorus.* Plaut. *Asin. prol.* 3), oder auch fremde, welche diesem vermiethet wurden. Ueber den ersten Fall s. Friedlaender Darstellungen II^5 S. 424 f., über den letzteren unten S. 163 Anm. 1. Auch der berühmte Roscius war von Geburt ein Sclave. Plin. *n. h.* 7, 128.

5) Ueber die Gladiatorenbanden, die regelmässig aus Sclaven bestanden, s. Friedlaender Darstellungen II^5 S. 334 ff. Auch Atticus hielt Gladiatoren. Cic. *ad Att.* 4, 4^a: *nae tu emisti ludum praeclarum: gladiatores audio pugnare mirifice. Si locare voluisses, duobus his muneribus liberasses.*

6) S. unten den Abschn. über den Buchhandel.

7) Crassus hielt 500 Maurer und Zimmerleute, kaufte abgebrannte und eingestürzte Häuser, baute sie aus und vermiethete sie. Plut. *M. Crass.* 2. Der Aufseher einer solchen Miethswohnung, *insula* (Staatsverwaltung II^2 S. 124 f.), ist ebenfalls ein Sclave, *insularius. Dig.* 50. 16, 166. Orelli n. 2926. *C. I. L.* VI, 3974. 4347. 4446. 6215. 6217. 6296 ff.; *supra insulas* Orelli n. 721 = 2927. *ad insulas C. I. L.* VI, 3973; *praepos(itus) insulariorum* ib. 8855.

8) *Dig.* 33, 7, 19 § 1: *Servum vero arte fabrica peritum, qui annuam mercedem praestabat, instrumento villae non contineri.* ib. 12 § 8: *Servi, si aliqua parte anni per eos ager colitur, aliqua parte in mercedem mittuntur, nihilominus instrumento continentur.* In der Inschr. Orelli n. 5042 = *C. I. L.* X, 7224 dienen zwei Sclaven des M. Albius Pollio als *operarii* dem C. Domitius Rufus; wenn die Erklärung der Inschr. richtig ist, woran Henzen (Bd. III) zweifelt.

9) Plutarch. *Cato mai.* 20.

Roscius eintreten,[1]) und Sclaven aller Art und zu allen Diensten waren in Rom zu miethen.[2])

Sodann aber übertrug man nicht nur Freigelassenen, sondern auch Sclaven eigene Geschäfte[3]) und dies wurde für die Stellung der Sclaven von besonderer Wichtigkeit. In dem römischen Hause war es, wie dem Haussohne, so auch dem Sclaven gestattet, sich ein persönliches Vermögen (*peculium*)[4]) zu sammeln; der Hausherr sah es gern,[5]) wenn der Sclave von dem ihm gelieferten Unterhalt etwas sparte[6]) oder von den ihm erlaubten Vortheilen des Dienstes[7]) Gebrauch machte, und betrachtete das *peculium* desselben nicht nur als einen Beweis seiner Betriebsamkeit und Befähigung,[8]) sondern auch als eine Caution für den Fall eines angerichteten Schadens, der aus dem *peculium* ersetzt werden konnte,[9]) und es fand daher bei der

Verwendung der Sclaven zu selbständiger Geschäftsführung.

peculium.

1) Panurgus, Sclave des Fannius, wurde vom Roscius zum Schauspieler gebildet. Als er getödtet wurde und für ihn eine Entschädigung gezahlt ward, nahm Fannius seinen Theil in Anspruch. Cic. *pro Rosc. Com.* c. 10. 11.

2) Juvenal. 6, 352:

Ut spectet ludos, conducit Ogulnia vestem,
Conducit comites sellam cervical amicas
Nutricem et flavam, cui det mandata, puellam.

3) Die *actio tributoria*, von welcher der Titel *Dig.* 14, 4 handelt, bezieht sich auf den Fall, dass eine unter väterlicher oder herrschaftlicher Gewalt stehende Person, also ein *filius familias* oder ein Sclave entweder mit seinem Peculium oder mit einem ihm vom Gewalthaber gegebenen Capital ein Handelsgeschäft eröffnet und Bankrott macht. Dieser Fall wird also als gewöhnlich vorausgesetzt. Auch die kaiserlichen Sclaven führen selbständige Verwaltungen, und wenn Suet. *Caes.* 76 sagt: *monetae publicisque vectigalibus peculiares servos praeposuit*, so tadelt er das zwar, aber nur insofern, als Caesar seine eigenen Sclaven, nicht *servi publici* zu diesen Diensten verwendete.

4) *Dig.* 15, 1, 5 § 4: *Peculium autem Tubero quidem sic definit — — quod servus domini permissu separatum a rationibus dominicis habet, deducto inde, si quid domino debetur.*

5) Varro *de r. r.* 1, 17, 5: *dandaque opera, ut habeant* (*servi*) *peculium.*

6) Die Sclaven erhielten ausser Kleidung und Kost (4, 4½, 5 Modii Weizen monatlich. Cato *de r. r.* 56. Seneca *ep.* 80, 7) auch 5 Denare monatlich. Seneca a. a. O. Hiervon konnten sie etwas sparen (Terent. *Phorm.* 1, 1, 7—11) oder auch wohl, wenn sie reichliche Nahrung hatten, verkaufen. Apul. *metam.* 10, 14. Petron. 75.

7) Der Hirt konnte einige Schafe zu seinem Vortheil aufziehen. Plaut. *Asin.* 540. Varro *de r. r.* 1, 17, 7, und der Herr beförderte gewisse Zweige der Production dadurch, dass er seinen Sclaven für gewisse Producte eine Prämie zahlte, wie Tubero für Geflügel eine Drachme für das Stück, Rutelius für ein Pfund Fische 3 Obolen zahlte. Athenaeus VI, 108 p. 274[d].

8) Ein Sclave ohne *peculium* ist ein schlechter Sclave. Plaut. *Casin.* 2, 3, 40: *servo — — nihili atque improbo, Cui homini hodie peculi nummus non est plumbeus;* einem *peculiosus servus* dagegen gestattet man sich ein gewisses Ansehen zu geben. Plaut. *Rud.* 112. *Asin.* 498: *Frugi tamen sum nec potest peculium enumerari.*

9) Pomponius *Dig.* 15, 1, 4., Ulpian. *Dig.* 15, 1, 11. Paulus *Dig.* 33, 8, 9.

Freilassung eines Sclaven eine Abrechnung statt, in Folge deren der Herr auf allen weiteren Anspruch auf das *peculium* des Sclaven verzichtete. 1) Wurde nun dem Sclaven noch ein selbständiges Geschäft des Herrn zum Betriebe übergeben, wie die Verwaltung eines Landgutes 2) oder ein Bankgeschäft (*mensa argentaria*) 3) oder die Führung eines Seeschiffes, 4) so erhielt er entweder einen Antheil an dem Gewinne (vgl. S. 163 Anm. 7), oder ein Betriebscapital, das er natürlich verzinsen musste, 5), oder, wenn er dies bereits hatte, wurde auch ein Pachtcontract mit ihm abgeschlossen, durch welchen er sich verpflichtete, an den Eigenthümer eine bestimmte Summe jährlich zu zahlen. 6) In allen diesen Fällen hatte er die Möglichkeit, ein Capital zu erwerben, das er zunächst zu seinem Loskauf aus der Sclaverei, 7) demnächst aber zur Fortsetzung des Geschäftes auf eigene Rechnung verwenden konnte. 8) Oft verzichtete aber der Freilasser auf den Ersatz des Kaufpreises, 9) liess dem Freigelassenen sein *peculium* 10) und verpflichtete ihn nur zu gewissen Diensten

1) Augustin. *serm.* 21, 6: *Ut manumittas servum tuum, frangis tabulas eius. Deus non frangit tabulas tuas — admoneris conditionis tuae, commemoratur tibi pretium tuum.* 2) Als *villicus*, s. oben S. 139.

3) *Dig.* 2, 13, 4 § 3. 4) Gaius 4, 71.

5) Plut. *Cat. mai.* 21: ἐδίδου δὲ καὶ τῶν οἰκετῶν τοῖς βουλομένοις ἀργύριον· οἱ δ' ὠνοῦντο παῖδας· εἶτα τούτους ἀσκήσαντες καὶ διδάξαντες ἀναλώμασι τοῦ Κάτωνος μετ' ἐνιαυτὸν ἀπεδίδοντο.

6) Ein Sclave kann als *villicus* Pächter sein (oben S. 138 A. 6) und auch Bergwerke pachten. So kommt unter Traian in den Porphyrgruben in Aegypten ein Ἐπαφρόδιτος δοῦλος Σειγηριανός, μισθωτὴς τῶν μετάλλων vor. *C. I. Gr.* n. 4713 f.

7) Seneca *ep.* 80, 4: *peculium suum, quod comparaverunt ventre fraudato, pro capite numerant.* Verg. *ecl.* 1, 32: *Nec spes libertatis erat nec cura peculi.* Plautus *Rud.* 929. Plin. *n. h.* 7, 128: *libertatem suam mercati.* Dio Chrysost. 14 p. 440 R.: οἱ δέ τινες τὴν αὐτῶν τιμὴν καταβεβλήκασι τοῖς δεσπόταις.

8) Das Vorhandensein eines solchen Capitals ist offenbar erforderlich bei der *manumissio censu.* Ulp. *fr.* 1, 8: *censu manumittebantur olim, qui lustrali censu Romae iussu dominorum inter cives Romanos censum profitebantur.* Boethius *ad Cic. top.* 2 p. 288 Or.: *Si quis ergo consentiente vel iubente domino nomen detulisset in censum, civis Romanus fiebat et servitutis vinculo solvebatur, atque hoc erat censu fieri liberum, per consensum domini nomen in censum deferre et effici civem Romanum.* Dass der *libertus* nunmehr sein altes Geschäft fortführte zeigt Scaevola *Dig.* 37, 14, 18.

9) *Dig.* 12, 4, 3 § 7. *Gratis manumissus* Or. 2984 = *C. I. L.* VI, 2211. Vespasian verweigerte einem *senex bubulcus* die *gratuita libertas.* Suet. *Vesp.* 16; vgl. Tac. *ann.* 15, 55: *libertates servis et ante dono datas.* Aus späterer Zeit sind Freilassungsurkunden dieser Art noch vorhanden. Marini *Papiri diplomatici* n. 76 p. 119: *Hos omnes cum omni peculiare* (d. h. *peculio*) *eorum — liberos esse praecipio.* Gregor. Magn. *epist.* 6, 12: *Liberos ex hac die civesque Romanos efficimus, omneque vestrum vobis relaxamus peculium.* Andere Beispiele s. bei Marini *P. d.* p. 261b n. 7.

10) *Fragm. Vat.* § 261. Zimmern Privatr. I S. 683.

(*operae*)[1]) oder Gaben (*dona, munera*);[2]) zuweilen lieh[3]) oder schenkte[4]) er auch dem *libertus* ein Capital, oder er liess ihm ein Geschäft gegen einen zu zahlenden Antheil.[5]) Der Handel war in alter Zeit den Senatoren verboten,[6]) der Wucher galt für ehrlos,[7]) aber schon Cato der Aeltere trieb Seehandel,[8]) und wer Geld hatte, wucherte;[9]) selbst die schmutzigste Art des

---

1) Hievon handelt der Titel *de operis libertorum* (*Dig.* 38, 1). Die *operae* sind entweder *officiales*, d. h. persönliche Dienste, die nach Tagen bestimmt werden (lex 1), wozu auch gehört, dass der *libertus cum patrono moretur, peregre proficiscatur, negotium eius exerceat* (l. 38 § 1. Vgl. Plautus *Menaechmi* 1032 ff.); oder es sind *fabriles* (l. 6), wenn der Freigelassene ein *faber* oder *pictor* ist (l. 23 pr.). Dahin gehören auch die Dienste der *pantomimi* und *medici*. Die ersten treten in den Spielen ihres *patronus* umsonst auf, die letzteren curiren ihn umsonst (l. 27), er kann aber auch ihre *operas locare et mercedem ex operis liberti sui capere* (l. 25) und das gilt von allen Gewerben l. 25 § 2.

2) Dies sind Geschenke bei Hochzeiten, Geburten, an gewissen Festtagen und in Nothfällen. *Dig.* l. l. 7 § 3. Paulus *sent.* 2, 32: *Egentem patronum libertus obligatione doni muneris et operarum solutus alere cogendus est pro modo facultatum suarum.* Einen Fall der Art behandelt Seneca *exc. controv.* 4, 8 p. 389 Burs. Dies scheint *donum* genannt zu werden, die regelmässigen Geschenke dagegen *munera*. Fronto *de diff. verb.* p. 473 Mai ed. Med. 1815: *Munus, quod amicus vel cliens vel libertus officii causa mittunt — — dona —, quae donant pauperibus divites.* Isidor. *differ. lib.* 1, 360 p. 47 Migne: *Munus est debitum, ut in patrono; donum honorarium est.*

3) *Dig* 38, 1, 4: *perinde enim operae a libertis ac pecunia credita petitur.*

4) Mommsen Röm. Forsch. I S. 367. Ausdrückliche Erwähnung von Privatschenkungen dieser Art haben wir noch in Urkunden späterer Zeit. In dem von Marini *Pap. dipl.* p. 305 herausgegebenen *pap.* XCIII vermacht eine *patrona* ihrer Sclavin mit der Freiheit ein Landgut *ad confirmandam libertatem*, welche Formel öfters wiederkehrt. Baluz. *Capitular.* T. II p. 394: *illas concessiones, quas ad libertos nostros ad eorum ingenuitates confirmandas fecimus.* Dies thaten die Freilasser, *ne nudum beneficium libertatis videatur*, wie es Marini *pap.* CXLI heisst. Ein älteres Zeugniss giebt die Inschrift von Cordova *C. I. L.* II, 2265: *L. Calpurnius Urbanus, L. Calpurni Salviani l., manumissus ex testamento, officio accepto nihil praeter optimum praemium libertatis uxoris famulae suae* [*abstulit ex bonis supra scriptis*]. Dazu Mommsen: »Urbanus empfing im Testament seines Herrn ausser der Freiheit andere pecuniäre Zuwendungen, er schlug aber diese Vortheile zu Gunsten der Erben aus, und erbat sich nur die Freilassung seiner zu seinem *peculium* gehörigen *contubernalis*.»

5) Bei Dositheus *Adriani sent.* § 8 beklagt sich jemand, er werde von seinen Freigelassenen betrogen: καὶ ἔχειν ἴδια ἐργαστήρια, ἐν οἷς αὐτοὶ πραγματεύονται ἐκ τῶν αὐτοῦ χρημάτων, καὶ μηδὲν ἀπ' ἐκείνων λαμβάνειν. Der Sachwalter der Freigelassenen erwidert: ἐπὶ πολλῷ χρόνῳ αὐτοὺς τῷ πάτρωνι αὐτῶν ἕν' ἕκαστον παρεσχηκέναι δραχμήν, καὶ ἔτι ἑτοίμους εἶναι παρέχειν, εἰ αὐτοῖς ἐπιτρέποι πραγματεύεσθαι, worauf der Kaiser sagt, sie sollten das ferner thun. Wir sehen daraus, dass Freigelassene eine *officina* mit dem Capital ihres Patrones betreiben, und ihm dafür eine Abgabe entrichten.

6) Liv. 21, 63, 3. 4. Cic. *in Verr.* 5, 18, 45.

7) Cato *de r. r. pr.* 1: *Est interdum praestare mercaturis rem quaerere, ni tam periculosum siet; et item foenerari, si tam honestum siet. Maiores enim nostri hoc sic habuerunt, et ita in legibus posiverunt, furem dupli condemnari, foeneratorem quadrupli.*

8) Plut. *Cat. mai.* 21.

9) S. Staatsverwaltung I^2 S. 540 ff.; II^2 S. 62.

Erwerbes schien unverächtlich, [1]) aber man bediente sich dazu der Pächter, Freigelassenen oder Sclaven, und unter den weiter unten zu besprechenden Gründen, weshalb in der Kaiserzeit die gewerbliche Thätigkeit zum grossen Theile in den Händen von Sclaven und Freigelassenen [2]) ist, darf man den hervorheben, dass durch sie die Capitalien der Reichen eine früher unbekannte Verwendung fanden.

V. Fassen wir die bisher erwähnten Momente zusammen, so ergiebt sich, dass, wenn jemand einen ausgedehnten Gütercomplex besass, auf welchem Ackerbau, Viehzucht, Hofwirthschaft und Fabrikgeschäfte betrieben wurden, wenn er ferner in der Stadt ein Haus machte oder an gewerblichen Unternehmungen sich betheiligte, er allerdings mehrere tausend Sclaven beschäftigen konnte, so dass die Nachrichten von enormen Sclavenfamilien nicht für übertrieben gehalten werden dürfen. [3])

Erwerb der Sclaven

Woher bezogen nun die Römer diese Masse von Sclaven?

durch Geburt im Hause, *vernae*,

Ein Theil wurde im Hause geboren, und diese Art der Vergrösserung der Familie ist ein unmittelbarer Zuwachs des Vermögens, [4]) auf welchen man eifrig bedacht war. Der Landbe-

1) *Dig.* 5, 3, 27 § 1: *Sed et pensiones, quae ex locationibus praediorum urbanorum perceptae sunt, venient, licet a lupanario perceptae sint; nam et in multorum honestorum virorum praediis lupanaria exercentur.*

2) Griechen und Orientalen besassen zu kaufmännischen Unternehmungen besonderes Geschick. Der Reichthum eines Freigelassenen (*patrimonium libertini* Seneca *ep.* 27, 5) ist in der Kaiserzeit sprüchwörtlich. S. Friedlaender Darst. I⁵ S. 263 ff. 348 ff.

3) Die *lex Fufia Caninia* (Gaius 1, 42 ff.) bestimmte, wie viel Sclaven jemand in seinem Testamente freilassen dürfe und unterschied dabei Leute, welche 1—10, 10—30, 30—100, 100—500 Sclaven hatten. Eine Sclavenfamilie von 400 erwähnt Tac. *ann.* 14, 43. Eine scherzhafte Uebertreibung ist es, wenn Petron 53 auf dem *praedium Cumanum* des Trimalchio an einem Tage 70 Sclavenkinder geboren werden lässt, und c. 117 von einem anderen gesagt wird, *familiam quidem tam magnam per agros Numidiae esse sparsam, ut possit vel Carthaginem capere.* Aber auch Seneca *de benef.* 7, 10, 5 macht eine ähnliche Beschreibung: *O miserum, si quem delectat patrimonii sui liber magnus et vasta spatia terrarum colenda per vinctos et immensi greges pecorum per provincias ac regna pascendi et familia bellicosis nationibus maior.* Ebenso Plin. *n. h.* 33, 26: *hoc profecere mancipiorum legiones, in domo turba externa ac iam servorum quoque causa nomenclator adhibendus*, und die Columbarien, welche für 1000 bis 2000 Gräber von Sclaven und Freigelassenen eingerichtet sind, bestätigen diese Schilderung. Denn obwohl sie der kaiserlichen Familie angehören, lassen sie doch einen Schluss auf die übrigen Sclavenfamilien vornehmer Häuser machen, welche wenigstens anfangs in diesem Punkte nicht viel nachgestanden haben mögen. Ueber das Verhältniss der Anzahl der Sclaven zu der der Freien in Rom siehe übrigens Staatsverwaltung II² S. 122. Wallon a. a. O. II² p. 67—158.

4) *Dig.* 5, 3, 27: *Ancillarum etiam partus et partuum partus, quanquam fructus esse non existimantur, quia non temere ancillae eius rei causa comparan-*

sitzer hat an der Vermehrung der Sclavenfamilie dasselbe Interesse,[1]) wie an dem Bestande seines Viehes,[2]) aber auch in der *familia urbana* gelten die im Hause geborenen Sclaven (*vernae*) nicht nur wegen des Capitals, welches sie repräsentiren, sondern auch wegen der Brauchbarkeit, welche sie haben. Da sie im Hause mit den Kindern des Herrn heranwachsen und zu deren Dienste erzogen werden, so sind sie durch ein sittliches Band an die Familie geknüpft;[3]) sie sind treu und zuverlässig, geniessen gewisse Freiheiten und besonderes Vertrauen, weshalb zuweilen selbst Freigelassene einen Stolz darein setzen, sich und ihre Angehörigen als *vernae* zu bezeichnen.[4])

durch Kauf.

Der übrige Theil wurde erworben und zwar in ältester Zeit unmittelbar durch den Krieg, denn von *manu capere* hat *mancipium* seinen Namen,[5]) in späterer durch den Sclavenhandel, der in allen Staaten des Alterthums ein einträgliches Geschäft war.[6]) In den Handel kamen die Sclaven aber entweder aus der Kriegsbeute, oder durch Raub, oder durch freiwillige Zu-

Auf den Markt kamen Sclaven

---

tur, ut pariant, augent tamen hereditatem. Horat. *epod.* 2, 65: *vernas, ditis examen domus.* Es war eine bekannte Streitfrage, ob das Kind einer Sclavin dem, der den *usus fructus* derselben hatte, oder dem Herrn als Vortheil zufalle. Cic. *de fin.* 1, 4, 12. *Dig.* 7, 1, 68.

1) Varro *de r. r.* 2, 10, 6: *Quod ad foeturam humanam pertinet pastorum, qui in fundo perpetuo manent, facile est, quod habeant conservam in villa. Qui autem sunt in saltibus — his mulieres adiungere — utile arbitrati multi*, und dies thun sie, *quo facilius ad greges pastores retineant et puerperio familiam faciant maiorem et rem pecuariam fructuosiorem.* ib. 2, 1, 26. Colum. 1, 8, 19: *feminis quoque fecundioribus, quarum in subole certus numerus honorari debet, otium nonnunquam et libertatem dedimus, cum plures natos educassent. Nam cui tres erant filii, vacatio, cui plures, libertas quoque contingebat. Haec et iustitia et cura patrisfamilias multum confert augendo patrimonio.*

2) *Dig.* 9, 2, 2 § 2: (*lex Aquilia*) *servis nostris exaequat quadrupedes, quae pecudum numero sunt et gregatim habentur, veluti oves, caprae, boves, equi, muli, asini.*

3) Sie werden von einer *nutrix* genährt Plaut. *Mil. gl.* 696; Cato's Frau nährte selbst die Kinder der Haussclaven; Plut. *Cato mai.* 20: καὶ τὰ τῶν δούλων παιδάρια τῷ μαστῷ προσιεμένη κατεσκεύασεν εὔνοιαν ἐκ τῆς συντροφίας πρὸς τὸν υἱόν. Sie sassen mit dem Herrn am Herde Hor. *epod.* 2, 65. *sat.* 2, 6, 66. Mart. 3, 58, 22, und durften sich Freiheiten erlauben, die sonst den Sclaven nicht gestattet wurden. Sie sind dreist, vorlaut und geschwätzig, *procaces* (Hor. *sat.* 2, 6, 66), *garruli* (Tib. 1, 5, 26), und die *licentia vernaculorum* (Seneca *ad Lucil. de prov.* 1, 6) wird oft erwähnt, vgl. Mart. 10, 3, 1. Tac. *hist.* 2, 88; aber sie sind die besten Sclaven (Tac. *ann.* 14, 44). Atticus hielt nur *vernae* in seinem Hause. Nep. *Att.* 13.

4) Orelli 2997: *M. Ulpio Aug. lib. vernae.* n. 3197 = *C. I. L.* VI, 1887: *Fortunatus Aug. lib. verna. C. I. L.* II, 1062.

5) Vgl. oben S. 37 Anm. 4.

6) G. Boeger *De mancipiorum commercio apud Romanos.* Berolini 1841. 8.

fuhr aus Ländern, in welchen Sclaverei bestand, oder endlich durch rechtliches Verfahren und besondere Umstände.

durch Verkauf der Kriegsgefangenen,

Kriege hat es mit seltenen Unterbrechungen die ganze Zeit der römischen Herrschaft hindurch gegeben, und die Gefangenen bildeten immer einen wesentlichen Theil der Beute; nach einem Siege oder der Eroberung einer Stadt wurden Tausende von Kriegsgefangenen [1]) entweder an Ort und Stelle oder auf dem nächsten Markte vom Quaestor verkauft, [2]) und für diese ist der technische Ausdruck *sub hasta* [3]) oder *sub corona venire*. [4])

durch Menschenraub,

Menschenraub wurde im ganzen Alterthum als Geschäft betrieben; schon Homer redet davon; [5]) ein unerträgliches Uebel wurde er zur Zeit der cilicischen Seeräuber, welche alle Küsten des mittelländischen Meeres, die italischen nicht ausgenommen, durch ihre Frechheit in Schrecken setzten [6]), und ihre offenen Märkte in Delos, Phaselis [7]) und Side in Pamphylien [8]) hatten; ihre politische Macht wurde durch Pompeius vernichtet, aber ihr Gewerbe bestand nach wie vor. [9]) Die Landwege wurden nicht weniger unsicher gemacht durch Strassenräuber (*grassatores*), für welche nicht nur die Habe, sondern auch die Person des Reisenden eine zu verwerthende Beute war; [10]) ja in Rom selbst

---

1) S. Staatsverwaltung I² S. 537 Anm. 7 und die Sammlung bei Wallon II² p. 30—38. Boeger p. 25 ff.

2) Plaut. *Capt.* 34: *Emit de praeda hosce ambos a quaestoribus.*

3) Liv. 6, 4, 2; 23, 37, 13. Dionys. 4, 24: ὠνησάμενοι παρὰ τοῦ δημοσίου τοὺς ὑπὸ δόρυ πωλουμένους ἐκ τῶν λαφύρων.

4) Festus p. 306[b]: *Sub corona venire dicuntur, quia captivi coronati solent venire, ut ait Cato in eo, qui est de re militari: ut populus sua opera potius ob rem bene gestam coronatus supplicatum eat, quam re male gesta coronatus veniat.* Caelius Sabinus bei Gellius 7, 4, 3: *Antiquitus mancipia iure belli capta coronis induta veniebant et idcirco dicebantur sub corona venire.* Vgl. Liv. 2, 17, 6; 4, 34, 4; 5, 22, 1 und sonst oft.

5) Hom. *Od.* 15, 450—484.

6) Plut. *Pomp.* 24. Cic. *de imp. Cn. Pomp.* 12. Drumann Gesch. Roms IV S. 393—401.

7) Drumann a. a. O. S. 394.

8) Strabo 14 p. 664.

9) Cic. *de off.* 2, 16, 55: *liberales — (sunt), qui suis facultatibus — captos a praedonibus redimunt.* Dio Chrys. 14 p. 440 R.: οὔκουν πολλοὶ περὶ πολλῶν καὶ ἐλευθέρων καταβεβλήκασιν ἀργύριον, οἱ μὲν πολεμίοις οἱ δὲ λῃσταῖς λύτρα διδόντες; die scythischen Stämme der Achaeer, Zygen und Heniocher lebten zu Strabo's Zeit von Seeräuberei und Menschenraub, Strabo 11 p. 496, phönicische Seeräuber erwähnt Philostratus *V. Apoll.* 3, 24, und oft geschieht des Menschenraubes Erwähnung. So z. B. bei Achilles Tatius 2, 18; 5, 7; 5, 17.

10) Appian. *b. c.* 4, 30: ἐλήφθη πρὸς ἀνδρός, λῃστεύειν τοὺς παροδεύοντας καὶ ἐπὶ ἔργῳ καταδεῖν εἰθισμένου. Suet. *Aug.* 32: *nam et grassatorum plurimi palam se ferebant succincti ferro — et rapti per agros viatores sine discrimine liberi servique ergastulis possessorum supprimebantur.* Vgl. Suet. *Tib.* 8. *Dig.* 39, 4, 12 § 2. Seneca *contr.* 10, 33 p. 323 Burs.: *non curatis, quod solitudines suas isti beati ingenuorum ergastulis excolunt, non curatis, quod iuvenum miserorum simplicitatem circumeunt et speciosissimum quemque ac maxime ido-*

waren unerfahrene Fremde zuweilen der Gefahr in ewige Knechtschaft zu gerathen ausgesetzt. [1])

Freiwillige Zufuhr erhielten die Märkte aus den westlichen, wie aus den östlichen Provinzen, und für gewisse Handelsplätze machte die Sclavenausfuhr den Hauptgegenstand des Verkehrs aus. [2]) Alle Nationalitäten waren im Sclaventhume vertreten; [3]) nach ihnen erhält der Sclave häufig seinen Namen, [4]) gewöhnlich seine Beschäftigung; jede Nation wird in ihrer charakteristischen Eigenthümlichkeit genutzt und bei dem Ankauf aus der Angabe der Herkunft nicht nur über die gute oder schlechte Qualität, sondern auch über die besondere Befähigung des Sclaven ein Urtheil gewonnen. [5]) Myser, Phryger, Lyder, Carer sind schlechtes Volk; [6]) nicht besser Syrer, [7]) Sardinier [8]) und Corsen; [9]) durch Zufuhr aus fremden Ländern,

neum castris in ludum coniciunt. Ueber die Menschenräuber (*plagiarii*) gab es eine *lex Fabia*, erwähnt von Cicero *pro Rabir. perd.* 3, 8, an welche sich die spätere Gesetzgebung anschloss. *Dig.* 48, 15. *Coll. leg. Mos. et Rom.* 14, welcher letzte Titel ausdrücklich erwähnt, dass das Verbrechen noch in später Zeit in Italien wie in den Provinzen häufig vorkam.

1) Socrates *hist. eccl.* 5, 18 berichtet über eine Thatsache, die ganz dem gleichkommt, was die Romane unserer Zeit von den Geheimnissen von Paris und London erzählen. Beim Antritt der Regierung des Kaisers Theodosius (379) hatten die *mancipes* der Backhäuser in Rom, welche seit Augustus in allen Regionen der Stadt vorhanden waren (Preller Regionen der Stadt Rom S. 111), die Verkaufslokale in Schenken (καπηλεῖα) verwandelt, in denen auch eine Bordellwirthschaft war. So zogen sie Fremde an, welche sie durch eine mechanische Vorrichtung (ἔκ τινος μηχανῆς) plötzlich aus dem Zimmer, in dem sie sich befanden, in die Keller des Hauses versinken liessen, wo das *pistrinum* war, in dem sie nun als Sclaven fest gehalten wurden, und so verschwanden, dass ihre Angehörigen nie wieder von ihnen hörten.

2) So Tanais am gleichnamigen Flusse, Strabo 11 p. 493; Byzanz, Polyb. 4, 38, 4; Side in Pamphylien, Strabo 14 p. 664. Auch in Britannien war die Ausfuhr der Sclaven erheblich. Der Hauptmarkt aber war Delos, Strabo 14 p. 668. Ueber die Herkunft der Sclaven handelt sehr unvollständig und dürftig Heyne *E quibus terris mancipia in Graecorum et Romanorum fora advecta fuerint* in *Opusc.* IV p. 120—139. Besseres giebt darüber Boeger *De mancipiorum commercio.* Berol, 1841. p. 24—32.

3) Tac. *ann.* 3, 53: *quid enim primum prohibere — adgrediar? villarumne infinita spatia? familiarum numerum et nationes?* ib. 14, 44: *nationes in familiis habemus.*

4) Strabo 7 p. 304. Solche Namen sind Jon, Ephesios (Varro *de l. L.* 8, 21), Thessala in Plautus *Amphitr.*; Lydus in Plautus *Bacch.*; Syra in Plautus *Mercator*; Lesbia, Mysis in Terent. *Andria*; Phrygia, Syrus in Ter. *Heautont.*

5) *Dig.* 21, 1, 31 § 21: *Qui mancipia vendunt, nationem cuiusque in venditione pronuntiare debent; plerumque enim natio servi aut provocat aut deterret emtorem.* Varro *de l. L.* 9, 93: *itaque in hominibus emendis si natione alter est melior, emimus pluris.*

6) Cic. *pro Flacco* 27, 65.

7) Cic. *de or.* 2, 66, 265 sagt von den *Syri, ut quisque optime Graece sciret, ita esse nequissimum.*

8) Von diesen sagte das Sprüchwort *Sardi venales alius alio nequior*, Cic. *ad fam.* 7, 24, 2. Festus p. 322ª und mehr bei Gronov. *De sestert.* IV c. 10 p. 321 ff.

9) Strabo 5 p. 224.

Gallier qualificiren sich zu Pferdeknechten, [1]) Leute aus den Donaugegenden zu Schafhirten; [2]) zu Sänftenträgern Cappadocier, Syrer, Liburner, Bithyner, Moeser, Gallier und Germanen; [3]) zu Vorreitern und Boten Numider [4]) und Mazaker; [5]) zur Bedienung beim Bade Aethiopen, [6]) zur Aufwartung bei Tische Phryger, Lycier [7]) und asiatische Griechen (*flos Asiae*); [8]) aber hiemit ist die Zahl der Nationalitäten noch nicht erschöpft, es kommen auch Inder, [9]) Parther, Daker, Cilicier, Aegypter, Juden und Alanen auf dem Markte vor. [10])

durch rechtliches Verfahren.

Endlich konnten durch ein rechtliches Verfahren freie Leute in Knechtschaft gerathen. In Rom selbst kam dies bekanntlich vor bei dem Sohne, den sein eigener Vater verkaufte, [11]) bei dem *nexus*, der am dritten Markttage sich nicht löste, [12]) bei demjenigen, welcher sich dem Census [13]) oder dem Kriegsdienste [14]) entzog, oder sich, um den Käufer zu betrügen, als Sclaven hatte verkaufen lassen; [15]) allein wir können diese Fälle hier übergehen, da sie theils der älteren Zeit angehören, theils einen Verkauf in das Ausland zur Folge hatten und dem römischen Sclaventhume keine neue Quelle eröffneten. In den Provinzen dagegen hatten die entsetzlichen Bedrückungen, welche die Publicani und Negotiatores ausübten, [16]) bei dem geltenden Schuldrechte die unausbleibliche Folge, dass der Schuldner, nachdem er alle seine Habe geopfert, Weib und Kind und zuletzt sich selbst als Sclave verkaufen liess. [17]) Die Deutschen hatten die beson-

---

1) Varro *de r. r.* 2, 10, 4.
2) Martial. 7, 80, 11. 3) S. S. 149 Anm. 4.
4) Sen. *ep.* 87, 9; 123, 6. Mart. 10, 13, 2. Tac. *hist.* 2, 40. Orelli 2877 = *C. I. L.* VI, 7582. 5) Suet. *Nero* 30.
6) *Auct. ad Herenn.* 4, 50, 63. *Mus. Pio-Clement.* III pl. 35.
7) Juven. 11, 147. 8) Juven. 5, 56. Mart. 7, 80, 9.
9) Horat. *sat.* 2, 8, 14.
10) Mart. 7, 30. 11) S. S. 3 Anm. 2. 12) Gellius 20, 1, 47.
13) Liv. 1, 44. Cic. *pro Caecina* 34, 99. Ulpian. 11, 11. Dionys. 4, 15.
14) S. Staatsverwaltung II² S. 383 Anm. 8.
15) *Dig.* 40, 12, 7. Ueber diesen und andere hierher gehörige Fälle s. Walter Gesch. d. R. R. § 476. Böcking Pandekten I S. 183 f.
16) S. Staatsverwaltung I² S. 540 f.
17) Plut. *Lucull.* 20. Nicomedes von Bithynien, vom Marius aufgefordert, Truppen zu stellen, antwortete, τοὺς πλείους τῶν Βιθυνῶν ὑπὸ τῶν δημοσιωνῶν διαρπαγέντας δουλεύειν ἐν ταῖς ἐπαρχίαις. Diodor. *exc.* 36, 3, 1. Den Frisen war ein Tribut von Thierfellen aufgelegt, den sie nicht zahlen konnten, *ac primo boves ipsos, mox agros, postremo corpora coniugum aut liberorum servitio tradebant.* Tac. *ann.* 4, 72. Ueber das Executionsverfahren vgl. Walter Gesch. d. R. R. § 753.

dere Leidenschaft um ihre Freiheit zu würfeln, und der Verlierende wurde auf den Markt gebracht; 1) aber in den Provinzen stieg die Noth zeitweise in dem Grade, dass man sich freiwillig in die Sclaverei begab, um nur sein Leben zu fristen. 2)

Den Hauptbedarf von Sclaven hatten seit den letzten Jahrhunderten der Republik die herrschenden Römer; nicht nur der Markt in Delos blühte durch sie, 3) sondern in Rom selbst war der Sclavenhandel ein gewöhnliches Geschäft, in welchem, wenn es auch nicht für anständig galt, 4) doch ehrenwerthe Leute, wie der alte Cato, 5) ihr Geld anlegten. Es gab stehende Handlungen, z. B. am Castortempel, 6) und auch öffentliche Märkte; der Staat nahm von den Sclaven eine Eingangs- und Verkaufssteuer; 7) die Aedilen führten die Aufsicht über diesen Geschäftszweig 8) und suchten durch detaillirte Bestimmungen ihres Edictes das Publicum vor den Betrügereien der Sclavenhändler (*mangones*) 9) zu schützen. 10) Der zu verkaufende Sclave ward auf einem Gerüste (*catasta*) 11) ausgestellt; er wurde entblösst, Sclavenhandel unter Aufsicht der Aedilen.

1) Tac. *Germ.* 24.

2) Dies erzählt z. B. von einer Hungersnoth in Gallien im 6. Jahrhundert p. Chr. Gregor. Turon. 7, 45; aber dergleichen Fälle werden auch früher vorgekommen sein.

3) Strabo 14 p. 668: ἡ Δῆλος, δυναμένη μυριάδας ἀνδραπόδων αὐθημερὸν καὶ δέξασθαι καὶ ἀποπέμψαι — — αἴτιον δ' ὅτι πλούσιοι γενόμενοι Ῥωμαῖοι μετὰ τὴν Καρχηδόνος καὶ Κορίνθου κατασκαφὴν οἰκετείαις ἐχρῶντο πολλαῖς.

4) Plautus *Capt.* 98. 99 nennt ihn *quaestus inhonestus.*

5) S. oben S. 158. 6) Seneca *ad Serenum* 13, 4. Plaut. *Curc.* 481.

7) S. Staatsverwaltung II² S. 277.

8) S. *Dig.* 21, 1. Ueber den Sclavenhandel s. J. F. Jugleri Ἀνδραποδοκαπηλεῖον *sive de nundinatione servorum apud veteres lib. sing.* Lips. 1741. 8. G. Boeger *De mancipiorum commercio apud Romanos.* Berol. 1841. 8. Wallon II² p. 18—66. Ohne neue Resultate ist [v. Heister] Sclavenhandel und Sclavenmarkt, Eunuchen und Hetaeren bei den Römern. Als Manuscript gedruckt Stettin 1856. 8., welchem namentlich die Wallon'schen Untersuchungen ganz unbekannt geblieben sind.

9) Sie heissen auch *venalicii* Cic. *or.* 70, 232; *mercatores venalicii* Grut. 411, 1; 637, 5 = *C. I. L.* VI, 9632; *mangonici venalicii* Plin. *n. h.* 21, 170; *venaliciarii Digest.* 17, 1, 57 u. ö.

10) Cic. *de off.* 3, 27, 71: *Nec vero in praediis solum ius civile ductum a natura malitiam fraudemque vindicat, sed etiam in mancipiorum venditione venditoris fraus omnis excluditur. Qui enim scire debuit de sanitate, de fuga, de furtis, praestat edicto aedilium.*

11) Tibull. 2, 3, 60: *quem saepe coegit Barbara gypsatos ferre catasta pedes.* Pers. 6, 76: *nec sit praestantior alter Cappadocas rigida pingues plausisse catasta,* wozu der Schol.: *Gladiatores significat. Nam apud antiquos gladiatores venales in catasta ponebantur, ut in eis possent omnia membra conspici.* Suet. *de gr.* 13. Mart. 6, 29, 1; 9, 29, 5; 10, 76, 3. Das Gerüst war drehbar, daher bei Stat. *silv.* 2, 1, 72: *Non te barbaricae versabat turbo catastae,* und bei Q. Cic. *de petit. cons.* 2, 8: *amicam — de machinis emit.* Indessen diente statt dessen

besehen, angefasst,[1]) musste Proben seiner körperlichen Gewandtheit oder geistigen Ausbildung ablegen;[2]) war er frisch über See gekommen, so waren zum Zeichen dessen seine Füsse mit Kreide oder Gyps geweisst;[3]) am Halse trug er einen Zettel (*titulus*), auf welchem sein Geburtsland, sein Alter, seine Befähigung[4]) und seine Fehler verzeichnet sein mussten; es musste angegeben werden, wenn er körperliche Gebrechen oder Krankheiten hatte, wenn er ein *fugitivus* oder *erro* war;[5]) für diese

---

auch ein Stein, πρατὴρ λίθος Pollux 3, 78, 126. S. Plaut. *Bacch.* 814: *O stulte, stulte, nescis nunc venire te Atque in eopse astas lapide, ut praeco praedicat.* Colum. 3, 3, 8: *vinitoris, quem vulgus quidem parvi aeris vel de lapide noxium posse comparari putat.* Cic. *in Pison.* 15, 35.

1) Seneca *contr.* 1, 2, 3 p. 69 Burs. Mart. 9, 59, 3; 6, 66. Claudian *in Eutrop.* 1, 35. Seneca *ep.* 80, 9: *detrahis vestimenta venalibus, ne qua vitia corporis lateant. — mangones quidquid est, quod displiceat, aliquo lenocinio abscondunt: itaque ementibus ornamenta ipsa suspecta sunt: sive crus adligatum sive brachium adspiceres, nudari iuberes et ipsum tibi corpus ostendi.* Suet. *Aug.* 69. Lucian. *vitarum auctio* 6.

2) Propert. 5, 5, 52: *medio cum saluere foro.* Bei Lucian werden alle zum Verkauf Gestellten über ihre Künste befragt.

3) Plin. *n. h.* 35, 199: *est et vilissima (creta), qua — pedes venalium trans maria advectorum denotare instituerunt maiores.* Dem auf der *catasta* gekauften Sclaven wird der *verna* entgegengesetzt (Mart. 10, 76, 3. Stat. *silv.* 2, 1, 72); vielleicht aber versteht Plinius unter den *trans mare advecti* zunächst die Sclaven, welche zum erstenmal auf den Markt kommen, *novicii* (*ex venalicio noviciorum emtus Dig.* 21, 1, 65 § 2), entgegengesetzt den *veteratores*, gedienten Sclaven; denn er führt Beispiele solcher Personen an, die jung als Sclaven nach Rom kamen und ihr Glück machten; es fehlt nur noch, setzt er hinzu, dass sie *cum laureatis fascibus remitti illo, unde cretatis pedibus advenissent.* Dasselbe erzählt Petron. 29 vom Trimalchio. Vgl. Juven. 1, 111: *nuper in hanc urbem pedibus qui venerat albis*, und auch Ov. *am.* 1, 8, 64 nennt die unfreie Geburt *gypsati crimen inane pedis.* Dagegen sagt Tibull. 2, 3, 60 allerdings, dass jemand oft mit geweissten Füssen auf der *catasta* verkauft worden sei. Vgl. Göll in Becker's *Gallus* II S. 127.

4) Diese Angaben erwähnt die gleich anzuführende Stelle des Edicts nicht, aber sie sind theils selbstverständlich, theils wird die Angabe des Vaterlandes verlangt, *Dig.* 21, 1, 32 § 21; dass die Befähigung bezeichnet wurde, geht hervor aus Suet. *de gr.* 4: *apud maiores, ait (Orbilius), cum familia alicuius venalis produceretur, non temere quem litteratum in titulo, sed litteratorem inscribi solitum esse.* Plin. *ep.* 5, 19, 3: *(Zosimus) est homo probus, officiosus, literatus, et ars quidem eius et quasi inscriptio comoedus.* Inwiefern der Verkäufer für die von ihm über die Befähigung der Sclaven gemachte Angabe einzustehen hatte, lehrt Ulpian *Dig.* 21, 1, 19.

5) Gell. 4, 2: *In edicto aedilium curulium, qua parte de mancipiis vendundis cautum est, scriptum sic fuit: Titulus scriptorum singulorum scriptus sit curato, ita ut intellegi recte possit, quid morbi vitiive cuique sit, quis fugitivus errove sit noxave solutus non sit.* Ausführlich steht die Stelle des Edictes *Dig.* 21, 1, 1 und wird in den folgenden Fragmenten erklärt. Vgl. Wallon II² p. 55 ff. Jugler p. 70—79. Den *titulus* erwähnen Propert. 5, 5, 51: *aut quorum titulus per barbara colla pependit.* Sen. *ep.* 47, 9. Petron. 29. vgl. Philostr. *V. Apoll.* 3, 25.

Angaben leistete der Verkäufer Gewähr durch eine *stipulatio*[1]) oder konnte auch ohne diese bei dem Aedilen verantwortlich gemacht werden.[2]) Uebernahm er keine Verpflichtung, so wurde auch dieses dadurch bezeichnet, dass dem Sclaven ein Hut (*pilleus*) aufgesetzt wurde, in ähnlicher Weise, wie den vom Quaestor feil gebotenen Kriegsgefangenen ein Kranz.[3]) Ausgesuchte Sclaven[4]) und *vernae*[5]) verkaufte man aus der Hand, ohne sie auszustellen.

Die Preise der Sclaven[6]) waren natürlich sehr verschieden Preise. nach Massgabe des Zeitalters, des augenblicklichen Vorrathes[7]) und der Qualität. Ueber die Preise der alten Zeit sind wir ohne Nachricht; seit dem zweiten punischen Kriege aber waren die Preise der griechischen Märkte auch für die römischen bestimmend. Hannibal bekam für seine Kriegsgefangenen in Griechenland 5 Minen oder 500 Denare,[8]) der ältere Cato zahlte für Ackerbauer bis 1500 Denare,[9]) aber besteuerte im J. 570 = 184 als Censor sehr hoch die Luxussclaven, welche über 10,000 As geschätzt wurden,[10]) was, wenn schwere Asse zu verstehen sind,

1) Varro *de r. r.* 2, 10, 5: *In horum emtione solet — stipulatio intercedere, sanum eum esse, furtis noxisque solutum.*

2) *Dig.* 21, 1, 1 § 1. Ausführlicheres hierüber giebt Walter G. d. R. R. § 602. Rein Privatr. d. Römer S. 710 ff.

3) Gell. 6 (7), 4: *Pilleatos servos venum solitos ire, quorum nomine venditor nihil praestaret, Caelius Sabinus iurisperitus scriptum reliquit. — — Sicuti, inquit, antiquitus mancipia iure belli capta coronis induta veniebant et idcirco dicebantur sub corona venire. Namque ut ea corona signum erat captivorum venalium, ita pilleus impositus demonstrabat eiusmodi servos venundari, quorum nomine emptori venditor nihil praestaret.* Es ist ein Irrthum, wenn Boeger p. 18 und Wallon II² p. 52 annehmen, alle Sclaven, die keinen *pilleus* beim Verkaufe trugen, hätten eine *corona* getragen: zur Zeit des Caelius Sabinus, der unter Vespasian, Titus und Domitian lebte, war der Kranz überhaupt nicht mehr üblich, wie aus der angeführten Stelle hervorgeht, aber auch früher war er nicht auf dem Markte überhaupt üblich, sondern nur beim Verkauf der Kriegsgefangenen durch den Quaestor. Varro *de r. r.* 2, 10, 4: *aut si e praeda sub corona emit.* (Nach Festus 306ᵇ, 10 bedeutete der Kranz, dass der Staat für den Verkauften keine Bürgschaft leistete.)

4) Mart. 9, 59, 3—6.

5) Horat. *epist.* 2, 2, 1—16. Eine Schilderung eines Sclavenverkaufes durch den *praeco* findet man in Lucian's *Vitarum auctio.*

6) S. Boeger p. 20—24. Wallon II² p. 159—174, der mit Benutzung der Untersuchungen von Dureau de la Malle die nachfolgenden Angaben ausführlicher, als es hier geschehen kann, gewürdigt hat.

7) Im Lager des Lucull kaufte man nach dem mithridatischen Kriege einen Sclaven für 4 Drachmen. Plut. *Luc.* 14.

8) Liv. 34, 50, 6. Zur ungefähren Reduction der folgenden Preise genügt es den Denar = 75 Pf., die Mine zu 78 M. zu setzen.

9) Plut. *Cato mai.* 4.

10) Liv. 39, 44, 3. S. Staatsverwaltung II² S. 169 f.

2500 Denare macht;[1]) bei Plautus wird ein Kind mit 6 Minen,[2]) ein schönes junges Mädchen mit 20,[3]) 30,[4]) 50[5]) bis 60[6]) Minen, eine Saitenspielerin mit 40 Minen,[7]) bei Horaz ein *verna* mit 8000 HS oder 2000 Denaren bezahlt,[8]) bei Columella ein Weingärtner auf denselben Preis geschätzt;[9]) es gab aber auch Sclaven für 500 Drachmen,[10]) Sclavinnen zu 600 HS, d. h. 150 Denaren;[11]) in den Digesten wird ein *vicarius* eines Sclaven zu 5,[12]) 8,[13]) 10[14]) *aurei* (den *aureus* zu 18 Mark gerechnet), ein gewöhnlicher Sclave zu 10, ein ausgelernter Handwerker zu 20 *aurei*,[15]) ein andermal ein Sclave zu 5000,[16]) 10,000 HS,[17]) aber auch zu 2 *aurei*[18]) veranschlagt, im Justinianeischen Codex männliche wie weibliche Sclaven unter 10 Jahren auf 10 *aurei* (zu 12 Mark), über 10 Jahre auf 20 *aurei* taxirt, wenn sie ohne besondere Befähigung sind; verstehen sie eine Profession, auf 30, *notarii* auf 50, Aerzte und Hebammen auf 60, Eunuchen auf 30 bis 50 und, wenn sie eine Kunst verstehen, auf 60.[19]) Allerdings sind dies nur Normalpreise, während Liebhaber zu allen Zeiten exorbitante Summen zahlten, wovon seit dem Ende der Republik Beispiele erwähnt werden. Ein Knabe gilt 100,000 HS,[20]) ebensoviel ein Mädchen;[21]) ein *morio* 20,000,[22]) ein *dispensator* 130,000,[23]) ein Knabe 200,000,[24]) ein Eunuch 500,000,[25]) ein gelehrter Sclave 100,000 bis 700,000 HS.[26]) Einen Gladia-

---

1) S. Staatsverwaltung II² S. 15. Hultsch Metrologie ² S. 283.
2) Plut. *Capt.* 974. Zwei Kinder nebst der *nutrix* kosten 18 Minen. Plaut. *Poen.* 897.
3) Plaut. *Pseud.* 52.
4) Plaut. *Rud.* 45. Es hatte 1000 *nummi* gekostet (*Rud.* 1406), worunter Didrachmen zu verstehen sind (Mommsen Gesch. d. Röm. Münzw. S. 198 n. 83 und S. 22), also 2000 Drachmen oder 20 Minen, und wird wieder verkauft für 30. Denselben Preis hat ein Mädchen bei Plaut. *Mostell.* 300. *Curc.* 63.
5) Bei Plaut. *Merc.* 429 bieten Vater und Sohn auf eine Sclavin und steigern sich von 20 bis 50 Minen.
6) Plaut. *Persa* 4, 4, 114.
7) Plaut. *Epid.* 52.
8) Horat. *epist.* 2, 2, 5.
9) Colum. 3, 3, 8.
10) Hor. *sat.* 2, 7, 43.
11) Mart. 6, 66, 9.
12) *Dig.* 15, 1, 11 § 4.
13) *Dig.* 15, 1, 37 § 1.
14) *Dig.* 15, 1, 11 § 5; 15, 1, 38 § 2.
15) *Dig.* 17, 1, 26 § 8, wo ein *faber* einen Sclaven für 10 *aurei* kauft, und nachdem er ihn hat ausbilden lassen, für 20 verkauft.
16) *Dig.* 21, 1, 57 § 1.
17) Ibid.
18) *Dig.* 47, 2, 75 (74).
19) *Cod. Just.* 6, 43, 3 § 1.
20) Antonius kaufte zwei sich sehr ähnliche Knaben jeden für 100,000 HS. Plin. *n. h.* 7, 56. Ein Knabe für denselben Preis bei Martial. 1, 58, 1; 11, 70, 1; 3, 62, 1.
21) Martial. 2, 63.
22) Martial. 8, 13.
23) Plin. *n. h.* 7, 129.
24) Martial. 3, 62, 1.
25) Plin. *n. h.* 7, 129.
26) Die *servi litterati* des Calvisius Sabinus kosteten je 100,000 HS. Seneca

tor vermiethet man für einen Kampf unter der Bedingung, dass, wenn er unverwundet bleibt, 20 Denare, wenn er getödtet oder verwundet wird, 1000 Denare gezahlt werden.[1])

Behandlung der Sclaven.

VI. Die Behandlung der Sclaven war dem Grundsatze nach keine schlechte. Ein verständiger Wirth liess es, wie seinem Vieh, so auch seinen Knechten an nichts fehlen; er gab ausreichende Beköstigung,[2]) täglich etwas Wein,[3]) freilich von der schlechtesten Sorte,[4]) ferner Kleidung, Schuhe[5]) und Wohnung in einer *cella*.[6]) Auch fehlte, so lange der Herr selbst die Wirthschaft führte, nicht eine menschliche und gemüthliche Beziehung,[7]) in welcher der Knecht als Mitglied der Familie (*familiaris*)[8]) seine Anerkennung fand; Cato arbeitete und ass und trank mit seinen Sclaven;[9]) seine Frau nährte zuweilen Sclavenkinder, um ihre Zuneigung zu erwerben;[10]) und auch nachdem es regelmässig geworden war, den Sclaven ihr Deputat in täglichen oder monatlichen Raten zu liefern,[11]) nahm wenigstens eine begünstigte Anzahl von Sclaven noch immer an dem Mahle des Herrn Theil,[12]) zwar nicht liegend bei Tische, aber doch, wie die Kinder des Hauses, auf *subselliis* sitzend.[13]) Noch

Zusammenleben derselben mit der Familie.

---

ep. 27, 7; den Daphnis kaufte Q. Catulus für 700,000 HS. Suet. *de gr.* 3. Plin. *n. h.* 7, 128. 1) Gaius 3, 146.

2) Seneca *de ben.* 3, 21, 2: *est aliquid, quod dominus praestare servo debeat, ut cibaria, ut vestiarium.* 3) Cato *de r. r.* 57.

4) Das Recept giebt Cato c. 104. 5) Cato *de r. r.* 59. 135.

6) Cato *de r. r.* 14, 1. Colum. 1, 6, 3. 8. Cic. *Phil.* 2, 27, 67. Seneca *contr.* 7, 21, 4 (p. 220, 8 Burs.); 8 (221, 23 Burs.). Auf dem Lande hatten die Sclaven einen gemeinsamen Aufenthaltsort in freien Stunden. Varro *de r. r.* 1, 13, 1. Nach Colum. 1, 6, 3 war dies die *culina*.

7) Plut. *Coriol.* 24: καὶ γὰρ ἐχρῶντο πολλῇ πρὸς τοὺς οἰκέτας ἐπιεικείᾳ τότε, δι' αὐτουργίαν καὶ τὸ κοινωνεῖν διαίτης ἡμερώτερον ἔχοντες πρὸς αὐτοὺς καὶ συνηθέστερον.

8) Hierüber spricht ausführlich Seneca *ep.* 47, wo es § 14 heisst: *Dominum patrem familiae adpellaverunt, servos, quod etiam in mimis adhuc durat, familiares.* Macrob. *sat.* 1, 11, 11. Und nicht nur Plautus hat diesen Ausdruck (*Epid.* 2. *Amphit.* 359), sondern auch Columella 1, 6, 3.

9) Plut. *Cato mai.* 3. 10) Plut. *Cato mai.* 20.

11) Das Deputat hiess *demensum*. Ter. *Phorm.* 1, 1, 9 und Donat. z. d. St. Es wurde monatlich (Plaut. *Stich.* 60; auch die Masse Cato *de r. r.* 56 sind monatlich; vgl. Seneca *ep.* 80, 7) oder auch wohl täglich verabreicht, denn auch *diaria servorum* kommen vor. Martial. 11, 108, 3. Hor. *epist.* 1, 14, 40. Petron. 75. 136.

12) Noch Seneca hielt dies so. *ep.* 47, 2. 15.

13) Seneca *ad Seren.* 15, 1: *Non accipiet ergo sapiens iniuriam — si in convivio regis recumbere infra mensam vescique cum servis — iubebitur.* Auf solchen *subselliis* sassen die Kinder, Tac. *ann.* 13, 16. Suet. *Claud.* 32 (an diesen Stellen werden *subsellia* nicht erwähnt; die am Mahl der Arvalen theilnehmenden Knaben sassen auf *cathedrae*); auch Leute untergeordneten Ranges,

Columella hält es für gut, sich mit den Sclaven zu unterhalten, ihren Rath zu verlangen und durch Freundlichkeit ihnen Muth zur Arbeit zu machen; [1]) nach althergebrachter Sitte feiern Herren und Sclaven die Saturnalien in gemeinsamer Heiterkeit, [2]) und täglich erscheinen die Sclaven einzeln vor dem Herrn, um ihm guten Morgen und gute Nacht zu wünschen. [3]) Die gemeine Praxis des alten Cato, den beiden Geschlechtern gegen eine Geldabgabe Umgang zu gestatten, [4]) erfuhr keine allgemeine Sclavenehen. Billigung, Plutarch berichtet darüber, wie über einen Ausnahmefall; im Gegentheil kam der rechtlichen Unfähigkeit der Sclaven zur Ehe [5]) gegenüber die menschliche Berechtigung zu immer grösserer Anerkennung. Es lag nicht nur von jeher im Interesse des Herrn, gewisse Sclaven, wie den *villicus*, [6]) die Hirten [7]) und alle Aufseher [8]) zu verheirathen, sondern es wurde in der Kaiserzeit auch Regel, das Contubernium des Sclaven als ein dauerndes und untrennbares zu betrachten, [9]), die Ausdrücke *uxor* und *coniunx* auf Sclavenehen anzuwenden, [10]) die

---

Suet. *vita Terent.* p. 28 Reiffersch.: *Ad (Caecilium) cenantem cum venisset, dicitur initium quidem fabulae, quod erat contemptiore vestitu, in subsellio iuxta lectulum residens legisse, post paucos vero versus invitatus ut accumberet, cenasse una*, und namentlich Parasiten, welche daher *imi subselli viri* heissen Plaut. *Capt.* 471. *Stich.* 489. vgl. 698. 1) Colum. 1, 8, 15.

2) Staatsverwaltung III S. 564. Capit. *Ver.* 7, 5: *Vernas in triclinium Saturnalibus et diebus festis semper admisit.* Auf dem Lande erhalten an den Saturnalien und auch an den Compitalien (Staatsverwaltung III S. 197) die Sclaven jeder einen *congius* Wein (Cato *de r. r.* 57), d. h. fast 3 Quart, um sich einen vergnügten Tag zu machen.

3) Suet. *Galba* 4 (hier als veraltete Sitte bezeichnet).

4) Plut. *Cato mai.* 21. 5) *Cod. Just.* 9, 9, 23 pr.

6) Colum. 1, 8, 5: *Qualicunque villico contubernalis mulier assignanda est.* Diese heisst bei Cato 143 *uxor villici.* Vgl. Colum. 12, 1.

7) Varro *de r. r.* 2, 10, 6.

8) Varro *de r. r.* 1, 17, 5: *dandaque opera, ut habeant — coniunctas conservas, e quibus habeant filios, eo enim fiunt firmiores ac coniunctiores fundo.*

9) *Dig.* 33, 7, 12 § 7: *Uxores quoque et infantes eorum* (die zu der *villa* gehören) *credendum est in eadem villa agentes voluisse testatorem legato contineri; neque enim duram separationem iniunxisse credendus est.* Die Sclaven dürfen daher nur innerhalb der *familia* heirathen; indess verordnet Justinian *Nov.* 157, dass, selbst wenn dies nicht geschehen ist, die Ehe nicht getrennt werden soll.

10) *Dig.* 1. 1. § 33: *Contubernales quoque servorum, id est uxores et natos instructo fundo contineri verum est.* Pauli *sent.* 3, 6, 38. So heisst auf Grabinschriften die Frau des Sclaven und der Mann der Sclavin statt *contubernalis* (Colum. 1, 8, 5. Orelli 2834—2840 und sonst oft) auch *coniux* Orelli 2841—2847. *C. I. L.* VI, 4086. 4354. 6440. 8740. 8788. 8848. 8921. 9914 u. ö. V, 90. 91. 93. 108 u. ö., der Mann auch *maritus* Orelli 2840. *C. I. L.* III, 5616. Bei Apuleius *met.* 8, 22 hat ein *villicus* eine *conserva coniux*, die gleich darauf *uxor* genannt wird.

Verheirathung von Sclaven durch eine Hochzeitsfeier zu begehen, bei welcher die Familie des Herrn erschien,[1] und auch im Testamente eine ausdrückliche Bestimmung über das Zusammenbleiben der verheiratheten Sclaven mit ihren Frauen zu treffen.[2] Ebenso gestattete man den Sclaven, um sie an ein sparsames und ordentliches Leben zu gewöhnen, die Disposition über ihre Ersparnisse (das *peculium*, s. S. 164 Anm. 7) und eröffnete ihnen theils hiedurch, theils durch Anerkennung treuer Dienste die Hoffnung auf Freilassung entweder während des Lebens oder bei dem Tode des Herrn. Mit der Freilassung war aber eine dauernde Versorgung verbunden, welche der Freilasser zu übernehmen hatte,[3] und welche in alter Zeit wahrscheinlich in der Anweisung eines für den Unterhalt ausreichenden Ackerstückes bestand,[4] aber auch später immer in irgend einer Weise gewährt wurde. Denn der Freigelassene blieb entweder im Familienhause, bei einem der überlebenden Familienmitglieder,[5] oder erhielt Wohnung und Unterhalt (*habitatio*, *cibaria* und *vestiaria*),[6] oder wurde in eine Tribus, d. h. in der Kaiserzeit eine Corporation von Unterstützungsbedürftigen,[7] eingekauft.[8] Ausserdem aber pflegten dankbare Herren

Freilassung und Versorgang der Freigelassenen.

1) Hieronymus *ep. ad Laetam ep.* 107, 11. Vol. I p. 687 Vallars: *Non intersit (filia) tua nuptiis servulorum nec familiae perstrepentis lusibus misceatur.*

2) Eine solche Anordnung führt Scaevola *Dig.* 32, 1, 41 § 2 an: *Omnibus autem libertis meis et quos vivus et quos his codicillis manumisi vel postea manumisero, contubernales suas, item filios filias lego. C. I. L.* II, 2265; oben S. 165 Anm. 4.

3) Marcianus *Dig.* 37, 14, 5 § 1: *Imperatoris nostri* (Justinian's) *rescripto cavetur, ut, si patronus libertum suum non aluerit, ius patroni perdat.* Die Verpflichtung des Patrons, den Freigelassenen zu erhalten (*alere libertum Dig.* 38, 2, 33), hat indessen seit ältester Zeit bestanden und wird erwähnt von Plautus *Epid.* 725 ff., wo Periphanes seinen Sclaven Epidicus belohnen will und es heisst: Per. *soccos, tunicam, pallium Tibi dabo.* Epid. *Quid deinde porro?* Per. *libertatem.* Epid. *at postea? Novo liberto opus est quod papet.* Per. *dabitur. praebebo cibum.* (Diese Stelle beweist eine Sitte, keine Rechtspflicht. Eine solche wurde erst durch die *lex Aelia Sentia* 4 n. Chr. formulirt, *Dig.* 38, 2, 33, und auch nach dieser konnte die Erhaltung des *libertus* nicht erzwungen werden, sondern die Unterlassung bewirkte nur den Verlust der Patronatsrechte: *Dig.* 25, 3, 6 pr.)

4) S. Mommsen Röm. Forsch. I S. 366 f.

5) Dies heisst *morari cum aliquo. Dig.* 34, 1, 13, 1 und 18, 1. Auf das Wohnen des *libertus* im Hause des Freilassers komme ich im 5ten Abschnitte nochmals zurück.

6) Hierüber handelt der Titel *De alimentis vel cibariis legatis* (*Dig.* 34, 1), wo es l. 6 heisst: *Legatis alimentis cibaria et vestitus et habitatio debebitur, quia sine his ali corpus non potest.*

7) Staatsverwaltung II[2] S. 130.

8) *Dig.* 32, 35 u. ö.

verdienten Sclaven entweder bei ihren Lebzeiten oder in ihrem Testamente mit der Freiheit zugleich ein ländliches Grundstück, [1]) oder ein Wohnhaus, [2]) oder eine Taberna mit dem darin enthaltenen Waarenbestande, [3]) oder ein Capital [4]) oder eine Rente [5]) anzuweisen, ja es kommt auch vor, dass ein Sclave zum Erben eines Vermögenstheiles [6]) oder auch des ganzen Vermögens [7]) eingesetzt wird. Dass bei guter Behandlung solche Aussichten im Stande waren, die Sclaven mit ihrem Loose auszusöhnen und eine wirkliche Zuneigung und Anhänglichkeit in ihnen zu erwecken, ist aus vielfachen Beweisen aufopfernder Treue [8]) und ausdrücklichen Zeugnissen [9]) ersichtlich.

Aufhören des Zusammenlebens. Verschlechterung der Behandlung der *familia rustica*.

Allerdings war aber diese günstige Gestaltung des Verhältnisses weder eine rechtlich begründete, noch eine allgemeine. Vor dem Gesetze ist der Sclave völlig rechtlos, [10]) er ist eine Sache, über welche dem Herrn allein die beliebige Verfügung zusteht; er kann ihm die gemeinsten [11]) und unsittlich-

1) *Dig.* 32, 41 § 3; 32, 97; 34, 1, 4 pr.; 33, 20 § 1 § 6.

2) *Dig.* 32, 1, 41 § 1. 3) *Dig.* 33, 7, 7.

4) In der von Henzen *Annali* 1865 p. 6 ff. herausgegebenen und erklärten Inschrift rühmt sich ein Freigelassener des Cn. Aurelius Cotta Maximus, Zeitgenossen Ovid's (*ep. ex Ponto* 3, 2, 107; 4, 16, 41), dass ihm sein Herr mehrmals (*saepe*) den ritterlichen Census, 400,000 Sesterzen, geschenkt, seine Söhne erzogen, seine Töchter ausgestattet und einen seiner Söhne zum *tribunus militum* gemacht und so in den Ritterstand erhoben habe. Vgl. Juvenal 2, 117: *Quadringenta dedit Gracchus sestertia dotem cornicini.* Martial 7, 64: *Qui tonsor tota fueras notissimus urbe, et post hoc dominae munere factus eques.* Vgl. Friedlaender Darstellungen I[5] S. 348 ff.

5) *Dig.* 33, 1, 9; 34, 1, 18. 6) *Dig.* 39, 5, 35.

7) *Dig.* 28, 5, 90 (89) und 91 (90); 29, 1, 40.

8) Beispiele hievon, namentlich aus der Zeit der Sclavenkriege, Bürgerkriege und Proscriptionen geben Seneca *de benef.* 3, 22—27. Macrob. *sat.* 1, 11, 16—40. Val. Max. 6, 8, 1—7.

9) Plaut. *Capt.* 272:

quanquam non multum fuit molesta servitus
Nec mihi secus erat quam si essem familiaris filius.

Der jüngere Plinius hatte auf seinen Gütern gar keine *compediti* und seine Nachbarn ebenfalls nicht (Plin. *ep.* 3, 19, 7), und Seneca *ep.* 47 sagt, man könne sich die Sclaven durch gute Behandlung sehr wohl zu Freunden machen (§ 16) und sie ohne Schläge und Furcht regieren (§ 19). Es wird weiter unten erwähnt werden, dass ein Sclave des Maecenas in seiner Unfreiheit verblieb, obwohl er frei werden konnte, und es fehlt nicht an Grabschriften, welche dankbare Herren ihren Sclaven setzten. *C. I. L.* I, 1479: *Plotia, L. et Fufiae l. Prune* (*voci*)*tatast ancilla, heic sitast,* [*quae*] *qualis fuerit contra patron*[*um patro*]*nam parentem coniugem mo*[*numen*]*tum indicat.*

10) Ausführlicheres s. bei Wallon II[2] p. 175—201. Rein Privatrecht d. R. S. 560—569. Walter Gesch. d. R. R. § 466.

11) Zu solchen Diensten gehört das Herbeibringen der *matella*, wenn der Herr *digitis* oder *digitos concrepat.* Petron. 27: *Trimalchio digitos concrepuit, ad quod signum matellam spado ludenti subiecit.* Martial. 3, 82, 15; 6, 89;

sten [1]) Dienste zumuthen, ihn martern und tödten, oder wenn er alt und krank wird, verkaufen und verstossen, d. h. dem Hungertode preis geben. [2]) Und diese unmenschliche Behandlung nahm in der That überhand, seitdem das Zusammenleben des Hausvaters mit den Ackerknechten aufhörte, und bei der zunehmenden Ausdehnung der Gütercomplexe und der Abwesenheit der Eigenthümer die Sclaven dem Herrn entfremdet wurden. [3]) Seit dieser Zeit trat überhaupt die *familia rustica* an Geltung zurück; man betrachtete sie als ein Exil, in welches man die unbrauchbaren Sclaven der *familia urbana* ausstiess. [4]) Hier regierte der *villicus*, selbst ein Sclave, auf seinen Vortheil bedacht, und geneigt, sowohl den Herrn um seine Einkünfte, [5]) als die Knechte um ihr Deputat zu betrügen; [6]) ein religiöser Einfluss und ein sittliches Band fehlte ganz; [7]) es waltete nur die Furcht vor der Strafe, und obgleich es durch Erfahrung feststand, dass schlechte Behandlung die Sclaven nur schlechter und gefährlicher mache, [8]) und einsichtsvolle Herren Milde und

---

14, 119. Arrian. *Epict.* 1, 2, 8; 1, 19, 17. Plut. *Lacon. apophth.* 35 p. 289 Dübn. erzählt, dass ein lacedämonischer Knabe sich getödtet habe, um diesem Dienste zu entgehen.

1) Petron. 75: *nec turpe est, quod dominus iubet.* Haterius bei Seneca *contr.* lib. 4 pr. 10 p. 378, 9 Burs.: *impudicitia in ingenuo crimen est, in servo necessitas, in liberto officium.* Hor. *sat.* 1, 2, 117. Ein *adulterium* oder *stuprum* findet nach der *lex Julia* nur bei freien Personen statt. *Dig.* 48, 5, 6 pr.

2) Cato pflegte alte oder kranke Sclaven zu verkaufen. Cato *de r. r.* 2, 7. Plut. *Cato mai.* 4. Später setzte man kranke Sclaven auf der *insula Aesculapii* (Becker Topographie 651) aus. Suet. *Claud.* 25. Dio Cass. 60, 29.

3) Lucan. 1, 167:

Tunc longos iungere fines
Agrorum et quondam duro sulcata Camilli
Vomere et antiquos Curiorum passa ligones
Longa sub ignotis extendere rura colonis.

Ausführlich spricht hievon Colum. 1, 3, 8—13.

4) Plaut. *Asin.* 342. Hor. *sat.* 2, 7, 117. Seneca *de ira* 3, 29, 1: *a servitute urbana et feriata translatus ad durum opus (rustici laboris).* Petron. 69: *ideo me in villicationem relegavit.* Colum. 1 pr. § 12. *Dig.* 28, 5, 35 § 3: *Si servus fuerit missus in villam — quia dominum offenderat, quasi ad tempus relegatus.*

5) Colum. 1, 1, 20; 1, 8, 13. 6) Colum. 1, 8, 17.

7) Die Sclaven haben gar keinen eigenen Gottesdienst, der Herr opfert für die *familia*, Cato 143, der *villicus* soll nur an den Compitalien (Cato 5, 4) oder auf Befehl (Col. 1. 8, 5) Opfer bringen, die *villica* darf gar nicht opfern ohne Befehl des Herrn oder der Herrin, Cato 143. Von der späteren Zeit Tac. *ann.* 14, 44: *postquam vero nationes in familiis habemus, quibus diversi ritus, externa sacra aut nulla sunt, colluviem istam non nisi metu coercueris.*

8) Plaut. *Pseud.* 135 ff. Colum. 1, 8, 17. Selbst die Greuel des Sclavenkrieges schreibt Diodor. *Exc. Photii* 34, 2, 2 p. 527 nicht sowohl der natürlichen Bosheit, als vielmehr der schlechten Behandlung der Sclaven zu, und

Schonung empfahlen,[1]) so gab doch theils die Unzuverlässigkeit der Sclaven, gegen die man misstrauisch zu sein allen Grund hatte,[2]) theils die harte Gesinnung der Herren oder Verwalter immer neuen Anlass zur Schärfung der Strafmittel. In einem grossen Theile Italiens arbeiteten die *operarii* in Ketten,[3]) wurden Abends in einem wohlverwahrten Arbeitshause (*ergastulum*)[4]) in sicheren Verwahrsam gebracht, und waren zum Theil gebrandmarkt[5]) oder an dem Kopfe halb geschoren.[6])

Galen. *de plac. Hippocr. et Plat.* V, Vol. V p. 497 K. ist der Ansicht, dass Sclaven sich verdiente Strafen gefallen lassen, durch ungerechte aber zur Rache und Wuth getrieben werden.

1) Varro *de r. r.* 1, 17, 5. Colum. 1, 8, 10. Seneca *ep.* 47. Salvian. *de gub. dei* 6, 92: *Solent quippe etiam nequissimos servos, quos supplicia non correxerint, blandimenta corrigere.* Ambros. *in ep. ad Eph.* c. VI, Vol. IV p. 422 Migne: *Videntes enim domini meliorasse servos et in reddendis obsequiis fideliter profecisse, quod merentur cum omni libertate exsolvunt. Servi quoque, dum cernunt mansuetudinem dominorum, omni aviditate concupiscunt fidem, cuius tam placidis retinaculis gubernantur humana officia.*

2) Nicht nur in der Comödie ist der *fallax servus* eine stehende Rolle (Ovid. *am.* 1, 15, 17), sondern in der ganzen Hausverwaltung gilt die Annahme, dass die ganze Dienerschaft stiehlt. Plin. *n. h.* 33, 26: *Quae fuit illa vita, qualis innocentia, in qua nihil signabatur! Nunc cibi quoque ac potus anulo vindicantur a rapina.* Martial. 9, 87, 7. Plaut. *Cas.* 2, 1, 1. Hor. *epist.* 2, 2, 134. Von Cicero's Mutter heisst es: *lagenas etiam inanes obsignabat, ne dicerentur inanes aliquae fuisse, quae furtim essent exsiccatae.* Cic. *ad fam.* 16, 26. Tac. *ann.* 2, 2: *Irridebantur et Graeci comites ac vilissima utensilium anulo clausa.* Das Naschen (Hor. *sat.* 1, 3, 80; 2, 4, 79), das Ausplaudern alles dessen, was die Sclaven sehen und hören (Juven. 9, 102—119), was Cato noch zu verhindern wusste (Plut. *Cato mai.* 21), das Stehlen und Betrügen waren Dinge, welche in dem Verhältniss der Sclaverei selbst ihren Grund hatten.

3) Diese *vincti* (Plin. *n. h.* 18, 21) oder *compediti* (Cato *de r. r.* 56), *alligati* (Col. 1, 9, 4), das *ferratile genus* (Plaut. *Most.* 19) bestanden theils aus Sträflingen, theils aber auch aus solchen, denen man nicht traute. Plaut. *Capt.* 110—118. Ueber ihre Behandlung geben die *scriptores rei rust.* besondere Vorschriften, aus welchen man sieht, dass sie als durchschnittlich vorhanden angenommen werden (*vinctus fossor* Ovid. *trist.* 4, 1, 5. *ep. ex Pont.* 1, 6, 31. Lucan. 7, 402. Sen. *de benef.* 7, 10, 5. Juv. 11, 80), wiewohl in einzelnen Gegenden man auch ohne diese Barbarei wirthschaftete (Plin. *ep.* 3, 19, 7), und Plin. *n. h.* 18, 36 sagt: *Coli rura ab ergastulis pessimum est et quidquid agitur a desperantibus.* Auch weibliche Sclaven in Ketten kommen vor. Achilles Tatius 5, 17, 3.

4) Die *vincti* haben ein *subterraneum ergastulum, plurimis idque angustis illustratum fenestris, atque a terra sic editis, ne manu contingi possint.* Colum. 1, 6, 3. Hievon sagt Plautus *Aulul.* 346, wenn ein Sclave etwas verbrochen habe, heisse es gleich *comprehendite, Vincite, verberate, in puteum condite.* Mehr s. bei Colum. 1, 8, 16; 11, 1, 22.

5) S. unten S. 184 Anm. 4.

6) Apulei. *met.* 9, 12: *capillum semirasi.* Catull. 59, 5: *semirasus ustor.* Artemidor. *Oneir.* 1, 21. Petron. 103. Cyprian. *ep.* 76, 2 *ad Nemes.* von den in den Bergwerken arbeitenden Märtyrern: *semitonsi capitis capillus horrescit.* Auch Sclavinnen wurden so geschoren. Achilles Tatius 5, 17. (Hier scheint der ganze Kopf geschoren; so auch Petron. l. l.)

Stellung der *familia urbana.*

Die *familia urbana* stand zwar dem Herrn näher, aber auch ihre Lage wurde theils durch ihre Verwendung, theils durch die persönliche Berührung mit dem Herrn unsicher und häufig beklagenswerth. Es gab gebildete Sclaven, welche von denjenigen Herren, die solche Vorzüge anzuerkennen wussten, wie Freunde mit Achtung und Liebe behandelt wurden; in solchem Verhältniss stand Cicero zu Tiro, 1) Atticus zu Alexis und anderen seiner Diener, 2) Maecenas zu Melissus, welcher, obwohl frei geboren, doch freiwillig im Dienst des Maecenas blieb, bis er manumittirt wurde, 3) und namentlich hatten Aerzte Gelegenheit, den Dank und die Liebe ihrer Herren zu verdienen, 4) aber überwiegend war doch die Schattenseite des Verhältnisses. Um gar nicht von dem Gebrauche zu reden, den die *lenones* und *lanistae* von ihren Sclaven machten, oder den Handwerkersclaven, deren Ertrag um so grösser war, je weniger ihre Unterhaltung kostete, so gab es in der Wirthschaft selbst Functionen, welche in Ketten ausgeübt wurden, wie die des Thürstehers. 5) Nur wem das Vertrauen des Herrn eine Aufsichtstelle oder ein selbständiges Geschäft übertrug, der *procurator*, *actor*, *dispensator*, *institor*, 6) oder wer dem Herrn unmittelbar nahe stand, wie der *cubicularius* oder Secretär, konnte eine um so freiere und einflussreichere Stellung gewinnen, je brauchbarer er sich zeigte oder je überlegener er dem Herrn war. 7) Hier gab es Gelegenheit Geld zu verdienen 8) und Vortheil zu machen, hier

---

1) Hievon geben die Briefe Cicero's vielfache Beweise. S. *ad Att.* 7, 5, 2 und namentlich die Correspondenz mit Tiro selbst *ad fam.* 16. S. auch Drumann G. R. VI S. 405 ff.

2) Cicero nennt ihn *imago Tironis*, *ad Att.* 12, 10. Ueber diesen und die anderen Sclaven des Atticus und ihre Stellung s. Drumann G. R. V S. 66. 67. 71.

3) Suet. *de gr.* 21.

4) Seneca *de benef.* 6, 16. So hatte Cicero an seinem Arzte Alexio einen Freund. Drumann G. R. VI S. 402.

5) S. oben S. 143 Anm. 1.

6) Philo *quod omnis probus liber* 6. Vol. II p. 450 Mang.: Ἕτεροι δέ εἰσιν ἐκ γένους δοῦλοι, τὰ τῶν ἐλευθέρων εὐμοιρίᾳ τύχης μετιόντες· ἐπίτροποι γὰρ οἰκιῶν, κτημάτων καὶ μεγάλων οὐσιῶν, ἔστι δὲ ὅτε καὶ ὁμοδούλων ἄρχοντες καθίστανται. Πολλοὶ δὲ καὶ γυναῖκας καὶ παῖδας ὀρφανοὺς δεσποτῶν ἐπετράπησαν, φίλων καὶ συγγενῶν προκριθέντες εἰς πίστιν· ἀλλ ὅμως εἰσὶ δοῦλοι, δανείζοντες, ὠνούμενοι, προσόδους ἐκλεγόμενοι, θεραπευόμενοι.

7) Ambros. *ep.* 2, 7, 5 (Vol. III p. 71 ed. 1567) = *ep.* 37, 15 Vol. III p. 1133 Migne: *Denique famulo sapienti multi, ut scriptum est, serviunt liberi. Et est servus intelligens, qui regat dominos stultos.* P. Syri *sent.* 544:

Qui docte servit, partem dominatus tenet.

8) Wer bei einem Vornehmen Zutritt begehrte, beschenkte die Sclaven. Juven. 3, 183—189. Lucian. *de merc. cond.* 37. Horat. *sat.* 1, 9, 57. Ammian. 14, 6, 15.

gründete man einen Einfluss, [1]) der nach der Freilassung fortdauerte, hier war man aber auch den Launen und der Leidenschaft am häufigsten ausgesetzt. [2]) Denn das alte ländliche Zusammenleben hatte in der Stadt keine Analogie, es war eine strenge Etiquette eingetreten; der Sclave durfte nicht mehr ungefragt sprechen; [3]) es gab Herren, die ihrerseits die Sclaven anzureden für ihrer unwürdig hielten; [4]) nur die Schwäche des Herrn gab dem Sclaven die Gewalt in die Hand, jede Unzufriedenheit des Herrn büsste er dagegen mit willkürlicher und Strafen. oft grausamer Bestrafung. [5]) Schläge mit verschiedenen, nach Graden abgestuften Instrumenten, [6]) Fesseln aller Arten, [7]) Ver-

---

1) Galen. *adhort. ad artes addisc.* I p. 9 K. sagt, es gebe Sclaven, die 10,000 Drachmen kosteten, und deren Herr nicht eine Drachme werth sei, und ähnlich sagt der Sclave bei Horat. *sat.* 2, 7, 42: *Quid, si me stultior ipso Quingentis emto drachmis deprenderis.* Von diesem Verhältniss des überlegenen Sclaven und Freigelassenen zu seinem Herrn geben nicht nur die Comödien eine Anschauung, sondern namentlich die Geschichte schwacher Kaiser, wie des Claudius. Das reiche hierüber vorhandene Material hat L. Friedlaender Darst. aus der Sittengeschichte Roms I[5] S. 70 ff. S. 348—352 zusammengestellt. Vgl. Wallon II[2] S. 416—422. 2) Sen. *de ira* 2, 25, 1.

3) Sen. *ep.* 47, 3. 4: *coram domino loqui non licet.* Vgl. oben S. 155 A. 2. Plut. *de garrul.* 18, p. 619 Dübn. erzählt in Beziehung hierauf, dass M. Pupius Piso Cos. 693 = 61 (Drumann II S. 84 ff.) einst den Clodius zu Mittag eingeladen, lange auf ihn gewartet und endlich den betreffenden Sclaven gefragt habe, ob er ihn nicht eingeladen habe. Als dieser die Frage bejahte, habe er weiter gefragt, warum er nicht komme. Weil er abgesagt hat, war die Antwort. Auf den Vorwurf, warum er das nicht gleich gesagt habe, sei dann vom Sclaven erwidert worden, weil er nicht gefragt worden sei. Plutarch setzt hinzu, dies sei ein für die Römer charakteristischer Zug, denn in Attica würde niemandem einfallen, so etwas von seinen Sclaven zu verlangen. (Das Verbot, ungefragt zum Herrn zu sprechen, war ein besonderer Einfall des Piso und wird auch von diesem schwerlich nach obigem Vorfall aufrecht erhalten worden sein.)

4) Tacit. *ann.* 13, 23 und Dio Cass. 62, 14 erzählen dies von Pallas, dem Freigelassenen des Claudius.

5) S. Calliachius *De suppliciis servorum* in *Poleni Thesaur.* III p. 348 ff.

6) Bei Horat. *sat.* 1, 3, 119 und Juvenal. 6, 479 werden drei Züchtigungsinstrumente genannt, *ferula* (νάρθηξ), ein Rohrstock, wofür auch *virgae* (Plaut. *Asin.* 298. *Bacch.* 780) oder *ulmei* (Plaut. *Rud.* 636 und sonst oft; *ulmitriba* Plaut. *Persa* 2, 4, 7) vorkommen; *scutica*, auch *lorum* oder *lora* (Hor. *epist.* 1, 16, 47), wovon *lorarius*, oder *habena* (Hor. *epist.* 2, 2, 15. *Dig.* 29, 5, 1 § 33), eine Lederpeitsche; endlich *flagrum* (Plaut. *Pseud.* 1240) oder *flagellum* (Hor. *epod.* 4, 11), eine Knute aus Knotenstricken, auch wohl aus Draht, und mit Stacheln (*scorpiones*) versehen. Dies sind die *stimuli* bei Plautus *Most.* 56. *Pseud.* 1240. *Menaechmi* 951. S. über alle drei Instrumente Kirchner *ad Hor. sat.* 1, 3, 119. (*stimulus* ist der Ochsenstachel; darauf deuten die Verba *forare*, (Plaut. *Most.* l. l.) und *fodere* (*Men.* l. l. *Curc.* 128); von *flagrum* wird er *Pseud.* l. l. unterschieden; vgl. Göll in Becker's *Gallus* II S. 176.)

7) Es sind namentlich *compedes*, die oft vorkommen, aber auch ein *collare* (Plaut. *Capt.* 357) und *manicae*, Handschellen. Plaut. *Asin.* 304. Fussfesseln mit Resten der Beinknochen gefunden in Chieti *Not. d. Scavi* 1882 p. 375.

urtheilung in das ländliche *ergastulum* [1]) oder das *pistrinum* [2]) oder gar in die Steinbrüche [3]) und Verkauf ausser Landes [4]) waren die gewöhnlichen Strafen; aber die persönliche Wuth des Herrn, wenn sie erregt wurde, hatte gar keine Schranken [5]) und die vornehme Männer- und Damenwelt [6]) war in Rom in ausgesuchten Mitteln der Grausamkeit erfinderisch und unbedenklich. [7]) Der natürlichste Gedanke eines ungerecht gemar-

---

1) S. oben S. 180 Anm. 4.

2) Plaut. *Bacch.* 781. *Epid.* 121. Ter. *Phorm.* 2, 1, 20. *In pistrinum dedere* Terent. *Andr.* 1, 2, 28; *in pistrinum detrudere et compingere* Cic. *de or.* 1, 11, 46; *pistrino dignus* Ter. *Heaut.* 3, 2, 19.

3) Plaut. *Capt.* 721. 730 ff. 1000. *Poen.* 827. Der Dienst in den Steinbrüchen und Bergwerken war in allen Ländern eine furchtbare Strafe, auch in Aegypten (Diodor. 3, 12. 13). Vgl. Staatsverwaltung II² S. 265 Anm. 8.

4) *Dig.* 21, 1, 18 § 19. *Cod. Just.* 4, 55.

5) Sen. *de clem.* 1, 18, 2: *cum in servum omnia liceant.* Juven. 6, 219:

»Pone crucem servo!« Meruit quo crimine servus
Supplicium? quis testis adest? —
»O demens, ita servus homo est? nil fecerit, esto:
Hoc volo, sic iubeo, sit pro ratione voluntas.«

6) Bei der Toilette verrichteten die *ornatrices* ihren Dienst mit entblösstem Oberkörper, um bei jedem Versehen Schläge und Nadelstiche empfangen zu können. Ovid. *am.* 1, 14, 15—18. Juvenal. 6, 475—496 und mehr bei Boettiger *Sabina* I² S. 285 ff.

7) Ohrfeigen (*colaphi* Boettiger *Sabina* I² S. 325) und Faustschläge in die Zähne (Mart. 14, 68) waren sehr gewöhnlich; wie oft aber grausame Misshandlungen vorkamen, sieht man daraus, dass selbst Augustus einen *procurator* im Zorn an einen Schiffsmast nageln liess (Plut. *apopth.*, *Aug.* 4, p. 252 Dübn.), und dass Hadrian mit einem Griffel einem Sclaven das Auge ausstiess (Galen. *de propr. animi cuiusque affect. dign.* Vol. V p. 17 ff., wo er ausführlich von diesen Misshandlungen redet), ganz abgesehen von solchen Schandthaten, wie sie Vedius Pollio verübte, welcher wegen kleiner Beschädigungen seine Sclaven seinen Muränen vorwarf. Plin. *n. h.* 9, 77. Seneca *de clem.* 1, 18, 2. *de ira* 3, 40, 2. Dio Cass. 54, 23. Indessen sind hier nicht Ausnahmen massgebend, sondern regelmässige Fälle. Galen. *de plac. Hippocr. et Platonis* VI extr., Vol. V p. 584 K.: οὕτω γοῦν εἰώθασι καὶ νῦν ποιεῖν οἱ τοὺς ἁμαρτάνοντας οἰκέτας καταδικάζοντες, τῶν μὲν ἀποδιδρασκόντων τὰ σκέλη καίοντες καὶ κατασχάζοντες καὶ παίοντες (*Cod. Just.* 6, 1, 3), τῶν δὲ κλεπτόντων τὰς χεῖρας, ὥσπερ γε καὶ τῶν γαστριμάργων τὴν γαστέρα καὶ τῶν φλυαρούντων τὴν γλῶτταν (*exsecare linguam* Cic. *pro Cluent.* 66, 187), ἁπλῶς δ' εἰπεῖν ἐκεῖνα κολάζοντες τὰ μόρια, δι' ὧν ἐνεργοῦσι τὰς μοχθηρὰς ἐνεργείας. Ausser allen diesen Strafen kam bei der Untersuchung eines eigentlichen Verbrechens bei Sclaven noch die Tortur in Anwendung, als deren Hauptinstrumente Seneca *de ira* 3, 19, 1 *fidiculae*, *talaria*, *eculeus* und *ignis* nennt. *Fidiculae* sind *nervi* oder Stricke, durch welche der Delinquent auf einem Gerüste so ausgespannt wird, dass seine Glieder aus den Gelenken gerissen werden. Quintil. *decl.* 19, 12, p. 373 Burmann: *tendebam fidiculas,* — *ut leviter sedibus suis emota compago per singulos artus membra laxaret.* vgl. 8 p. 126. 127. Der *equuleus*, ein Bock, auf dem der Verbrecher sitzen muss, ist ebenfalls darauf eingerichtet, die Glieder desselben durch Gewichte oder Winden auszurecken (Seneca *ep.* 67, 3: *eculeo longior factus*) und wird häufig, namentlich bei den Martyrien erwähnt, s. Magius *De equuleo liber.* Hanoviae 1609. 8. und Amstel. 1664. 12. Petisci *lex.* s. v. Die *talaria* sind wohl μάστιγες ἀστραγαλωταί (?), über welche Hemsterh. zu Pollux

terten Sclaven war Flucht oder Rache. Aber der Verdacht der Flucht war so allgemein, dass dagegen alle Vorkehrungen getroffen waren. Und wohin sollte der Flüchtling sich wenden, da jeder, der ihn aufnahm, mit schwerer Strafe bedroht war? [1]) Er hatte nur die Möglichkeit, entweder die Fürsprache eines Freundes seines Herrn zu erbitten, oder in späterer Zeit zu einer Statue des Kaisers, die als Asyl galt, seine Zuflucht zu nehmen; [2]) floh er aber, und wurde eingebracht, was nicht nur durch besondere Verfolger, sondern auch durch die Behörden geschah, [3]) so stand ihm die Brandmarkung, [4]) oder das Einschmieden in einen Halsring, der wie ein Hundehalsband mit einer Inschrift versehen war, [5]) oder die Ueberlieferung in die Arena [6]) oder endlich der Tod bevor, und zwar ein Tod, welcher mit besonderer Grausamkeit verhängt wurde. [7]) Wagte er es vollends, Rache an dem Herrn zu nehmen, was öfters vorkam, [8]) so war bei der allgemeinen Gefahr, die dieser naheliegende

---

10, 54 (p. 1441 Dind.) handelt; abgebildet bei Caylus *Rec.* VII p. 57, 4 und daraus bei Boettiger *Sabina* Taf. VIII. Ueber den *equuleus* und die übrigen Marterinstrumente s. auch Gothofr. *ad Cod. Theod.* 9, 12, 1.

1) Plaut. *Poen.* 184 scheint das *duplum* als Strafe anzugeben. Siehe Taubmann zu d. St. Die späteren Strafbestimmungen s. *Dig.* 11, 4. *Cod. Just.* 6, 1. Walter G. d. R. R. § 475.

2) *Dig.* 21, 1, 17 § 12. Tacit. *ann.* 3, 36.

3) *Dig.* 11, 4 *de fugitivis.* Pauli *sent. r.* 1, 6a. *Cod. Just.* 6, 1, 2.

4) Dies ist die eigentliche Strafe der *fugitivi.* Quintil. *inst.* 7, 4, 14: *fugitivo stigmata scribere;* Clem. Al. *paed.* 3, 10: τὸν δραπέτην τὰ στίγματα — δείκνυσι; Auson. *epigr.* 15, 3. Die Gebrandmarkten heissen *inscripti* Plin. *n. h.* 18, 21. Martial. 8, 75, 9; *inscripta ergastula* Juv. 14, 24. Die Marke wurde entweder an Händen oder Füssen (*Cod. Just.* 9, 47, 17), oder auf der Stirn eingebrannt (*inscriptiones frontis* Seneca *de ira* 3, 3, 6; *notas insigniti frontibus* Boeth. *de consol.* 1, 4, 59; *frontes litterati* Apul. *met.* 9, 12; *frons notata* Martial. 3, 21. Petron. 103: *Sequar ego, frontes notans inscriptione sollerti, ut videamini stigmate esse puniti. — Implevit Eumolpus frontes utriusque ingentibus litteris et notum fugitivorum epigramma per totam faciem liberali manu duxit.* Was das für ein *notum epigramma* war, ist nicht bekannt; ein blosses F scheint es nach der Beschreibung nicht zu sein. Vgl. Lipsii *Electa* II, 15. *Opp.* 1675. 8. Vol. I p. 804 f. Gothofr. *ad Cod. Theod.* 9, 40, 2.

5) Solche Tafeln sind noch erhalten. S. Orelli *Inscr.* n. 2830—2833. 6264. De Rossi *Bull. crist.* 1874 p. 49 ff. *Bull. d. Inst.* 1880 p. 10. Fabretti p. 522 n. 359—369. Einen Hundehalsring mit der Inschrift *Fugi, tene me* u. s. w. s. Orelli 4319. In Brindisi fand man einen solchen Ring am Halse eines Skeletts: *Not. d. Scavi* 1879 p. 49.

6) Gellius 5, 14, 27. Seneca *de ira* 3, 3, 6. Auch freiwillig gaben sich flüchtige Sclaven zum Thierkampfe her. *Dig.* 11, 4, 5.

7) Seneca *de ira* 3, 3, 6: *eculei et fidiculae et ergastula et cruces et circumdati corporibus ignes et cadavera quoque trahens uncus.*

8) Beispiele erwähnen Appian. *b. c.* 3, 98. Tac. *ann.* 14, 42. Plin. *ep.* 3, 14; 8, 14, 12.

Fall für alle Sclavenbesitzer hatte, [1]) hiefür eine furchtbare Strafe festgesetzt, nämlich, dass die ganze Sclavenfamilie mit dem Tode büsste, insofern sie nicht den Mordversuch verrieth oder hinderte. [2])

Die gewöhnliche Todesstrafe für die Sclaven ist im Alterthume die Kreuzigung, welche erst die christlichen Kaiser abschafften, um die heilige Gestalt des Kreuzes nicht zu entweihen, [3]) eine Strafe, über deren Einzelheiten unter Gelehrten und Künstlern sehr verschiedene Ansichten und irrige Vorstellungen zur Geltung gekommen sind. [4]) Der Delinquent wird zunächst, eine *furca* oder ein *patibulum* tragend, unter Geissel- *patibulum.* und Ruthenhieben an den Ort der Execution geführt. Die *furca* ist ursprünglich gar kein Marterinstrument, sondern die Gabel, welche an jedem vierrädrigen Wagen über der Vorderaxe liegt, und in welche die Deichsel eingelassen wird. [5]) Sie hat die Gestalt eines V, oder wenn die äusseren Enden noch durch ein Querholz (Reibscheit) verbunden sind, eines ∇. [6]) Es war nun

---

1) Die Ansicht war, *totidem hostes esse quot servos*, Seneca *ep.* 47, 5. Macrob. *sat.* 1, 11, 13. Festus p. 261[a]: *Quot servi, tot hostes, in proverbio est;* und dass auch milde Herren sich nicht sicher fühlten, sagt ausdrücklich Plin. *ep.* 3, 14, 5. Tac. *ann.* 14, 44.

2) Dies geschah *vetere ex more*, Tac. *ann.* 14, 42. Gesetzlich wurde es festgestellt durch das *senatusconsultum Silanianum* (763 = 10 p. Chr.), *Dig.* 29, 5 *de SCto Silaniano* 1 § 26. § 28. § 35; 6 pr. 17. 19. Pauli *sent. r.* 3, 5 § 3. 6. 7. 8. 11. 12. Tac. l. l.

3) Nach Sozomenus *h. e.* 1, 8 (vgl. Aurel. Vict. *Caes.* 41, 4 mit den Erklärern) hob Constantin d. Gr. sie auf, und diese Aufhebung setzt Haenel *Corpus legum* p. 192 ins Jahr 315. Dagegen macht Zestermann in der gleich anzuführenden Schrift S. 9 ff. geltend, dass die Kreuzesstrafe noch später und zwar bis auf Theodosius d. Gr. angewendet worden, dann aber allerdings ausser Gebrauch gekommen ist.

4) Das weitläufige Material findet man in Lipsii *De cruce libri III* in *Opp.* Vesal. 1675. Vol. III. J. Gretseri *De cruce Christi libri IV.* Ingolst. 1598. 2 Voll. 4., nicht aber eine endgültige Lösung der fraglichen Punkte. Neuerdings handeln über die Kreuzigung Zestermann Die bildliche Darstellung des Kreuzes und der Kreuzigung Jesu Christi historisch entwickelt. I. Abtheilung: Das Kreuz vor Christus. II. Abtheilung: Die Kreuzigung bei den Alten. Progr. der Thomasschule in Leipzig. Leipzig 1867. 1868. 4. Ph. Degen Das Kreuz als Strafwerkzeug und Strafe der Alten. Aachen 1873. 4. Fulda Das Kreuz und die Kreuzigung. Breslau 1878. 8. Ueber *patibulum*, griechisch σταυρός (Macrob. *sat.* 1, 11, 5), s. Cobet *Mnemosyne* VIII p. 275 und 279.

5) Diese Gabel heisst *duplex arcus* bei Sidon. *carm.* 22, 23, wo Bacchus die Tiger anspannt:

Vite capistratas cogebat ad esseda tigres,
Intrabat duplicem qua temo racemifer arcum.

6) Ginzrot Die Wagen und Fahrwerke der Griechen und Römer. München 1817. 4. Bd. I S. 96 ff. bemerkt, dass in den ältesten Wagen Gabel und Deichsel nicht zwei separate, verbundene Stücke waren, sondern dass die Deichsel

eine alte häusliche Strafe, einem Sclaven dies Holz so über die Schultern zu legen, dass der Kopf in die Gabel kam, die Arme aber an die Gabelhölzer gebunden wurden, und den so gefesselten Missethäter im Dorf herumzuführen.[1] Sie konnte aber geschärft werden durch Schläge, und auch bei freien römischen Bürgern wurde nach alter Sitte die Strafe der Stäupung (*virgis caedi*) unter der *furca* erlitten.[2] Sollte nun aber auf die Stäupung noch die Kreuzigung folgen,[3] so bediente man sich dann statt der *furca* des *patibulum*, welches zwar öfters ebenfalls *furca* genannt wird,[4] aber eine wesentlich andere Construction hatte. *Patibulum* (von *patere*) ist nämlich ein Halsblock, aus zwei Theilen bestehend;[5] er wird geöffnet, um den Hals des

Die Kreuzigung.

selbst am Ende gespalten und gabelförmig und in einer gewissen Entfernung von der Wagenaxe mit einem Ringe gebunden war, um nicht weiter zu spalten. In diesem Falle heisst die am hinteren Ende gabelförmige Deichsel selbst *furca*. (*furca* ist vielmehr eine gabelartige Vorrichtung, um die Deichsel des unbespannten Wagens zu stützen. Plut. *Cor.* 24; *qu. Rom.* 70. Vgl. Nicostratus bei Photius p. 538, 12. Hesych. s. v. στήριγγες. Poll. 10, 157. S. hierüber Fulda a. a. O. S. 259 ff. Taf. 2 und 7.) Nach Abschaffung der Kreuzigung bediente man sich einer solchen *furca*, die die Form des Y hat, als Galgen. Harmenopulus *manuale legum* 6, 8, 2: οἱ πρὸς τοὺς πολεμίους αὐτομολοῦντες — εἰς φούρχαν ἀναρτῶνται ἢ χαίονται. In demselben Sinne φουρχίζεσθαι Harmenopulus *man. leg.* 6, 6, 25. *Leges agrariae* (hinter dem Harmenop. ed. Heimbach. Lips. 1851. 8.) 8, 2, 3. Und so ist wohl schon in den Digesten zu verstehen *ad furcam damnatio* 48, 19, 28 pr., *furca figere* ib. § 15, *furca suspendere* 48, 19, 38 § 1, *in furcam tollere* ib. § 2, *furcae subiicere* 48, 19, 9, § 11. (Hier handelt es sich wohl nur um eine Uebertragung des Namens: der Verbrecher wurde an dem oft statt der *furca* gebrauchten *patibulum* an die *crux* gehängt).

1) Plut. *Coriol.* 24: Ἦν δὲ μεγάλη κόλασις οἰκέτου πλημμελήσαντος, εἰ ξύλον ἁμάξης, ᾧ τὸν ῥυμὸν ὑπερείδουσιν, ἀράμενος διεξέλθοι παρὰ τὴν γειτνίασιν. — Ἐκαλεῖτο δὲ φούρκιφερ· ὃ γὰρ οἱ Ἕλληνες ὑποστάτην καὶ στήριγμα, τοῦτο Ῥωμαῖοι φούρκαν ὀνομάζουσι.

2) *Sub furca caedi* ist auch für Freie eine alte Strafe (jedoch nur in Verbindung mit Todesstrafe oder Verkauf, und bedeutet wohl die Ausstossung aus der Bürgerschaft). Liv. 1, 26, 10. Liv. *ep.* 55: *C. Matienus accusatus est apud tribunos plebis, quod exercitum in Hispania deseruisset, damnatusque sub furca diu virgis caesus est et sestertio nummo veniit.* Zu dieser Strafe wurde Nero vom Senat verurtheilt. Aur. Vict. *ep.* 5: *Senatus sententia constitutum, ut more maiorum collo in furcam coniecto virgis ad necem caederetur.* Suet. *Nero* 49: *nudi hominis cervicem inseri furcae, corpus virgis ad necem caedi*, und diese Strafe meint auch Tac. *ann.* 2, 32; 16, 11.

3) Val. Max. 1, 7, 4: *Cum — quidam — pater familias — servum suum verberibus mulcatum sub furca ad supplicium egisset.* Derselbe Vorfall bei Cic. *de div.* 1, 26, 55. Liv. 2, 36, 1. Dionys. 7, 68. Lactant. 2, 7, 20. Arnob. 7, 39.

4) In der Erzählung der in der vorigen Anm. angeführten Geschichte von dem Sclaven sagt Macrobius *sat.* 1, 11, 3: *quidam servum suum verberatum patibuloque constrictum — per circum egit*, woraus man sieht, dass *furca* und *patibulum* dem Sinne nach nicht verschieden sind.

5) Zestermann I S. 21 stellt dies in Abrede, da es nie ausdrücklich ge-

Verbrechers gelegt, dann geschlossen,[1] und hat in dieser Form die Gestalt eines Balkens[2], an den beide Hände des Verurtheilten gebunden oder genagelt werden können. Unter der *crux* versteht man nur den Pfahl,[3] der an der Richtstätte bereits aufgerichtet ist (*palus* oder *stipes*); auch an diesem kann jemand gegeisselt[4] und gekreuzigt werden,[5] aber die gewöhnliche Art der Kreuzigung ist die, dass der Verbrecher in dem *patibulum* hängend an den Pfahl hinaufgezogen wird,[6] so dass dieses, wenn es festgelegt ist, die Querstange des Kreuzes bildet.[7])

---

sagt wird. Nichtsdestoweniger glaube ich noch jetzt die in der folgenden Anmerkung angeführten Stellen für meine Ansicht anführen zu können, da das *patibulum*, wie die Ableitung des Wortes von *patere* zeigt, offenbar ein Loch hatte, durch welches der Delinquent den Kopf stecken musste. So dachte sich dasselbe bereits Cujacius *Observ.* XVI, 1, und da die Strafe des Fussblockes (*caudex*) in Rom ganz üblich war (Juvenal 2, 57 und dazu das Scholion. Propert. 5, 7, 44), so ist es durchaus wahrscheinlich, dass man auch den Halsblock ebenso, nämlich aus zwei zusammenschliessenden Stücken construirt haben wird.

1) Dionys. 7, 69: οἱ δ' ἄγοντες τὸν θεράποντα ἐπὶ τὴν τιμωρίαν τὰς χεῖρας ἀποτείναντες ἀμφοτέρας καὶ ξύλῳ προσδήσαντες παρὰ τὰ στέρνα τε καὶ τοὺς ὤμους μέχρι τῶν καρπῶν διήκοντι παρηκολούθουν ξαίνοντες μάστιξι γυμνὸν ὄντα. Suidas s. v. Δίδυμον ξύλον· ἡ παρὰ Ῥωμαίοις φούρκα, und Plutarch. *quaest. Rom.* 70, der die *furca* διπλοῦν ξύλον nennt, haben nach meiner Ansicht die Form des *patibulum* vor Augen, während die *furca* genauer δίκρουν ξύλον genannt wird. Photius p. 538. Timocles bei Athen. 6 p. 243[c]. Hesychius s. v. στήριγγες. Vgl. die Glosse in Stephani *Thes.* ed. Lond. Vol. IX p. 250: *Furcifer* σταυροκόμιστος, δικρανοφόρος. Οἱ πταίοντες ἀντὶ τιμωρίας δίκρανον ἐν τοῖς τραχήλοις ἔχοντες περιεβώμιζον (περιεκόμιζον Lips.) διὰ τῆς πόλεως περιαγόμενοι. (Von allen diesen Stellen bezieht sich nur Dion. 7, 69 auf das *patibulum*, die anderen auf die *furca*, und passen vollkommen auf ein Instrument wie das bei Fulda Taf. 2 und 7 abgebildete. Das *patibulum* ist wohl wie die *furca* ursprünglich ein Hausgeräth, der vor die Hausthür gelegte Querbalken (s. Anm. 2). Die Worte des Dionys. παρὰ τὰ στέρνα τε καὶ τοὺς ὤμους sind vielleicht so zu erklären, dass das *patibulum* nicht, wie bei Fulda Taf. 2, auf dem Nacken, sondern vor dem Halse lag.)

2) Als einen Querbalken, der von innen vor die Hausthür gelegt wird, definirt *patibulum* Nonius p. 366: *Patibulum sera, qua ostia obcluduntur, quod hac remota valvae pateant. Titinnius Fullonibus. Si quisquam hodie praeter hanc Posticum nostrum pepulerit, patibulo hoc Ei caput defringam.*

3) So nennt z. B. Statius *silv.* 4, 3, 25 die Deichsel des Wagens *crux pendula.* S. Lips. l. l. I c. 5. 6.

4) *ad palum alligare et flagris caedere.* Cic. *in Verr.* 5, 5 § 10. 11. Von diesem *palus* sagt er 6, 12: *ut, quam damnatis crucem servis fixeras, hanc indemnatis videlicet civibus Romanis reservares.*

5) Seneca *ad Marc.* 20, 3: *Video istic cruces non unius quidem generis, sed aliter ab aliis fabricatas: capite quidam conversos in terram suspendere, alii per obscoena stipitem egerunt* (dies ist die Strafe des Spiessens. Lips. l. l. I, 6 p. 1160), *alii brachia patibulo explicuerunt.*

6) Firmic. Mat. *astron.* 6, 31: *Nam istis facinoribus comprehensus severa animadvertentis sententia patibulo suffixus in crucem crudeliter erigitur.* Euseb. *h. e.* 5, 1 p. 131 Vales.: Βλανδῖνα — σταυροῦ σχήματι κρεμαμένη und kurz vorher ἐπὶ ξύλου κρεμασθεῖσα. Plin. *n. h.* 29, 57: *supplicia annua canes pendunt inter aedem Juventatis et Summani vivi in furca sabucea armo fixi.*

7) Dass das, was getragen wird, nur eine Stange ist, lehrt Tertull. *adv.*

Ein Unterschied der Strafe liegt nur darin, dass der Delinquent zuweilen einfach in dem *patibulum* aufgehängt, [1]) gewöhnlich aber mit den Händen an das *patibulum*, mit den Füssen an den *stipes* genagelt wird. [2]) Hienach ist es, wie Cobet bemerkt hat, irrig, Christus so darzustellen, dass er das Kreuz trägt; der Vorgang ist ganz nach römischem Usus zu erklären, und nach diesem sagt man nie *ferre crucem*, sondern *crux ponitur*, *statuitur*, *figitur*, *erigitur*: *damnati in crucem aguntur*, *tolluntur*, *cruci affiguntur*, *defiguntur*, *suffiguntur*, wohl aber sagt man *patibulum ferre*, σταυρὸν φέρειν, βαστάζειν. [3]) Es ist unmöglich, die raffinirten Grausamkeiten aufzuzählen, welche einzeln, aber nicht selten, vorkommen, wie man den Verbrecher in einen Ofen warf, [4]) oder ihn mit Pech bestrich und so verbrennen liess; [5]) das Widerwärtigste und Empörendste ist, dass man die Todesqual zu einem erwünschten Schauspiel einer barbarischen Menge in den Arenen und Theatern zu machen kein Bedenken trug. [6])

Judaeos 10: *Isaac, cum a patre hostia duceretur et lignum ipse sibi portaret, Christi exitum iam tum denotabat — lignum passionis suae baiulantis.*

1) Euseb. *h. e.* 4, 15 p. 108ᵃ Val.

2) Plaut. *Mostell.* 360. Die *clavi*, mit denen dies geschah, erwähnt Augustinus *Serm.* 365, 5 extr. Daher *patibulo suffigere* Justin. 22, 7; 30, 2. Ammian. 19, 9, 2; *patibulo affigere Cod. Theod.* 9, 5, 1. *C. I. L.* V, 2781. Sallust. *fr.* bei Non. p. 366: *patibulo eminens affigebatur; patibuli poena multare* Arnob. 7, 39 (von der Todesstrafe).

3) Plautus bei Nonius p. 221: *Patibulum ferat per urbem, deinde affigat(ur) cruci.* Licinius Macer ibid.: *Deligati ad patibulos circumferuntur et cruci defiguntur* (beide Stellen nach Cobet's Lesart). Plaut. *Most.* 56:

Ita te forabunt patibulatum per vias
Stimuleis [terebris], huc si reveniat senex.

Id. *Mil. gl.* 359:

Credo ego istuc exemplo tibi esse pereundum extra portam,
Dispessis manibus patibulum quom habebis.

Griechisch σταυρὸν φέρειν Chariton 4, 2, 7; σταυρὸν βαστάζειν ib. 4, 3, 10. Matth. *ev.* 16, 24. Lucae *ev.* 14, 27. Joh. *ev.* 19, 17 u. ö. Plut. *de sera num. vind.* 9, p. 670 Dübn.: τῶν κολαζομένων ἕκαστος κακούργων ἐκφέρει τὸν αὑτοῦ σταυρόν. Zestermann II S. 29 ist wieder zu der Ansicht zurückgekehrt, dass der Verurtheilte das Kreuz, nicht das *patibulum*, zum Richtplatz trug.

4) Plaut. *Epid.* 119. *Casin.* 2, 5, 1.

5) Plaut. *Capt.* 597. Martial. 10, 25. Tac. *ann.* 15, 44 und die Erklärer zu dieser Stelle.

6) Dies kam nicht allein in der Art vor, dass man die Verbrecher zum Kampf mit Thieren oder in die Gladiatorenspiele verurtheilte, sondern man machte auch ihren Tod zu einer besondern Episode einer theatralischen Vorstellung. Martial. 1, 7. Plut. l. l.: ἀλλ' οὐδὲν ἔνιοι διαφέρουσι παιδαρίων, ἃ τοὺς κακούργους ἐν τοῖς θεάτροις θεώμενα πολλάκις ἐν χιτῶσι διαχρύσοις καὶ χλαμυδίοις ἁλουργοῖς ἐστεφανωμένους καὶ πυῤῥιχίζοντας ἄγαται καὶ τέθηπεν ὡς μακαρίους. ἄχρις οὗ κεντούμενοι καὶ μαστιγούμενοι καὶ πῦρ ἀνιέντες ἐκ τῆς ἀνθινῆς ἐκείνης καὶ πολυτελοῦς ἐσθῆτος ὀφθῶσιν. Tac. *ann.* 15, 44.

VII. Wie diesem furchtbaren Rechtszustande gegenüber die Lage der Sclaven sich bereits im ersten und zweiten, noch entschiedener aber im dritten und vierten Jahrhundert dennoch günstiger zu gestalten anfing, ist eine der interessantesten Betrachtungen, welche die Geschichte des untergehenden Römerthums darbietet.[1] Der Sclave, der nach altem römischen Recht eine Sache ist, der weder Vater,[2] noch Ehe, noch Eigenthum, noch irgend eine menschliche Geltung hat, gelangt durch die Entwickelung der Verhältnisse thatsächlich und praktisch zur Anerkennung seiner natürlichen Rechte und wird aus einer Sache eine Person. Ehe,[3] Verwandtschaftsrechte,[4] Eigenthum,[5] Fähigkeit zu testiren[6] und in eine Corporation einzutreten[7] werden ihm in gewissem Sinne zugestanden, die Freilassung aber, wel-

Veränderungen der rechtlichen Verhältnisse der Sclaven in der Kaiserzeit.

---

1) R. E. Biot *De l'abolition de l'esclavage ancien en Occident.* Paris 1840. 8. Filon *Mémoire sur l'état moral et religieux de la société à l'époque de l'apparition du christianisme* in *Mém. de l'Académie royale des sciences morales et politiques de l'Institut.* T. I. *Savans étrangers* 1841. 4. p. 769—824. Von einzelnen Gesichtspunkten aus behandeln den Gegenstand Troplong *Sur l'influence du christianisme dans le droit civil des Romains* in *Mém. de l'Acad. des sciences morales et politiques.* Vol. IV p. 287—512 (1844) und besonders Louvain 1844. 8. Villemain *Philosophie stoique et chrétienne* in dessen *Mélanges.* T. II p. 127 ff. Chateaubriand *Essais.* Vol. I. II. Schmidt *Essai historique sur la société civile dans le monde Romain.* Strasbourg 1853. 8., am erschöpfendsten aber Wallon Tome III.

2) Plaut. *Capt.* 574: *Quem patrem, qui servos est?*

3) S. S. 176.

4) Die *servilis cognatio* ist anerkannt in Beziehung auf die Ehen der Freigelassenen *Dig.* 23, 2, 8: *libertinus libertinam matrem aut sororem uxorem ducere non potest, quia hoc ius moribus, non legibus introductum est.* Ib. 14 § 2: *Serviles cognationes hoc iure observandae sunt.* § 3: *idem — etiam in servilibus affinitatibus servandum est,* und nach Justinian's Bestimmung auch im Erbrechte. *Instit.* 3, 6 § 10. In Inschriften sind Erwähnungen der Verwandtschaft unter Sclaven nicht selten. Inschr. b. Grotefend Jahrbücher des Vereins v. Alterthumsfr. im Rheinl. 32 S. 86: *aram d(iis) m(anibus) — Hipponici servi Dignillae (uxoris) Jun(ii) Pastoris* (Cos. 163) — — *Hedyepes et Genesia parentes. C. I. L.* V, 2625. 3560. 7060. Vgl. oben S. 176 A. 10.

5) S. oben S. 163. 177.

6) Plin. *ep.* 8, 16, 1: *Permitto servis quoque quasi testamenta facere eaque ut legitima custodio. — Dividunt, donant, relinquunt dumtaxat intra domum.* In der *lex collegii cultorum Dianae et Antinoi* (Orelli-Henzen 6086) Col. II wird dem Sclaven, der Mitglied des Collegiums ist, über das *funeraticium* zu testiren gestattet: *Neque domino neque dominae neque creditori ex hoc collegio ulla petitio esto nisi si quis testamento heres nominatus erit. — Item placuit, quisquis ex hoc collegio servus defunctus fuerit et corpus eius a domino dominave iniquitate sepulturae datum non fuerit, neque tabellas fecerit, ei funus imaginarium fiet. Servi publici* konnten nach Ulpian. *fr.* 20, 17 über die Hälfte ihres Peculium testiren.

7) *Dig.* 47, 22, 3 § 2: *Servos quoque licet in collegio tenuiorum recipere volentibus dominis.* Beispiele kommen mehrfach vor, so in dem eben angeführten *Coll. Dianae.* S. Mommsen *De collegiis et sodaliciis* p. 102.

che ihn zur Gleichstellung mit dem Bürger und zu einer oft einflussreichen Stellung in der Familie, den Communen und dem Staate führt, schon in den ersten Jahrhunderten der beschränkenden und erschwerenden Formen entbunden, welche ihr noch Augustus[1]) in dem Bestreben, den Bürgerstand von unfreien Elementen zu säubern, auferlegt hatte,[2]) und so der Bürgerschaft aus dem Sclavenstande ein Bestandtheil zugeführt, der nicht nur unmittelbar von Einfluss wurde, sondern auch in den folgenden Generationen sich immer weiter verbreitete.[3]) Zugleich tritt in der Behandlung der Sclaven ein gewisser Rechtsschutz ein. Eine *lex Petronia*[4]) aus dem Beginne der Kaiserherrschaft nahm den Herren die Befugniss, Sclaven zum Thierkampf zu verurtheilen, und übertrug dieselbe einem ordentlichen Richter, nämlich in Rom dem *praefectus urbi*,[5]) in den Provinzen dem Statthalter;[6]) der *praefectus urbi* nimmt ausserdem Beschwerden der Sclaven über harte Behandlung an,[7]) und ist, wenn er diese begründet

---

1) Dionys. 4, 24. Suet. *Aug.* 40. Dio Cass. 55, 13. Diese Beschränkungen waren namentlich in der im J. 4 n. Chr. gegebenen *lex Aelia Sentia* enthalten, über welche s. Rein Privatr. d. R. S. 584 ff.; ferner in der *l. Furia Caninia*, ebenfalls unter Augustus (Rein S. 587), während die *lex Junia Norbana* für die unfeierlich Freigelassenen einen eigenen Stand der *Latini Juniani* feststellte. S. Staatsverwaltung I² S. 63 f.

2) S. Walton II² p. 411—415; III² p. 62—85. 415—425. Walter G. d. R. R. § 481. 482. Als Princip galt bei der Entscheidung hieher gehöriger Fälle: *Quoties dubia interpretatio est, secundum libertatem respondendum erit* (*Dig.* 50, 17, 20), und Ulpian. *Dig.* 40, 5, 24 § 10 sagt: *Nec enim ignotum est, quod multa contra iuris rigorem pro libertate sint constituta.*

3) Tac. *ann.* 13, 27: *quippe late fusum id corpus. Hinc plerumque tribus, decurias, ministeria magistratibus et sacerdotibus, cohortes etiam in urbe conscriptas. Et plurimis equitum, plerisque senatoribus non aliunde originem trahi. Si separarentur libertini, manifestam fore penuriam ingenuorum.*

4) *Dig.* 48, 8, 11 § 2: *Post legem Petroniam et senatusconsulta ad eam legem pertinentia dominis potestas ablata est, ad bestias depugnandas suo arbitrio servos tradere; oblato tamen iudici servo, si iusta sit domini querela, sic poenae tradetur.* Vgl. *Dig.* 18, 1, 42. Ob dies Gesetz mit der *lex Junia Petronia*, welche *Dig.* 40, 1, 24 in Beziehung auf die Manumission erwähnt wird, identisch ist, lässt sich nicht entscheiden, mit der *lex Petronia de praefectis* (Staatsverwaltung I² S. 170) steht es in gar keinem Zusammenhange. Nach Borghesi *Oeuvres* II p. 482; III, 358 ist es entweder von P. Petronius Cos. 19 p. Chr. oder C. Petronius Umbricus Cos. suff. 25 p. Chr. gegeben, nach Mommsen ist es ein Plebiscit aus dem Ende der Republik oder dem Anfange der Kaiserzeit. Mommsen in Borghesi *Oeuvres* III p. 358 n. 7. Vgl. Rudorff Rechtsgeschichte I S. 63 f.

5) Tacit. *ann.* 6, 11. *Dig.* 13, 7, 24 § 3.

6) *Dig.* 13, 7, 24 § 3 und das Rescr. des M. Antoninus Pius *Dig.* 1, 6, 2. *Mos. et Rom. leg. coll.* 3, 3.

7) *Dig.* 1, 12, 1 § 1: *Servos, qui ad statuas confugerint — de dominis querentes audiet.* § 8: *Quod autem dictum est, ut servos de dominis querentes praefectus audiat. sic accipiemus, non accusantes dominos (hoc enim nequaquam servo permittendum est nisi ex causis receptis), sed si verecunde expostulent, si saevi-*

findet, nach einem Rescripte des M. Antoninus Pius ermächtigt, den Sclaven an einen andern Herrn zu verkaufen.[1] Von Claudius wird der kranke Sclave, den sein Herr verstösst, für frei erklärt,[2] von Hadrian das Recht, Sclaven willkürlich zu tödten, zu quälen oder an einen *lanista* oder *leno* zu verkaufen, den Herren genommen,[3] von Constantin endlich die absichtliche Tödtung eines Sclaven dem Morde (*homicidium*) gleichgestellt.[4]

Ursachen derselben. Drei Gründe waren es hauptsächlich, welche diese Veränderung herbeiführten.

Zunächst wurde die theoretische Ansicht von der Sclaverei eine andere, und dies ist ein Verdienst der Philosophie der Kaiserzeit. Noch Varro[5] und im Allgemeinen auch Cicero[6] folgen in diesem Punkte dem von der Macht der vorhandenen Verhältnisse befangenen Systeme des Aristoteles, nach welchem der Sclave ein Stück des lebenden Inventariums (ein κτῆμα ἔμψυχον) und die Sclaverei ein im Naturrechte begründetes Verhältniss

---

tiam, si duritiam, si famem qua eos premant, si obscoenitatem, in quam eos compulerint vel compellant, apud praefectum urbi exponant. Senec. *de benef.* 3, 22, 3: *atqui de iniuriis dominorum in servos qui audiat positus est, qui et saevitiam et libidinem et in praebendis ad victum necessariis avaritiam compescat.*

1) *Dig.* 1, 6, 2. Gaius 1, 53 (vgl. *Dig.* 1, 6, 1 § 1. 2): *Sed hoc tempore neque civibus Romanis nec ullis aliis hominibus qui sub imperio populi Romani sunt, licet supra modum et sine causa in servos suos saevire: nam ex constitutione imperatoris Antonini qui sine causa servum suum occiderit, non minus teneri iubetur, quam qui alienum servum occiderit. Sed et maior quoque asperitas dominorum per eiusdem principis constitutionem coercetur. Nam consultus a quibusdam praesidibus provinciarum de his servis qui ad fana deorum vel ad statuas principum confugiunt, praecepit, ut, si intolerabilis videatur dominorum saevitia, cogantur servos suos vendere.*

2) Suet. *Claud.* 25. Dio Cass. 60, 29. *Cod. Just.* 7, 6, 3.

3) Spartian. *Hadr.* 18, 7. Ulpian in *Mos. et Rom. legum coll.* 3, 3, 4: *Divus etiam Hadrianus Umbram quandam matronam in quinquennium relegavit, quod ex levissimis causis ancillas atrocissime tractaret.* Vgl. Anm. 1.

4) *Cod. Just.* 9, 14.

5) Varro *de r. r.* 1, 17, 1 sagt, einige nähmen bei dem Inventarium der Landwirthschaft drei Gattungen an, *genus vocale et semivocale et mutum. Vocale, in quo sunt servi, semivocale, in quo sunt boves, mutum, in quo sunt plaustra.*

6) Cicero war ein gütiger Herr seiner Sclaven (Drumann G. R. VI S. 409), aber von der Theorie der früheren Zeit ist er nicht frei. *de rep.* 3, 25, 37 redet er von einem *genus iniustae servitutis*, offenbar im Gegensatze zu einer *iusta servitus*; *ad Att.* 1, 12, 4 schreibt er, der Tod seines Vorlesers Sositheus schmerze ihn mehr, als es sich vielleicht gezieme; *de off.* 3, 23, 89 behandelt er die von Hecato aufgestellte Frage, ob man in der Zeit einer Theuerung die Sclaven verhungern lassen dürfe, und ob man bei einem Sturm auf dem Meere lieber ein edles Pferd als einen wohlfeilen Sclaven retten müsse. Die Ansicht des Aristoteles, dass die Sclaverei nothwendig ist als Bedingung der Freiheit der Bürger, da gewisse Arbeiten, namentlich die Handwerke banausisch sind, hat auch Cicero *de off.* 1, 42, 150: *nec enim quidquam ingenuum habere potest officina.*

ist.[1]) Im Gegensatz hiezu lehrt die spätere Stoa von Seneca an, dass diese naturrechtliche Begründung nicht vorhanden, der Anspruch aller Menschen auf Freiheit ein gleicher, der Unterschied des Sclaven und Freien ein äusserlicher und zufälliger, und die wahre Freiheit nicht eine civilrechtliche, sondern eine sittliche sei, dass demnach jeder die Bedingung seiner Freiheit in seiner Hand habe und der Sclave frei, der *ingenuus* unfrei sein könne.[2]) Und diese Ansicht war nicht bloss eine unfruchtbare Theorie, sondern sie wurde in gebildeten Häusern massgebend[3]) und fand im römischen Rechte ihre Anerkennung. Es ist eine merkwürdige Erscheinung, wie statt des *mos maiorum*, den noch Cicero für die Richtschnur aller politischen Wirksamkeit erklärt,[4]) in der Rechtswissenschaft der Kaiserzeit ein philosophisches Princip zur Geltung gelangt,[5]) vor dem weder die *patria potestas*[6]) noch das Herrenrecht in altrömischem Sinne bestehen kann. Die Juristen dieser Periode sind in der Lehre von der natürlichen Gleichheit der Menschen einig,[7]) einer Lehre, die zu der Ueberlieferung in schneidendem Widerspruche steht und zu den Merk-

---

1) S. besonders Arist. *Pol.* 1, 2. *Eth. Nic.* 8, 13 und die ausführliche Darstellung bei Wallon I² p. 357—392. L. Schiller Die Lehre des Aristoteles von der Sclaverei. Erlangen 1847. 4. Hildenbrand Gesch. u. System der Rechts- u. Staatsphilosophie. Leipzig 1860. I S. 395—406, wo man die übrige Litteratur angeführt findet.

2) Diese Ansichten sprechen aus Seneca an vielen Stellen, besonders *ep.* 47 und *ep.* 95, 52: *omne hoc, quod vides, — unum est: membra sumus corporis magni. Natura nos cognatos edidit*; Philo (blühte 40 p. Chr.) in der Schrift περὶ τοῦ πάντα σπουδαῖον εἶναι ἐλεύθερον Vol. II p. 445 ff. Mang.; Dio Chrysostomus (unter Vespasian) *oration.* 14. 15; Epictet (starb 117) z. B. *fr.* 44: ὅστις θέλεις δούλων ἐκτὸς ὑπάρχειν, αὐτὸς ἀπολύθητι δουλείας· ἔσῃ δ' ἐλεύθερος, ἂν ἀπολυθῇς ἐπιθυμίας· endlich M. Antoninus in seiner Schrift τὰ εἰς ἑαυτόν. Ausführliche Nachweisungen siehe bei Wallon III² p. 14—46. C. Schmidt *Essai hist. sur la société civile dans le monde Romain.* Strasbourg 1853. 8. p. 360—408. Troplong a. a. O. p. 26—38.

3) Dies bezeugen Plin. *ep.* 1, 4; 5, 19. Plutarch. *de ira cohib.* 11, p. 557 Dübner. Plut. *Cato mai.* 5. Galen Vol. V p. 17 ff., p. 497 Kühn.

4) Cic. *de rep.* 5, 1.

5) Ganz im Gegensatz zu Cicero a. d. a. St. sagt Proculus *Dig.* 1, 18, 12: *non tam ei spectandum est, quid Romae factum est, quam quid fieri debeat.*

6) Marcianus *Dig.* 48, 9, 5: *Divus Hadrianus fertur, cum in venatione filium suum quidam necaverat, qui novercam adulterabat, in insulam eum deportasse, quod latronis magis, quam patris iure eum interfecisset. Nam patria potestas in pietate debet, non atrocitate consistere.*

7) *Dig.* 1, 5, 4 § 1: *Servitus est constitutio iuris gentium, qua quis dominio alieno contra naturam subiicitur.* Ulpian. *Dig.* 1, 1, 4: *utpote cum iure naturali omnes liberi nascerentur.* 50, 17, 32: *Quod attinet ad ius civile, servi pro nullis habentur, non tamen et iure naturali, quia, quod ad ius naturale attinet, omnes homines aequales sunt.*

malen einer neuen geistigen Entwickelung gehört, welche schon im ersten Jahrhundert der christlichen Zeitrechnung eintritt.[1])

Hiezu kam zweitens die Veränderung der politischen Verhältnisse. Seitdem das römische Reich seine grösste Ausdehnung erlangt hatte, und die Erweiterung desselben grundsätzlich aufgegeben,[2]) die Verwaltung dagegen besser organisirt war,[3]) verminderten sich zwei Hauptquellen der Sclaverei, die Zufuhr von Gefangenen und der Menschenraub. Es gab noch bis in das sechste Jahrhundert grosse Sclavenfamilien,[4]) aber das Ausland lieferte nur noch Barbaren,[5]) und man kann annehmen, dass die Zahl der Sclaven ihr Maximum am Anfange der Periode der Kaiser erreicht hatte und dass die gleichmässige Betheiligung von Freien und Unfreien an allen Zweigen der Erwerbsthätigkeit, welche wir nach dieser Zeit wahrnehmen,[6]) in der verhältnissmässigen Abnahme der Sclaven überhaupt oder doch der geeigneten Sclaven und der gleichzeitigen Nöthigung der Freien zur Arbeit ihre Erklärung findet. Dem Kaiser selbst stand die Einwohnerschaft Roms nicht als das herrschende Volk, sondern als ein Complex von Unterthanen gegenüber, in welchem sich der Unterschied von Fremden und Bürgern, Sclaven und Freien bis auf einen gewissen Grad ausglich;[7]) während aus den Sclaven und Freigelassenen des kaiserlichen Hauses Beamte wurden, welche in der Verwaltung die wichtigsten Stellen einnahmen, trat der Bürgerstand in eine Abhängigkeit, welche durch die Bezeichnung des Kaisers als *dominus*[8]) deutlich charakterisirt

---

1) S. Ortloff Ueber den Einfluss der stoischen Philosophie auf die Röm. Jurisprudenz. Erlangen 1797. Veder *Hist. philosophiae iuris ap. veteres.* Lugd. Bat. 1832. sect. XI. Laferrière *Mém. concernant l'influence du stoicisme sur la doctrine des Jurisconsultes Romains* in *Mém. de l'Acad. des sciences morales et politiques de l'Institut* Vol. X (1860) p. 579—685. Hildenbrand Geschichte und System der Rechts- und Staatsphilosophie Bd. I S. 593 ff.

2) Tac. *ann.* 1, 11. 3) S. Staatsverwaltung I² S. 543 f.

4) Ammian. 14, 6, 16: *familiarum* (so Gronov. statt des handschriftlichen *familiarium*, da von Sclaven die Rede ist und § 17 die *urbana familia* erwähnt wird) *agmina tanquam praedatorios globos post terga trahentes.* Ibid. 28, 4, 8: *nonnullos — — manipulatim concitato fragore sequitur multitudo servorum.* Belisar stellte 7000 Reiter ἐκ τῆς οἰκίας. Procop. *b. G.* 3, 1 p. 283 Dind.

5) Synesius (um 400 p. Chr.) sagt *de regno* 22, p. 23ᵈ ed. Petav. 1612, dass zu seiner Zeit in jedem Hause scythische Sclaven gewesen seien, der τραπεζοποιός (*tricliniarcha*), der Ofenheizer, der Kellner, der *pedisequus*, alle seien Scythen.

6) Hievon wird im folgenden Theile ausführlicher gehandelt werden.

7) S. Staatsverwaltung I² S. 216. 543; II² S. 224.

8) Mommsen Staatsrecht II² S. 737 f.

wird. Noch vor Constantin ist das römische Reich zu einem festgegliederten Mechanismus geworden, in welchem alle Classen der Einwohner ihre bestimmte Stelle einnehmen. Der kaiserliche Dienst (*militia*) legt jedem seine Functionen auf; nicht nur die Hof- und Verwaltungsbeamten und das Militär, sondern sämmtliche Unterthanen, nach Städtebezirken eingetheilt und innerhalb derselben in Corporationen geordnet, sind für sich und ihre Nachkommen zu bestimmten Diensten an Commune und Staat verpflichtet; *servire* ist die Losung aller,[1] und während die Knechtschaft des Alterthums im Mittelalter in die Hörigkeit übergeht, ist auch die Freiheit am Ende der alten Zeit zu einem Minimum gelangt, welches sich von diesem Zustande nur noch dem Namen nach unterscheidet.[2]

Allein mehr als das Ausleben des Alterthums hat endlich auf die Lage der Sclaven das Auftreten des Christenthums Einfluss gehabt, und zwar nicht erst von der Zeit an, wo es Staatsreligion wurde, sondern in dem Grade, wie es sich von Anfang an im römischen Reiche verbreitete.[3] Das Christenthum kennt keine natürliche Rechtsverschiedenheit der Menschen,[4] es sieht die Sclaverei als ein Gewaltverhältniss an, welches ertragen werden kann, wie jede Lage des Lebens, aber gemildert werden muss durch den freien Willen des Dienenden und die gute Behandlung von Seiten des Herrn.[5] Die Kirche hat die Sclaverei nicht aufgehoben, weil dies nicht ohne Gefahr für die Gesammtheit wie für die Sclaven selbst möglich war; sie hat auch die ererbten Vorurtheile des Alterthums nur langsam und allmählich überwunden; aber sie hat von Anfang an die Knechtschaft als einen provisorischen Zustand und die Abschaffung derselben als ihre Aufgabe betrachtet. Ihr Einfluss war es, dass nicht nur die christlichen Eigenthümer ihre Sclaven in grosser Anzahl frei-

---

1) *Cod. Th.* 14, 2, 4: *corporati urbis Romae — redire cogantur, ut servire possint functionibus, quas imposuit antiqua solennitas.* 13, 5, 35: *Universos, quos naviculariae conditioni obnoxios invenit antiquitas, praedictae functioni conveniet famulari.* So auch *curiae vel collegio — servire* 12, 19, 2.

2) Die hier gegebenen kurzen Andeutungen findet man vortrefflich ausgeführt bei Wallon III² p. 86—295.

3) Tertullian. *apolog.* 37 sagt um das Jahr 211: *Hesterni sumus et vestra omnia implevimus, urbes, insulas, castella, municipia, conciliabula, castra ipsa, tribus, decurias, palatium, senatum, forum, sola vobis reliquimus templa.*

4) *ad Gal.* 3, 28. *ad Cor.* 1, 12, 13. *ad Coloss.* 3, 11.

5) *ad Ephes.* 6, 5—11.

liessen,[1] sondern auch aus den Mitteln der Gemeinden Sclaven losgekauft wurden, dass endlich auch das Gesetz die Gladiatorenspiele aufhob,[2] eine neue Art der Manumission in der Kirche vor der Gemeinde gestattete[3] und die Unterschiede des Standes der Freigelassenen völlig beseitigte.[4]

Fünfter Abschnitt.

Die Gastfreunde, Clienten und Freigelassenen.[5]

Wir haben bisher die wesentlichen Bestandtheile des römischen Hauswesens behandelt; dasselbe war indessen nach zwei Seiten hin einer Erweiterung fähig, einmal durch das Wohnen verheiratheter Haussöhne im Hause des *pater familias*, welches in alter Zeit häufig vorkam,[6] sodann durch das Hinzutreten dreier anderer Gattungen von Personen, welche wir noch in Betracht zu ziehen haben, der Gastfreunde, Clienten und Freigelassenen.

Die Sitte der Gastfreundschaft ist uralt und auch bei den Römern seit den frühesten Zeiten üblich;[7] sie hat aber durch den vorzugsweisen Verkehr mit den unteritalischen Griechen ein entschieden griechisches Gepräge angenommen, wie die griechi- **Gastfreundschaft.**

---

1) S. die Beispiele bei Wallon III² p. 358 ff. C. Schmidt p. 246 ff., unter welchen indess einige aus apokryphischen Quellen sind, wie das des Hermes, angeblich *praefectus urbi circa* 116. S. über diesen Corsini *De praef. urbis.* Pisis 1766. 4. p. 54 ff.

2) Constantin verbot sie zuerst 325 in Folge des Concils von Nicaea im Orient, *Cod. Th.* 15, 12, 1 und das. Gothofr. Im Occident hob sie Honorius auf um 404. Theodoret. *h. e.* 5, 26.

3) *Cod. Just.* 1, 13, 1, Verordnung Constantin's vom J. 316.

4) *Instit.* 1, 5, 3. *Cod. Just.* 7, 6. Ausführlich handeln über die Einwirkung des Christenthums auf die Sclaverei Möhler Bruchstücke aus der Geschichte der Aufhebung der Sclaverei durch das Christenthum in Theolog. Quartalschr. Tübingen 1839, p. 61 ff. Troplong a. a. O. p. 68—78. Wallon III² p. 296—443. Schmidt a. a. O. p. 232—255. 431—439. 462—473.

5) Benutzt ist für den ersten Theil dieses Abschnittes vornehmlich Mommsen Das röm. Gastrecht und die röm. Clientel in v. Sybel's Hist. Zeitschrift I S. 332—379, zum zweiten Mal herausgegeben in Römische Forschungen I (Berlin 1864. 8.) S. 319—390, dem ich auch einen grossen Theil der anzuführenden Beweisstellen verdanke.

6) S. oben S. 58 Anm. 6.

7) Liv. 1, 45, 2; 5, 50, 3.

Gastvertrag.

schen Namen der Gastzeichen und die für den Gastvertrag gewöhnlich gewordene Form der συγγραφή [1]) beweisen. Das *hospitium*, mag es statt finden zwischen zwei selbständigen Gemeinden, [2]) oder zwischen zwei einzelnen Personen, oder zwischen einer Person und einer Gemeinde, [3]) oder endlich zwischen allen Mitgliedern zweier Gemeinden, [4]) ist eine Paction, [5]) beruhend auf der Willenserklärung beider Theile, [6]) aber verbindlich für Kinder und Nachkommen; [7]) es wird geschlossen durch *sponsio*, [8]) Handschlag [9]) und Austausch eines schriftlichen Gastvertrages oder eines statt desselben dienenden Zeichens und kann wieder aufgehoben werden durch förmliche Kündigung. [10]) Der schrift-

---

1) Mommsen Röm. Forsch. I S. 341.

2) *Dig.* 49, 15, 5 § 2: *si cum gente aliqua neque amicitiam neque hospitium — habemus.* So war mit den Caeriten ein *hospitium publicum* geschlossen. Liv. 5, 30, 3, später mit den Aeduern in Gallien. Caes. *b. G.* 1, 31, 7. Tac. *ann.* 11, 25.

3) Liv. 5, 28, 5 von Timasitheus von Lipara: *hospitium cum eo senatusconsulto est factum donaque publice data.* Im J. 78 v. Chr. wird durch ein SCtum (*C. I. Gr.* III n. 5879) dem Asclepiades von Clazomenae das Gastrecht in Rom verliehn. Mit einem solchen schlossen dann auch wohl noch einzelne, hervorragende Personen einen privaten Gastvertrag; so Scipio mit Syphax. Hiefür ist die Formel gebräuchlich *hospitium publice privatimque facere*, Liv. 30, 13 und das curubitensische Patronatsdecret *C. I. L.* VIII, 10525.

4) Ein Beispiel giebt die Bronzetafel Orelli 156 = *C. I. L.* II, 2633: *M. Licinio Crasso L. Calpurnio Pisone cos.* (27 p. Chr.) *IIII Kl. Maias gentilitas Desoncorum ex gente Zoelarum* (in Asturien) *et gentilitas Tridiavorum ex gente idem* (d. h. *item*) *Zoelarum hospitium vetustum antiquom renovaverunt eique omnes alis alium in fidem clientelamque suam suorumque receperunt.*

5) Cic. *pro Balbo* 12, 29: *ut quaeque (civitas) nobiscum maxime societate, amicitia, sponsione, pactione, foedere est coniuncta.*

6) So heisst es in dem Decret der Gurzensischen Gemeinde vom J. 12 vor Chr. Orelli 3693 = *C. I. L.* VIII, 68: *hospitium fecerunt quom L. Domitio Cn. f. L. n. Ahenobarbo pro cos. eumque et posteros eius sibi posterisque sueis patronum coptaverunt* (sic), *isque eos posterosque eorum in fidem clientelamque suam recepit.* Andere Beweise giebt Spalletti in der S. 197 Anm. 1 angeführten Schrift p. 116—120.

7) Dies geht nicht nur aus der angeführten Urkunde, sondern auch aus der häufigen Erwähnung eines *hospitium paternum* (Caes. *b. c.* 2, 25, 4. Liv. 42, 38, 8. Plut. *Cato min.* 12. Cic. *div. in Caecil.* 20, 67) oder *vetustum* (Cic. *ad fam.* 13, 36) hervor.

8) Liv. 9, 41, 20: *Ocriculani sponsione in amicitiam accepti*, vgl. 9, 5, wo ein *foedus* so geschlossen wird. Cic. *pro Balbo* 12, 29.

9) Liv. 30, 13, 8: *recordatio hospitii dextraeque datae.* Cic. *pro Deiot.* 3, 8. Verg. *Aen.* 3, 83; 11, 165. Tac. *hist.* 1, 54: *miserat — dextras, hospitii insigne.* Vgl. 2, 8. Dies ist bekanntlich auch griechische Sitte. Xenoph. *anab.* 2, 4, 1. *Ages.* 3, 4. Eine elfenbeinerne *tessera* mit verschlungenen Händen und der Inschrift: Ἰμίλχων Ἰμίλχωνος Ἰνίβαλος Χλῶρος ξενίαν ἐποήσατο πρὸς Λύσωνα Διογνήτου καὶ τῶν ἐγγόνων, in Lilybaeum gefunden, s. *C. I. Gr.* n. 5496: eine bronzene Hand mit der Inschrift σύμβολον πρὸς Οὐελαυνίους, nach Gallien gehörig, ib. n. 6778.

10) Dies heisst *hospitium alicui renuntiare.* Cic. *in Verr.* 2, 36, 89. Liv. 25, 18, 9; διαλύεσθαι τὴν ξενίαν Dionys. 5, 34. Dazu vergleicht Mommsen den

liche Gastvertrag [1]) ist Regel bei einem *hospitium publicum*, d. h. einem solchen, welches eine Gemeinde entweder mit einer andern Gemeinde oder einem Privatmanne schliesst; er wird auf kupfernen Tafeln in zwei Exemplaren ausgefertigt, durch besondere Gesandte feierlich übergeben [2]) und von der Gemeinde in einem Heiligthume, in Rom in der *aedes Fidei populi Romani*, [3]) von dem Privatmanne aber in seinem Atrium aufgestellt. [4]) Das einfache Gastzeichen genügt für Privatleute zur Beglaubigung des sich vorstellenden Fremden; aber auch dies ist doppelt vorhanden, um durch Vergleichung eine Constatirung der Aechtheit zu gestatten. [5]) Beides, die schriftliche Urkunde [6]) wie die Marke, [7])

---

metaphorischen Ausdruck *confringere tesseram*, die Freundschaft auflösen, bei Plautus *Cist.* 2, 1, 36.

1) Nach Mommsen waren im J. 1859 etwa 40 solcher Urkunden bekannt. Seitdem hat sich diese Zahl noch bedeutend vermehrt. Das älteste Exemplar, die *tessera Fundana*, zwischen 532 und 602 der Stadt abgefasst, edirt *C. I. L.* I, 532 = X, 6231 = Orelli 7000, hat die Form eines Fisches und war bestimmt, auf der Reise mitgeführt zu werden; der Zeit nach folgt zunächst das *C. I. L.* VIII, 68 herausgegebene, aus dem J. 12 vor Chr. In Betreff der übrigen s. Tomasini *De tesseris hospitalitatis lib. sing.* Amstelod. 1670. 12.; Maffei *Istoria diplomatica.* Mantova 1727. 4. p. 37—41; (G. Spalletti) *Dichiarazione di una tavola ospitale ritrovata in Roma sopra il monte Aventino.* Roma 1777. 4.; Ameilhon in *Mém. de l'Acad. des Inscr.* XLIX (1808) p. 501—511; Gazzera *Di un decreto di patronato e clientela della colonia Giulia Augusta Usellis.* Torino 1830. 4., auch in den *Memorie della R. Accad. delle scienze a* Torino. vol. 35 p. 1; Osann *De tabula patronatus latina.* Gissae 1839. 4. Beispiele von *tabulae hospitales* und *tabulae patronatus*, von denen sogleich die Rede sein wird, finden sich Gruter 362, 1; 362, 2; 363, 1. 3; 364, 1; 470, 1. 2. Orelli 784. 1079. 3693. 4036. 4133. *C. I. L.* II, 2210. 2211. 2633; 2958. 2960. 3695; V, 4919. 4920. 4921. 4922; VI, 1454. 1492. 1684 ff. Wilmanns 2853. Hübner *Hermes* V S. 371 und *Ephem. epigr.* I p. 46. *Notizie degli Scavi di antichità comunicate alla R. Accademia dei Lincei* 1876 p. 28. Visconti *Bullettino della commissione arch. comunale di* Roma 1877 p. 66—75.

2) Orelli 784 = *C. I. L.* VI, 1492. ib. VIII, 69. Cic. *pro Balbo* 18, 41. Mehr bei Spalletti a. a. O. p. 112—116.

3) Mommsen a. a. O. S. 339—342 und in *Annali dell' Inst.* 1858 p. 181—212. Die Formel ist πίνακα χαλκοῦν φιλίας ἐν τῷ Καπετωλίῳ ἀναθεῖναι. *C. I. Gr.* n. 5879 lin. 25.

4) Orelli 784: *placere conscriptis, legatos ex hoc ordine mitti ad T. Pomponium Bassum, clarissimum virum, qui ab eo impetrent, in clientelam amplissimae domus suae municipium nostrum recipere dignetur, patronumque se cooptari tabula hospitali incisa hoc decreto in domo sua posita permittat censuere. C. I. L.* IX, 259: *placet igitur huic tabulaa* (sic) *aere incisum per viros principales offerri et aput penates domus huius dedicari.*

5) Plaut. *Poen.* 1047:

Ha. Si ita est, tesseram
Conferre si vis hospitalem, eccam attuli.
Ag. Agedum huc ostende. est par probe, nam habeo domi.

u. s. w.

6) Cic. *pro Balbo* 18, 41; *tessera hospitalis C. I. L.* VIII, 10525. VI, 1684. 1688 = Or. 1079.

7) Plaut. *Poen.* l. l. und 958.

tessera. heisst *tessera*, der Würfel, von τέσσαρες, oder *symbolum*; [1]) die *tabula hospitalis.* erstere auch *tabula hospitalis*, [2]) und nachdem sich, wie wir später sehen werden, die Gastfreundschaft der römischen Nobilität gegenüber dem Clientelverhältniss sehr ähnlich gestaltet hatte, Pflichten des *hospes.* auch *tabula patronatus.* [3]) Die Verpflichtung, welche ein solcher Vertrag der Gemeinde auflegt, ist eine dreifache: [4]) der *hospes* *lautia.* erhält freie Wohnung, [5]) Hausgeräth (*lautia*) [6]) und ein Gastgeschenk; [7]) ausserdem auch wohl freien Unterhalt, [8]) im Falle einer Krankheit Verpflegung, und im Todesfalle ein Begräbniss. [9]) Die Sorge für diese Leistungen lag in Rom dem Quaestor ob; [10]) in griechischen Städten war dagegen die Aufnahme römischer *hospites* und namentlich reisender Beamten ein wechselndes Onus, *parochi.* welches die *parochi*, d. h. angesehene, zu diesem Dienste ver-

---

1) Plaut. *Bacch.* 265. 2) *C. I. L.* VI, 1492 = Or. 784.

3) *C. I. L.* II, 2210; *tessera patrocinalis* ib. 2211; *tabula aerea patronatus* Murat. 564, 1; *tabulae patrocinales aheneae C. I. L.* IX, 3160 = Or. 7171.

4) S. Mommsen Röm. Forschungen I S. 343 ff.

5) *locus* Liv. 28, 39, 19; 42, 26, 5; 45, 20, 6; auch *aedes liberae* Liv. 30, 17, 14; 35, 23, 11; 42, 6, 11, d. h. nach Mommsen ein freistehendes Quartier. Gesandte von Feinden erhalten entweder gar kein Quartier (Liv. 45, 20, 6. Polyb. 32, 23 (19), 2: μὴ κατάλυμα δοθῆναι σφίσι μήτε παροχήν), oder ein *hospitium publicum* in der *villa publica* auf dem Marsfelde, ohne in die Stadt eingelassen zu werden Liv. 30, 21, 12; 33, 24, 5.

6) *Lautia* heisst wohl ursprünglich der Badeapparat; denn wie bei Homer, so braucht auch bei den Römern der Ankommende zuerst ein Bad. Cic. *ad fam.* 9, 5: *si minus, persequar in Cumanum, et ante te certiorem faciam, ut lavatio parata sit.* Selbst gewöhnliche Tischgäste waschen zuerst Hände und Füsse. Plautus *Persa* 5, 2, 14: *hic accumbe. fer aquam pedibus. praeben puere?* Petron. 31. Horat. *od.* 3, 19, 6. *sat.* 1, 4, 88. Aber das Wort bezeichnet hernach etwas Allgemeineres, zwar nicht ξένια, wie Plut. *q. R.* 43, p. 339 Dübn. es erklärt, wohl aber *supellex.* Charisius I p. 34 Keil. So auch die Glossen: ἐνδομενία *Supellex*; ἐνδομενίαι *Laucia.* Daher sagt Livius, der gewöhnlich *loca lautiaque* erwähnt (28, 39, 19; 30, 17, 14; 33, 24, 5; 35, 23, 11; 42, 26, 5; 43, 16, 7; 45, 20, 6), an einer anderen Stelle 42, 19, 6: *Decreverunt, ut Cn. Sicinius praetor aedes instructas locaret, ubi filius regis comitesque eius habitare possent,* und Polybius braucht dafür παροχή, 32, 23 (19), 2, oder παροχαί 24, 4 (25, 6), 6 oder αἱ τῶν ξενίων παροχαί, 21, 18 (22, 1), 3. Das Wort hat auch Festi *ep.* p. 68 M.: *dautia, quae lautia dicimus, et dantur legatis hospitii gratia;* der lateinische Text des Senatuscons. *C. I. Gr.* 5879: *munusque eis ex formula, locum lautiaque Q[uaestorem] urb. eis locare mittereque iuberent,* was im griechischen Text lin. 25 heisst: ξένιά τε αὐτοῖς κατὰ τὸ διάταγμα, τόπον παροχήν τε τὸν ταμίαν τὸν κατὰ πόλιν τούτοις μισθῶσαι ἀποστεῖλαί τε κελεύωσιν. Cic. *ad Att.* 13, 2, 2: *eum* (*Ariarathen*) *Sestius noster parochis publicis occupavit.* Vgl. Mommsen a. a. O. S. 344.

7) Der Werth dieses Geschenkes war für die verschiedenen Classen der Gäste gesetzlich festgestellt. Mommsen a. a. O. S. 345 Anm. 39.

8) Liv. 42, 6, 11: *legatoque centum milium aeris munus missum, et aedes liberae hospitio datae, sumptusque decretus, donec in Italia esset.* Andere Beispiele giebt Val. Max. 5, 1, 1.

9) Plut. *q. R.* 43. 10) S. Mommsen Staatsrecht II² S. 540.

pflichtete Gemeindemitglieder, der Reihe nach übernahmen,[1] und welches, gesetzlich auf ein bescheidenes Maass beschränkt,[2] thatsächlich in hohem Grade lästig war.[3] Der Privatgast wird dagegen Theilnehmer des Familienlebens; bei seiner Ankunft wird ein Bad, Opfer und Mahl veranstaltet;[4] er verweilt oft lange Zeit im Hause[5] und tritt in ein Pietätsverhältniss zu dem Hausherrn,[6] der ihm, so lange er da ist, Schutz und thätigen Beistand insbesondere in Rechtsstreitigkeiten leistet,[7] und, wenn er abwesend ist, seine Geschäfte in Rom besorgt. Es galt für alle römischen Staatsmänner als eine Ehre, zahlreichen Gastfreunden ihr Haus zu öffnen[8] und ihre Dienste zu widmen,[9] und der Staat gestattete der Nobilität, auf diese Weise ihren Einfluss in den Provinzen geltend zu machen, während er für

---

1) Cic. *in Verr.* 1, 25, 65: (*Philodamus*) *ostendit, munus illud suum non esse: se, cum suae partes essent hospitum recipiendorum, tum ipsos tamen praetores et consules, non legatorum asseclas recipere solere.* Mehr bei Kuhn Verf. des Röm. Reichs I S. 61.

2) Hor. *sat.* 1, 5, 45:

Proxima Campano ponti quae villula, tectum
Praebuit et parochi quae debent ligna salemque.

Indessen gehören dazu auch Heu für die Pferde, und Betten, *lecti.* Cic. *ad Att.* 5, 16, 3.

3) Cic. *in Verr.* 1, 26, 65 f.

4) *Cena adventicia* Suet. *Vit.* 13. Columella 12, 3, 4 redet von dem Geschirr, das man bei besonderen Gelegenheiten braucht: *Quibus autem ad dies festos et ad hospitum adventum utimur et ad quaedam rara negotia, haec promo tradidimus.* Sen. *ep.* 21, 10: *Cum adieris hortulos et inscriptum hortulis: Hospes, hic bene manebis, hic summum bonum voluptas est: paratus erit istius domicilii custos hospitalis, humanus, et te polenta excipiet et aquam quoque large ministrabit.* Das Opferthier, *hostia*, hat von *hostis*, dem Gaste, denn dies ist die ursprüngliche Bedeutung des Wortes (Varro *de l. L.* 5, 3), seinen Namen. Auch der öffentliche Gast opferte in Rom auf dem Capitolium und hatte bei Festspielen seinen Platz auf der Graecostasis. S. Mommsen Röm. Forschungen I S. 347.

5) Aus alter Zeit ist hierüber nichts bekannt. Lyson von Patrae, mit dem Cicero ein *vetus hospitium* hatte, wohnte einmal im Hause desselben ein ganzes Jahr. Cic. *ad fam.* 13, 19, 1.

6) Bei Gellius 5, 13, 5 sagt Masurius Sabinus: *In officiis apud maiores ita observatum est, primum tutelae, deinde hospiti, deinde clienti, tum cognato, postea affini.*

7) Cic. *div. in Caecil.* 20, 67.

8) Cic. *de off.* 1, 39, 139: *in domo clari hominis, in quam et hospites multi recipiendi et admittenda hominum cuiusque modi multitudo, adhibenda cura est laxitatis.*

9) Cic. *div. in Caecil.* 20, 66: *Clarissimi viri nostrae civitatis temporibus optimis hoc sibi amplissimum pulcherrimumque ducebant, ab hospitibus clientibusque suis — iniurias propulsare.* Cic. *de off.* 2, 18, 64: *Est enim valde decorum patere domus hominum illustrium hospitibus illustribus idque etiam reipublicae est ornamento, homines externos hoc liberalitatis genere in urbe nostra non egere.* Cicero selbst rühmt sich seiner Gastverträge mit Provincialen *in Catil.* 4, 11, 23, und nennt öfters Gastfreunde, z. B. *ad fam.* 13, 36; 13, 19, 1. *pro Flacco* 20, 48 u. ö.

seine Geschäfte sich niemals auswärtiger Gastfreunde bedient hat. Ein römischer Gastfreund ist für auswärtige Gemeinden und Privatpersonen ein πρόξενος in griechischem Sinne, vergleichbar unseren Consuln, ein Bevollmächtigter für Staats- und Privatgeschäfte; ein griechischer Gastfreund dagegen nimmt zwar Beamte und Privatleute aus Rom in seinem Hause auf, aber Geschäftssachen erledigt der römische Staat nicht durch ihn, sondern durch seine eigenen Beamten. Es schien bedenklich, Fremden in ihren Gemeinden einen Einfluss zu gewähren, welcher selbst bei Römern unter Umständen gefährlich werden konnte,[1]) und in der Kaiserzeit den römischen Nobiles den Verdacht eines unerlaubten Strebens nach politischem Anhange zuzog.[2]) Man wird es daher erklärlich finden, dass die Ungleichheit des gegenseitigen Verhältnisses wesentlich dazu beitrug, die gastrechtliche Verbindung zwischen Fremden und Römern zu einer Clientel zu gestalten, und endlich selbst die Namen *patronus* und *cliens* dem der *hospites* zu substituiren.

Clientel. Clientel[3]) und Hospitium sind darin übereinstimmend, dass wie der *hospes* so auch ursprünglich der Client in Rom kein Bürgerrecht hat, darin aber verschieden, dass der *hospes* ein selbständiger, in seiner Gemeinde heimathberechtigter Mann ist, der Client dagegen gar keiner Gemeinde angehört. (Entstehung derselben.) Zieht z. B. jemand aus einer Gemeinde, welche mit Rom keinen Gastvertrag hat, nach Rom,[4]) oder wird er aus seiner Vaterstadt verbannt und geht ins Exil nach Rom, so hat er hier weder eine Rechtsstellung noch einen Unterhalt. Ihm bleiben nur zwei Mittel übrig, nämlich entweder sich freiwillig in die Sclaverei zu be-

1) Sp. Maelius kaufte das Getreide zu seinen Largitionen in Etrurien *per hospitum clientiumque ministeria* Liv. 4, 13, 2; von Claudius Drusus sagt Suet. *Tib.* 2: *Italiam per clientelas occupare tentavit;* von Pompeius Velleius 2, 29: *Cn. Pompeius — privatis ut opibus ita consiliis magna ausus, — firmum ex agro Piceno, qui totus paternis eius clientelis refertus erat, contraxit exercitum.* Dass hier von *clientes* die Rede ist, beruht auf der im späteren Sprachgebrauch auch der *tabulae hospitales* gewöhnlichen Vermischung der Begriffe *hospitium* und *clientela.*

2) Tac. *ann.* 3, 55. *dial. de or.* 36, wo von den alten Rednern zum Unterschiede von den späteren gesagt wird: *hi clientelis etiam exterarum nationum redundabant.*

3) S. M. Voigt Ueber die Clientel und Libertinität in Berichte der königl. sächs. Gesellschaft der Wissenschaften. Phil.-hist. Cl. 1878 S. 147—220. Leist Das römische Patronatrecht. Erlangen 1879.

4) Cic. *de or.* 1, 39, 177.

geben,[1] oder sich unter den Schutz eines römischen Bürgers zu stellen (*se applicare*),[2] welcher sich dazu versteht, ihm seine persönliche Freiheit zu lassen, ihn aber in seine *potestas* zu nehmen und ihn demgemäss zu unterhalten,[3] vor Gewalt zu schützen, vor Gericht zu vertreten[4] und nach seinem Tode zu begraben.[5] So lange die Patricier allein die Bürgerschaft bildeten, konnten sie allein Clienten haben,[6] und sie versorgten und verwendeten dieselben, indem sie ihnen ein Stück Land,[7] insbesondere auf dem *ager occupatorius* anwiesen.[8] In das nämliche Schutzverhältniss können ganze Gemeinden treten, wenn sie sich dem römischen Volke ergeben; dem Staate steht es dann zu, entweder die Gemeindemitglieder in die Sclaverei zu verkaufen,[9] oder nur den Gemeindeverband aufzulösen und aller politischen Rechte zu berauben, die Einzelnen dagegen im thatsächlichen Besitz ihrer Freiheit, d. h. im Verhältniss freigelassener Schutzleute (*dedititii*) zu belassen.[10] Unterworfene Gemeinden wie ganze Provinzen pflegten sich überdies speciell in das Patronat desjenigen Römers zu begeben, der die Unterwer-

1) Ein Beispiel giebt der *conlibertus* des Trimalchio Petron. 57: *ipse me dedi in servitutem et malui civis Romanus esse quam tributarius.* Er erzählt hernach, er sei 40 Jahre Sclave gewesen, dann habe er sich frei gekauft.

2) Cic. *de orat.* 1, 39, 177: *Quid quod item in centumvirali iudicio certatum esse accepimus, cum Romam in exilium venisset, cui Romae exulare ius esset, si se ad aliquem quasi patronum applicavisset, intestatoque esset mortuus, nonne in ea causa ius applicationis, obscurum sane et ignotum, patefactum in iudicio atque illustratum est a patrono?* Unter jemandes Schutz stehen heisst *in fide alicuius esse. Lex repetund. C. I. L.* I n. 198 lin. 10: *quoiave in fide is erit maioresve in maiorum fide fuerint.* Vgl. lin. 33. Gell. 5, 13, 2: *clientes, — qui sese — in fidem patrociniumque nostrum dediderunt.*

3) Dionys. 2, 10. Plut. *Rom.* 13. Hierin liegt der Grund, dass Patrone von ihren Clienten keine Geldentschädigung für ihre Dienste nehmen dürfen, Dion. l. l. Gell. 20, 1, 40, welchen Grundsatz die *lex Cincia de donis et muneribus* (Liv. 34, 4, 9 und sonst oft erwähnt) zum Gesetz erhob. S. Mommsen Röm. Forsch. I S. 367 Anm. 21.

4) Dionys. 2, 10. Caesar bei Gell. 5, 13, 6. Suet. *Aug.* 56. Als natürlicher Vertheidiger des Clienten darf deshalb der Patron gegen denselben kein Zeugniss ablegen. Gell. 5, 13, 4: *testimonium adversum clientem nemo dicit.*

5) Dies lässt sich mit Sicherheit schliessen aus der gleichen Verpflichtung gegen Gastfreunde und Freigelassene.

6) Dionys. 2, 10. Plut. *Rom.* 13 und Voigt a. a. O. S. 147 ff.

7) Voigt a. a. O. S. 164 Anm. 69. Auch der römische Staat pflegte Personen, die sich in seinen Schutz begaben, mit Landbesitz auszustatten. Liv. 2, 16, 5; 44, 16, 7. Rudorff Ackergesetz des Sp. Thorius in Zeitschr. für geschichtl. Rechtswissenschaft X, 1 S. 102. 103.

8) S. hierüber Staatsverwaltung I² S. 100.

9) S. daselbst I² S. 96.

10) Von solchen Gemeinden ist Staatsverwaltung I² S. 27 ff. 80. 323 gehandelt worden.

fung bewirkt und das Unterthänigkeitsverhältniss selbst geordnet hatte, [1]) und die praktischen Vortheile, welche die beständige Vertretung der Gemeindeangelegenheiten einer auswärtigen Commune in Rom gewährte, bestimmten seit dem Ende der Republik selbst diejenigen Städte, welche ursprünglich in gar keinem Unterthänigkeitsverhältnisse zu Rom standen, nämlich die Colonien und Municipien, dennoch in Rom sich einen *patronus* zu wählen. [2]) Auf diese römischen *patroni*, welche immer aus den Senatoren oder Rittern genommen werden, ist demnach das doppelte Verhältniss des Gastrechts und der Clientel in sehr ungenauer Weise übertragen worden; sie sind eigentlich nur Geschäftsführer (*procuratores*), denen man einen Ehrentitel aus alter Zeit beilegte. [3])

Verhältniss der Clienten zum Patronus. In viel engerer Verbindung steht der Privatclient zu seinem Patrone. Er tritt, wie in die *potestas* des *pater familias*, so auch in eine dauernde, auf die beiderseitigen Descendenten forterbende [4]) Familiengemeinschaft; [5]) er nimmt den Geschlechtsnamen des *patronus* an, [6]) wird zur Theilnahme an den gentilicischen Opfern zugelassen, [7]) zieht mit dem Herrn in die Fremde [8]) und in den Krieg, [9]) holt seinen Rath ein in Rechtsgeschäften wie in häuslichen Angelegenheiten; [10]) steuert von seinem Vermögen, wenn der Patron eine Tochter ausstattet oder aus der Kriegsgefangenschaft ausgelöst werden oder eine Geldbusse zah-

---

1) Appian. *b. c.* 2, 4: ἁπάσαις πόλεσίν ἐστί τις ἐν Ῥώμῃ προστάτης. Dionys. 2, 11; Cic. *de off.* 1, 11, 35: *In quo tanto opere apud nostros iustitia culta est, ut ii, qui civitates aut nationes devictas bello in fidem recepissent, earum patroni essent more maiorum.* So hatten, wie Mommsen Röm. Forsch. I S. 361 anführt, das Patronat über die sicilischen Städte die Marcelli (Liv. 26, 32, 8. Cic. *div. in Caecil.* 4, 13. *in Verr.* 2, 49, 122. Plut. *Marc.* 23); über die Spanier, Ligurer und Macedonier Aemilius Paulus (Plut. *Aem. P.* 39); über die Spanier auch der ältere Cato (Cic. *div. in Caec.* 20, 66. Liv. 43, 2, 7); über die Allobroger die Fabii (Appian. *b. c.* 2, 4); über Cypern Cato Uticensis (Cic. *ad fam.* 15, 4, 15).

2) S. Staatsverwaltung I² S. 188 ff. Spalletti a. a. O. p. 104—110.

3) Mommsen a. a. O. S. 358.

4) Dionys. 2, 10: τοιγάρτοι διέμειναν ἐν πολλαῖς γενεαῖς οὐδὲν διαφέρουσαι συγγενικῶν ἀναγκαιοτήτων αἱ τῶν πελατῶν τε καὶ προστατῶν συζυγίαι παισὶ παίδων συνιστάμεναι, καὶ μέγας ἔπαινος ἦν τοῖς ἐκ τῶν ἐπιφανῶν οἴκων ὡς πλείστους πελάτας ἔχειν τάς τε προγονικὰς φυλάττουσι διαδοχὰς τῶν πατρωνειῶν καὶ διὰ τῆς ἑαυτῶν ἀρετῆς ἄλλας ἐπικτωμένοις. *Fragm. Vatic.* 308: *et sicut in XII tabulis patroni appellatione etiam liberi patroni continentur, ita et in hac lege. Lex repetundarum*, angeführt S. 201 Anm. 2. Mehr bei Voigt a. a. O. S. 155 ff.

5) Festus p. 253ᵇ s. v. *patronus*.

6) S. oben S. 21.

7) Mommsen a. a. O. S. 371.

8) Dionys. 2, 46 am Ende; 5, 40. Liv. 2, 16, 4. Suet. *Tib.* 1.

9) Dionys. 7, 19; 10, 14.

10) S. Voigt a. a. O. S. 167.

len muss.[1]) Und dies Verhältniss der Pietät ist ein gegenseitiges. Kein Theil kann gegen den andern Process führen, Zeugniss ablegen, Stimme abgeben oder Sachwalter sein;[2]) die Pflicht gegen den Clienten geht selbst der gegen den Blutsverwandten[3]) vor, und die Verletzung derselben wird als ein todeswürdiges Verbrechen geahndet.[4])

Die Freigelassenen werden zwar sprachlich von den Clienten unterschieden, sind aber nur eine Art derselben.[5]) Die Freilassung beruht auf dem erklärten Willen des Herrn, von seinem Herrenrechte keinen Gebrauch machen zu wollen, schafft aber aus dem Sclaven nicht einen römischen Bürger,[6]) sondern eine herrenlose und heimathlose Person, welche des fortdauernden Schutzes bedarf. Der *libertus* bleibt deswegen entweder ganz im Hause[7]) und Dienste seines früheren Herrn oder wird von ihm mit Ackerbesitz oder Capital ausgestattet;[8]) er nimmt den Namen seines früheren Herrn an,[9]) steht nach wie vor unter dessen Gerichtsbarkeit[10]) und ist verbunden, denselben im Falle des Bedürfnisses mit seinem Vermögen zu unterstützen und im

In dies Verhältniss treten auch die Freigelassenen.

---

1) Dionys. 2, 10; 13, 5. Liv. 5, 32, 8; 38, 60, 9. Plut. *Rom.* 13. Voigt a. a. O. S. 164 Anm. 64.

2) Dionys. 2, 10. Gell. 5, 13, 4. 5. *Lex repet. C. I. L.* I, 198, 10. 33. Mommsen a. a. O. S. 377. Voigt S. 165.

3) Gell. 5, 13; 20, 1, 40.

4) Dionys. 2, 10. Servius *ad Aen.* 6, 609: *ex lege duodecim tabularum venit, in quibus scriptum est: Patronus, si clienti fraudem fecerit, sacer esto.*

5) Dionys. 4, 23: καὶ ἰδίᾳ πολλὰ ὠφεληθήσεσθαι τοὺς εὐπορωτάτους Ῥωμαίων, ἐὰν τοὺς ἀπελευθέρους ἐῶσι τῆς πολιτείας μετέχειν, ἐν ἐκκλησίαις τε καὶ ψηφοφορίαις — — τὰς χάριτας ἐν οἷς μάλιστα δέονται πράγμασι κομιζομένους καὶ τοὺς ἐκ τῶν ἀπελευθέρων γινομένους πελάτας τοῖς ἐγγόνοις τοῖς ἑαυτῶν καταλείποντας. Daher der Ausdruck *cliens libertinus* Liv. 43, 16, 4. Mommsen a. a. O. S. 360 ff. Voigt a. a. O. S. 153 ff.

6) Namentlich wird in alter Zeit der Freigelassene eines Patriciers nicht Patricier; er wird nur Client desselben. S. Mommsen a. a. O. S. 359.

7) Ulp. *Dig.* 9, 3, 5 § 1: *Si quis gratuitas habitationes dederit libertis et clientibus vel suis vel uxoris. Dig.* 7, 8, 2 § 1: *Et ait Labeo, eum, qui ipse habitat, inquilinum posse recipere, item et hospites et libertos suos.* Plin. *ep.* 2, 17, 9: *Reliqua pars lateris huius servorum libertorumque usibus detinetur.*

8) S. den Abschn. über die Sclaven S. 165.

9) S. oben S. 21 f.

10) Die Ansicht von Becker Handbuch Th. II, 1, 83. 84, dass der Patron gegen seinen Freigelassenen kein anderes Strafmittel gehabt habe, als die Ausschliessung vom Begräbniss, ist für die Zeit der Republik entschieden irrig. Eine Verurtheilung eines Freigelassenen durch den Patron erwähnt Val. Max. 6, 1, 4, eine andere und zwar zum Tode Suet. *Caes.* 48; die *lex Aelia Sentia* vom J. 4 n. Chr. hatte, wie es scheint, nicht die Einführung einer Gerichtsbarkeit des Patrons, sondern eine gesetzliche Beschränkung derselben zum Zwecke. S. Mommsen S. 369. Vgl. Walter G. d. R. R. § 495.

Falle der Verarmung zu unterhalten.[1] Der Herr dagegen, der ihn im Leben versorgt und nach seinem Tode bestattet,[2] ist, wenn er kinderlos stirbt, sein Erbe,[3] wenn er aber unmündige Kinder hinterlässt, der natürliche Vormund derselben.[4]

Am Ende der Republik hat der eigentliche Stand der Clienten insoweit aufgehört, als er nur noch durch die Freigelassenen repräsentirt und der Name *patronus*, der sich ursprünglich auf die Clientel bezog, ausschliesslich von dem Freilasser gebraucht wird.[5] Was man dagegen in der Kaiserzeit Clientel nennt, ist ein Verhältniss wesentlich verschiedenen Ursprungs, auf welches man eine alte Bezeichnung anwendete, weil sie wenigstens in einer speciellen Beziehung der Sache entsprechend war. Es gehörte zu den natürlichen Bedingungen des Lebens in der Republik, dass alle Staatsmänner ihren Einfluss durch einen politischen Anhang zu gewinnen und zu sichern suchten und zu diesem Zwecke ein Gefolge von *salutatores*, *deductores* und *assectatores* um sich sammelten, das sie durch Dienste, Gefälligkeiten und Bewirthungen[6] an sich fesselten, von dem sie aber namentlich in Zeiten der Amtsbewerbung Gegendienste in Anspruch nahmen.[7] Zu diesem Anhange gehörten allerdings auch Clienten, Freigelassene und Sclaven, denn auch diese waren brauchbar, die öffentliche Stimmung zu bearbeiten,[8] daneben

Clientel der Kaiserzeit.

---

1) Paulus *s. r.* 2, 32. Ulp. *Dig.* 25, 3, 5 § 18 ff. Paulus *Dig.* 37, 14, 24.
2) Hievon wird im achten Abschnitte die Rede sein.
3) S. Walter G. d. R. R. § 655.
4) S. Walter a. a. O. § 550 Anm. 8. Auch Kinder lebender Freigelassener erzieht und unterstützt der Patron. S. die Inschr. bei Henzen *Annali* 1865 p. 6 ff., angeführt oben S. 178 Anm. 4.
5) Daher sagt Cicero *de orat.* 1, 39, 177 von dem Clienten: *si se ad aliquem quasi patronum applicavisset*, da ihm das Wort nur in dem Verhältniss zum *libertus* geläufig war.
6) Cic. *pro Mur.* 35, 73. 74.
7) Ausführlich spricht hievon Q. Cic. *de pet. cons.* 9, 34: *Et quoniam assectationis mentio facta est, id quoque curandum est, ut quotidiana cuiusque generis et ordinis et aetatis utare. Nam ex ea ipsa copia coniectura fieri poterit, quantum sis in ipso campo virium ac facultatis habiturus. Huius autem rei tres partes sunt: una salutatorum, cum domum veniunt, altera deductorum, tertia assectatorum. Salutatores*, sagt er weiter § 35, *magis vulgares sunt et hac consuetudine, quae nunc est, plures veniunt;* die *deductores* sind noch wichtiger, § 36: *Magnam affert opinionem, magnam dignitatem quotidiana in deducendo frequentia.* Die *assectatores* sind beständige Begleiter; alle, denen ein Staatsmann vor Gericht Dienste geleistet hat, erscheinen mit ihrer ganzen Verwandtschaft, um in der entscheidenden Zeit der Bewerbung ihrem Patron zu helfen. § 38. Cic. *pro Mur.* 34, 70. An dieser Stelle wird auch eine *lex Fabia de numero sectatorum* und ein *senatusconsultum* gleichen Inhalts erwähnt. § 71 u. das. Zumpt.
8) Q. Cic. *de pet. cons.* 5, 17: *Deinde ut quisque est intimus ac maxime*

aber Tribulen und Nachbarn, Gastfreunde aus allen italischen Städten[1]) und besonders Anhänger aus vornehmen Familien;[2]) denn je einflussreicher das Gefolge war, desto mehr entsprach es seinem Zwecke. Als in der Kaiserzeit die politische Bedeutung dieses Anhanges aufhörte, blieb es doch einerseits Bedürfniss angesehener Leute, sich bei öffentlichem Erscheinen mit einem stattlichen Gefolge zu umgeben[3]) und ihr Haus zum Mittelpunkte eines kleinen Hofstaates zu machen, dem sie, um ihn zu erhalten, Schutz[4]) und Unterstützung[5]) angedeihen liessen; andererseits gab es bei der entschiedenen Abneigung der Römer gegen den kleinen ehrlichen Erwerb und dem allgemeinen Begehr nach gutem Leben und Einfluss eine grosse Anzahl von Personen der verschiedensten Stände und Interessen, welche sich bereitwillig vornehmen Häusern anschlossen, um sich ihren Lebensunterhalt und eine gewisse gesellige Stellung zu sichern. Sowie nun deshalb, weil in dem alten Clientelverhältnisse der Rechtsbeistand eine Pflicht des Patrons war, der Name *patronus* später auf jeden Anwalt überging, wenn derselbe dem Processführenden auch ganz ferne stand, so ist der Umstand, dass es dem *patronus* oblag, seinen Clienten auch zu versorgen, die Veranlassung geworden, den Namen der Clientel auf das eben beschriebene Verhältniss anzuwenden, welches darin von der alten Clientel ganz verschieden ist, dass es ohne allen inneren Zusammenhang mit der Familie des Herrn und willkürlich lösbar ist, darin aber eine gewisse Analogie mit jenem hat, dass es auf Dienst und Gegendienst basirt ist.[6]) Müssiggänger, an das Herumlaufen gewöhnt,[7]) und zu allen guten und schlechten

---

domesticus, ut is amet et quam amplissimum esse te cupiat, valde elaborandum est, tum ut tribules, ut vicini, ut clientes, ut denique liberti, postremo etiam servi tui: nam fere omnis sermo ad forensem famam a domesticis emanat auctoribus. ib. 5, 18. Cic. *pro Mur.* 33, 69; 34, 70.

1) Q. Cic. *de pet. cons.* 8, 30. 2) Ibid. 1, 6; 5, 18.

3) Juven. 7, 142. Sen. *ep.* 22, 9: *nudum erit latus? incomitata lectica? atrium vacuum?*

4) Martial. 2, 32 beklagt sich daher über den Ponticus, dass er, der doch sein *dominus* sein wolle, ihm vor Gericht nicht beistehe.

5) Martial. 4, 88; 10, 18 u. ö.

6) Ueber diese spätere Clientel haben neuerdings erschöpfend gehandelt Heuermann Ueber die Clienten unter den ersten römischen Kaisern. Münster 1856. 4. L. Friedlaender Darstellungen aus der Sittengeschichte Rom's. I[5] S. 335 ff.

7) Einen solchen beschreiben Manilius 5, 61—66. Seneca *de tranq. animi* 12. Sie haben einen eigenen Namen, *ardeliones*, Phaedr. *fab.* 2, 5, oder *ardaliones*, Martial. 2, 7, 8; 4, 78, 10. S. hierüber Friedlaender a. a. O. S. 365 ff.

Diensten erbötig [1]), Dichter und geistreiche Leute, denen es an einer Existenz fehlte, [2]) Glücksritter, die durch das Vertrauen grosser Herren eigenen Vortheil und Einfluss zu erreichen hofften, [3]) Hungerleider, welchen es um die Einladung zu einem guten Mahle zu thun war, [4]) Erbschleicher, welche ihr Glück bei kinderlosen alten Herren und Damen suchten, [5]) verarmte und für ihre Bedürfnisse nicht ausreichend situirte Nachkömmlinge der alten Nobilität, [6]) aber auch Senatoren und Consulare, [7]) welche einen eigenen Anhang hielten, [8]) und daneben ganz arme Leute mit zerrissenen Mänteln [9]) und Schuhen [10]) oder Soldaten [11]), alle fanden es vortheilhaft und ehrenwerth, sich an einen Vornehmen zu hängen und durch dessen Gunst und Almosen eine Existenz zu gewinnen, indem sie je nach ihrer Befähigung als Freunde und Gesellschafter gern gesehen, oder als Parasiten geduldet, oder als nothwendiger Tross ernährt wurden. An die Stelle der Pietät, welche das Band der alten Clientel war, ist nun der Egoismus getreten, statt des einen Patrones sucht man nun so viele als möglich zu erlangen; [12]) nicht auf treue Dienste und aufrichtige Hingebung gründet sich der Anspruch an die Gunst des Herrn, sondern auf Bestechung der Sclaven und Freigelassenen, [13]) auf unverschämte Schmeichelei, [14]) zu welcher die Griechen besonderes Talent hatten, [15]) und ostensible Devotion, in welcher man den Herrn als *rex* und *dominus* anredete; [16]) das höchste Streben ging dahin, Geschenke zu erhalten, [17]) zur

Charakter derselben.

1) Tac. *ann.* 13, 19. Martial. 6, 50.

2) Das Verhältniss des Vergil und Horaz zu Maecenas erscheint dem Martial beneidenswerth (1, 107; 8, 56), ebenso dem Juvenal 7, 62. Martial war 30 Jahre Client gewesen (12, 18, 16) und dieses Lebens sehr müde geworden (10, 74), ohne etwas dabei zu erübrigen. Er erhielt bei seinem Abgange aus Rom auf die Zuschrift 10, 19 von Plinius ein *viaticum* (Plin. *ep.* 3, 21). Clienten waren auch Statius (*silv.* 4, 9, 48) und der Verfasser des *Carmen ad Pisonem* (Wernsdorf *P. L. M.* IV, 1 p. 236 ff., Baehrens *P. L. M.* I, 15) v. 105 ff. (Baehr. 117 ff.).

3) Juven. 3, 49. Martial. 6, 50.

4) Martial. 2, 11. 14. 27. 37; 3, 14; 7, 20; 9, 14. 19.

5) Ausführlich handeln hievon Heuermann S. 32. Friedlaender S. 367 ff.

6) *Troiugenae* Juv. 1, 100.

7) Martial. 10, 10; 12, 26.

8) Martial. 2, 18.

9) Juv. 5, 131.

10) Juv. 3, 149.

11) Suet. *Claud.* 25.

12) *mille* oder *sexaginta* Martial. 10, 10; 12, 26.

13) Juv. 3, 188. vgl. 5, 66.

14) Horat. *epist.* 1, 18, 10. Martial. 11, 24; 12, 40. Seneca *de ira* 3, 8, 6.

15) Die *Graeculi esurientes* sind *adulandi gens prudentissima* Juv. 3, 78. 86 ff.

16) Martial. 1, 112; 2, 18, 5; 2, 68; 6, 88; 9, 92. Mehr bei Friedlaender S. 395 ff.

17) Hievon ist Martial das beste Beispiel s. 2, 46; 5, 42. 82; 7, 53; 8, 28;

Tafel geladen,[1]) und schliesslich mit einer Stelle auf einem Gute[2]) oder im besten Falle mit einem kleinen Landbesitze[3]) versorgt zu werden. Indessen war das Einladen der Clienten eine kostspielige Sache, und wenn auch die *imi convivae lecti*, wie sie Horat. *sat.* 2, 8, 41 nennt, sich so mässig als möglich benahmen, oder sich eine geringere Kost als die übrigen Gäste gefallen liessen,[4]) so führte man schliesslich doch eine bei Massenbewirthungen bereits vorhandene Sitte auch bei der Speisung der Clienten ein, indem man ihnen eine kleine Geldsumme statt der *cena* verabreichen und somit einen Tagelohn zahlen liess, welcher *sportula* genannt wird und oft die ganze Einnahme der Clienten ausmachte.[5]) Das Wort *sportula*, welches namentlich in seiner Anwendung auf die Clienten zu vielfältigen Besprechungen Veranlassung gegeben hat,[6]) wird nämlich in eigentlichem und in übertragenem Sinne gebraucht. Seine eigentliche Bedeutung hatte es bei Opfern, bei welchen man meistens nur einzelne Theile des Opferthieres, die *exta* mit den Zuthaten, den Göttern darbrachte, das Fleisch (*viscera*) aber entweder unter die Opfergäste vertheilte,[7]) welche dasselbe in einem zu diesem Zwecke mitgebrachten Korbe (*sportula*) nach Hause bringen liessen,[8]) oder bei einem gemeinsamen Opfermahle (*visceratio*)[9]) an Ort und Stelle verzehrte. Im letzteren Falle muss

Bewirthung der Clienten.

sportula.

10, 11. 73; 12, 36. Wer an den Saturnalien oder dem Neujahrstage dem Patronus selbst ein kleines Geschenk bringt, thut dies in der Hoffnung auf reichliche Wiedervergeltung. Martial. 5, 18.

1) Juv. 5, 14:

Fructus amicitiae magnae cibus; imputat hunc rex,
Et quamvis rarum tamen imputat.

2) Columella *lib.* 1, pr. 12.

3) Horat. *epist.* 1, 7, 81. Martial. 11, 18.

4) Plin. *ep.* 2, 6. Martial. 1, 20; 3, 60; 4, 85; 6, 11; 10, 49. Juv. 5, 24 ff.

5) Juvenal. 1, 117.

6) Ueber diesen vielbesprochenen Gegenstand s. Buttmann Ueber die Sportula der Römer, in Seebode Krit. Bibliothek III (1821) S. 391—409. Schmieder *De sportula*. Progr. von Brieg 1836. 4. Mommsen *De collegiis et sodaliciis*. Kiliae 1843. 8. p. 109. Becker *Gallus* II³ S. 164 ff. (S. 204 ff. Göll). O. Guttmann *Observationum in M. Valer. Martialem particulae* V. Breslau 1866. 8. Friedlaender Darstellungen I⁵ S. 391 ff. Henzen *Act. arv.* p. 16. Heuermann Untersuchungen über die Sportula der Clienten. Burgsteinfurt 1875. 4.

7) Staatsverwaltung III S. 176.

8) Mommsen *De collegiis* p. 109. (Ein Beispiel dieses freilich sicher vorauszusetzenden Gebrauchs von *sportula* scheint nicht vorzukommen.)

9) Serv. *ad Aen.* 6, 253: *Nam viscera sunt, quidquid inter ossa et cutem est. Unde etiam visceratio dicitur.* Vgl. *ad* 1, 211. Liv. 8, 22, 2. 4; 39, 46, 2; 41, 28, 11. Cic. *de off.* 2, 16, 55. (An den beiden letzteren Stellen werden *epulae* und *visceratio* unterschieden. Auf die Bedeutung eines Schmauses am

für Brod, Wein und Zukost noch besonders gesorgt werden, während unter *sportula* auch in Stiftungsurkunden nur das Fleisch oder das Essen überhaupt zu verstehen ist und wenn eine gemeinsame Mahlzeit gehalten werden soll, ausserdem die Verabreichung von Brod und Wein angeordnet wird.[1]) Dasselbe Verfahren fand statt bei einem *epulum publicum*,[2]) d. h. nicht einem auf Staatskosten gegebenen, sondern entweder von einem Magistrate oder dem Kaiser oder auch einem Privatmanne an einem öffentlichen Orte (*in publico*),[3]) z. B. auf dem Forum veranstalteten Gastmahle, zu welchem entweder die ganze Stadtbevölkerung oder ein Theil derselben eingeladen wird. Nicht nur in Rom waren solche Gastmähler bei religiösen Feiern,[4]) Spielen,[5]) Triumphen,[6]) Leichenfesten[7]) und anderen Gelegenheiten üblich,[8]) sondern auch in den Municipien werden sie theils bei besonderen Veranlassungen,[9]) theils regelmässig an bestimmten Tagen jedes Jahres[10]) begangen. Diese Bewirthungen wurden so eingerichtet, dass entweder eine ordentliche Mahlzeit mit dem ganzen Tafelapparat (eine *recta cena*)[11]) her-

---

Ort der Vertheilung scheint nur Sen. *ep.* 19, 20 zu führen.) Cic. *de or.* 3, 19, 73 nennt das Opfer der *VIIviri epulones* ein *epulare sacrificium.*

1) Orelli 3949 = 4100: *ob statuae dedicationem dedit iuvenibus s. HS. XXX n. adiecto pane et vino epulantibus.* Vgl. n. 3902. 4069: *cuius dedicatione sing(ulis) HS. n. XXXX adiecto pane et vino cum epul(arentur) dedit.* 7101 = *C. I. L.* X, 5796. Mommsen p. 110. 2) Sueton. *Cal.* 32.

3) Orelli-Henzen 7115: *C. Torasius Severus — ad celebrandum natalem fili sui in publicum dedit HS. CCL, ex quorum reditu — — omnibus annis decuriones in p u b l i c o cenarent et municipes praesentes acciperent aeris octonos.* Statt dessen Orelli 1368: *A. Plutius Epaphroditus — — HS. X M n. reipublicae Gabinorum intulit, ita ut ex usuris eiusdem summae quodannis — — decuriones et VIviri Augustales publice in tricliniis suis epulentur.*

4) Eine Speisung des Senates, der Ritterschaft und der Plebs bei dem Opfer des *Septimontium* (Staatsverwaltung III S. 184) erwähnt Suet. *Domit.* 4. Damals gab sie der Kaiser, aber in alter Zeit war mit einem solchen *sacrum populare* wohl die *cena popularis* verbunden, welche Plautus *Trin.* 468 ff. beschreibt und bei welcher jeder sein Essen mitbrachte.

5) Friedlaender in Staatsverwaltung III S. 475.

6) Athenaeus 5 p. 221 f.: ἐν τῷ Ἡρακλέους ἱερῷ, ἐν ᾧ οἱ τοὺς θριάμβους κατάγοντες στρατηγοὶ ἑστιῶσι τοὺς πολίτας. Ein Beispiel giebt ausser dem weiter unten anzuführenden Triumphe Caesar's der Triumph des Lucull. Plut. *Luc.* 37: ἐπὶ τούτοις τήν τε πόλιν εἱστίασε λαμπρῶς καὶ τὰς περιοικίδας κώμας, ἃς οὐΐκους καλοῦσι. 7) Liv. 39, 46, 2 f.

8) So am Geburtstage des Augustus. Dio Cass. 54, 30.

9) S. die Inschriften Wilmanns n. 351. 692. 745. 746. 747. 774. 1585. 1589. 1870. 2062. 2348. 2351. 10) Wilmanns n. 307. 2001. 2099 u. ö.

11) Suet. *Aug.* 74. *Domit.* 7. Martial. 2, 69, 7; 7, 20, 2; 8, 50, 10: *Promissa est nobis sportula, recta data est.*

gestellt oder dass jedem Gaste seine Portion in einem Korbe (*sportula*) verabreicht wurde. Das erste wird in Rom erwähnt bei dem Triumphe des Caesar 708 = 46, nach welchem die ganze männliche Bevölkerung Roms an 22,000 Triclinien ass,[1] und ausserdem oftmals,[2] ebenso in Ostia, wo unter Augustus sämmtliche Colonisten an 217 Triclinien speisten,[3] und in anderen Städten;[4] von dem Zweiten, für welches der technische Ausdruck ist *epulum dividere*,[5] haben wir ebenfalls bestimmte Beispiele.[6] Wer ein solches Mahl gab, musste nach römischem Gebrauche die Lieferung der Speisen einem Unternehmer (*manceps*) übertragen und diesem für jedes Couvert oder jede Sportula eine bestimmte Summe zahlen. Es lag daher nahe, diese Largition so zu vereinfachen, dass man die betreffende Summe direct den Festtheilnehmern zahlte und diesen überliess, dieselbe zu Hause, oder öffentlich und gemeinsam zu verzehren oder endlich zu anderen Zwecken zu verwenden.[7] In der Kaiserzeit wenigstens ist unter *visceratio*,[8] *epulum*[9] und *sportula*[10] häufig

---

1) Plut. *Caes.* 55. Vgl. Dio Cass. 43, 21, 3. Liv. *ep.* 115.

2) Liv. 39, 46 (vom J. 570 = 184): *post ludos epulum. In quo cum toto foro triclinia strata essent, tempestas — coorta coegit plerosque tabernacula statuere in foro.* Plutarch. *Crass.* 2. *Comp. Nic. cum Crasso* 1. Suet. *Cal.* 32.

3) Wilmanns 1724: *Idem epulum cum triclinis CCVII colonis dedit.*

4) So war in Gabii eine Stiftung, *ut — publice in tricliniis suis epulentur* (Orelli 1368).

5) Wilmanns 2315 = *C. I. L.* II, 1663.

6) Suet. *Cal.* 18: *Sparsit et missilia variarum rerum et panaria cum obsonio viritim divisit, qua epulatione equiti Romano contra se hilarius avidiusque vescenti partes suas misit.* Suet. *Dom.* 4: *Septimontiali sacro quidem Senatui equitique panariis, plebei sportellis cum obsonio distributis, initium vescendi primus fecit.* Vgl. Suet. *Claud.* 21.

7) In der Inschr. Orelli 3722 lassen die Decurionen eines Ortes *ex sportulis suis* eine Statue setzen und dergleichen muss öfters geschehen sein, da man es nöthig fand, es geradezu zu verbieten. Inschr. von Narbo bei Herzog *Galliae Narb. historia.* Append. p. 9 n. 18 II: *ut usuràs huius summae ea die — inter praesentes et epulantes in perpetuum dividatis. Neque ea summa in alium usum convertetur.*

8) In der Inschr. Orelli 134 = *C. I. L.* IX, 23 macht jemand eine Stiftung von einer Summe Sesterzen, *ut ex reditu eorum die natalis filii sui omnibus annis viscerationis nomine dividatur decurionibus singulis HS. XX n.* etc.

9) Petron. 45: *epulum daturus est Mammaea binos denarios.* 71: *epulum dedi binos denarios.* Orelli 842 = *C. I. L.* IX, 2553: *epulum dedit decur(ionibus) et augustal(ibus) sing(ulis) HS. VIII.* Andere Inschriften mit dieser Formel s. b. Marini *Arvali* p. 398, der indessen die Formel falsch erklärt, indem er *epulum et sestertios*, also Mahl und Sportula nebeneinander verstanden wissen will. Das kommt zwar einigemal vor, es wird aber dann beides durch *et* verbunden. Regel ist es nicht, s. Mommsen *De coll.* p. 110—111, sondern *epulum* und *sportula* ist identisch. So sagt man *epulum duplum dare* Orelli 3740; Decurionen errichten eine Statue *ex epulis suis* Orelli 88, oder *ex collatione legativi epuli C. I. L.* X, 6090.

10) Gewöhnlich wird bei Stiftungen der Geldbetrag der Sportula ange-

nur ein Geldgeschenk zu verstehen, obwohl zuweilen die Verwendung desselben zu einem Festmahle ausdrücklich angeordnet wird[1]) oder eine doppelte Bewilligung einer Geldsumme oder *cena recta.* eines *epulum* stattfindet.[2]) Der Unterschied aber, welcher zwischen der *cena recta* und der *sportula*, mag diese nun in Naturalien oder in Geld gezahlt werden, stattfindet, liegt darin, dass das Volk, wenn es zu einer solennen Mahlzeit geladen wird, auch Anspruch auf den kostbaren Apparat der Tafel machte, welcher bei dem Wirthe selbst üblich war. Als Q. Fabius Maximus Allobrogicus Cos. 633 = 121 dem römischen Volke ein *epulum* gab, bat er seine Verwandten, ihn dabei durch Ausstattung einiger Triclinien zu unterstützen. Sein Vetter Q. Aelius Tubero, ein Stoiker, und jedem Prunke feind, lieferte eines; das Volk aber fand das Triclinium ordinär, die Decken der *lecti* unanständig und die Geräthschaften ärmlich, und nahm dies so übel, dass es ihn bei seiner Bewerbung um die Praetur durchfallen liess.[3]) Scheute man aber den Aufwand kostbarer *lecti* und *vasa* nicht, so erforderten diese wieder ein Aufsichtspersonal, damit nichts verdorben oder gestohlen würde,[4]) und Nero machte daher wirklich eine grosse Ersparung, als er die *cenae rectae* abschaffte und nur die *sportulae* beibehielt,[5]) während

---

geben. Indessen heisst es auch: *sportu(lae) n(omine) singulis dedicavit denarios III.* Herzog *Galliae Narb. hist.* Append. p. 8 n. 17. Vgl. Grut. 483, 7: *Sportul(as) dedit singul(is) denarios binos.*

1) Orelli-Henzen 1368. 7103 (*C. I. L.* X, 1880). 7115. Herzog *Galliae Narb. historia* Append. p. 30 n. 111: *dedicatione templi — — decurionibus Nemausensium — — singulis denarios V, ita ut in publico vescerentur, distribui iussit.* Ibid. p. 88 n. 419.. Boissieu *Inscr. de Lyon* p. 19: *cuius dedicatione honoratis praesentib(us) dedit epuli denarios II.*

2) Marini *Arvali* p. 399: *epulum et HS IIII n. dedit.* Henzen 7145 = *C. I. L.* X, 451: *et epulum plebeis singulis HS . . . n. et viscerationem.* n. 7190 = *C. I. L.* X, 5917. 5918: *dedit decur(ionibus) denarios V, sex v(iris) denarios II, pop(ulo) denarium I et epulum suffic(iens).* Hiebei kann gemeint sein, dass ein Theil der Bevölkerung die *sportula*, ein anderer die *cena* bekommt, wie Orelli 3991: *Otacilia — — decur(ionibus) et augustalibus sportul(as) et populo epulum dedit*, oder dass zwei gesonderte Largitionen gemacht werden, wie auch in der Zeit der Republik bei einer Festfeier eine *visceratio* und ein *epulum* gegeben wird, aber an verschiedenen Tagen. Liv. 39, 46, 2; 41, 28, 11. In der *lex collegi Aesculapi et Hygiae* Orelli 2417 = *C. I. L.* VI, 10234 wird entweder eine *sportula* oder eine *cena* angeordnet: *Pr. Id. Mart. eodem loco cenam, quam Ofilius Hermes q(uin)q(uennalis) omnibus annis dandam praesentibus promisit vel sportulas, sicut solitus est dare.*

3) Cic. *pr. Mur.* 36, 75 und daselbst Zumpt. Valer. Max. 7, 5, 1.

4) Sueton. *Cal.* 32.

5) Suet. *Ner.* 16: *adhibitus sumptibus modus; publicae cenae ad sportulas redactae.*

Domitian, als er die ersteren wieder einführte, [1]) offenbar von der Absicht geleitet wurde, vornehmen Privatpersonen, die zwar eine *sportula* auszusetzen, nicht aber eine *cena recta* zu geben im Stande waren, Largitionen dieser Art überhaupt unmöglich zu machen. [2]) Der Gebrauch der *sportula* bestand übrigens noch lange nach Domitian fort, und die Collegien, welche zu ihren Versammlungen eigene auch zu Festmahlen eingerichtete Localien besassen, pflegten die aus der Casse des Collegiums an die Mitglieder gezahlten *sportulae* entweder dem *magister collegii* oder einem anderen Mitgliede zu überweisen, um davon das gemeinsame Mahl auch als eine *recta cena*, wie sie den Verhältnissen angemessen war, auszurichten. [3])

Entsprechend dieser Art der öffentlichen Bewirthungen ist auch die Speisung der Clienten eingerichtet worden. Von den Clienten, welche den Herrn des Morgens besucht und den Tag über begleitet hatten, wurde vielleicht einer oder der andere zu Tische gezogen; den übrigen gab man zuerst, wie es scheint, vom Tische selbst ihre Portion nach Hause mit, [4]) hernach gegen die Zeit der *cena* [5]) oder auch wohl gleich beim Morgenbesuche [6]) statt dessen eine Geldsumme, in der Regel 100 Quadranten [7]) oder 25 As, d. h. etwa 1 M. 30 Pf. Davon kaufte sich der Client nicht nur sein Mittagsessen, [8]) sondern bestritt auch seinen

1) Suet. *Domit.* 7: *sportulas publicas sustulit, revocata rectarum cenarum consuetudine.* Martial. 8, 50. 2) Guttmann p. 38.

3) Wir kennen diese Einrichtung namentlich aus den Festschmäusen der *fratres Arvales*, bei welchen sie der Magister besorgte. Henzen *Acta fr. Arv.* p. 16. Sie scheint aber in allen Collegien vorzukommen. S. Mommsen *De colleg.* p. 110.

4) Darauf geht Plin. *ep.* 2, 14, 4: *tam palam sportulae quam in triclinio dantur.* Da es gewöhnlich ist Clienten ein *prandium* in einem Korbe zum Geschenk zu schicken (Martial. 9, 72) und auch Freunden vom Tische eine Portion Essen (*partes* Suet. *Cal.* 18. *Domit.* 11) zukommen zu lassen, so ist diese Art die Clienten abzufertigen wohl als die ursprüngliche anzunehmen. Auch Hesychius s. v. ἀπὸ σπυρίδος, der die Bezeichnung einer griechischen Sitte, dass Freunde ein gemeinsames Mahl halten, jeder sein Essen im Korbe mitbringend (Athenaeus 8 p. 365a), auf die römische Sportula anwendet, sagt: ἀπὸ σπυρίδος δειπνεῖν ἢ δειπνίζειν· τὸ ἀντὶ δείπνου ἀργύριον καὶ μέρη (d. h. *partes*) ἐν σπυρίδι λαβεῖν ἢ δοῦναι. (S. dagegen Göll in Becker's *Gallus* II S. 206; in der That kann diese Sitte nicht als erwiesen gelten.)

5) Martial. 10, 70.

6) Juv. 1, 128. (Göll a. a. O. S. 210 ff. nimmt wohl ohne Grund an, dass es sich hier um ausserordentliche *sportulae* bei Familienfesten handelt. Mart. 1, 80 hat er missverstanden.)

7) Martial. 1, 59; 3, 7; 4, 68; 6, 88; 10, 70, 13. 74, 4. 75, 11. Juvenal 1, 120.

8) Juv. 1, 134; *Schol. Juv.* 3, 250: *pulmentaria portant secum comparata ex sportula.*

ganzen Lebensunterhalt;[1]) zuweilen erhielt er eine grössere Summe,[2]) namentlich bei Geburtstagen;[3]) auf der anderen Seite aber wurde die *sportula* nicht alle Tage gezahlt,[4]) sondern nur wenn der Client zur *deductio* oder zu anderen Diensten gebraucht, oder zum Empfange der *sportula* besonders eingeladen war.[5]) Martial gab seinen Patron auf, weil er bei ihm jährlich nur 120 Sesterzen[6]) (26 M.) verdiente; bei diesem spärlichen Ertrage[7]) musste man sich also nach vielen Patronen umsehen, um sein Leben zu fristen. Unter Domitian speiste man die Clienten eine Zeit lang wieder am Tische;[8]) aber auch hiemit war ihnen nicht geholfen; es fehlte ihnen an Geld zu allen anderen Ausgaben, welche sie sonst von der *sportula* bestritten hatten,[9]) und wird ihnen daher nichts häufiger geschenkt, als eine Toga;[10]) sie verlangen aber eigentlich ein Gehalt (*salarium*),[11]) und es scheint daher im Interesse des Clienten wie des Patrones gewesen zu sein, die Geldsportula wieder einzuführen,[12]) welche, so lange das Clientelverhältniss überhaupt dauerte, auch in Anwendung geblieben sein wird.[13])

---

1) Juv. 1, 119. Martial. 3, 30.

2) Drei Denare Martial. 9, 100. 3) Martial. 10, 27.

4) Ist der Herr z. B. krank und nimmt er den Clienten nicht an, so fällt die *sportula* weg. Martial. 9, 85: *mea porrexit sportula, Paulle, pedes*, d. h. sie ist zu Grabe getragen. 5) Martial. 4, 68; 9, 100.

6) Martial. 4, 26:

Quod te mane domi toto non vidimus anno,
Vis dicam, quantum, Postume, perdiderim?
Tricenos puto bis, vicenos ter, puto, nummos.
Ignosces: togulam, Postume, pluris emo.

Es sind vielleicht auch nur 60 HS gemeint.

7) Martial. 3, 38, 11:

»Atria magna colam«. Vix tres aut quattuor ista
Res aluit, pallet cetera turba fame.

8) Martial. 3, 30. 60. 82. 9) Martial. 3, 30 vgl. 3, 14.

10) Martial. 10, 11, 6; 10, 73; 12, 36. 11) Martial. 3, 7.

12) Von der Aufhebung der Geldsportula spricht Martial nur im 3. Buche, das zwischen 84 und 88 verfasst ist (Friedlaender S. 392; vgl. Heuermann S. 16), während in den anderen Büchern immer die Geldsportula vorkommt, z. B. 6, 88, nach Friedlaender geschrieben im J. 90.

13) Nach der Zeit des Martial und Juvenal haben wir über die Verhältnisse der Clienten keine speziellen Nachrichten. Der Glanz der alten Nobilität, an welche sich das Institut der Clientel ursprünglich knüpfte, erlosch bald nach der Mitte des ersten Jahrhunderts; die Morgenbesuche und sonstigen Bemühungen der Clienten dauerten zwar bis auf Symmachus' Zeit, galten aber damals den höheren Beamten, deren Gunst man zu gewinnen und zu erhalten suchte, und von denen eine Sportula weder erwartet noch gezahlt worden sein wird. (Dies Aufhören der Clientel ist nicht erwiesen; vgl. Pöhlmann Die Uebervölkerung der antiken Grossstädte, Leipzig 1884, S. 42 A. 2.)

vorausgesetzt nämlich, dass wir in Pompeii italische, nicht griechische Häuser vor uns haben. Indessen kann an der Richtigkeit dieser Voraussetzung kein Zweifel sein. Allerdings sind die Häuser von Pompeii Bauten einer Zeit, in welcher griechische Kunst überall zur Anwendung gekommen ist,[1]) und Wohnungen von Municipalbürgern, für welche die Bedürfnisse der römischen Nobililät nicht maassgebend waren. Allein sie stimmen erstens in ihrer Anlage durchaus überein mit den Grundrissen römischer Gebäude, welche der unter Septimius Severus angefertigte und noch vorhandene Plan der Stadt Rom enthält;[2]) sie haben ferner diejenigen Theile, welche dem römischen Hause wesentlich, dem griechischen aber fremd sind, das *atrium*, die *alae*, das *tablinum*; sie haben drittens Einrichtungen, die ausdrücklich als römische bezeugt sind, das Aufgehen der Hausthüre nach innen, den Tisch und den Geldkasten im *atrium*; sie geben endlich alle Anhaltspunkte zum Verständniss der freilich spärlichen Ueberlieferung, welche wir über die ursprüngliche Form und allmähliche Erweiterung des römischen Hauses haben.

Unterschied des antiken und modernen Hauses.

Der Unterschied des antiken, noch jetzt im Orient vorhandenen Wohnhauses von dem modernen beruht, wie Nissen ausgeführt hat, hauptsächlich auf dem Umstande, dass die Alten des Glases entbehrten. Wir werden zwar weiter unten sehen, dass es im ersten Jahrhundert der Kaiserzeit Glasfabriken in Italien gab und bei Luxusbauten und in beschränktem Maasse auch in Wohnhäusern Glasfenster zur Anwendung kamen, aber bis dahin und im Grossen und Ganzen auch nachher hatte man kein anderes Mittel, Luft und Licht in das Haus dringen zu lassen, als eine grosse Hausthüre, welche deshalb *lumen* heisst[3])

Rom 1789—1807. Herculanum und Pompeii. Vollständige Sammlung der daselbst entdeckten — Malereien, Mosaiken und Bronzen, gestochen von H. Roux. Mit Text von Barré und Kayser. 6 Bde. Hamburg 1841. 8. (auch französisch: *Recueil général des peintures, bronzes* etc., in 8 Bdn., Paris 1875—77. 4.). Em. Presuhn Pompeji, die neuesten Ausgrabungen von 1874—1878. Leipzig 1878. 4. Die Ausgrabungen von 1878—1881. Leipzig 1882. 4.

1) Pompeii wurde am 5. Februar 63 p. Chr. durch ein Erdbeben zerstört (Tac. *ann.* 15, 22. Seneca *n. q.* 6, 1, 1), dann neu aufgebaut, und am 24. August 79 p. Chr. durch einen Ausbruch des Vesuv verschüttet. Plin. *ep.* 6, 16. 20. Dio Cass. 66, 21—24. Ueber die ältere Baugeschichte Pompeii's s. Nissen Pompeianische Studien und A. Mau Pompejanische Beiträge. Berlin 1874. 8.

2) Zuerst herausgegeben von Bellori *Ichnographia vet. Rom.* (auch in Graev. *Thes.* IV), zuletzt von H. Jordan *Forma urbis Romae.* Berolini 1874. fol. Vgl. Mazois II pl. 1.

3) Vitruv. 4, 6, 1. Inschrift von Puteoli *C. I. L.* I, 577 = X, 1781

und, wenn diese geschlossen wurde, eine Oeffnung über der Thüre, später auch im Dache oder in den Wänden. Die ältesten Bauernhäuser in Italien waren von Holz[1]) gebaut; ihre Form ersehen wir aus den bei Albano gefundenen Aschenkisten.[2]) Charakteristisch ist für sie das grosse Thor, die Oeffnung darüber und ein spitzes Strohdach,[3]) das entweder von zwei oder von vier Seiten abfällt und im ersten Falle *tectum pectenatum*, im letzten *tectum testudinatum* heisst.[4]) Auch in der Stadt haben sich diese Dächer erhalten, das Giebeldach bei den Tempeln, das vierseitige Dach bei den Wohnhäusern. Der Name des altrömischen Wohnhauses ist *atrium*[5]) und es gab in Rom eine grosse Anzahl von Gebäuden alter und einfacher Construction, welche diesen Namen führten, wie das *atrium Vestae*, in welchem die Vestalinnen wohnten, das *atrium sutorium*, die *atria Tiberina*, das *atrium Libertatis*, die *atria Licinia*, *atria auctionaria* und andere, welche Staatsverwaltung III S. 155 f. angeführt worden sind; aber auch in dem erweiterten Hause späterer Zeiten ist das Atrium immer der wesentliche Theil geblieben, um den sich aber andere Localitäten gruppiren. Die bauliche Construction des Atrium hing von der Art ab, wie man die Beleuchtung schaffen wollte. Vitruv zählt fünf verschiedene Constructionen desselben auf,[6]) welche sich indessen auf zwei zurückführen lassen,[7]) nämlich das Atrium mit geschlossenem

Altitalisches Bauernhaus.

atrium.

Arten der Dachconstruction.

lin. 10. (Vitruv sagt *lumen thyretri*, die Inschrift *ostiei lumen*, dass aber *lumen* allein die Thür bedeuten könne, hat Nissen, Pomp. St. S. 223, mit Unrecht daraus geschlossen. Nur die ältesten Häuser nach Art der Aschenurnen erhielten Licht durch die Hausthür, die späteren durch die Dachöffnung.)

1) Festi *ep.* p. 12: *Adtibernalis habitator continuae tabernae, quod genus domicilii antiquissimum Romanis fuisse testimonio sunt exterae gentes, quae adhuc tabulatis habitant aedificiis; unde etiam tecta castrensia, quamvis pellibus conteganlur, tabernacula tamen dicuntur.*

2) Zusammengestellt von Ghirardini *Notizie degli Scavi* 1881 p. 354 ff. Abbildungen ebenda tav. V; *Archaeologia* 42, I S. 99 ff. *Ann. d. Inst.* 1871 tav. d'agg. *U.* Vgl. auch Verhandlungen d. Berlin. Ges. f. Anthropologie 16. Juni 1883 p. 320 ff.

3) Das Strohdach der ältesten röm. Häuser erwähnen Vitruv. 2, 1, 5. Isidor. *orig.* 15, 8, 4. Ovid. *fast.* 3, 184; 6, 261: *Quae nunc aere vides, stipula tum tecta videres, et paries lento vimine textus erat.*

4) Festus p. 213[a], 6: *Pectenatum tectum dicitur a similitudine pectinis in duas partes devexum, ut testudinatum in quattuor.*

5) (Dies ist nicht erwiesen. S. Voigt Jahresber. XV S. 377 f. Göll in Becker's *Gallus* II S. 254.)

6) Vitruv. 6, 3, 1: *Cava aedium quinque generibus sunt distincta, quorum ita figurae nominantur: Tuscanicum, Corinthium, tetrastylon, displuviatum, testudinatum.*

7) Nissen S. 629. Varro *de l. L.* 5, 161: *Cavum aedium dictum, qui locus*

Dache und das Atrium mit einer Lichtöffnung im Dache. Ist das Dach ohne Oeffnung, so heisst es *testudo*, das *atrium* aber *testudinatum* und dies scheint die älteste Form desselben gewesen zu sein,[1]) welche sich in der Stadt als unzweckmässig herausstellte; ist es dagegen geöffnet, so heisst die Dachöffnung selbst *compluvium*, der unter derselben liegende Theil des Fussbodens dagegen, auf welchen der Regen fiel, *impluvium*.[2]) Die übrigen Arten der Dachconstruction unterscheiden sich nur insofern, als bei dem *atrium Tuscanicum*,[3]) von welchem weiter unten eine Anschauung gegeben werden wird, das Dach auf zwei Querbalken ruht,[4]) bei dem *tetrastylon* und *Corinthium* dagegen von Säulen getragen wird, während es bei dem *displuviatum* so construirt ist, dass das Wasser nicht in das *compluvium*, sondern nach aussen hin abfliesst. Das *tectum dis-*

compluvium.

impluvium.

---

tectus intra parietes relinquebatur patulus, qui esset ad communem omnium usum. In hoc locus si nullus relictus erat, sub divo qui esset, dicebatur testudo ab testudinis similitudine, ut est in praetorio in castris. Si relictum erat in medio ut lucem caperet, deorsum quo impluebat dictum impluvium, sursum qua compluebat, compluvium, utrumque a pluvia. Tuscanicum dictum a Tuscis, posteaquam illorum cavum aedium simulare coeperunt. Atrium appellatum ab Atriatibus Tuscis; illinc enim exemplum sumptum.

1) (Obiges beruht auf der gänzlich unerwiesenen Annahme, als sei das *cavum aedium testudinatum* identisch mit dem alten Hause mit Sattel- oder Walmdach. Vgl. S. 218 A. 1. K. Lange Haus und Halle S. 56. Das hohe Alter des Impluvium bezeugen alte Gebräuche. Staatsverwaltung III S. 318 A. 4; vgl. Voigt Jahresber. XV S. 378 ff.)

2) Varro l. l. Festi *ep.* p. 108: *Impluvium, quo aqua impluit collecta de tecto. Compluvium, quo de diversis tectis aqua pluvialis confluit in eundem locum.* Liv. 43, 13, 6: *palmam enatam impluvio suo T. Marcius Figulus nuntiabat.* Cic. *in Verr.* 1, 23, 61: *duo signa, quae nunc ad impluvium tuum stant* und dazu Pseudo-Asconius p. 177 Or.: *Impluvium locus sine tecto in aedibus, quo impluere imber in domum possit.* Serv. *ad Aen.* 2, 512. Vitruv. 6, 3, 1. 6. Doch wird diese Unterscheidung im Sprachgebrauch nicht streng beobachtet; *impluvium* für die Dachöffnung: Fabius Pictor bei Gell. 10, 15, 8, vgl. Serv. *ad Aen.* 2, 57. Plaut. *mil. gl.* 159. 287. 340. Terent. *eun.* 3, 5, 4. Umgekehrt *compluvium*, wo wir *impluvium* erwarten Suet. *Aug.* 92.

3) (M. Voigt, Jahresber. XV S. 300 leitet *tuscanicum* von Tuscana (Toscanella) ab. Mit Recht führt dagegen Göll in Becker's *Gallus* II S. 253 die Analogie von *graecanicus* an.)

4) Zu diesem Zwecke brauchte man starke Balken, die nach Vitruv. 6, 3, 5 bis 60′ Spannung haben konnten. Selbst in Pompeii haben diese Träger 9—10 Meter Länge. Wurden die Atrien noch grösser, so waren Säulen zum Tragen des Daches unerlässlich (Nissen S. 637), aber die Säulen hatten überhaupt den Vortheil, dass man schwächere und wohlfeilere Balken zu Trägern nehmen konnte. Vitruv. 6, 3, 1: *Tetrastyla sunt, quae subiectis sub trabibus angularibus columnis et vilitatem trabibus et firmitatem praestant, quod neque ipsae magnum impetum coguntur habere, neque ab interpensivis onerantur.* Statt *vilitatem* haben die Texte *utilitatem*, aber *vilitatem* ist richtig von Mau (*Instituto archaeologico centum semestria feliciter peracta gratulantur juvenes Capitolini.* Romae 1879. 4. p. 20) emendirt worden.

pluviatum hat wie das *tectum testudinatum* die Unbequemlichkeit, dass, da man gemeinsame Regenrinnen im Alterthum nicht kannte, jedes Haus einen freien Ambitus von $2^1/_2$ Fuss haben musste, der das abfliessende Wasser aufnahm. [1]) In den XII Tafeln wird dieser *ambitus* oder *circuitus* gesetzlich angeordnet, [2]) allein später, vielleicht schon nach dem gallischen Brande, ist in Rom Haus an Haus gebaut worden, wie wir es auch in Pompeii finden, [3]) und das tuscanische Atrium allgemein in Gebrauch gekommen.

Zusammenleben der Familie im *atrium*.

In dieser durch Oberlicht erleuchteten Halle concentrirt sich das Leben der Familie und die wirthschaftliche Thätigkeit. Hier ist zuerst der Brunnen (*puteus*), d. h. eine unterirdische Cisterne, in welche der Regen vom *impluvium* abfliesst; [4]) denn bevor es Wasserleitungen gab, war Rom wie Pompeii auf Cisternen angewiesen; hier steht an der Rückseite des Impluvium der Herd, dessen Rauch durch die Oeffnung des Daches hinauszieht und diesem die schwarze Farbe giebt, von welcher das römische Atrium wie das griechische μέλαθρον ihre Namen haben, [5]) hier ist das Wohnzimmer, [6]) in welchem gekocht, geopfert und gegessen wurde, [7]) hier hat der Geldkasten seinen Platz [8]) und an der Hinterwand, gegenüber dem Eingange das Ehebett des Haus-

---

1) (Obiges ist unrichtig. Vielmehr wurde beim *atrium displuviatum* das Wasser am Fusse des sich gegen die Atriumswände senkenden Atriumsdaches in horizontalen Röhren (*canales*) aufgefangen und durch verticale Röhren (*fistulae*) an oder in diesen Wänden in die Cisterne geleitet, wobei die Wände leicht litten. Vitr. 6, 3, 2. Vermuthlich verhielt es sich beim *testudinatum* nicht anders.)

2) Schoell *Legis XII tabularum reliquiae* p. 136. Nissen S. 567. 630. 636. (Die XII Tafeln enthielten eine Bestimmung über den *ambitus;* dass sie ihn vorschrieben, ist nicht überliefert; auch steht nicht fest, dass er nur der Traufe wegen da war. Vgl. Mau in Overbeck's Pompeji [4] Anm. 110.)

3) Nissen S. 636. 4) Nissen S. 640.

5) Etymologisch hat man *atrium* von der Stadt Atria (Varro *de l. L.* 5, 161. Fest. *ep.* p. 13. Serv. *ad Aen.* 1, 726), von *terra* (Festi l. l.: *quod a terra oriatur, quasi aterrium*), von αἴθριον (Scaliger), von ἀθρόον (Becker), endlich von *ater* abgeleitet (Serv. *ad Aen.* l. l. Isidor. *or.* 15, 3, 4). Das letztere billigen Schwegler R. G. I S. 275. Mommsen R. G. I S. 229. Nissen S. 628, und dafür sprechen auch die *fumosae imagines*, die im Atrium standen. Dass in späterer Zeit in Küchen und Bädern ein Schlot für die Abführung des Rauches angebracht war, ist an sich nicht zu bezweifeln und von Fea zu Winckelmann Werke II S. 347 ausführlich dargethan.

6) Varro *de l. L.* 5, 161 nennt das Atrium einen *locus patulus, qui esset ad communem omnium usum.*

7) Serv. *ad Aen.* 1, 726: *Nam, ut ait Cato, et in atrio et duobus ferculis epulabantur antiqui. — Ibi et culina erat.* Vgl. zu 9, 648. Varro bei Nonius p. 83 s. v. *cortes: Ad focum hieme ac frigoribus cenitabant.* Hor. *sat.* 2, 6, 65 ff.

8) Serv. *ad Aen.* 1, 726: *ibi etiam pecunias habebant.* Mehr s. weiter unten.

herrn;[1]) hier sitzt die Hausfrau spinnend und webend mit den Mägden[2]) und zugleich die Wirthschaft beaufsichtigend.[3]) Mit Recht bezeichnet Vitruv auch in dieser Beziehung das Atrium als charakteristisch für das römische Haus im Gegensatz zu dem griechischen.[4]) Denn während das letztere in zwei gesonderte Theile, den für die Männer, ἀνδρωνῖτις, und den für die Frauen, γυναικωνῖτις, zerfällt,[5]) bildet in Rom das Atrium den gemeinsamen Mittelpunkt für alle Glieder der Familie. Die Frau sitzt *in medio aedium*,[6]) oder wie Nepos sagt: *mater familias primum locum tenet aedium atque in celebritate versatur.*[7])

Auf dem Lande erhielt sich das Zusammenleben der Familie im Atrium bis in die Kaiserzeit,[8]) in der Stadt aber hatte es, namentlich wenn im Hause des *pater familias* verheirathete Söhne wohnten,[9]) seine Unbequemlichkeit,[10]) und sobald die Mittel des Lebens reichlicher, die Ansprüche an häusliches Wohlbehagen grösser und die Bekanntschaft mit griechischen Einrichtungen allgemeiner wurde, so ging man an die Erweiterung und bequemere Vertheilung der Wohnräume.[11]) Das Atrium wurde auf zwei Seiten von kleinen Zimmern umgeben,[12]) wel- Erweiterung des Hauses.

---

1) S. oben S. 56. 2) S. oben S. 58 Anm. 2.

3) Wie sehr diese Einrichtung dem Bedürfniss des bäuerlichen Lebens entspricht, sieht man aus der Analogie, welche sie in dem altsächsischen Bauernhause findet, über welches Nissen S. 613 die schöne Stelle aus Moeser Patriot. Phantasien III n. 37 anführt.

4) Vitruv. 6, 10 (7), 1: *Atriis Graeci quia non utuntur neque aedificant.*

5) Plut. *de curiositate* 1, p. 624 Dübn. Nissen S. 622.

6) Liv. 1, 57, 9. 7) Nepos *praef.* 6.

8) Horaz schildert dies *epod.* 2, 63 und *sat.* 2, 6, 65:

O noctes cenaeque deum! quibus ipse meique
Ante Larem proprium vescor vernasque procaces
Pasco libatis dapibus.

Vgl. Columella 11, 1, 19: *Consuescat (villicus) rusticos circa Larem domini forumque familiarem semper epulari.* 9) S. oben S. 58 Anm. 6.

10) Varro bei Nonius p. 55 s. v. *colinam: In postica parte (atrii) erat colina; dicta ab eo quod ibi colebant ignem. Locupletiorum domus quam fuerint angustiis paupertinis coactae, ipsa nomina declarant.*

11) Varro *de l. L.* 5, 162: *circum cavum aedium erant unius quoiusque rei utilitatis causa parietibus dissepta. Ubi quid conditum esse volebant, a celando cellam appellarunt, penariam, ubi penus, ubi cubabant, cubiculum, ubi cenabant, cenaculum vocitabant. — — Posteaquam in superiore parte cenitare coeperunt, superioris domus universa cenacula dicta.* Die Veränderungen, von welchen diese Stelle redet, fallen schon vor die Zeit des Plautus, der sie an mehreren Stellen erwähnt. S. Nissen S. 650. Man kann als Periode derselben daher die Zeit der punischen Kriege bezeichnen. (Plautus ist für römisches nicht beweisend.)

12) Das ganze Areal wurde so vertheilt, dass die eine Hälfte auf das Atrium, die andere auf die Zimmer verwendet wurde. Nissen S. 639.

che, da sie ihr Licht nur vom Atrium erhielten, allerdings nur zum Schlafen oder zur Aufbewahrung von Sachen brauchbar waren; zu beiden Seiten des Herdes indess, also an der *pars postica*, behält es seine ganze Breite und läuft rechts und links hinter den Zimmern in zwei *alae* aus, welche in vornehmen *alae.* Häusern den Platz für die *imagines* gewährten.[1] An der äusseren Rückwand des Atriums baute man eine Laube von Bre- *tablinum.* tern (*tablinum*)[2] an, um im Freien sitzen, essen und arbeiten zu können, entfernte dann aus dem Atrium das Ehebett von der inneren Seite der Wand, brach dieselbe durch, und verband so die Laube mit dem Atrium,[3] das nun im Sommer nach der Rückseite zu offen blieb und volles Licht erhielt, im Winter aber durch einen Breterverschlag wieder geschlossen wurde.[4] Einen Hof hatten die alten Stadthäuser nicht gehabt, jetzt aber legte man hinter dem Hause einen von Seitengebäuden und be- *peristylium.* deckten Säulengängen eingeschlossenen Garten (*peristylium*)[5] an, der durch Namen und Anlage seinen griechischen Ursprung verräth und in den ihn umgebenden Gebäuden Raum für verschiedene Bedürfnisse gewährte, für welche bisher das Atrium hatte ausreichen müssen. In diese verlegte man Speise-, Schlaf- und Wohnzimmer, besonders aber Vorrathskammern, Herd und Küche. Küche, und im Atrium blieb statt des Herdes an dessen Stelle nur ein Tisch zurück, der den Namen *cartibulum* führt.[6] Alle

---

1) S. hierüber weiter unten.

2) Die Erklärung, nach welcher *tablinum* ein Archiv gewesen sein soll (Festus p. 356, zu lesen nach Mommsen Abh. der Berliner Acad. Phil.-hist. Classe. 1864 p. 68: *tablinum proxime atrium locus dicitur, quod antiqui magistratus in suo imperio tabulis rationum ibi habebant publicarum rationum causa factum locum.* Plinius *n. h.* 35, 7: *tabulina codicibus implebantur et monimentis rerum in magistratu gestarum.* Gloss.: *tablinum* χαρτοφυλάκιον) gehört einer späteren Periode an ⟨beruht wohl nur auf falscher Etymologie⟩; die ursprüngliche Bedeutung bezeichnet Varro bei Nonius p. 83 s. v. *cortes: ad focum hieme ac frigoribus cenitabant, aestivo tempore in propatulo, rure in corte, in urbe in tabulino, uod maenianum possumus intellegere tabulis fabricatum.* Wie *opus figlinum* eine Töpferarbeit, so ist *tablinum* eine Breterarbeit; Hygin *de mun. castr.* § 2. 3. 31. 32. 34 unterscheidet daher bei der den Truppentheilen zugemessenen Zeltreihe (*pedatura*) die Fahnenseite (*signa*) und die Breterseite (*tablinum*); denn die Lederdecken der Zelte (*cortinae*, Isidor. *orig.* 19, 26, 9) waren *distentae funibus, tabulis interstantibus.* Isidor. *orig.* 15, 10, 1. ⟨Bei dieser sehr ansprechenden Erklärung bleibt freilich die Schwierigkeit, dass *maenianum* sonst etwas anderes bedeutet.⟩

3) S. Nissen S. 643.

4) Hierauf bezieht sich Javolenus *Dig.* 50, 16, 242 § 4: *Straturam loci alicuius ex tabulis factis, quae aestate tollerentur et hieme ponerentur, aedium esse ait Labeo, quoniam perpetui usus paratae essent, neque ad rem pertinere, quod interim tollerentur.*

5) Nissen S. 645 ff.

6) Varro *de l. L.* 5, 125. Nissen S. 641.

diese Erweiterungen des Areals waren nur möglich durch Ankauf von Nebenhäusern, die man nicht immer abriss und umbaute, sondern so viel als möglich benutzte. In Pompeii finden sich daher Häuser mit mehreren Atrien[1]) und die Lage des Peristyls ist nicht immer die zweckmässigste, sondern wird durch das zu Gebote stehende Terrain bedingt. Zuletzt schritt man endlich dazu, dem auf ein Stockwerk berechneten Hause ein zweites hinzuzufügen, dessen Zimmer alle *cenacula* heissen[2]) und mit Fenstern, d. h. durch Läden zu verschliessenden Lichtöffnungen versehen sind.[3]) Sie werden theils von dem Eigenthümer selbst benutzt,[4]) theils vermiethet,[5]) und man gelangt zu ihnen auf meist ziemlich unbequemen, häufig hölzernen Treppen.[6]) Weder in Rom noch in Pompeii ist diese Bauart alt, obgleich Livius sie schon früh erwähnt;[7]) seit dem Ende der republikanischen Zeit indessen zwang das Bedürfniss zu immer höheren Dimensionen[8]) nicht nur der Miethshäuser, *insulae*,[9]) über deren Einrichtung wir ganz im Unklaren sind, sondern auch der Privatgebäude, so dass in Rom dreistöckige Häuser nicht selten waren[10]) und es wegen der Gefahr bei Feuersbrünsten und Ueberschwemmungen[11]) nöthig wurde, ein Maxi-

Mehrere Stockwerke. *cenacula.*

1) (Zwei Atrien beruhen oft auch auf ursprünglicher Anlage. S. Mau in Overbeck's Pompeji[4] S. 261, dazu Anm. 121.)

2) Varro *de l. L.* 5, 162: *posteaquam in superiore parte cenitare coeperunt, superioris domus universa cenacula dicta.* Festi *ep.* p. 54: *cenacula dicuntur, ad quae scalis ascenditur.* 3) Nissen S. 639. 4) Varro a. a. O.

5) *cenaculum* heisst geradezu eine Miethswohnung. Horat. *epist.* 1, 1, 91 und *cenaculariam exercere* Wohnungen vermiethen. S. die Stellen bei Nissen S. 602.

6) Nissen S. 602. (Sowohl steinerne als hölzerne Treppen, letztere ohne Verschalung zwischen den Stufen, sind in Pompeii häufig, mit einer Steigung von weniger als 45° (vgl. Vitr. 9, 2, 8). Eine 1½ Meter breite Marmortreppe *Not. d. Scavi* 1878 p. 28. Travertintreppen in Ostia das. p. 88.)

7) Liv. 1, 41, 4: *ex superiore parte aedium per fenestras in novam viam versas populum Tanaquil alloquitur.* Und 39, 14, 2 vom J. 568=186: (*Hispalae*) *cenaculum super aedes datum est, scalis ferentibus in publicum obseratis, aditu in aedes verso.*

8) Vitruv. 2, 8, 17: *In ea autem maiestate urbis et civium infinita frequentia innumerabiles habitationes opus est explicare. Ergo cum recipere non posset area plana tantam multitudinem ad habitandum in urbe, ad auxilium altitudinis aedificiorum res ipsa coegit devenire.*

9) Staatsverwaltung II[2] S. 124. (Ueber *insula* vgl. O. Richter, *Hermes* XX S. 91 ff., welcher wahrscheinlich macht, dass man in späterer Zeit darunter einen Complex von Miethwohnungen, Theil eines Hauses, verstand.)

10) Livius 21, 62, 3 erzählt schon vom J. 536=218: *foro boario bovem in tertiam contignationem ascendisse.* Martial wohnte drei Treppen hoch. 1, 117, 7.

11) Tac. *ann.* 1, 76. Suet. *Aug.* 30. Seneca *contr.* 2, 9, 11 p. 121 Burs.: *tanta altitudo aedificiorum est, — ut neque adversus ignem praesidium nec ex*

mum der Höhe zu bestimmen, welches unter Augustus auf 70 Fuss, unter Traian auf 60 Fuss normirt wurde.[1]) Zugleich mit dem Bedürfnisse machte sich der Luxus geltend; das Haus des Lepidus, im J. 676 = 78 das schönste in Rom, nahm 35 Jahre später nur noch einen untergeordneten Rang ein;[2]) die Nobilität wetteiferte in der Ausstattung ihrer Wohnungen,[3]) und obgleich Augustus eine gewisse Einfachheit der häuslichen Einrichtung durch sein Beispiel empfahl,[4]) so steigerte sich die Pracht der römischen Bauten in unglaublicher Weise, bis sie unter Nero ihren Culminationspunkt erreichte. Unsere Absicht beschränkt sich indessen auf die Betrachtung der gewöhnlichen und nothwendigen Wohnungsräume eines Bürgerhauses, zu deren Veranschaulichung zwei Beispiele pompeianischer Häuser genügen werden.

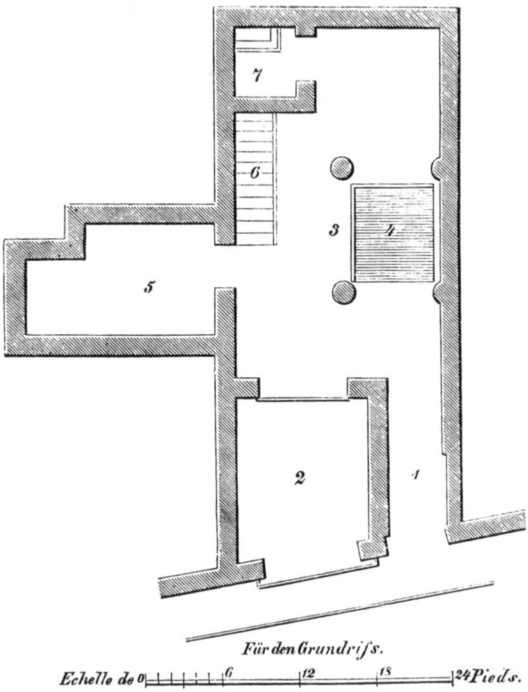

Einfache Form des Hauses.

Das erste, dessen Grundriss ich aus Mazois II, pl. IX n. 1 entnehme, ist ein Wohnhaus der bescheidensten Art (s. oben): Es ist in demselben ausser einem Entrée (1), einem La-

ruinis ullam in partem effugium sit. Ueber die Höhe der Häuser handelt ausführlich Friedlaender Darst. I[5] S. 6f. Pöhlmann Uebervölkerung S. 90ff.

1) Staatsverwaltung II[2] S. 124 Anm. 3. 2) Plin. *n. h.* 36, 109.

3) Cicero kaufte 692=62 ein Haus für 3,500,000 HS. (*ad fam.* 5, 6, 2), das ihm hernach mit 2 Millionen ersetzt wurde (*ad Att.* 4, 2, 5); Crassus schätzte sein Haus auf 6 Millionen HS. (Val. Max. 9, 1, 4), allein Q. Catulus und der Ritter Aquilius besassen noch schönere. Plin. *n. h.* 17, 2.

4) Sueton. *Aug.* 72.

den (2), einem Zimmer (5), einer Küche (7) und einer Treppe (6), die in ein oberes Stockwerk führte, nur ein grosser Raum (3) vorhanden, der dem *atrium* entspricht und ein von vier Säulen getragenes *compluvium* (4) hat. Allein ein *atrium*, wie es die Nobilität in Rom hatte, ist dieser Raum auch nicht; ihm fehlen das *tablinum*, die *alae*[1]) und die anliegenden Zimmer:[2]) wir wissen aber aus Vitruv,[3]) dass auch in Rom gewöhnliche Bürgerhäuser ein solches *atrium* nicht hatten, wie die Paläste der Vornehmen, und hierin liegt offenbar der Grund, dass sowohl Varro als Vitruv den Hauptraum des Hauses bald *cavum aedium*, bald *atrium* nennen. Denn es ist zwischen diesen Ausdrücken kein anderer Unterschied, als dass *cavum aedium* die Deckenöffnung bezeichnet, also genau genommen nur für das Tuscanicum und die übrigen offenen Atrien gebraucht werden kann, *atrium* aber in speciellem Sinne von der vollständig eingerichteten Halle vornehmer Häuser verstanden werden kann. Im Uebrigen wurden beide Worte in ganz gleichem Sinne angewendet.[4])

1) Ein *cavaedium* mit nur einer *ala* hat die *casa della caccia antica*, Overbeck[4] S. 277, die *casa del poeta tragico*, Overbeck[4] S. 286; so auch das kleinere Atrium der *casa del Laberinto*, das. S. 342; gar keine *alae* haben die beiden Häuser Overb.[4] S. 272. 273, die *casa di Meleagro*, das. S. 308, die *casa di Sirico*, das. S. 320, die Häuser Reg. 6 ins. 14 n. 39. 40, während n. 38 und 42 nur eine Ala haben. *Pompei e la reg. sotterrata* etc. tav. II.

2) Cicero *ad Q. fr.* 3, 1, 2 hält es für unmöglich, in dem *Manilianum* ein *atriolum* anzulegen, da kein Platz vorhanden war für die *adiuncta cubicula et eiusmodi membra*.

3) Vitruv. 6, 8 (5), 1 Rose: *Igitur iis, qui communi sunt fortuna, non necessaria magnifica vestibula nec tablina neque atria, quod magis aliis officia praestant ambiundo, quam ab aliis ambiuntur.*

4) Die von Becker *Gallus* II, 192 ff. aufgestellte, von Rein in Schutz genommene und neuerdings für die früheste Zeit auch von Fr. Velišský (Zeitschrift für die österreichischen Gymnasien XXVI (1875) S. 811 ff.) gebilligte Ansicht, dass *atrium* und *cavaedium* zwei verschiedene Theile des Hauses gewesen seien, hat gar nichts für sich. Das Hauptargument Becker's ist der Beschreibung entnommen, welche Plinius *ep.* 2, 17, 4 von seiner *villa Laurentina* macht. In dieser lagen hinter einander 1. ein *atrium*, 2. eine *porticus* in Form eines D, eine *area* umgebend, also ein Peristyl, 3. ein *cavaedium*. Nun sagt aber Cicero *ad Q. fr.* 3, 1, 2, man pflege in solchen Villen, welche ein *atrium maius* und dann eine *porticus* haben, ein *atriolum* anzulegen; Q. Cicero wollte es *in porticu* anlegen: offenbar ist dies identisch mit dem *cavaedium hilare*, welches bei Plinius *contra medias porticus* lag. So spricht auch Plinius gegen Becker's Annahme. (Es scheint, dass Varro *de l. L.* 5, 161 (und vielleicht auch Vitruv. 6, 3, 1) der Meinung ist, *atrium* sei eigentlich nur das *cavaedium tuscanicum*; dagegen braucht Vitruv. 6, 4 das Wort in dem im Text angegebenen Sinne, und die Wortstellung *atriorum vero* etc. erklärt sich wohl so, dass er namentlich das nur bei kleinen Räumlichkeiten übliche *cavum aedium testudinatum* nicht als *atrium* betrachtet. Dass *cavum aedium* eigentlich die Dach-

Erweitertes Haus. Als zweites Beispiel wählen wir die *casa de' capitelli figurati* (Tafel I), [1] welche uns Gelegenheit geben wird, die einzelnen Theile auch des römischen Hauses eingehender in Betracht zu ziehen.

1. Der Eingang.

Die Hausthüre befindet sich nicht unmittelbar an der Strasse, sondern es führen zu ihr zwei Stufen (α), welche innerhalb der Wände des Eingangs liegen. Der so entstehende Raum zwischen den bis an die Strasse reichenden beiden Pilastern des Eingangs (*antae*) [2] und der Thüre selbst ist eine öfters in Pompeii vorkommende [3] Andeutung dessen, was in den vornehmen Häusern Roms *vestibulum* genannt wurde, nämlich des Platzes zwischen der Strassenlinie und der Hausthüre, auf welchem die zur *salutatio* sich versammelnden Clienten warteten, bis das Haus *vestibulum.* geöffnet wurde. [4] Dies *vestibulum*, welches auch vor Tempeln [5] und Monumenten [6] vorkommt, lag mehrere Stufen über der

---

öffnung bezeichnet, ist wohl sehr zweifelhaft; Varro und Vitruv sind nicht dieser Meinung.)

1) Avellino *Descriz. di una casa Pompeiana.* Napoli 1837. 4., nach welchem ich den Grundriss gebe. Niccolini Bd. II.

2) Isid. *orig.* 15, 7, 9 Arev. (8 Lind.): *Postes et antae quasi post et ante. Et antae, quia ante stant, vel quia antea ad eas accedimus, priusquam domum ingrediamur. Postes eo, quod post ostium stent.* Festi *ep.* p. 16: *antae, quae sunt latera ostiorum.* Daher *antas proiicere C. I. L.* X, 1781 col. 1 lin. 12.

3) Nissen S. 631. Overbeck⁴ S. 252.

4) Gellius 16, 5, 3: *C. Aelius Gallus in libro de significatione verborum, quae ad ius civile pertinent, secundo vestibulum esse dicit non in ipsis aedibus neque partem aedium, sed locum ante ianuam domus vacuum, per quem a via aditus accessusque ad aedis est, cum dextra sinistraque tecta (sunt), quae sunt viae iuncta atque ipsa ianua procul a via est, area vacanti intersita* (die Lesart *tecta — quae* nach Huschke *Jurispr. Antejust.*⁴ p. 95). ib. § 8: *Qui domos igitur amplas antiquitus faciebant, locum ante ianuam vacuum relinquebant, qui inter fores domus et viam medius esset. In eo loco, qui dominum eius domus salutatum venerant, priusquam admitterentur, consistebant et neque in via stabant neque intra aedes erant.* Macrob. *sat.* 6, 8, 15 ff. Hiermit stimmt Seneca *ad Marc.* 10, 1: *ampla atria et exclusorum clientium turba referta vestibula.* Serv. *ad Aen.* 4, 507: *Romani moris fuit, ut — cupressus — in vestibulo mortui poneretur, ne quis imprudens funestam domum — introeat.* Id. *ad Aen.* 2, 469: *Vestibulum est prima ianuae pars. Dictum autem vestibulum, vel quod ianuam vestiat, ut videmus cameram duabus sustentatam columnis, vel quoniam Vestae consecratum est.* Varro *de l. L.* 7, 81: *vestibulum, quod est ante domum. Dig.* 10, 3, 19 § 1: *vestibulum commune binarum aedium.*

5) So wird erwähnt ein *vestibulum aedis Vestae* (Liv. *epit.* 86), ein *vestibulum aedis Aesculapii* (Val. Max. 1, 8, 2), ein *vestibulum templi Matris deum* (Val. Max. 1, 8, 11), ein *vestibulum Capitolii* (Tac. *hist.* 1, 86).

6) *Vestibulum et ambitus monumenti C. I. L.* III, 2072. In den XII Tafeln hiess es (Cic. *de leg.* 2, 24, 61. Schöll p. 156): *forum, id est vestibulum sepulchri.* Vgl. Festi *ep.* p. 84: *Quarto, cum id forum antiqui appellabant, quod nunc vestibulum sepulcri dicari solet.*

Strasse [1]) und hatte zuweilen grosse Dimensionen; zum Schmucke waren auf ihm erbeutete Waffen und Statuen, [2]) zuweilen *quadrigae*, aufgestellt, [3]) in ihm standen in den Häusern der höheren Magistrate die *fasces* der Lictoren, [4]) und zuweilen diente auch eine Porticus [5]) und ein freier Platz mit Gartenanlagen (*area*) vor der Fronte des Gebäudes [6]) der Menge der zum Morgengrusse Erscheinenden als Warteplatz. In gewöhnlichen Bürgerhäusern in Rom wie in Municipalstädten wäre ein *vestibulum* ohne Zweck gewesen; es war daher entweder gar nicht vorhanden, [7]) so dass die Thür hart an der Strasse lag, oder nur angedeutet, wie in dem vorliegenden Hause. Aber an einer äusseren Decoration fehlte es auch diesen einfachen Eingängen nicht; eine Inschrift über der Thür, entweder einen guten Spruch, [8]) oder eine *deprecatio incendiorum* [9]) oder auch den Namen des Besitzers [10])

---

1) Seneca *ep.* 84, 12: *praeteri istos gradus divitum et magno adgestu suspensa vestibula: non in praerupto tantum illic stabis, sed in lubrico.* Oft werden die *gradus Palatii* erwähnt z. B. Suet. *Nero* 8. *Vitell.* 15.

2) Plin. *n. h.* 35, 7: *Aliae foris et circa limina animorum ingentium imagines erant, adfixis hostium spoliis, quae nec emptori refigere liceret; triumphabantque etiam dominis mutatis ipsae domus.* Vgl. Liv. 10, 7, 9. Cic. *Phil.* 2, 28, 68. Verg. *Aen.* 2, 504. Tibull. 1, 1, 54. Ovid. *trist.* 3, 1, 33. Suet. *Nero* 38. Von dem Hause des Regulus sagt Silius Ital. 6, 434:

Affixi clipei currusque et spicula nota
Aedibus in parvis, magni monumenta triumphi
Pulsabant oculos, coniuxque in limine primo
Clamabat.

Auch ein Bild einer eroberten Stadt wird im *vestibulum* aufgestellt. Liv. 38, 43, 11: *Fulvium — qui ob has res gestas triumphum a vobis postulaturus sit; Ambraciam captam* (d. h. ein Bild auf Holz gemalt, s. Raoul Rochette *Peintures antiques inédites.* Paris 1836. 4. p. 345) *signaque quae ablata criminantur et cetera spolia eius urbis ante currum laturus et fixurus in postibus suis.*

3) Juvenal. 7, 126. Suet. *Nero* 31.

4) Aur. Vict. *de vir. ill.* 20, 1. Claudian. *de IV cons. Honor.* 416. *in Prob. et Olybr. cons.* 233.

5) Diese Porticus schrieb nach dem Brande Nero auch in Rom vor. Suet. *Nero* 16. Tac. *ann.* 15, 43.

6) Plauti *Most.* 817: *Viden' vestibulum ante aedis hoc et ambulacrum quoiusmodi?* Verg. *Ge.* 4, 20: *Palmaque vestibulum aut ingens oleaster inumbret.*

7) Vitruv. 6, 8 (5), 1.

8) *Nihil intret mali* in Salzburg; *felix hic locus* in Pompeii. Mehr bei O. Jahn Berichte d. sächs. Gesellsch. d. Wiss. Phil.-hist. Cl. 1855 S. 46. 75. Die Inschrift im Hause des Pansa in Pompeii: *Hic habitat felicitas* steht innerhalb des Hauses im Bäckerzimmer. Die von Diogenes *Laert.* 6, 50 erwähnte Inschrift eines Hauses:

ὁ τοῦ Διὸς παῖς καλλίνικος Ἡρακλῆς
ἐνθάδε κατοικεῖ· μηδὲν εἰσίτω κακόν·

findet sich in einem 1855 ausgegrabenen Laden eines pompeianischen Hauses auf der inneren Wand mit rothen Buchstaben angeschrieben. *C. I. L.* IV, 733.

9) Plin. *n. h.* 28, 20. Orelli 1384. Festi *ep.* p. 18 M.

10) O. Jahn a. a. O. und Augustinus *enarr. in Psalm.* LV, 1: *Sicut aliquam*

enthaltend, eine symbolische Verzierung von Unglück abwehrender Kraft [1]), an Läden, die zum grossen Theil an der Fronte der Häuser lagen, [2]) ein Schild, [3]) ein Emblem an den Pfeilern, [4]) oder eine Ausstellung der Waare traten in dem Hause des Gewerbtreibenden an die Stelle des unnöthigen *vestibulum.* Der Umstand, dass sonach die meisten Häuser kein *vestibulum* hatten, [5]) und dass bei dem sinkenden Einflusse der Nobilität am Ende des ersten Jahrhunderts der christlichen Zeitrechnung [6]) das Institut der Clientel in Verfall gerieth und dadurch das *vestibulum* überhaupt unnütz wurde, hatte zur Folge, dass unter den Antoninen der Begriff des *vestibulum* eine fragliche Antiquität geworden war, über welche Gellius alte Autoritäten zu Hülfe nehmen muss, [7]) und dass im vierten Jahrhundert das Wort

---

domum intraturi, cuius sit et ad quem pertineat, in titulo inspicimus, ne forte importune irruamus quo non oportet, — tanquam ergo si legeremus: Haec praedia illius aut illius: ita in superliminari psalmi huius habemus inscriptum et q. s. S. auch das Epigramm bei Jacobs *Anth. Gr.* 1 p. 56 n. 10 und Ennodii *carm.* 2, 17:

Navita per postes suspendit munera ponti
In foribus propriis flumine parta gerens,
Venator portis adponit missile ferrum,
Vestibulum galea comitur armigeri,
Discitur in valvis ars, virtus, nomen, origo:
Nos frontis signo credimur esse dei. u. s. w.

1) O. Jahn a. a. O. S. 74.

2) In Rom waren alle Strassen durch Läden und Vorbauten so verengt, dass Domitian diesem Uebelstande entgegentreten musste. Martial. 7, 61. Friedlaender Darstellungen I^5 S. 8.

3) Inschr. eines Wirthshauses Orelli 4329; eines Bades Orelli 4328; eines Badegeldeinnehmers *C. I. L.* IX, 5144, vgl. Borghesi *Bull.* 1833 p. 114 ff. Ein Ladenschild *en relief*, darstellend zwei Sclaven, welche eine *amphora* Wein tragen, Mazois II pl. 46, 1 = Breton *Pompéia*^{3} S. 241. Eine *imago Galli in scuto Cimbrico picta* an einer Taberne Quintil. *Instit.* 6, 3, 38. Ein B (beta) an einer Gemüsehandlung (Symphosii *aenigma* 42 in Riese *Anth.* I p. 195, Baehrens *P. L. M.* IV p. 373). Vgl. den *ospitalis a gallo gallinaceo* Orelli 4330.

4) So der Mercur auf dem rechten Thürpfeiler des Hauses des Quaestor in Pompeii. Overbeck^4 p. 335.

5) Auf den Grundrissen des capitolinischen Stadtplanes haben die Häuser kein *vestibulum*, in Pompeii liegt die Thür entweder unmittelbar an der Strasse oder ist um einige Fuss eingerückt.

6) Tac. *ann.* 3, 55 setzt diesen Verfall in die Zeit des Galba. *Dites olim familiae nobilium, aut claritudine insignes, studio magnificentiae prolabebantur. Nam etiamtum plebem socios regna colere et coli licitum; ut quisque opibus domo paratu speciosus, per nomen et clientelas illustrior habebatur. postquam caedibus saevitum et magnitudo famae exitio erat, ceteri ad sapientiora convertere. et q. s.*

7) Gellius 16, 5, 2 sagt ausdrücklich, viele verwechselten die Bezeichnungen *vestibulum* und *atrium*, citirt dann eine Erklärung des C. Aelius Gallus, der etwa 50 v. Chr. blühte, und redet von dem *vestibulum* wiederholentlich wie von einer Antiquität. z. B. § 8.

seine Bedeutung ganz verändert hat.[1]) Auch die neueren Antiquare sind über den Begriff des *vestibulum* uneinig[2]) und insofern nicht ohne Grund, als das *vestibulum* in der That zu verschiedenen Zeiten eine verschiedene Bedeutung gehabt hat. *Vestibulum* ist ein altlateinisches Wort und zwar eine Nebenform von *stabulum*; es bezeichnet ursprünglich einen unentbehrlichen Theil des Bauerngehöftes, nämlich den Wirthschaftshof, der nicht hinter, sondern vor dem Hause lag und die Stallungen enthielt.[3]) Die in der Stadt lebenden Römer waren ebenfalls grossentheils Bauern; sie konnten ihren Wirthschaftshof auf dem Gute haben, dies schloss aber nicht aus, dass sie auch in der Stadt Hausvieh, namentlich Schweine und Hühner hielten, und es wird in Rom anfangs nicht anders gewesen sein, wie in dem sächsischen Bauernhause, wo die Schweinekoben neben dem Eingange stehen.[4]) Diese Zustände sind unseren Berichterstattern aus dem Gedächtniss gekommen; sie kennen nur die Zeit, in welcher die Ställe vor den Häusern den Tabernen gewichen und auch die letzteren immer mehr in die Häuser verlegt waren, vor den Palästen dagegen freie Vorplätze lagen, die eine besondere Bedeutung als Versammlungsort der Clienten erlangten,

---

1) *Cod. Theod.* 9, 3, 1 aus dem J. 320: *Nec vero sedis intimae tenebras pati debet inclusus, sed usurpata luce vegetari, et ubi nox geminaverit custodiam, vestibulis carcerum et salubribus locis recipi.* Hier ist offenbar nicht ein freier Raum vor dem Gefängniss, sondern eine Halle im Gefängniss verstanden.

2) Die verschiedenen Ansichten findet man angeführt in Becker's *Gallus* und J. L. Ussing *Et Bidrag til Forstaaelsen af Ordet Vestibulum. Aftryk af Overs. over d. k. D. Vidensk. Selsk. Forh.* 1875. Kjøbenhavn 1876. 8. und beurtheilt in Avellino *Descr. di una casa disotterr. n. a.* 1833. Napoli 1843. p. 10—12. Die Etymologie des Wortes war den Alten unklar. Man leitet es ab von *ve-stabulum*, was von Ribbeck Beiträge zur Lehre von den lateinischen Partikeln p. 10 als abgesonderter Vorplatz, von den Alten dagegen als *grandis loci constitio* (Gell. 16, 5, 10. Macrob. *sat.* 6, 8, 17. Nonius p. 53 s. v.) erklärt wird; von *Vesta* (Ovid. *fast.* 6, 303. Serv. *ad Aen.* 2, 469. 6, 273. Preuner Vesta S. 229), von *vestire*, *quod ianuam vestiat* (Servius *ad Aen.* 2, 469). Neuere finden den Stamm in *ve-stare*, was heissen soll »ausserhalb stehen« oder *vestire*, so dass es ein Ankleideplatz wäre (Mommsen R. G. I S. 237). Mir scheint, wie *patibulum* von *patere*, so *vestibulum* von ἑστάναι zu kommen, und durch die Erörterung von Nissen S. 632 ff. diese Frage endgültig gelöst zu sein. (Es ist unzulässig, das *ve* aus der griechischen Reduplication (ἑ für σε) zu erklären und so bedeutungslos zu machen. Da die Ableitung von *vestire* durch die Kürze des *i* ausgeschlossen ist, so wird Ribbeck's Erklärung anzunehmen sein: ein (von der Strasse oder vom Hause) getrennter Stand- oder Aufenthaltsort. Schon an der altitalischen Hütte ist eine von Pfählen getragene Vorhalle, ein *vestibulum*, nachweisbar. Helbig Die Italiker in der Poebene S. 48. *Ann. d. Inst.* 1871, tav. *U*. Vgl. auch Henning Das deutsche Haus S. 108 ff.)

3) Vitruv. 6, 8 (5), 2: *Qui autem fructibus rusticis serviunt, in eorum vestibulis stabula — possunt esse.* Nissen S. 632.

4) Nissen S. 633.

weil in den Häusern der alten Nobilität die Hausthür unmittelbar in das Atrium führte,[1]) in welches, wenn sie geöffnet wurde, die Clienten ohne weitere Anmeldung alle zusammen eintraten, während der Herr auf- und niederging, um mit dem einen oder dem andern zu sprechen.[2]) Am Ende des ersten Jahrhunderts n. Chr. hat diese allgemeine *salutatio* aufgehört, der Herr des Hauses wohnt nicht mehr im Atrium, sondern im Peristyl; Beamte in Rom wie in den Provinzen,[3]) vornehme Leute und namentlich die Kaiser gaben nur Audienzen, zu welchen nicht der *ianitor* einen Schwarm von Wartenden einliess, sondern der *velarius* die Einzelnen, nachdem sie angemeldet und angenommen waren, einführte.[4]) So war der Warteplatz vor dem Hause unnöthig geworden; die sich Anmeldenden warteten im Atrium und auf dieses wird nunmehr der Name *vestibulum* übertragen.[5])

2. Die Thür.

Construction der Thür.

Die Thür, welche, wie wir gesehen haben, innerhalb des *ostium* oder *aditus* lag, ist in der Regel von Holz,[6]) eingeschlos-

1) Das *atrium* ist *prima aedium pars* (Sen. *de benef.* 3, 28, 2. Val. Max. 5, 8, 3), *primus locus aedium* (Nepos *pr.* 6), was doch wohl zu erklären ist nach Vitruv. 6, 8 (5), 3: *in urbe atria proxima ianuis solent esse.* Dies meint auch Seneca *ep.* 43, 4: *vix quemquam invenies, qui possit aperto ostio vivere; ianitores conscientia nostra, non superbia obposuit. sic vivimus, ut deprehendi sit subito adspici.* Tritt man in die Hausthür, so ist man im *atrium.* Plut. *de curios.* 3. vgl. Liv. 25, 12, 15: *vulgo apertis ianuis in propatulis epulati sunt*, d. h. im Atrium; aus dem Atrium sieht man unmittelbar auf die Strasse. Suet. *Cal.* 41.

2) Cic. *ad Att.* 6, 2, 5: *Aditus autem ad me minime provinciales; nihil per cubicularium; ante lucem inambulabam domi, ut olim candidatus.* Q. Cic. *de petit. consul.* 11, 44: *curaque, ut aditus ad te diurni nocturnique pateant, neque solum foribus aedium tuarum, sed etiam vultu ac fronte, quae est animi ianua; quae si significat voluntatem abditam esse ac retrusam, parvi refert, patere ostium.* Horat. *epist.* 2, 1, 103:

Romae dulce diu fuit et sollemne reclusa
Mane domo vigilare, clienti promere iura.

Noch Alexander Severus (Lamprid. 4, 3) empfing nach alter Art, *ut — salutaretur quasi unus de senatoribus, patente velo, admissionalibus remotis.*

3) Cicero a. a. O. 4) S. oben S. 144 A. 5 (vgl. jedoch S. 212 A. 13).

5) S. Liv. 5, 41 § 2 und 8; Tac. *ann.* 11, 35. Suet. *Oct.* 100. Auf diesem späteren Sprachgebrauche (welchen Göll in Becker's *Gallus* II S. 229 mit Unrecht leugnet) beruht die Ableitung des Wortes von Vesta, d. h. dem Herde des Atriums (oben S. 227 Anm. 2). S. Nissen S. 633.

6) Bronzene Thüren (*ostia aerata*) hatte an seinem Hause Camillus, Plin. *n. h.* 34, 13. Tempelthüren von Bronze sind noch vorhanden, so die 1845 bei Mainz gefundene, jetzt in Wiesbaden, an der leider das Schloss fehlt, und mehrere in Rom. S. Em. Braun *Annali d. Inst.* 1854 p. 108 ff. Bötticher Tek-

sen von zwei Thürpfeilern, *postes*, [1]) der steinernen Schwelle (β) *limen*, und dem Sturze (*limen superum*), [2]) in der Regel zweiflügelig (*fores*), bei breiten Eingängen, z. B. der Tempel und der inneren Hausräume aus mehreren zusammenzuklappenden Theilen bestehend (*valvae*); [3]) bei Läden endlich aus einer Reihe in einander zu schiebender Breter zusammengesetzt. [4]) Sie geht nach innen auf, [5]) ist nach aussen an drei Seiten durch eine Holzeinfassung (*antepagmenta*) verkleidet[6]) und hängt nicht in

tonik Buch 4 S. 93. Donaldson *Collection of doorways from ancient buildings in Greece and Italy.* London 1833. 4.

1) Die *sera* ist *inserta posti.* Ovid. *am.* 2, 1, 27. *Anthol. Lat.* ed. Riese n. 443 = Baehrens *P. L. M.* IV n. 53: *marmoreo ianua poste nitet.* Die Dichter bezeichnen daher mit *postes* die Thür selbst.

2) Nonius p. 336 s. v. *limen.* Plaut. *mercat.* 830, vgl. Plin. *n. h.* 36, 96; *limen* ohne Zusatz Vitruv. 6, 6 (9) § 7; *superlimen* Plin. *n. h.* 29, 83 (*super limine* Detlefsen); Orelli-Henzen 5129. *superliminare* Augustin. *in Psalm.* LV, 1, oben S. 225 A. 10.

3) Isidor. *or.* 15, 7, 4: *Fores dicuntur, quae foras, valvae, quae intus revolvuntur et duplices complicabilesque sunt.* Vgl. Isidor. *differ.* 1, 308 p. 42 Migne: *Fores, quae foras vertuntur, valvae, quae intus aperiuntur, et duplices, multiplices, complicabilesque sunt.* Ebenso Placidi *gloss.* bei Mai *Auct. class.* VI p. 564. Serv. *ad Aen.* 1, 449: *fores proprie dicuntur, quae foras aperiuntur, sicut apud veteres fuit: valvae autem sunt, ut dicit Varro, quae revolvuntur et se velant.* Dies sind grundlose, im Sprachgebrauch nicht nachweisbare Unterscheidungen. Ovid. *met.* 2, 4 sagt z. B. *bifores valvae.* Wir lernen daraus nur, dass *valvae* mehrtheilige Klappthüren sind, welche zum Verschliessen breiter Eingänge dienten. Bei Tempeln waren *fores valvatae*, z. B. *quadrifores* gewöhnlich. Vitruv. 4, 6, 5. Auch in der *Casa di Lucrezio* in Pompeii war die Thür viertheilig. (Besonders beliebt waren dreiflügelige Thüren, so dass der mittlere Theil auch allein geöffnet werden konnte. So z. B. die äussere Thür der *casa del Fauno*, Overb.[4] S. 349. Abbildungen solcher Thüren Mazois III pl. 26 = Overb.[4] S. 134. Niccolini Vol. I, *tempio d'Iside* tav. V. Es scheint, dass Vitruv diese *valvatae* nennt und von *quadrifores* unterscheidet. Angeln zur Verbindung der Flügel *Ann. d. Inst.* 1859 tav. *E.*)

4) Diese Art des Verschlusses, welche noch jetzt üblich ist, beschreibt Mazois II p. 43 pl. VIII n. 3. Avellino *Descriz. di una casa.* Nap. 1840. 4. p. 5. 6. 9 tav. I n. 2. 3. Im J. 1861 hat man einen solchen Ladenverschluss nach dem Abdruck, den er in der Asche zurückgelassen, in Gyps abgeformt. Es sind 9 Breter neben einer separat zu öffnenden Thür. S. Overbeck[4] S. 378 fig. 185.

5) Plin. *n. h.* 36, 112. Ascon. *in Pison.* p. 13 Or. Dionys. 5, 39. Dass dies später nicht mehr regelmässig war, deutet Plut. *Pobl.* 20 an: τῶν δ' ἄλλων τότε θυρῶν εἴσω τῆς οἰκίας εἰς τὸ κλεισίον ἀνοιγομένων, ἐκείνης μόνης τῆς οἰκίας ἐποίησαν ἐκτὸς ἀπάγεσθαι τὴν αὔλειον. In Pompeii gingen die Thüren durchaus nach innen auf. Avellino *Descr. di una casa disotterrata in Pomp.* 1832. 33. 34. Napoli 1840. 4. p. 12. So auch in Byzanz. Helladius bei Photius *cod.* 279 p. 535b, 26.

6) Vitruv. 4, 6; *antepagmenta abiegnea* Mommsen *C. I. L.* X, 1781 = I, 577 col. 2 lin. 4. Falsch schreibt Festi *ep.* p. 8 *antipagmenta*, indem er hinzusetzt, *quae antis — affiguntur.* Es sind vielmehr die Verkleidungen der *postes* und des *limen superius*, deren Spuren noch in den Löchern erhalten sind, in welche sie eingelassen wurden, Avellino *Descr.* etc. 1837 p. 4. Cato *de r. r.* 14 § 2 und § 4 erwähnt sie ebenfalls, an der ersten Stelle mit verschiedenen Inventa-

Angeln, wie unsere Thüren, sondern dreht sich auf Zapfen (*cardines*), für welche in der Schwelle und dem Sturz Löcher eingelassen sind. [1]) Man verschliesst jeden Flügel durch zwei Riegel, von denen der eine in die Schwelle, der andere in den Sturz eingeschoben wird (daher *pessuli* im Plural), [2]) und legt hinter die Thür einen Querbalken (*sera*), [3]) der in die *postes* zu beiden Seiten der Thür eingelassen wird, und fortgenommen werden muss, wenn man die Thür öffnet. Statt der *sera* dienen zur Sicherung der Thür auch *repagula*, [4]) d. h. zwei Krampen oder Haken, [5]) welche an jedem der beiden Thürpfos-

---

rienstücken, Webstühlen, Mörsern, so dass er darunter zu verstehen scheint, was man sonst *antefixa* nennt, d. h. Zierrathen aus gebranntem Thon, namentlich Götterbilder. Liv. 26, 23, 4; 34, 4, 4.

1) Die Thür wird so gemacht, dass sie oben und unten einen Zapfenschenkel, *scapus cardinalis*, hat. Vitruv. 4, 6, 4 und 5. Dazu empfiehlt Plin. *n. h.* 16, 210 Ulmenholz. Indessen hatte man auch *cardines* von Erz. Verg. *Cir.* 222. Die Sache erwähnt Apul. *met.* 1, 11: *ianuae — evulsis funditus cardinibus prosternuntur*, und c. 14: *fores ad pristinum statum integrae resurgunt, cardines ad foramina resident.* An unserem Hause sind die *foramina* der *cardines* in dem *limen* vorhanden. Avellino a. a. O. p. 5 tav. I n. 2. (Die *cardines* drehten sich in cylinderförmigen Bronzekapseln, die in Pompeii vielfach erhalten sind. Nach *Rev. archéol. N. S.* 39 (1860) p. 188 sind in Nyons derartige Kapseln aus Knochen und Elfenbein gefunden worden: vermuthlich ein Irrthum.) Auch Thüren dieser Art giebt es noch, so eine steinerne Thür eines Grabes in Chiusi, die in Zapfenlöchern geht. Dennis Die Städte und Begräbnissplätze Etruriens. Deutsch von Meissner. Leipzig 1852. 8. S. 601. S. auch S. 612. 658, und die Bronzethüren in Wiesbaden. *Annali* 1854 p. 108 ff. tav. 27. 28. 29. *Cardo* heisst überhaupt Zapfen. Vitruv. 10, 20 (14), 2: *supra trabes collocentur capreoli cardinibus alius in alium conclusi.*

2) Dies hat Avellino a. a. O. p. 5 aus den vorhandenen Löchern der Schwelle nachgewiesen. Er vergleicht Plaut. *Aulul.* 103: *occlude sis Fores ambobus pessulis.* Marcell. Emp. 17 in *Medici antiqui.* Venet. 1547. fol. p. 111: *in eo loco vel foramine, in quo ianuae pessuli descendunt, quidquid repereris, collige.* Prudent. c. *Symm.* 1, 65: *nunc foribus surdis, sera quas vel pessulus artis Firmarat cuneis.*

3) Varro *de l. L.* 7, 108. Nonius p. 41 s. v. *reserare.* Festi *ep.* p. 25 s. v. *asserere.* Daher *opponere seram* = *obserare* verschliessen, *demere, removere, excutere seram* = *reserare* öffnen. In unserem Hause sind in den *postes* Einschnitte erkennbar, in welchen die *sera* lag, Avellino p. 8. Ebenso in anderen Häusern, Fiorelli *Giornale* 1861 I p. 13; auch an Zimmerthüren, Avellino *Descr.* 1840. 4. p. 13. Uebrigens heisst dieser Thürbalken auch *patibulum* Nonius p. 366 s. v., *obex* und *pessulus.* Festi *ep.* p. 187: *Obices, pessuli, serae.* (Dies heisst doch wohl nur, dass *obices* sowohl *pessuli* als *serae* bedeuten kann.)

4) Aus dem Plural sieht man, dass zwei, oder, was bei *valvae* vorkam, mehrere vorhanden sein konnten.

5) Glosse im Londoner Stephanus IX p. 312: *repagulum* κόραξ (d. h. Haken) — κόραξ σιδηροῦς θύρας, μοχλοῦ ὄγκινος. p. 106: κόραξ σιδηροῦς θύρας *uncinus, repagulum.* Apulei. *met.* 3, 15: *fores cubiculi occludam. Et cum dicto pessulis iniectis et uncino firmiter immisso — inquit.* (An dieser Stelle braucht man nicht an *repagula* zu denken, es kann ein einfacher Haken gemeint sein, der die beiden Flügel verbindet. Ein solcher ist erhalten an einer in Gyps abgegossenen Thür im Museum zu Pompeii, oberhalb des Schlosses.) Bei Apul.

ten[1]) in einer Oese beweglich hängend in einen an der inneren Seite jedes Thürflügels befindlichen festen Ring eingekrampt wurden,[2]) so dass sie gegen einen Stoss von aussen dem Thürflügel Haltung gaben.[3]) Ausser diesen Sicherheitsvorkehrungen hatte die Thür übrigens ein Schloss, das mit einem Schlüssel auch von aussen geöffnet werden konnte, und dieses ist zu verschiedenen Zeiten und in verschiedenen Gegenden offenbar sehr verschieden gewesen.[4]) Die Alten reden von hölzernen,[5]) cari- Schloss und Schlüssel.

---

met. 1, 11 werden die Thüren durch einen Zauber ausgebrochen; dann c. 14 heisst es: *fores ad pristinum statum integrae resurgunt, cardines ad foramina resident, postes* (hier wie oft bei Dichtern die Thür selbst) *ad repagula redeunt, ad claustra pessuli recurrunt.* So wie die *foramina* der Schwelle und die *claustra*, d. h. die Riegellöcher der Schwelle, die festen Punkte sind, in welchen sich die wiedereingesetzte Thür an das Thürgerüst anschliesst, so sind auch die *repagula* die festen an den Thürpfeilern befindlichen Krampen, die nun wieder in die Krampenlöcher passen. Hiedurch widerlegt sich die Ansicht Becker's *Gallus* II S. 275 (324 Göll), der *repagula* für zwei Riegel hält, die er, so weit ich ihn verstehe, an den Thürflügeln selbst angebracht denkt. (Obiges ist wenig wahrscheinlich. Bei Ovid (s. folgende Anm.) sind es zwei je an einem Pfosten befestigte schwere Hölzer; Ovid *met.* 2, 155 (vgl. Lucan. 1, 295. Sil. 16, 317) deutet entschieden auf tiefliegende Querhölzer, es sind also wohl solche; und zwar konnten sie je an einem Pfosten mit einer Krampe befestigt sein, an dem anderen mit einem Haken (κόραξ) in eine Krampe eingreifen.)

1) Ovid. *met.* 5, 120: *raptaque de dextro robusta repagula poste.* v. 123: *Demere tentabat laevi quoque robora postis.* 2) *immittere* Apul. l. l.

3) Die Stelle des Festus p. *281[a]: *Repagula sunt, ut Verrius ait, quae patefaciundi gratia qua ita figuntur, ut ex contrario quae oppanguntur* ist offenbar corrupt, das Excerpt des Paulus aber: *Repagula sunt, quae patefaciendi gratia ita figuntur, ut e contrario oppangantur* ohne Sinn. Ich glaube; dass bei Festus zu lesen ist: *Repagula sunt ita* (sowohl) *quae patefaciundi gratia figuntur* (nämlich hakenförmige Klopfer, die man fasste, um die Thür zu öffnen. Ein solcher Klopfer heisst, weil man ihn anfasst, um die Thür zu bewegen, *ansa ostioli* Petron. 96), *ut ex contrario quae oppanguntur.* Dies sind die, von welchen wir hier reden. (Dass hakenförmige Klopfer *repagula* heissen, vermuthete Marquardt wohl nur, weil auch sie auf griechisch κόρακες heissen; vgl. jedoch S. 230 A. 5.)

4) Unter den älteren Untersuchungen über die Schlösser ist besonders zu nennen die von Salmasius *Exerc. Plin.* p. 649 ff. Sagittarius *De ianuis veterum.* Altenburg 1672. 8. (auch in Graev. *Thes.* VI p. 417) c. 9—15 und Molin *De clavibus veterum* in Sallengre *Thes.* III p. 795—843 gelangen zu gar keinem evidenten Resultate. Becker *Gallus* II S. 272—281 (320 ff. Göll) hat diesen Punkt eingehend behandelt, doch kann ich auch seinen Resultaten grossentheils nicht beistimmen. Sachverständig ist der Gegenstand dagegen behandelt von John Chubb *On the Construction of locks and keys. Excerpt Minutes of Proceedings of the Institution of civil engineers.* Vol. IX. London 1850. 8. ferner von G. Price *A Treatise on fire and thief-proof depositories and locks and keys.* London 1856. 8. p. 178 ff. und Cuming *History of keys* in *The Journal of the British Archaeol. Association.* XII (1856) p. 117—129, vgl. XIII (1857) p. 335—339. Vgl. Dorow Denkm. II S. 83—107. Die Schrift von E. Nötling Studie über altrömische Thür- und Kasten-Schlösser. Mannheim 1870. 8. ist keine antiquarische Forschung, sondern nur eine Beschreibung der von dem Verf. selbstgefertigten Schlossmodelle.

5) Augustinus *de doctr. christ.* 4, 11, 26: *Quid prodest clavis aurea, si aperire, quod volumus, non potest, aut quid obest lignea, si hoc potest?*

schen [1]) und lakonischen [2]) Schlüsseln, und die grosse Masse der noch vorhandenen Metallschlüssel lässt ebenfalls wesentliche Differenzen erkennen. Ein Theil derselben ist vollkommen übereinstimmend mit unseren Schlüsseln [3]) und wir dürfen annehmen, dass die Schlösser, deren sich die Römer der Kaiserzeit bedienten, zu einem Theile in der Construction den jetzt üblichen sehr ähnlich gewesen sind; ein anderer Theil dagegen hat eine ganz abweichende Form, die in Aegypten seit den ältesten Zeiten üblich ist, sich aber in verschiedenen Gegenden Europa's, so auf den Faröerinseln [4]) und auch in Deutschland in den Rheinlanden noch in Gebrauch findet. [5]) In Aegypten und ganz Nordafrica nämlich wird heutzutage an Thoren, wie an Thüren und Schränken ein hölzernes Schloss gebraucht, [6]) dessen Form sich bereits auf einem eine Thür darstellenden Relief eines Tempels in Karnak aus ältester Zeit vorfindet, [7]) und also zu allen Zeiten in Africa constant geblieben zu sein scheint. [8]) Ein hölzerner Riegel, 14 Zoll bis 2 Fuss lang, ist an der Aussenseite der Thür durch ein rechtwinkelig darüberliegendes Schloss gelegt, und greift, wenn die Thür eine einfache ist, in ein Riegelloch

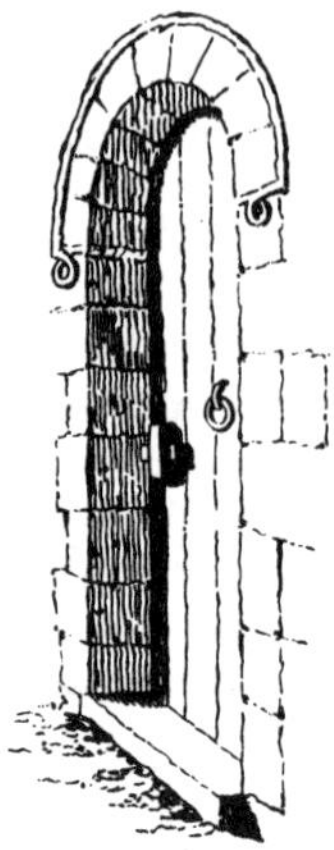

1) Avieni *Aratea Phaenomena* 455:
Lux hebes est matri (der *Cassiepeia*)*: vix qualem Caria quondam Noverat intrantem per claustra tenacia clavem.*

2) Plaut. *Most.* 404. Aristoph. *Thesmoph.* 423: (κλειδία) Λακωνίκ' ἄττα, τρεῖς ἔχοντα γομφίους. Eustath. *ad Odyss.* p. 1603, 51. Suid. s. v. Λακωνικαὶ κλεῖδες, der, die Stelle des Aristophanes citirend, sagt: τὰ γὰρ ἀρχαῖα μονοβάλανά φησιν εἶναι. Er meint die βαλανάγρα.

3) S. z. B. die pompeianischen Schlüssel Mazois *Pomp.* II pl. 7 n. 4. *Museo Borb.* XVI tav. 23.

4) Price a. a. O. S. 182.

5) S. den Catalog des Saalburg-Museums. Homburg 1876. 8. S. 6. Es sind hölzerne Riegelschlösser, welche an Scheunen und Wirthschaftsgebäuden angebracht werden. Auf der Saalburg fand sich aber ein römisches eisernes Schloss derselben Construction. Um sich dieselbe deutlich zu machen, bedient man sich am besten der Modelle, welche der Baumeister Louis Jacobi in Homburg v. d. Höhe sowohl von dem hölzernen als von dem eisernen Schlosse für den Verkauf angefertigt hat, und welche viel instructiver sind als jede Zeichnung.

6) Denon *Voyage dans la basse et la haute Égypte.* Octavausgabe. Paris 1802. T. III p. 269 und Atlas pl. 139 n. 13. 14. 15. 16. E. W. Lane Sitten und Gebräuche der heutigen Egypter übers. von Zenker. Leipzig 1852. 12. Th. I p. 14 Taf. 8 C.

7) Denon a. a. O. T. II p. 254.

8) Ein Vorhängeschloss von dieser Construction aus Westafrica erwähnt Cuming a. a. O. Es ist allerdings von Eisen, aber auch im alten Aegypten gab es eiserne Schlösser dieser Art. S. Cuming a. a. O. p. 118.

der Mauer. Der Riegel selbst hat an der oberen Seite 5 Löcher, die, wenn er eingeschoben ist, unter dem Schlosse liegen, und in welche aus dem oberen Theile des Schlosses 5 Bolzen fallen, um den Riegel festzuhalten. Er ist aber hohl bis etwa zur Hälfte. In diese Höhlung steckt man einen hölzernen Schlüssel in der Form eines dicken Lineals, der 5, den Löchern in der Lage entsprechende eiserne Stifte hat. Indem man diese von unten in die Löcher des Riegels eindrückt, hebt man die Bolzen und zieht zugleich den Riegel auf.

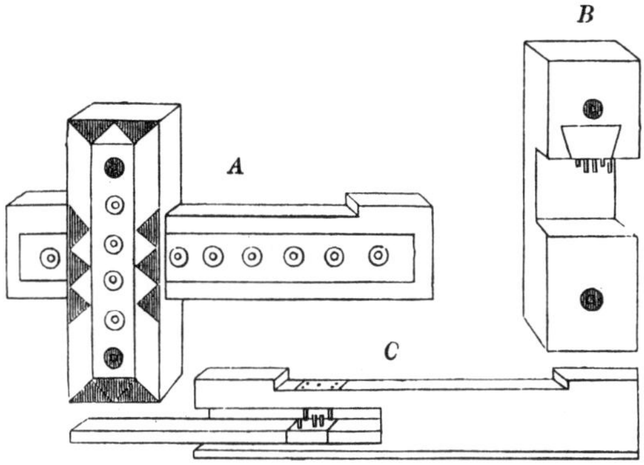

A Das Schloss geöffnet von aussen.
B Das Schloss ohne Riegel.
C Der Riegel mit dem Schlüssel.

Diese Art von Schlössern erklärt nicht nur vollkommen die betreffenden Stellen der in Aegypten und Africa einheimischen Schriftsteller, des Arat,[1]) Apuleius[2]) und Augustinus,[3]) sondern ist ohne Zweifel auch bei den Griechen[4]) und Römern allgemein üblich gewesen, da durch sie nicht nur der Ausdruck *clavem subiicere*,[5]) sondern auch die Form derjenigen noch erhaltenen Metallschlüssel verständlich wird, welche einen vierkantigen oder platten Stiel und statt des Bartes einen Kamm

1) Arat. *Phaen.* 192:
Οἵην δὲ κληῖδι θύρην ἔντοσθ' ἀραρυῖαν
δικλίδ' ἐπιπλήσσοντες ἀνακρούουσιν ὀχῆες,
τοῖοί οἱ (der Cassiepeia) μουνὰξ ἐπικείμενοι ἰνδάλλονται
ἀστέρες,
d. h. die Cassiepeia hat 5 Sterne, wie der Schlüssel 5 Zähne. Avienus (oben S. 232 A. 1) irrt, wenn er die Aehnlichkeit der Cassiepeia mit dem Schlüssel in dem schwachen Glanze sucht, wobei er an einen bronzenen Schlüssel denkt.

2) Bei Apul. *met.* 4, 10 steckt ein Räuber Hand und Arm in das Schlüsselloch, um das Schloss zu öffnen, was nur bei einem solchen Schlosse möglich ist.

3) S. oben S. 231 Anm. 5.

4) Die βαλανάγρα ist ein Holzschlüssel der Art, welcher die βάλανος oder die βάλανοι, d. h. die herabfallenden Bolzen des Schlosses aufhebt. Sie hat aber gewöhnlich nur einen Stift statt der fünf Stifte. S. 232 Anm. 2.

5) Germanicus *Arati Phaen.* 196.

haben, also nicht zum Drehen, sondern zum Heben bestimmt sind. [1]) Vgl. die folgenden Abbildungen.

Von innen konnte die Thür durch *pessuli* und *sera* verschlossen werden; da es indessen auch darauf ankam, dass niemand ohne Wissen des *ianitor* das Haus verliess, [2]) so wurde auch von innen ein Schloss nöthig, zu welchem der *ianitor* den Schlüssel hatte. [3]) Auch Zimmerthüren öffnet man von innen mit einem Schlüssel, und in beiden Fällen heisst es *subdita clavi pessulos reduco*, [4]) *clavi pessulis subiecta repandit fores*, [5]) in welchen Stellen *pessuli* nicht die Riegel unten und oben an der Thür, sondern die Bolzen des Schlosses zu bedeuten scheinen. Man darf wohl annehmen, dass ursprünglich die Thür von aussen und von innen besondere Schlösser hatte, [6]) indessen lag es nahe, das Schloss so einzurichten, dass es von beiden Seiten mit verschiedenen Schlüsseln zu öffnen war. Bei Apuleius

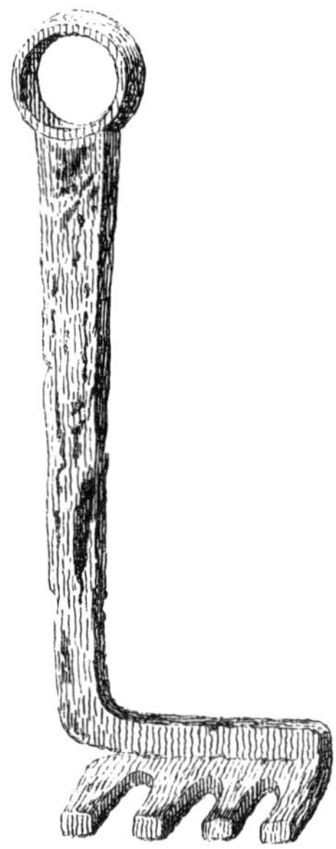

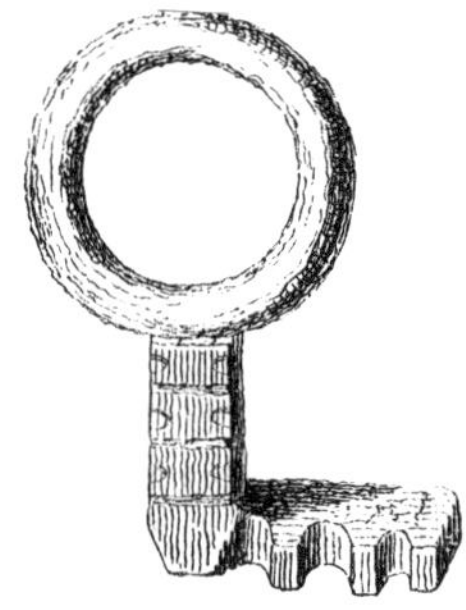

---

1) Die beiden Abbildungen von Kammschlüsseln entnehme ich aus der Abh. von Cuming. Aehnliche Formen kommen in allen Sammlungen vor. Die Priesterinnen griechischer Tempel, welche den Verschluss derselben haben, tragen einen grossen, hölzernen, hakenförmigen Schlüssel ähnlicher Construction in der linken Hand, ihn an die Schulter lehnend, woraus sich Callimachus *hymn. in Cerer.* 45 erklärt: κατωμαδίαν δ' ἔχε κλαῖδα. Abbildungen solcher Darstellungen s. *Monumenti dell' Instituto* VI u. VII, tav. LXXI n. 2; IV, tav. LI; vgl. III tav. XXXVI, 2; eine römische Darstellung einer Göttin, welche die Schlüssel in der rechten Hand trägt, Passerii *Lucernae* I tav. 97. Vgl. Conze in Gerhard's Archaeol. Zeitung XX (1862) S. 296; Petersen das. XXII (1864) S. 152.

2) Varro *de r. r.* 1, 13, 2. Petron. 28. Apul. *met.* 1, 15.

3) Apul. *met.* 9, 20; vgl. 4, 18.

4) Apul. *met.* 1, 14. Dass hier nicht der Schwellenriegel mit einem Haken aufgezogen, sondern ein Schlüssel eines Schlosses gebraucht wird, geht daraus hervor, dass der Schlüssel nicht gleich passen will: *Sumo sarcinulam meam, subdita clavi pessulos reduco. At illae probae et fideles ianuae, quae sua sponte reseratae nocte fuerant, vix tandem et aegerrime tunc clavis suae crebra immissione patefiunt.*

5) Apul. *met.* 9, 20.

6) Schol. *ad Arat. Phaen.* 192 Τῷ ἔνδοθεν ἡρμοσμένην εἶναι τὴν κλεῖν

met. 4 c. 10 ist das Schloss nach der inneren Seite der Thür zu offen; denn als der Dieb von aussen den Arm in das Schlüsselloch steckt, nagelt der Hausbesitzer, der innerhalb der Thür steht, ihm die Hand an die Thür an. Es war also möglich, auch von innen einen Schlüssel in das Schloss zu bringen.

Metallschlösser aus römischer Zeit sind in zahlreichen Exemplaren vorhanden, sowohl feste,[1]) als Vorhängeschlösser;[2]) über ihre Construction lässt sich zwar in den meisten Fällen kein Resultat gewinnen, da sie grossentheils sehr zerstört sind; indessen ist in einigen noch entschieden dieselbe Einrichtung erkennbar, welche wir an den hölzernen Schlössern nachgewiesen haben.[3]) Das hier

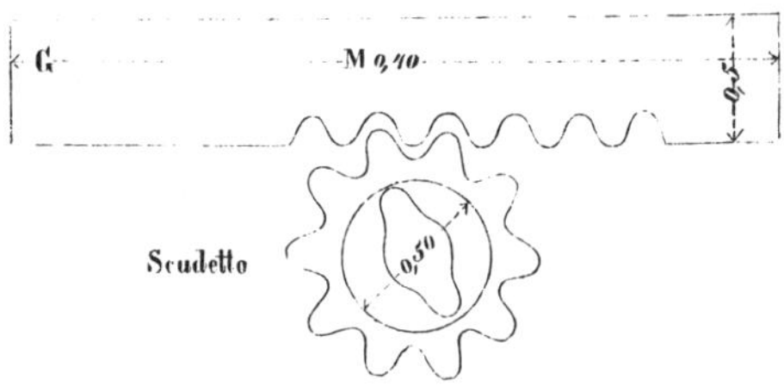

abgebildete Schloss an der antiken Bronzethür von SS. Cosma e Damiano in Rom, welches ebenfalls für antik gehalten wird, ist ein Radschloss, das den Riegel vorwärts und rückwärts schiebt.[4])

Uebrigens pflegte man die Hausthür am Tage nicht zu verschliessen;[5]) der *ianitor* hütete die Thür (*servabat*) und führte schlimmsten Falls einen Stock (*virga*) gegen Eindringlinge.[6])

ἀρχαϊκῶς· οὐ γὰρ ὡς νῦν ἐκτός εἰσιν αἱ κλεῖδες, ἀλλ' ἔνδον τὸ παλαιὸν παρὰ Αἰγυπτίοις καὶ Λάκωσι. Bei Plautus *Most.* 405 verschliesst Tranio das Haus von aussen, Philolaches von innen. v. 425: *Clavim cedo atque abi hinc intro: occlude ostium, Et ego hinc occludam.*

1) In dem hier beschriebenen pompeianischen Hause sind zwei, indess sehr zerstörte, gefunden. Avellino p. 76 tav. X, 16. 17.

2) S. zwei bei Cuming a. a. O. p. 118 pl. 13 n. 2. 3.

3) Ein solches Schloss und ausserdem ein Riegel eines so construirten Schlosses ist abgebildet im *Museo Borbonico* XVI tav. XXIII n. 4. n. 2. Ein Vorhängeschloss derselben Construction bei Cuming a. a. O. pl. 13 n. 3. Gut erhaltene Schlösser und Schlüssel dieser Art sind in Virunum in Kärnthen gefunden worden. S. Mittheilungen der k. k. Central-Commission. Neue Folge. V p. XCII f.

4) S. Em. Braun in *Ann. d. Inst.* 1854 p. 109 ff. Ivanoff *Ann.* 1859 p. 105 ff.

5) Plaut. *Most.* 444: *Sed quid hoc? occlusa ianua est interdius. Stich.* 308: *Quid hoc? occlusam ianuam video.* Bei Apul. *met.* 9, 20 heisst es von dem Herrn, der Nachts zurückkommt: *Suae domus ianuam pulsat.* Hätte man ihn nämlich erwartet, so wäre die Thür nicht verschlossen gewesen.

6) Seneca *ad Ser. de const. sap.* 14, 2. Salvian. *de gub. dei* 3, 46: *Siquidem intra ianuas non modo illustrium potestatum sed etiam praesidum aut propositorum non omnes passim intrare praesumunt, nisi quos aut iudex vocaverit aut negotium traxerit. — — ita ut si quispiam fuerit insolenter ingressus, aut caedatur aut propellatur.*

Fremde klopfen an (*pulsant*), um nicht unerwartet einzutreten,[1]) und die höheren Magistrate lassen den *lictor* mit einem Stabe (*virga*) sowohl an ihre eigene,[2]) als, wenn sie einen Besuch machen, an die fremde Thür schlagen.[3]) Auch Thürklopfer[4]) und Thürklingeln[5]) werden erwähnt, doch scheinen die letzteren in grossen Häusern nur dazu bestimmt gewesen zu sein, die Dienerschaft bei feierlichem Empfange zu versammeln;[6]) denn der *ianitor* bedurfte dieses Zeichens nicht.

3. Die Flur des Eingangs.

Treten wir über die Schwelle, auf welcher in einem pompeianischen Hause ein begrüssendes *SALVE* in Mosaik angebracht ist[7]) (Taf. I β), so befinden wir uns in einer Flur[8]) (α), welche unmittelbar in das Atrium führt oder nur durch ein *velum* von diesem getrennt war.[9]) Hier lag der Haushund an der Kette;[10]) statt dessen ist im Hause des tragischen Dichters in Pompeii[11]) in der Mosaik des Fussbodens, im Hause des Trimalchio bei

---

1) Plut. *de curios.* 3, p. 625 Dübn.: καίτοι μὴ κόψαντά γε θύραν εἰς οἰκίαν ἀλλοτρίαν οὐ νομίζεται παρελθεῖν· ἀλλὰ νῦν μέν εἰσι θυρωροί, πάλαι δὲ ῥόπτρα κρουόμενα πρὸς ταῖς θύραις αἴσθησιν παρεῖχεν, ἵνα μὴ τὴν οἰκοδέσποιναν ἐν μέσῳ καταλάβῃ ὁ ἀλλότριος ἢ τὴν παρθένον, ἢ κολαζόμενον οἰκέτην ἢ κεκραγυίας τὰς θεραπαινίδας. Daher *pulsare* oder *pultare* Plaut. *Asin.* 382. Petron. 16, 92. Apul. *met.* 1, 22; 9, 20 und sonst oft. S. Forcellini s. v. *pulto*.

2) Liv. 6, 34, 6.

3) Plin. *n. h.* 7, 112. Statius *silv.* 1, 2, 48.

4) Plut. l. l.

5) Suet. *Aug.* 91. Sen. *de ira* 3, 35, 3: *Quid miser expavescis ad clamorem servi, ad tinnitum aeris aut ianuae impulsum?*

6) So giebt die Glocke das Zeichen zum Aufstehen der Sclaven, Lucian. *de merc. cond.* 24, und zu anderen regelmässigen Beschäftigungen ib. 31. (Vielleicht meldete auch der *ianitor* mit der an der Thür hängenden Glocke (Suet. l. l.) die Eintretenden an.)

7) Im Hause des Pansa. Overbeck [4] S. 326. Vor der *casa del Fauno* ist in dem Trottoir vor der Hausthür das Wort *HAVE* in Mosaik gelegt, ebd. S. 349. Niccolini vol. I. *Casa detta del Fauno*, tav. 9. (*Salve lucru* im Flur der *casa di Sirico*, Overbeck [4] S. 321.)

8) Mazois nennt diesen Raum *prothyron* nach Vitruv. 6, 10 (7), 5: *Prothyra graece dicuntur, quae sunt ante ianuas vestibula, nos autem appellamus prothyra, quae graece dicuntur* διάθυρα. Die Bedeutung von διάθυρα ist aber unbekannt und eine Thür nach dem Atrium ist weder in unserem Hause noch sonst gewöhnlich erkennbar. (Sie ist in zwei Fällen nachweisbar; s. Overb. [4] S. 255; vermuthlich war hier öfter eine leichte, an den *antepagmenta* hängende Thür. Dass διάθυρα diese Bedeutung hatte, ist wahrscheinlich: s. Vitr. 6, 10 (7), 1. Vitruv nennt 6, 4, 5 diesen Raum *fauces*: Ivanoff *Ann. d. Inst.* 1859 p. 82 ff.

9) S. unten S. 238 Anm. 6 (und oben Anm. 7).

10) Plaut. *Most.* 854: *Tranio, age canem istam a foribus aliquis abducat face.* Suet. *Vitell.* 16. Seneca *de ira* 3, 37, 2. Tibull. 2, 4, 34. (In der *casa di Laocoonte* konnte der Hund in der in der Asche gebliebenen Form ausgegossen werden. Presuhn Pompeji 1874—1878 III Taf. 3.)

11) Gell *Pompeiana.* 1832. I p. 142. Overbeck [4] S. 255.

Petron auf der linken Wand ein Hund dargestellt mit der Inschrift *Cave canem*;[1]) hier pflegte auch der *ianitor* zu verweilen, der seine *cella* (*g*) neben der Flur hatte.[2])

4. Das Atrium und die anliegenden Räume.
(S. die Abbildungen auf Taf. I.)

Das Atrium (Taf. I *b*) ist in unserem Hause von der einfachsten Form, nämlich ein *Tuscanicum*. Das Ziegeldach des- *atrium Tuscanicum.*

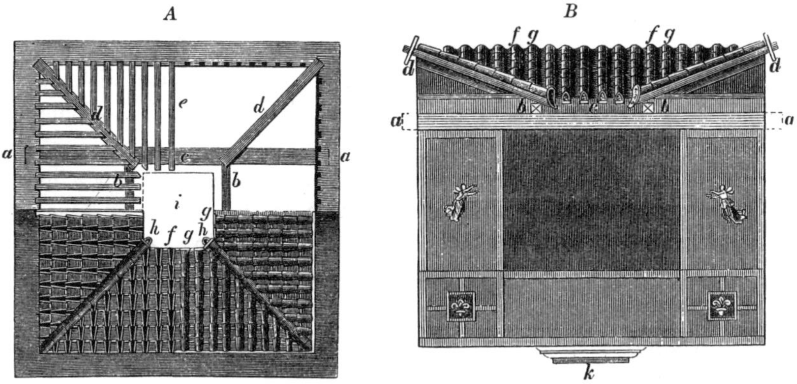

selben wurde von zwei Hauptbalken getragen, in welche zwei Querbalken eingelegt waren.[3]) Es war viertheilig, nach innen geneigt, und hatte den Abfluss nach dem *compluvium*. Es gab indess in Pompeii auch die anderen bereits besprochenen Arten des Atrium, das *tetrastylum*, welches sich vom *Tuscanicum* nur dadurch unterscheidet, dass die Hauptbalken da, wo die Quer-

1) Petron. 29. Varro bei Nonius p. 152 s. v. *praebitio: In ianuam cave canem inscribi iubeo.*

2) Vitruv. 6, 10 (7), 1 erwähnt die *cella ostiarii* bei dem griechischen Hause. In Pompeii scheint sie ebenfalls gewöhnlich gewesen zu sein.

3) Mazois Vol. II pl. III fig. I. II, der die Construction folgendermassen erläutert: *a.* Hauptbalken (einer der beiden Träger [*trabes*]); *b.* die auf diesen Trägern liegenden Querbalken, welche das Viereck des *compluvium* herstellen (*interpensiva*); *c.* ein auf dem Hauptträger der Länge nach liegender Balken, bestimmt, dem Dache auf den Längenbalken eine gleich hohe Unterlage zu geben, wie sie die Querbalken darbieten; *d.* die geneigten Streben; *e.* die Latten (*capreoli*); *f.* die Plattziegel (*tegulae*); *g.* die über den Fugen der Plattziegel liegenden Hohlziegel (*imbrices*); *h.* die grossen Hohlziegel (*tegulae conliciares*, Cato *de r. r.* 14), welche über den Zusammenstoss der Dachseiten gelegt sind. (Hier lagen keine Hohlziegel; die *tegulae colliciares* sind eigenthümlich geformte Plattziegel, abgebildet bei Overb. [4] S. 257. Man fand dieselben zuerst in dem S. 238 A. 5 erwähnten Dach der *casa di Sirico;* die Abbildung oben ist in diesem Punkte falsch.) *i. compluvium; k. impluvium.*

balken aufliegen, von vier Säulen gestützt werden; [1]) das *Corinthium*, in welchem die beiden von Wand zu Wand reichenden Hauptbalken nicht vorhanden sind, sondern das Balkenviereck des Compluviums nur auf Säulen ruhte, [2]) bei welcher Construction es möglich war, das Atrium durch Vermehrung der Säulenzahl beliebig zu erweitern; [3]) das *displuviatum*, in welchem das Dach sich nicht dem *compluvium* zuneigte, sondern den Abfluss nach den Wänden des Hauses hatte, von welchen das Wasser in Rinnen abgeleitet wurde; [4]) endlich das *testudinatum*, welches ebenso construirt, aber ganz bedeckt war. [5]) Zu verdecken pflegte man auch das *compluvium* aller Atrien, namentlich gegen die Einwirkung der Sonne; hiezu dienten indess Vorhänge (*vela*). [6])

impluvium. In der Mitte des Fussbodens befindet sich das *impluvium* (Taf. I *c*), ein vertieftes und eingefasstes Bassin, an dessen einer, dem Inneren des Hauses zugewendeten Seite ein Marmortisch [7])

---

1) Es findet sich z. B. in der *casa di Championnet*. Mazois II, pl. 20, in den rechten Atrien der *casa del Fauno* und *del Laberinto* u. öfter.

2) Vitruv. 6, 3, 1: *In Corinthiis — a parietibus trabes recedentes in circuitione circa columnas componuntur*.

3) Von den vier zusammenliegenden Häusern in Pompeii, zu welchen die *casa del Centauro* und die *casa di Castore e Polluce* gehören, haben zwei ein *atrium Tuscanicum*, zwei ein *atrium Corinthium* von 12 und 16 Säulen, Overbeck [4] S. 330, eines von 16 Säulen auch die *domus M. Epidi Rufi*, ebd. S. 298.

4) Ein *displuviatum* hatte die *casa di Modesto*. (Dies ist ein Irrthum Mazois'; s. Overbeck [4] S. 274 f. Ein zweifelhaftes Beispiel *Bull. d. Inst.* 1874 p. 67.)

5) Dächer sind in Pompeii nur selten erhalten; besseren Aufschluss über sie geben die Ausgrabungen von Herculaneum. S. Zahn II tav. 63. 64, wo die von 1828—1838 ausgegrabenen Häuser zusammengestellt sind. Indessen hat auch Pompeii Reste von Dächern aufzuweisen. Ueber den wichtigsten, in der *casa di Sirico*, s. Niccolini Vol. I, *Strada Stabiana* Numero 57 p. 5. *Bull. nap.* N. S. I p. 140. 185, tav. XIV. Overb. [4] S. 257. Hier war das Dach der Küche vorhanden; einige Ziegel waren mit Oeffnungen versehen, durch welche Licht eindrang. Eine ähnliche Construction können die Dachziegel des *testudinatum* gehabt haben.

6) *Digest.* 33, 7, 12 § 20: *de velis, quae in hypaethris extenduntur, item de his, quae sunt circa columnas Celsus scribit magis supellectili adnumeranda.* Plin. *n. h.* 19, 24: *vela — rubent in cavis aedium et muscum a sole defendunt.* Ovid. *met.* 10, 595:

haud aliter quam cum super atria velum
Candida purpureum similatas inficit umbras.

Vgl. Bötticher Tektonik. Buch 4 S. 367. (In einem pompeianischen Hause war das Compluvium zum Schutz gegen Diebe durch ein jetzt im Museum zu Pompeii befindliches Eisengitter geschlossen. Fiorelli *Descr.* p. 48 n. 28. *Bull. d. Inst.* 1874 p. 249.)

7) Varro *de l. L.* 5, 125: *altera vasaria mensa erat* (verschieden von der *vinaria*) *lapidea quadrata oblonga, una columella: vocabatur cartibulum. Haec in aedibus ad compluvium apud multos me puero ponebatur et in ea et cum ea*

mit vier Löwenfüssen angebracht war (*d*). Unter dem Fussboden gehen Abzüge für das Regenwasser hin, welches durch mehrere runde Oeffnungen des Fussbodens abfliesst (*e*). Der vordere Theil des Atriums ist von acht Räumlichkeiten eingeschlossen, welche von demselben durch Flügelthüren 1) getrennt sind, während sonst die Wohnzimmer statt der Thüren auch nur *vela* haben, 2) nämlich der Zelle des *ostiarius* (*g*), welche ein schmales Fenster nach der Strasse hat, 3) einem Treppenhause, das die Communication mit dem oberen Stockwerke vermittelt und zugleich einen Brunnen enthält (*l*), und sechs Wohn- oder Schlafzimmern (*h. i. j. k. m. n*). Der hintere Theil des Atrium erweitert sich in zwei Seitenräume (*alae*) (*oo*), welche die Tiefe *alae.* der Zimmer haben, aber nach dem Atrium zu offen sind, 4) und in einen nach dem Inneren des Hauses zu liegenden Mittelraum, das *tablinum* (*p*), welches den eigentlichen Mittelpunkt *tablinum.* des Hauses bildet, beide Haupttheile des Hauses, das Atrium und das Peristylium übersieht und dem Herrn zum Geschäftszimmer dient. 5) Es scheint vom Atrium nicht durch eine Thür, sondern nur durch ein *velum* getrennt gewesen zu sein; 6) dagegen hatte es nach dem Peristyl zu eine breite Thür mit zwei *cardines* und zwei doppelten Flügeln (*valvae*). 7)

---

aenea vasa. Dieser Tisch findet sich ausser in unserem Hause auch in der *casa di Sallustio* (Overb. 4 S. 302), in der *casa del Centauro* (das. S. 231), in der *casa del Laberinto* (das. S. 344: hier im Impluvium), in der *casa di Sirico* (das. S. 324) u. öfter, und wird noch erwähnt in dem Glossar bei Mai *Class. Auct.* Vol. VI p. 514: *Catipulum, mensa quadrata, quae in atriis ponitur.*

1) *Fores cubiculi* Suet. *Caes.* 81. Apul. *met.* 3, 15. Verschliessbare Zimmer kommen öfters vor. Tac. *hist.* 3, 38. Verg. *moret.* 15; und *conclave* ist der eigentliche Ausdruck für ein Zimmer oder einen Complex von Zimmern mit verschliessbarer Thür. Festi *ep.* 38. Donat. *ad Ter. Eun.* 3, 5, 35. (In Pompeii waren Thüren gewöhnlicher Breite stets verschliessbar.)

2) *Velum cubiculare* Lamprid. *Heliog.* 14, 6. vgl. Suet. *Claud.* 10. Tac. *ann.* 13, 5. Seneca *ep.* 80, 1: *non crepuit subinde ostium, non adlevabitur velum.* Seneca *n. q.* 4, 13, 7: *quamvis cenationem velis ac specularibus muniant.* Isidor. *or.* 19, 26, 7: *vela dicta, quod obiectu suo interiora domorum velent.*

3) Avellino p. 11. Die *cella ostiarii* erwähnen Varro *de r. r.* 1, 13, 2. Petron. 29. Suet. *Vit.* 16; Aur. Vict. *Caes.* 8, 6 nennt sie *tugurium ianitoris.*

4) Die Stelle des Vitruv. 6, 3, 4 über die *alae* ist erst durch die pompeianischen Häuser verständlich geworden und zuerst richtig erklärt von Mazois II p. 24. Vgl. Avellino p. 18 ff. (In Pompeii liegen die *alae* nicht selten in der Mitte der Langseiten: Overb. 4 S. 298. 347. *Bull. d. Inst.* 1879 p. 23. Häufig war eine derselben durch einen grossen Schrank ganz oder fast ganz ausgefüllt: Overb. 4 S. 261. 283. 292. 356. 365. *Bull. d. Inst.* 1876 p. 18.)

5) (Ueber die Verwendung des Tablinum (früher Durchgangs- und Speise-, später vielleicht Empfangszimmer) vgl. Overbeck Pompeji 4 S. 262.)

6) Avellino p. 23. Auch in anderen Häusern von Pompeii ist dies ersichtlich.

7) Avellino p. 24.

Die *alae* und das *tablinum* sind wesentliche und charakteristische Theile des Atrium, die sich auch in Pompeii finden; von der sonstigen Ausstattung des Atrium geben die späteren Gebäude nur einzelne Andeutungen, da in dem erweiterten Hause das Atrium nur noch als Empfangszimmer diente. Der *focus* mit den Penaten war in den inneren Theil des Hauses *lararium.* verlegt, [1]) die Laren erhielten ein eigenes *sacrarium* oder *lararium*, [2]) allein noch im vierten Jahrhundert n. Chr. stand in den meisten Häusern unmittelbar am Eingange des Atrium [3]) oder auch in der Flur hinter der Hausthür der Schutzgott des Hauses, *Lar* oder damals auch *Tutela* [4]) genannt. [5]) Der bereits erwähnte Geldkasten. Marmortisch am *impluvium* und der Geldkasten am Eingange des *tablinum* (*f*) war in unserem Hause vorhanden; [6]) in den

---

1) Serv. *ad Aen.* 2, 469: *singula enim domus sacrata sunt diis, ut culina diis penatibus.*

2) Lamprid. *Al. Sev.* 29, 2; 31, 4.

3) (In vielen pompeianischen Häusern findet sich das Lararium in Form einer Aedicula, am häufigsten am Atrium. So in der *casa di Lucrezio* in einer Nische gleich rechts vom Eingang (Overb. [4] S. 315); ebenso in der *casa del torello di bronzo* (Fiorelli *Descr.* p. 421); im Hause des M. Epidius Rufus in der linken Ala (Overb. [4] S. 209); ebenso in der *casa dei capitelli figurati* (Fiorelli l. l. p. 218); im Hause des Epidius Sabinus in einer Ecke des Atriums (Overb. [4] S. 296).)

4) Orelli *Inscr.* 1736. 1737. 1837 (= *C. I. L.* VI, 178. 179. 774). 5676; *tutela domus* ib. 1700 = *C. I. L.* V, 3304; *tutela huius loci* Or. 1699 = *C. I. L.* VI, 216; Petron. 57; *tutela et genius loci C. I. L.* III, 4445. *deus tutela* Orelli 1698. 2622 = *C. I. L.* II, 3021. 4092. Anderes bei Marini *Atti* p. 374.

5) Hieronymus *in Esaiam* lib. 6 c. 57. Vol. III p. 418 ed. Paris 1704 = Vol. IV p. 672 Vallars: *nullusque fuerit locus, qui non idololatriae sordibus inquinatus sit, in tantum, ut post fores domorum idola ponerent, quos domesticos appellant Lares et tam publice quam privatim animarum suarum sanguinem funderent. Hoc errore et pessima consuetudine vetustatis multarum provinciarum urbes laborant. Ipsaque Roma, orbis domina, in singulis insulis domibusque Tutelae simulacrum cereis venerans ac lucernis, quam ad tuitionem aedium isto appellant nomine, ut tam intrantes quam exeuntes domus suas incliti semper commoneantur erroris.* Vgl. Prudentius *c. Symmach.* II, 445—449. Das Lararium im Hause des Lucretius (s. oben Anm. 3) enthielt fünf Bronzefiguren: den *genius*, Juppiter, Hercules, eine unbestimmbare und Fortuna, die man nach der Stelle des Hieronymus als Tutela bezeichnen kann. Denn diese Schutzgöttin des Hauses heisst Dea Fortuna Tutela (Orelli 1736. 1737) oder auch Fortuna, z. B. *Fortuna horreorum C. I. L.* VI, 188 = Orelli 4881. 4882. (Im Lararium eines anderen pompeianischen Hauses fand man Fortuna und zwei Laren (*Bull. d. Inst.* 1882 p. 217. *Not. d. Scavi* 1880 p. 487); in einem dritten Apollo, Aesculap, Hercules, Mercur und zwei Laren (*Not. d. Sc.* 1882 p. 437. *Bull. d. Inst.* 1884 p. 17.) In Alexandria diente als Schutz ein Medaillonbild des Serapis. Rufinus in der Fortsetzung der Kirchengeschichte des Eusebius 2, 29: *Sed et illud apud Alexandriam gestum est, quod etiam thoraces Serapis; qui per singulas quasque domos in parietibus, in ingressibus, in postibus etiam ac fenestris erant, — abscissi sunt.*

6) Avellino p. 10. 31 und die Beschreibung der Bronzeverkleidung des

Häusern der Nobilität hatte indessen das Atrium einen anderen und eigenthümlichen Schmuck an den *imagines* der Vorfahren,[1] *imagines.* welche in den *alae* aufgestellt wurden.[2] Ueber den Ursprung Ursprung derselben. dieser Sitte haben neuerdings die Untersuchungen von O. Benndorf[3] einen erwünschten Aufschluss gegeben. Wie man im Alterthum in der Ansicht, dass der Todte im Grabe fortlebt, dasselbe als Wohnung mit aller häuslichen Einrichtung ausstattete,[4] so glaubte man auch seine Persönlichkeit durch eine Maske erhalten zu müssen. Wie die aegyptischen Mumien mit Portraitköpfen versehen sind, so hat man auch in Niniveh, Phoenicien, Carthago, Italien und Griechenland den Leichen Masken von Gold, Silber, Bronze, Eisen oder Thon auf das Gesicht gelegt.[5] Eine praktische Nothwendigkeit dazu war bei allen Völkern vorhanden, bei welchen eine Ausstellung der Todten vor dem Begräbnisse stattfand. In Rom dauerte diese bei

---

Kastens p. 45. Derselbe Kasten an derselben Stelle fand sich im Hause des Castor und Pollux mit 45 Gold- und 5 Silbermünzen, in der *casa del Laberinto* und anderen Häusern (Avellino p. 47. Overbeck Register s. v. Geldkisten) und wird erwähnt Appian. *b. c.* 4, 44: Ὀυίνιον δὲ ἀπελεύθερος αὐτοῦ Ὀυινίου Φιλήμων, οἰκίαν κεκτημένος λαμπράν, ἐν τῷ μεσαιτάτῳ τῆς οἰκίας ἔκρυψεν ἐν λάρνακι, ἃς ἀπὸ σιδήρου ἐς χρημάτων ἢ βιβλίων ἔχουσι φυλακήν, wo unter den Büchern wohl Rechnungsbücher zu verstehen sind. Uebrigens s. Cato bei Serv. *ad Aen.* 1, 726: *Ibi (in atrio) etiam pecunias habebant.* Serv. *ad Aen.* 9, 648: *Census etiam omnis illic (in atrio) servabatur.*

1) Ueber das *ius imaginum*, welches man durch Bekleidung eines curulischen Amtes erwarb, s. Mommsen Staatsrecht I² S. 426 ff., wo bereits die Hauptstellen über die *imagines* angeführt sind. Von der künstlerischen Form der *imagines* haben nach Lessing Ueber die Ahnenbilder der Römer, Werke herausgegeben von Lachmann XI S. 183—196, und Eichstädt *De imaginibus Romanorum diss. duae.* Petropoli 1806. 4. mit Sachkenntniss gehandelt Quatremère de Quincy *Le Jupiter Olympien.* Paris 1815. fol. p. 36. 37. Visconti *Mus. Pio-Clem.* VI p. 21 der Mailänder Ausg. R. Rochette *Peintures antiques inédites.* Paris 1836. 4. p. 334—344. Vgl. auch Avellino a. a. O. p. 21. 22.

2) Vitruv. 6, 3, 6: *Imagines item alte cum suis ornamentis ad latitudinem alarum sint constitutae.* Sonst heisst es gewöhnlich, dass sie *in atrio* standen. Juvenal. 8, 19:

Tota licet veteres exornent undique cerae
Atria, nobilitas sola est atque unica virtus.

Plin. *n. h.* 35, 6. Ovid. *fast.* 1, 591. *amor.* 1, 8, 65, wo zu lesen scheint: *Nec te decipiant veteres circa atria cerae.* Martial. 2, 90, 6; 5, 20, 5—7. Seneca *ad Polyb.* 14, 3.

3) O. Benndorf Antike Gesichtshelme und Sepulcralmasken. Wien 1878. 4. Separatabdruck aus dem XXVIII. Bande der Denkschriften der phil.-hist. Classe der k. Akad. der Wissenschaften.

4) S. hierüber, wie über weiter zu erwähnende Eigenthümlichkeiten des römischen Begräbnisses den achten Abschnitt.

5) Hieher gehören die Schliemann'schen Entdeckungen in Mykenae, die Funde von Olbia und das reiche Material, welches Benndorf vereinigt hat. S. Benndorf S. 65 ff.

solennen Begräbnissen sieben Tage,[1]) während welcher in Italien eine natürliche Conservation der Leiche unmöglich ist. Daher war es die Aufgabe des *pollinctor*, die Leichen einzubalsamiren[2]) und wahrscheinlich auch »das Gesicht der Leichen zu formen, die Hohlform in Wachs auszugiessen und den Wachsausguss auszubessern (*emendare*) und zu bemalen, der dann entweder auf dem Gesichte der Leichen selbst oder einer statt ihrer eintretenden Paradefigur zu liegen bestimmt war«.[3]) Nach dieser Ansicht waren die *imagines* ursprünglich portraitartige Ausstellungsmasken von Wachs;[4]) mit ihnen wurde die Leiche auf das Forum gebracht und, wie ich glaube, auch begraben oder verbrannt; nach dem Begräbniss aber ein neuer Abguss der Hohlform[5]) gemacht und wahrscheinlich an eine Büste an-

Form derselben. gefügt.[6]) Die Büsten mit den Portraitmasken waren an den

1) Servius *ad Aen.* 5, 64: *Apud maiores ubiubi quis fuisset extinctus, ad domum suam referebatur* — — *et illic septem erat diebus. Octavo incendebatur, nono sepeliebatur.* Ammian. 19, 1, 10. Ueber die Ausstellung und die Nachricht des Servius, welche in ihrem letzten Theile nicht richtig sein kann, siehe den achten Abschnitt.

2) Was Serv. *ad Aen.* 9, 487 sagt: *pollinctores appellatos dicunt qui mortuis os polline oblinebant, ne livor appareret extincti,* scheint nur auf einer falschen Etymologie zu beruhen.

3) Ich bediene mich der eigenen Worte Benndorf's S. 73. Bezeugt ist diese Vermuthung nicht, aber sie ist an sich sehr ansprechend und wie ich glaube überzeugend. Ueber die Paradefiguren s. den achten Abschnitt.

4) Plin. *n. h.* 35, 6: *Expressi cera voltus singulis disponebantur armariis.* Juvenal. 8, 2: *pictos voltus maiorum.* Polyb. 6, 53, 4: τιθέασι τὴν εἰκόνα τοῦ μεταλλάξαντος εἰς τὸν ἐπιφανέστατον τόπον τῆς οἰκίας, ξύλινα ναΐδια περιτιθέντες. ἡ δὲ εἰκών ἐστι πρόσωπον εἰς ὁμοιότητα διαφερόντως ἐξειργασμένον καὶ κατὰ τὴν πλάσιν καὶ κατὰ τὴν ὑπογραφήν. Sall. *Jug.* 4, 5.

5) Dass man auch später, wenn feierliche Begräbnisse statt fanden, oder wenn eine Frau ihrem Manne die Bildnisse ihrer Ahnen zubrachte, immer neue Abgüsse von der aufbewahrten Hohlform zu machen genöthigt war, nimmt Benndorf S. 76 mit Recht an. Die Nachricht des Plinius 35, 153, dass die Erfindung, ein Gesicht in Wachs abzudrücken, von dem Sikyonier Lysistratus gemacht sei, ist wenig glaublich, seitdem viel ältere Gesichtsmasken zu Tage gekommen sind; die Römer verfuhren bei dieser Operation vielleicht sehr ohne künstlerische Rücksicht, und am Ende der Republik fehlte es für diesen Zweck auch nicht an Künstlern.

6) S. hierüber Quatremère de Quincy, der die Ansicht begründet, dass die Büsten Kopf, Hals und Anfang der Bekleidung hatten, und nachweist, wie die Masken angebracht und abgenommen werden konnten. Bei den Begräbnissen konnten die Wachsmasken, welche lebende Personen anlegten, um das lebendige Bild der Ahnen zu vergegenwärtigen, unmöglich immer dieselben *fumosae imagines* (Seneca *ep.* 44, 5. Cic. *in Pison.* 1, 1. Boeth. *cons. phil.* 1, 1, 16. Juven. 8, 8) sein, sondern sie mussten von Zeit zu Zeit neu abgegossen werden, worin offenbar die Einrichtung, dass die Maske von der Büste abzunehmen war, ihren Grund hatte. Visconti bemerkt, dass volle, nicht *en relief* gearbeitete Portraitbüsten, für welche die Griechen keine sprachliche Bezeichnung haben, erst seit der Kaiserzeit vorkommen und ihr Muster in den römischen

Wänden der *alae* in kleinen tempelartigen Schränken[1]) ange- **Aufstellung derselben.** bracht, unter denen Inschriften (*tituli*) die Namen, Würden und Thaten der betreffenden Personen verkündeten,[2]) und so geordnet und durch gemalte Linien verbunden, dass sie den Stammbaum der Familie darstellten.[3]) An festlichen Tagen wurden die Schränke geöffnet[4]) und die Büsten mit Lorbeer bekränzt.[5])

imagines haben. Vgl. R. Schoene in *Bull. dell' Inst.* 1866 p. 99. (Die Büstenform stammt aus hellenistischer Zeit, und heisst griechisch προτομή: Helbig Unters. üb. d. campan. Wandmalerei S. 39ff.) In Cumae sind in einem Grabe aus der Zeit des Diocletian zwei Skelette gefunden worden, welche statt der Todtenköpfe Köpfe von Wachs mit Glasaugen hatten. S. Ashpitel *The City of Cumae and the recent excavations there* in *Archaeologia*. Vol. XXXVII p. 317—334. *Bull. Nap.* N. S. I (1852—53) p. 107. 121 ff. 161 ff. 187 ff. Auch Benndorf S. 76 entscheidet sich für die Büstenform der *imagines* in den Atrien.

1) *armaria* Plin. *n. h.* 35, 6; ξύλινα ναΐδια Polyb. 6, 53; *atriorum pegmata* Auson. *epigr.* 26, 10.

2) Diese Inschrift heisst *titulus* oder *elogium* (nach Mommsen *C. I. L.* I p. 277 von *eligere*, als Auszug aus den *commentarii gentilicii*. Vgl. Jordan *Vind. serm. lat. antiquissimi, ind. lect. aest.* 1882 Regim. 1882 p. 19) oder *index*, Liv. 10, 7, 11: *cuius imaginis titulo consulatus censuraque et triumphus aequo animo legetur, si auguratum aut pontificatum adieceritis, non sustinebunt legentium oculi?* Tibull. 4, 1, 30: *nec quaeris, quid quaque index sub imagine dicat.* Valer. Max. 5, 8, 3: *Videbat enim se in eo atrio consedisse, in quo Imperiosi illius Torquati severitate conspicua imago posita erat, prudentissimoque viro succurrebat effigies maiorum suorum cum titulis suis idcirco in prima parte aedium poni solere, ut eorum virtutes posteri non solum legerent sed etiam imitarentur.* Daher sagt Ovid. *fast.* 1, 591: *perlege dispositas ceras* und führt die Cognomina an, die in der Inschrift verzeichnet waren; ebenso Claudius in der Rede über das *ius honorum* der Gallier bei Nipperdey *Tacit.* II p. 280: *Tot ecce insignes iuvenes, quot intueor, non magis sunt paenitendi senatores, quam paenitet Persicum, — amicum meum, inter imagines maiorum suorum Allobrogici nomen legere*; und Liv. 3, 58, 2 nennt *honoratissima imago* ein Bild mit einem *titulus*, in dem viele *honores* erwähnt wurden. Vgl Val. Max. 4, 4, 1: (*Valerius Poblicola*) *tres consulatus — gessit et plurimorum ac maximorum operum praetexto titulum imaginum suarum amplificavit.* Das Bild des Cassius im Hause seines Nachkommen C. Cassius bei Tac. *ann.* 16, 7 hatte die Inschrift *Duci partium*, in welcher der Dativ entweder vom Tacitus herrührt, oder abweichend von der Regel ist; denn die *elogia* haben den Namen und Titel im Nominativ auch in den erhaltenen nach dem Muster der Atrium-Inschriften formulirten Steininschriften dieser Art. S. Mommsen *C. I. L.* I p. 277ff. Atticus beschäftigte sich damit, die Titel in Verse zu bringen, Nepos *Att.* 18, und die Eitelkeit der Nachkommen verfälschte auch die *tituli* durch erfundene Würden und Thaten. S. Liv. 4, 16, 4; 8, 40, 4; 22, 31, 11. Plin. *n. h.* 35, 8.

3) Plin. *n. h.* 35, 6: *stemmata vero lineis discurrebant ad imagines pictas.* Suet. *Nero* 37: *obiectum est — Cassio Longino — quod in vetere gentili stemmate C. Cassi percussoris Caesaris imagines retinuisset.* Seneca *de ben.* 3, 28, 2: *Qui imagines in atrio exponunt, et nomina familiae suae longo ordine ac multis stemmatum illigato flexuris in parte prima aedium collocant, non noti magis quam nobiles sunt?* Martial. 4, 40, 1:

Atria Pisonum stabant cum stemmate toto.

Suet. *Galb.* 2: *imperator vero etiam stemma in atrio proposuerit, quo paternam originem ad Jovem, maternam ad Pasiphaam Minois uxorem referret.*

4) Polyb. a. a. O. 6. Seneca *controv.* 7, 21, 10 p. 222 Bursian: *Indicit festum diem, aperire iubet maiorum imagines.* Vopiscus *Florian.* 19 (6), 6. Cic. *pr. Sulla* 31, 88.

5) Cic. *pro Mur.* 41, 88.

Einen besonderen Stolz setzte natürlich die Familie in die Triumphatoren; wie diese im Vestibulum zuweilen eine Statue hatten, [1]) so scheinen sie auch im Atrium in ganzer Figur, stehend auf dem Wagen [2]) gemalt gewesen zu sein. [3]) Der Untergang der Nobilität und das Aufkommen neuer Familien, welche, ohne *imagines* zu besitzen, doch den Schmuck des Atriums nicht entbehren wollten, änderte die Sitte dahin, dass man nunmehr *clipei.* *clipeatae imagines*, [4]) d. h. bronzene oder silberne Portraitmedail-

1) Juvenal 7, 125—128.

2) Dies ist der Typus der *statuae triumphales*. So standen sie auf den Triumphbogen. Prudentius *c. Symm.* 2, 556:

currus summo miramur in arcu
Quadriiugos stantesque duces in curribus altis.

3) S. R. Rochette a. a. O. p. 342 ff. Darauf geht *Carm. ad Pison.*, Baehrens *P. L. M.* I, 15, 8:

Nam quid imaginibus, quid avitis fulta triumphis
Atria, quid pleni numeroso consule fasti
Profuerint, si vita labat?

und Juvenal. 8, 1:

Quid prodest, Pontice, longo
Sanguine censeri, pictos ostendere vultus
Maiorum et stantes in curribus Aemilianos
Et Curios iam dimidios umerosque minorem
Corvinum et Galbam auriculis nasoque carentem.

Der Schol. erklärt: *vetustate picturae ita effectum*, und in der That passt die Beschreibung nur auf ein altes Bild. Dass es aber solche Gemälde von Triumphatoren gab, zeigt Festus p. 209ª s. v. *picta*: *Eius rei argumentum est pictura in aede Vertumni et Consi, quarum in altera M. Fulvius Flaccus, in altera L. Papirius Cursor triumphantes ita picti sunt.* Vgl. Mommsen Staatsrecht I² S. 429.

4) Plin. *n. h.* 35, 4: *Imaginum quidem pictura, qua maxume similes in aevom propagabantur figurae, in totum exolevit. Aerei ponuntur clipei, argenteae facies.* Diese *clipeatae imagines* (Macrob. *sat.* 2, 3, 4) oder *clipei* oder *thoraces* sind in der griechischen Kunstübung gewöhnlich (R. Rochette *Peint. ant. inéd.* p. 238—246. Boeckh. *C. I. Gr.* II p. 664ᵇ ff. p. 1111 n. 2775ᶜ. 2775ᵈ. 3524 Z. 35), und dienten auch in Rom zum Schmucke von Tempeln und öffentlichen Orten. Plin. l. l. § 12: *clipeos in sacro vel publico dicare privatim primus instituit, ut reperio, Appius Claudius, qui consul cum P. Servilio fuit anno urbis CCLIX.* (Es ist vielmehr Ap. Claudius Caecus Cos. 447. 458 u. c. S. Mommsen *C. I. L.* I p. 278.) *Posuit enim in Bellonae aede maiores suos placuitque in excelso spectari et titulos honorum legi.* Inschr. bei Marini *Atti* p. 654: *permiserunt in clupeo quod ei posuerun[t ante] templum novum pingere effigiem Ma . . . Severinae virginis Albanae maximae sororis suae post excessum vitae eius.* *C. I. L.* II, 1263. Borghesi *Oeuvres* II p. 113 f. Mehr s. bei Lipsius *Exc. ad Tac. ann.* 2, 83. Salmasius *ad Treb. Poll. trig. tyr.* 25. *ad Treb. Poll. Div. Claud.* 3; Marini *Atti* p. 90. 662. Morcelli *Opp.* I p. 26 ff. Letronne *Lettres d'un antiquaire.* Paris 1836. 8. p. 448 f. *Appendice* p. 108 f. Im Senatssaale hingen die Portraits von Kaisern und berühmten Rednern in dieser Form. Tac. *ann.* 2, 83. 37. Suet. *Domit.* 23. Treb. Poll. *Div. Claud.* 3, und Portraitmedaillons kommen nicht nur in Marmor auf Denkmälern oft vor, sondern sind auch besonders erhalten. So die *imago clipeata* des Cicero bei Visconti *Icon. Rom.* p. 363 der Mailänder Ausg. und der 1847 gefundene Silberschild des Theodosius. Hübner Die antiken Bildwerke in Madrid p. 213—216. Auf dem Wandgemälde im Triclinium der *casa di Lucrezio* zeichnet eine Vic-

lons, wie man sie in der Zeit der Republik in Tempeln und an öffentlichen Orten ausstellte, auch als Decoration des Atriums verwendete.[1]) Dass aber die Wachsbüsten ganz ausser Gebrauch gekommen seien, muss man trotz der Behauptung des Plinius bezweifeln, da noch im Jahre 276 n. Chr. ihrer bestimmte Erwähnung geschieht.[2]) Bei dem grossen Werth, den man selbst in den spätesten Zeiten auf einen alten Stammbaum legte,[3]) scheinen bei den wenigen damals übrigen Nachkommen der alten Nobilität auch die alten *imagines* sich noch lange erhalten zu haben.[4])

Das *tablinum* ist, wie wir oben S. 220 gesehen haben, ursprünglich eine Laube nach dem Garten zu, welche erst später mit dem Atrium in Verbindung gesetzt wurde; wenn unsere Quellen seinen Namen von den dort aufbewahrten Documenten der Magistratspersonen ableiten, so ist daran das richtig, dass in alter Zeit die Magistratspersonen ihr Archiv in der That im Hause hatten[5]) und auch anzunehmen, dass die die Familie selbst *tablinum.*

---

toria ein Bild auf einen *clipeus* (Niccolini Vol. I *Casa di Lucr.* tav. V und p. 13) und Medaillons mit idealen Köpfen bilden eine gewöhnliche Wanddecoration in Pompeii. Zahn I, 89; II, 43; III, 36. 79. Vgl. Benndorf und Schoene Bildwerke des lateranens. Museums p. 210. Stark Verhandlungen der 31. Philologenversammlung S. 39 ff.

1) Solche *imagines* meint Statius *Theb.* 2, 214:

Laeto regalia coetu
Atria complentur, species est cernere avorum
Cominus et vivis certantia vultibus aera,

und wohl auch Constantin in der Verordnung des J. 326. *Cod. Just.* 5, 37, 22 § 3: *Nec vero domum vendere liceat, in qua defecit pater, minor crevit, in qua maiorum imagines aut videre fixas aut revulsas non videre satis est lugubre.*

2) Vopiscus *Florian.* 6 (19), 6: *Tantum illud dico, senatores omnes ea esse laetitia elatos, ut domibus suis omnes albas hostias caederent, imagines frequenter aperirent.* Dieser Ausdruck lässt sich nur von den Schränken verstehen, in denen die Wachsbilder standen.

3) Piso, einer der dreissig Tyrannen, stammte angeblich aus der alten Familie der Pisonen, die ihren Ursprung von Calpus, Sohn des Numa, ableitete (s. meine *Hist. equitum Rom.* p. 52); Gordian stammte von den Gracchen (Capitolin. *Gord. tres* 2, 2); Avienus, Cos. 450 p. Chr. von Messala Corvinus (Sidon. Apoll. *epist.* 1, 9), weshalb bei Macrob. *sat.* 1, 6, 26 Praetextatus zu diesem Avienus sagt: *sic Messala tuus, Aviene, dictus a cognomento Valerii maximi,* was L. Jan entgangen ist, und dergleichen Beispiele sind in grösserer Anzahl vorhanden.

4) Im fünften Jahrhundert erwähnt sie noch Sidonius Apoll. 1, 6: *senatorii seminis homo, qui quotidie trabeatis proavorum imaginibus ingeritur.* Wären hier die alten *imagines* zu verstehen, so würde das Epitheton *trabeatae* beweisen, dass nicht von Gesichtsmasken, sondern von bekleideten Büsten die Rede ist.

5) Dionys. 1, 74: δηλοῦται δὲ ἐξ ἄλλων τε πολλῶν καὶ τῶν καλουμένων τιμητικῶν ὑπομνημάτων, ἃ διαδέχεται παῖς παρὰ πατρὸς καὶ περὶ πολλοῦ ποιεῖται τοῖς μεθ' ἑαυτὸν ἐσομένοις ὥσπερ ἱερὰ πατρῷα παραδιδόναι· πολλοὶ δ' εἰσὶν ἀπὸ

betreffenden Urkunden, namentlich Gastverträge des Herrn mit auswärtigen Gemeinden, *tabulae hospitales* (s. S. 198) und Patronatsdecrete von Collegien [1]) ihren Platz im *tablinum* erhielten. Auch diese Bronzetafeln entsprechen in ihrer Form den tempelartigen Schränken, indem sie am oberen Theile dachförmig geschnitten und zum Befestigen an der Wand an den Seiten mit Löchern versehen sind. [2])

fauces. Neben dem tablinum liegen drei mit diesem verbundene Räume, zwei Zimmer (*s* und *r*) und ein Durchgang in das Innere des Hauses (*q*), in welchem man mit Recht die *fauces* [3]) erkannt hat. Die Zimmer öffnen sich nach der Hinterseite mit *valvae*, der Gang mit *fores*; geht man durch den letzteren hindurch, so gelangt man in den von Säulen umgebenen Hof,

5. das Peristyl (*t*),

dessen *area* mit einer Gartenanlage versehen und mit einer Mauer umgeben war. An der rechten Seite desselben, unmittelbar an der Wand des Hauses war das *sacrarium* [4]) angebracht, und in mehreren anderen pompeianischen Häusern liegt ebenfalls die Capelle im Peristyl. Nur zwei Zimmer (*u. u*), wohl *cellae* für Sclaven, und ein Treppenaufgang sind an dem Hofe befindlich, woraus man sieht, dass dieser Theil des Hauses eigentliche Wohnräume für die Familie nicht enthielt, sondern nur die Stelle eines Gartens [5]) vertrat.

τῶν τιμητικῶν οἴκων ἄνδρες ἐπιφανεῖς οἱ διαφυλάττοντες αὐτά. Vgl. oben S. 220 Anm. 2.

1) Orelli 4133, wo ein *collegium fabrum* im J. 190 p. Chr. einen *patronus* cooptirt. Am Schlusse heisst es: *petendum(que) ab eo, libenter suscipiat collegii nostri patronat(us) honorem, tabulamque aeream cum inscriptione huius decreti in domo eius poni censuerunt.* (Dass diese Tafeln im Tablinum angebracht wurden, ist nirgends bezeugt. Eine solche fand sich in einem antiken Hause in Bolsena im Atrium, nahe an der Rückwand (*Ann. d. Inst.* 1882 tav. *S*, am Punkte *c'*), nicht im Tablinum, wie es *Not. d. Sc.* 1882 S. 316 heisst.)

2) S. die Abbildungen bei Gruter p. 362. 363. 364.

3) Vitruv. 6, 3, 6: *Fauces minoribus atriis e tablini latitudine demta tertia, maioribus dimidia constituantur.* (Hier ist mit *fauces* das Prothyron bezeichnet. Nach Vitruv. 6, 10 (7), 5 scheint es, dass der in Rede stehende Gang von den Römern *andron* genannt wurde. S. Ivanoff *Ann. d. Inst.* 1859 p. 85 ff.)

4) Ebenso findet sich das *sacrarium* in der *casa del Fauno* (Overb. [4] S. 353), in dem Hause des Castor und Pollux (Overb. S. 338), in der *casa del poeta tragico* (Overb. S. 257) und öfter.

5) Eine Beschreibung eines römischen Gartens versucht Mazois Palast des Scaurus S. 175 ff. Becker *Gallus* III S. 42—57 (Göll S. 64 ff.).

Das Haus also, welches wir bisher betrachtet, hat nur zwei Hauptheile, die Halle (*atrium*) mit den dazu gehörigen Zimmern, und den ummauerten Garten (Peristyl). Von dieser Anlage ist ein grosser Theil der pompeianischen Häuser[1]) und in ihr sind alle wesentlichen Wohnräume der römischen Familien enthalten. Eine Erweiterung derselben konnte indess auf doppelte Weise bewirkt werden, einmal durch Vergrösserung des Areals, indem man hinter dem Peristyl einen freien Garten[2]) oder auch ein zweites, grösseres Peristyl anlegte, in welchem Falle das erste Peristyl mit Gesellschaftszimmern umgeben, hinter das zweite aber die Wirthschaftsräume und Sclavenzimmer verlegt wurden;[3]) sodann durch Aufbau eines oberen Stockwerks, das die Halle und das Peristyl ganz oder theilweise umschloss,[4]) theils nach innen,[5]) theils nach aussen Fenster[6]) hatte und zu Wohn- und Esszimmern, vermiethbaren Wohnungen und offenen oder halboffenen Erholungsplätzen[7]) Raum gewährte. Endlich konnten

---

1) S. die Zusammenstellung der Grundrisse bei Overbeck [4] S. 270 ff.

2) Dieser findet sich z. B. im Hause des Pansa. Overb. [4] S. 325 fig. 172.

3) Beispiele sind die *casa del Fauno*, deren erstes Peristyl 28, deren zweites Peristyl 44 Säulen hat, Overb. [4] fig. 177, und die *casa dei capitelli colorati*, Niccolini vol. I tav. II.

4) In Pompeii sind die oberen Stockwerke zerstört und nur noch an schwachen Ueberresten erkennbar; in Herculaneum dagegen haben sie sich noch soweit erhalten, dass sie bei der Ausgrabung gezeichnet werden konnten. S. S. 238 Anm. 5.

5) D. h. nach dem Dache des Atrium und dem Peristyl zu. (Letzteres hatte häufig ganz oder auf einer Seite einen oberen Säulengang, auf den sich natürlich auch Zimmer öffneten; s. die Restauration der *casa del Centenario* Overb. [4] S. 353, vgl. *Bull. d. Inst.* 1881 p. 171.)

6) Das untere Stockwerk hat durchschnittlich keine Fenster nach der Strasse; dagegen wohl das obere, wie theils manche pompeianische Häuser (z. B. Overb. [4] S. 267. *Bull. d. Inst.* 1878 p. 200; 1882 p. 184), theils die von Becker *Gallus* II S. 262 (Göll S. 312) ff. angeführten Stellen zeigen, namentlich Liv. 1, 41, 4: *ex superiore parte aedium per fenestras in novam viam versas — populum Tanaquil alloquitur*. Juvenal. 3, 268—271: *Respice nunc alia ac diversa pericula noctis, — quotiens rimosa et curta fenestris Vasa cadant*, auf welchen Uebelstand der Digestentitel 9, 3: *de his, qui effuderint vel deiecerint*, sich bezieht. Plin. *n. h.* 19, 59. Propert. 5, 7, 15—18. Martial. 1, 86, 1. Von griechischen Häusern in Syracus Liv. 24, 21, 8: *pars ex tectis fenestrisque prospectant*, und so auch von dem Hause, das die komische Scena darstellte, Vitruv. 5, 6, 8. Diese Fenster waren entweder durch Gitter (*fenestrae clatratae* Plaut. *mil. gl.* 379), oder durch Läden (Ovid. *am.* 1, 5, 3. Juvenal. 9, 104 u. ö.) verschlossen, oder hatten später Glasscheiben, worüber an einer anderen Stelle die Rede sein wird. (Weiteres bei Göll in Becker's *Gallus* II S. 314.)

7) Ein flaches Dach dient als Söller, *solarium* (Isidor. *or.* 15, 3, 12. Plaut. *mil. gl.* 340. 378. Macrob. *sat.* 2, 4, 14. Suet. *Claud.* 10; *Nero* 16. *Dig.* 8, 2, 17 pr.); es war zuweilen verdeckt (*solarium tectum* Inschr. Orelli 2417 = *C. I. L.* VI, 10234), oder auch mit Blumen und Bäumen geschmückt.

die zu beiden Seiten des Einganges liegenden Zimmer zu Läden eingerichtet werden, die theils mit dem Atrium des Hauses in Verbindung standen, wenn der Hausherr selbst einen Verkauf betrieb, theils vermiethet und durch eine Treppe mit ebenfalls vermietheten Wohnzimmern des oberen Stockwerks verbunden wurden.[1]) Alle diese dem Hause nicht ursprünglich angehörigen Räumlichkeiten sind in Lage und Einrichtung mehr oder weniger willkürlich so wie in ihrer technischen Bezeichnung vieldeutig; in den pompeianischen Häusern geben sich die Schlafzimmer (*cubicula* oder bestimmter *dormitoria*)[2]) durch die für das Bett bestimmte Nische[3]) oder durch sonstige Bezeichnung des für das Bett bestimmten Platzes[4]) oder durch ein Vorzimmer (προκοιτών)[5]) für den *cubicularius*, die *cellae* für Sclaven, Frei-

---

Seneca *exc. controv.* 5, 5 p. 396 Burs. Seneca *ep.* 122, 8. S. über die Einrichtung dieser hängenden Gärten Mazois Palast d. Scaurus S. 156 ff. Ausserdem aber hatten die oberen Theile des Hauses vorspringende Balcons, *maeniana*, Hieronymus *epist.* 136 *ad Suniam et Fretellam* ed. Colon. 1616. fol. p. 322[g] = *ep.* 106, 63, Vol. I p. 661 Vallars: *in Palaestina enim et Aegypto — non habent in tectis culmina, sed domata, quae Romae vel solaria vel maeniana vocant, id est plana tecta quae transversis trabibus sustentantur.* Festus p. 134[b], 22. Isidor. *or.* 15, 3, 11. Nonius p. 65. Pseudo-Ascon. p. 120 Or. *Dig.* 50, 16 242 § 1. Val. Max. 9, 12, 7. Dergleichen angebaute Balcons waren in alter Zeit in Rom verboten, *fabricari Romae priscis vetita legibus* Ammian. 27, 9, 10, und wurden im J. 368 p. Chr. abgerissen. Ammian. l. l. Abbildung eines *maenianum* Overb. [4] S. 267. Endlich hatten einen gleichen Zweck die *pergulae*, über welche S. 93 Anm. 2 gesprochen worden ist.

1) Nicht allein in Pompeii finden sich Läden beiderlei Art in vielen Häusern, sondern auch Cicero *ad Att.* 14, 9, 1 erwähnt, dass er Tabernen besass, die wahrscheinlich in seinem Hause waren. In der Vermiethungsanzeige Orelli 4323 = *C. I. L.* IV, 1136 werden zusammen ausgeboten *tabernae, pergulae, cenacula.*

2) Da man *cubicula diurna* und *nocturna* unterscheidet (Plin. *ep.* 1, 3, 1), so bezeichnet man die letzteren besonders als *dormitoria cubicula* (ibid. 5, 6, 21. Sidon. Apoll. *epist.* 2, 2), *cubicula noctis et somni* (Plin. *ep.* 2, 17, 22).

3) Eine Nische, zunächst für Aufstellung von Statuen (Orelli 1368. 2006. Visconti *Monumenti Gabini.* Milano 1835. 8. p. 126 ff. *Musée Pie-Clém.* Milan 1822. 8. Tome VII p. 109), dann aber auch für den *lectus* heisst *zotheca* Plin. *ep.* 2, 17, 21, oder *zothecula* ibid. 5, 6, 38. Sidon. Apoll. *epist.* 8, 16; 9, 11. Sie findet sich in Pompeii bisweilen in Schlafzimmern, (doch fast nur in solchen, die aus älterer Zeit stammen: s. Mau Gesch. d. decorativen Wandmalerei in Pompeji S. 63. 71. 74. 88. Overb. [4] S. 313. 331. 367. 372).

4) (Oft ist er durch das Muster des Fussbodens, durch die Malerei der Wände und (was freilich seltener erhalten) durch die Decke bezeichnet (Overb. [4] S. 344. 350. 353. 356. 363. *Mon. d. Inst.* XII, 5[a], *Ann.* 1884 p. 308), häufig auch in kleinen Zimmern der Raum für das Bett durch eine Aushöhlung in der Wand erweitert: Avellino *Descr. di una casa.* Nap. 1837 p. 13 f. Overb. [4] S. 291. 336. 341. 344. 345.)

5) Varro *de r. r.* 2 pr. 2. Plin. *ep.* 2, 17 § 10. 23. Overb. [4] S. 284. 319. 338. 393.

gelassene[1]) und Vorräthe, die Küche,[2]) Bäckerei[3]) und Werkstätte[4]) durch Mangel an Decoration oder Spuren ihrer wirthschaftlichen Einrichtungen zu erkennen, während die Säle (*oeci*)[5]) und Gesellschaftszimmer (*exedrae*)[6]) durch ihre baulich vorgeschriebene Construction oder luxuriöse Ausstattung bestimmbar sind. ⟨In den Triclinien[7]) sind in Pompeii die Plätze der *lecti* nicht selten durch das Muster des Fussbodens bezeichnet,[8]) in anderen Fällen durch die geringere Abnutzung der betreffenden Theile desselben,[9]) oder durch Aushöhlungen in den Wänden, ähnlich den in den Schlafzimmern beobachteten,[10]) kenntlich. Auch die Malerei der Wände unterscheidet häufig den inneren, für die *lecti* bestimmten Raum von dem vorderen, in welchem sich die Dienerschaft bewegte.[11])⟩ Eine bestimmte Stelle im Hause haben die Triclinien ebensowenig wie die *conclavia* und *diaetae* (Wohnzimmer),[12]) die Bibliotheken und Pinacotheken, insofern solche vorhanden waren. Wir begnügen uns daher, dieser Theile des Hauses beiläufig Erwähnung zu thun,

---

1) Dass Freigelassene im Hause wohnen, wird öfters erwähnt. S. S. 177 Anm. 5. S. 203 Anm. 7.

2) Zu der Decoration der Küche gehören namentlich die an die Wand gemalten Schlangen, welche ihr als *tutela* dienen. Overb. [4] S. 313. 327. 341. Helbig Wandgem. 36 ff. Ueber die Küche vgl. Göll in Becker's *Gallus* II S. 277 f.; über die meist mit ihr verbundene *latrina* das. S. 279 ff.

3) Im Hause des Sallust ist eine Bäckerei mit drei Mühlen und einem Ofen. Overb. [4] S. 301. 4) S. Overbeck [4] S. 272.

5) Vitruv. 6, 3, 8; 6, 10 (7), 3. 4.

6) *Exedra* ist ursprünglich ein in einer Säulenhalle nach innen hin ausgebauter Sitzplatz. Placidi *gloss.* in Mai *Auct. Class.* III p. 459: *Exedra absis quaedam separata modicum quid a praetorio aut a palatio.* So in der Palaestra. Vitruv. 5, 11, 2. Schneider zu Vitr. 6, 3, 8. Ein Vogelhaus wird mit diesem Namen bezeichnet Varro *de r. r.* 3, 5, 8. In Privathäusern wird eine *exedra* erwähnt Cic. *de or.* 3, 5, 17. *de d. n.* 1, 6, 15 und *exedria* Cic. *ad fam.* 7, 23, 3. Die letzteren sollen mit Gemälden geschmückt werden, und als Zimmer kommen *exedrae* bei Vitruv. 6, 10 (7), 3; 6, 3, 8. *Digest.* 9, 3, 5 § 2 vor.

7) *Triclinia* gab es mehrere im Hause, andere für den Sommer (*aestiva*), andere für den Winter (*hiberna*, *hiemalia*), Vitruv. 6, 7 (4), der auch *verna* und *autumnalia* anführt. Vgl. Varro *de r. r.* 1, 13, 7. *de l. L.* 8, 29. Lucull hatte viele *triclinia* (Plut. *Luc.* 41) und auch Sidon. Apoll. 2, 2 erwähnt in seiner Villa ein *hiemale* und ein *matronale triclinium.* In Pompeii sind sie zum Theil ohne alles Licht, und wurden also durch Lampen beleuchtet.

8) Overb. [4] S. 307. *Bull. d. Inst.* 1880 p. 219.

9) *Bull. d. Inst.* 1882 p. 177.

10) Overb. [4] S. 299. *Bull. d. Inst.* 1883 p. 76; 1885 p. 69. Gemauerte *lecti* finden sich nur in Gärten; so in der *casa di Sallustio* Overb. [4] S. 305. Fiorelli *Descr.* p. 47. 48. 144. *Bull. d. Inst.* 1874 p. 273; 1879 p. 195; ein *stibadium* Mazois II pl. 12 fig. 1. Fiorelli *Descr.* p. 327; vgl. Plin. *ep.* 5, 6, 36.

11) Mau Geschichte der decorativen Wandmalerei in Pompeji S. 351 ff.

12) *Diaeta* ist ein Ausdruck für jedes Wohnzimmer, auch die *cellae* der Sclaven. Plut. *de curios.* c. 1, p. 624 Dübn.: τὰς τῶν θεραπόντων διαίτας.

und werden nur auf eine zwar dem Hause nicht durchaus wesentliche aber dem täglichen Leben des Römers unentbehrliche Einrichtung, nämlich das Bad, in dem folgenden Abschnitte noch zurückkommen.

Siebenter Abschnitt.

Das tägliche Leben.

Eine allgemeine Norm für die Tagesbeschäftigungen in einer grossen Stadt aufzustellen, in welcher das Zusammenleben sehr verschiedener Stände und Nationalitäten die Erhaltung eines festen landesüblichen Herkommens unmöglich macht und statt der natürlichen Bedingungen der Existenz die complicirten Anforderungen einer eigensinnigen Verwöhnung zur Geltung gelangen, kann selbstverständlich nur in einigen Beziehungen versucht werden, in welchen sich übereinstimmende Züge der Lebensweise als charakteristisch erkennen lassen. Auf diese wird sich daher die folgende Darstellung beschränken, ohne die Sonderbarkeiten zu berühren, welche im Alterthume nicht weniger häufig vorkommen, als in der neuen Zeit.[1])

Leben auf dem Lande.

Die Eintheilung des Tages war, wie alle Gewohnheiten der Römer, ursprünglich durch die Ackerwirthschaft bedingt. Man stand auf mit Sonnenaufgang, opferte und frühstückte; arbeitete bis Mittag, ass und schlief etwas und ging wieder an die Arbeit bis zum Abendbrod. So verfloss ein Tag wie der andere, wenn nicht Familienfeste oder Feiertage oder ausserordentliche Ereignisse im Hause eine Abwechselung herbeiführten und Veranlassung gaben, den weiteren Kreis der Familie zu versammeln. Zu den Familienfesten gehören insbesondere die Geburtstage[2])

---

1) Ausführlich redet hievon Seneca *ep.* 122. S. besonders § 9: *Cum instituerunt omnia contra naturae consuetudinem velle, novissime in totum ab illa desciscunt: lucet: somni tempus est. quies est: nunc exerceamur, nunc gestemur, nunc prandeamus. iam lux propius accedit: tempus est cenae. Non oportet id facere, quod populus.*

2) S. Hildebrand *De nataliciis veterum.* Helmstädt 1661. Schubert *De ritibus Romanorum celebrandi dies natales.* Helmst. 1750. Wagner *De genio Rom. eumque die natali colendi ratione.* Marburg 1821. Schön *De vet. solenn. natal.* Halberstadt 1832. Pauly Realencycl. V S. 422 ff. Ueber die Geburtstage der

des Herrn,[1]) der Frau[2]) und der Kinder,[3]) welche man in festlicher Kleidung[4]) mit Glückwünschen,[5]) Geschenken[6]), Opfer[7]) und Mahl[8]) feierte und an welchen auch der Geburtstagskuchen nicht fehlte;[9]) zu den Feiertagen, welche mit einer häuslichen Festfeier begangen wurden, das Fest der *strenae* am ersten Januar,[10]) an dem man sich Geschenke (*strenae*)[11]) *ominis boni gra-*

---

1) Der eigene Geburtstag wird oft als Festtag erwähnt. Cic. *ad Att.* 7, 5, 3; 9, 4, 3. Ovid *trist.* 3, 13, 13. Juven. 12, 1:

Natali, Corvine, die mihi dulcior haec lux.

2) S. oben S. 59 Anm. 12.

3) *natales liberorum* Seneca *de ira* 2, 33, 4.

4) Man legt am Geburtstage (wie überhaupt an Festtagen) eine *toga alba* oder *candida* an. Ovid. *trist.* l. l.; 5, 5, 8. Hor. *sat.* 2, 2, 61. Pers. 1, 16.

5) Censorin. *de d. n.* 2. Tibull. 1, 7, 55 ff.; 2, 2; 4, 5. Pers. 2, 3 ff. Die Geburtstagsvisite (*officium*) erwähnt Mart. 11, 65. Später sind auch schriftliche Gratulationen üblich; solche sind die citirten Gedichte Tibull's. Fronto *ad M. Caesarem* 3, 9, p. 47 Naber: *Scio natali die quoiusque pro eo, quoius is dies est, amicos vota suscipere.*

6) Man schickt ein Geschenk *natalicii titulo* (Censorin. 1, 5); *natalicium munus*, Symmach. *ep.* 6, 48. Dionys. Halic. *de comp. verb.* 1. Lucian. *Macrob.* 2. Martial. 8, 64; 9, 55. Der Vater beschenkt die Kinder (Plaut. *Rud.* 1171); der Bruder die Schwester (Plaut. *Curc.* 656); der Client den Patron (Petron. 30. Antipater Thessalonic. in Jacobs *Anth. gr.* II p. 99 n. 17); der Sclave die Kinder des Herrn (Plaut. *Epid.* 638 f.).

7) Man opfert dem Genius (s. Staatsverwaltung III S. 121) Wein (Pers. 2, 3: *Funde merum genio*), und bekränzt ihn mit Blumen Tibull. 1, 7, 52. *Cod. Theod.* 16, 10, 12: *Nullus — — Larem igne, mero Genium. Penates odore veneratus, accendat lumina, imponat tura, serta suspendat.* Ein Opferthier wird nicht geschlachtet, da der Genius das Princip des Lebens ist (Varro bei Censor. *de d. n.* 2), wenigstens nicht von dem Betheiligten selbst; Horaz *od.* 4, 11, 8 will am Geburtstage des Maecenas allerdings ein Lamm opfern.

8) Cic. *Phil.* 2, 6, 15: *Hodie non descendit Antonius. Cur? Dat nataliciam in hortis.* Gell. 19, 9, 1. Plaut. *capt.* 174. *pseud.* 165 ff. *Persa* 5, 1, 16 f. Martial. 10, 27. Auson. *ep.* 9, 49. Von solcher ländlichen Feier des Geburtstages sagt Juvenal 11, 81:

Sicci terga suis —
Moris erat quondam festis servare diebus
Et natalicium cognatis ponere lardum.

9) Ovid. *am.* 1, 8, 94: *natalem libo testificare tuum. trist.* 4, 10, 12. Tibull. 1, 7, 54; 2, 2, 8. Die ganze Feier beschreibt Ovid. *trist.* 3, 13, 13, wo er von seinem eigenen Geburtstage redet:

Scilicet exspectas solitum tibi moris honorem:
Pendeat ex humeris vestis ut alba meis,
Fumida cingatur florentibus ara coronis,
Micaque sollemni turis in igne sonet,
Libaque deproperem genitale notantia tempus
Concipiamque bonas ore favente preces.

10) Augustinus *serm.* 198, 2: (*de Kalendis Januariis*) *Acturus es celebrationem strenarum sicut paganus, lusurus alea et inebriaturus te.* Ueber dieses Fest handelt gründlich und gelehrt M. Lipenius *Strenarum historia* in Graevii *Thesaur. Ant. Rom.* XII p. 409—552. Vgl. H. Rossii *Janotatius s. de strena* in Sallengre *Thes.* II p. 1410—1448. Scheiffele Die Gelübde der Alten, der erste Januar im alten Rom, Strenae, Janus, Aesculap. Stuttgart 1851. 4. p. 15—17.

11) *Strena* wird von den Alten mit der Göttin *Strenia* (Staatsverwaltung III

tia[1]) darbrachte und bis in das siebente Jahrhundert der christlichen Zeit und vielleicht noch später Mahlzeiten[2]) in ausgelassener Fröhlichkeit feierte;[3]) ferner die *Compitalia* am 3—5. Januar, die *Caristia* am 22. Februar, die *Matronalia* am 1. März, die *Vinalia* am 23. April, die *Nonae Caprotinae* am 7. Juli, die *Vinalia rustica* am 19. August, endlich die *Saturnalia* am 17—19. December;[4]) zu den ausserordentlichen häuslichen Ereignissen das Fest der Namengebung,[5]) der Bekleidung eines Sohnes mit der Toga,[6]) der Verlobung,[7]) der Hochzeit,[8]) der *Repotia*[9]) und etwaige Leichenschmäuse.

Leben in der Stadt.

Das Leben in der Stadt änderte diese Einförmigkeit; die Beschäftigung mit der Staatsverwaltung und den Gerichtsverhandlungen, das Bedürfniss, sich entweder einen Anhang zu verschaffen oder sich einem einflussreichen Manne anzuschliessen, die damit verbundene vielfältige Verpflichtung zu Besuchen und

---

S. 14) in Verbindung gebracht und soll eigentlich ein heiliger Zweig (*verbena*) aus dem Haine der Strenia sein. Symmachus *ep.* 10, 35: *Ab exortu paene urbis Martiae strenarum usus adolevit, auctoritate Tatii regis, qui verbenas felicis arboris ex luco Strenuae anni novi auspices primus accepit.* Lydus *de mens.* 4, 4: φύλλα δὲ δάφνης ἐδίδοσαν, ἅπερ ἐκάλουν στρῆνα, εἰς τιμὴν δαίμονός τινος οὕτω προσαγορευομένης, ἥτις ἔφορός ἐστι τῶν νικῶν.

1) Festus p. 313ᵃ 28. Der Lorbeer hat sühnende und heiligende Kraft; s. Staatsverwaltung III S. 170 Anm. 8. Scheiffele a. a. O. S. 15 Anm. 32; ebenso haben die anderen Geschenke ihre Bedeutung: Süssigkeiten: Ovid. *fast.* 1, 185:

Quid volt palma sibi rugosaque carica, dixi,
Et data sub niveo condita mella cado?
Omen, ait, causa est, ut res sapor ille sequatur,
Et peragat coeptum dulcis ut annus iter.

vgl. Martial. 13, 27; 8, 33, 11. Seneca *ep.* 87, 3; ferner Lampen mit der Inschrift *Anno novo faustum felix tibi*, von welchen mehrere Exemplare noch vorhanden sind, s. Boettiger Kleine Schr. III S. 316 f. Taf. IV. Jahrbücher des Vereins von Alterthumsfreunden im Rheinlande XXII S. 36—40. Orelli 4307. *Bullett. Nap.* II (1843. 44) p. 139; Becher mit derselben Inschrift Orelli 4306, besonders aber ein As oder später eine Goldmünze, denn Geld am Neujahrstage zu empfangen war das beste Omen (Ovid. *fast.* 1, 189—226), weshalb auch die Kaiser als Neujahrsgeschenk ein Geldstück annahmen. Suet. *Aug.* 57. 91. *Tib.* 34. *Cal.* 42. Dio Cass. 59, 24, 4, woraus in der späteren Kaiserzeit eine regelmässige Abgabe entstand. S. Gothofr. *ad Cod. Theod.* 7, 24, 1 *De oblatione votorum.*

2) Lamprid. *Alex. Sev.* 37, 6 und S. 251 Anm. 10.

3) Noch im Jahre 692 wird dies Fest auf dem Concilium Trullianum Canon 62 als unchristlich verboten. Vorher wird es oft besprochen, nicht nur von Libanius, der ihm eine eigene Rede, εἰς τὰς καλάνδας, Vol. I p. 256—260 Reiske, gewidmet hat, sondern auch von den meisten Kirchenvätern, z. B. Prudentius *c. Symm.* I, 237 ff. Die hieher gehörigen Stellen derselben sind mit grosser Vollständigkeit gesammelt von M. Lipenius a. a. O. p. 459 ff.

4) S. über diese Feste Staatsverwaltung III S. 545 ff.

5) S. oben S. 83 Anm. 6. 6) S. oben S. 124. 7) S. oben S. 42.

8) S. oben S. 52. 9) S. oben S. 57.

Begleitungen, endlich das Streben nach Genuss, in welches selbst die unbemittelten Classen der Bevölkerung durch öffentliche Festlichkeiten in immer höherem Grade hineingezogen wurden, brachte Wechsel und Unruhe in das Leben; die naturgemässen Stunden für Arbeit und Ruhe passten nicht mehr für die anders gewordenen Interessen, und wie der Tag für den einen früh, für den anderen spät anfing und endete, so wurde auch die Vertheilung der Tagesgeschäfte eine sowohl für jeden Einzelnen verschiedene als auch von der alten Sitte vielfach abweichende.

Eintheilung des Tages

Die Römer unterscheiden den bürgerlichen und den natürlichen Tag.[1] Den ersteren rechnen sie von Mitternacht bis Mitternacht zu 24 Stunden;[2] den letzteren von Sonnenaufgang bis Sonnenuntergang zu 12 Stunden. Allein die Rechnung nach Stunden ist überhaupt erst üblich geworden nach dem Bekanntwerden der Sonnenuhren,[3] d. h. nach dem Jahre 491 = 263, in welchem die erste Sonnenuhr nach Rom gebracht wurde. Obgleich diese für das etwa 4 Grad südlicher liegende Catina in Sicilien berechnet und somit für Rom völlig unbrauchbar war, so dauerte es doch noch 99 Jahre, ehe man in Rom diesen Irrthum bemerkte und durch Q. Marcius Philippus eine richtig construirte Uhr erhielt. Wenig später, im J. 595 = 159, kam auch die erste Wasseruhr in öffentlichen Gebrauch.[4] Wenn

1) (Für das folgende vgl. Bilfinger Antike Stundenzählung, Progr. des Eberh. Ludw. Gymn. in Stuttgart 1883, wo nachgewiesen ist, dass die Stundenangaben der Alten von den vollendeten Stunden zu verstehen sind: *hora sexta* ist Mittag, *hora septima* Ein Uhr etc. Nach diesem Resultat ist die folgende Darstellung berichtigt worden.)

2) Censorinus *de die natali* 23. Varro bei Gellius 3, 2. Macrob. *sat.* 1, 3. Paulus *Dig.* 2, 12, 8. Isidor. *or.* 5, 30, 1. Die sämmtlichen hieher gehörigen Stellen findet man zusammengestellt bei Reifferscheid *Suetonii reliquiae* p. 149—154.

3) Censorinus 23, 6: *In horas XII divisum esse diem noctemque in totidem vulgo notum est: sed hoc credo Romae post reperta solaria observatum.*

4) Plin. *n. h.* 7, 213: *Princeps Romanis solarium horologium statuisse ante XII annos quam cum Pyrrho bellatum est ad aedem Quirini L. Papirius Cursor — proditur.* (Dies wäre 461 = 293.) — *M. Varro primum statutum in publico secundum rostra in columna* (vgl. Overbeck Pompeji [4] S. 101) *tradit bello Punico primo a M' Valerio Messala consule Catina capta in Sicilia, deportatum inde post XXX annos quam de Papiriano horologio traditur, anno urbis CCCCLXXXXI* (263 v. Chr.), *nec congruebant ad horas eius lineae; paruerunt tamen ei annis undecentum, donec Q. Marcius Philippus qui cum L. Paulo fuit censor diligentius ordinatum iuxta posuit* (590 = 164). — *Etiamnum tamen nubilo incertae fuere horae usque ad proximum lustrum; tunc Scipio Nasica conlega Laenati primus aqua divisit horas aeque noctium ac dierum idque horologium sub tecto dicavit anno urbis DXCV* (159). Censorinus 23 § 6 ff.

vor dieser Zeit Stunden erwähnt werden, so ist das eine Bezeichnung späterer Darsteller; im rechtlichen Verkehr, bei der sogenannten Civilcomputation,[1]) abstrahirte man von einer Eintheilung des Tages; im Leben behalf man sich mit den auch ohne Uhr möglichen Zeitbestimmungen, für welche es im praktischen Gebrauch wie in der Dichtersprache eine grosse Anzahl von Ausdrücken gab, welche wir übergehen können, da sie auf keinem gemeinsamen und anerkannten Principe beruhen.[2]) Ein solches Princip wurde erst massgebend im Militärdienste, in welchem man die Nacht in vier gleiche Wachzeiten (*vigiliae*) eintheilte.[3]) Diesem entsprechend findet sich auch für den Tag, der in ältester Zeit nur durch den Mittag getheilt war,[4]) eine

---

1) S. Boecking Pand. I § 122 S. 440, vgl. S. 444 Anm. 18.

2) Varro *de l. L.* 6, 4—7 führt ohne Ordnung an: *Mane*, *suprema*, *crepusculum*, *nox*, *vesperugo* oder *vesper*, *nox intempesta* oder *concubium* oder *silentium noctis* oder *conticinium*. Anders Serv. *ad Aen.* 2, 268: *Sunt autem solidae noctis partes secundum Varronem hae: vespera* (*crepusculum*), *conticinium* (*concubium*), *intempesta nox*, *gallicinium* (*conticinium*), *lucifer* (*crepusculum matutinum*). *Diei: mane*, *ortus*, *meridies*, *occasus*. Wieder anders Serv. *ad Aen.* 3, 587: *Noctis septem tempora ponuntur*, *crepusculum*, *quod et vesper*, *fax*, *quo lumina incenduntur*, *concubium*, *quo nos quieti damus*, *intempesta*, *i. e. media*, *gallicinium*, *quo galli cantant*, *conticinium*, *post cantum gallorum silentium*, *aurora vel crepusculum matutinum*, *tempus quod ante solem est*. Wieder anders Isidor. *or.* 5, 31. Censorinus 24. Macrob. *sat.* 1, 3 § 12 ff. Fronto *ad M. Caes.* II, 6 p. 31 Naber, wo genannt wird *media nox* — *gallicinium* — *conticinium* — *matutinum* — *diluculum* — *ante meridiem* — *meridies* — *vespera* — *concubia nox*, *intempesta nox*. S. über diese und die entsprechenden griechischen Bezeichnungen Dissen *De partibus noctis et diei ex divisionibus veterum* in Dissen's kleinen lateinischen und deutschen Schriften. Göttingen 1839. 8. S. 130—150.

3) S. Staatsverwaltung II^2 S. 420. Dissen a. a. O. S. 146 führt auf diese vier Theile die verschiedenen Ausdrücke zurück und meint, die erste Wache habe man bezeichnet durch *prima face*, *luminibus accensis*, *lucernalis hora*, *prima nocte;* die zweite durch *nox concubia*, die dritte durch *media nox*, die vierte ist wirklich das *gallicinium*. Plin. *n. h.* 10, 46. Die verschiedenen Ausdrücke für die Tageszeiten glaubt er dagegen nicht in vier Kategorien bringen zu können, und in der That sind alle diese volksgemässen Ausdrücke unabhängig von der militärischen und juristischen Praxis, obwohl die Juristen hie und da auch eine solche Zeitbestimmung brauchen. Niebuhr R. G. II S. 300 Anm. 610 sagt, indem er den Ausdruck *luce prima* erklärt: »Die *alba* vor der Morgenröthe, wofür unsere Sprache kein Wort hat: wie denn unser Norden ihre Herrlichkeit so wenig kennt, als der Süden den Reiz unserer Abenddämmerung«, und nicht nur Caesar *b. c.* 1, 68 braucht den Ausdruck *albente coelo* wie Vergil *Aen.* 4, 586: *Regina e speculis ut primum albescere lucem Vidit*, sondern auch Paulus *Dig.* 28, 2, 25 § 1 bezeichnet die Geburtsstunde eines Kindes so: *cum* — *albescente coelo ruri sit enixa Maevia masculum.* Andere Stellen, in welchen sich dieser Ausdruck als Formel wiederholt, siehe bei Savaro zu Sidon. Apoll. *carm.* 23, 488 p. 202.

4) Plin. *n. h.* 7, 212: *Duodecim tabulis ortus tantum et occasus nominantur* (vgl. Varro *de l. L.* 6, 5; 7, 51), *post aliquot annos adiectus est et meridies*, *accenso consulum id pronuntiante*, *cum a curia inter rostra et Graecostasim*

Eintheilung in vier Theile,[1]) den Morgen (*mane*) von Sonnenaufgang bis zum Ende der dritten Stunde, den Vormittag (*ad meridiem*) bis zum Ende der sechsten Stunde, den Nachmittag (*de meridie*) bis zum Ende der neunten Stunde, und den Abend (*suprema*) bis zu Sonnenuntergang.[2]) Dass diese Eintheilung des Tages für die Gerichtssitzungen galt und vom Praetor herrührte,[3]) scheint nicht zu bezweifeln. Dass jedoch die Gerichtsverhandlungen erst mit der zweiten dieser Tageszeiten begonnen hätten,[4]) und mit Ende der dritten geschlossen worden wären,[5]) ist nicht erweislich. Sie begannen zu Cicero's Zeit früher[6]) und dauerten bis zum Ende der zehnten Stunde[7]). Unter der *suprema* verstanden die XII Tafeln die Zeit des Sonnenunterganges, bis zu welchem der Praetor zu Gericht sass; in vier Theile.

---

prospexisset solem; a columna Maenia ad carcerem inclinato sidere supremam pronuntiavit.

1) Censorinus 23, 9: *Alii diem quadripartito sed et noctem similiter dividebant.*

2) Censorinus 24, 3: *Secundum diluculum vocatur mane, cum lux videtur solis; post hoc ad meridiem, tunc meridies, quod est medii diei nomen; inde de meridie, hinc suprema.*

3) Varro *de l. L.* 6, 89: *Cosconius in actionibus scribit, praetorem accensum solitum esse iubere, ubi ei videbatur horam esse tertiam, inclamare horam tertiam esse, itemque meridiem et horam nonam.*

4) (Marquardt schloss dies aus Mart. 4, 8, 2: *Exercet raucos tertia causidicos*, indem er irrthümlich (s. S. 253 A. 1) unter *hora tertia* in der A. 3 citirten Stelle den Beginn der 3. Stunde verstand, und aus Horat. *sat.* 1, 9, 35, wo jemand einen Termin hat *quarta iam parte diei Praeterita*, d. h. *hora tertia*, was nichts beweist. Offenbar aber denkt Horaz an die in Rede stehende Eintheilung.)

5) (Marquardt konnte dies nur annehmen, weil er *hora decima* (s. A. 7) als den Beginn der 10. Stunde, also der *suprema*, fasste. Um seine Ansicht festzuhalten, müsste man entweder annehmen, dass das Abrufen der *suprema* nicht mit dem der *nona* zusammenfiel, oder dass in früherer Zeit die Gerichtsverhandlungen nicht, wie später, mit der 10., sondern schon mit der 9. Stunde schlossen. Für keines von beiden ist ein genügender Anhalt vorhanden.)

6) Der Process des Milo begann vor Ende der 2. Stunde. Ascon. *in Milonian.* p. 42 Or.: *intra horam secundam accusatores coeperunt dicere.* Ueber *intra* bei Zeitangaben s. Sulpicius Apollinaris bei Gell. 12, 13. Bilfinger a. a. O. S. 16.

7) Ascon. *in Milonian.* p. 41 Or.: *Dimisso circa horam decimam iudicio.* Cic. *in Verr.* 2, 17, 41: *Ubi comperit Heraclium non adesse, cogere incipit eos, ut absentem Heraclium condemnent. Illi eum commonefaciunt, ut si ei videatur, utatur instituto suo, nec cogat ante horam decimam de absente secundum praesentem iudicare.* Seneca *de tranq. an.* 17, 7: *quidam nullum non diem inter otium et curas dividebant. Qualem Pollionem Asinium [oratorem magnum] meminimus, quem nulla res ultra decumam retinuit.* Paulus *sent. r.* 4, 6, 2: *Testamenta in municipiis, coloniis, oppidis — — inter horam secundam et decimam diei (aperiri) recitarique debebunt.* Cic. *act. I in Verr.* 10, 31: *Nonae sunt hodie sextiles; hora octava convenire coepistis. Hunc diem iam ne numerant quidem.* Acc. *in Verr.* 2, 37, 91 wird Sthenius vom Verres *hora nona* vorgeladen, woraus man schloss, dass derselbe ohne gehört zu werden abgeurtheilt werden solle.

allein in Folge einer der Zeit nach unbekannten *lex Plaetoria* wurde die *suprema* durch den *praeco* vor Sonnenuntergang abgerufen, was doch wohl von der anderweitig überlieferten Abrufung der vollendeten neunten Stunde nicht verschieden ist, so dass die *suprema tempestas diei* von da an bis zum Untergange der Sonne gerechnet wird.[1])

Nach dem J. 595 = 159 konnten diese ungefähren auf Beobachtung des Sonnenstandes beruhenden Ansätze genauer fixirt Uhren. werden, da Sonnen- und Wasseruhren in allgemeinen Gebrauch kamen. Man stellte nunmehr Uhren nicht nur auf Märkten[2]) auf, sondern hielt sie auch in Häusern, Villen und Bädern;[3]) im Hause hatte man einen eigenen Sclaven, der die Stunde abrief,[4]) und den man nach der Uhr fragte;[5]) Wasseruhren signalisirten auch die Stunden durch einen lauten Ton.[6]) Aber die Einrichtung dieser Uhren war von der der unserigen darin wesentlich verschieden, dass sie nicht gleiche Stunden (Aequinoctialstunden),[7]) deren sich die Alten nur bei astronomischen Rechnungen bedienten, sondern Zwölftel des Tages und der Nacht zeigten,[8]) indem die bei allen römischen Bruchrechnungen

---

1) Varro *de l. L.* 6, 5: *Suprema summum diei, id a superrimo. Hoc tempus XII tabulae dicunt occasum esse solis; sed postea lex Plaetoria id quoque tempus iubet esse supremum, quo praeco in comitio supremum pronuntiavit populo.* Der Sinn dieser Stelle ist offenbar, dass später das *supremum tempus diei* nicht mit dem Sonnenuntergang anfing, sondern früher abgerufen wurde. Censorinus 24, 3 will offenbar dasselbe berichten: *Quamvis plurimi supremam post occasum solis esse existimant, quia est in XII tabulis scriptum sic: solis occasus suprema tempestas esto: sed postea M. Plaetorius tribunus plebiscitum tulit, in quo scriptum est: Praetor urbanus qui nunc est quique posthac fuat duo lictores apud se habeto usque supremam ad solem occasum iusque inter cives dicito.* (Das letzte ist vielleicht verderbt. Marquardt vermuthete auf Grund seiner S. 255 A. 4 besprochenen Ansicht: *usque ad supremam iusque inter cives dicito.* Wie die *lex Plaetoria* die *suprema* mit der Rechtsprechung in Verbindung brachte, ist nicht klar.)

2) Cic. *Brut.* 54, 200, wo der Richter auf dem Markte nach der Uhr sehen lässt.

3) Von den Uhren wird im zweiten Theile besonders gehandelt werden.

4) Juvenal. 10, 216. Martial. 8, 67, 1. Sidon. Apoll. *epist.* 2, 9. Plin. *ep.* 3, 1, 8. Seneca *de brevitate vitae* 12, 6. (Er rief die vollendete Stunde. Bilfinger a. a. O. S. 15 ff.)

5) Plin. *n. h.* 7, 182. Suet. *Dom.* 16.

6) Lucian. *Hipp.* 8.

7) ὥραι ἰσημεριναί (*aequinoctiales*) Galen. Vol. VI p. 405; X p. 479 Kühn, öfter bei Ptolemaeus. S. Bilfinger a. a. O. S. 9 f.

8) Vitruv. 9, 8 (7), 7 sagt von den Sonnenuhren: *Omnium autem figurarum descriptionumque earum effectus unus, uti dies aequinoctialis brumalisque itemque solstitialis in duodecim partes aequaliter sit divisus.* Vgl. Ideler Handbuch der math. und techn. Chronologie I S. 84.

übliche Theilung der Einheit (*as*) in Zwölftel (*unciae*) [1]) auch auf den Tag und die Nacht ihre natürliche Anwendung fand. Die Winterstunden sind daher kürzer,[2]) die Sommerstunden länger [3]) als die Aequinoctialstunden; ein Umstand, welcher für die Construction der Uhren im Alterthum besondere Schwierigkeit erregte, für uns aber bei der Benutzung von Zeitangaben nach Stunden eine Reduction nöthig macht. Nach Ideler[4]) beträgt die Länge des Tages in Rom, welches 41° 54′ Polhöhe hat, Die römische Stunde.

am 23. December	8	Stunden	54	Minuten
» 6. Februar	9	»	50	»
» 23. März	12	»		
» 9. Mai	14	»	10	»
» 25. Juni	15	»	6	»
» 10. August	14	»	10	»
» 25. September	12	»		
» 9. November	9	»	50	»

und somit die Stunde am 23. December 44 Minuten 30 Secunden, am 25. Juni aber 75 Minuten 30 Secunden, während am 23. März und 25. September die Stunde 60 Minuten unserer Rechnung hat. Demnach entsprechen in der Zeit des Aequinoctiums die römischen Stunden den unserigen, in der Zeit der Solstitien differirten sie aber in folgender Weise, wie bereits Becker *Gallus* II S. 353 nach Ideler's Ansatz berechnet hat.[5])

	im Sommer	im Winter
Sonnenaufgang	4 U. 27′	7 U. 33′
1. Stunde	5 » 42′ 30″	8 » 17′ 33″
2. »	6 » 58′	9 » 2′
3. »	8 » 13′ 30″	9 » 46′ 30″
4. »	9 » 29′	10 » 31′
5. »	10 » 44′ 30″	11 » 15′ 30″
6. »	12 »	12 »

---

1) S. Staatsverwaltung II² S. 48 f.

2) *hora brumalis* Censorin. 16. Plaut. *pseud.* 1302:
SIMO. *Credo equidem potis esse te, scelus,*
Massici montis uberrumos quattuor
Fructus ebibere in una hora. PS. *Hiberna, addito.*

3) *hora aestiva* in diesem Sinne Martial. 12, 1, 4. Veget. 1, 9. *Anth. Pal.* Jac. II, 436.

4) Ideler Handb. der math. und techn. Chronologie II S. 13.

5) ⟨Die folgende Tabelle ist nach Bilfinger a. a. O. berichtigt. Marquardt setzte die 1. Stunde um Sonnenaufgang, die 7. um 12 U. u. s. w.⟩

	Im Sommer	Im Winter
7. Stunde	1 U. 15′ 30″	12 U. 44′ 30″
8. »	2 » 31′	1 » 29′
9. »	3 » 46′ 30″	2 » 13′ 30″
10. »	5 » 2′	2 » 58′
11. »	6 » 17′ 30″	3 » 42′ 30″
12. »	7 » 33′	4 » 27′

Nach diesen Ansätzen werden die in der nachfolgenden Darstellung vorkommenden römischen Zeitangaben auf unsere Tagesstunden zu reduciren sein.

Der Morgen und der Vormittag.

Der Schlaf bis zum hellen Tage galt für eine Bequemlichkeit, welche man in Rom schwer haben konnte;[1] schon vor Tagesanbruch begannen die Handwerker ihre Arbeit,[2] die Männer der Wissenschaft ihre Studien;[3] in erster Frühe gehen die Knaben in die Schule;[4] und wenn es gleich Leute gab, die bis zur 4.[5] oder 5. Stunde oder selbst bis Mittag ausschliefen,[6] so war das doch nur eine Ausnahme, welche sich Liebhaber persönlicher Ungebundenheit, Sonderlinge und Schwelger erlaubten. In alter Zeit empfängt der Hausherr beim Anbruch des Morgens zuerst den Gruss seiner Kinder[7] und Sclaven,[8] mit diesen opfert und betet er;[9] darauf nimmt er sein Haus-

1) Horat. *epist.* 1, 17, 6: *Si te grata quies et primam somnus in horam Delectat — Ferentinum ire iubebo.*

2) Dies geschah in Rom (Martial. 12, 57) wie in Athen, in welchem die *antelucana opificum industria* den Demosthenes zu gleichem Fleisse anspornte. Cic. *Tusc.* 4, 19, 44.

3) Der nachherige Kaiser M. Aurel schreibt an Fronto *ep.* 4, 6 p. 69 Naber: *ab undecima noctis in tertiam diei partim legi — partim scripsi.* Horat. *epist.* 2, 1, 112: *et prius orto Sole vigil calamum et chartas et scrinia posco;* vgl. 1, 2, 35. Der ältere Plinius arbeitete *a nocte multa*, *hieme vero ab hora septima, vel cum tardissime, octava, saepe sexta*, d. h. von 1′ Nachts, und ging schon vor Sonnenaufgang zum Kaiser Vespasian, welcher auch vor Tagesanbruch arbeitete. Plin. *ep.* 3, 5. 8. 9. Dasselbe that Julian, Ammian. Marc. 16, 5, 4.

4) Martial. 14, 223. 5) Horat. *sat.* 1. 6, 122: *ad quartam iaceo.*

6) Pers. 3, 3:

Stertimus, indomitum quod despumare Falernum
Sufficiat, quinta dum linea tangitur umbra.

Gell. 6, 10, 5: *At nunc videre est, philosophos ultro currere, ut doceant, ad fores iuvenum divitum eosque ibi sedere atque opperiri prope ad meridiem, donec discipuli nocturnum omne vinum edormiant.* Seneca *ep.* 122, 1.

7) Diese alte Sitte war noch im Hause der Antonine üblich. Fronto *ad M. Caes.* 4, 6 p. 69 Naber. 8) Sueton. *Galba* 4.

9) Diese Sitte bestand ebenfalls noch in der Kaiserzeit. Sueton. *Otho* 6:

buch vor, lässt sich über die Wirthschaft berichten, ordnet die Tagesarbeit und ertheilt seinen Clienten Rath und Belehrung in Rechtssachen wie in persönlichen Angelegenheiten;[1] noch in den vornehmen Häusern der Kaiserzeit begann der Morgenempfang, die *salutatio*, mit Sonnenaufgang. Die Clienten, welche viele Besuche zu machen[2] und weite Wege zurückzulegen hatten,[3] wanderten schon in der Dämmerung des Morgens[4] durch die Strassen, um nicht zu spät zu erscheinen.[5] Ohne noch ausgeschlafen[6] oder verdaut zu haben[7] finden sie sich selbst bei dem schlechtesten Wetter und tiefsten Schmutze[8] in der feierlichen Tracht der Toga[9] ein; häufig werden sie gar nicht,[10] oft nur mit Schwierigkeit[11] vorgelassen, oft müssen sie lange

Die *salutatio*.

Mane Galbam salutavit, — — etiam sacrificanti interfuit. M. Aurel bei Fronto a. a. O.: *Inde salutato patre meo — fauces fovi. Faucibus curatis abii ad patrem meum et immolanti adstiti.* Lamprid. *Alex. Sev.* 29: *Usus vivendi eidem hic fuit: primum — matutinis horis in larario suo — rem divinam faciebat.*

1) Horat. *epist.* 2, 1, 103:

Romae dulce diu fuit et solemne reclusa
Mane domo vigilare, clienti promere iura,
Cautos nominibus rectis expendere nummos,
Maiores audire, minori dicere, per quae
Crescere res posset, minui damnosa libido.

Vgl. Mommsen Röm. Forschungen I S. 373. Cic. *de or.* 3, 33, 133: *ad quos olim et ita ambulantes et in solio sedentes domi sic adibatur, non solum ut de iure civili ad eos, verum etiam de filia collocanda, de fundo emendo, de agro colendo, de omni denique aut officio aut negotio referretur.* Dass der Client über die Verheirathung seiner Tochter den Patron befragte, zeigt Plut. *Cat. mai.* 24; dass auch der Rechtsanwalt schon beim Hahnenschrei Audienz geben musste, Horat. *sat.* 1, 1, 10.

2) Seneca *de brev. vit.* 14, 3. Martial. 9, 22, 5; 10, 10; 12, 26.

3) Martial. 1, 108, 5; 5, 22.

4) Lucian. *Nigrin.* 22: νυκτὸς μὲν ἐξανιστάμενοι μέσης περιθέοντες δὲ ἐν κύκλῳ τὴν πόλιν. Martial. 10, 70, 5. Plin. *ep.* 3, 12. Fronto *ep. ad M. Caes.* 1, 3 p. 6 Naber: *Nam neque domum vestram diluculo ventitat (Fronto) neque cotidie salutat.*

5) S. Friedlaender Darst. aus der Sitteng. Roms I⁵ S. 357 und besonders Juvenal. 5, 19:

Habet Trebius, propter quod rumpere somnum
Debeat et ligulas dimittere, sollicitus ne
Tota salutatrix iam turba peregerit orbem,
Sideribus dubiis aut illo tempore, quo se
Frigida circumagunt pigri serraca Bootae.

Vgl. Martial. 7, 39.

6) Martial. 10, 74; 12, 68. 7) Statius *silv.* 4, 9, 48.

8) Martial. 3, 36, 4; 10, 82. Juvenal. 5, 76 ff.; 3, 247.

9) Die *salutatores* sind eine *turba togata*, Juvenal. 1, 96; die *salutatio* selbst heisst *opera togata* Martial. 3. 46, 1. Die Toga ist für die Clienten eine grosse Ausgabe (Martial. 9, 100; 10, 96, 11), und eine beschwerliche Tracht. Martial. 12. 18, 5.

10) Colum. 1 *praef.* 9. Horat. *epist.* 1, 5, 31. Martial. 5, 22, 10; 9, 7, 3. Lucian. *Nigrin.* 22. 11) Seneca *ad Serenum* 14, 2. *de benef.* 6, 34, 1.

warten;[1]) viele *patroni* aber sind selbst schon früh auf[2]) und lassen der lärmenden Schaar, die sich im Vestibulum versammelt hat,[3]) das zum Empfang bestimmte Atrium[4]) öffnen. Die Clienten begrüssen den Herrn mit der Anrede *ave*[5]) *domine*,[6]) indem sie der Reihe nach eintreten;[7]) der Herr empfängt sie, wenn er herablassend ist, mit Handschlag[8]) und Kuss;[9]) oft aber erwidert er ihren Gruss kaum;[10]) er erinnert sich ihrer entweder nicht, oder braucht dazu die Hülfe des Nomenclators;[11]) in der späteren Kaiserzeit küssen die Clienten dem Herrn die Hand, wie die Sclaven,[12]) oder begrüssen ihn fussfällig.[13])

Beginn und Dauer der Geschäftszeit. Die Audienz dauerte spätestens bis zur vollendeten zweiten

---

1) S. oben S. 258 Anm. 6.

2) Cic. *ad Att.* 6, 2, 5: *Aditus autem ad me minime provinciales; nihil per cubicularium; ante lucem inambulabam domi, ut olim candidatus.* Der Kaiser Vespasian empfing schon vor Sonnenaufgang. Plin. *ep.* 3, 5, 9.

3) S. oben S. 224 Anm. 4. Friedlaender a. a. O. S. 358ff., wo die Hauptstellen angeführt sind; *turba salutantium* Seneca *ep.* 19, 11; *coetus salutantium* Tac. *ann.* 14, 56. Plut. *de amicorum multitudine* c. 3, p. 112 Dübn.: ἐν δὲ ταῖς τῶν πλουσίων καὶ ἡγεμονικῶν οἰκίαις πολὺν ὄχλον καὶ θόρυβον ἀσπαζομένων καὶ δεξιουμένων καὶ δορυφορούντων ὁρῶντες εὐδαιμονίζουσι τοὺς πολυφίλους. Seneca *ad Marciam* 10, 1. *de benef.* 6, 34, 4. *ep.* 84, 12. Epictet. *diss.* 4, 4, 37.

4) Hor. *epist.* 1, 5, 31. Juvenal. 7, 91. Martial. 3, 38, 11; 9, 100, 2.

5) Seneca *de benef.* 6, 34, 3. Martial. 1, 108, 10; 7, 39, 2; 9, 7, 2. Ausonius *Ephem.* p. 58 Bip. *Egressio* v. 5.

6) S. S. 206 Anm. 16.

7) Seneca *de benef.* 6, 34, 3.

8) Serv. *ad Aen.* 1, 408: *Cur dextrae iungere dextram*] *Maiorum enim haec fuerat salutatio, cuius rei* τὸ αἴτιον *i. e. causam Varro — exposuit et q. s.* und andere Stellen bei Savaro *ad. Sidon. Apoll. epist.* 1, 11 p. 83.

9) Martial. 8, 44, 5: *Et mane sudas urbis osculis udus.* 12, 26, 3:

Quod non a prima discurram luce per urbem
Et referam lassus basia mille domum.

Der Kuss ist die gewöhnliche Art der Begrüssung (Seneca *de ira* 2, 24, 1); auch die Sclaven küssten dem Herrn die Hand. Arrian. *diss. Epict.* 1, 19, 24: πάντες οἱ ἀπαντῶντες συνήδονται, ἄλλος τοὺς ὀφθαλμοὺς καταφιλεῖ, ἄλλος τὸν τράχηλον, οἱ δοῦλοι τὰς χεῖρας. In Rom war das Küssen eine lästige Sache (Martial. 11, 98; 12, 59; 7, 95), die sich bei der *salutatio* auch die Kaiser gefallen liessen, Suet. *Otho* 6. Plin. *paneg.* 23, 1; 24, 2. Pacatus *paneg. in Theodosium* 20, 2; wiewohl Tiberius es durch ein Edict verbot (Suet. *Tib.* 34: *Cotidiana oscula edicto prohibuit*), und andere Kaiser sich Hände und Füsse küssen liessen, wie Caligula, Seneca *de benef.* 2, 12, 1. Dio Cass. 59, 27, 1, und Maximinus iunior, Capitolin. *Maximini duo* 28, 7.

10) Petron. 44: *et quam benignus resalutare, nomina omnium reddere, tanquam unus de nobis.* Juvenal. 3, 184.

11) S. oben S. 144 Anm. 5. Seneca *de brev. vitae* 14, 4: *quam multi hesterna crapula semisomnes et graves illis miseris suum somnum rumpentibus, ut alienum exspectent, vix adlevatis labris insusurratum millies nomen oscitatione superbissima reddent?*

12) Ammian. Marc. 28, 4, 10. Claudian. *in Rufin.* 2, 442.

13) Claudian. *in Eutrop.* 2, 66. Friedlaender a. a. O. S. 345.

Stunde, da in der dritten die Gerichtssitzung,[1]) das Geschäft,[2]) und in der alten christlichen Kirche der Gottesdienst[3]) seinen Anfang nahm. In vielen Fällen begann aber die geschäftliche Thätigkeit schon früher. Zu den Comitien versammelte sich das Volk um die 2te Stunde;[4]) juristische Acte,[5]) Opfer und feierliche Handlungen in der Familie, zu welcher Freunde aus höflicher Theilnahme (*officii causa*) erschienen,[6]) das Namensfest,[7]) die Anlegung der Toga,[8]) Verlobungen[9]) und Hochzeiten[10]) finden vom frühen Morgen an statt und zu den Spielen geht man mit Tagesanbruch (*prima luce*).[11]) Bei allen diesen Gelegenheiten erscheinen vornehme Leute, sei es zu Fuss oder in der Sänfte, in Begleitung ihrer Clienten, welche theils vorangehen, um Platz zu machen, theils das Gefolge bilden.[12]) Hat der Patronus

---

1) Die ganze Tageseintheilung giebt Martial. 4, 8 folgendermassen an:

Prima salutantes atque altera conterit hora,
Exercet raucos tertia causidicos;
In quintam varios extendit Roma labores,
Sexta quies lassis, septima finis erit;
Sufficit in nonam nitidis octava palaestris,
Imperat exstructos frangere nona toros.

(Die hier gegebene Tagesordnung ist keineswegs klar; auch Bilfinger a. a. O. S. 30 ff. befriedigt nicht. Es scheint, dass hier die angegebenen Stunden theils als Zeitraum, theils als Zeitpunkt zu verstehen sind.)

2) Martial. 8, 44 von einem geschäftigen Manne:

Curris per omnes tertiasque quintasque.

3) Savaro *ad Sidon. Apoll. epist.* 5, 17 p. 363. 4) Cic. *ad fam.* 7, 30, 1.

5) Cic. *pro Quinct.* 6, 25: *ipse suos necessarios — corrogat, ut ad tabulam Sextiam sibi adsint hora secunda postridie.* Doch macht jemand ein Testament auch *hora sexta Dig.* 28, 2, 25 § 1.

6) Friedlaender Darstellungen I⁵ S. 360 ff. Suet. *Aug.* 78: *Matutina vigilia offendebatur, ac si vel officii vel sacri causa maturius evigilandum esset, — in proximo cuiuscunque domesticorum cenaculo manebat.*

7) S. oben S. 83 Anm. 6. 8) S. oben S. 124.

9) Festus p. 245ª, 7: *prima aut secunda hora ducant* (lies *dicantur*) *sponsalibus ominis causa, ut optima ac secundissima eveniant.* Seneca *de benef.* 4, 39, 3: *Surgam ad sponsalia, quia promisi, quamvis non concoxerim.*

10) Statius *silv.* 1, 2, 229. Juven. 2, 132—134.

11) S. Friedlaender in Staatsverwaltung III S. 474 Anm. 6.

12) Martial. 3, 46:

Exigis a nobis operam sine fine togatam.
Non eo, libertum sed tibi mitto meum.
»Non est« inquis »idem«. Multo plus esse probabo:
Vix ego lecticam subsequar, ille feret.
In turbam incideris, cuneos umbone repellet;
Invalidum est nobis ingenuumque latus.
Quidlibet in causa narraveris, ipse tacebo,
At tibi tergeminum mugiet ille sophos.

Vgl. S. 204 ff. *Carmen in Pisonem*, Baehrens *P. L. M.* I, 15, 135:

Nec enim tibi dura clientum
Turba rudisve placet, misero quae freta labore
Nil nisi summoto novit praecedere vulgo.

vor Gericht zu reden, so stehen sie dabei und rufen ihm Beifall zu; [1]) macht er Besuche, entweder um sich nach dem Befinden eines Kranken zu erkundigen,[2]) oder jemandem zu condoliren [3]) oder zu gratuliren,[4]) sich um eine Stimme zu bewerben [5]) oder der Gunst einer alten Frau, die er beerben will, sich zu versichern,[6]) oder einem abreisenden Bekannten das Geleit zu geben,[7]) immer sind die Clienten in seiner Begleitung; recitirt er ein Gedicht, so ist es ihre Aufgabe, durch Aufstehen und Zuruf das Zeichen zum Applaus zu geben;[8]) reist er aufs Land, so müssen sie bereit sein ihn jeder Zeit zu begleiten.[9]) Wer in Staatsgeschäften und vor Gericht zu thun hatte, konnte bis Sonnenuntergang oder wenigstens bis zur 10ten Stunde beschäftigt sein; Senatssitzungen konnten bis zum Untergang der Sonne,[10]) Volksversammlungen bis zum Einbruch der Nacht,[11]) Gerichtssitzungen bis zur zehnten Stunde [12]) dauern; aber auch wer solche Obliegenheiten nicht hatte, brachte mit Besuchen und geselligen Verpflichtungen,[13]) in öffentlichen Spielen und luxuriösen Unterhaltungen [14]) oft den ganzen Tag hin, so dass auch er mit seinen Clienten erst um die zehnte Stunde zur Ruhe

---

1) Sie rufen: σοφῶς! Martial. 3, 46, 8; 6, 48. Vgl. Friedlaender a. a. O. S. 340. 2) Horat. *epist.* 2, 2, 68 ff. *sat.* 1, 9, 18. 3) Plin. *ep.* 4, 2, 4.
4) Arrian. *diss. Epict.* 1, 19, 24. 5) Seneca *de brev. vit.* 7, 7.
6) Seneca *de brev. vit.* 7, 7. Martial. 9, 100, 4:

Ad vetulas tecum plus minus ire decem.

7) Dies sind die *officia prosequentium* Suet. *Caes.* 71.
8) Martial. 10, 10, 9. 9) Hor. *epist.* 1, 7, 75.
10) Darauf bezieht sich der öfters gemachte Versuch, den Tag mit Reden hinzubringen, *diem dicendo eximere.* Plut. *Cat. min.* 31: λέγων ὅλην κατανάλωσε τὴν ἡμέραν. S. Becker Handbuch II, 2 S. 417.
11) So heisst es von einer *contio* vor den Centuriatcomitien Liv. 10, 22, 8: *His agendis dies est consumptus. Postridie ad praescriptum consulis et consularia et praetoria comitia habita.* Vgl. Liv. 38, 51, 5: *Orationibus in noctem perductis prodicta dies est.* 45, 36, 2: *Ser. Galba repente processit et a tribunis postulavit, ut, quoniam hora iam octava diei esset nec satis temporis ad demonstrandum haberet, cur L. Aemilium non iuberent triumphare, in posterum diem differrent et mane eam rem agerent. — — Cum tribuni dicere eo die, si quid vellet, iuberent, in noctem rem dicendo extraxit.* Vgl. Plut. *Aem. Paul.* 30.
12) S. oben S. 255 Anm. 7.
13) *Officiorum ambitus* Tac. *Agr.* 18. Ausführlicher Plin. *ep.* 1, 9: *Mirum est, quam singulis diebus in urbe ratio aut constet aut constare videatur, pluribus cunctaque non constet. Nam si quem interroges, »hodie quid egisti?« respondeat »officio togae virilis interfui, sponsalia aut nuptias frequentavi, ille me ad signandum testamentum, ille in advocationem, ille in consilium rogavit.«*
14) Galen. *method. med.* I Vol. X, p. 3 Kühn: ἁπάντων δι' ὅλης ἡμέρας ἀσχολουμένων, ἕωθεν μὲν ἐν προσαγορεύσεσι κοινῇ, μετὰ ταῦτα δ' ἤδη σχιζομένων, ἐπὶ μὲν τὴν ἀγορὰν καὶ τὰς δίκας οὐ σμικροῦ τινος ἔθνους, ἐπὶ δ' αὖ τοὺς ὀρχηστάς τε καὶ τοὺς ἡνιόχους ἑτέρου πλείονος, οὐκ ὀλίγου δέ τινος ἄλλου τοῖς κύβοις ἢ τισιν ἔρωσιν ἢ λουτροῖς ἢ μέθαις ἢ κώμοις σχολάζοντος ἤ τισιν ἄλλαις

kam;[1]) wer dagegen seine Freiheit liebte, endete auch wohl bis Mittag seine Geschäfte, und suchte die natürliche Theilung des Tages herzustellen, indem er den Vormittag der Arbeit, den Nachmittag der Erholung widmete.[2]) Denn der Vormittag gilt als *melior*[3]) oder *maior pars diei*,[4]) auf welchen in nachconstantinischer Zeit auch die Gerichtsstunden beschränkt wurden,[5]) während der Nachmittag und Abend für den Genuss geeignet ist, wie dies das bekannte Epigramm ausspricht:[6])

ἓξ ὧραι μόχθοις ἱκανώταται· αἱ δὲ μετ' αὐτὰς
γράμμασι δεικνύμεναι ΖΗΘΙ λέγουσι βροτοῖς.

ἡδοναῖς τοῦ σώματος, ἐς ἑσπέραν δὲ κοινῇ πάντων αὖθις συναθροιζομένων ἐς τὰ συμπόσια.

1) Martial. 3, 36:

Quod novus et nuper factus tibi praestat amicus,
Hoc praestare iubes me, Fabiane, tibi:
Horridus ut primo te semper mane salutem
Per mediumque trahat me tua sella lutum,
Lassus ut in thermas decima vel serius hora
Te sequar Agrippae, cum laver ipse Titi.

vgl. 10, 70, 13: *Balnea post decimam lasso centumque petuntur Quadrantes.*

2) Seneca *de tranq. an.* 17, 7: *quidam medio die interiunxerunt et in postmeridianas horas aliquid levioris operae distulerunt.* Plut. *q. R.* 84, p. 330 Dübn.: ἡ καθάπερ ἡ μεσημβρία πέρας ἐστὶ τοῖς πολλοῖς τοῦ τὰ δημόσια καὶ σπουδαῖα πράττειν, οὕτως ἀρχὴν ἔδοξε ποιεῖσθαι τὸ μεσονύκτιον; Τεκμήριον δὲ τούτου μέγα, τὸ μὴ ποιεῖσθαι Ῥωμαῖον ἄρχοντα συνθήκας μηδὲ ὁμολογίας μετὰ μέσον ἡμέρας.

3) Verg. *Aen.* 9, 156:

Nunc adeo, melior quoniam pars acta diei,
Quod superest, laeti bene gestis corpora rebus
Procurate, viri.

4) *Digest.* 50, 16, 2 § 1: *Cuiusque diei maior pars est horarum septem primarum diei, non supremarum. Maior pars* ist also eine Stunde über Mittag, während an einer anderen Stelle *Dig.* 38, 1, 3 § 1 die erste Hälfte des Tages mit dem Ausdruck *sex horae antemeridianae* bezeichnet wird. Diese nennt Plin. *paneg.* 49, 4 *serias partes dierum.*

5) *Cod. Theod.* 1, 17, 1; 1, 16, 13: *Ne quis domum iudicis ordinarii postmeridiano tempore ex occasione secreti ingredi familiariter affectet,* und daselbst (1, 7, 6) Gothofredus. Auch die Spiele durften die höheren Beamten nur Vormittags besuchen. *Cod. Theod.* 15, 5, 2: *ante meridiem tantum solemnitati pareant, post epulas vero ad spectaculum redire desistant.* Die *epulae* sind das *prandium.*

6) Jacobs *Anth. gr.* IV p. 167 n. 242. *Anth. Pal.* X, 43. Dazu das Scholion: φησί· δεῖ μέχρι τῆς ἕκτης ὥρας τῆς ἡμέρας ἐργάζεσθαι, μετὰ δὲ ταύτην ἐπ' ἄριστον ἔρχεσθαι. Τοῦτο δέ φησι δηλοῦν καὶ τὸ ὡρολόγιον· τὰ γὰρ μετὰ τὴν ἕκτην σημεῖα, τουτέστι τὸ τῆς ἑβδόμης, τὸ Ζ, καὶ τῆς ὀγδόης, τὸ Η, καὶ τῆς ἐνάτης, τὸ Θ, καὶ τῆς δεκάτης, τὸ Ι, κατὰ συλλαβὰς συναπτόμενα ΖΗΘΙ δίδωσιν ἀναγιγνώσκειν. Vgl. Eustath. *ad Il. H,* 282 p. 681, 1 Rom. Martial. 4, 8, 4: *Sexta quies lassis, septima finis erit.* (Letztere Stelle scheint zu besagen, dass um Mittag (*sexta*) oder in der 6. Stunde die Arbeit durch das *prandium* unterbrochen, am Schluss der 7. Stunde (von manchen wenigstens) ganz beschlossen wurde.)

Das Frühstück.

Viermal am Tage zu essen ist zwar im Norden nicht ungewöhnlich, in Italien aber einer verständigen Diät widersprechend. Ein Schwelger, wie der Kaiser Vitellius, hielt allerdings vier Mahlzeiten, *ientaculum*, *prandium*, *cena* und *commissatio*[1]) oder griechisch ἀκράτισμα, ἄριστον, δεῖπνον, μεταδόρπιον;[2]) alten Leuten, welche wenig auf einmal und daher öfter essen sollen, wird von den Aerzten dreimal am Tage etwas zu geniessen angerathen[3]) und bei der Landarbeit mag ebenfalls ein dreifacher Imbiss üblich gewesen sein; aber gesunde und mässige Leute assen nur zweimal am Tage.[4]) Liegt schon in dieser verschiedenen Diät der späteren Zeit eine Schwierigkeit für die Ansetzung allgemein gültiger Stunden für das Essen, so vermehrt sich diese noch dadurch, dass zwischen der alten ländlichen und der späteren städtischen Lebensweise in dieser Beziehung

---

1) Sueton. *Vitell.* 13.

2) Dio Cass. 65, 4, 3: ἄλλοι μὲν ἀκρατίσασθαι παρεῖχον, ἄλλοι δὲ ἀριστῆσαι, ἕτεροι δὲ δεῖπνον, ἕτεροι μεταδόρπια.

3) Galen. Vol. VI p. 332. Er führt als Beispiel an den Arzt Antiochus, welcher 80 Jahr alt war. Dieser besuchte Morgens die nahen Kranken zu Fuss: περὶ τρίτην ὥραν ἢ τὸ μακρότερον περὶ τετάρτην ἤσθιεν ἄρτον μετὰ μέλιτος Ἀττικοῦ. Das war sein Jentaculum. Dann besuchte er die weiter wohnenden Patienten in einer Sänfte oder zu Wagen. Um die siebente Stunde nahm er ein Bad, ἐγυμνάζετό τε τὰ πρέποντα γέροντι γυμνάσια. Dann ging er zum Prandium: ἠρίστα σύμμετρον, πρῶτα μὲν ὅσα λαπάττει τὴν γαστέρα προσφερόμενος, ἐφεξῆς δὲ ἰχθύων τὸ πλεῖστον, ὅσοι πετραῖοι καὶ πελάγιοι. Später folgte dann das δεῖπνον. Aehnlich ein anderer ib. p. 333, der des Morgens χόνδρον (Graupensuppe) isst, um die siebente Stunde λάχανα (Gemüse), Fische und Vögel, wogegen er als δεῖπνον nur Brod in Wein getaucht zu sich nimmt. Diese Lehre des Galen wiederholt Paulus Aegineta 1, 23; er räth alten Leuten περὶ μὲν τρίτην ὥραν ἄρτου τὸ βραχὺ μετὰ μέλιτος Ἀττικοῦ, καὶ μετὰ ταῦτα ἑβδόμην ὥραν τριψαμένοις καὶ γυμνασαμένοις τὰ πρέποντα γυμνάσια γέρουσι καὶ λουσαμένοις πρῶτα μὲν ὅσα λαπάττει τὴν γαστέρα προσφέρειν, ἐφεξῆς δὲ ἰχθύων ἢ ὀρνίθων. Dann folgt das δεῖπνον. Auch der ältere Plinius frühstückte zweimal. Von ihm sagt Plin. *ep.* 3, 5, 10: *post cibum saepe, quem interdiu levem et facilem veterum more sumebat, aestate, si quid otii, iacebat in sole. — Post solem plerumque frigida lavabatur, deinde gustabat dormiebatque minimum.* Unter *cibus* ist hier das *ientaculum*, unter *gustatio* das *prandium* verstanden.

4) Galen. Vol. X p. 492 K.: τά τε γὰρ ἄλλα καὶ οὐχ ἓν εἶδος ἅπασι διαίτης ἐν ἔθει· τοῖς μὲν γὰρ ἅπαξ, τοῖς δὲ δὶς σιτεῖσθαι — ἔθος ἐστί. Vol. VI p. 410: σκεπτέον δ' ἐν τοῖς μάλιστα, πότερον ἅπαξ ἢ δὶς ἐσθίειν τοὺς ἐν τῷ τοιούτῳ βίῳ συμφέρει. Galen selbst ass ein *ientaculum* um die vierte Stunde und eine *cena* um die zehnte, aber kein *prandium*, s. Vol. VI p. 412. Der Anonymus περὶ διαίτης in *Physici et Medici Graeci minores* ed. Ideler. Berol. 1842. II p. 194 hält oft zu essen und zu trinken für schädlich und empfiehlt ein ἄριστον und ein δεῖπνον als regelmässige Mahlzeiten. Vgl. Celsus I, 1 p. 13, 19; I, 3 p. 20, 24; p. 21, 9 Daremb.

eine Differenz bestand; das ist indessen unverkennbar, dass auch für die Essenszeit die besprochenen vier Theile des Tages als massgebend gelten müssen.

Das erste Frühstück, *ientaculum* oder *iantaculum*[1]) wird *ientaculum.* nämlich in der 3ten oder spätestens in der 4ten Stunde genommen;[2]) es besteht nur in Brod, welches entweder in Wein getaucht[3]) oder mit Honig,[4]) Datteln, Oliven oder Salz[5]) genossen wird, auch wohl aus Backwerk[6]) oder Käse.[7])

Hierauf folgte in alter Zeit in der Mittagsstunde (*hora* VI oder VII) die Hauptmahlzeit, *cena*,[8]) ohne dass ein *prandium* genossen wurde;[9]) erst die Geschäfte des städtischen Lebens,

---

1) Isidor. *or.* 20, 2, 10: *Iantaculum est primus cibus quo ieiunium solvitur, unde et nuncupatum. Nigidius: Nos ipsi ieiunia iantaculis levibus solvimus.* Fulgentius c. 38: *Ientaculum dicitur gustatio sicca.* Bei Nonius p. 126, 10 ist nach den besten Handschr. zu lesen *Ieientare. Afranius Buccone adoptato: Ieientare nulla invitat. Plautus Curcul.* (73): *Quid antepones Veneri ieientaculi? Afranius Crimine: Haec ieiunia ieientavit. Varro Marcipore: ut eat ac rem publicam administret, quod pulli ientent.* S. Ribbeck *Comicor. Latinor. fr.* [2] p. 167 vs. 19.

2) Ausdrücklich sagt dies Galen Vol. VI p. 332. 333. 412, Paulus Aegineta 1, 23; und Hierophilus bei Ideler *Phys. et Med. Gr. min.* I p. 413 schreibt für den Monat Juni vor ἐπινηστεύειν ἕως ὥρας γ', woraus sich erklärt Martial. 8, 67, 9:

Mane veni potius: nam cur te quinta moretur?
Ut iantes, sero, Caeciliane, venis.

3) Von den alten Griechen sagt Plutarch. *quaest. conviv.* 8, 6, 4, p. 885 Dübner: φασὶ γὰρ ἐκείνους, ἐργατικοὺς ἅμα καὶ σώφρονας ὄντας, ἕωθεν ἐσθίειν ἄρτον ἐν ἀκράτῳ καὶ μηδὲν ἄλλο. vgl. Athenaeus I p. 11b. Von den Römern Festi *ep.* p. 346: *Silatum antiqui pro eo, quod nunc ientaculum dicimus, appellabant, quia ieiuni vinum sili conditum ante meridiem absorbebant.* Hierophilus bei Ideler l. l. p. 409: Ἁρμόζει ἀπὸ κοίτης λαμβάνειν οἶνον γλυκὺν καὶ κόνδυτον πίνειν καὶ καρυκεύματα καὶ βρώματα θερμὰ καὶ γλυκέα ἐσθίειν. p. 410: καλόν ἐστιν ἀπὸ πρωΐας λαμβάνειν οἶνον παλαιόν, εὐώδη.

4) Galen. Vol. VI p. 332.

5) Galen. Vol. VI p. 412. Der Kaiser Tacitus ass *panem siccum — sale et aliis rebus conditum.* Vopisc. *Tac.* 11, 3 und daselbst Salmasius. Vgl. Plaut. *Curcul.* 72 ff.

6) Die Knaben, welche in die Schule gehen, kaufen sich früh morgens *adipata* (Schmalzkuchen) bei dem Bäcker. Martial. 14, 223.

7) Martial. 13, 31. *Caseus Vestinus.*

Si sine carne voles ientacula sumere frugi,
Haec tibi Vestino de grege massa venit.

Apulei. *met.* 1, 18: *En, inquam, paratum tibi adest ientaculum. Et cum dicto — caseum cum pane propere ei porrigo.* (Alexander Severus nahm Brod, Milch, Eier und *mulsum.* Lampr. *Al. S.* 30, 5.)

8) Festi *ep.* p. 54, 4: *cena apud antiquos dicebatur, quod nunc est prandium; vesperna, quam nunc cenam appellamus.* p. 223, 5; 338, 4: *Scensas Sabini cenas dicebant. Quae autem nunc prandia sunt, cenas dicebant, et pro cenis vespernas appellabant.*

9) Isidor. *orig.* 20, 2, 14: *Est autem cena vespertinus cibus, quam vespernam antiqui dicebant. In usu enim non erant prandia.*

die, wie wir gesehen haben, bis zur 10ten oder wenigstens 9ten Stunde zu dauern pflegten, veranlassten die Verlegung der *cena* auf den Nachmittag; indessen bestand die Aenderung nur darin, dass man nunmehr um die 6te[1]) oder 7te Stunde[2]) ein *prandium.* grosses Frühstück nahm, — denn das natürliche Bedürfniss machte hierin sein Recht geltend[3]) — dagegen das früher übliche Abendbrod (*vesperna*) nun durch die *cena* ersetzte. Eine vierte Mahlzeit, die oben erwähnte *commissatio* (μεταδόρπιον) ist immer Ausnahme geblieben.

Zählt man also drei Mahlzeiten, so waren dies nach alter Sitte das *ientaculum*, die *cena* und die *vesperna*, nach späterem Gebrauch das *ientaculum*, das *prandium* und die *cena;* wer sich dagegen mit zweimaligem Essen begnügte, frühstückte nur einmal und in diesem Falle in der Zwischenzeit zwischen *ientaculum* und *prandium*, d. h. um die 5te oder 4te Stunde;[4]) ebenso

1) Diese Zeit ergiebt sich aus vielfachen Zeugnissen. Bei den Gladiatorenspielen machte man um die Mittagszeit eine Pause zum Zweck des Prandium. Suet. *Claud.* 34: *Bestiariis meridianisque adeo delectabatur, ut — meridie, dimisso ad prandium populo, persederet.* Ausdrücklich wird die 6te Stunde erwähnt in dem S. 263 Anm. 6 citirten Scholion und die Mittagsstunde Plut. *quaestion. convivales* 8, 6, 5 p. 886 Dübn.; von Martial. 8, 67 wird die 5te als zu früh bezeichnet. Suet. *Aug.* 78 nennt das Prandium *cibus meridianus*, Tacitus lässt *ann.* 14, 2 den Nero *medio diei per vinum et epulas incalescere.* Als C. Caninius Rebilus am letzten December des Jahres 709 = 45 hora VII auf einen halben Tag als *consul suffectus* renuntiirt worden war, machte Cicero *ad fam.* 7, 30, 1 den bekannten Scherz: *Ita Caninio consule scito neminem prandisse.* Mit der 7ten Stunde war also damals das *prandium* vorbei. Vgl. S. 263 A. 6. 2) S. 264 A. 3.

3) Augustin. *serm.* 345, 5: *ille te vere divitem facit, qui tibi donat, ne in aeternum esurias. Nam quantumvis habeas, cum venerit hora quinta, antequam ad mensam accedas, esuris et deficis.* Alciphron 3, 4 p. 40 Meineke: Ὁ γνώμων οὔπω σκιάζει τὴν ἕκτην, ἐγὼ δὲ ἀπεσκλῃκέναι κινδυνεύω τῷ λιμῷ κεντούμενος.

4) Sidonius Apoll. *epist.* 4, 8 frühstückt auf einer Reise zu der Zeit, wo *iam duae secundae facile processerant*, d. h. nachdem vier Stunden des Tages vorbei waren, welchen Ausdruck er wieder braucht *carm.* 23, 488:

Hinc nos ad propriam domum vocabas,
Cum mane exierat novum, et calescens
Horam sol dabat alteram secundam.

In dem hier beschriebenen Falle wird erst gespielt, dann gebadet, dann zum Mahle gegangen. Ausonius beschreibt in der *Ephemeris* seine ganze Tagesbeschäftigung. Er steht auf, wäscht sich, kleidet sich an, hält sein Morgengebet (er war Christ), geht dann zur *salutatio*; um die 4te Stunde denkt er an das Frühstück:

Quod cum per horas quatuor
Inclinet ad meridiem,
Monendus est iam Sosias;

er lässt fünf Gäste laden und fährt fort:

Sosia, prandendum est, quartam iam totus in horam
Sol calet; ad quintam flectitur umbra notam.

fingen Schlemmer, welche den Genuss nicht früh genug beginnen konnten, vor der 5ten,[1] ja auch wohl um die 3te Stunde[2] zu frühstücken an. Ein solches einmaliges Frühstück kann *ientaculum* oder auch *prandium* genannt werden,[3] je nachdem es einfach war, wie das erstere[4] oder reichlich wie das letztere; denn bei diesem pflegte man kalte[5] und warme[6] Speisen, Fische,[7] Fleisch,[8] Gemüse, Früchte[9] und Wein[10] zu geben.

Das Wort *merenda* ist ein alterthümlicher Ausdruck, dessen *merenda.* Bedeutung den Späteren unklar war;[11] so viel man aus den

---

1) Cic. *in Pison.* 6, 13: *Meministine, cum ad te quinta fere hora — venissem, nescio quo e gurgustio te prodire, involuto capite, soleatum? et cum isto ore foetido taeterrimam nobis popinam inhalasses, excusatione te uti valetudinis, quod diceres, vinolentis te quibusdam medicamentis solere curari.*

2) Cic. *Phil.* 2, 41, 104: *ab hora tertia bibebatur, ludebatur, vomebatur.* Seneca *n. q.* 4, 13, 6 sagt, damit ruinirten die Leute sich, dass sie, nachdem sie bis zum Morgen geschwelgt, schon Morgens wieder anfingen zu schwelgen: *prandia cenis usque in lucem perductis ingesta sunt.*

3) So heisst das Frühstück, welches die Soldaten vor dem Ausmarsche nehmen, bald *prandium* bald *ientaculum.* Liv. 28, 14, 7: *tesseram — dedit, ut ante lucem — pransi essent.* Isidor. *orig.* 20, 2, 11: *veteres prandium vocabant omnium militum cibum ante pugnam, unde est illud ducis alloquium* (s. Seneca *ep.* 82, 21): *Prandeamus tanquam ad inferos cenaturi.* Trebell. Pollio *Gallieni duo* 20: *Dicunt enim militare prandium, quod dictum parandium est ab eo, quod ad bellum milites paret.* Dagegen Suet. *Vitell.* 7: *ut mane singulos, iamne ientassent, sciscitaretur.*

4) Auch in diesem Falle indess wird es *prandium* genannt von Seneca *ep.* 83, 6: *Panis deinde siccus et sine mensa prandium, post quod non sunt lavandae manus.* Vgl. 87, 3.

5) Plaut. *Curcul.* 321. Im *Persa* 1, 3, 20 ff. unterhalten sich Toxilus und Saturio darüber, ob die Ueberbleibsel der gestrigen Mahlzeit zum Frühstück aufgewärmt oder kalt gegeben werden sollen:

T. Calefieri iussi reliquias. S. Pernam quidem
Meliust adponi frigidam postridie.
T. Ita fieri iussi. S. Ecquid hallecist? T. Vah, rogas?
S. Sapis multum ad genium. T. Set ecquid nam meministi, here,
Qua de re ego tecum mentionem fecerim?
S. Memini: ut muraena et conger ne calefierent:
Nam nimio melius oppectuntur frigida.

6) Plaut. *Bacch.* 716. Auson. *ephem.* p. 59 Bip.:

Concute ferventes palmis volventibus ollas.

7) Plaut. *Persa* 1, 3, 25. Galen. Vol. VI p. 332. 333.

8) Pökelfleisch, Schinken, Schweinskopf; Plaut. *Menaechm.* 208:

Iube igitur tribus nobis aput te prandium accurarier
Atque aliquid scitamentorum de foro obsonarier:
Glandionidam suillam aut laridum pernonidem
Aut sincipitamenta porcina aut aliquid ad eum modum.

Vgl. Plaut. *Curc.* 323: *Pernam, callum, abdomen, sumen, suis glandium.*

9) Galen. Vol. VI p. 412. In den *Colloquia scholastica* im Londoner Stephanus Vol. IX p. 427 bekommt der aus der Schule zum Frühstück gehende Knabe ἄρτον καθαρόν, ἐλαίας, τυρόν, ἰσχάδας (*caricas*), κάρυα (*nuces*).

10) Tac. *ann.* 14, 2 und sonst öfters. *mulsum* Cic. *p. Cluent.* 60, 166.

11) Isidor. *or.* 20, 2, 12: *Merenda est cibus qui declinante die sumitur quasi post meridiem edenda et proxima cenae. Unde et antecenia a quibusdam vocantur.*

überlieferten Erklärungen abnehmen kann, scheint es von dem Abendbrod (*vesperna*) gebraucht worden zu sein, welches die Arbeiter, wenn sie von der Arbeit entlassen wurden,[1]) etwa in der Zeit der nachherigen *cena*,[2]) erhielten. Seitdem auf diese Zeit die *cena* verlegt war, kam das Wort *merenda* ausser Uebung oder wurde willkürlich von irgend einem Imbiss, dem *prandium*[3]) oder auch dem *ientaculum*,[4]) gebraucht.

meridiatio. Nach dem *prandium*, also in der 7. Stunde, beginnt die Mittagsruhe (*meridiatio*).[5]) Man hat keinen Grund anzuneh-

---

Item merendare quasi meridie edere. 20, 2, 3: *Merum dicimus, quidquid purum atque sincerum est. — Hinc et merenda, quod antiquitus id temporis pueris operariis cibus panis merus dabatur, aut quod meridient eodem tempore, id est soli ac separatim, non ut in prandio aut in cena ad unam mensam.*

1) Horat. *epod.* 2, 61:

Has inter epulas ut iuvat pastas oves
Videre properantes domum,
Videre fessos vomerem inversum boves
Collo trahentes languido
Positosque vernas, ditis examen domus,
Circum renidentes lares.

Vgl. Hor. *od.* 3, 6, 41 ff. Salvian. *de g. d.* 1, 2, 10: *Numquid parcam illam tunc agrestemque vitam cum gemitu et dolore tolerabant, cum viles ac rusticos cibos ante ipsos, quibus coxerant, focos sumerent eosque ipsos capere nisi ad vesperam non liceret?*

2) Nonius p. 28: *Merenda dicitur cibus, post meridiem qui datur. Afranius Fratriis* (bei Ribbeck [2] p. 187 vs. 183): *Interim merendam occurro ad cenam cum veni, iuvat.* Der Sinn dieser Stelle ist offenbar: Ich dachte zu einem einfachen Imbiss zu kommen und freue mich eine ordentliche Mahlzeit zu finden. Die Zeit der *merenda* und der *cena* ist also dieselbe. *Glossae* in Steph. *Thes.* ed. Lond. Vol. IX p. 278: *merenda* ἄριστον δειλινόν· δειλινή. Bestimmt giebt die Zeit an Calpurnius *ecl.* 5, 60 bei Baehrens *P. L. M.* III p. 92:

Verum ubi declivi iam nona tepescere sole
Incipiet, seraeque videbitur hora merendae,
Rursus pasce greges et opacos desere lucos,

weshalb Scaliger *Conj. ad Varr. de r. r.* p. 247 *merenda* von der Abendmahlzeit versteht, welche den *mercenarii* (*qui aere merebant*) vor der Entlassung von der Arbeit gegeben wurde.

3) Festi *ep.* p. 123, 23: *Merendam antiqui dicebant pro prandio, quod scilicet medio die caperetur.*

4) Der junge Marc Aurel, als Schüler Fronto's ein Liebhaber von Archaismen, erzählt in Fronto's Briefen *ad M. Caes.* 4. 6, p. 69 Naber, er habe *hora tertia* seinem Vater den Morgengruss (*salutatio*) gebracht, dann mit ihm geopfert. *Deinde ad merendam itum. Quid me censes prandisse? panis tantulum.* Darauf geht er zu einer Weinlese und kommt *hora sexta* wieder nach Hause. Hier kann also nur das *ientaculum* unter *merenda* verstanden werden.

5) Catull. 32, 10: *pransus iaceo.* Suet. *Aug.* 78: *Post cibum meridianum — paulisper conquiescebat.* Plinius *ep.* 3. 5, 11 von dem älteren Plinius: *deinde gustabat dormiebatque minimum.* Seneca *ep.* 83, 6. Suet. *Cal.* 38. *Nero* 6. Celsus 1, 2. Lampridius *Alex. Sever.* 61: *Et cum dormiret post convivium hora diei fere septima.* Julian. *epist.* 14: Ἀνέγνων χθὲς τὸν λόγον πρὸ ἀρίστου σχεδόν· ἀριστήσας δὲ πρὶν ἀναπαύσασθαι τὸ λοιπὸν προσαπέδωκα τῆς ἀναγνώσεως. Das Wort ἀναπαύσασθαι erklärt Suidas s. v. τὸ κατακλίνεσθαι ὡς πρὸς ὕπνον. Libanius *orat.* 51 Vol. II p. 592 Reiske: πολλοὶ τὰς τῶν ἀρχόντων καταγωγὰς

men,[1]) dass diese erst in der Zeit der Verweichlichung üblich wurde; im Gegentheil machte die Feldarbeit den Schlaf zu Mittag nöthig[2]) und nur die Geschäfte im Senat und bei Gericht hinderten ihn in der Stadt.[3]) Wenigstens im Sommer[4]) schlief jeder nach der Mittagszeit, und wenn es auch in der Hauptstadt der Welt nicht so still wurde, wie in den Provincialstädten Africa's, wo man in der Einsamkeit des Mittags, wie bei uns um Mitternacht, Geister sah,[5]) so wurde doch im J. 410 n. Chr. Rom von Alarich erobert, als es um Mittag im Schlafe lag.[6])

Die 8te Stunde endet den Mittagsschlaf, denn sie ist für eine der wichtigsten Tagesbeschäftigungen bestimmt, nämlich für die gymnastischen Uebungen und

Das Bad.[7])

Allerdings badete man auch zu anderen Tageszeiten, nament- Zeit des Bades.

ἀξιοῦσιν αὐτοῖς ἀνεῷχθαι καὶ τὰς αὐτῶν οἰκίας ἀφέντες ἐν ἐκείναις διατρίβουσιν, εὐθὺς ἠριστηκότες ἐκεῖσε χωροῦντες, ἀποσειόμενοι τὸν ὕπνον, ὃν τὸ ἠριστηκέναι ποιεῖ. Καὶ οἱ μὲν ἔτι ἀριστώντων ἥκοντες κάθηνται κάτω, λαλοῦντες (Reiske will καλοῦντες) οὕτως, ὥστ' ἐκείνους αἰσθάνεσθαι, τοῦτο δέ ἐστιν ἢ προεξαναστῆναι τοῦ τέλους, ἢ σὺν ἀηδίᾳ μέχρι τοῦ τέλους ἐλθεῖν, καὶ πρόςεστιν ὕπνου στέρησις. Οἷς δ' ὑπῆρξε καὶ ὕπνου τι δέξασθαι (δράξασθαι Reiske), βοαῖς ταῖς τῶν ἡκόντων ἀφυπνίζονται μᾶλλον ἢ ταῖς παρὰ τῶν παιδαγωγῶν οἱ παῖδες. Sidonius Apollin. *epist.* 1, 2 p. 6 Savaro: *Dapibus expleto somnus meridianus saepe nullus, semper exiguus.* Ibid. 2, 9: *Excusso torpore meridiano paulisper equitabamus.*

1) Rein in Becker's *Gallus* 3 S. 229.

2) Ob freilich den Sclaven die Mittagsruhe gestattet wurde, ist eine andere Frage. In den *Dig.* 38, 1, 26 pr. werden die Dienste der Freigelassenen (*liberales operae*) so definirt, *ut acquiescere eos meridiano tempore et valetudinis et honestatis suae rationem habere sineret* (*patronus*).

3) Cicero sagt von sich selbst *de divin.* 2, 68, 142: *Nunc quidem propter intermissionem forensis operae et lucubrationes detraxi et meridiationes addidi, quibus uti antea non solebam.*

4) Varro *de r. r.* 1, 2, 5: *Ego hic — aestivo diem si non diffinderem meo insititio somno meridie, vivere non possem.* Plin. *ep.* 9, 40: *Requiris quid ex hoc in Laurentino hieme permutem. Nihil, nisi quod meridianus somnus eximitur.* 7, 4, 4: *Dein, cum meridie (erat enim aestas) dormiturus me recepissem, nec obreperet somnus, coepi reputare e. q. s.* Celsus 1, 2, p. 14, 23 Daremb. räth an langen Tagen vor dem *prandium* zu schlafen, sonst nach dem *prandium.*

5) Vom Curtius Rufus erzählt Tacitus *ann.* 11, 21: *Dum in oppido Adrumeto vacuis per medium diei porticibus secretus agitat, oblata ei species muliebris ultra modum humanum et audita est vox: tu es, Rufe, qui in hanc provinciam pro consule venies.* Plin. *ep.* 7, 27, 2, der dieselbe Geschichte erzählt, lässt die Sache Abends, *inclinato die*, vorfallen.

6) Procop. *de bello Vandal.* 1, 2 p. 315 ed. Bonn. Alarich befahl, die in die Stadt gesendeten Jünglinge sollten ἐν ἡμέρᾳ τακτῇ ἀμφὶ ἡμέραν μάλιστα μέσην, ἁπάντων ἤδη — ὕπνον, ὡς τὸ εἰκὸς, μετὰ τὰ σιτία αἱρουμένων, ἐν πύλῃ ἅπαντας τῇ Σαλαρίᾳ καλουμένῃ γενέσθαι καὶ τούς τε φύλακας οὐδὲν προαισθομένους ἐξ ἐπιδρομῆς κτεῖναι τάς τε πύλας ἀνοιγνύναι.

7) Ausser den Erklärern des Vitruv und den Herausgebern der nachher anzuführenden Beschreibungen vorhandener Bäderreste handeln von dem vor-

lich um die 5te Stunde vor dem *prandium*,[1]) oder mehrmals am Tage;[2]) aber als Regel galt die 8te oder 9te Stunde[3]) und die öffentlichen Bäder wurden mit der vollendeten 8ten Stunde geöffnet,[4]) wo eine in den Bädern angebrachte Glocke[5]) oder

liegenden Gegenstande Baccius *De thermis veterum* in Graevii *Thes.* XII p. 281—380. Ferrarius *De balneis* in Poleni *Thes.* III p. 295—310. Montfaucon *Antiqu. expl.* III, 2 p. 201—212. Stieglitz Archaeologie der Baukunst. Weimar 1801. 8. I S. 241—276. Hirt Gesch. d. Bauk. bei d. Alten. Bd. III. Berlin 1827. 4. S. 233—266. Canina *L'architettura Romana.* Roma 1834—1842. Vol. I, 2 c. IX. Bussemaker et Daremberg *Oeuvres d'Oribase.* Vol. II. Paris 1854. 8. p. 865—875. Becker *Gallus* III S. 68—114 (104 ff. Göll). Guhl u. Koner II S. 122 ff. Herzog in Pauly's Realencyclopaedie I² S. 2250 ff. Saglio *Dictionnaire des antiquités.* Vol. I. Paris 1873. 4. p. 648—664. Die Dissertation von Guenther *De balneis.* Berol. 1844. 8. ist eine Jugendarbeit, in welcher das vorhandene Material nur zu einem kleinen Theile benutzt ist.

1) Juven. 11. 204:

iam nunc in balnea salva
Fronte licet vadas, quanquam solida hora supersit
Ad sextam.

Epictet. diss. 1, 1, 29: Ἀλλὰ ἦλθεν ἡ πέμπτη· ταύτῃ δ' εἰώθει γυμνασάμενος ψυχρολουτρεῖν. Lamprid. *Alex. Sev.* 30, 5: *Egressus balneas multum lactis et panis sumebat, ova, deinde mulsum: atque his refectus aliquando prandium inibat, aliquando cibum usque ad cenam differebat.* Der Arzt Antiochus badete ebenfalls vor dem *prandium*, wiewohl erst um die 7te Stunde: oben S. 264 A. 3. Auch ausserhalb Rom badete man schon so früh; denn Tertullian. *de ieiun.* 16 sagt von Zeiten besonderen Unglücks: *apud quasdam colonias — balnea — in nonam usque clauduntur.* Gewöhnlich also mussten sie früher geöffnet sein.

2) Suet. *de gr.* 23: (*Q. Remmius Palaemon*) *luxuriae ita indulsit, ut saepius in die lavaret.* Commodus badete sieben- bis achtmal an einem Tage (Lamprid. *Comm.* 11, 5); Gordian im Sommer vier- bis fünfmal, im Winter zweimal (Capitolin. *Gord. tres* 6, 6); Gallienus im Sommer sechs- bis sieben, im Winter zwei bis dreimal (Treb. Poll. *Gall. duo* 17, 4). Ueber diese Unmässigkeit s. mehrere Nachweisungen bei Bernard *ad Theophan. Nonn.* I p. 435. Jacobs *ad Anth. Graec.* Vol. XII p. 124.

3) Plin. *ep.* 3, 1. 8. Cic. *ad Att.* 13, 52, 1: *Inde ambulavit* (*Caesar*) *in litore. Post horam VIII in balneum.* Martial. 4, 8, 5; an einer anderen Stelle nennt er als sehr späte Badezeit die 10te Stunde, 3, 36, 5, ebenso 10, 70, 13. In den sogenannten *constitutiones apostolicae* des Clemens Roman. (Mansi *Conc. nov. coll.* I p. 257 ff.) wird den Frauen die 10te Stunde empfohlen. 1, 9: μὴ περισσοτέραν δὲ λοῦσιν ποιείσθω, μὴ δὲ πολλὴν μηδὲ πολλάκις· μηδὲ ἐν μέσῃ τῇ ἡμέρᾳ, ἀλλ' εἰ δυνατόν, μηδὲ καθ' ἡμέραν· ὥρα δέ σοι ἔστω τακτὴ ἡ τῆς χαιρολουσίας δεκάτη.

4) Dies war wenigstens unter Hadrian der Fall. Spart. *Hadr.* 22: *Ante octavam horam in publico neminem nisi aegrum lavari passus est.* Auch bei Lampr. *Alex. Sev.* 24 ist mit Salmasius zu schreiben: *Addidit et oleum luminibus thermarum, cum antea ad nonam paterent et ante solis occasum clauderentur.* Vor Hadrian's Zeit scheinen indessen die Bäder von Mittag an geheizt worden zu sein. Denn Martial. 10, 48, 3 sagt ausdrücklich von der 8ten Stunde:

Temperat haec thermas: nimio prior hora vapore
Halat et immodico sexto Nerone calet.

Ebenso Vitruv. 5, 10, 1 (5, 11, 1): *tempus lavandi a meridiano ad vesperum est constitutum.* Bei Juvenal. 11, 204 geht jemand schon eine Stunde vor der *sexta* ins Bad; allein die Bäder vor dem *prandium* (s. oben Anm. 1) sind wohl im Hause, nicht in öffentlichen *balneis* genommen worden.

5) Martial. 14, 163 mit der Ueberschrift *Tintinnabulum:*

Redde pilam: sonat aes thermarum. Ludere pergis?

Uhr[1]) das Zeichen der Eröffnung gab, und in Rom gesetzlich vor Einbruch der Nacht geschlossen.[2]) In der späteren Kaiserzeit wurde indessen auch in Rom bei Licht gebadet,[3]) was ausserhalb Roms immer gestattet gewesen zu sein scheint;[4]) denn in Pompeii fanden sich in dem älteren kleinen Bade an tausend Lampen, welche auf den Gebrauch des Bades nach Sonnenuntergang sicher schliessen lassen. Allein in alter Zeit war für die Römer das Bad überhaupt eine Nebensache; man wusch sich des Morgens und badete alle acht Tage einmal;[5]) das Local dazu war das Waschhaus (*lavatrina*),[6]) das man neben die Küche legte, um den gemeinsamen Heizapparat und Wasserabfluss zu benutzen,[7]) und noch Scipio badete in einem dunkelen, ungemüthlichen Raume in trübem Wasser.[8]) An die Stelle des Wasch-

Beschränkter Gebrauch des Bades im alten Rom.

1) Eine Sonnenuhr fand sich in Pompeii in den grösseren Bädern (und war vermuthlich auch in den beiden anderen Anlagen vorhanden. Overb.[4] S. 212. 219. 238). Lucian. *Hippias* 8 erwähnt in dem von ihm beschriebenen Bade zwei Uhren, eine Wasseruhr mit einem Blasewerk und eine Sonnenuhr, διττὰς δηλώσεις, τὴν μὲν δι' ὕδατος καὶ μυκήματος, τὴν δὲ δι' ἡλίου.

2) Dies war gesetzlich bis Alexander Severus, s. S. 270 Anm. 4. Der Kaiser Tacitus befahl es aufs Neue. Vopiscus *Tac.* 10, 2: *Thermas omnes ante lucernam claudi iussit, ne quid per noctem seditionis oriretur.* Wie lange diese Anordnung in Gültigkeit blieb, wissen wir nicht; in Constantinopel wurde das Bad des Zeuxippus erleuchtet. *Cod. Theod.* 15, 1, 52 = *Cod. Just.* 8, 11 (12), 19.

3) Juvenal. 6, 419 sagt schon von einer Frau: *balnea nocte subit*, rechnet dies aber zu den unerträglichen Verkehrtheiten, von denen auch Seneca *ep.* 122 (s. S. 250 Anm. 1) redet. Aber unter Alexander Severus wurden die Bäder nach Sonnenuntergang beleuchtet, s. S. 270 Anm. 4.

4) Libanius *orat.* 51, Vol. II p. 592 Reiske, schildert die zudringlichen Besuche, denen die Provinzialbeamten ausgesetzt sind. Diese kommen schon beim Frühstück und hängen sich bis zum Abend an die Beamten. Ἑσπέρα καὶ λύχνος, καὶ οὐδὲν μᾶλλον ἀπέρχονται, ἀλλὰ καὶ λουτρὸν τὸ τῶν ἀρχόντων αὐτοῖς (hier fehlt ein Verbum, etwa ἐλλοχᾶται, *insidiis obsidetur*). (Das Bad des *metallum Vipascense* war bis zur (vollendeten) 2. Nachtstunde geöffnet, s. S. 273 A. 4. Nissen Pomp. St. S. 135 will obigen Schluss aus den in Pompeii gefundenen Lampen nicht anerkennen und scheint anzunehmen, dass sie aus der Zeit vor Einführung der Glasfenster stammen: wenig wahrscheinlich.)

5) Seneca *ep.* 86, 12: (*Scipio*) *non cotidie lavabatur. Nam, ut aiunt, qui priscos mores urbis tradiderunt, brachia et crura cotidie abluebant, — ceterum toti nundinis lavabantur.* Cato bei Nonius p. 108 s. v. *ephippium: Mihi puero modica una fuit tunica et toga — equus sine ephippio, balneum non cottidianum.* Vgl. Columella 1, 6, 20, nach welchem die Sclaven nur an Festtagen baden sollen. Ueber den sehr beschränkten Gebrauch des Bades im alten Rom s. Helbig Die Italiker in der Poebene S. 63.

6) Varro *de l. L.* 9, 68. Nonius p. 212 s. v. *latrina.*

7) Varro *de l. L.* 5, 118: *Trua, qua e culina in lavatrinam aquam fundunt.* Für Landhäuser giebt noch Vitruv. 6, 9 (6), 2 die Regel: *balnearia coniuncta sint culinae; ita enim lavationi rusticae ministratio non erit longe.*

8) Seneca *ep.* 86, 11: *Quantae nunc aliquis rusticitatis damnat Scipionem, quod non in caldarium suum latis specularibus diem admiserat? quod non in multa luce decoquebatur et expectabat, ut in balneo concoqueret. O hominem calamitosum! Nesciit vivere. Non saccata aqua lavabatur, sed saepe turbida et,*

hauses trat das ursprünglich griechische *balneum*,[1]) aus mehreren Badezimmern bestehend, wie es in pompeianischen Häusern[2]) und in den Villen, in welchen eine eigene Badeeinrichtung auch später wegen ihrer Entfernung von öffentlichen Bädern unerlässlich war, sich regelmässig vorfand.[3]) Junge Leute badeten im Sommer in der Tiber,[4]) auch gab es wenigstens seit dem zweiten punischen Kriege öffentliche Bäder (*balneae* oder *balnea*),[5]) welche entweder von der Gemeinde oder von einem Speculanten[6])

Oeffentliche Bäder.

cum plueret vehementius, paene lutulenta. Nec multum eius intererat, an sic lavaretur; veniebat enim, ut sudorem illic ablueret, non ut unguentum.

1) Varro *de l. L.* 9, 68. Nonius l. l.

2) In Pompeii sind solche Bäder in der *casa del Laberinto*, *casa del Fauno*, *casa del Centenario*, im Hause des M. Caesius Blandus, des Popidius Secundus, in der Villa des Diomedes und in anderen Häusern. S. Overbeck [4] S. 284. 343. 348. 364. 368. 372; Mazois II pl. 33. 52; Mau Pompej. Beitr. S. 149 ff. Sie bestehen aus zwei oder drei Räumen und liegen fast immer neben der Küche, von der aus sie geheizt wurden.

3) Beispiele geben die Villen des Scipio (Seneca *ep.* 86, 4), des Cicero (*ad Q. fr.* 3, 1, 1), des Plinius (Plin. *ep.* 2, 17, 11; 5, 6, 25). Im Allgemeinen s. Palladius 1, 40.

4) Vegetius 1, 10. Hor. *od.* 1, 8, 8; 3, 12, 7. Cic. *pro Cael.* 15, 36: *Habes hortos ad Tiberim ac diligenter eo loco parasti, quo omnis iuventus natandi causa venit.*

5) Varro *de l. L.* 9, 68: *publicae balneae non balnea, contra quod privati dicant unum balneum.* Charisius 1, 15: *Balneum veteres dixerunt sive balineum, nihil enim differt publicum a privatis: in publicis autem feminini generis et quidem numero semper plurali frequenter balneas et balineas, nec immerito: nam parsimoniae causa uno igni duplex balineum calfaciebant, pariete interiecto, ut pudor viris mulieribusque constaret.* Dieser Unterschied ist richtig für die Zeit des Cicero, der *pro Cael.* 25, 62 *balneas Senias*, ib. 26, 62 *balneas publicas* erwähnt; so hat auch die Inschr. von Praeneste *C. I. L.* I, 1141 *balineae; balneae* ib. III, 1374; IX 4196. 5067. 5121; X, 3678; Frontin. *de aqu.* 108 *balnearum* (von vermiethbaren Privatbädern); aber schon zur Zeit der Republik wird auch *balneum* von einem öffentlichen Bade gebraucht *C. I. L.* I, 1263 = X, 221 = Or. 7028, und in der Kaiserzeit häufig. Orelli 2289. 3982. 6625. 6626. *C. I. L.* V, 4412. 6513. 7783. 8807; IX, 2660. 3152 f. 3430. 3522. 4978. 5746. 6261; X, 4792. 4884.

6) Von dieser Art war das Bad, welches zur Zeit der Gracchen M. Junius Brutus besass und dessen Sohn verkaufte. Cic. *de or.* 2, 55, 223; *pro Cluent.* 51, 141; ferner die *balneae Pallacinae* Cic. *pro Roscio Am.* 7, 18; die *balneae Seniae* Cic. *pro Cael.* 25, 62, und die von Martial. 2, 14, 11 erwähnten:

Nec Fortunati spernit nec balnea Fausti,
Nec Grylli tenebras Aeoliumque Lupi,

(vgl. 1, 59: *Lupi tenebrosaque balnea Grylli*), das *balneum Tigellini* (Martial. 3, 20, 16) und andere, welche in dem Stadtplane und den Regionariern verzeichnet sind, wie in der ersten Region das *balneum Torquati*, *balneum Abascanti et Mamertini*, in der vierten *balneum Dafnidis*, in der vierzehnten das *balneum Ampelidis et Dianes.* Dieselben findet man zusammengestellt bei Jordan *Forma Urbis* p. 42 und *Hermes* IX S. 417. Saglio *Dictionnaire des Antiq.* I p. 652 n. 90. Auch auf dem Lande gab es solche Bäder, die sich durch Inschriften empfahlen, z. B. Orelli 4328: *In praedis C. Legianni veri balineum . more urbico lavat(ur) omnia commoda praestantvr.* Solche Bäder, welche *balinea meritoria* heissen (Plin. *ep.* 2, 17, 26), dienen daher vermögenden

errichtet, einem Pächter (*conductor*)[1]) unter bestimmten Bedingungen übertragen[2]) und in Rom von den Aedilen beaufsichtigt wurden.[3]) Für die Benutzung nahm entweder die Stadt ein *vectigal*[4]) oder der Pächter ein Badegeld (*balneaticum*). Es gehört zu den Acten der Liberalität, wenn von einem Kaiser oder einem Privatmanne dem Volke für einen Tag[5]) oder für eine bestimmte Zeit[6]) oder für immer[7]) freies Bad gewährt, von einer Gemeinde der Aufwand für das Bad auf die Stadtkasse übernommen,[8]) von Patrioten in ihrem Testament ein Capital zur Bestreitung der Kosten des Badebetriebes ausgesetzt,[9]) oder *balneaticum*

Leuten zur Anlage ihrer Capitalien, und die Revenuen derselben können testamentarisch legirt werden. *Dig.* 7, 4, 12.

1) *balneum conducere Dig.* 19, 2, 58 § 2; 20, 4, 9 pr. Juv. 7, 4.

2) *Lex metalli Vipascensis*, herausgegeben von Hübner *Ephem. epigr.* III p. 166 ff. lin. 19: *Conductor balinei sociusve eius omnia sua impensa balineum, [quod ita conductum habe]bit in pr. K. Jul. primas omnibus diebus calfacere et praestare debeto a prima luce in horam septim[am diei mulieribus] et ab hora octava in horam secundam noctis viris arbitratu proc(uratoris) qui metallis praeerit. Aquam in [balineum usque ad] summam ranam* (dies scheint ein Höhenmesser zu sein) *hypocaustis et in labrum tam mulieribus quam viris profluentem recte praestare debeto: Conductor a viris sing. aeris semisses et a mulieribus singulis aeris asses exigito. Excipiuntur liberti et servi [Caes. qui proc.] in officis erunt vel commoda percipient, item impuberes et milites.* Es folgen noch mehrere Bestimmungen über die Ablieferung des Inventars nach Beendigung der Pachtzeit, die Reinigung des Kessels, den Verbrauch des Holzes und zuletzt eine Strafandrohung für den Fall der Verletzung des Contractes.

3) Seneca *ep.* 86, 9: *At olim et pauca erant balnea nec ullo cultu exornata. Cur enim ornaretur res quadrantaria et in usum, non oblectamentum reperta? — sed, dii boni, quam iuvat illa balnea intrare obscura et gregali tectorio inducta, quae scires Catonem tibi aedilem aut Fabium Maximum aut ex Corneliis aliquem manu sua temperasse? nam hoc quoque nobilissimi aediles fungebantur officio intrandi ea loca, quae populum receptabant.*

4) So scheint zu verstehen das *publicum Interamnitum vectigal balnearum* Orelli-Henzen 6661 = *C. I. L.* IX, 5144. Vgl. Borghesi *Oeuvres* VI p. 510.

5) Dio Cass. sagt von Faustus Sulla 37, 51, 4: τὸν δῆμον λαμπρῶς εἱστίασε· τά τε λουτρὰ καὶ τὸ ἔλαιον προῖκα αὐτοῖς παρέσχεν· und von Augustus 54, 25, 4: τῷ τε δήμῳ προῖκα τά τε λουτρὰ καὶ τοὺς κουρέας τὴν ἡμέραν ἐκείνην παρέσχε. Vgl. Capitolin. *Ant. P.* 7, 6: *balneum, quo usus fuisset, sine mercede populo exhibuit.* Die griechische Formel für eine solche Liberalität ist λούειν τὸν δῆμον ἐκ τῶν ἰδίων. *C. I. Gr.* III. Add. p. 1081 n. 3847[b].

6) So auf ein Jahr, *Dig.* 19, 2, 30 § 1: *Aedilis in municipio balneas conduxerat, ut eo anno municipes gratis lavarentur.* Dio Cass. 49, 43, 3: (Agrippa) τά τε βαλανεῖα προῖκα δι' ἔτους καὶ τοῖς ἀνδράσι καὶ ταῖς γυναιξὶ λούεσθαι παρέσχε.

7) Orelli-Henzen 6962 = *C. I. L.* IX, 5074 f.: *Q. C. Poppaei — — municipibus — — lavationem in perpetuom de sua pecunia dant.*

8) *C. I. L.* V, 376: *colonis incolis, peregrinis lavandis gratis d(ecreto) d(ecurionum) p(ecunia) p(ublica) p(ositum).*

9) Agrippa vermachte dem Volke das von ihm erbaute Bad, ὥστε προῖκα αὐτοὺς λούεσθαι (Dio Cass. 54, 29, 4). Vgl. *Dig.* 32, 35, 3: *Codicillis confirmatis ita cavit: Tiburtibus, municipibus meis — balineum Julianum, iunctum domui meae, ita ut publice sumptu heredum meorum et diligentia decem men-*

gewissen Personen die Immunität von dem Badegelde als ein besonderes Privilegium ertheilt wird.[1]) Im Allgemeinen zahlt jeder für das Bad, und zwar betrug das gewöhnliche Entrée in Rom für Männer einen *quadrans* ($^1/_4$ As),[2]) für Frauen, wie es scheint, mehr;[3]) Kinder waren frei.[4]) Indessen war es weder überall so, noch ist in Rom selbst ein gleichmässiger Preis für alle Bäder anzunehmen. In dem *Metallum Vipascense* in Lusitanien zahlten die Männer einen halben, die Frauen einen ganzen As; in Bononia waren die Kinder nicht frei,[5]) und in Rom gab es Bäder sehr verschiedener Art, auch Einzelbäder, wie sie sich in den pompeianischen Thermen finden und von Ovid erwähnt werden.[6]) Diese waren natürlich theurer. Endlich erhält nach dem Edict des Diocletian VII, 75 (Mommsen) sowohl der *capsarius* als der *balneator* von jedem Badenden zwei damalige Denare, nach Mommsen etwa 20 Pf., also weit mehr als einen Quadrans.

Bäder der Kaiserzeit. In der Kaiserzeit wurden die Bäder ein luxuriöses Vergnügen; die häusliche Einrichtung dafür wurde immer prächtiger,[7]) die Zahl der öffentlichen Badehäuser immer grösser, Agrippa fügte zu den bereits durch Privatspeculanten errichteten in seiner Aedilität 170 hinzu;[8]) alle Regionen der Stadt waren damit so

---

sibus totius anni praebeatur gratis. Zwei Vermächtnisse dieser Art s. Orelli 3325. 3326.

1) In Nemausus wird einem Soldaten als Belohnung freies Bad für seine Person und seine Familie bewilligt (Orelli 3579), bei Orelli 202 nehmen die Einwohner eines Pagus dasselbe Privilegium für sich in Anspruch, weil sie es 40 Jahre genossen haben, und in dem *Metallum Vipascense* sind die kaiserlichen Freigelassenen und Sclaven, die Kinder und die Soldaten von dem Eintrittsgelde befreit. S. oben S. 273 Anm. 2.

2) Dies Eintrittsgeld wird oft erwähnt, z. B. Horat. *sat.* 1, 3, 137. Martial. 3, 30, 4. Juvenal. 6, 445:

Nam quae docta nimis cupit et facunda videri,
Crure tenus medio tunicas succingere debet,
Caedere Silvano porcum, quadrante lavari.

d. h. sie muss sich als Mann geriren, woraus zu schliessen ist, dass der *quadrans* nur für das gemeine Männerbad das Eintrittsgeld war. Seneca *ep.* 86, 9 nennt das Bad überhaupt eine *res quadrantaria.*

3) Das *balneaticum* zahlten die Frauen auch. Dio Cass. 49, 43, 3. Dass es grösser war, geht aus der angeführten Stelle des Juvenal hervor. Vgl. S. 273 A. 2.

4) Juvenal. 2, 152: *Nec pueri credunt, nisi qui nondum aere lavantur,* wozu das Scholion bemerkt: *infantes, quia pueri non dant balneaticum.* Auch in dem *Metallum Vipascense* sind die *impuberes* frei. 5) Orelli 3325.

6) Ovid. *ars am.* 3, 639:

Cum custode foris tunicas servante puellae
Celent furtivos balnea multa iocos.

(Hier ist wohl nicht an Einzelbäder zu denken.)

7) Die glänzende Einrichtung derselben beschreibt Seneca *ep.* 86, 6. 7.

8) Plin. *n. h.* 36, 121: *Adiicit ipse (Agrippa) aedilitatis suae commemora-*

reichlich versehen, dass die Regionarier 952 *balnea* aufzählen; ausserdem wurden seit Agrippa die den griechischen Palaestren nachgebildeten Thermen[1] in der Stadt wie in Italien und den Provinzen eingeführt, d. h. umfangreiche und grossartige Anlagen, welche ausser einer complicirten und zu verschiedenem Gebrauch bestimmten Badeeinrichtung auch den ganzen Apparat der griechischen Gymnasien enthielten.

Vorhandene Bäder. Von den unzähligen Bauwerken dieser Art, die in keiner Provincialstadt fehlten und selbst in Dörfern vorhanden waren,[2] ist ein Theil wenigstens so weit erhalten, dass man über die Einrichtung des Baues sich mehr oder weniger orientiren kann, und neben der kurzen und sehr verschieden verstandenen Theorie des Vitruv 5, 11 (10); 12 (11) bilden die noch übrigen Ruinen die Hauptquelle für unsere Kenntniss des römischen Bades. Der Erhaltung nach nehmen die wichtigste Stelle ein die pompeianischen Bäder, von denen das eine, 1824 ausgegrabene,[3] als ein *balneum* zu bezeichnen, das zweite, 1857 entdeckte,[4] auf welches wir später zurückkommen werden, sowie das dritte, 1877 und 1878 aufgedeckte,[5] unter die Thermen zu rechnen ist. Viel weniger Aufschluss geben über die Detailfragen die grossen römischen Thermen,[6] deren umfangreiche[7] und prächtige Anlagen man durch Restaurationsversuche für die Phantasie anschaulich zu machen vielfältig versucht hat, namentlich die des Agrippa, Nero, Titus, Domitian und Traian, des Caracalla, Dio-

---

tione et ludos diebus undesexaginta factos et gratuita praebita balnea centum septuaginta, quae nunc Romae ad infinitum auxere numerum. Lamprid. *Alex. Sev.* 39, 4: *Balnea omnibus regionibus addidit, quae forte non habebant.*

1) *Balnea* sind Badestuben oder Badehäuser, *thermae* aber grosse für gymnastische Uebungen bestimmte und zugleich mit Badeeinrichtung versehene Anstalten. S. Preller Die Regionen S. 105 ff. Die Thermen des Agrippa heissen bei Dio Cass. 53, 27, 1 γυμνάσιον, die des Nero bei Tac. *ann.* 14, 47 und Dio Cass. 61, 21, 1 ebenfalls. 2) Orelli 202.

3) Beschrieben von Bechi im *Museo Borbonico* Vol. II. Gell *Pompeiana.* London 1832. I p. 83—141. II p. 80—94. Overbeck Pompeji [4] p. 188—215. Becker *Gallus* III S. 74 ff. (Göll S. 110 ff.) Nissen Pomp. Studien S. 128 ff.

4) Beschrieben von Minervini im *Bull. Nap.* N. Ser. II n. 45. III n. 55. IV n. 77. 91. 95. V n. 103. 113. VI n. 125. 130. Michaelis in Gerhard's Denkm. u. Forsch. 1859 n. 124. 125. Niccolini *Le case* Vol. I. Finati im *Museo di Napoli* (Mus. Borb. XVI) tav. A B. Overbeck [4] S. 215 ff. Nissen S. 140 ff.

5) Mau *Bullettino dell' Instituto* 1877 p. 214 ff. 1878 p. 251 ff. Fiorelli in *Notizie degli scavi di antichità comunicate alla R. accademia dei Lincei* 1877 p. 218 ff. 1878 p. 70 ff. p. 110 ff. Overbeck [4] S. 233 ff.

6) Die Nachweisungen über dieselben s. Becker Topographie S. 683—692.

7) Ammian. Marc. 16, 10, 14: *lavacra in modum provinciarum exstructa.*

cletian und Constantin,[1]) die verschiedenen Reste von Bädern in Rom,[2]) in Italien,[3]) unter denen die von Velleia,[4]) Pisa,[5]) der Insel Lipara,[6]) und von Bädern in Frankreich, unter denen die von Bayeux, Lillebonne, Valognes (*Alauna*), Saintes, Drévant, Vienne, Nîmes, Paris die bekanntesten sind.[7]) Auch in England,[8]) den Rhein-, Mosel- und Neckargegenden,[9]) den römischen

---

1) *Les Thermes des Romains, dessinées par* Palladio, *et publiées de nouveau avec quelques observations par* Scamozzi. Vicenza 1785. fol. (Die Zeichnungen Palladio's, welche flüchtig aufgenommen und willkürlich ergänzt sind (Hirt G. d. B. III S. 253), blieben unedirt, bis sie Lord Burlington in der ehemaligen Sammlung des D. Barbaro bei Treviso auffand, kaufte und 1732 bekannt machte; worauf sie mehrmals wieder edirt sind, am besten von Scamozzi.) *The Baths of the Romans explained and illustrated by* Ch. Cameron. London 1772. fol. *Restauration des Thermes d'Antonin Caracalla à Rome par* A. Blouet. Paris 1828. fol. Canina *L'Architettura Romana.* Vol. I parte 2 c. IX, tav. 139—152. Ueber die Thermen des Agrippa s. Lanciani in *Not. d. Scavi* 1882 p. 347 ff.

2) So das bei der Kirche der S. Caecilia erhaltene. Beschreibung Rom's III, 3 S. 644.

3) An der Via Appia, *Annali* 1852 p. 278, zu Ferentum, *Annali* 1854 p. 50, in Nuova Surrina, *Annali* 1854 p. 52, in Melito, *Not. d. Scavi* 1880 p. 485; in Saepinum, l. l. 1878 p. 376, und noch viele geringere Reste.

4) Ausgegraben 1760 bis 1765. s. Antolini *Le rovine di Veleia.* Milano 1819 (ed. 2. 1831) fol. parte 2 tav. 7.

5) Robortelli in Graev. *Thes.* XII p. 385—388.

6) Smyth in *Archaeologia* XXIII, 1. London 1830. 4. p. 98—102. Das kleine aber gut erhaltene *balneum* besteht aus drei Theilen, einem *frigidarium* nebst Bassin, einer *cella media* (*tepidarium*) und einem *caldarium.* Die beiden letzteren haben ein wohlerhaltenes *hypocaustum* und an den Wänden eine Wärmeleitung von Thonröhren.

7) S. Caumont *Cours d'antiquités monumentales.* III. Paris 1838. 8. p. 21—66. Ueber das Bad zu Saint Cernin (Dep. de la Corrèze) s. Limausin in *Observations et Mémoires de la Société des antiquaires de France* XIX p. 393. Ueber die Bäder von Nîmes s. Clerisseau et Legrand, *Antiquités de France,* tome I: Monuments de Nismes p. 109—117, pl. 48—56; Canina *Arch. Rom.* tav. 144, über die Bäder von Amélie-les-Bains Caumont *Bullet. monum.* 1870 p. 620.

8) Sehr instructiv ist das in Caerwent entdeckte kleine aber gut erhaltene Privatbad. *Archaeologia* XXXVI, 2 p. 432—437. plate 36. Ausserdem sind beschrieben: ein Bad einer Villa in Wheatley bei Oxford in *The Archaeological Journal* II. Lond. 1846. p. 350—356; ein Bad in Dover ohne erhebliche Ueberbleibsel, *Archaeologia* V p. 325—334; ein Bad in Brecknock, *Archaeologia* VII p. 205—210; in Wroxeter, ib. IX p. 323—328; in London, *Archaeological Journal* V (1848) p. 25—33.

9) Ueber das Bad zu Buxonville und zu Lichtenberg bei Zweibrücken s. Schöpflin *Alsatia illustrata.* Colmar 1751. I p. 539, tab. 15, wiederholt in Winckelmann's Werken II. Taf. IV AB; über das Bad von Badenweiler, Hirt Gesch. d. Baukunst III p. 247 Taf. 24. Schuch Privatalterth. der Römer S. 639. Canina *Arch. Rom.* tav. 142. Clerisseau et Legrand l. l. pl. 50. Leibnitz Die röm. Bäder bei Badenweiler. Leipz. 1856. 4. Ueber das Bad von Allenz: Aus'm Werth Das Bad der röm. Villa bei Allenz. Bonn 1861. Ueber das Bad zu Wasserliesch bei Trier: v. Wilmowski Das röm. Bad zu Wasserliesch in dem Jahresber. für nützl. Forschungen. Trier 1858 S. 73 ff. Ueber ein Bad zu Vilbel bei Frankfurt a. M.: Bossler Die Römerstätte bei Vilbel. Darmstadt 1862. 8. S. 31 ff. Ueber ein Bad in Fliessen bei Trier: Schmidt Baudenkmäler in Trier I Taf. IV, 1

Donauprovinzen [1]) und in Numidien [2]) sind zahlreiche Reste von Bädern entdeckt worden, auf welche im Folgenden Bezug genommen werden wird. Neben den genannten Monumenten ist indessen bis in die neueste Zeit als Hauptquelle ein angeblich aus den Bädern des Titus herrührendes Bild benutzt worden, das den Durchschnitt eines römischen Bades darstellt, und alle von Vitruv angegebenen Theile desselben mit deren Bezeichnungen, *elaeothesium*, *frigidarium*, *tepidarium*, *concamerata sudatio* u. s. w. enthält. Schon Canina bemerkte, dass ein solches Bild in den Bädern des Titus weder vorhanden ist noch nach irgend einer Ueberlieferung jemals entdeckt worden sei, dass das Bild vielmehr eine Illustration zum Vitruv zu sein scheine, die noch dazu an einigen erheblichen Irrthümern, nämlich einer falschen Darstellung des *Laconicum* und der drei bei Vitruv erwähnten Wasserkessel leide, und als aus den Bädern des Titus genommen bezeichnet werde, nicht, weil es dort gefunden sei, sondern weil es die Einrichtung dieser Bäder darstellen solle. [3]) Auch seine Zweifel haben indessen nicht vermocht, die Autorität des Bildes zu erschüttern [4]) und es wird daher nöthig sein zu

Angeblich antikes Bild eines röm. Bades.

p. 22. Ueber die grossen Thermen in S. Barbara bei Trier: F. Hettner in der Westdeutschen Zeitschrift 1882 S. 59—66, Taf. III.

1) Arneth Ueber das im Jahre 1851 entdeckte Hypocaustum — zu Enns in dem Jahrbuch der k. k. Central-Commission zur Erforschung und Erhaltung der Baudenkmale. Wien 1856. 4. S. 51—72. Ueber die noch ziemlich erhaltenen Bäder in Alt-Ofen s. Schönvisner *De ruderibus Laconici caldariique Romani in solo Budensi repertis.* Budae 1778. fol. Arneth a. a. O. S. 54. H. Ficker Aquincum und seine Ueberreste. Progr. des Gymnas. zu Ofen 1857. 4. S. 11 ff. Ueber die Bäderruinen in Carnuntum, sechs Meilen östlich von Wien, s. v. Sacken Sitzungsberichte der ph.-hist. Cl. der Wiener Acad. IX S. 689 ff., und über weniger erhaltene alte Reste dieser Art Ficker a. a. O. S. 12. Seidl im Archiv für Kunde österreichischer Geschichtsquellen IX, 1 S. 141; endlich über die Bäder von Salona *Annali* 1850 p. 139. Carrara Ausgrab. von Salona, herausg. v. Neigebaur. Leipz. 1854. 8. S. 13.

2) Ueber das grosse Bad in Lambese s. *Recueil des Notices et Mémoires de la Société arch. de la prov. de Constantine* 1866 p. 244 ff. pl. XXVIII.

3) Canina *Archit. Rom.* II p. 508: *Si sogliono comprovare le differenti opinioni tanto sui laconici e sudatorj, che sulle altre parti dei bagni sinora descritte dai commentatori di Vitruvio e da tutti coloro che scrissero ultimamente su questo stesso argumento, da quanto si vede espresso in un dipinto che si dice tratto dalle terme di Tito, dal quale* — — *ne offriamo un disegno nella tav.* CXLI: *ma poi non possiamo omettere dall' indicare, che nessuna prova si accenna che faccia conoscere essere stato veramente un tale dipinto rinvenuto nelle designate terme e che lo dimostri essere opera antica; poichè tra tutte le notizie che abbiamo e che ancor si comprovano con ciò che si vide ultimamente ritornare alla luce un tale monumento, nulla si rinviene che contesti una tale asserzione.*

4) Die Zeichnung ist nicht nur von den Interpreten des Vitruv und den älteren Architekten und Gelehrten wie Cameron, den Herausgebern von Winckel-

bemerken, dass diese Zeichnung von dem Architekten Giov. Antonio Rusconi im J. 1553 erfunden ist, um in Holz geschnitten als Titelkupfer zu Joh. Antonii Sicci Cremensis *de balneis compendium ex Hippocrate et Galeno* zu dienen.[1] Dieser Holzschnitt hat die Ueberschrift *Balneorum apud veteres forma* und prätendirt nicht, nach einem Bilde aus den Bädern des Titus zu sein oder die Glaubwürdigkeit eines antiken Monumentes zu haben. Unter diesem Anspruch erscheint das Bild, so viel ich habe finden können, zuerst in der 1704 in Rom selbst herausgegebenen *Raccolta di statue antiche e moderne, data in luce da De Rossi, illustrata da P. A. Maffei.* fol., deren Herausgeber, ein Officier der päpstlichen Garde, und wohl zu unterscheiden von seinem gelehrten Namensgenossen Franz Scipio Maffei, dasselbe als Vignette zu p. 2 des Textes hat stechen lassen, nicht aber etwa nach einem Originale, sondern nach einer Zeichnung, die er in den Mappen oder Büchern des Kunstliebhabers Cassiano del Pozzo († 1657) fand,[2] und die aller Wahrscheinlichkeit nach nichts anderes war als der Holzschnitt des Rusconi. Das Buch, zu welchem derselbe gehört, ist sowohl ihm als später Canina unbekannt geblieben. Aus der *Raccolta* hat Montfaucon *Ant. expl.* Vol. III, 2 pl. CXXII seine Abbildung entlehnt,[3] und aus

---

mann's Werken II S. 768. Taf. IV C u. a., sondern auch bis in die neueste Zeit (noch 1873. Jahrbücher des Vereins von Alterthumsfreunden im Rheinlande. Heft LIII S. 206) als unverdächtig benutzt und auch reproducirt worden. Rein zu Becker's *Gallus* III S. 92 erwähnt des Urtheils von Canina, ohne indess Becker's auf dieser Zeichnung beruhende Ansicht von dem *Laconicum* zu modificiren.

1) Gedruckt in dem Buche: *De balneis omnia quae exstant apud Graecos Latinos et Arabas tam medicos quam quoscunque ceterarum artium probatos scriptores etc.* Venetiis apud Juntas 1553. 4. Auf fol. 488 schliesst dies Buch und folgt fol. 489—497 als Anhang das genannte Compendium, worauf fol. 497 vers. nochmals schliesst: *Venetiis apud haeredes Lucaeantonii Juntae MDLIII.* Der Holzschnitt steht fol. 489 vers. In der Vorrede fol. 489 aber heisst es von demselben: *Et quoniam in hoc nostro commentariolo saepe de structura balnei, de variis eius domiciliis deque aliis partibus mentio a nobis facienda est, quae quidem multis fortasse subobscura videri possent, propterea figuram antiqui balnei delineandam curavimus. quo in negotio usi sumus diligentia atque peritia Johannis Antonii Rusconi, quem Romana atque antiqua aedificia ad amussim explorasse et curiose observasse non ignoramus: quem tu quoque nosti esse hac nostra aetate elegantissimum et celeberrimum architectum. Cuius arte plurimum adiutus futurum spero, ut res ipsa clarior et facilior omnibus videatur.*

2) P. 154 giebt er die Quelle der Vignette so an: *una pittura delle rinomate terme di Tito, tratta da' libri de' disegni del famoso Museo del Commendatore Cassiano del Pozzo*, was nochmals wiederholt wird p. 160.

3) Dagegen hat sich durch die Zeichnung nicht täuschen lassen der gelehrte Herausgeber des Scribonius Largus, J. Rhodius p. 103.

ihm ist sie dann, zum Theil sehr verändert, [1]) oft wiederholt worden.

Einrichtung der Bäder.

Nach Beseitigung dieser trügerischen Quelle lässt sich über die Einrichtung der Bäder bei den Römern Folgendes feststellen. Das regelmässige Bad der späteren Zeit besteht aus vier Theilen, dem Aufenthalt in erwärmter Luft, dem warmen Wasserbade, dem kalten Wasserbade und der Abreibung,[2]) und es sind dafür mindestens drei Locale erforderlich: für die dem Bade vorangehende Erwärmung die *cella tepidaria*, [3]) für das warme Wasserbad die *cella caldaria*,[4]) für das kalte Wasserbad die *cella frigidaria*,[5]) wozu dann noch ein eigenes Zimmer zum Aus- und Ankleiden (ἀπόθεσις, [6]) ἀποδυτήριον) [7]) und ein zweites für die Abreibung (*destrictarium*, [8]) *unctorium*) [9]) kommen kann. Galen, indem er die Benutzung eines gewöhnlichen Bades für seine Kranken vorschreibt, [10]) redet ausdrücklich von drei Zellen (τοῖς τρισὶν οἴκοις); [11]) die erste (ὁ πρῶτος οἶκος) ist ungeheizt; sie dient als *cella frigidaria* und zugleich als Auskleidezimmer für die, denen dieser Raum nicht zu kalt ist; [12]) die zweite (ὁ μέσος

1) Theils hat man die in jedem Raume beigeschriebene Benennung desselben fortgelassen, theils die Zeichnung selbst geändert; das letzte ist z. B. von Rohde zu Vitruv geschehn.

2) Galen. *method. medendi* 10, 10. Vol. X p. 708 K., auch bei Oribasius 10, 1, Vol. II p. 370 Daremberg, wo die Stelle etwas abgekürzt so heisst: Σύνθετον δὲ ὑπάρχει τὸ ὅλον λουτρὸν ἐκ διαφερόντων ταῖς δυνάμεσι τῶν αὐτοῦ μερῶν· εἰςελθόντες μὲν γὰρ ὁμιλοῦσιν ἀέρι θερμῷ, μετὰ δὲ ταῦτα εἰς ὕδωρ εἰςίασι θερμόν, εἶτα ἐξελθόντες εἰς ψυχρόν, εἶτα ἀπομάττονται τὸν ἱδρῶτα. Δύναται δὲ τὸ μὲν πρῶτον αὐτοῦ μέρος θερμῆναί τε διὰ ὅλου τοῦ σώματος καὶ χέαι τὰς ὕλας — τὸ δεύτερον δέ, ὅταν ἐπὶ ξηρᾷ τις διαθέσει σώματος αὐτῷ χρῷτο, νοτίδα χρηστὴν ἐνθεῖναι τοῖς στερεοῖς τοῦ ζῴου μορίοις· ἡ δὲ τρίτη μοῖρα τῶν λουτρῶν ψῦξαι μὲν τὸ σύμπαν σῶμα — τὸ δὲ τέταρτον ἐκκενῶσαι διὰ ἱδρώτων τὸ σῶμα χωρὶς τῆς ἐκ τοῦ ψύχεσθαι βλάβης. Nochmals geht Galen diese vier Theile durch a. a. O. p. 713.

3) Orelli 3328 = *C. I. L.* VI, 1703. *Tepidarium* bei Celsus 1, 3 p. 16, 26 Daremb.; *in tepidario sedere* ib. 1, 4 p. 22, 12 Dar. Vitruv. 5, 10 (11), 1.

4) Plin. *ep.* 5, 6, 26. Orelli 5659. Auch *caldarium*. Seneca *ep.* 86, 11. Celsus 1, 4 p. 22, 13 Dar. Vitruv. l. l.

5) Plin. *ep.* 5, 6, 25. 26.

6) Bei Lucian. *Hipp.* 5 liegen neben dem *frigidarium* ἑκατέρωθεν διαρκεῖς τοῖς ἀποδυομένοις ἀποθέσεις.

7) Plin. *ep.* 5, 6, 25. 27. Orelli 3278 = *C. I. L.* X, 3922. Isidor. *orig.* 15, 2, 41. *Spoliarium* heisst es in Isidori *gloss.* p. 488 Arev., *Spoliaria, exteriores balnearum cellulae.*

8) Diese Benennung ist erst durch eine Inschrift der 1857 entdeckten pompeianischen Bäder bekannt geworden. (S. Overbeck Pompeji[4] S. 215. 221 f., wo gezeigt ist, dass das *destrictarium* zur Palaestra, nicht zum eigentlichen Bade gehört.) *C. I. L.* I, 1251 = X, 829.

9) Plin. *ep.* 2, 17, 11.

10) Galen. *meth. med.* Vol. X p. 723 ff.

11) a. a. O. p. 724.

12) Galen. Vol. X p. 723 K.: εἰ μὲν οὖν αὐτάρκως εἴη θερμὸς ὁ πρῶτος οἶκος, ἐν αὐτῷ γυμνωθεὶς ὁ κάμνων εἰς τὸν δεύτερον εἰςκομιζέσθω· εἰ δ' ἔτι

οἶκος), auch von Plinius *media cella* genannt,[1]) ist das *tepidarium*, wo man sich ebenfalls auskleiden und auch abreiben lassen kann;[2]) die dritte (ὁ τρίτος οἶκος) ist das *caldarium*;[3]) von diesem wird der Kranke zurück in das *frigidarium* getragen, und nachdem er kalt gebadet, abgerieben und nach Hause gebracht.[4]) Auch in dem von Lucian beschriebenen Bade des Hippias c. 5 sind die genannten drei Theile massgebend; nur ist das Bad ein grösseres und bequemeres. Es hat zuerst zwei Auskleidezimmer, dann das *frigidarium*, das *tepidarium*, neben welchem das *unctorium* liegt, welches auch für die Palaestra benutzt wird, und endlich das *caldarium*, von welchem man durch einen Gang zum *frigidarium* zurückkehrt. Eine nicht nothwendige, für sich bestehende und von dem gewöhnlichen Bade verschiedene Anstalt ist dagegen das *Laconicum*,[5]) d. h. ein Schwitzbad, dessen Liebhaber die gewöhnlichen Arten der Bäder unbenutzt liessen, indem sie nur trocken schwitzten und darauf ein kaltes Bad[6]) oder einen kalten Ueberguss nahmen.[7]) Alle übrigen Räume, die in grösseren Bädern vorkommen, sind

---

σοι φαίνοιτο ψυχρότερον εἶναι, μὴ γυμνός, ἀλλ' ἐπιβεβλημένος ἤτοι γ' ἑτέραν σινδόνα μὴ ψυχρὰν ἤ τι τοιοῦτον ἐπίβλημα. Bei Plin. *ep.* 5, 6, 25 liegt das *apodyterium balinei* vor der *cella frigidaria*.

1) Plin. l. l. § 26: *Frigidariae cellae connectitur media*, dann folgt die *caldaria*.

2) Galen. l. l. p. 724: ἔστω δὲ ὁ μέσος οἶκος οὐ μόνον τῇ θέσει, ἀλλὰ καὶ τῇ κράσει τοσούτῳ τοῦ πρώτου θερμότερος, ὅσῳ τοῦ τρίτου ψυχρότερος· ἐν τούτῳ τῷ οἴκῳ τὸ ἔλαιον ἔστω χλιαρόν, ὡς εὐθέως περιχυθῆναι τῷ κάμνοντι.

3) Galen. l. l. p. 724. 725. 4) Ibid. p. 725.

5) Vitruv. 5, 10 (11), 5 behandelt das *Laconicum* in seiner Beschreibung des römischen Bades am Schluss und als Anhang, kommt aber darauf zurück c. 11 (12), 2 bei der Beschreibung der griechischen Palaestra. Ueber die bereits angeführte Inschrift der pompeianischen Thermen: *C. Ulius C. f., P. Aninius C. f. II. V. I. D. Laconicum et destrictarium faciund. et porticus et palaestr(am) reficiunda locarunt* s. unten S. 292. Das Schwitzbad wird von dem eigentlichen Bade unterschieden: Seneca *de v. b.* 7, 3: *balinea ac sudatoria.* Seneca *ep.* 51, 6: *Quid mihi cum istis calentibus stagnis, quid cum sudatoriis, in quae siccus vapor corpora exhausturus includitur.* Celsus 3, 27, 3: *Inimica etiam habet balnea assasque sudationes.* 2, 17 init.: *sudor duobus modis elicitur, aut sicco calore aut balneo.*

6) Martial. 6, 42 beschreibt das Bad des Etruscus; dann fährt er v. 16 fort:

Ritus si placeant tibi Laconum,
Contentus potes arido vapore
Cruda Virgine Marciave mergi.

Hienach brauchte also, wer ein Dampfbad nahm, die anderen Bäder nicht. Den Ausdruck Dampfbad tadelt Nissen Pomp. Studien S. 156. Aber Seneca a. a. O. braucht *siccus vapor* in demselben Sinne wie Celsus *siccus calor.*

7) Suet. *Aug.* 82: *sudabat ad flammam, deinde perfundebatur egelida aqua vel sole multo tepefacta.*

Einrichtungen der Bequemlichkeit und des Luxus: wie die Wartezimmer für die Begleitung der Badenden und die kleiderhütenden Sclaven,[1]) welche unentbehrlich waren, da in den öffentlichen Bädern viel gestohlen wurde;[2]) die Salons für die Unterhaltung und den Aufenthalt vor dem Bade;[3]) die Restaurationen und Läden;[4]) oder sie gehören zur Einrichtung der griechischen Gymnasien, wie die Garderobe für die Palaestriten,[5]) Säulengänge und Xysten, die Conversationszimmer (*exedrae*), die Halle für den Unterricht, *ephebeum*, für die Oelung und Bestäubung, *elaeothesium* und *conisterium*, für die Uebung mit dem κώρυκος[6]) und das Ballspiel (κωρυκεῖον und σφαιριστήριον),[7]) endlich die allgemeine *piscina*, welche nicht zum Bade, sondern zur Palaestra zu rechnen ist.[8]) Alle diese Localitäten konnten in gewöhnlichen Bädern entbehrt werden; dagegen pflegten auch in solchen die oben bezeichneten nothwendigen *cellae* doppelt vorhanden und für den Gebrauch der Männer und Frauen geschieden zu sein,[9]) obwohl in kleinen Orten auch die Einrichtung bestand, dass beide Geschlechter dasselbe Local zu Männer- u. Frauenbad.

1) Lucian. *Hippias* 5: κοινὸς οἶκος εὐμεγέθης, ἱκανὴν ἔχων ἀκολούθοις καὶ ὑπηρέταις διατριβήν. Ueber die *capsarii* s. oben S. 145 Anm. 12.

2) Der Digestentitel 47, 17 handelt besonders *de furibus balneariis*, vgl. *Coll. Mos. et Rom. leg.* 7, 4, 1. Paulus *sent. rec.* 5, 3, 5. Catull. 33: *O furum optime balneariorum.* Auch Tertullian. *apol.* 44 erwähnt *lavantium praedones* und *de fuga in persec.* c. 13 *fures balnearum*, *de idolol.* 5 *fures balneares*. S. auch Petron. 30. Diog. Laert. 6 § 52.

3) Lucian. *Hipp.* 5: οἶκος, περιττὸς μὲν ὡς πρὸς τὸ λουτρόν, ἀναγκαῖος δὲ ὡς πρὸς τὴν τῶν εὐδαιμονεστέρων ὑποδοχήν.

4) Lucian. *Hipp.* 5: τὰ ἐς τρυφὴν παρεσκευασμένα οἰκήματα. Vgl. Quintil. *inst.* 1, 6, 44. Sen. *ep.* 122, 6. Martial. 12, 19. 70.

5) αἱ κοιναὶ τῶν ἱματιοφυλακούντων κατασκευαί ibid. 8.

6) Κώρυκος ist ein mit Sand gefüllter lederner Sack, der von der Decke herabhängt, und den man sich anstemmend zu bewegen sucht.

7) Ueber alle diese Theile, deren Erklärung hier nicht beabsichtigt wird, s. Vitruv. 5, 11 (12) und Krause Die Gymnastik und Agonistik der Hellenen. Leipzig 1841. Bd. I S. 96—131. Von dem Ballspiel wird noch besonders die Rede sein.

8) Galen. *de meth. med.* 10. Vol. X p. 717: τοιοῦτον δὲ δή τι καὶ οἱ χωρὶς τοῦ βαλανείου χρώμενοι τῷ ψυχρῷ πράττουσιν, ὅταν προγυμνασθέντες εἰς αὐτὸ καθάλλωνται· οἷον γάρ τι τὸ βαλανεῖον ἡμῖν ἐστι, τοιοῦτον ἐκείνοις τὸ γυμνάσιον. Id. ib. p. 672: εἰς γυμνάσιον ἐπορεύθη λουσόμενος, εἶτ' ἀλειψάμενος ἀνετρίψατο σύν τινι τῶν αὐτόθι νεανίσκων. Er braucht nur die *piscina* und die Abreibung, nicht das warme Bad.

9) Varro *de l. L.* 9, 68: *primum balneum (nomen ut Graecum introiit in urbem) publice ibi consedit, ubi bina essent coniuncta aedificia lavandi causa, unum, ubi viri, alterum, ubi mulieres lavarentur.* Ein Männerbad in Teanum Sidicinum erwähnt Gracchus bei Gellius 10, 3, 3. Doppelbäder sind gefunden in Pompeii und Badenweiler, und die Inschr. Orelli 3324 erwähnt *balnea virilia utraque et muliebre.*

verschiedenen Zeiten benutzten.[1]) Die römische Sitte gestattete weder dem Vater mit dem Sohne, noch dem Schwiegervater mit dem Schwiegersohne zu baden;[2]) für Frauen mochte es ursprünglich wohl überhaupt nicht anständig sein, ein öffentliches Bad zu besuchen; nachdem wenigstens im letzten Jahrhundert der Republik hiegegen kein Bedenken mehr vorlag,[3]) war zugleich die Gelegenheit zu Ausschweifungen gegeben,[4]) worauf die Einführung der griechischen Palaestra so wesentlich beitrug alles Schamgefühl zu ersticken,[5]) dass Frauen sich nicht allein im Bade von männlichen Sclaven bedienen liessen,[6]) sondern auch mit Männern gemeinschaftlich badeten,[7]) zwar auf Kosten ihres guten Rufes,[8]) aber doch so vielfältig und trotz der Gesetze, welche die Kaiser wiederholentlich gegen dieses Unwesen erliessen,[9]) mit solcher Consequenz, dass die *mixta balnea* bis tief in die christlichen Zeiten hinein sich erhalten und ein fort-

---

1) In dem *Metallum Vipascense* badeten die Frauen von Sonnenaufgang bis zur siebenten Stunde, die Männer von der achten Stunde des Tages bis zur zweiten Stunde der Nacht. S. oben S. 273 Anm. 2.

2) Plut. *Cato mai.* 20. Cicero *de off.* 1, 35, 129: *Nostro quidem more cum parentibus puberes filii, cum soceris generi non lavantur.* Capitolin. *Gord. tres* 6, 4: *Socero suo Annio Severo tantum detulit — ut nunquam cum eo lavarit.* Val. Max. 2, 1, 7. Ambrosius *de offic.* 1, 18, 79.

3) Atia, die Mutter des Augustus, besuchte öffentliche Bäder. Suet. *Aug.* 94.

4) Ovid. *ars am.* 3, 639 empfiehlt das Bad als sicheren Zusammenkunftsort.

5) Diesen Grund hebt Plut. *Cato mai.* 20 hervor.

6) Juvenal. 6, 422. Clemens Alex. *Paed.* 3, 5 p. 273 Potter.

7) Plin. *n. h.* 33, 153: *Videret haec Fabricius et stratas argento mulierum balineas — — cum viris lavantium.* Martial. 3, 51. 72; 7, 35; 11, 75. Clemens Alex. *Paed.* 3, 5 p. 272 Potter: καὶ δὴ τοῖς μὲν ἀνδράσι τοῖς σφῶν οὐκ ἂν ἀποδύσαιντο, προςποίητον αἰσχύνης ἀξιοπιστίαν μνώμεναι· ἔξεστι δὲ τοῖς βουλομένοις — γυμνὰς ἐν τοῖς βαλανείοις θεάσασθαι. — — Κοινὰ δὲ ἀνέῳκται ἀνδράσιν ὁμοῦ καὶ γυναιξὶ τὰ βαλανεῖα· κἀντεῦθεν ἐπὶ τὴν ἀκρασίαν ἀποδύονται. Aus der folgenden Schilderung sieht man, dass, während zu Martial's Zeit die Frauen noch ein *subligar* beim Bade trugen (Martial. 3, 87), dies später auch abgelegt war. Auch Cyprian eifert gegen die *promiscuae balneae* in dem Buche *de virginum habitu* 19, p. 179. ed. Paris. 1726. fol.: *Quid vero, quae promiscuas balneas adeunt, quae oculis ad libidinem curiosis pudori ac pudicitiae corpora dicata prostituunt, quae cum viros atque a viris nudae vident turpiter et videntur* [vielleicht: *cum viros vident, tum a viris nudae turpiter et videntur*], *nonne ipsae illecebram vitiis praestant?*

8) Quintil. *inst.* 5, 9, 14: *est signum adulterae, lavari cum viris.* Noch Ammian. Marc. 28, 4 p. 574 Gron. charakterisirt die in den Bädern sich herumtreibenden Weiber als sehr unanständige Personen.

9) Verbote dagegen erliessen Hadrian (Spartian. *Hadr.* 18, 10. Dio Cass. 69, 8, 2), M. Antoninus (Capitolin. *M. Ant.* 23, 8) und nach Heliogabal's entgegengesetztem Vorgange (Lamprid. *Heliog.* 31, 7) Alexander Severus (Lamprid. *Al. Sev.* 24, 2). Vgl. die römische Inschrift des dritten Jahrhunderts *C. I. L.* VI, 579: *Ne qua mulier velit in piscina(m) virile(m) descendere.*

währendes und doch nie wirksames Einschreiten weltlicher und geistlicher Behörden erfordert haben.[1])

Die Einrichtung eines Bades mit gesonderten Localitäten für Frauen und Männer war in der Regel die, dass die Mitte der ganzen Anlage der Ofen, *hypocausis*,[2]) *fornax balneariorum*,[3]) einnahm, vor dem die Kammer zum Heizen, *propnigeum*,[4]) *praefurnium*,[5]) lag.[6]) Zu beiden Seiten des Ofens waren die Caldarien, an diese stiessen die Tepidarien, und nach der Aussenseite hin befanden sich die Frigidarien,[7]) so dass die warme Luft in die beiden geheizten Räume, das Wasser aber durch alle drei Räume geleitet werden konnte.[8]) Die Caldarien und Heizung.

1) Noch in den dem Clemens Romanus zugeschriebenen *Constitutiones S. Apostolorum* bei Mansi *Conc. nova coll.* I p. 257 ff. ist 1, 6 und 1, 9 davon die Rede. An der letzteren Stelle heisst es: περιΐστασο καὶ τὴν ἐν βαλανείῳ μετὰ ἀνδρῶν ἄτακτον γενομένην λοῦσιν· — γυναικείου δὲ ὄντος βαλανείου εὐτάκτως μετὰ αἰδοῦς μεμετρημένως λουέσθω. Unter den Scheidungsgründen, welche die Verordnung Justinian's von 528 *Cod. Just.* 5, 18, 11 § 2 aufführt, ist auch der, *si forte uxor — ita luxuriosa est, ut commune lavacrum cum viris libidinis causa habere audeat*, was wiederholt wird *Nov.* 32, 16 § 1. In dem Concil zu Laodicea im J. 320, Canon 30 bei Mansi *Concil. nova coll.* II p. 569 wird bestimmt, ὅτι οὐ δεῖ ἱερατικοὺς ἢ κληρικοὺς ἢ ἀσκητὰς ἐν βαλανείῳ μετὰ γυναικῶν ἀπολούεσθαι, μηδὲ πάντα χριστιανὸν ἢ λαϊκόν, welche Bestimmung wiederholt wird auf dem Concil zu Constantinopel im Jahre 692. *Conc. Trullanum* can. 77 bei Mansi Vol. XI p. 978. Vgl. Photii *Nomocanon* Lutet. Paris. 1615. 4. tit. 9 c. 31. tit. 11 c. 7.

2) Ὑπόκαυσις ist der Ofen (Vitruv. 5, 10 (11), 1 zweimal), *hypocaustum* dagegen das von unten geheizte Badelocal, οἶκος ὑπόκαυστος. Epiphanius Vol. I p. 459[d] Vales. sagt: ὑποκαίουσι τὸν οἰκίσκον und gleich darauf von Adam und Eva: οὐκ ἐν ὑποκαύστῳ οἴκῳ τὴν δίαιταν εἶχον. Ebenso *Digest.* 32, 1, 55 § 3: *Lignis autem legatis quod comburendi causa paratum est continetur, sive ad balnei calefactionem sive diaetarum hypocaustarum.* Daher ist auch bei Plin. *ep.* 2, 17, 11 *unctorium hypocauston* zu verbinden, und das von H. Keil dazwischen gesetzte Komma zu streichen, auch 5, 6, 25 unter *hypocauston* ein geheiztes Zimmer zu verstehen. Doch scheinen auch die *suspensurae* selbst *hypocaustum* genannt zu werden, wie bei Statius *silv.* 1, 5, 57:

Quid nunc strata solo referam tabulata, crepantes
Auditura pilas, ubi languidus ignis inerrat
Aedibus, et tenuem volvunt hypocausta vaporem?

3) Scribonius Largus 60.

4) Vitruv. 5, 11 (12), 2. Plin. *ep.* 2, 17, 11. (Bei Vitruv scheint *propnigeum* das Tepidarium zu sein; und so wird es wohl auch bei Plinius zu verstehen sein.)

5) Vitruv. 5, 10 (11), 2.

6) Neuerdings handelt über die Heizvorrichtungen Morin *Note sur les appareils de chauffage et de ventilation employés par les Romains pour les thermes à air chaud* in *Mémoires présentés par divers savants à l'Académie des Inscr.* Première Série. VIII. Deuxième partie. p. 347—369.

7) Vitruv. 5, 10 (11), 1: *et item est animadvertendum, uti caldaria muliebria et virilia coniuncta et in isdem regionibus sint collocata; sic enim efficietur, ut in vasaria hypocausis communis sit eorum utrisque.* Da nun das *tepidarium* als *media cella* bezeichnet wird, folgt daraus die Lage des *frigidarium*, und diese Einrichtung zeigen auch die erhaltenen Bäder.

8) Cassiodor. *Var.* 2, 39 von dem *fons Aponus: Sed inter alia loci ipsius*

Tepidarien hatten Luftheizung, d. h. sie lagen über einem Souterrain (*suspensurae*), durch welches die Hitze (*vapor*) aus dem Ofen sich verbreitete[1]) und von da aus ausserdem durch Thonröhren zwischen den doppelten Wänden der *cellae* hinaufgeführt wurde. Die Erfindung der *suspensurae* wird dem C. Sergius Orata, einem älteren Zeitgenossen des Cicero, zugeschrieben;[2]) die Wärmeleitung durch Röhren zwischen den Wänden scheint von noch neuerer Erfindung zu sein.[3]) Nach Vitruv's Vorschrift,[4]) mit welcher die vielen erhaltenen Reste von *suspensurae* oder sogenannten Hypocausten vollkommen übereinstimmen, ist das Souterrain nur 2 Fuss hoch. Auf dem Boden desselben, wel-

---

bona illud quoque stupendum esse didicimus, quod una fluentorum natura diversis ministeriis videatur accommodata. Nam protinus saxo suscipiente collisa inhalat primae cellulae sudatoriam qualitatem, deinde in solum mitigata descendens minaci ardore deposito suavi temperatione mollescit; mox in vicinum producta, cum aliqua dilatione torpuerit, multo blandius intepescit: postremo, ipso quoque tepore derelicto, in piscinam Neronianam frigida tantum efficitur, quantum prius ferbuisse sentitur.

1) Diese Züge des Souterrains heissen *cuniculi, per quos vapor trahitur in balneariis Dig.* 43, 21, 3 § 6; *fornacis cuniculus* Plin. *n. h.* 9, 133.

2) Cicero *in Hortensio* bei Nonius p. 194 s. v. *balneae: Primus balneola suspendit.* Inschr. bei Borghesi *Oeuvres* VI p. 83: *idem balineum suspendit.* Val. Max. 9, 1, 1: *C. Sergius Orata pensilia balinea primus facere instituit. Quae impensa levibus initiis coepta ad suspensae calidae aquae tantum non aequora penetravit.* Plin. *n. h.* 9, 168: *Sergius Orata — aetate L. Crassi oratoris ante Marsicum bellum — qui primus pensiles invenerit balineas.* Id. 26, 16. Macrob. *sat.* 3, 15, 3. Ueber die *suspensurae* und die Zeit ihrer Einführung handelt jetzt Nissen Pomp. Studien S. 152 ff.

3) Seneca *ep.* 90, 25: *Quaedam nostra demum prodisse memoria scimus, ut speculariorum usum — ut suspensuras balneorum et impressos parietibus tubos, per quos circumfunderetur calor, qui ima simul ac summa foveret aequaliter.* Vgl. die Schilderungen bei Statius *silv.* 1, 5, 57—59. Ausonii *Mos.* 337 ff. *Dig.* 8, 2, 13 pr.: *Quidam Hiberus nomine, qui habet post horrea mea insulam, balnearia fecit secundum parietem communem. Non licet autem tubulos habere admotos ad parietem communem. — De tubulis — hoc iuris est, quod per eos flamma torretur paries.* Seneca *de prov.* 4, 9 beschreibt einen Weichling, der seine Zimmer so heizt, *cuius cenationes subditus et parietibus circumfusus calor temperavit.* Vgl. oben S. 283 Anm. 2. (Seneca's Zeugniss (*ep.* 90, 25) wird zwar dadurch verdächtig, dass er auch die *suspensurae* seiner Zeit zuschreibt; aber die Baugeschichte der pompeianischen Thermen (Mau Pomp. Beitr. S. 136) bestätigt das jüngere Alter der Hohlwände. Letztere wurden auch durch *tegulae mammatae* hergestellt, d. h. durch viereckige Ziegel mit einem warzenartigen Vorsprung an jeder Ecke. Nissen Pomp. Stud. S. 65 ff.)

4) Vitruv. 5, 10 (11), 2: *Suspensurae caldariorum ita sunt faciendae, ut primum sesquipedalibus tegulis solum sternatur inclinatum ad hypocausim, uti pila cum mittatur, non possit intro resistere, sed rursus redeat ad praefurnium ipsa per se. ita flamma facilius pervagabitur sub suspensione; supraque laterculis bessalibus pilae struantur ita dispositae, uti bipedales tegulae possint supra esse collocatae; altitudinem autem pilae habeant pedes duo — supraque collocentur tegulae bipedales, quae sustineant pavimentum.* Uebereinstimmend damit Palladius 1, 40.

cher mit Ziegeln ausgelegt ist,[1]) stehen kleine, 2 Fuss hohe Pfeiler reihenweise in solcher Entfernung von einander, dass Ziegelplatten von 2 Fuss im Quadrat von je vier Pfeilern[2]) getragen werden können. Diese Platten bilden den Fussboden der *cellae*; über ihnen wird erst ein Estrich und auf diesen ein Mosaikfussboden gelegt;[3]) innerhalb der Wände aber gehen die *tubi* aus den *suspensurae* in die Höhe, indem sie sich bisweilen, aber nicht immer, auch über die Deckenwölbung erstrecken.[4])

Ueber dem Hauptofen befinden sich drei Wasserkessel für kaltes, laues und heisses Wasser (*frigidarium*, *tepidarium*, *caldarium*),[5]) welche indess nicht, wie es in dem mehrfach besprochenen Bilde dargestellt ist, nach unten zu sich verengend, sondern mit breiter Basis,[6]) wie es der Natur der Sache gemäss ist, über dem Feuer liegen; ihre Stelle ist in den pompeianischen Bädern sichtbar, und aus ihnen floss das Wasser in die Baderäume, deren Einrichtung wir noch zu betrachten haben.

Das Tepidarium war das erste Local, in das man sich begab,[7]) und wo man sich auch entkleiden konnte, wenn man Tepidarium.

---

1) Dies findet sich in Pompeii und auch sonst, z. B. in dem Hypocaustum in Bonn. Braun Jahrb. d. V. v. A. im Rh. IV S. 117.

2) Diese sind sehr häufig, z. B. in Pompeii, erhalten. Statt der in der Regel aus Ziegeln aufgemauerten Pfeiler kommen auch eigens zu diesem Zweck gebrannte Thoncylinder (Mau Pomp. Beitr. S. 149f. *Not. d. Scavi* 1883 p. 211) oder viereckige Röhren (*Not. d. Sc.* 1878 S. 376) vor. Pfeiler oder Säulchen aus Haustein *Not. d. Sc.* 1878 p. 258; Arneth Jahrb. d. Centralcomm. 1856 S. 54. Ebenda auf Taf. VI sind verschiedene Arten von *suspensurae* zusammengestellt.

3) Auch dies ist in Pompeii sichtbar; ausserdem in dem Bade von Alt-Ofen, Schönvisner a. a. O.; in dem Bade von Brecknock, *Archaeologia* VII pl. 17: *This entry was filled up with pillars three feet three inches high, made of brick tiles. These pillars were about sixteen inches distant from each other: the pillars supported large brick tiles and then a body of cement, upon which lay the pavement.* Bei Bossler, Die Römerstätte bei Vilbel, ist der Unterbau eines Mosaikfussbodens im Durchschnitt abgebildet, er besteht aus sechs Schichten, die abwechselnd Kalk mit Ziegelmehl und Kalk mit Kieselsteinen enthalten.

4) Mau Pomp. Beitr. S. 127ff. 138ff. Diese Röhrenleitungen sind sehr häufig gut erhalten, z. B. in Pompeii, an den elsässischen Bädern (Schöpflin *Alsatia illustrata*, Tafel zu S. 539), und in Lipari, *Archaeologia* XXIII, Taf. zu p. 102. S. auch Braun a. a. O. S. 119. 120.

5) Vitruv. 5, 10 (11), 1: *Aenea supra hypocausim tria sunt componenda, unum caldarium, alterum tepidarium, tertium frigidarium, et ita collocanda, uti ex tepidario in caldarium quantum aquae calidae exierit, influat; de frigidario in tepidarium ad eundem modum.*

6) Dies ist in den beiden älteren pompeianischen Bädern vollkommen deutlich.

7) Celsus 1, 4 p. 22, 12 Daremb.: *Si in balneum venit, sub veste primum in tepidario insudare, ibi ungi, tum transire in calidarium.*

dies nicht in dem Frigidarium, durch welches man zuweilen durchzugehen hatte, oder in einem Apodyterium bereits gethan hatte. Man setzte sich, um zu transpiriren; [1]) deshalb standen auch im Tepidarium der älteren pompeianischen Bäder drei bronzene Bänke, und ausserdem ein grosses Kohlenbecken, da Luftheizung hier nicht vorhanden war; [2]) man liess sich auch abreiben und salben; ein Wasserbad aber war in dieser Cella gewöhnlich nicht, und es scheint eine Ausnahme, dass es in den neuen Bädern von Pompeii nachträglich angebracht worden ist. [3])

Caldarium. Das Caldarium, in welches man zunächst trat, enthielt eine oder mehrere Wannen (*alveus*, πύελος) [4]) für das warme Wasserbad. Dieses nahm man nämlich in älterer Zeit nur in einer Wanne, und zwar entweder in einer kleineren, nur für eine Person bestimmten (*solium*), [5]) oder in einer grösseren, die mehrere Personen fasste. [6]) Später badete man auch in einem warmen Schwimmbassin (*calida piscina*, [7]) θερμὴ δεξαμενή, [8]) κολυμβήθρα θερμοῦ ὕδατος); [9]) in den Bädern des Caracalla wird eine

---

1) Celsus 1, 3 p. 16, 20 Dar.: *Communia deinde omnibus sunt post fatigationem cibum sumpturis, ubi paullum ambulaverunt, si balneum non est, calido loco vel in sole vel ad ignem ungi atque sudare: si est, ante omnia in tepidario sedere, deinde, ubi paulum conquieverunt, intrare et descendere in solium.*

2) Becker *Gallus* III S. 84 (Göll S. 122). Overbeck [4] S. 208. Bänke, *scamna*, gehören zum *instrumentum balneatorium*. Paulus *sent. r.* 3, 6, 65. Tepidarien ohne Luftheizung finden sich auch in einigen pompeianischen Privathäusern. Mau Pomp. Beitr. S. 149 ff.

3) Nissen Pomp. Stud. S. 151.

4) Galen. *meth. med.* 7, 6, Vol. X p. 473 K.: ἐπὶ πλεῖστον γὰρ χρὴ τὸν ἄνθρωπον ἐνδιατρίβειν τῷ ὕδατι, καὶ διὰ τοῦτο καὶ αἱ κολυμβῆθραι βελτίους εἰσὶ τῶν μικρῶν πυέλων.

5) Scribon. Larg. 130: *solium caldum.* Celsus 7, 26, 5: *in solium — aquae calidae resupinus demittendus est.* Festus p. 298ᵇ 22 M.: *Alvei quoque, lavandi gratia instituti, quo singuli descendunt, solia dicuntur.* Vitruv. 9 praef. § 10: *Tunc is* (Archimedes) — *casu venit in balineum, ibique cum in solium descenderet, animadvertit, quantum corporis sui in eo insideret, tantum aquae extra solium effluere.* Suet. *Aug.* 82: *insidens ligneo solio.* Plin. *n. h.* 33, 152: *cum feminae laventur* (*argento*) *et nisi argentea solia fastidiant. alveus* in diesem Sinne Capitolin. *Albin.* 5.

6) So in allen pompeianischen Bädern. Die grosse Wanne heisst *alveus* bei Vitruv. 5, 10 (11), 4; beim *Auct. ad Herenn.* 4, 10, 14 ist nicht klar, ob eine grosse oder eine kleine Wanne gemeint ist. Bei Petron. 92 heisst die grosse Wanne *solium: paene vapulavi, quia conatus sum circa solium sedentibus carmen recitare.* Als Sitz diente hier wohl der breite Rand.

7) Plin. *ep.* 2, 17, 11.

8) Galen *meth. med.* 8, 2, Vol. X p. 536 K. (Hier wohl eine Wanne; aber das Wort wird bei Phrynich. *ecl.* p. 321 Lob. als κολυμβήθρα erklärt.)

9) Dio Cass. 55, 7, 6 von Maecenas: πρῶτος τε κολυμβήθραν θερμοῦ ὕδατος

eigene grosse *cella soliaris* erwähnt,[1]) so dass vielleicht für das Bassin und für die Wannenbäder verschiedene Räume vorhanden waren. Das Caldarium wird in seinen Dimensionen so bestimmt, dass die Länge desselben um die Hälfte grösser ist, als die Breite;[2]) an den beiden schmalen Seiten befanden sich auf der einen die grosse Wanne, auf der anderen, welche in eine Nische auslief, das *labrum*,[3]) d. h. ein erhöhtes rundes, flaches Becken, welches, wie es scheint, zu kalten Uebergiessungen bestimmt war.[4]) Das Labrum stand in einer halbrunden Nische (*schola*); um dasselbe war ein Umgang gelassen,[5]) in welchem ausser den sich waschenden auch die auf den Zu-

---

ἐν τῇ πόλει κατεσκεύασεν. Val. Max. 1, 1 sagt, diese *piscinae* seien *suspensae caldae aquae tantum non aequora.* 1) Spartian. *Carac.* 9, 4.

2) Vitruv. 5, 10 (11), 4: *Magnitudines autem balnearum videntur fieri pro copia hominum. Sint ita compositae: quanta longitudo fuerit, tertia dempta, latitudo sit praeter scholam labri et alveum* (so ist zu lesen; *alvei* ist sinnlos). Pallad. 1, 40, der z. B. 15 Fuss Länge, 10 Fuss Breite angiebt. Dass Vitruv hier von der *cella caldaria* redet, ist aus dem Zusammenhange sicher und von Schneider bemerkt worden.

3) Isidor. *orig.* 20, 6, 8: *Labrum vocatum eo quod in eo lavationem solitum est fieri infantum. — Idem et alveum, quod in eo ablutionem fieri solitum sit.* Bei den Christen heisst das Taufbecken *labrum.* Siehe Anastasius Bibliothecarius *de vitis pontific.* Tom. I. Rom. 1718. fol. p. 39: (Constantin schenkt hier) *in labium* (oder *labrum*) *fontis baptisterii agnum ex auro purissimo, fundentem aquam.* Die Formen *labium* und *labrum* werden ohne Unterschied gebraucht. Isidori *glossae in sacr. script.* Vol. VII p. 412 Arev.: *Labium et labrum unum sunt, vas aeneum quadrangulum, in quo lavantur sacerdotes.* In dem *caldarium* der älteren Bäder in Pompeii ist das *labrum* vorhanden mit der Inschrift (*C. I. L.* X, 817): *Cn. Melissaeo Cn. f. Apro, M. Staio M. f. Rufo IIvir. iter. i. d. labrum ex d. d. ex p. p. f. c.* Es ist eine auf fester Basis liegende 8 Zoll tiefe Schale. Overbeck[4] S. 210. Den Gebrauch des Beckens zum Abwaschen erläutern die Vasenbilder bei Panofka Bilder antiken Lebens. Berlin 1843. 4. Taf. I fig. 9, wo ein Ephebe, und Taf. XVIII fig. 11, wo eine Frau sich wäscht. In dem letzteren Bilde fliesst das Wasser von oben in das *labrum.*

4) Der Kranke bei Celsus 1, 4 soll erst in das *tepidarium* gehn, dann sich salben, dann *transire in caldarium: ubi insudarit, in solium non descendere, sed multa calida aqua per caput se totum perfundere, tum tepida, deinde frigida.* Zu dem letzten Zwecke diente offenbar das *labrum.* Uebergussbäder werden sonst oft erwähnt, Galen. Vol. X p. 722: τὸ γοῦν ὕστατον ὕδωρ καταχεῖν ψυχρόν; (*perfundi* Suet. *Aug.* 82). Plin. *n. h.* 28, 55: *perfundere caput calida ante balinearum vaporationem et postea frigida saluberrimum intelligitur;* und sind dargestellt auf verschiedenen Vasenbildern. Panofka a. a. O. Taf. XVIII fig. 9. 10. Saglio *Dict. d. ant.* p. 650 fig. 746. Auch Cicero lässt sich in dem Bade seines Tusculanum ein *labrum* machen. *ad fam.* 14, 20. In dem Bade des Etruscus (Stat. *silv.* 1, 5, 48) floss das Wasser aus silbernen Röhren, fiel in das *labrum* und floss daraus wieder langsam ab:

Argento felix propellitur unda,
Argentoque cadit, labrisque nitentibus instat,
Delicias mirata suas et abire recusat.

5) Vitruv. 5, 10 (11), 4: *scholas autem labrorum ita fieri oportet spatiosas, uti cum priores occupaverint loca, circumspectantes reliqui recte stare possint.* In

tritt Wartenden Platz fanden.[1]) Die Wanne lag unmittelbar an den Wänden, und nahm, durch eine niedrige Mauer (*pluteus*) abgetrennt, das eine Ende des Raumes ganz ein. An der Aussenseite des *pluteus* war eine oder mehrere Stufen, auf der Innenseite eine Stufe (*gradus interior*) angebracht. Man badete sitzend, entweder auf dieser Stufe oder auf dem Boden der Wanne, gelehnt an die Rückwand, welche in den kleineren pompeianischen Bädern und bei Vitruv (*pulvinus*) schräg ist.[2]) Zur Erwärmung des Wassers in der Wanne hatte man zuweilen noch eine besondere Heizung, wie in den neuen Bädern in Pompeii, auch wohl einen bronzenen Ofen, der von der Form des Meilenzeigers den Namen *miliarium* hat, und in dem das Wasser durch Röhren sich um die Feuerung zog, um immer eine unveränderte Temperatur zu behalten.[3])

Frigidarium. Das Frigidarium endlich wurde von einem kalten Bassin, *piscina*,[4]) *cisterna*,[5]) ψυχρὰ δεξαμενή,[6]) *baptisterium*,[7]) eingenom-

---

den pompeianischen Bädern stieg das Wasser aus der Mitte des Labrum als Strahl auf.

1) *Locum in balneis occupare*, sich zudrängen, ist bei Tertullian. *adv. Marc.* 3, 3 eine sprüchwörtliche Redensart.

2) (Vitruv. 5, 10 (11), 4: *Alvei autem latitudo inter parietem et pluteum ne minus sit pedes senos, ut gradus interior inde auferat et pulvinus duos pedes.* Vgl. den Durchschnitt bei Overbeck[4] S. 209. Die neuesten pompeianischen Bäder haben auf jeder Schmalseite des Caldariums eine grosse Wanne. Overbeck[4] S. 236.)

3) Palladius 1, 40, 3: *Miliarium vero plumbeum, cui aerea patina subest, inter soliorum spatia forinsecus statuamus fornace subiecta, ad quod miliarium fistula frigidaria dirigatur, et ab hoc ad solium similis magnitudinis fistula procedat, quae tantum calidae ducat interius, quantum fistula illi frigidi liquoris intulerit.* Id. 5, 8, 7: *Vas aeneum miliario simile, id est, altum et angustum.* Athenaeus 3 p. 98c: τὸ μιλιάριον καλούμενον ὑπὸ Ῥωμαίων τὸ εἰς τὴν τοῦ θερμοῦ ὕδατος κατεργασίαν κατασκευαζόμενον. Nicander in *Anth. Gr.* III p. 66 n. 34: ἠγόρασας χαλκοῦν μιλιάριον. *Schol. ad Lucian. Lexiph.* 8. Tom. V p. 187 Bip.: ἰπνολέβης, τὸ ἐν τῇ συνηθείᾳ μιλιάριον. Seneca *q. n.* 3, 24: *Facere solemus dracones et miliaria et complures formas, in quibus aereas fistulas struimus per declive circumdatas, ut saepe eundem ignem ambiens aqua per tantum fluat spatii, quantum efficiendo calori sat est.* Paulus *sent.* 3, 6, 65 rechnet zu dem *instrumentum balneatorium* auch die *miliaria.* Ueber eine eigenthümliche Vorrichtung, das Wasser in der Wanne warm zu halten, s. Overbeck Pompeji[4] S. 230. 236. Dieselbe Vorrichtung fand sich in Cirencester. Buckman and Newmarch *Illustration of the remains of roman art in Cirencester.* London 1850. 4. p. 62 ff.

4) Seneca *ep.* 86, 6 u. öfter.

5) Petron. 73: *balneum — angustum — et cisternae frigidariae simile.*

6) Galen. *meth. med.* Vol. X p. 722.

7) Sidon. Apoll. *epist.* 2, 2: *piscina forinsecus, seu si graecari mavis, baptisterium.* Plin. *ep.* 5, 6, 25: *cella frigidaria, in qua baptisterium amplum atque opacum.*

men; zuweilen hatte es auch ein doppeltes Bassin.[1]) Wem das Wasser zu kalt war, konnte die allgemeine Piscina der Palaestra benutzen, welche unter freiem Himmel lag und die Temperatur der freien Luft hatte.[2])

Die Abreibung (*destringere*) und Einölung (*ungere*) des Körpers fand zuweilen vor dem warmen,[3]) gewöhnlich nach dem kalten Bade unmittelbar vor dem Anziehen statt, um der Transpiration ein Ende zu machen,[4]) und zwar, wie bereits bemerkt ist, entweder in besonderen Räumen, *destrictarium*, *unctorium*,[5]) **Unctorium.** oder im Tepidarium. Man brauchte zum Abreiben ein eigenes Instrument, die *strigilis*,[6]) daneben leinene Tücher,[7]) Kranke auch einen Schwamm,[8]) und pflegte *strigilis* und Oelflasche, *ampulla*, oder auch ein ganzes Kästchen mit dem Toilettenapparat (*cista*), nämlich mit *strigilis*, λήκυθος (*ampulla*), Salbenbüchse (*alabastrum*), Kamm und Nadel durch einen Sclaven nachtragen zu lassen.[9])

Was endlich das bereits erwähnte Schwitzbad[10]) (*Laconicum*) **Laconicum.**

---

1) Plin. *ep.* 2, 17, 11: *Inde balnei cella frigidaria spatiosa et effusa, cuius in contrariis parietibus duo baptisteria velut eiecta sinuantur.*

2) Plin. *ep.* 5, 6, 25.

3) Galen. *meth. med.* Vol. X p. 537. Celsus 1, 4, p. 22, 4 Daremb.

4) Galen. l. l. p. 479: καὶ μὲν δὴ καὶ ἐπαλείψομεν αὐτὸν ἐλαίῳ πρὶν ἀμφιέννυσθαι p. 481: ἐπαλείφειν δὲ ἐλαίῳ μετὰ τὰ λουτρὰ χάριν τοῦ μὴ διαπνεῖσθαι πλέον τοῦ προσήκοντος ἀλλ' ἐμπεφράχθαι τοῦ δέρματος τοὺς πόρους.

5) Plin. *ep.* 2, 17, 11.

6) Zu dem Badeapparat gehört die *strigilis* und *ampulla* (Oelflasche, λήκυθος), Cic. *de fin.* 4, 12, 30. Plautus *Persa* 1, 3, 44. *Stich.* 228. Apulei. *Florid.* 1, 9 p. 34. Beide trägt der Sclave nach; vgl. Jahn Die Ficor. Cista S. 38. Zu diesem Zwecke sind zuweilen beide durch einen Ring verbunden (ξυστρολήκυθον Letronne *Récomp. prom.* p. 16 ff.). *Strigiles* sind noch mehrfach erhalten, und ein ganzer durch einen Ring verbundener Apparat, bestehend aus vier *strigiles*, der *ampulla* und einer flachen Schale mit Stiel, deren Gebrauch unbekannt ist, im *Mus. Borb.* VII tav. 16, und daraus in Becker's *Gallus* III S. 108 und in Overbeck's Pompeji 4 S. 452 abgebildet. Es war ein oft vorkommendes Object für Bildhauer, diesen Act darzustellen; so erwähnt Plin. *n. h.* 34, 76 des Daedalus *pueros duos destringentes se*, des Lysippus *destringentem se* oder *apoxyomenon* (ib. § 62); vgl. *Monum. d. Inst.* Vol. V, 13 und eine gleichnamige Statue des Polyclet (ib. 55). Den Tydeus ἀποξυόμενος stellt die Gemme bei Visconti *Mus. P. Cl.* I p. 347, tav. A. IV dar.

7) *lintea* Martial. 14, 51, 2; 12, 70, 1; 82, 7. Apulei. *met.* 1, 23. Plin. *n. h.* 28, 55; oft erwähnt bei den Aerzten.

8) Galen. Vol. XV p. 713. 714.

9) S. O. Jahn Die Ficor. Cista S. 46 ff.

10) ξηρὸν βαλανεῖον Galen. *de san. tuenda* 3, Vol. VI p. 228 K.; *assa sudatio* Celsus 3, 27, 3 p. 119, 3 Dar.; *siccus calor* ib. 2, 17 p. 62, 8 Dar.; ξηρὸς θόλος Alexand. Aphrod. *problem.* 1, 41 bei Ideler *Phys. et Med. Gr.* I p. 15; *Assa cella*, in den Glossen erklärt durch ἀφιδρωτήριον; *sudatorium* Seneca *ep.* 51, 6.

betrifft, so ist dies erst am Ende der Republik [1]) und wie es scheint, namentlich durch Agrippa [2]) in Rom Mode geworden. Der Name ist in Italien entstanden, [3]) denn in Griechenland ist diese Art des Bades altherkömmlich und nicht den Lacedämoniern eigenthümlich; Herodot nennt es Ἑλληνικὴ πυρίη, [4]) und sonst heisst es πυριατήριον. [5]) Die Wirkung des Laconicum ist von der des Tepidarium sehr verschieden; das letztere war eine Stärkung und Erholung, [6]) das erstere eine angreifende Cur, [7]) durch welche man die Folgen übermässiger Tafelgenüsse zu überwinden suchte. Denn sehr heisse Wasserbäder [8]) und starkes Schwitzen im Dampfbade [9]) sollten die Verdauung befördern. Das Laconicum lag in grösseren Bädern an einer Schmalseite des Tepidarium oder Caldarium, [10]) wird aber von demselben voll-

1) Plautus *Stich.* 229 erwähnt schon *unctiones graecas sudatorias,* den Namen aber finde ich zuerst bei Cicero *ad Att.* 4, 10, 2, welcher im J. 699 auf seinem Puteolanum ein *Laconicum* hatte, und im J. 700 *ad Q. fr.* III, 1, 2 *assa* (Plural), d. h. ein *Laconicum*, erwähnt.

2) Dio Cass. 53, 27, 1: (*Agrippa*) τὸ πυριατήριον τὸ Λακωνικὸν κατεσκεύασε. Λακωνικὸν γὰρ τὸ γυμνάσιον, ἐπειδήπερ οἱ Λακεδαιμόνιοι γυμνοῦσθαί τε ἐν τῷ τότε χρόνῳ καὶ λίπα ἀσκεῖν μάλιστα ἐδόκουν, ἐπεκάλεσε. (Irrthümlich wird hier Agrippa als Urheber des Namens bezeichnet.) (Vgl. Strabo 3 p. 154.)

3) Er kommt überhaupt, auch bei den Aerzten, nicht häufig vor. Celsus 2, 17, p. 62, 9 Dar. 4) Herod. 4, 75.

5) Aristoteles *probl.* 2 c. 11. 29. 32. Becker *Charicl.* III ² p. 75 (Göll S. 104).

6) Nach Celsus 1, 3 (oben S. 286 A. 1) muss man *post fatigationem — in tepidario sedere.*

7) Διαφορεῖσθαι, zerfliessen, ist dafür der technische Ausdruck. Alex. Aphrod. *probl.* 1, 41. Vgl. Sen. *ep.* 51, 6: *Quid mihi — cum sudatoriis, in quae siccus vapor corpora exhausturus includitur.* Ibid. 86, 6: *piscinas — in quas multa sudatione corpora exsaniata demittimus.*

8) Seneca *ep.* 86, 10. 11: *salubrem temperaturam, non hanc, quae nuper inventa est similis incendio. adeo quidem, ut convictum in aliquo scelere servum vivum lavari oporteat. Nihil mihi videtur iam interesse, ardeat balneum, an caleat. Quantae nunc aliquis rusticitatis damnat Scipionem, quod non — — in multa luce decoquebatur et exspectabat, ut in balneo concoqueret.* Petron 72: *coniiciamus nos in balneum, — sic calet tanquam furnus.* Plin. *n. h.* 29, 11 tadelt die wechselnde Ansicht der Aerzte, die bald das Heil in kalten Bädern suchen (§ 10), bald in *balineae ardentes, quibus persuasere in corporibus cibos coqui* (§ 26). Auch gleich nach Tische nahm man das heisse Bad, was vielen tödtlich wurde. Hor. *epist.* 1, 6, 61. Juven. 1, 143. Pers. 3, 98.

9) Das Schwitzbad vertreibt die *cruditas* und erregt neuen Durst. Seneca *ep.* 15, 3; 122, 6; Colum. 1 pr. 16: *ut apti veniamus ad ganeas, quotidianam cruditatem Laconicis excoquimus et exsucto sudore sitim quaerimus.*

10) Was Vitruv. 5, 10 (11) § 5 bei der Beschreibung des römischen Bades sagt: *Laconicum sudationesque* (er scheint hiemit die einzelnen Plätze für die Badenden im *Laconicum* zu verstehen) *sunt coniungendae tepidario*, wird vollkommen bestätigt durch Cic. *ad Q. fr.* 3, 1, 2: *In balneariis assa in alterum apodyterii angulum promovi, propterea quod ita erant posita, ut eorum vaporarium* (die ὑπόκαυσις) *esset subiectum cubiculis.* Denn das *apodyterium* ist in

kommen durch eine Mauer getrennt, was anzunehmen schon darum unerlässlich ist, weil es eine extrem heisse, von der des Tepidariums ganz verschiedene Temperatur hat; es ist ein Gewölbe nach Art der russischen Dampfbäder, nach Vitruv's Vorschrift in der Basis am besten kreisförmig, in der Wölbung halbkugelförmig; [1]) das Licht fällt durch eine Oeffnung in der Höhe der Kuppel; unter dieser Oeffnung hängt eine eherne Scheibe (*clipeus*) an Ketten, welche, herabgelassen oder hinaufgezogen, die Hitze zu temperiren bestimmt ist. [2]) Rusconi hat in seiner Zeichnung das Laconicum als einen kleinen gewölbten Ofen dargestellt, der zur Heizung eines grösseren Raumes, der *concamerata sudatio* dient, und aus welchem durch Niederlassen des *clipeus* die Hitze in den grösseren Raum geführt wird; dass aber das Laconicum eine eigene Cella (οἶκος) ist, in welcher sich die Badenden befinden, und in welcher die Hitze so concentrirt wird, dass sie nur in der Höhe des Gewölbes einen Ausgang hat, [3]) sagt nicht nur Vitruv deutlich, sondern es wird auch durch ein, so viel ich sehe, noch unbenutztes Zeugniss über die griechischen Bäder in allen Einzelheiten bestätigt. [4]) Das Laco-

---

kleinen Bädern identisch mit dem *tepidarium*. Im folgenden Capitel 11 (12) beschreibt Vitruv die *palaestrae*, *tametsi non sint Italicae consuetudinis*, *quemadmodum apud Graecos constituantur*. Hier ist gegenüber dem *frigidarium* eine *concamerato sudatio*, *quae habeat in versuris ex una parte laconicum*, — *ex adverso laconici caldam lavationem*. Es ist hier gar kein *tepidarium* (vgl. jedoch S. 283 A. 4), wie überhaupt nicht in der Palaestra, weil die vor dem Bade nöthige Erwärmung des Körpers bei den Palaestriten durch die körperlichen Uebungen bewirkt wird, sondern das *Laconicum* liegt in der *caldaria cella* (doch wohl an derselben).

1) Das von Vitruv erwähnte *hemisphaerium* ist also nicht eine offene Nische im *tepidarium*, sondern die halbkugelförmige Wölbung des *Laconicum*; daher heisst dies ξηρὸς θόλος bei Alex. Aphrod. 1, 41; und Alciphron 1, 23 lässt einen, der friert, δραμεῖν εἰς τὰς θόλους ἢ τὰς καμίνους τῶν βαλανείων. *Tholi balnearum* erwähnt auch Ammian. 28, 4, 9, ohne indess speciell vom *Laconicum* zu reden, und Eratosthenes bei Athen. 11 p. 501 d: τῶν γὰρ φιαλῶν οἱ ὀμφαλοὶ καὶ τῶν βαλανείων οἱ θόλοι παρόμοιοι.

2) Vitruv. 5, 10 (11), 5: *Laconicum sudationesque sunt coniungendae tepidario, eaque quam latae fuerint, tantam altitudinem habeant ad imam curvaturam hemisphaerii* (bis zum Anfang der Deckenwölbung) *mediumque lumen in hemisphaerio relinquatur*, *ex eoque clipeum aeneum catenis pendeat*, *per cuius reductiones et demissiones perficietur sudationis temperatura; ipsumque ad circinum fieri oportere videtur*, *ut aequaliter a medio flammae vaporisque vis per curvaturae rotundationes pervagetur*.

3) Im Ganzen richtig urtheilen über das *Laconicum* Stieglitz Arch. d. B. I S. 274. Hirt G. d. B. b. d. A. III S. 241. Daremberg a. a. O. Canina a. a. O. p. 501. Dagegen hat sich Becker *Gallus* III S. 98 von dem angeblichen Titus-Thermenbilde gänzlich täuschen lassen.

4) Timarchos bei Athen. 11 p. 501f.: τὰ πλεῖστα τῶν 'Αθήνησι βαλανείων

nicum, welches in den Thermen von Pompeii der dort gefundenen Inschrift zufolge vorhanden gewesen ist, lässt sich nicht mehr nachweisen,[1]) weshalb Nissen[2]) diesen Namen auf das gewöhnliche Caldarium bezieht; was man in den älteren Bädern ganz ohne Grund als Laconicum bezeichnet hat, ist die Nische für das Labrum;[3]) das Bad von Pisa, welches man Laconicum genannt hat,[4]) entspricht zwar der Beschreibung des Vitruv in wesentlichen Punkten, da seine Basis kreisförmig und nur durch sieben Nischen erweitert, sein Gewölbe halbkugelförmig und oben mit der Oeffnung für das Licht versehen ist; allein es hat so grosse Dimensionen (31 1/2 röm. Palmen Höhe, 34 1/2 röm. Palmen Breite), dass es zu einem eigentlichen Dampfbade schwerlich dienen konnte.[5]) Dagegen scheint ein Laconicum sicher erkennbar in den 1877 ausgegrabenen Bädern, so wie in der Villa der Julia Felix in Pompeii,[6]) sodann in dem Bade von Wroxeter,[7]) in welchem in einer Ecke eines grossen Tepidariums ein kleines getrenntes Bad auf *suspensurae* vorhanden ist, und endlich in einem zweiten, verhältnissmässig gut erhaltenen englischen Bade, welches ich sogleich näher beschreiben werde.

Um eine Anschauung von der Anlage der sämmtlichen besprochenen Localitäten zu geben, wähle ich zwei sehr verschiedene Beispiele, das im Sommer 1855 ausgegrabene kleine Privatbad zu Caerwent in England und die 1857 entdeckten Thermen von Pompeii.

Privatbad zu Caerwent. Das erstgenannte Bad,[8]) welches, nach den darin gefundenen Münzen zu schliessen, in der Zeit Constantin's d. Gr. in Gebrauch war, und in mehreren Punkten von den Vorschriften des Vitruv abweicht, nimmt im Ganzen nur einen Raum von 31 Fuss Länge, 34 Fuss Breite ein. Es hat 4 Zimmer mit

---

κυκλοειδῆ ταῖς κατασκευαῖς ὄντα τοὺς ἐξαγωγοὺς ἔχει κατὰ μέσον, ἐφ' οὗ (die Hschr. ἀφ' οὗ) χαλκοῦς ὀμφαλὸς ἔπεστιν.

1) (War überhaupt sicher nicht vorhanden. Overbeck Pompeji 4 S. 232.)

2) Nissen Pomp. Studien S. 156, welchem Mau Pomp. Beitr. S. 147 und bei Overbeck a. a. O. beistimmt. 3) Overb. 4 S. 209.

4) Robortelli bei Scribonius Largus ed. Rhodius. Patavii 1655. 4. p. 109—118, auch in Graevii *Thes.* XII p. 385—388.

5) Vgl. hierüber Gamurrini *Not. d. Scavi* 1883 p. 260. Clem. Lupi *Nuovi studi sulle antiche terme pisane.* Pisa 1884. 8.

6) S. Mau Pompeianische Beiträge S. 144 ff.

7) Leighton in *Archaeologia* IX p. 328.

8) Beschrieben von O. Morgan in *Archaeologia* XXXVI, 2 p. 432 pl. 36, nach welchem ich den Grundriss gebe.

Heizung und ausserdem ein kaltes Bad. Der Eingang *A* führt in den ungeheizten Raum, nämlich das Frigidarium *B*, 10′ 6″ : 6′ 6″, neben welchem die kalte Piscina *C*, 10′ 6″ : 5′ 6″ sich befindet; auf der anderen Seite liegt das Apodyterium *D*,

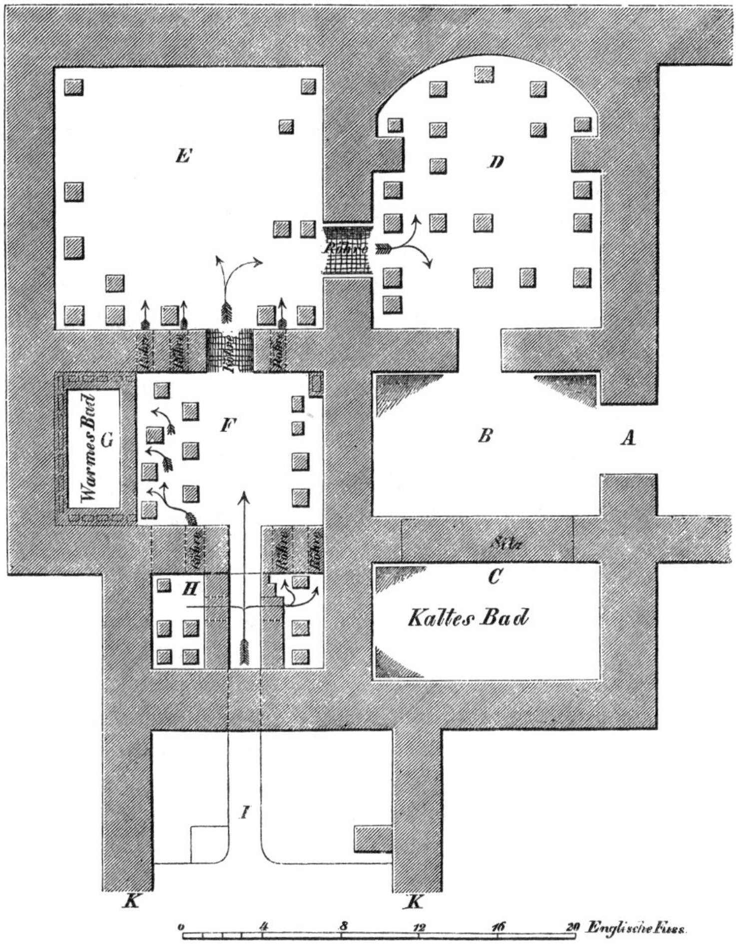

10′ 6″ : 13′ 3″; von da gelangt man in das Tepidarium *E*, 12′ : 13′, daraus in das Caldarium *F*, 13′ : 7′ 6″, welches eine warme Wanne, *G*, 6′ lang, 3′ breit, 2′ tief hat, und zuletzt in ein kleines, 8′ langes, 4′ breites Gemach *H*, das ebenfalls eine Hypocausis hat, dessen Fussboden erheblich dünner construirt ist, als der der übrigen Räume, um die Hitze des Souterrains durchzulassen, und an welchem unmittelbar das Praefurnium *K* mit dem Hauptofen *I* liegt. Hier ist ein Laconicum unverkennbar; denn die Hitze des Ofens geht zuerst in das Dampfbad, welches kein Bassin hat; von da zieht sie in das Caldarium, und, immer schwächer wirkend, in das Tepidarium und Apodyterium.

Die pompeianischen Thermen. Haben wir hier ein Privatbad von den kleinsten Dimensionen vor Augen, so gewähren uns dagegen die pompeianischen Thermen, deren Plan ich nach der Aufnahme und mit der Beschreibung von Finati und Michaelis[1]) mittheile (Taf. II), ein Bild der complicirten, in Rom noch weit umfangreicheren grossen Bäderanlagen. Das Gebäude ist von drei Strassen umgeben, im Westen von der Thermenstrasse (3), im Süden von der Strasse des Holconius (1), im Osten von der Strasse von Stabiae (2), und zerfällt in zwei Hauptabtheilungen, von welchen die westliche die Palaestra, die östliche ein doppeltes Bad und zwischen demselben den Hauptofen enthält. Die äussere Fronte der West- und Südseite wird von einer Reihe von Läden (4. 5. 6) gebildet, zwischen welchen auf der Südseite der Haupteingang (7) in ein grosses Peristyl (8. 9. 10. 11) führt. Auf dem Dache desselben, das jetzt eingestürzt ist, stand eine Sonnenuhr, welche noch erhalten ist; innerhalb der drei Seiten des Säulenganges breitet sich ein freier Raum, die Palaestra, aus, deren Boden aus festgestampfter Erde besteht. Nur an der von Säulen nicht eingeschlossenen Westseite zieht sich ein Streifen von Pflaster aus grauem Tufstein hin, bestimmt um Steinkugeln, deren zwei hier gefunden wurden, darauf entlang zu rollen. Westlich davon ist die allgemeine Piscina für den Gebrauch der Palaestriten (13), und auf beiden Seiten ein Raum (14. 15), der von Finati als ein doppeltes Wasserreservoir, von Michaelis als Wartezimmer für die Benutzer der Piscina angesehen wird.[2]) N. 16 ist als Apodyterium oder Zimmer für die ἱματιοφυλακοῦντες[3]) an den Spuren erkennbar, welche die an drei Wänden des Zimmers

1) S. oben S. 275 Anm. 4.

2) (Erstere Erklärung ist richtig: es sind flache Bassins, in denen man sich abwusch, ehe man in die Piscina ging; 14 hat freilich in späterer Zeit eine andere, unbekannte Bestimmung erhalten. S. Overbeck[4] S. 221.)

3) (Ohne Zweifel ist dies auch das *destrictarium*, wo man nach den gymnastischen Uebungen Oel und Staub abstrich. Overbeck[4] S. 221.)

angebrachten Schränke zurückgelassen haben, so wie an den eisernen Haken, welche zur Befestigung derselben dienten. Auf der Nordseite ist N. 17 ein Flügel des Säulenganges, N. 18. 19 sind Zimmer ohne erkennbare Bestimmung, [1]) 29 ein Nebeneingang von der Thermenstrasse zur Palaestra. Der Vorplatz (22), an dem eine Kammer (23) liegt, führt durch einen Gang (24) zur Treppe ins obere Stockwerk. Der Gang war indessen schon zur Zeit der Benutzung des Gebäudes vermauert, und in ihm fand sich die mehrmals erwähnte Inschrift (*C. I. L.* I n. 1251 = X, 829) an die Wand gelehnt; sie muss wegen einer zeitweisen Reparatur hier an die Seite gesetzt worden sein. Durch einen zweiten Gang (25) gelangt man in einen abgelegenen Raum (26), dessen von Michaelis genau beschriebene Einrichtungen mit Sicherheit eine Latrina erkennen lassen. Ein dritter Gang endlich (21) führt zu einem Eingang von der Thermenstrasse. An diesem Gange liegen vier Zellen für Einzelbäder (28), in denen jedesmal eine gemauerte Wanne fast die Hälfte des Raumes einnimmt. Auf der anderen Seite des Ganges 21 liegt der Raum 20, ein Durchgangsraum zu der in noch nicht erforschte Kellerräume führenden Treppe, und die auf dem Plan nicht numerirte Cella des Thürhüters. N. 27 ist ein Wasserbehälter; der Raum zwischen 26. 27. 28 und 48 ist von allen Seiten geschlossen und unzugänglich.

Zu dem Bade, welches die Ostseite der ganzen Anlage ausmacht, sind sieben Eingänge vorhanden, zwei von der Palaestra, Nr. 31 und 44, drei von der Strasse von Stabiae, N. 42. 43. 41, endlich einer von der Thermenstrasse, N. 49. 48. Es zerfällt, wie schon bemerkt ist, in zwei gesonderte Theile, von denen Finati die Cellae N. 37. 38. 40 als Frauenbad, die Cellae N. 33. 34. 35. 36 als Männerbad betrachtet. Michaelis wendet gegen diese Ansicht ein, dass auch die erstgenannten Zellen N. 37. 38. 40 mit der Palaestra eine Verbindung haben, während in den alten Bädern von Pompeii Frauen- und Männerbad ganz geschieden sind, und erklärt die Zellen 37. 38. 40 für den älteren Theil der Thermen, welcher später durch die weit eleganter eingerichteten Zimmer 33. 34. 35. 36 ersetzt worden sei.

---

1) (N. 18 war wohl der Standort für die, welche auf der Steinbahn Kugeln schoben.)

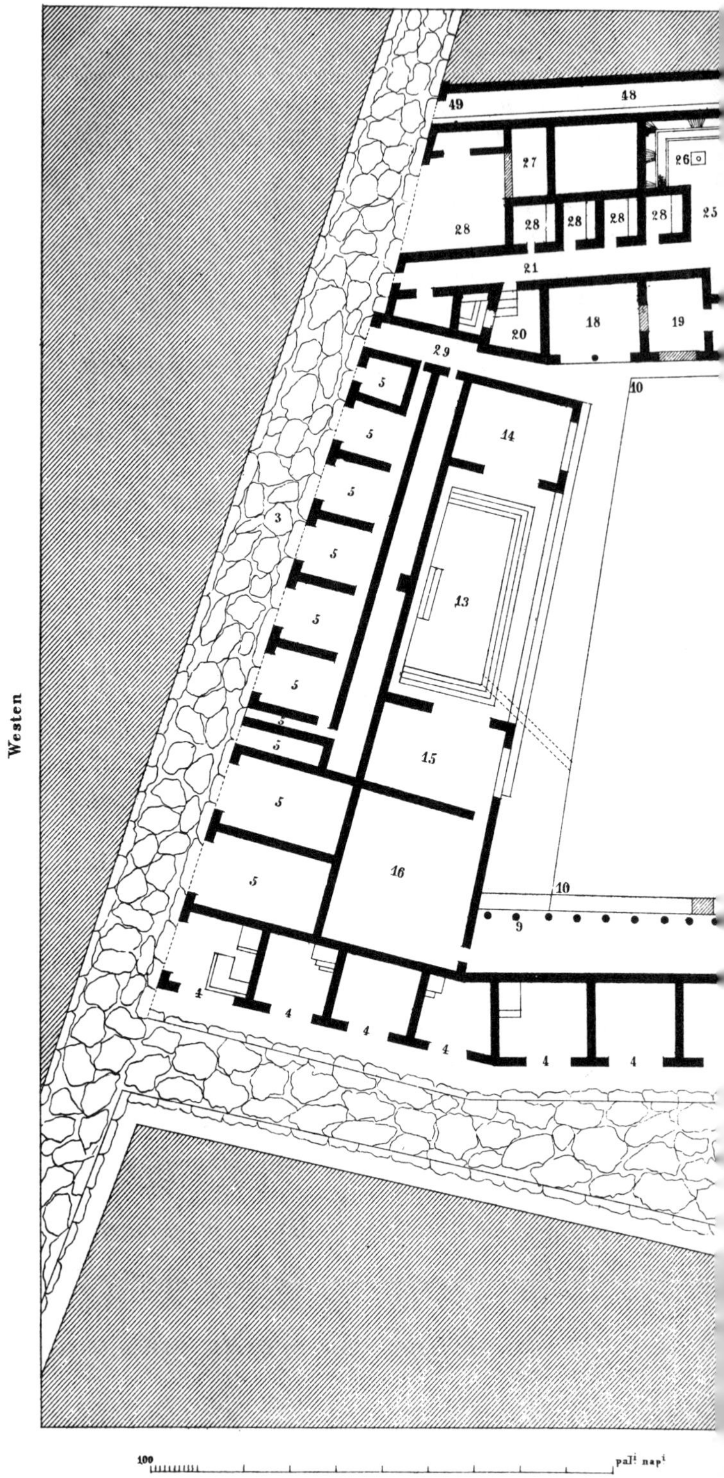

F. A. Brockhaus

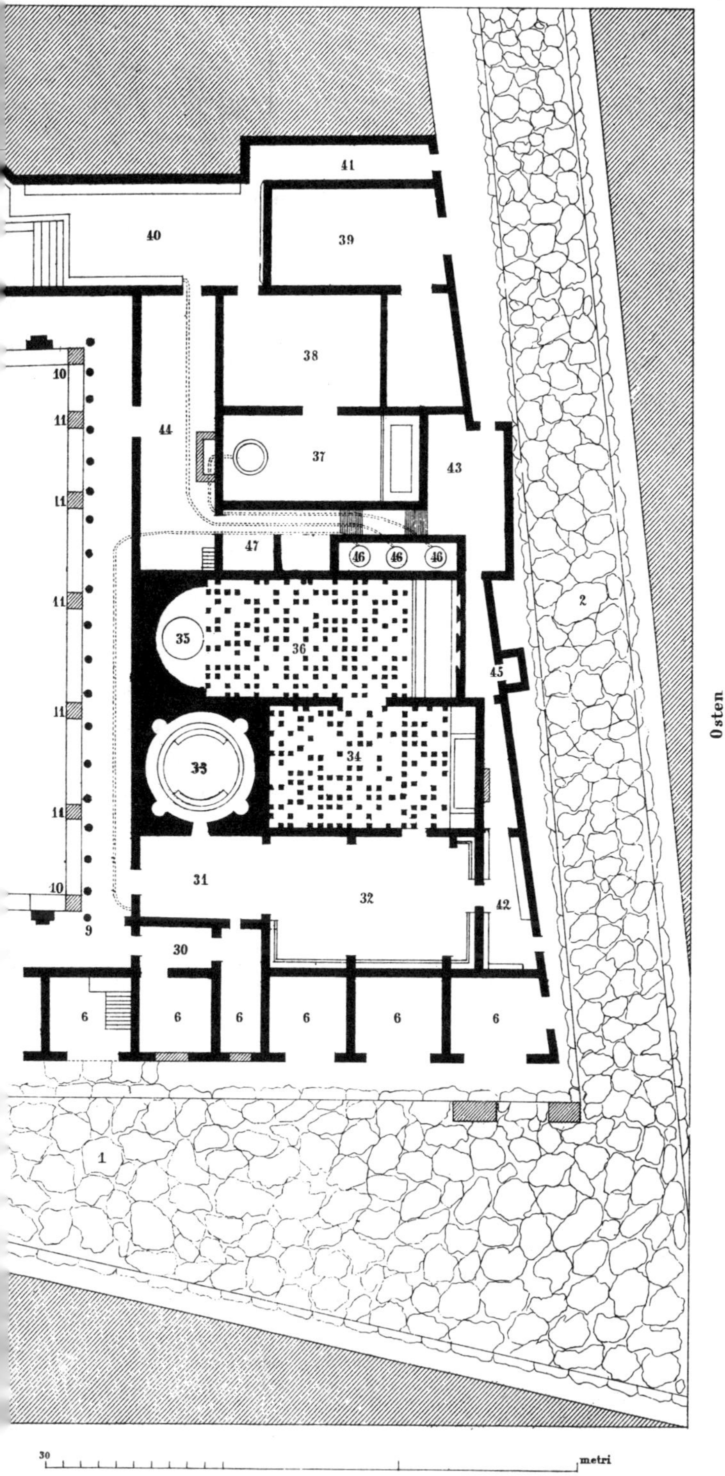

stalt, Leipzig

Ich möchte indessen kaum zweifeln, dass ein Frauenbad in diesen Thermen gewesen ist; [1]) dasselbe hat seine eigenen Zugänge von zwei Strassen, und wenn es in Communication mit der Palaestra steht, so kann diese für die Bedienung, Reinigung und Administration nothwendig gewesen sein, ohne für die Besucher als Verbindung beider Localitäten zu dienen; zu gleichem Zweck war vielleicht in den Bädern von Badenweiler eine Thür zwischen der Männer- und Frauenabtheilung. [2]) Es wird jedenfalls gestattet sein, der Deutlichkeit der Beschreibung wegen das doppelte Bad durch einen bestimmten Namen zu unterscheiden.

Zu dem Männerbade gelangt man von der Palaestra aus durch ein gewölbtes, elegant decorirtes Zimmer N. 31, und zwar tritt man zuerst in das Apodyterium N. 32, an dessen Wänden Bänke herumlaufen, über welchen viereckige Nischen befindlich sind; aus diesem in das Tepidarium, dessen eingestürzter Fussboden die *suspensurae* bloss gelegt hat, so wie auch an den zerstörten Wänden die durch *tegulae mammatae* (s. oben S. 284 A. 3) hergestellte Vorrichtung zur Luftheizung gut sichtbar ist. An der Ostseite befindet sich, was nicht gewöhnlich zu sein scheint, eine Wanne. [3]) Neben dem Tepidarium liegt auf der einen Seite das Caldarium N. 36, auf der anderen das Frigidarium Nr. 33, sodass das Tepidarium auch hier als *media cella* erscheint. Auch im Caldarium ruhte der Fussboden auf Pfeilerchen; die Wände waren zum Zweck der Luftheizung mit viereckigen Röhren belegt. Auf der Ostseite ist die heisse Wanne, auf der Westseite ein sehr zerstörtes Labrum (35) innerhalb einer halbrunden und einst oben gewölbten Nische, in welcher Finati das Laconicum sucht; [4]) das Frigidarium ist eine Rotunde mit kreisförmigem Bassin, welches von vier halbkreisförmigen gewölbten Nischen umgeben ist. Das Frauenbad hat seinen Eingang von zwei Strassen, N. 49 und 41. Beide Eingänge führen in das Frigidarium (40), in welchem sich ein Bassin befindet, ohne dass ein besonderes Ankleidezimmer vorhan-

1) Derselben Ansicht sind Schoene *Quaestiones Pomp.* p. 15 und Nissen S. 143. Schöne hebt den für diese Ansicht entscheidenden Umstand hervor, dass die gleich zu erwähnenden Nischen im Frauenbad niedriger sind.

2) Leibnitz a. a. O. S. 12. 3) Vgl. oben S. 286 A. 3.

4) In Beschreibungen von ausgegrabenen Bäderruinen ist nicht selten unter Laconicum eben diese halbrunde Nische (*schola labri*) zu verstehen.

den wäre; mit diesem steht das Tepidarium (38) in Verbindung, welches auf *suspensurae* ruht und hohle Wände und Tonnengewölbe hat; worauf die *cella caldaria* (37) folgt, ebenfalls ein Gemach mit hohlen Wänden und Tonnengewölbe. Auf der Ostseite liegt die warme Wanne, auf der Westseite das Labrum.

Zwischen beiden Bädern in der Mitte ist der Hauptofen angebracht, zu dem man von zwei Seiten, durch die Räume 43 und 44 gelangt. Drei kupferne Kessel (46) standen, ganz wie es Vitruv vorschreibt, über dem Ofen, welcher von dem *praefurnium* 43 aus geheizt wurde. Von ihm ging die heisse Luft in beide Caldarien und Tepidarien, indess hat das Bassin des Tepidarium N. 34 noch einen eigenen Ofen, den man von dem gewölbten Gange 45 aus heizte. Neben dem Hauptofen liegen noch einige kleine Kammern 47, die vielleicht für den Heizer oder das Heizungsmaterial bestimmt waren.

Man sieht, dass die complicirten Einrichtungen, welche wir beschrieben haben, über die Zwecke des Bedürfnisses weit hinausgingen; denn für die Reinigung des Körpers genügte ein Wannenbad, für den Abschluss der palaestrischen Uebungen die Piscina; die Thermen dagegen waren Vergnügungsanstalten, welche gleichzeitig mit den schwelgerischen Tafelgenüssen aufkamen und einerseits der geselligen Unterhaltung, andererseits aber der Vorbereitung für das Hauptereigniss des Tages, die Mahlzeit, bestimmt waren. [1])

Die Cena. [2])

Die Hauptmahlzeit folgt nämlich unmittelbar auf das *Zeit der cena.*

1) Artemidor. *Oneirocr.* 1, 64: λούονται μέλλοντες δειπνήσειν, καὶ ἔστι νῦν τὸ βαλανεῖον οὐδὲν ἄλλο ἢ ὁδὸς ἐπὶ τρυφήν.

2) Im 16ten, 17ten und 18ten Jahrhundert waren die Antiquitäten der Tafel ein beliebtes Thema, das in zahlreichen grösseren und kleineren Abhandlungen behandelt wurde. Einen Theil derselben citirt Fabricius *Bibliographia antiquaria* ed. Schaffhausen. Hamburg 1760. 4. p. 871 ff. Die bedeutendsten sind: Stuckii *Antiquitates convivales*, zuerst Tiguri 1582, fol., dann in Stuckii *Opp.* Lugd. Bat. 1695, fol. Bulengerus *De conviviis* in Graevii *Thes.* XII p. 45—232. Ciacconius *De triclinio.* Amstelod. 1664. 12.; die Abhandlungen von Cornarius, Baccius, Casalius und Laurentius in Gronov. *Thes. A. Gr.* IX; Butius *De calido, frigido et temperato antiquorum potu* in Graevii *Th.* XII p. 1 ff. Ueber Nahrungsmittel handeln besonders L. Nonni *Diaeteticon s. de re cibaria libri IV.* Antverp. 1646. 4. Jovius *De Romanis piscibus* in Sallengre *Thes.* I p. 837—892. Uebersichtliche Darstellungen des ganzen Gegenstandes findet man bei Bähr in Creuzer's Abriss der R. A. S. 407—437. Becker *Gallus* III S. 220—314 (Göll S. 311 ff.). Guhl u. Koner II S. 255—267.

Bad,[1]) sie beginnt durchschnittlich eine Stunde nach der Badezeit, also um die 9te Stunde[2]) (im Sommer $3^3/_4$ Uhr, im Winter $2^1/_4$ Uhr) oder, wenn man später badete, um die 10te.[3]) Beides, Bad und Mahl, ist so zusammengehörig, dass das eine wie das andere den auffallenden Gegensatz der einfachen alten Sitte und der nachherigen Genusssucht in derselben Weise zur Erscheinung bringt. Zu der Zeit, in welcher das häusliche Bad in der *lavatrina* genügte, beschränkte sich auch die Mahlzeit noch auf das Nationalgericht, den Mehlbrei (*puls*),[4]) und andere einfache Nahrungsmittel, namentlich grobe Gemüse[5]) — denn Fleisch gehörte nicht zu der regelmässigen Kost — und ein solches Mahl mochte weder viele Vorbereitung erfordern noch für den Genuss viele Zeit in Anspruch nehmen; nur bei festlichen

1) So heisst es von den Arvalen *Acta* 27 Mai 218, Henzen p. CCIII: *post meridiem a balneo cathedris consederunt, deinde — in tricliniaribus discubuerunt et epulati sunt*; und bei Martial 6, 53: *Lotus nobiscum est, hilaris cenavit.*

2) Cic. *ad fam.* 9, 26, 1. Mart. 4, 8, 6; *post nonam* Hor. *epist* 1, 7, 71; ἐξ ἐνάτης Jacobs *Anth. Gr.* II p. 79 n. 33 vgl. VIII p. 248.

3) *Auct. ad Herenn.* 4, 51, 64. Mart. 7, 51, 11 vgl. 1, 108, 9. Philodemi *ep.* in Jacobs *Anth. Gr.* II p. 76 n. 23 v. 6.

4) Von dieser alten einfachen Zeit sagt Juven. 14, 170:

A scrobe vel sulco redeuntibus altera cena
Amplior et grandes fumabant pultibus ollae.

Varro *de l. L.* 5, 105: *De victu antiquissima puls.* 108: *Quod edebant cum pulte, ab eo pulmentum.* Plinius *n. h.* 18, 83: *pulte autem non pane vixisse longo tempore Romanos manifestum, quoniam et pulmentaria hodieque dicuntur.* Valer. Max. 2, 5, 5. Als gewöhnliches häusliches Essen diente noch in später Zeit der Mehlbrei: Mart. 5, 78, 9: *Et pultem niveam premens botellus.* 13, 8: *Imbue plebeias Clusinis pultibus ollas. Puls* wird ursprünglich aus Spelt (*far*) gemacht, Plin. l. l. Mart. 13, 8. Auson. *id. de cibis* (Schenkl 27, 8), 5, aber auch aus anderen Getreidearten, z. B. aus Hirse, Plin. *n. h.* 18, 100, und ist ein italisches Essen, *polenta* ist ein Brei aus Gerstenmehl und ein griechisches Gericht. Plin. *n. h.* 18, 84 vgl. § 78. 80.

5) Erbsen, Bohnen, Linsen, Runkelrüben (*beta*, Pers. 3, 114. Mart. 13, 13), Kohl, *brassica* (Cato *de r. r.* 156), *olus*, noch später Nahrung ärmerer Leute, Hor. *epist.* 1, 17, 13; Lauch, *porrum*, und Zwiebeln, *cepae*, *bulbi*, welche Cato besonders zu säen empfiehlt (*de r. r.* 8, 2. Plin. *n. h.* 19, 93. Varro im Bimarcus p. 169, 63 Buecheler, bei Non. p. 201: *Avi et atavi nostri, cum allium ac cepe eorum verba olerent, tamen optume animati erant*); dagegen empört sich schon Tranio in Plautus *Mostell.* 39 über den Knoblauch:

At te Jupiter
Dique omnes perdant: fu! oboluisti alium.

welches Thema ausführlicher Horat. *epod.* 3 behandelt, und diese Gegensätze hebt hervor Juven. 11, 77, nachdem er ein Mahl der alten Zeit geschildert hat:

Haec olim nostri iam luxuriosa senatus
Cena fuit. Curius parvo quae legerat horto,
Ipse focis brevibus ponebat oluscula, quae nunc
Squalidus in magna fastidit compede fossor,
Qui meminit, calidae sapiat quid vulva popinae.

Gelegenheiten hielt man wohl einen Schmaus, den auch der alte Cato nicht verachtete;[1]) in den beiden letzten Jahrhunderten der Republik dagegen war die Cena nicht nur in Folge des ausgebreiteten Handels, welcher die Delicatessen aller Länder nach Rom führte, für Schwelger ein Gegenstand raffinirten Genusses, sondern auch durch die Macht der Gewohnheit für mässige Leute eine unentbehrliche Unterhaltung geworden, mit welcher man den letzten Theil des Tages nothwendig hinbrachte;[2]) die Bedürfnisse der feineren Tafel wurden so allgemein massgebend, dass sie, wie sie für den Handel einen wichtigen Gegenstand bildeten, auch die Landwirthschaft in Italien durch die Einführung der Zucht von Luxusthieren (*villatica pastio*)[3]) wesentlich umgestalteten, und die Luxusgesetze,[4]) mit welchen der Staat eine Beschränkung der Schwelgerei beabsichtigte, hatten in der That nur den Erfolg, zur Entwickelung der Kochkunst beizutragen, welche sich die Aufgabe stellte, erlaubte und dem Namen nach gewöhnliche Gerichte durch Zuthaten in Delicatessen zu verwandeln.[5]) Es gab Leute, welchen der Nachmittag zu kurz für die Freuden der Tafel schien, und die daher schon früh am Tage (*de die*)[6]) das Gelage (*tempestivum convi-*

1) Cic. *Cato mai.* 13, 45.

2) Plinius *ep.* 3, 1, 9 erzählt, dass Spurinna, ein mässiger Greis, seine *cena frugi* bis in die Nacht zu verlängern pflegte: *Sumit aliquid de nocte et aestate: nemini hoc longum est: tanta comitate convivium trahitur.* Und von seinem Oheim sagt er *ep.* 3, 5, 13: *Tanta erat parsimonia temporis. Surgebat aestate a cena luce, hieme intra primam noctis,* d. h. er sass etwa 3 Stunden zu Tische.

3) S. oben S. 141.

4) Diese Gesetze, welche Gellius 2, 24. Macrob. *sat.* 3, 17 (2, 13) aufzählen, waren die *lex Orchia* 573 = 181, welche die Zahl der Gäste beschränkte; die *l. Fannia* 593 = 161, *l. Didia* 611 = 143; *l. Aemilia* 639 = 115, *qua lege non sumptus cenarum, sed ciborum genus et modus praefinitus est;* die *l. Licinia* 651 = 103, *quae cum certis diebus, sicut Fannia, centenos aeris impendi permisisset, nuptiis ducenos indulsit —; cum et carnis aridae et salsamenti certa pondera in singulos dies constituerit, sed quidquid esset natum e terra, vite, arbore, promiscue atque indefinite largita est;* die *l. Cornelia* 673 = 81, die *l. Antia, l. Julia Caesaris* (Suet. *Caes.* 43); *l. Julia Augusti* 736 = 18.

5) In einem 697 = 57 geschriebenen Briefe erwähnt dies Cicero *ad fam.* 7, 26, 2: *Lex sumptuaria, quae videtur* λιτότητα *attulisse, ea mihi fraudi fuit. Nam, dum volunt isti lauti terra nata, quae lege excepta sunt, in honorem adducere, fungos, helvellas, herbas omnes ita condiunt, ut nihil possit esse suavius. — Ita ego, qui me ostreis et muraenis facile abstinebam, a beta et a malva deceptus sum.*

6) Liv. 23, 8, 6: *Epulari coeperunt de die.* Catull. 47, 5: *vos convivia lauta sumptuose De die facitis?* Terent. *Ad.* 5, 9, 8: *apparare de die convivium.* Plaut. *Asin.* 825: *de die potare.* Hor. *sat.* 2, 8, 3: *de medio potare die; od.* 1, 1, 20: *Nec partem solido demere de die Spernit.* Juven. 1, 49: *Exul ab octava Marius bibit.* Plin. *paneg.* 49.

vium)[1] begannen, oder dasselbe bis tief in die Nacht[2]) und auch wohl bis zum hellen Tage[3]) fortsetzten. Das Liegen bei Tische (*accubare*) ist ebenfalls charakteristisch für die behagliche Hingebung an den Tafelgenuss; denn in guter alter Zeit ass man in Griechenland wie in Rom sitzend;[4]) von dem Gutsverwalter (*villicus*) verlangt noch Columella, dass er dies immer, ausser etwa an Festtagen, thue,[5]) und Cato minor pflegte in der Trauer nach der Schlacht bei Pharsalus sitzend zu essen.[6]) Und während man ehedem im Atrium,[7]) d. h. vor aller Augen (*in propatulo*)[8]) im Kreise der Familie das Mahl einnahm, die Frau immer sitzend[9]) auf dem Lectus, die Kinder sitzend neben

Liegen bei Tische.

1) Der meistens tadelnde Ausdruck *tempestivum convivium* findet sich mit sicherer handschriftlicher Lesart Cic. *Cato mai.* 14, 46. *pro Arch.* 6, 13. *in Verr.* 3, 25, 62. *ad Att.* 9, 1, 3; 9, 13, 6. Tac. *ann.* 11, 37. *hist.* 2, 68. Seneca *de ira* 2, 28, 8. Suet. *Cal.* 45. Quintilian. *decl.* 331 p. 305, 10 Ritter. Apulei. *de mag.* c. 47. Dagegen hat bei Cic. *pro Mur.* 6, 13 ein Theil der Codd. *intempestivi convivii* und dieser Ausdruck findet sich auch bei Curtius 6, 4; 6, 5, und *Cod. Theod.* 14, 9, 1 steht ohne alle Varietät der von Haenel verglichenen Handschriften: *neve spectacula frequentius adeant aut appetant vulgo intempestiva convivia.* Salmasius *ad Vopisci Florian.* 6 und Gernhard *ad Cic. Cat. mai.* 14 verwarfen diesen Ausdruck ganz; Lipsius *Exc. ad Tac. ann.* 14, 2 unterschied dagegen das vor der Zeit anfangende *tempestivum convivium* von dem in die Nacht hineindauernden *intempestivum*, was neuerdings A. W. Zumpt *ad Cic. pro Mur.* 6, 13 durch Curtius 6, 4: *intempestiva convivia et perpotandi pervigilandique insana dulcedo* und 6, 5: *cum intempestivis conviviis dies pariter noctesque consumeret* zu beweisen sucht. Mir scheint bei Cicero selbst der bei ihm oft vorkommende Ausdruck *tempestivum convivium* auch an der Stelle *pro Mur.* beibehalten zu sein. Wenn dagegen später wirklich *intempestivum convivium* gesagt worden ist, woran ich zweifle, so ist dies jedenfalls nicht mit Lipsius auf die *nox intempesta* zu beziehen, sondern als eine allgemeine Bezeichnung eines unzeitigen und unschicklichen Schwelgens aufzufassen.

2) Suet. *Nero* 27: *Epulas a medio die ad mediam noctem protrahebat.* Und schon Cato bei Cic. *C. mai.* 14, 46: *conviviumque vicinorum quotidie compleo, quod ad multam noctem, quam maxime possumus, vario sermone producimus.* Oft freuen sich die Dichter der nächtlichen Schwärmerei. Propert 5, 6, 85 f. u. ö.

3) *in lucem* Mart. 1, 68. Claudian. *in Eutrop.* 2, 84. vgl. Horat. *od.* 3, 21, 23. Plaut. *Menaechm.* 175.

4) S. Staatsverwaltung III S. 45.

5) Colum. 11, 1, 19: *nec nisi sacris diebus accubans coenet.*

6) Plut. *Cato min.* 56: ἐδείπνει δὲ καθήμενος ἀφ' ἧς ἡμέρας τὴν κατὰ Φάρσαλον ἔγνω ἧτταν· καὶ τοῦτο τῷ λοιπῷ προςέθηκε πένθει, τὸ μὴ κατακλιθῆναι πλὴν καθεύδων.

7) S. oben S. 218 Anm. 7.

8) S. S. 218 Anm. 6.

9) Val. Max. 2, 1, 2: *Feminae cum viris cubantibus sedentes cenitabant. Quae consuetudo ex hominum convictu ad divina penetravit. Nam Jovis epulo ipse in lectulum, Juno et Minerva in sellas ad cenam invitabantur. Quod genus severitatis aetas nostra diligentius in Capitolio quam in suis domibus conservat, videlicet quia magis ad rem pertinet dearum quam mulierum disciplinam contineri.* Isidor. *orig.* 20, 11, 9: *apud veteres Romanos non erat usus accubandi* (vgl. Serv. *ad Aen.* 1, 79. 214. 708; 7, 176), *unde et considere dicebantur. Postea, ut Varro ait de Vita populi Romani, viri discumbere coeperunt, mulieres sedere, quia turpis visus est in muliere accubitus.* Auf zahlreichen Grabdenkmälern und sonstigen bildlichen Darstellungen sieht man auf einem Lectus

demselben (*ad fulcra lectorum*) [1]) oder auch an einem eigenen Tische, [2]) Sclaven und untergeordnete Personen aber auf Bänken (*in subselliis*) neben den *lectis*, [3]) so dass sie aus der Hand assen, was ihnen gereicht wurde, wenn nicht, wie dies auf dem Lande üblich war, für die Sclaven ein eigener Tisch oder der Herd zum Essen diente: [4]) so richtete man nun eigene Speiselocale (*triclinia*) ein, und zwar verschiedene für jede Jahreszeit, [5]) so dass man im Winter in den inneren Theilen des Hauses bei Lampenbeleuchtung, im Sommer in einer Pergula des Hofes [6]) oder in dem oberen Stockwerk [7]) die Mahlzeit einnahm. Diese Locale waren nicht mehr für die Familie, sondern für Gesellschaft bestimmt; erschienen in dieser, was immer noch gewöhnlich war, [8]) die Frau und die Kinder, so nahmen sie auch an dem Gelage und der Unterhaltung der Männer Theil, was Plutarch als einen wesentlichen Grund der sittlichen Corruption bezeichnet; [9]) wie ehedem bei schwelgerischen Gelagen die Buhlerinnen, [10]) so sah man nun die Frauen des Hauses unter den Gästen gelagert. [11])

---

den Mann gelagert, die Frau zu seinen Füssen sitzend. S. z. B. Gerhard Ant. Bildw. Taf. 315. *Museo Borb.* I, 23. XI, 48. Ausführlich handelt von diesen Darstellungen Stephani Der ausruhende Heracles S. 44 ff., auch in *Mémoires de l'acad. de Pétersbourg.* VI. Série. *Sciences pol., hist., philol.* Tome VIII (1855). 4. p. 296 ff. Vgl. L. Friedlaender *De operibus anaglyphis.* Regiomont. 1847. 8. p. 52.

1) Suet. *Claud.* 32: *Adhibebat omni cenae et liberos suos cum pueris puellisque nobilibus, qui more veteri ad fulcra lectorum sedentes vescerentur.* So ist es auch bei dem Festmahl der Arvalen. *Acta* 27 Mai 218; vgl. Henzen p. VI.: (*Arvales*) *in tricliniaribus discubuerunt et epulati sunt: item pueri praetextati patrimi et matrimi, senatorum filii, numero IIII in cathedris consederunt et epulati sunt.* Suet. *Aug.* 64: *neque cenavit una, nisi ut nepotes in imo lecto assiderent.*

2) Tac. *ann.* 13, 16: *Mos habebatur, principum liberos cum ceteris idem aetatis nobilibus sedentes vesci, in adspectu propinquorum, propria et parciore mensa.*

3) S. ausser den oben S. 175 Anm. 13 angeführten Stellen Dio Cass. 59, 29, 5, wo von einem Mahle des Caligula erzählt wird: Πομπώνιος Σεκοῦνδος, ὁ τότε ὑπατεύων, ἐνεφορεῖτό τε ἅμα τῶν σιτίων, παρὰ τοῖς ποσὶν αὐτοῦ καθήμενος καὶ ἐπικύπτων συνεχῶς αὐτοὺς κατεφίλει.

4) Horat. *epod.* 2, 65. 5) S. oben S. 249 Anm. 7.

6) Dies findet man auch in Pompeii. Mazois II, pl. XXXVIII, fig. I = Overbeck [4] S. 304; vgl. oben S. 249 Anm. 10. 7) S. oben S. 221.

8) Suet. *Cal.* 24: *iustitium indixit, in quo risisse lavisse cenasse cum parentibus aut coniuge liberisve capital fuit.* Lucian. *de merc. cond.* 15.

9) S. S. 66. Vgl. S. 60 Anm. 9.

10) So werden von Cic. *Cat.* 2, 5, 10 die Catilinarier geschildert: *accubantes in conviviis, complexi mulieres impudicas, vino languidi.* vgl. Cic. *ad fam.* 9, 26, 2: *Infra Eutrapelum Cytheris accubuit. In eo igitur, inquis, convivio Cicero?* Liv. 39, 43, 3: *illam infra eum accubantem.*

11) Val. Max. 2, 1, 2. Sueton. *Cal.* 24. Plutarch. *quaest. conviv.* 7, 8, 4,

triclinium. Man speiste gewöhnlich an einem quadratischen Tische, welcher auf drei Seiten von Ruhebetten (*lecti*) umgeben, an der vierten aber für die Bedienung frei und auf 9 Personen eingerichtet war; der Umstand, dass dieser Tisch ebenso wie das Esszimmer *triclinium* heisst, lässt erkennen, dass auch das Zimmer ursprünglich nur für 9 Gäste berechnet, und diese Zahl als normal betrachtet wurde. [1]) Allerdings hatte man schon am Ende der Republik Speisesäle, welche 3 oder 4 Triclinien und ausserdem genügenden Raum für die Bedienung und die zur Unterhaltung herbeigezogenen Künstler enthielten, und in der Kaiserzeit vergrösserte man diese Räume immer mehr; [2]) aber die Tische zu 9 Personen behielt man bei, auch wenn die Gesellschaft grösser war; sogar das Volk bewirthete man an Triclinien. [3]) Die *lecti tricliniares* sind weder Betten noch Sopha's, sondern breite, ursprünglich ganz hölzerne Gestelle, nach der Tischseite höher, nach der Aussenseite niedriger, [4]) so dass man sie von der Aussenseite bestieg. [5]) Die lacedämonischen κλῖναι waren von festem Holz, [6]) ganz den Lagern (Pritschen) unserer

---

p. 868 Dübner: τὰ δὲ παίγνια, πολλῆς γέμοντα βωμολοχίας καὶ σπερμολογίας οὐδὲ τοῖς τὰ ὑποδήματα κομίζουσι παιδαρίοις — θεάσασθαι προςήκει· οἱ δὲ πολλοί, καὶ γυναικῶν συγκατακειμένων καὶ παίδων ἀνήβων, ἐπιδείκνυνται μιμήματα πραγμάτων καὶ λόγων, ἃ πάσης μέθης ταραχωδέστερον τὰς ψυχὰς διατίθησιν.

1) In der *lex coloniae Genetivae* c. 132 *Eph. epigr.* II p. 231 heisst es: *Ne quis — — mag(istratus) petendi causa convivia facito — neve facito — quo quis suae petitionis causa convivium habeat — ad cenamve quem vocet praeter quod ipse candidatus petitor in eo anno,* [*quo*] *mag(istratum) petat, vocarit dumtaxat* [*in*] *dies sing(ulos) hominum VIIII.*

2) Vitruv. 6, 10, 3: *Habent autem eae domus* (er redet von griechisch eingerichteten Häusern) — *oecos quadratos tam ampla magnitudine, uti faciliter in eis quattuor tricliniis stratis ministrationum ludorumque operis locus possit esse spatiosus.* Da Vitruv sonach 4 *triclinia* als Maximum für einen Saal angiebt, so ist bei Cic. *in Verr.* 4, 26, 58: *Nam ut in singula conclavia, quae iste non modo Romae sed in omnibus villis habet, tricenos lectos optime stratos cum ceteris ornamentis convivii quaereret, nimium multa comparare videretur,* die Lesart *tricenos* wohl unhaltbar, und mit Halm *trinos* zu lesen, obwohl von seiner Zeit, was Halm entgangen ist, Plutarch. *quaest. conviv.* 5, 5, 9 p. 826 Dübn. wirklich bezeugt: οὐκ ὀρθῶς οἱ πλούσιοι νεανιεύονται κατασκευάζοντες οἴκους τριακοντακλίνους καὶ μείζους. ἀμίκτων γὰρ αὕτη καὶ ἀφίλων δείπνων ἡ παρασκευὴ καὶ πανηγυριάρχου μᾶλλον ἢ συμποσιάρχου δεομένων. Einen οἶκος ἐννεάκλινος, also für drei Triclinien, erwähnt Athen. 2 p. 47f.

3) S. oben S. 209.

4) Dies ist ersichtlich aus den gleich anzuführenden in Pompeii erhaltenen Triclinien.

5) Caligula bei Suet. *Cal.* 36 mustert die eingeladenen Frauen, *praeter pedes suos transeuntes.* Sie gingen von der Aussenseite an den Lectus.

6) Cicero *pro Mur.* 35, 74: *Lacedaemonii — qui cotidianis epulis in robore accumbunt.*

Soldaten auf den Wachen zu vergleichen, und in Pompeii haben sich gemauerte Triclinien gefunden,[1]) aber gewöhnliche Lecti werden, wie die zum Schlafen bestimmten Betten, Gurte gehabt haben; darüber lagen Polster (*tori*) und auf diesen Decken; zudem auf jedem der 9 Plätze ein Kissen (*pulvinus*), auf welchem man den linken Arm stützte,[2]) wenn man, die Füsse nach der Aussenseite des Lectus gerichtet, am Tische lag. Indessen war die gleichmässige und parallele Lage der drei Personen des Lectus nur so lange erforderlich, als man wirklich ass; bei der Unterhaltung änderte man auch die Stellung und suchte es sich in aller Art bequem zu machen.[3])

In Betreff der neun Plätze des Tricliniums, deren Vertheilung aus der nachstehenden Zeichnung ersichtlich ist, herrschte eine strenge Etikette, welche oftmals erwähnt wird.[4]) Man unterscheidet den *medius*, *imus* und *summus lectus*, und zwar haben die auf dem *medius* Liegenden den *summus* zur Linken, den *imus* zur Rechten.[5]) Der *medius* und *summus lectus* war Vertheilung der Plätze.

1) Oben S. 249 Anm. 10. Einen hölzernen mit Bronze beschlagenen *lectus* s. Overbeck[4] S. 427.

2) Diese Lage ist aus vielen Monumenten anschaulich. S. S. 300 Anm. 9. Eines der schönsten dieser Art ist das Gemälde Helbig Wandg. 1481, Niccolini *Case di Pompei* vol. II. *Descr. generale* tav. III. Vgl. Horat. *od.* 1, 27, 7:

Lenite clamorem sodales
Et cubito remanete presso.

sat. 2, 4, 39:

Languidus in cubitum iam se conviva reponet.

Sidon. Apollin. *epist.* 1, 11: *cubitum toro reddidi.* Petron. 27: *Hic est, inquit, apud quem cubitum ponetis, et quidem iam principium cenae videtis.*

3) Alexand. Aphrodis. *problem.* 1, 82 in Ideler *Phys. et Med. Gr. min.* I p. 26: Διὰ τί ἐν τοῖς συμποσίοις ἐν μὲν τῇ ἀρχῇ τῆς τροφῆς καὶ πρὸ πληρώσεως στενούμεθα ἀνακείμενοι, μετὰ δὲ πλήρωσιν καὶ πρὸς τῇ τελευτῇ τοῦ ἀρίστου ἀραιούμεθα μηκέτι θλιβόμενοι; ὅτι παρὰ μὲν τὴν ἀρχὴν ὄρεξιν τῶν σιτίων ἔχοντες πλείστην ἐπὶ τὰ ἐκτὸς πάντες τῆς στρωμνῆς (so lese ich statt πάντων τὴν στρωμνὴν) συντρέχουσιν ἀνακείμενοι καὶ ἀθρόως ἅμα καὶ οὕτως θλίβονται. μετὰ δὲ τὸν κόρον τῆς τροφῆς ὃς μὲν ἐπὶ τὸ κάτω νεύει μᾶλλον, ὃς δὲ ἐπὶ τὰ πλάγια καὶ ὃς μὲν ποσῶς ἀνακάθηται, ἄλλου πλέον τοῦ δέοντος ἐπὶ τὰ ἐκτὸς νεύοντος· καὶ οὕτως μετὰ πλήρωσιν τῆς τροφῆς ἀραιοῦνται. Unter τὰ ἐκτός versteht er die Tischseite. Tischgesellschaften in den verschiedensten Stellungen zeigen drei in Pompeii im Jahre 1884 gefundene Bilder; zwei derselben sind schlecht abgeb. bei Niccolini *Supplemento* tav. XII S. *Not. d. Scavi* 1884 S. 47ff.

4) Ueber die Anordnung der Plätze handeln Salmas. *Exerc. Plin.* p. 886. J. Fr. Gronov. *Lectiones Plautinae.* Amstel. 1740. 8. p. 307ff. Becker *Gallus* III S. 265 (Göll S. 379) und die S. 297 Anm. 2 angeführten Schriftsteller.

5) Zur Erklärung der Bezeichnungen *summus* und *imus* vergleicht Salmasius die Stelle des Seneca *n. q.* 5, 16, 6, wo von der Windtafel des Varro gesagt wird: *A septentrionali latere summus est aquilo, medius septentrio, imus thrascias*, was Vegetius 5, 8, ebenfalls aus Varro referirend, so ausdrückt: *Septentrionalem vero cardinem sortitus est* ἀπαρκτίας *sive septentrio, cui adhaeret a dextra* θρασκίας *sive circius, a sinistra* βορέας *id est aquilo.* Vgl. Isidor. *de*

für die Gäste bestimmt und zwar der *medius* für die vornehmsten;[1]) der *imus* für den Wirth, seine Frau und ein Kind,[2]) wenn dieses mit am Tische ass, oder einen Freigelassenen.[3]) Der Ehrenplatz auf dem *lectus summus* und *imus* war der erste, an welchem das Ruhebett eine Lehne hatte und die bequemste Lage gestattete, der für die Hauptperson der Gesellschaft bestimmte Platz aber, der sogenannte *locus consularis*, befand sich auf dem *medius lectus*, und zwar war es hier nicht der erste, son-

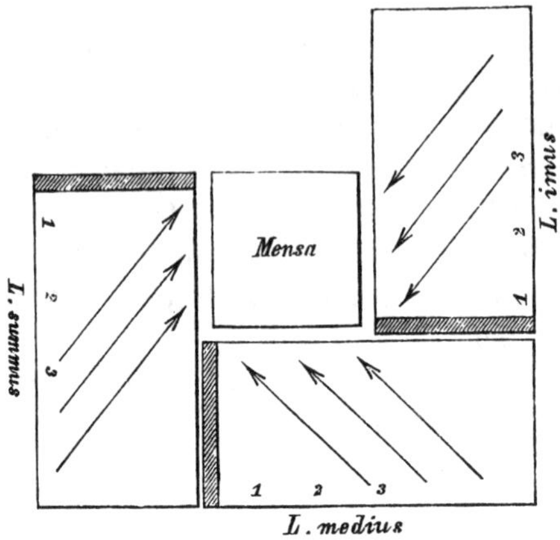

nat. rer. c. 37 p. 62 Becker: *Circius, qui et thrascias: hic a dextris septentrionis intonans facit nives.* Man ersieht aus der Vergleichung dieser Stellen, dass *summus* und *sinister*, *imus* und *dexter* gleichbedeutend sind, dass aber diese Bezeichnungen auf die Inhaber des *medius lectus*, deren Gesicht nach der offenen Seite des Tisches gerichtet war, zu beziehen sind, geht aus der gleich anzuführenden Stelle des Plutarch *quaest. conviv.* 1, 3, 4 deutlich hervor. In der Zeichnung ist die Lage der Personen durch Pfeile angedeutet. (Dass die Anordnung der *lecti* so war, wie die Zeichnung zeigt, geht zweifellos hervor aus den Triclinien in Pompeii (oben S. 249; *Bull. d. Inst.* 1885 p. 69), deren Breite in der Regel nur für eine Länge und eine Breite des *lectus* hinreicht, aus den eben dort erhaltenen gemauerten *lecti* (oben a. a. O.), endlich aus den bildlichen Darstellungen von Triclinien (die S. 303 erwähnten pompeianischen Bilder; Relief bei Pignorius *De servis* in Polen. *Thes.* III p. 1282). Plutarch freilich (s. S. 305 A. 1) scheint eine Anordnung im Sinne zu haben, bei der zwischen je 2 *lecti* eine Ecke frei blieb (so Guhl u. Koner S. 180), doch kann dadurch obiges Resultat, wenigstens als allgemeine Regel und für die in Pompeii vertretene Zeit, nicht in Frage gestellt werden.)

1) Plut. *Brut.* 34: ἤδη δὲ κατακειμένων Φαώνιος ἧκε λελουμένος. μαρτυρουμένου δὲ Βρούτου μὴ κεκλημένον αὐτὸν ἥκειν καὶ κελεύοντος ἀπάγειν ἐπὶ τὴν ἀνωτάτω κλίνην, βίᾳ παρελθὼν εἰς τὴν μέσην κατεκλίθη.

2) Die Hauptstelle über die Tischplätze ist Plutarch. *quaest. convival.* 1, 3, p. 750 Dübn. Hier heisst es § 4: τῶν δυοῖν κλινῶν ἀποδεδομένων τοῖς παρακεκλημένοις ἡ τρίτη καὶ ταύτης ὁ πρῶτος τόπος μάλιστα τοῦ ἑστιῶντός ἐστιν· ἐνταῦθα γὰρ ὥςπερ ἡνίοχος ἢ κυβερνήτης ἐπὶ δεξιὰ πρὸς τὴν ἐπίβλεψιν ἐξικνεῖται τῆς ὑπηρεσίας —· ὁ μὲν γὰρ ὑπ' αὐτὸν ἢ γυναικὸς ἢ παίδων ἐστίν· ὁ δὲ ὑπὲρ αὐτὸν εἰκότως τῷ μάλιστα τιμωμένῳ τῶν κεκλημένων ἀπεδόθη, ἵνα ἐγγὺς ᾖ τοῦ ἑστιῶντος. Suet. *Cal.* 24: *plenoque convivio singulas (sorores suas) infra se vicissim conlocabat, uxore supra cubante*, was Sueton hart tadelt; denn dies ist der Platz, wenn nicht der Frau, so der *amica*. Cic. *ad fam.* 9, 26, 2: *Infra Eutrapelum Cytheris accubuit.* Seneca *contr.* 9, 25, 2 p. 251 Burs.: *meretrix uxoris loco accubuit.* Vgl. S. 301 Anm. 10.

3) Petron. 38: *Quid ille, qui libertini loco iacet?* Dass dies der *imus locus*

dern der dritte. Plutarch giebt verschiedene Gründe an, aus welchen dieser Platz für den Consul bestimmt wurde, unter anderen den, dass der Consul hier theils dem Wirthe zunächst lag, welcher den ersten Platz des *imus lectus* einnahm, theils die freie Ecke des Tricliniums vor sich hatte, welche ihm gestattete, ohne sich umzuwenden Meldungen anzunehmen und sich eilige Sachen zur Unterschrift vorlegen zu lassen.[1])

Neun Personen sind, wie schon bemerkt wurde, die regelmässige Zahl für das Triclinium.[2]) Dass mehr als drei sich auf einen Lectus zusammendrängten, galt für unanständig;[3]) waren aber weniger Gäste da, so nahmen dieselben auch zu zweien[4]) oder allein[5]) einen Lectus ein, wenn sie nicht etwa Begleiter (*umbrae*) mitbrachten, welche die Plätze neben ihnen erhielten.[6]) *umbrae.*

---

imi lecti war, sagt Petron ausdrücklich kurz vorher: *vides illum, qui in imo imus recumbit.*

1) Plut. *quaest. conviv.* 1, 3, 1 p. 750 Dübn.: Ἐκ τούτου περὶ τῶν τόπων ἐνέπεσε ζήτησις. Ἄλλοι γὰρ ἄλλοις ἔντιμοι· — Ῥωμαίοις δὲ ὁ τῆς μέσης κλίνης τελευταῖος, ὃν ὑπατικὸν προσαγορεύουσι. Bei Seneca l. l. heisst der Platz *locus praetoris*, bei Petron. 65 *locus praetorius*. Für die Bevorzugung dieses Platzes giebt Plutarch drei Gründe an und zwar als dritten Grund: ἵνα οὖν ἀκοῦσαί τε, ἃ δεῖ, καὶ προστάξαι καὶ ὑπογράψαι δύνηται, τοῦτον ἐξαίρετον ἔχει τὸν τόπον, ἐν ᾧ τῆς δευτέρας κλίνης τῇ τρίτῃ (so ist mit Reiske und Dübner zu lesen statt τῇ πρώτῃ, da auch § 4 der Platz als zunächst dem *primus imi lecti*, auf welchem der Wirth sitzt, bezeichnet wird) συναπτούσης, ἡ γωνία διάλειμμα ποιοῦσα τῇ καμπῇ δίδωσι καὶ γραμματεῖ καὶ ὑπηρέτῃ καὶ φύλακι σώματος καὶ ἀγγέλῳ τῶν ἀπὸ στρατοπέδου προσελθεῖν, διαλεχθῆναι, πυθέσθαι, μήτε τινὸς ἐνοχλοῦντος αὐτῷ μήτε τινὸς ἐνοχλουμένου τῶν συμποτῶν, ἀλλὰ καὶ χεῖρα καὶ φωνὴν ὑπερδέξιον ἔχοντι καὶ ἀκώλυτον. Den *locus consularis* bezeichnet auch Martial. 6, 74, 1: *Medio recumbit imus ille qui lecto*, und Tac. *ann.* 3, 14: *in convivio Germanici, cum super eum Piso discumberet, infectos manibus eius cibos arguentes.* Germanicus hatte den dritten Platz auf dem *lectus medius*, Piso den zweiten; Piso hätte über den Körper des Germanicus herüberreichen müssen, um seine Speisen zu vergiften.

2) Plautus *Stich.* 487: *Verum hic aput me cenant alieni novem.* Gell. 13, 11, 2: *Dicit autem (Varro) convivarum numerum incipere oportere a Gratiarum numero et progredi ad Musarum, id est, proficisci a tribus et consistere in novem.* Aus neun Personen besteht die Gesellschaft auf dem Bilde bei Niccolini (siehe S. 303 Anm. 2) und neun Personen hat auch das Triclinium auf dem oben S. 303 A. 5 erwähnten Relief. (Ein Speisezimmer in Pompeii, dessen *lecti* auf mindestens zwölf Personen berechnet waren, *Bull. d. Inst.* 1883 p. 80.)

3) Cic. *in Pison.* 27, 67: *Nihil apud hunc lautum, nihil elegans: — — Graeci stipati, quini in lectis, saepe plures, ipse solus.* Horat. *sat.* 1, 4, 86.

4) Juven. 5, 17:

Tertia ne vacuo cessaret culcita lecto
»Una simus«, ait.

5) Auch der Wirth lag wohl allein auf dem Lectus. S. Cic. l. l. Juven. 1, 135:

Optima silvarum interea pelagique vorabit
Rex horum, vacuisque toris tantum ipse iacebit.

6) So bringt bei Hor. *sat.* 2, 8, 22 Maecenas zwei *umbrae* mit, welche mit ihm auf dem *medius lectus* ihren Platz erhalten. Hor. *epist.* 1, 5, 28: *locus est*

Bei dem Gastmahle, während dessen im Jahre 682 = 72 Sertorius in Osca ermordet wurde, [1]) lagen nach Sallust auf dem *medius lectus* zwei Personen, Sertorius auf dem *locus consularis* und über ihm L. Fabius; auf dem *summus* ebenfalls nur zwei, Antonius und Versius, auf dem *imus* aber drei, Perpenna der Wirth, Maecenas der Schreiber und Tarquitius. [2]) Bei der *cena pontificalis*, über welche der Pontifex Metellus bei Macrobius *saturn.* 3, 13, 11 berichtet, assen an drei Triclinien wahrscheinlich je sechs Personen; [3]) bei der Cena des Nasidienus, welche Horaz *sat.* 2, 8 beschreibt, lagen auf dem *summus lectus* 1. Fundanius 2. Viscus 3. Varius; auf dem *medius* Maecenas mit seinen beiden *umbrae*, Servilius Balatro und Vibidius, und zwar Maecenas auf dem *locus consularis*; auf dem *imus* 1. Nomentanus, 2. der Wirth Nasidienus, der seinen Platz an den Nomentanus abgetreten zu haben scheint, um diesem die Unterhaltung mit Maecenas zu überlassen, 3. Porcius. Ausserdem wird oftmals der beschriebenen Anordnung der Plätze Erwähnung gethan [4]) und bei grösseren Gesellschaften stellte man sogar einen Nomenclator an, um die Plätze anzuweisen. [5])

Als am Ende der Republik die *mensae citreae* aufkamen,

---

et pluribus umbris. Plutarch. *quaest. conviv.* 7, 6, 3 p. 861 Dübn.: Τὸ δὲ τῶν ἐπικλήτων ἔθος, οὓς νῦν σκιὰς καλοῦσιν, οὐ κεκλημένους αὐτοὺς, ἀλλ' ὑπὸ τῶν κεκλημένων ἐπὶ τὸ δεῖπνον ἀγομένους, ἐζητεῖτο πόθεν ἔσχε τὴν ἀρχήν.

1) Drumann IV S. 374. Mommsen R. G. III S. 31.

2) Sallust. *hist.* 3, fr. 4 Dietsch: *Igitur discubuere, Sertorius inferior in medio, super eum L. Fabius Hispaniensis senator ex proscriptis: in summo Antonius et infra scriba Sertori Versius: et alter scriba Maecenas in imo medius inter Tarquitium et dominum Perpennam.* Nach dieser Nachricht war L. Fabius der Mörder des Sertorius, nicht Antonius, wie Plutarch. *Sert.* 26 berichtet: Ἀντώνιος ὑπερκατακείμενος παίει τῷ ξίφει τὸν Σερτώριον.

3) S. das Nähere Staatsverwaltung III S. 234.

4) Bei Plaut. *Mostell.* 43 sagt Grumio, er wolle nicht *superior cum ero accumbere* und *Stich.* 492 sagt Gelasimus:

Ergo oratores populi summates viri
Summi accubent, ego infumatis infumus.

Vgl. Cic. *ad fam.* 9, 26: *Accubueram hora nona — apud Volumnium Eutrapelum, et quidem supra me Atticus, infra Verrius.* Gell. 10, 15, 21: *Super flaminem Dialem in convivio, nisi rex sacrificulus, haud quisquam alius accumbit.* Serv. *ad Aen.* 2, 2: *non enim licebat supra regem sacrificulum quemquam accumbere.* Festus p. 185^{a}, 22: *itaque in (conviviis) solus Rex supra omnes accubat. Sic et Dialis supra Martialem et Quirinalem; Martialis supra proximum. Omnes item supra Pontificem.* Seneca *suas.* 7, 13 p. 44, 13: *interrogabat, qui ille vocaretur, qui in imo recumberet.* Seneca *ad Seren.* 10, 2: *non in medio me lecto sed in imo collocavit. de ira* 3, 37, 4.

5) Athenaeus 2, 29 p. 47^{e}: Μετὰ ταῦτα ἀναστάντες κατεκλίθημεν ὡς ἕκαστος ἤθελεν, οὐ περιμείναντες ὀνομακλήτορα τὸν τῶν δείπνων ταξίαρχον.

welche runde Tischplatten, *orbes*, [1]) hatten, benutzte man diese und ähnlich geformte Tische auch zum Essen [2]) und verwandelte die drei in einen rechten Winkel zu einander gesetzten Lecti in ein einziges halbkreisförmiges Ruhebett, welches von seiner Form (C) *sigma* [3]) oder *stibadium* [4]) oder auch *accubitum* [5]) heisst, *sigma.* aber, weil diese kostbaren Tische nicht gross waren, statt neun Personen gewöhnlich nur fünf, [6]) sechs, [7]) sieben [8]) oder acht [9]) fasste, und davon ἑξάκλινον, [10]) ἑπτάκλινον, [11]) ὀκτάκλινον, [12]) genannt wird, wiewohl ausnahmsweise auch grössere Stibadien zu neun und zu zwölf Personen vorkommen. [13]) Die Ehrenplätze

---

1) Martial. 2, 43, 9. Ovid. *heroid.* 16 (17), 87.

2) Juvenal. 11, 120:

At nunc divitibus cenandi nulla voluptas,
Nil rhombus, nil dama sapit, putere videntur
Unguenta atque rosae, latos nisi sustinet orbes
Grande ebur.

Vgl. Martial. 9, 59, 7—10. Varro *de l. L.* 5, 118: *Mensam escariam cillibam appellabant; ea erat quadrata. — postea rotunda facta.*

3) *semirotundum* heisst es bei Apul. *met.* 5, 3. Ueber *sigma* s. die Stellen bei Savaro *ad Sidon. Apoll. epist.* 2, 2 p. 109.

4) Serv. *ad Aen.* 1, 698: *antiqui stibadia non habebant, sed stratis tribus lectis epulabantur.* Plin. *ep.* 5, 6, 36. Martial. 14, 87.

5) Schol. Juven. 5, 17: *apud veteres accubitorum usus non erat, sed in lectulis discumbentes manducabant. tres autem lectuli erant, in quibus discumbebant, unde hodieque triclinia appellantur.* Lamprid. *Heliogab.* 19, 9; 25, 2. *C. I. L.* III, 4441: *porticum cum accubito — — restituit.* Darauf bezieht sich der τάπης ἀκκουβιτᾶρις *Edictum Diocletiani* 16, 9 (*C. I. L.* III p. 836) und Labbaei *Glossa: accubitum* ἀνακλιντήριον.

6) Sulpicius Severus *de vita beati Martini* c. 20, 4 beschreibt ein im J. 386 p. Chr. in Trier gehaltenes Gastmahl des Kaisers Maximus, bei welchem fünf Personen bei Tische liegen, Martinus selbst aber daneben sitzt: *Convivae autem aderant — consul Euodius — comites duo — medius inter hos Martini presbyter, — ipse autem sellula iuxta regem posita consederat.*

7) Auson. *Ephem.* p. 58 ed. Bip.:

Quinque advocavi. Sex enim convivium
Cum rege iustum, si super, convicium est.

8) Martial. 10, 48, 6: *Septem sigma capit; sex sumus, adde Lupum.*

9) Martial. 14, 87 mit der Ueberschrift *Stibadia:*

Accipe lunata scriptum testudine sigma;
Octo capit; veniat quisquis amicus erit.

Lamprid. *Heliogab.* 29: *Habuit et hanc consuetudinem, ut octo calvos rogaret ad cenam, item octo luscos, et item octo podagrosos, octo surdos, octo nigros, octo longos et octo pingues, cum capi non possent uno sigmate.* Das Letzte bezieht sich nur auf die *pingues*, denn die Zahl 8 ist gewöhnlich. Auch in der weiter unten anzuführenden Stelle des Sidonius Apoll. *epist.* 1, 11 werden 8 Gäste aufgezählt.

10) Martial. 9, 59, 9.

11) Athenaeus 2 p. 47f.

12) Arist. *mir. ausc.* 1.

13) Die *cena* δωδεκάθεος, bei welcher Augustus, selbst den Apollo darstellend, zu zwölfen ass (Suet. *Aug.* 70), setzt offenbar ein *sigma* voraus. Diese Nachricht unberücksichtigt lassend sagt Capitolin. *Ver.* 5, 1: *Et notissimum eius quidem fertur tale convivium, in quo primum duodecim accubuisse dicitur, cum sit notissimum dictum de numero convivarum: Septem convivium, novem vero*

auf dem Sigma, dessen Gebrauch sich bis in das Mittelalter erhalten hat, waren die Eckplätze (*cornua*), [1]) und zwar galt als erster Platz der *in dextro cornu*, dessen Inhaber mit dem Gesichte nach der freien Seite des Tisches lag; als zweiter der *in sinistro cornu*; von diesem wurden die folgenden Plätze gezählt, so dass der letzte an der linken Seite des ersten lag. [2]) Erschien ein unerwarteter Gast, so musste er auf einem Stuhle sitzen. [3]) Uebrigens sieht man aus den mehrfach erhaltenen bildlichen Darstellungen, [4]) dass auch das Sigma in verschiedenen Zeiten und zu verschiedenen Zwecken besonders eingerichtet wurde. Auf einem pompeianischen Bilde [5]) ist es um einen kleinen, runden, dreifüssigen Tisch gelegt; der Lectus, auf dem neun Personen liegen, ist wenig niedriger als der Tisch, das Kissen, auf das der Arm gelegt wird, läuft auf der inneren

---

convicium. Bei Macrobius (s. *sat.* 1, 7, 12 und dazu Jan an dieser Stelle und *proleg.* p. XXII) sind zuerst 9 Gäste versammelt, es kommen aber noch drei hinzu (diese sitzen aber (l. l. 13), fanden also nicht auf dem Sigma Platz); 9 Personen hat auch das Sigma bei Helbig n. 1481, s. S. 303 Anm. 2.

1) Juvencus 3, 614:

Si vos quisque vocat, cenae convivia ponens,
Cornibus in summis devitet ponere membra
Quisque sapit: veniet forsan si nobilis alter,
Turpiter eximio cogetur cedere cornu,
Quem tumor inflati cordis per summa locarat.
Sin contentus erit mediocria prendere cenae
Inferiorque dehinc si mox conviva subibit,
Ad potiora pudens transibit strata tororum.

2) Sidonius Apollin. *epist.* 1, 11 beschreibt eine Cena, zu welcher ihn im J. 461 der Kaiser Maiorianus in Arelate eingeladen hatte: *Primus iacebat cornu sinistro consul ordinarius Severinus; — iuxta eum Magnus — recumbente post se Camillo filio fratris. — Paeonius hinc propter, atque hinc Athenius. — Hunc sequebatur Gratianensis. — Ultimus ego iacebam, qua purpurati* (des Kaisers) *latus laevum margine in dextro porrigebatur.* Der Kaiser lag also *in dextro cornu*, mit dem Gesicht nach dem freien Platze zu, wie ehedem der Ehrengast auf dem *locus consularis* des Tricliniums; der Consul *in sinistro cornu*; Sidonius hatte unter den 8 Personen den letzten Platz, zunächst dem Kaiser. Gregorius von Tours, welcher 540—594 lebte, erzählt in seinem *Miraculorum lib.* 1 c. 80 (*Maxima bibliotheca patrum.* Lugd. 1677. fol. Vol. XI p. 852) folgende Geschichte: Eine katholische Frau hat einen Häretiker (Arianer) zum Mann; die Frau ladet ihren katholischen Priester ein, der Mann seinen häretischen, und zwar vindicirt der Mann dem letzteren den Ehrenplatz. *Discumbentibus autem ad convivium vir ille cum presbytero dextrae partis cornu occupat, catholicum ad sinistrum statuens, positaque ad laevam eius sellula, in qua coniux eius resideret.*

3) In Lucian's Convivium, das wohl an Sigmen statt fand, kommt dies vor c. 13. (Vgl. S. 307 A. 13.)

4) Sie sind grossentheils angeführt bei Stephani Der ausruhende Heracles S. 55. 56. O. Jahn Die Wandgemälde des Columbariums in der Villa Pamfili. München 1857. 4. S. 42.

5) Helbig 1481; s. oben S. 303 A. 2.

Seite des Lectus herum,[1] so dass nicht jeder Gast einen eigenen *pulvinus* hat; die Seiten des Lectus sind mit Drapirung verkleidet; im Freien aber legte man sich auf dem Rasen im Halbkreise um die aufgetragene Mahlzeit[2] und unter Heliogabal wurde es überhaupt Mode, die Polster auf die Erde zu legen;[3] in anderen Darstellungen erscheint statt des runden Tisches ein sichelförmiger, dem Sigma selbst sich in der Form anschliessend,[4] oder der Tisch fehlt ganz und die Speisen werden gereicht.[5]

Mit dem Decken des Tisches und der Vorbereitung zum Bedienung. Mahle waren die betreffenden Sclaven, *tricliniarii*, unter der Aufsicht des *tricliniarcha*[6] bei festlichen Gelegenheiten schon am frühen Morgen beschäftigt.[7] In alter Zeit freilich war hievon nicht die Rede; man ass aus Thongeschirren und legte auf den hölzernen Lectus ein Ziegenfell; aber schon im Jahre 625 = 129 war das Volk mit einer solchen Einfachheit der Zurüstung bei dem Leichenschmause des jüngeren Scipio sehr unzufrieden;[8] denn seit 50 Jahren (seit 567 = 187) kannte man damals den Luxus der Tafeleinrichtung,[9] Tische und Ruhebetten Tafelapparat.

1) Dies ist deutlich sichtbar auch auf dem Relief bei Montfaucon *Ant. expl.* III, 1 pl. 57.

2) So auf dem Bilde der Villa Pamfili bei Jahn Taf. VI Fig. 17, wo acht Personen gelagert sind. Ebenso in den Reliefs bei Beger *Meleagrides.* Colon. Brand. 1696. 4. p. 22, wo fünf Personen liegen und in einem anderen bei Caylus *Rec. d'ant* 2, 115, 3.

3) Lamprid. *Heliog.* 25: *Primus denique invenit sigma in terra sternere, non in lectulis.*

4) S. das Bild in Campana *Di due sepolcri del secolo di Augusto.* Roma 1843. fol. pl. 14. Elf Personen in bunten Kleidern und bekränzt liegen auf diesem Sigma, vor dem ein schmaler sichelförmiger Tisch steht. Denselben Tisch hat das Sigma bei Aringhi *Roma subterranea* II p. 607, wo 6 Personen versammelt sind.

5) Sarkophagrelief bei Montfaucon *Ant. expl.* III, 1 pl. 57.

6) S. oben S. 146.

7) Cic. *in Verr.* 4, 15, 33: *Ludis circensibus mane apud L Sisennam — cum essent triclinia strata argentumque expositum in aedibus, — accessit ad argentum.*

8) Cic. *pro Mur.* 36, 75: *Q. Tubero — cum epulum Q. Maximus P. Africani patrui sui nomine populo Romano daret, rogatus est a Maximo, ut triclinium sterneret, cum esset Tubero eiusdem Africani sororis filius. Atque ille, homo eruditissimus ac Stoicus stravit pelliculis haedinis lectulos Punicanos et exposuit vasa Samia,* d. h. wie Seneca *ep.* 95, 72 sagt, *ligneos lectos et vasa fictilia;* in Folge dessen fiel er bei seiner Bewerbung um die Praetur durch. Valer. Max. 7, 5, 1: *urbs — ruborem epuli suffragiis suis vindicavit.*

9) Liv. 39, 6, 7: *Luxuriae enim peregrinae origo ab exercitu Asiatico invecta in urbem est. ii primum lectos aeratos, vestem stragulam pretiosam, plagulas et alia textilia, et, quae tum magnificae supellectilis habebantur, monopodia et abacos Romam advexerunt.* Plin. *n. h.* 34, 14; 37, 12.

lecti. von kostbarem Holz,[1] *lecti inargentati* oder *inaurati*,[2] *eborati*,[3] *testudinei*,[4] d. h. Gestelle mit Reliefplatten (*laminae*[5]) oder *bracteae*)[6]) von Silber, Gold und Elfenbein verkleidet oder mit Schildkröte furnirt; und in der Kaiserzeit brachte man es da-*mensae.* hin, zuerst die Füsse der Lecti, sodann die ganzen Triclinien von massivem Silber zu machen.[7]) Die ganze Ausstattung des Speisezimmers wurde orientalisch: denn aus Kleinasien kamen die Lecti mit elfenbeinernen und silbernen Füssen,[8]) die kost-*Decken.* baren Decken, welche man über die Polster breitete (*triclinium sternere*), endlich die Drapirung der Wände des Zimmers mit *aulaea.* Vorhängen, *plagulae*[9]) oder *aulaea*. Die letzteren, im Orient

1) Hieher gehören die *mensae citreae*, von welchen noch die Rede sein wird, und die *lecti citrei*, denn diese meint Verg. *Cir.* 440:

Nec Libys Assyrio sternetur lectulus ostro.

und Martial. 14, 89; vgl. Pers. 1, 52: *non quidquid denique lectis Scribitur in citreis.* 2) *Dig.* 33, 10, 3 § 3.

3) Plautus *Stich.* 377: *lectos eburatos, auratos.*

4) Varro *de l. L.* 9, 47: *lectos alios ex ebore alios ex testudine.* *Dig.* 32, 100 § 4: *lectos testudineos pedibus inargentatos.* Martial. 9, 59, 9:

Et testudineum mensus quater hexaclinon
Ingemuit citro non satis esse suo.

Philo *de vita contempl.* 6, 2 p. 478 Mang.: Τρίκλινά τε καὶ περίκλινα (er meint das Sigma) χελώνης ἢ ἐλέφαντος κατεσκευασμένα καὶ τιμαλφεστέρας ὕλης, ὧν τὰ πλεῖστα λιθοκόλλητα. Galen. Vol. V p. 837 K.: κλίνη γὰρ ἐλεφαντόπους οὐδὲν οὔτ' ὠφελεῖ τὴν ὑγίειαν οὔτε βλάπτει. Apul. *met.* 10, 34.

5) Suet. *Calig.* 32: *Romae publico epulo servum ob detractam lectis argenteam laminam carnifici confestim tradidit.*

6) Martial. 8, 33, 5:

An magis astuti derasa est ungue ministri
Bractea, de fulcro quam reor esse tuo.

Von den Handwerkern, welche diese Arbeit machen, den *bractearii*, wird noch besonders die Rede sein.

7) Wenn bei älteren Schriftstellern *lecti aurei* (Cic. *Tusc.* 5, 21, 61. Suet. *Caes.* 49. Seneca *ep.* 17, 12; 110, 12), oder *eburni* (Horat. *sat.* 2, 6, 103) vorkommen, so hat man nur an incrustirte Arbeiten zu denken, also an *lecti inaurati, inargentati, eburati*; oder wie Clemens Alex. *Paedag.* 2, 3, 35 sie aufzählt, κλῖναι ἀργυρόποδες καὶ ἐλεφαντοκόλλητοι χρυσόστικτοί τε καὶ χελώνης πεποικιλμέναι κοίτης κλισιάδες. Vgl. Plin. *n. h.* 9, 39: *Testudinum putamina secare in laminas, lectosque et repositoria his vestire Carvilius Pollio instituit*; aber in der späteren Kaiserzeit kommen auch *mensae* und *lecti* von massivem Silber vor. Petron. 73. Lamprid. *Heliog.* 20, 4: *Hic solido argento factos habuit lectos et tricliniares et cubiculares.* *Dig.* 33, 10, 3 § 3: *Nam et pelves argenteas et aquiminalia argentea et mensas et lectos inargentatos vel inauratos atque gemmatos in supellectile esse non dubitatur usque adeo, ut idem iuris sit et si tota argentea vel aurea sint.* Ibid. 9 § 1: *argenteos lectos item argentea candelabra.* Augustin. *sermon.* 277 § 4.

8) Athenaeus 2, 31 p. 48 d vgl. p. 48b. 49a, wo von den κλῖναι und τράπεζαι ἐλεφαντόποδες und ἀργυρόποδες und zugleich von den στρώματα πολυτελῆ die Rede ist. Ueber die letzteren wird in einem besonderen Abschnitt gehandelt werden. Reste eines mit Edelsteinen besetzten Luxusmöbels, Stuhl oder *lectus*, fand man auf dem Esquilin. *Bull. comun.* 1879 p. 251 ff.

9) Liv. 39, 6, 7 und daselbst Duker. (Diese Bedeutung von *plagula* ist

von Alters her gebräuchlich,[1]) kamen nach Rom aus der Erbschaft des Attalus;[2]) sie hatten keineswegs, wie man aus Varro und Horaz hat schliessen wollen, irgend einen praktischen Nutzen, am wenigsten den, den von der Decke herabfallenden Staub abzuhalten,[3]) denn die getäfelte Decke des Zimmers (*lacunar*) blieb über dem Tische frei und wurde öfters dazu benutzt, um aus derselben auf überraschende Weise Blumen, Kränze und andere Geschenke auf die Gäste fallen zu lassen;[4]) sondern die Vorhänge waren vertical, nicht horizontal an der Wand des Speisezimmers angebracht[5]) und so gewöhnlich als

---

nicht bezeugt. Es bedeutet sonst eine Decke, die auf den *lectus* gelegt wird (Non. 86, 7; 378; 537, 20) oder den Vorhang der *lectica* (Suet. *Tit.* 10).)

1) S. Brisson. *De regno Pers.* II c. 144. 145.

2) Serv. *ad Aen.* 1, 697: *Aulaeis, velis pictis, quae ideo aulaea dicta sunt, quod primum in aula Attali regis Asiae, qui populum Romanum scripsit heredem, inventa sunt. Ideo autem etiam in domibus tendebantur aulaea, ut imitatio tentoriorum fieret.* Damit übereinstimmend Serv. *ad Georg.* 3, 25. Isidor. *or.* 19, 26, 8. Daher *Attalica aulaea.* Val. Max. 9, 1, 5. (Obige Ableitung des Wortes ist falsch; es kommt schon früher in diesem Sinne vor (Saglio in *Dict. des Ant.* s. v.) und bezeichnet vielleicht ursprünglich die in einem Hofe (αὐλή) zwischen den Säulen aufgehängten Vorhänge.)

3) Serv. *ad Aen.* 1, 697: *Varro tamen dicit, vela solere suspendi ad excipiendum pulverem. — Unde Horatius* (*sat.* 2, 8, 54):

Interea suspensa graves aulaea ruinas
In patinam fecere, trahentia pulveris atri,
Quantum non Aquilo Campanis excitat agris,

zu welcher Stelle Porphyrio die Notiz des Varro wiederholt: *consuetudo apud antiquos fuit, ut aulaea sub cameras tenderent, ut si quid pulveris caderet, ab ipsis exciperetur.*

4) Val. Max. 9, 1, 5: *Quid enim sibi voluit — Metellus Pius — cum Attalicis aulaeis contectos parietes laeto animo intuebatur? — cum palmata veste convivia celebrabat demissasque lacunaribus aureas coronas velut caelesti capite recipiebat?* Durch diese Stelle wird die Bemerkung von Heindorf zu Hor. *sat.* 2, 8, 54 widerlegt, wonach »in den *tricliniis*, wo nicht *tecta laqueata* waren, unter der Decke über der Tafel ein Baldachin (*aulaeum*) ausgebreitet war«. Denn Metellus hatte zugleich *lacunaria* und *aulaea*, und die letzteren hingen nicht unter der Decke, sondern an der Wand. Suet. *Nero* 31: *In ceteris partibus* (*domus aureae*) *cuncta auro lita —; cenationes laqueatae tabulis eburneis versatilibus, ut flores, fistulatis, ut unguenta desuper spargerentur.* Seneca *ep.* 90, 15: *qui — versatilia cenationum laquearia ita coagmentat, ut subinde alia facies atque alia succedat et totiens tecta quotiens fercula mutentur.* Petron. 60: *Ecce autem diductis lacunaribus subito circulus ingens — demittitur, cuius per totum orbem coronae aureae cum alabastris unguenti pendebant. — haec apophoreta iubemur sumere.*

5) Schon Fea zu Horat. *sat.* 2, 8, 54 erklärt richtig, dass nicht die *aulaea* auf den Tisch fallen, sondern nur der Staub und vielleicht der abbrechende Kalkputz der Wand, und bezieht sich auf die häufig vorkommenden Darstellungen solcher *aulaea.* S. z. B. Gerhard Ant. Denkm. 108. *Description of the collection of ancient marbles in the British Museum* II, pl. 4. *Museo Borb.* I, 34. Bartoli *Picturae antiquae cryptarum Romanarum.* Rom. 1738. fol. tav. III. IV. V. *Recueil de peintures antiques.* Paris 1783. fol. Tome I, pl. V. VI. Furlanetto *Le antiche lapidi del museo di Este.* Padova 1837. 8. p. 165. Auf den

Decoration geworden, dass Horaz eine *cena sine aulaeis* als charakteristisch für die Armuth bezeichnet.[1]) Der Tisch selbst scheint bis in die Kaiserzeit nicht mit einem Tischtuche bedeckt worden zu sein, denn er war sichtbar und wurde öfters abgewischt;[2]) auch existirt für das Tischtuch kein besonderer *mantele.* sprachlicher Ausdruck, da *mantele*, welches später dafür gebraucht wird,[3]) ursprünglich das Handtuch bedeutet,[4]) womit die Priester beim Opfer[5]) und die Gäste beim Händewaschen die Hände trockneten.[6]) Seit Domitian[7]) bedeckte man aber die

---

Wandgemälden im Triclinium der *casa di Lucrezio*, welche Eroten und Psychen darstellen (Helbig 757. *Mus. Borb.* XV, 46. Zahn III, 51. O. Jahn Berichte der k. sächs. Ges. d. Wiss. Phil.-hist. Cl. 1851. S. 168 ff.), ist allerdings ein Velum über dem Lager der Eroten zwischen zwei Bäumen horizontal ausgespannt, aber im Freien, und zum Schutze gegen die Sonne, weshalb diese und ähnliche Darstellungen (wie z. B. das *Not. d. Scavi* 1882 p. 322 beschriebene pompeianische Bild) hier nicht in Betracht kommen. Die alte Auffassung der Horazstelle vertheidigt Göll in Becker's *Gallus* II S. 357.

1) Hor. *od.* 3, 29, 14:
Mundaeque parvo sub lare pauperum
Cenae sine aulaeis et ostro.

2) Lucilius fr. XX, 1 Müller:
Purpureo tersit tunc latas gausape mensas.
Horat. *sat.* 2, 8, 10:
His ubi sublatis puer alte cinctus acernam
Gausape purpureo mensam pertersit.

3) Isidor. *or.* 19, 26, 6: *Mantelia nunc pro operiendis mensis sunt, quae, ut nomen ipsum indicat, olim tergendis manibus praebebantur.* Die Schreibart *mantele*, nicht *mantile*, wie Gronov. *Lect. Plaut.* p. 73 wollte, ist gesichert durch die Arvalinschriften. *Acta* 27 Mai 218.

4) Varro *de l. L.* 6, 85: *Mantelium, ubi manus terguntur.* Serv. *ad Georg.* 4, 376: *Mantelia, quibus manus terguntur.* Philarg. ad h. l. 377: *Mantelia: huius singularis m a n t e l u m. — Lucilius autem mantela dicit mappas: M a n t e l a m e r u m q u e.* Festus p. 133ª, 31: *frequens enim antiquis ad manus tergendas usus fuit mantelorum.*

5) Serv. *ad Aen.* 1, 701: *Constat enim, maiores mappas habuisse villosas, quibus etiam in sacris utebantur, sicut in Georgicis* (4, 377):
manibus liquidos dant ordine fontis
Germanae tonsisque ferunt mantelia villis.
De supplicaturis enim hoc dixit. Mantelia vero a manibus tergendis dicta. Die *mantelia* kommen auch bei dem Opfer der Arvalen vor, *Acta* 27 Mai 218; Henzen *Acta fr. Arval.* p. 13. 16; ebenso bei dem Opfer des Flamen, Ovid. *fast.* 4, 933:
a dextra villis mantele solutis,
Cumque meri patera thuris acerra fuit.

6) Ueber den Gebrauch des χειρόμακτρον s. Athenaeus 9 p. 410ᵇ und das Epigramm *Anth. Gr.* IV p. 286 n. 2 Εἰς λινοῦν χειρόμακτρον:
Ξάνθη μέν τις ἐγὼν ἤμην πάρος, ἀλλὰ κοπεῖσα
γίνομαι ἀργεννῆς λευκοτέρη χιόνος·
χαίρω δὲ γλυκερῷ τε καὶ ἰχθυόεντι λοέτρῳ
πρώτη δαιτυμόνων εἰς χορὸν ἐρχομένη.

7) Dass kostbare Tische gewöhnlich bedeckt wurden, lehrt Mart. 9, 59, 7.

Tische und seit Hadrian werden Tafeltücher von kostbaren Stoffen oft erwähnt.[1]) Servietten dagegen, deren Name, *mappa*, *mappae.* für punisch galt,[2]) waren schon zu Horazens Zeit üblich, wenn sie auch nur in feinerer Gesellschaft zu dem Zwecke dienten, den sie bei uns haben;[3]) man brauchte sie nämlich ausserdem auch dazu, beim Nachhausegehen in ihnen[4]) Speisen vom Nachtisch und kleine Geschenke, die den Gästen gegeben wurden, ἀποφόρητα,[5]) mitzunehmen. Aus diesem doppelten Gebrauche erklärt sich, dass sowohl der Wirth die für den Tischgebrauch nöthigen Servietten lieferte,[6]) als auch der Gast seine eigene

---

Das Tischtuch bei der *cena* kommt bei ihm, wie es scheint, zuerst vor 12, 29, 11:

Attulerat mappam nemo, dum furta timentur;
Mantile e mensa surpuit Hermogenes.

1) Lamprid. *Heliog.* 27, 4: *nonnumquam tot picta mantelia in mensam mittebat his edulibus picta quae apponerentur, quot missus esset habiturus, ita ut de acu aut de textili pictura exhiberetur.* Lamprid. *Alex. Sev.* 37, 2: *Convivium neque opiparum neque nimis parcum, sed nitoris summi fuit, ita tamen, ut pura mantelia mitterentur: saepius cocco clavata, aurata vero numquam, cum haec habere Heliogabalus iam coepisset, et ante, ut quidam praedicant, Hadrianus habuisset.* Trebell. Poll. *Gallieni duo* 16, 3: *Mantelibus aureis semper stravit.* Vopiscus *Aurelian.* 12, 1.

2) Quintil. *inst.* 1, 5, 57.

3) Plin. *n. h.* 7, 12: *Anthropophagos — ossibus humanorum capitum bibere cutibusque cum capillo pro mantelibus ante pectora uti Isogonus [prodidit].* Petron. 32 vom Trimalchio: *circaque oneratas veste cervices laticlaviam immiserat mappam fimbriis hinc atque illinc pendentibus.* So hat bei Martial. 4, 46, 17 Sabellus eine *lato variata mappa clavo.* Bei Horat. *sat.* 2, 8, 63 heisst es: *Varius mappa compescere risum Vix poterat.* Dass übrigens die *mappae* nur in feinen Gesellschaften gegeben wurden, lehrt Lucian. *de merc. cond.* 15, wo er sagt: die Diener werden aufmerken, wie du dich in Gesellschaft benimmst, und gewahr werden, καινὸν εἶναί σοι τὸ χειρόμακτρον τιθέμενον.

4) Petron. 66: *ego tamen duo (mala) sustuli et ecce in mappa alligata habeo: nam si aliquid muneris meo vernulae non tulero, habebo convitium.* Ib. 60: *quibusdam tamen — poma rapientibus et ipsi mappas implevimus.*

5) Ambrosius *ad virgines adhortatio* am Anfang: *Qui ad convivium magnum invitantur, apophoreta secum referre consueverunt.* Solche Geschenke werden vertheilt bei Petron. 50. 60, namentlich kamen sie vor bei den Saturnalien, Martial. 14, 1, 6: *praemia convivae dent sua quisque suo.* Suet. *Vesp.* 19; bei den Matronalien, Suet. l. l., und bei Hochzeiten, *Schol. Juv.* 6, 203: *solebant enim antea per nuptias recedentibus dulcia erogari pro apophoretis.* Allgemein sagt Lucian. *Nigrin.* 25 von begehrlichen Gästen: ἐξανίστανται δὲ πάντων ὕστατοι, πλείω δὲ ἀποφέρειν τῶν ἄλλων ἀξιοῦσιν. Vgl. *Anth. Gr.* III p. 33 n. 22:

Οὐδὲν ἀφῆκεν ὅλως, Διονύσιε, λείψανον Αὔλῳ
Εὐτυχίδης δειπνῶν, ἦρε δὲ πάντ' ὀπίσω.

d. h. er reichte es dem hinter ihm sitzenden Sclaven. Ebenso macht es der Stoiker bei Lucian. *conviv.* 36.

6) Varro *de l. L.* 9, 47: *Nam nemo facit triclinii lectos nisi pares et materia et altitudine et figura. Quis facit mappas tricliniares non similes inter se? quis pulvinos?* Also die *mappae* gehören ebenso zu der Einrichtung, wie die *lecti* und *pulvini.* Vgl. Hor. *sat.* 2, 4, 81:

Vilibus in scopis, in mappis, in scobe quantus
Consistit sumptus? neglectis flagitium ingens.

mitbrachte;[1]) denn was er mitnahm,[2]) konnte er weder in eine ihm nicht gehörige, noch in eine bei der antiken Art des Essens vielleicht stark gebrauchte Serviette einpacken. Man ass nämlich im Alterthum mit sehr einfachen Geräthschaften, welche nur auf die rechte Hand, die man allein frei hatte, berechnet waren; das Zerlegen der Speisen überliess man grösstentheils dem *scissor*[3]) und erst Varro scheint Tischmesser zu erwähnen, welche aus Bithynien eingeführt waren;[4]) die gewöhnlichen Essgeräthe sind *cochlearia* und *ligulae*, über deren Unterschied viel gestritten ist.[5]) In Pompeii sind hauptsächlich zwei Gattungen von Löffeln gefunden worden, welche sich bis in das Mittelalter erhalten haben,[6]) eine

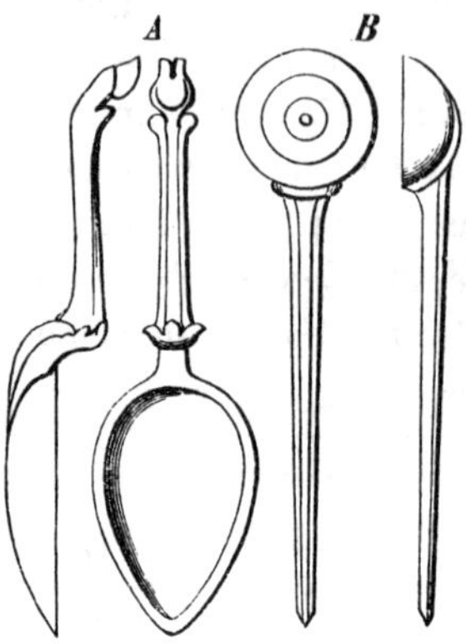

Hor. *epist.* 1, 5, 21:

Haec ego procurare et idoneus imperor et non
Invitus, ne turpe toral, ne sordida mappa
Corruget nares.

1) Martial. 12, 29, 21:

Ad cenam Hermogenes mappam non attulit unquam,
A cena semper rettulit Hermogenes.

Er stahl nämlich die *mappa* des Wirthes oder des Tischnachbarn. Vgl. 8, 59, 7:

Pocula sollicit perdunt ligulasque ministri,
Et latet in tepido plurima mappa sinu.

2) Martial. 2, 37:

Quidquid ponitur hinc et inde, verris,
Mammas suminis imbricemque porci
Communemque duobus attagenam, —
Haec cum condita sunt madente mappa,
Traduntur puero domum ferenda.

Martial. 7, 20, 13:

Sed mappa cum iam mille rumpitur furtis,
Rosos tepenti spondylos sinu condit
Et devorato capite turturem truncum.

3) S. oben S. 146.

4) Varro Γεροντοδιδασκάλῳ bei Nonius p. 195, 16 = Bücheler n. 197: *noctu cultro coquinari se traiecit; nondum enim invecti erant cultelli* ἐμπαιστοί *e Bithynia.* In Gräbern haben sich neben den dort niedergelegten Speisen auch die Essapparate öfters gefunden, namentlich ausser Löffeln auch Messer mit Elfenbeinschale. Raoul-Rochette *IIIme Mém. sur les ant. Chrétiennes des Catacombes* in *Mém. de l'Acad.* XIII p. 682. Ebenso in Herculaneum und Pompeii. Siehe die gleich zu citirende Schrift Pagano *La Ligula* p. 16.

5) Besonders handelt darüber Gi. Pagano *La Ligula.* Napoli 1830. 8., welcher indess, wie schon Becker erkannte, in Beziehung auf den Unterschied von *cochlear* und *ligula* zu dem der Wahrheit entgegengesetzten Resultate gelangt ist.

6) Es giebt antike Löffel von Knochen, Bronze und Silber. Die Haupt-

grössere, unseren Esslöffeln entsprechende (*A*), und eine kleinere, deren Höhlung kreisrund ist und deren Stiel nadelförmig ausläuft (*B*). Nun ist sicher, dass *cochlear* der kleinere Löffel und für medicinische Dosen ein bestimmtes kleinstes Maass war, welches man auf die Hälfte der Drachme normirte,[1]) dass es eine Spitze und eine kleine Höhlung hatte, und zum Essen von Eiern und Schnecken gebraucht wurde,[2]) dass dagegen die *ligula* schwerer war[3]) und als eigentlicher Löffel zu Mehlspeisen diente,[4]) womit also wahrscheinlich auch die nationale *puls* gegessen wurde. Man darf daher annehmen, dass wir in der Form *A* die *ligula*, in der Form *B* das *cochleare* zu erkennen haben, und dass, wenn *ligula* als Diminutivum von *lingua* bezeichnet wird,[5]) die Höhlung des Löffels wegen ihrer zugespitzten Form

Löffel. *cochlearia.* *ligulae.*

formen sind zusammengestellt im *Museo Borbon.* X, tav. 46, woraus die Abbildungen entlehnt sind. Silberne Löffel etwa aus dem 5. Jahrhundert n. Chr. sind abgebildet bei de Rossi *Bullettino di archeol. cristiana.* 1868 p. 83. tav. 1. Ein *cochlear* von Knochen fand sich in einem Grabe bei Yverdon, das der Zeit vom 6. bis 9. Jahrh. angehört. Rochat *Antiquités d'Yverdon* in Mittheilungen der ant. Gesellschaft in Zürich. B. XIV H. 3 p. 88 (26). Taf. IV, 1.

1) *Cochlearis mensura* Plin. *n. h.* 27, 17; vgl. Isidor. *orig.* 16, 26, 3: *Mensurarum pars minima cochlear, quod est dimidia pars drachmae.* Marcellus Empir. in *Medici antiqui* ed. Stephanus 1567. fol. p. 243. Medicin wird gewöhnlich eingegeben in einem *cochlear.* Plin. *n. h.* 23, 76. Scribonius Largus 76, 94, doch auch in einer *ligula.* Apuleius *de virtutibus herbarum* c. 1 in *Med. ant.* ed. Aldus fol. 211 vers.: *herbam plantaginis contundes et succum eius de cochleario vel de ligula dabis bibere; ligula* als Maass Scrib. Largus 230. Auch Apicius braucht beide Maasse, 2, 2 *triti piperis cochleare*, 3, 18 *dimidium cochlearium*, und dagegen 7, 10 *mellis ligulam*, 8, 6 *mellis ligulas duas;* ebenso Colum. 12, 21, 3 *musti cochlear;* und vorher § 2 *ligula cumulata* (*salis*).

2) Martial. 14, 121 mit der Ueberschrift *Cochleare:*

Sum cochleis habilis sed nec minus utilis ovis;
Numquid scis, potius cur cochleare vocer?

Plin. *n. h.* 28, 19: *Defigi quidem diris precationibus nemo non metuit; huc pertinet ovorum quae exsorbuerit quisque calyces cochlearumque protinus frangi aut eosdem cochlearibus perforari.* Petron. 33: *Accipimus nos cochlearia non minus selibras pendentia ovaque ex farina pingui figurata pertundimus.*

3) Martial. 8, 33, 23:

Quid tibi cum phiala, ligulam cum mittere possis,
Mittere cum possis vel cochleare mihi?

und 8, 71 sagt er, vor zehn Jahren habe sein Patron ihm 4 Pfund Silber geschenkt, hernach 2, dann eins, dann ein halbes:

Octavus (annus) ligulam misit sextante minorem,
Nonus acu levius vix cochleare tulit.
Quod mittat nobis decimus iam non habet annus.

Das *cochleare* ist also das kleinste Silbergeschenk.

4) Cato *de r. r.* 84 giebt ein Recept zu einer Mehlspeise (*savillum*), bestehend aus Mehl, Käse, Honig und einem Ei, und fügt hinzu: *pone cum catillo et lingulis.*

5) Martial. 14, 120:

Quamvis me ligulam dicant equitesque patresque
Dicor ab indoctis lingula grammaticis.

mit der Zunge verglichen wird, nicht aber, woran man auch
Gabeln. gedacht hat,[1]) der Stiel. Was die Gabeln betrifft,[2]) so sind diese beim Aufgeben der Speisen in der Küche und dem Vorschneiden ohne Zweifel im Alterthum[3]) wie im Mittelalter[4]) gebräuchlich gewesen; zu welcher Zeit man aber begonnen hat, Messer und Gabel beim Essen anzuwenden, ist eine noch nicht sicher zu beantwortende Frage. Der Gebrauch der Tischgabel ist in Frankreich erst im Jahre 1379 nachweisbar,[5]) kam in Italien im 15. Jahrhundert auf[6]) und gelangte nach England im Beginne des 17. Jahrhunderts.[7]) Er scheint also verhältniss-

---

Anders Charisius p. 80 P. = p. 104 Keil: *Lingula cum n a linguendo dicta est in argento; in calceis vero ligula a ligando. Sed usus ligulam sine n frequentat.* Spätere schreiben auch *legula*. Savaro *ad Sidon. Apoll.* p. 8. 9.

1) Da nämlich *lingula* auch die Zunge der Wagschale ist (*Schol. Pers.* 1, 7) und somit von einer Nadel gebraucht werden kann, so liesse sich dies auf den Stiel der von mir als *cochlear* bezeichneten Form anwenden. Indess ist dieser Vergleich täuschend.

2) S. Baruffaldus *De armis convivalibus* in Sallengre *Thes.* Vol. III p. 737 ff.

3) Unter dem verschiedenen Apparat, den das Wandgemälde *Pitture di Ercol.* II p. 303, tav. 58 darstellt, befindet sich eine grosse Gabel in Form des Tridens, wie er dem Neptun beigegeben wird. Doch gehört diese wahrscheinlich nicht hieher, sondern ist eine Harpune (*fuscina*), die zum Fischfang gebraucht wird. S. Castellani in *Bullett. municipale* II (1874) p. 118 n. 4.

4) Eine eiserne, dreizinkige Gabel, gefunden in einem Grabe bei Yverdon aus der Zeit zwischen dem 6. bis 9. Jahrh., deren Grösse indess nicht angegeben wird, s. in Mittheilungen d. antiq. Gesellsch. in Zürich XIV, 3 p. 88 (26) Taf. IV, 19. In dem dem 12. Jahrh. angehörigen *Hortus deliciarum* (s. Ch. M. Engelhardt Herrad von Landsberg, Aebtissin zu Hohenberg im Elsass und ihr Werk *Hortus deliciarum*. Stuttgart 1818. 8. nebst 18 Tafeln in fol.) stellt eine der Miniaturen (Taf. IV) einen gedeckten Tisch dar, auf dem zwei Paare Messer und Gabeln mit zwei Zinken liegen, offenbar zum Vorschneiden bestimmt, denn die Tafel ist für mehrere Gäste eingerichtet.

5) de Rossi *Bullettino di archeologia cristiana.* 1868 p. 83: *Leggo nel Moniteur de l'archéologue (sous la direction de M. de Coustou-Coysevox) Montauban 1868. 2. sér. T. II p. 216, che la prima menzione delle forchette in Francia si trova nell' inventario dell' argenteria di Carlo V, l'anno 1379.*

6) In dem *Chronicon. Placent.* bei Muratori *Rerum Ital. Script.* XVI p. 583, welches mit dem Jahre 1402 schliesst, wird den Einwohnern von Piacenza grosser Luxus zugeschrieben: *utuntur taciis. cugiariis et forcellis argenti.*

7) Dies Verdienst nimmt für sich in Anspruch Th. Coryate in seinen *Crudities.* London 1611. 4. p. 90: *I observed a custom in all those Italian cities and towns through the which i passed, that is not used in any other country that i saw in my travels, neither do i think that any other nation of Christendom doth use it, but only Italy. The Italian, and also most strangers that are commorant in Italy, do always at their meals use a little fork when they cut their meat.* Hier folgt eine Beschreibung des Gebrauchs der Gabel. Dann heisst es: *This form of feeding, i understand, is generally used in all places of Italy, their forks being, for the most part, made of iron or steel, and some of silver, but those are used only by gentlemen.* Darauf erzählt er, er habe diese Sitte nach England gebracht, und dafür von seinen Freunden den Spottnamen *furcifer* erhalten. Diese und die weiter anzuführenden Notizen sind Klemm (Die Werkzeuge und Waffen. Sondershausen 1858. 8. S. 384) entgangen.

mässig modern zu sein, und man hatte um so weniger Grund, hieran zu zweifeln, als einmal in der lateinischen Sprache für die Tischgabel kein Ausdruck vorhanden ist, da *furca*, *furcula* und *furcilla* ein Tischgeräth niemals bezeichnen, und zweitens über Funde angeblich antiker Gabeln nur wenige und zweifelhafte Nachrichten vorlagen. 1) Im Jahre 1874 sind indessen in Rom zwei silberne Gabeln ausgegraben worden, welche von Castellani, der sie hat abbilden lassen, 2) für antik und etwa der Zeit der Antonine angehörig erklärt werden und von so zierlicher Form sind, dass sie bei Tisch gebraucht werden konnten. Castellani zweifelt daher nicht, dass die Gabeln in Rom seit dem 2. Jahrhundert im Gebrauch waren und seitdem in den gebildeten Ständen immer gebräuchlich geblieben sind. Wie es sich hiemit verhält, werden vielleicht zukünftige Entdeckungen lehren; in der Zeit der Republik und der ersten Kaiser sind Gabeln ohne Zweifel unbekannt gewesen und hat höchstens die Spitze des *cochleare* die Gabel vertreten, wenn sie dazu geeignet war, was bei den uns erhaltenen Exemplaren nicht immer der Fall ist. Wenn man sich demnach beim Essen der Hände

---

1) Roul-Rochette *IIIme Mémoire sur les antiquités Chrétiennes des Catacombes* in *Mém. de l'Acad. des Inscr.* XIII (1818) p. 683 führt zwar mehrere Funde antiker Gabeln an, aber die silberne, bei Caylus *Recueil* III, pl. 84 n. 5 p. 312 abgebildete zweizinkige Gabel, angeblich gefunden »*dans une ruine sur la Via Appia*« ist ihm selbst verdächtig; die angeblich bei Paestum gefundene vierzinkige Gabel (Niccolas bei Paolini *Sui monumenti di antichità in Miseno Baoli* etc. Napoli 1812 p. 409, tav. V fig. 13) ist eine Mystification, von welcher Pagano *La Ligula* p. 12 eine ergötzliche Geschichte erzählt; wenn aber Schulz *Bullett.* 1836 p. 73 in einer Sammlung in Ruvo »*diverse forchette, cortelli, strigili, tenaglie, focali*« u. s. w. erwähnt, so ist diese Notiz zu unbestimmt, um daraus Schlüsse zu machen. Im *Museo Borbonico* befindet sich nach Arditi bei Pagano p. 13 ff. keine Tischgabel und de Rossi sagt a. a. O. p. 83: *Veramente di forchette nè gli scrittori nè i monumenti ci danno indicio veruno*, und p. 84: *Parmi evidente, che l'eleganza e la decenza degli antichi nel prendere il cibo fu assai diversa dalla nostra politezza ed educazione.*

2) *Bullettino della commissione archeologica municipale* II (1874) p. 116 ff. tav. 9. Ausserdem sind 1878 und 1881 in Rom zwei bronzene (l. l. 1878 p. 290. 1881 p. 247) und in Rondineto eine eiserne Gabel gefunden worden (*Notizie degli scavi* 1878 p. 214). (Die römischen Silbergabeln stehen im Verdacht, der Renaissancezeit anzugehören. Ueber eine in Ventimiglia gefundene Gabel (*Not. d. Scavi* 1880 p. 258) konnte ich nichts näheres in Erfahrung bringen. Auf Missverständniss beruht die Angabe l. l. 1879 p. 184, dass in Corfinium eine Gabel gefunden sei. Dass im Alterthum Gabeln als Essgeräth nicht bekannt waren, geht hinlänglich daraus hervor, dass sie weder in der Litteratur noch in Pompeii vorkommen. Wie es scheint hat sich die Gabel erst im 11. Jahrhundert aus Constantinopel nach dem Westen verbreitet. Vgl. Lumbroso *La forchetta di tavola in Europa*, in *Memorie dell' Accad. dei Lincei, cl. di scienze morali*, vol. X, 19 Febr. 1882.)

selbst mehr bediente,[1]) als es heutzutage schicklich ist, so darf man doch hieraus keinen voreiligen Schluss auf eine unzierliche Art des Tafelgenusses machen. Im Gegentheil war mit der Kochkunst selbst und dem Geschmack an Tischgesellschaften auch die Etikette fortgeschritten und eine strenge Sitte bei Tische eingeführt, gegen welche zu verstossen man nicht wagen durfte, ohne den Verdacht zu erregen, dass man in feine Gesellschaft nicht gehöre.[2])

Salzfass. Das unentbehrlichste Stück der Tischeinrichtung ist das Salzfass, das, wie auf den Opfertischen der Tempel,[3]) so auch auf dem häuslichen Tische nicht fehlte,[4]) da jeder Tisch den Göttern geheiligt ist,[5]) auch in ärmeren Familien von Silber zu sein pflegte[6]) und nicht sowohl zur Würze der Speisen, als für die *mola salsa*[7]) diente, mit welcher man opferte;[8]) ferner gab es

---

1) Martial. 3, 17; 5, 78, 6:

Ponetur digitis tenendus ustis
Nigra coliculus virens patella.

2) Lucian. *de merc. cond.* 15: Σὺ δ' ὥσπερ ἐς τοῦ Διὸς τὸν οἶκον παρελθὼν πάντα τεθαύμακας καὶ ἐφ' ἑκάστῳ τῶν πραττομένων μετέωρος εἶ. ξένα γάρ σοι καὶ ἄγνωστα πάντα καὶ ἥ τε οἰκετεία εἰς σὲ ἀποβλέπει καὶ τῶν παρόντων ἕκαστος ὅ τι πράξεις ἐπιτηροῦσιν. — — οἱ μὲν γὰρ τῶν συνδείπνων ἀκόλουθοι ὁρῶντες ἐκπεπληγμένον ἐς τὴν ἀπειρίαν τῶν δρωμένων ἀποσκώπτουσι, τεκμήριον ποιούμενοι τοῦ μὴ παρ' ἄλλῳ πρότερόν σε δεδειπνηκέναι, τὸ καινὸν εἶναί σοι καὶ τὸ χειρόμακτρον τιθέμενον κ. τ. λ. In Betreff des Gebrauchs der Hände giebt auch Ovid. *a. am.* 3, 755 die Regel:

Carpe cibos digitis — est quidam gestus edendi —
Ora nec immunda tota perunge manu.

3) Arnob. 2, 67: *sacras facitis mensas salinorum apposita.*

4) Festus p. 344^b, 24 s. v. *salinum* erzählt, dass jemand im Hause eines *figulus ex mensa salinum coniecit in fornacem.* Vgl. p. 329^a: *Salinum in mensa pro aquali solitum esse poni ait cum patella, quia nihil aliud sit sal, quam aqua.*

5) Plut. *quaest. conviv.* 7, 4, 7 p. 858 Dübn.: ὑπολαβὼν δὲ ὁ Λεύκιος ἔφη, τῆς μάμμης ἀκηκοὼς μνημονεύειν, ὡς ἱερὸν μὲν ἡ τράπεζα.

6) Val. Max. 4, 4, 3: *In Gaii vero Fabricii et Q. Aemilii Papi principum saeculi sui domibus argentum fuisse confitear oportet. Uterque enim patellam deorum et salinum habuit: sed eo lautius Fabricius, quod patellam suam corneo pediculo sustineri voluit.* Plin. *n. h.* 33, 153: *Fabricius, qui bellicosos imperatores plus quam pateram et salinum habere ex argento vetabat.* Auf dies silberne *salinum* beziehen sich Horat. *od.* 2, 16, 13:

Vivitur parvo bene, cui paternum
Splendet in mensa tenui salinum

Pers. 3, 25:

Sed rure paterno
Est tibi far modicum, purum et sine labe salinum.

7) S. Staatsverwaltung III S. 329. Die *mola salsa* meint Statius *silv.* 1, 4, 130:

sed saepe deis hos inter honores
Cespes et exiguo placuerunt farra salino.

8) Liv. 26, 36, 5: *Aurum argentum — in publicum conferamus, ita ut annulos sibi quisque — relinquant, — et (II) libras pondo, ut salinum patel-*

auch wohl eine Essigflasche (*acetabulum*) von Silber.[1]) Aber den Glanz des Tisches machte das silberne Ess- und Trinkgeschirr aus (*argentum escarium, potorium*), welches letztere auf einem Prunktische (*abacus*,[2]) *trapezophoron*, *delphica*, *monopodium*)[3]) ausgestellt wurde, um für den Gebrauch des Mahles bereit zu sein. *Abacus* bedeutet eigentlich eine vierkantige Tischplatte,[4]) welche auf einem Untersatze, *trapezophoron*,[5]) ruhte, der aus Marmor, Bronze oder Silber gearbeitet wurde und einen eigenen Gegenstand der Sculptur ausmachte.[6]) Beide Ausdrücke werden aber zur Bezeichnung des Tisches selbst gebraucht[7])

Silbergeschirr. **abacus.** **trapezophoron.**

---

lamque deorum causa habere possint. Acro *ad Hor. od.* 2, 16, 14: *proprie tamen salinum est patella, in qua dis primitiae cum sale offerebantur.* Auch die *patella* dient nicht zum Essen, sondern zum Darbringen des Speiseopfers für die Laren. Cic. *de fin.* 2, 7, 22: *Atqui reperiemus asotos primum ita non religiosos, ut edint de patella.* Klausen Aeneas und die Penaten II S. 632.

1) *Digest.* 34, 2, 19 § 9.

2) Ein Abacus als Küchentisch kommt schon bei Cato *de r. r.* 10, 4 vor; aber die Prunktische, welche hier gemeint sind, waren, wie der übrige Tafelluxus, im J. 567 = 187 aus Asien nach Rom gekommen. Liv. 39, 6, 7. Plin. *n. h.* 34, 14. Sie erwähnt Cic. *in Verr.* 4, 16, 35: *Ab hoc abaci vasa omnia, ut exposita fuerunt, abstulit.* Ib. 25, 57: *aliquot abacorum vasa aurea.* Plin. *n. h.* 37, 14: *vasa ex auro et gemmis abacorum novem.* Vgl. Cic. *in Verr.* 4, 14, 33: *cum essent triclinia strata argentumque expositum in aedibus.* Petron. 73. Ib. 21. 22. Zwei zierliche Schenktische, viereckig, der eine von zwei Sphinxen getragen, der andere mit vier Füssen, beide mit Gefässen und Statuetten besetzt, sind dargestellt auf dem pariser Sardonyxgefäss bei Clarac *Mus. de Sculpt.* pl. 125 = Wieseler Denkm. d. alten Kunst II Taf. L fig. 626[a]. 626[b].

3) Auf dem Relief bei Olfers Ueber ein merkwürdiges Grab bei Cumae in Abh. d. Berlin. Acad. 1830, Taf. 2, Jorio *Scheletri cumani* tv. 3, Sickler *De monumentis Graecis e sepulcro cumano erutis* Taf. 1 ist ein Gastmahl dargestellt. Neun Gäste liegen auf einem Triclinium und sehen einer Tänzerin zu. Rechts vom Beschauer steht ein *abacus* auf einem Fusse (*monopodium* Liv. 39, 6), auf welchem sechs Trinkgefässe aufgestellt sind. Unter dem Tische steht ein grosser Crater.

4) S. oben S. 99 und *Dictionnaire des antiquités* I p. 1 ff.

5) Cic. *ad fam.* 7, 23, 3: *Quod tibi destinaras* τραπεζοφόρον, *si te delectat, habebis.* *Dig.* 33, 10, 3: *Supellectile legata haec continentur: mensae, trapezophora, delphicae.* Artemidor. *Oneir.* 1, 74.

6) Solche Trapezophoren sind in grosser Zahl erhalten. Ein marmorner mit zwei Greifen Visconti *M. P. Cl.* V p. 69 ff. pl. X der Mailänder Ausgabe; andere marmorne *Description of the coll. of ancient marbles in the British Museum* I, 3, 15; III, 3, 8; pompeianische mit Greifen *Mus. Borb.* III, 59; VII, 28. Overbeck Pompeji[4] S. 422; mit Sphinxen *Mus. Borb.* IX, 43; Overbeck[4] S. 428; vgl. auch *Mus. Borb.* I, 48.

7) Dies folgt aus *Digest.* 33, 10, 3, wo nur drei Arten von Tischen unter der *supellex* begriffen werden, *mensae* (zum Essen), *trapezophora* und *delphicae*, die *abaci* also unter den *trapezophora* verstanden werden, und aus Juven. 3, 203:

urceoli sex
Ornamentum abaci; nec non et parvulus infra
Cantharus et recubans sub eodem marmore Chiron,

welche von Heinrich nicht verstandene Stelle Visconti a. a. O. richtig so erklärt, dass der Centaur der τραπεζοφόρος ist. Ein solcher *trapezophoros* mit

und zwar eines viereckigen Schenktisches, der zuweilen auch, wie eine Servante, mit verschliessbaren Fächern versehen war,[1]) *delphica.* wogegen die *delphica* die Form eines griechischen Dreifusses, τρίπους, hatte, auf dem eine runde Tischplatte lag.[2]) Schüsseln mit Speisen standen beim Beginne des Mahles nicht auf dem Tische, sondern man brachte dieselben auf den Tisch in einem *repositorium.* Tafelaufsatze (*repositorium*),[3]) der den ganzen Gang (*ferculum*) enthielt, ursprünglich von Holz, dann von Silber[4]) und so eingerichtet war, dass die Schüsseln darin nicht nur neben, sondern auch über einander geschmackvoll zusammengestellt wer-

---

Centaur und Scylla ist noch vorhanden und abgebildet bei Winckelmann *Mon. ined.* n. 37 = *Museo Borb.* I, 48. vgl. Pollux *Onom.* 10, 69: ἔξεστι δὲ τὴν τράπεζαν, ἐφ' ᾗ τὰ ἐκπώματα κατάκειται, τετράπουν τε τράπεζαν εἰπεῖν καὶ μονόπουν, καὶ εἴ τις βούλοιτο φιλοτιμεῖσθαι πρὸς τὴν καινότητα τῆς χρήσεως, τραπεζοφόρον.

1) Sidon. Apoll. *carm.* 17, 5 ff.:

Non tibi gemmatis ponentur prandia mensis,
Assyrius murex nec tibi sigma dabit;
Nec per multiplices abaco splendente cavernas
Argenti nigri pondera defodiam.

Diese Stelle wird vortrefflich erläutert durch ein Relief von Terracotta bei Stackelberg Gräber der Hellenen, Vignette im Text S. 42, *Dict. d. ant.* I p. 3 fig. 5, darstellend einen viereckigen Abacus, der mit Krügen und Körbchen besetzt ist und unterhalb der Tischplatte verschlossene Fächer hat. Vgl. auch Gerhard Antike Bildwerke 75, 1.

2) Procop. *de b. Vand.* 1, 21: ἐν παλατίῳ γὰρ τῷ ἐπὶ Ῥώμης, ἔνθα συνέβαινε στιβάδας τὰς βασιλέως εἶναι, τρίπους ἐκ παλαιοῦ εἱστήκει, ἐφ' οὗ δὴ τὰς κύλικας οἱ βασιλέως οἰνοχόοι ἐτίθεντο. Δέλφικα δὲ τὸν τρίποδα καλοῦσι Ῥωμαῖοι, ἐπεὶ πρῶτον ἐν Δελφοῖς γέγονε. Cic. *in Verr.* 4, 59, 131: *mensas Delphicas e marmore.* Martial. 12, 66, 5:

Gemmantes prima fulgent testudine lecti
Et Maurusiaci pondera rara citri;
Argentum atque aurum non simplex Delphica portat.

Orelli *Inscr.* 2505: *Decimia C. f. Candid. Sacer(dos) M(atris) D(eorum) delficam cum laribus et ceriolariis n(umero) XXXVI.* Eine *delphica aerea cum omni cultu exornata* Orelli 3094. Zu Horat. *sat.* 1, 6, 116:

Cena ministratur pueris tribus et lapis albus
Pocula cum cyatho duo sustinet,

sagt Porphyrio: *Marmoream mensam delphicam significat, quae scilicet pretii non magni est.* Auf die *delphicae* ist auch wohl zu beziehen, was Dio Cass. 61, 10, 3 von Seneca sagt: πενταχοσίους τρίποδας κιτρίνου ξύλου ἐλεφαντόποδας ἴσους καὶ ὁμοίους εἶχε. Solche *delphicae* s. bei Overbeck[4] S. 428 f. *Mus. Borb.* III, 30; XV, 6.

3) Ulpian. *Dig.* 34, 2, 19 § 10 zählt unter den Tischgeräthen (*vasa*) auch die *repositoria* auf.

4) Plin. *n. h.* 33, 146: *Cornelius Nepos tradit, ante Sullae victoriam duo tantum triclinia Romae fuisse argentea; repositoriis argentum addi sua memoria coeptum; Fenestella, qui obiit novissimo Tiberii Caesaris principatu, ait et testudinea tum in usum venisse, ante se autem paulo lignea, rotunda, solida nec multo maiora quam mensas fuisse: se quidem puero quadrata et compacta aut acere operta aut citro coepisse, mox additum argentum in angulos lineasque per commissuras.*

den konnten.[1]) So viel Gänge das Mahl hatte, so oft wurde das Repositorium aufgetragen und wieder abgenommen;[2]) die Gäste langten, jenachdem die Speisen waren, entweder unmittelbar zu,[3]) wobei indess eine gewisse culinarische Bildung erfordert wurde, um die normale Reihenfolge in dem Genusse des complicirten Ganges zu treffen,[4]) oder der Scissor zerlegte von der freien Seite des Tisches aus erst die Speise[5]) und liess sie durch die Sclaven herumreichen,[6]) wie dies auch mit dem Brode,[7]) dem Wasser und Weine geschah.

Die Gesellschaft, namentlich wenn sie sich zu einem heiteren Mahle versammelte,[8]) machte es sich auch in der Tracht Tracht der Gäste.

1) Plaut. *Men.* 101. *Fercula docte componere* Juvenal. 7, 184. Die Etagen des Aufsatzes beschreibt Petron. 35: *Ferculum insecutum est plane non pro exspectatione magnum; novitas tamen omnium convertit oculos. rotundum enim repositorium duodecim habebat signa in orbe disposita, super quae proprium convenientemque materiae structor imposuerat cibum: super arietem cicer arietinum, super taurum bubulae frustum* u. s. w.; c. 36: *quattuor tripudiantes procurrerunt superioremque partem repositorii abstulerunt. Quo facto videmus infra altilia et sumina leporemque in medio.* Hieraus erklärt sich Plin. *n. h.* 33, 140: *iam vero et mensas repositoriis imponimus* (*mensa* nennt er die *superior pars* des Aufsatzes) *ad sustinenda obsonia.*

2) Plin. *n. h.* 28, 26: *bibente conviva mensam vel repositorium tolli inauspicatissimum iudicatur.* Petron. 33: *gustantibus adhuc nobis repositorium allatum est cum corbe.* c. 34: *gustatoria a choro cantante rapiuntur.* c. 35 wird wieder ein *ferculum* aufgetragen. c. 39: *sublatum erat ferculum.* c. 40 erscheint ein neues *repositorium.* c. 49: *nondum efflaverat omnia, cum repositorium cum sue ingenti mensam occupavit.* c. 60: *iam illic repositorium cum placentis aliquot erat positum.* Horat. *sat.* 2, 8, 10.

3) Petron. 60: *avidius ad pompam manus porreximus.* Plutarch. *quaest. convival.* 2, 10 p. 779 Dübn. untersucht, πότερον οἱ παλαιοὶ βέλτιον ἐποίουν πρὸς μερίδας, ἢ οἱ νῦν ἐκ κοινοῦ δειπνοῦντες. Bei Homer nämlich erhält jeder seine Portion; zu Plutarch's Zeit nahmen alle aus derselben Schüssel.

4) Lucian. *de merc. cond.* 15: ὥσπερ οὖν εἰκός, ἰδίειν τε ἀνάγκη ὑπ' ἀπορίας καὶ μήτε διψῶντα πιεῖν αἰτεῖν τολμᾶν — μήτε τῶν ὄψων παρατεθέντων ποικίλων πρός τινα τάξιν ἐσκευασμένων εἰδέναι, ἐφ' ὅ, τι πρῶτον ἢ δεύτερον τὴν χεῖρα ἐνέγκῃς· ὑποβλέπειν οὖν ἐς τὸν πλησίον δεήσει κἀκεῖνον ζηλοῦν καὶ μανθάνειν τοῦ δείπνου τὴν ἀκολουθίαν.

5) Petron. 36. 40.

6) Petron. 33: *accessere continuo duo servi et — scrutari paleam coeperunt erutaque subinde pavonina ova divisere convivis.* 40: *statim pueri ad sportellas accesserunt, quae pendebant e dentibus* (*apri*), *thebaicasque et caryotas ad numerum divisere cenantibus.* Ebenso beschreibt Lucian. *epistolae Saturn.* 22, wie der Vorschneider dem Hausherrn das beste Stück, den Gästen aber Knochen reicht. Martial tadelt daher das Herumreichen als eine schlechte Sitte 7, 48:

Cum mensas habeat fere trecentas,
Pro mensis habet Annius ministros.
Transcurrunt gabatae volantque lances.
Has vobis epulas habete, lauti,
Nos offendimur ambulante cena.

7) Petron. 35: *circumferebat Aegyptius puer clibano argenteo panem.*

8) Seneca *ep.* 18, 2: *an — hilarius cenandum et exuendam togam* (*existimares*).

möglichst bequem; man erschien nicht in Schuhen, sondern in
soleae. Sandalen (*soleae*), welche auf der Strasse in anderen Fällen, als wenn man zum Mahle ging, zu tragen unanständig war;[1] nicht in der Toga,[2] sondern wie bei den Saturnalien[3] in einer
synthesis. *vestis cenatoria*,[4] στολὴ δειπνῖτις[5]) oder *synthesis*,[6] d. h. einem leichten farbigen Kleide[7] — die Arvalen tragen vielleicht in ihrer priesterlichen Function eine weisse Synthesis[8] — und wechselte dasselbe während des Mahles öfters.[9] Wenn man zu Tische ging (*accumbere, discumbere*), liess man sich auch die Soleae durch seinen eigenen Sclaven, den man dazu mitbrachte (*ad pedes*),[10] ausziehen,[11] und stand man vom Mahle auf, so forderte man die Sohlen.[12] Hatten sich alle gelagert, so wurde Wasser zum Händewaschen herumgegeben;[13] dies wurde zwi-

---

1) Gell. 13, 21, 1; Cic. *Phil.* 2, 30, 76. Die Gäste kamen in diesem Anzuge gewöhnlich in einer Sänfte; gingen sie zu Fuss, so kamen sie wohl in Schuhen daher. Plin. *ep.* 9, 17, 3: *Quam multi, cum lector aut lyristes aut comoedus inductus est, calceos poscunt.* Bei Hor. *ep.* 1, 13, 15 trägt der eingeladene *tribulis* seine Sohlen unter dem Arme.

2) Spart. *Hadr.* 22, 2: *Senatores et equites Romanos semper in publico togatos esse iussit nisi si a cena reverterentur.* 3) Mart. 14, 1, 1.

4) Martial. 10, 87, 12; 14, 135. Capitolin. *Maxim. duo* 30: *Ipse puerulus cum ad cenam ab Alexandro esset rogatus, — quod ei deesset vestis cenatoria, ipsius Alexandri accepit.* Auch die Frauen legten ein solches Kleid an. *Dig.* 34, 2, 33: *scire se quendam senatorem muliebribus cenatoriis uti solitum.* — *cenatorium* unten Anm. 8.

5) Dio Cass. 69, 18.

6) *Act. arv.* 19 Mai 91: *cum sintesibus epulati sunt.* Martial. 4, 66, 4.

7) *prasina synthesis* Martial. 10, 29, 4; vgl. 2, 46. Was Sueton. *Nero* 51 bei der Beschreibung des Anzuges des Nero *synthesina* nennt, heisst bei Dio Cass. 63, 13 χιτώνιον ἀνθινόν.

8) *cenatorium album*, *Acta* 27 Mai 218. 219. 17 Mai 241; vgl. Henzen p. 12. 27. Indessen trug man bei allen feierlichen Gelegenheiten weisse Kleider. Siehe S. 251 Anm. 4. 9) Martial. 5, 79, 2.

10) Martial. 12, 87. Vgl. oben S. 148 Anm. 5. Dass diese Sclaven bei Tische zugegen blieben, lehrt Plut. *quaest. convival.* 7, 8, 4 § 4, p. 868 Dübn., wo er sagt, Mimen seien so unpassend für das Mahl, dass selbst die Sclaven, welche ihren Herren die Schuhe trügen, sie nicht anhören dürften.

11) *Soleas deponere* Martial. 3, 50, 3, und vom Sclaven *soleas demere* Plaut. *Trucul.* 367. Dieser Act ist dargestellt in dem öfters wiederholten Relief, welches Wieseler als Besuch des Dionysos bei Icarios deutet (Visconti *Mus. P. Cl.* IV T. 25. Wieseler Denkm. d. alten Kunst II Taf. L n. 624) und wahrscheinlich auf dem pompeianischen Bilde *Not. d. Scavi* 1884 p. 48 (vgl. *Bull. d. Inst.* 1885 p. 70), nur dass es hier Schuhe sind.

12) *Soleas poscere* Hor. *sat.* 2, 8, 77. Seneca *contr.* 9, 25 p. 259, 3 Burs. So heisst es Plaut. *Most.* 384: *Soleas cedo mi.*

13) Plaut. *Persa* 5, 1, 16:

Hoc age: accumbe. hunc diem suavem
Meum natalem agitemus amoenum. date aquam manibus. ponite mensam.

Fabius Pictor bei Nonius p. 544 s. v. *polubrum*: *Aquam manibus pedibusque dato, polubrum sinistra manu teneto, dextera vasum cum aqua.* Petron. 31.

schen den einzelnen Gängen wieder herumgereicht[1]) und auch während des Essens requirirt.[2])

Die Mahlzeit selbst zerfällt regelmässig in drei Theile, die Entrées, den Haupttheil, und den Nachtisch, und war wenigstens in der Kaiserzeit theils nach einer von den Aerzten vielfach behandelten diätetischen Theorie,[3]) theils aber nach den mit der Mode wechselnden Regeln über die zweckmässige Vertheilung der vielfältigen Genüsse geordnet. **Anordnung der Mahlzeit.**

Die Entrées, *gustus*,[4]) *gustatio*,[5]) oder, weil man dazu ein aus Most und Honig bereitetes Getränk, *mulsum*,[6]) gab, *promulsis* genannt,[7]) waren darauf berechnet, das Mahl mit leichten, die Verdauung befördernden[8]) und den Appetit reizenden[9]) Speisen zu beginnen. Sie scheinen anfänglich gar keinen eigenen Theil der Mahlzeit ausgemacht zu haben, da die Nachricht, bei den Alten hätte das Mahl nur aus zwei Gängen bestanden,[10]) von der Hauptmahlzeit und dem Nachtisch erklärt wird,[11]) und **gustatio.**

Vgl. oben S. 198 A. 6. Ueber die entsprechenden griechischen Ausdrücke s. Cobet *Novae lectiones* p. 4. 5.

1) Lampr. *Heliog.* 25, 9: *cum tantum biberent per singula fercula et manus, quasi comedissent, lavarent.* Vgl. Athenaeus 4, 4 p. 129e. Petron. 34: *vinumque dederunt in manus* (zum Händewaschen); *aquam enim nemo porrexit.*

2) Sidon. Apoll. *epist.* 1, 11: *Retrorsumque conversus, tanquam manibus aquam poscerem.*

3) Fast in allen ärztlichen Schriften des Alterthums bildet die Diätetik einen Hauptgegenstand. Besonders handeln über die Nahrungsmittel Xenocrates Περὶ τῆς ἀπὸ ἐνύδρων τροφῆς, ed. Coray. Paris 1814. 8. Galen. Περὶ τροφῶν δυνάμεως bei Kühn Vol. VI p. 453 ff. Περὶ εὐχυμίας καὶ κακοχυμίας τροφῶν ebendas. p. 749 ff. Celsus lib. II c. 18—32. Oribasius lib. I—V. Vgl. C. J. van Cooth *Diatribe in diaeteticam veterum.* Trai. ad Rhen. 1835. 8.

4) Martial. 10, 48, 13; 11, 31, 4; 11, 52, 12. Auch *gustum*, Apicius 4, 5.

5) Petron. 21. 31.

6) Columella 12, 41, wo das Recept gegeben wird. Varro *de r. r.* 3, 16, 2: *cum interea nihilo minus pene quotidie in convivio omnibus darem mulsum.* Horat. *sat.* 2, 2, 15; 2, 4, 24. Macrob. *sat.* 7, 12, 9. So heisst es Petron. 34 bei der *gustatio*: *Jam Trimalchio — fecerat potestatem clara voce, si quis nostrum iterum vellet mulsum sumere.* Amphora aus Pompeii mit der Aufschrift *mulsum*, *Not. d. Scavi* 1879 p. 154 = *Bull. d. Inst.* 1881 p. 234.

7) Cic. *ad fam.* 9, 16, 8; 9, 20, 1.

8) ὅσα λαπάττει τὴν γαστέρα Galen. VI p. 333 Kühn, und öfter. Horat. *sat.* 2, 4, 27:

Si dura morabitur alvus,
Mitulus et viles pellent obstantia conchae
Et lapathi brevis herba.

9) *qualia lassum Pervellunt stomachum* Hor. *sat.* 2, 8, 8.

10) Serv. *ad Aen.* 1, 726: *Nam, ut ait Cato, et in atrio et duobus ferculis epulabantur antiqui.*

11) Serv. *ad Aen.* 1, 723: *licet sub extranea persona Romanorum tamen exsequitur morem, apud quos duae mensae erant, una epularum, altera poculorum.* Id. *ad Aen.* 8, 283: *una (mensa) carnis fuerat, altera pomorum.*

die kalten Gerichte, welche zum Beginne gegeben wurden, zum Theil ursprünglich zum Nachtisch gehört hatten und erst später an den Anfang des Mahles verlegt waren.[1]) Die Gustatio wurde auf einem eigenen Repositorium, welches *gustatorium*[2]) oder *promulsidare*[3]) heisst, aufgetragen und enthielt namentlich weiche Eier,[4]) woher das Sprüchwort *ab ovo ad mala*, von Anfang bis zu Ende,[5]) stammt; ausserdem Salate und pikant zubereitete Gemüse;[6]) Gartensalat (*lactuca*), der als heilsam für den Magen gilt;[7]) Kohl (*brassica*), den Cato für das beste Gemüse erklärt und denen, die stark trinken und essen wollen, als Präservativ roh mit Essig zu essen empfiehlt;[8]) Grünkohl in Salpeter gekocht, so dass er eine hellgrüne Farbe bekommt,[9]) Rüben (*rapa*)

---

1) Die Entrées heissen auch *frigida mensa*. S. Salmasius *ad Capitolin. Gord. Jun.* 21 und besonders Plut. *quaest. conv.* 8, 9, 3, der von der wechselnden Mode des Tafelgenusses redend, erwähnt, οἰνόμελι d. h. *mulsum* hätte man früher gar nicht getrunken und eine *vulva* gar nicht gegessen, alte Leute ässen noch zu seiner Zeit weder Gurken noch Melonen noch Pfeffer, und dann fortfährt § 28, p. 895 Dübn.: Αἱ γὰρ καλούμεναι ψυχραὶ τράπεζαι πρότερον, ὀστρέων, ἐχίνων, ὠμῶν λαχάνων, ὥσπερ ἔλεγεν ὁ Πλάτων, ἀπ' οὐρᾶς ἐπὶ στόμα μεταχθεῖσαι τὴν πρώτην ἀντὶ τῆς ἐσχάτης τάξιν ἔχουσι. Dies bestätigt Martial. 13, 14:

Claudere quae cenas lactuca solebat avorum,
Dic mihi, cur nostras inchoat illa dapes?

vgl. Verg. *Moret.* 74:

Grataque nobilium requies lactuca ciborum,

und mehr über diese, erst nach Vergil's Zeit eingetretene Aenderung bei Heindorf zu Hor. *sat.* 2, 4, 59.

2) Petron. 34. Plin. *ep.* 5, 6, 37: *gustatorium graviorque cena margini imponitur.* Martial. 14, 88.

3) Petron. 31. *Dig.* 34, 2, 19 § 10. Tertullian. *de pall.* 5 nennt den Aufsatz selbst *promulsis: Drusillanus, et quidem servus Claudii, quingenarium promulsidem aedificat.*

4) Oft erwähnt, z. B. Hor. *sat.* 2, 4, 12. Cic. *ad fam.* 9, 20, 1. Varro *de r. r.* 1, 2, 11.

5) Zu Hor. *sat.* 1, 3, 6:

si collibuisset, ab ovo
Usque ad mala citaret »Jo Bacche«

sagt Porphyrio: *Id est ab initio cenae ad finem usque. Ovum enim hodieque initium cenae est, quippe cum in gusto statim a balneis offeratur; mala autem apud veteres inter cetera secundae mensae offerebantur.*

6) S. hierüber Schuch Gemüse und Salate der Alten. Rastatt 1853. 1854. 8. Lenz Botanik der alten Gr. und Röm. Gotha 1859. 8. S. 78 ff. Becker *Gallus* III S. 248 ff. (325 ff. Göll). 7) S. die Stellen bei Lenz S. 486 ff.

8) Cato *de r. r.* 156: *Brassica est, quae omnibus oleribus antistat; eam esto vel coctam vel crudam. — — Si voles in convivio multum bibere cenareque libenter, ante cenam esto crudam quantum voles ex aceto.*

9) Martial. 13, 17:

Ne tibi pallentes moveant fastidia caules,
Nitrata viridis brassica fiat aqua.

vgl. 5, 78, 7: *Nigra coliculus virens patella.*

Apicius 3, 1: *Omne olus smaragdinum fiet, si cum nitro coquatur.*

und Kohlrüben (*napi*) in Salz, Senf und Essig eingemacht [1]) und auf künstliche Weise bunt gefärbt; [2]) Artischocken (*cardui*), ein besonders beliebtes Gericht, [3]) Spargel (*asparagi*), [4]) Kürbisse und Melonen mit Essig, Pfeffer und anderen pikanten Zuthaten; [5]) Gurken, die der Kaiser Tiberius täglich ass, [6]) Oliven, [7]) Ampfer (*lapathus* oder *rumex*) und Malven, [8]) Lauch (*porrum*) in Oel und Wein gekocht; [9]) Pilze verschiedener Art, ordinäre, *fungi suilli* (Steinpilze), auch getrocknet und in Essig, [10]) *boleti*, Kaiserschwämme, [11]) an denen der Kaiser Claudius starb, Champignons (*pratenses fungi*) [12]) und Trüffeln (*tubera*), [13]) wiewohl die letzteren nicht besonders beliebt waren, da die schwarze Trüffel den Alten unbekannt gewesen zu sein scheint; [14]) ferner Schnecken und Austern, frisch (*ostrea cruda*) [15]) und gekocht; [16]) gesalzene Fische (*salsamenta*, [17]) *pisces salsi*), z. B. Sardinen [18]) oder *lacerti* in Stücken mit zerschnittenen harten Eiern aufgetragen; [19]) endlich complicirte Schüsseln ähnlichen Charakters. Vollständigere Verzeichnisse der die Verdauung befördernden und daher für den Beginn der Mahlzeit geeigneten Speisen geben die Aerzte [20])

---

1) Columella 12, 56. Plin. *n. h.* 18, 128.
2) *Rapa coloribus picta praeter suum sex aliis, purpureo quoque.* Plin. a. a. O.
3) Plin. *n. h.* 19, 152. 153.
4) Oft erwähnt, auch bei Apicius 3, 3.
5) Apicius 3, 4. 7.
6) Plin. *n. h.* 19, 64. Apicius 3, 6.
7) Hor. *sat.* 2, 2, 46.
8) Cic. *ad fam.* 7, 26, 2. Hor. *epod.* 2, 57:

Aut herba lapathi prata amantis et gravi
Malvae salubres corpori.

Hor. *sat.* 2, 4, 27. *od.* 1, 31, 16.
9) Martial. 5, 78, 4. Apicius 3, 10.
10) Plin. *n. h.* 22, 98 f.
11) Juvenal. 5, 147:

fungi ponentur amicis,
Boletus domino.

Martial. 3, 60, 5:

Sunt tibi boleti, fungos ego sumo suillos.

12) Hor. *sat.* 2, 4, 20.
13) Martial. 13, 50.
14) Oribasius 2, 24, vol. I p. 88 und dazu Daremberg p. 584.
15) Macrob. *sat.* 3, 13, 12.
16) *patina ostrearum* Macrobius l. l. Apicius 9, 6.
17) Celsus 1, 2: *cibus a salsamentis, oleribus, similibusque rebus melius incipit.*
18) *sardae sive sardinae* Ed. Dioclet. V, 12.
19) Martial. 10, 48, 11.
20) Celsus 2, 29, der hierüber am compendiösesten handelt, führt namentlich an: Kohl (*brassica*), Gartensalat (*lactuca*), Dill (*anethum*), Kresse (*nasturtium*), Basilie (*ocimum*), Nesseln (*urtica;* auch Apicius 4, 2, 169 hat eine *patina urticarum calida et frigida*), Portulaceen, Radieschen, Kappern, Lauch, Zwiebeln, Malven, Ampfer, Beta, Spargel, Kürbis, Kirschen, Maulbeeren, alles weiche Obst, trockne Feigen, wie auch frische; Weintrauben, kleines Geflügel, Schnecken, Garum, gesalzenen Fisch, Austern und Muscheln und besonders Brühe von denselben; zarte Fische.

und die uns erhaltenen Beschreibungen einfacher [1]) oder complicirterer [2]) Mahlzeiten.

cena. Auf diese Entrées folgte die eigentliche Cena, in alter Zeit und auch später bei unbemittelten Leuten ein einzelner Gang, [3]) dem der Name *cena* in engerem Sinne zukommt; denn wenn man, wie dies hernach sehr üblich war, drei oder auch wohl sechs [4]) und sieben [5]) Gänge (*fercula*, *missus*) gab, so nannte man doch auch diese *prima cena*, *altera cena*, *tertia cena*. [6]) Bei Mahlzeiten, die so viele Gänge enthielten, war es nöthig, dem Speisekarte. Wirthe (*dominus*, [7]) *magister convivii*) [8]) eine Speisekarte vorzulegen, [9]) mit deren Hülfe er wohl öfters den Gästen die nöthigen Erläuterungen gab, welche Horaz in der achten Satire des zweiten Buches launig schildert. Nach Beendigung der Hauptmahlzeit trat eine Pause ein, in der man Schweigen gebot, um Tischopfer. nach alter Sitte den Laren das Speiseopfer, wozu auch die *mola salsa* [10]) gehörte, darzubringen; [11]) denn dieser Ritus erhielt sich

---

1) Martial. 10, 48, 7:

Exoneraturas ventrem mihi vilica malvas
Attulit et varias, quas habet hortus, opes.
In quibus est lactuca sedens et tonsile porrum:
Nec deest ructatrix mentha nec herba salax (d. h. *eruca*).
Secta coronabunt rutatos ova lacertos
Et madidum thynni de sale sumen erit.
Gustus in his.

Aehnlich 5, 78.

2) Macrobius *sat.* 3, 13, 12 in der Beschreibung einer *cena pontificalis: Cena haec fuit: Ante cenam echinos, ostreas crudas quantum vellent, peloridas, sphondylos, turdum asparagos subtus, gallinam altilem, patinam ostrearum, peloridum, balanos nigros, balanos albos, iterum sphondylos, glycomaridas, urticas, ficedulas, lumbos capraginos, aprugnos, altilia ex farina involuta, ficedulas, murices et purpuras.* Einen Commentar zu dieser Stelle giebt Böttiger Kleine Schriften III. S. 217—226.

3) Mart. 10, 48, 13: *una ponetur cenula mensa.*

4) Suet. *Oct.* 74: *Cenam ternis ferculis aut, cum abundantissime, senis praebebat.*

5) Juvenal. 1, 94. Philo *de vita contempl.* 6, II p. 479 M.: Ἑπτὰ γοῦν καὶ πλείους εἰςκομίζονται τράπεζαι, πλήρεις ἁπάντων ὅσα γῆ τε καὶ θάλαττα καὶ ποταμοὶ καὶ ἀὴρ φέρουσι. 6) Martial. 11, 31, 5. 6.

7) Sallust. *hist.* 3, *fr.* 4 Dietsch. Cic. *in Vatin.* 13, 31: *epuli dominus.* Nonius p. 281, 21: *dominus rursum appellatur convivii exhibitor, unde et dominia convivia* (Cic. *in Verr.* 3, 4, 9). Liv. 23, 8, 7. Varro bei Gell. 13, 11, 5. Petron. 34.

8) Martial. 12, 48, 15: *Convivas alios cenarum quaere magister.*

9) Athenaeus 2, 33 p. 49d: ἔθος ἦν ἐν τοῖς δείπνοις τῷ ἑστιάτορι κατακλιθέντι προδίδοσθαι γραμματείδιόν τι περιέχον ἀναγραφὴν τῶν παρεσκευασμένων, ἐφ᾽ ᾧ εἰδέναι ὅ τι μέλλοι ὄψον φέρειν ὁ μάγειρος.

10) S. oben S. 318 Anm. 7.

11) Verg. *Aen.* 8, 283:

et mensae grata secundae
Dona ferunt cumulantque oneratis lancibus aras.

bis in sehr späte Zeit, wie auch das Tischgebet im Beginne der Mahlzeit.[1] Das Mahl schloss mit den *secundae mensae*,[2] dem Nachtische (*bellaria*),[3] der aus Backwerk[4] und frischen und eingemachten Früchten[5] bestand. *secunda mensa.*

Eine Zusammenstellung der vielfachen Materialien, welche zur Anrichtung einer so luxuriösen Mahlzeit gehörten, der einheimischen und fremden, frischen und gesalzenen Fische, des Geflügels, der wilden und zahmen vierfüssigen Thiere, der Backwerke, Obstsorten und Weingattungen, werden wir in einem andern Capitel versuchen, in welchem wir diese Gegenstände in ihrer Beziehung zur Production und zum Handel zu besprechen Gelegenheit haben werden. Die anekdotenartig überlieferten Nachrichten über den Luxus der römischen Tafel[6] sind überdies mehr charakteristisch für die extreme Schwelgerei, welche in Rom von Lucullus[7] an bis auf Vitellius[8] und Heliogabal hinab[9] immer ihre Vertreter gehabt hat, als allgemein maass- Materialien der *cena.*

Vgl. 1, 723—740. Horat. *sat.* 2, 2, 124. So wie die Griechen nach Abräumung des Tisches den Göttern spendeten (Wesseling *ad Diod.* 4 p. 248 Anm. 29. Jacobs *ad Anthol. Gr.* VI p. 314), so bringt man in Rom vor dem Beginne der *altera mensa* den Laren das Speiseopfer. Vgl. Staatsverwaltung III S. 124. Serv. *ad Aen.* 1, 730: *Apud Romanos etiam cena edita sublatisque mensis primis silentium fieri solebat, quoad ea, quae de cena libata fuerant, ad focum ferrentur et in ignem darentur, ac puer deos propitios nunciasset, ut diis honor haberetur tacendo. Quae res cum intercessit inter cenandum, Graeci quoque* θεῶν παρουσίαν *dicunt.* So opfern nicht allein die Arvalen zwischen der *mensa prima* und der *mensa secunda* die *fruges libatae*, Henzen *Acta* p. 42 f., sondern auch bei Petron. 60 heisst es, als die *altera mensa* aufgetragen wird: *inter haec tres pueri candidas succincti tunicas intraverunt, quorum duo Lares bullatos super mensam posuerunt, unus pateram vini circumferens »dii propitii« clamabat.* Nach der Schlacht bei Actium wurde der *genius Augusti* unter die Laren aufgenommen (s. Staatsverwaltung III S. 124), und durch ein Senatusconsult befohlen, auch bei häuslichen Mahlzeiten diesem zu opfern. Dio Cass. 51, 19, 7: καὶ ἐν τοῖς συσσιτίοις οὐχ ὅτι τοῖς κοινοῖς ἀλλὰ καὶ τοῖς ἰδίοις πάντας αὐτῷ σπένδειν ἐκέλευσαν, woraus sich erklärt Horat. *od.* 4, 5, 31:

Hinc ad vina redit laetus et alteris
Te mensis adhibet deum.

1) Quintil. *decl.* 301 p. 187 Ritter: *Invitavi ad cenam: — venisti — et adisti mensam, ad quam cum venire coepimus, deos invocamus.*

2) Petron. 68. Gell. 13, 11, 6. Macr. *sat.* 2, 8, 3; 3, 18, 1. 19, 1.

3) Varro bei Gellius 13, 11, 6. 7. *Act. Arv.* 27 Mai 218. Einen alten Ausdruck dafür erwähnt Festi *ep.* p. 108, 18: *Impomenta, quasi imponimenta, quae post cenam mensis imponebant.* Der griechische Ausdruck ist ἐπιδειπνίς, Athen. 14 p. 664e, auch bei Martial. 11, 31, 7. Petron. 69.

4) Martial. 3, 17, 1.

5) Martial. 2, 48, 18; 5, 78, 11. Lamprid. *Al. Sev.* 37, 10.

6) Man findet diese vielfach zusammengestellt z. B. bei Meierotto Ueber Sitten und Lebensart der Römer. 3. Ausg. 1814. 8. S. 111—142.

7) Von diesem datirt Athenaeus 6 p. 274e den Tafelluxus in Rom.

8) Sueton. *Vitell.* 13.

9) Lamprid. *Heliog.* 19. 23 ff. 29 ff.

gebend für das Leben der Familie, mit welchem wir es hier zu thun haben. Von Interesse würde es dagegen sein, aus der Entwickelung der Kochkunst selbst einige für die Diätetik des Alterthums bezeichnende Momente hervorzuheben, wenn dies bei der Beschaffenheit des noch unverarbeiteten Materiales möglich wäre. Hier genügen einige einzelne Bemerkungen. Die frugale Küche der älteren Zeit kannte bei der Zubereitung der Speisen

Zuthaten. keine anderen Zuthaten als Oel[1]) (denn Butter ist in Griechenland und Italien zwar bekannt, aber nur als Medicament in medicinischem Gebrauche), [2]) Honig, Salz und Essig; [3]) Pfeffer kam erst später in Gebrauch; [4]) die nachherige Kochkunst hatte dagegen ihre eigentliche Aufgabe in der Anwendung vielfältiger und möglichst pikanter Würzen. Die gewürzreichen Pflanzen, welche die italische Flora darbot, wie Dill (*anethum*), Anies (*anesum*), Minze (*menta*), Fenchel, Coriander, römischen Kümmel (*cuminum*), Dossen (*origanum*), fand man bald ungenügend; man vermehrte daher die Zahl der Küchenpflanzen durch Acclimatisation ausländischer Gewächse, indem man z. B. Petersilie (*petroselinum*) [5]) aus Macedonien,[6]) Kümmel (*careum*) aus Carien,[7]) Majoran (*amaracus*, σάμψυχον) aus Aegypten und Kleinasien,[8]) Thymian (*serpyllum*) aus Thracien, [9]) und andere anderswoher einführte,[10]) und brachte endlich auf dem Wege des Handels die orientalischen Gewürze in Anwendung, Senf,[11]) indischen Pfeffer,[12])

---

1) Fische in Oel Hor. *sat.* 2, 4, 50. Gemüse in Oel Galen. VI p. 353 Kühn.

2) Βούτυρος oder βούτυρον erwähnt Galen VI p. 683. XII, 272 K und öfter: s. den Index bei Kühn s. v. *butyrus*. Man braucht die Butter zum Pflasterschmieren, Galen. XI p. 735; ein Medicament gegen Husten ist Honig, Butter und Kümmel zusammen gekocht, Theophanes *Nonnus* c. 23; βούτυρον πρόςφατον, frische Butter, ist gut für Ohrenkrankheiten, ib. c. 83. Marcell. Emp. IX p. 81. Butteresser (ἄνδρας βουτυροφάγας) nennt Anaxandrides bei Athen. 7 p. 131b die Thraker. Auch im alten Indien ist Butter eine Lieblingsspeise der Menschen und Götter. S. H. Zimmer Altindisches Leben. Berlin 1879. 8. S. 227. Vgl. Hehn Kulturpflanzen und Hausthiere. 2. Ausg. Berlin 1874. 8. S. 135.

3) Plaut. *Rud.* 937: *Set hic rex cum aceto pransurust et sale, sine bono pulmento.* 4) Plut. *quaest. conviv.* 8, 9, 3, 26 p. 894 Dübn.

5) Apicius 1, 29. 30 u. öfter. 6) Dioscorides 3, 70.

7) Plin. *n. h.* 19, 164. Vgl. Hehn S. 181 ff. Gebraucht wird er bei Apicius 1, 30; 8, 2.

8) Colum. 10 vs. 171 f., wo er auch andere ausländische Gartenpflanzen aufführt. Dioscorides 3, 41. 9) Plin. *n. h.* 19, 172.

10) Plin. *n. h.* 19, 167: *git* (Schwarzkümmel), *pistrinis, anesum* (Anis) *et anethum* (Dill) *culinis et medicis nascuntur.* Dass *git* eine ausländische Pflanze ist, zeigt der Name. 11) Hehn S. 183.

12) Plin. *n. h.* 19, 58; 12, 28. 29. *Dig.* 39, 4, 16 § 7.

Ingwer (*zingiber*),[1] Cardamom,[2] Zimmt (*cinnamomum*);[3] *laser*, den Saft des Laserpicium oder Silphium, das in Cyrene, Medien und Armenien heimisch war,[4] namentlich aber fremde Fischsaucen, *garum*, *muria* und *alec*. Vermöge solcher und anderer Zuthaten wurde es möglich, der zu Grunde gelegten einfachen Speise den mannigfaltigsten Geschmack zu geben,[5] z. B. aus einem Kürbis alle Gänge einer Mahlzeit herzustellen,[6] ein Schwein, das zu den beliebtesten Gerichten gehörte, auf fünfzig verschiedene Arten zuzubereiten[7] und nicht nur die Schinken (*pernae*),[8] den Kopf (*sinciput*), die Füsse,[9] den Bauchlappen,[10] sondern auch Theile, die bei uns nicht gesucht werden, die Leber,[11] die *vulva*,[12] das *sumen*,[13] die Knorpeln,[14] zu den schmackhaftesten Gerichten zu machen. Wendete man ausserdem verschiedene Grundstoffe, Fische, Geflügel, Austern, Gemüse zusammen an, so erreichte die Kunst den Triumph darin, dass selbst der Kenner ausser Stande war, zu errathen, was er ass.[15] Dabei wurden einige Speisen glühend heiss genossen und daher Heisse und kalte Gerichte.

1) Plin. *n. h.* 12, 28. Apicius 1, 27; 7, 5 u. öfter. *Dig.* l. l.

2) Plin. *n. h.* 12, 50. Apicius 1, 34. *Dig.* l. l.

3) Plin. *n. h.* 12, 51. *Dig.* 39, 4, 16 § 7. In Rom lagerte der Zimmt in den kaiserlichen Magazinen. Galen. Vol. XIV p. 64 Kühn.

4) Plin. *n. h.* 19, 38 f. Apicius 1, 30; 7, 1. *Dig.* l. l. Strabo 11 p. 525. 17 p. 837. 839. Thrige *Res Cyrenensium.* Hafniae 1828. 8. p. 230. Die Pflanze war in Cyrene schon zu Plinius' Zeit ausgestorben und ist daher in der Bestimmung streitig. S. Staatsverwaltung I² S. 459 Anm. 6.

5) Cic. *ad fam.* 7, 26, 2. Hor. *sat.* 2, 8, 28 ff.

6) Martial. 11, 31.

7) Plin. *n. h.* 8, 209: *Neque alio ex animali numerosior materia ganeae; quinquaginta prope sapores, cum ceteris singuli.*

8) Horat. *sat.* 2, 4, 60 und sonst oft.

9) *Judicium coci et pist.* in Baehrens *P. L. M.* IV, 379, Riese *Anthol.* 199 vs. 84.

10) *abdomina* Plin. l. l.

11) Plin. l. l. Dies Gericht heisst *ficatum* oder *sycotum*, weil das Schwein, um die Leber schmackhaft zu machen, mit Feigen gefüttert wird. *Judicium coci* a. a. O. v. 84 f. Apicius 7, 3. Jacobs *ad Anth. Gr.* X p. 211.

12) Plin. l. l. Horat. *epist.* 1, 15, 41: *nil vulva pulchrius ampla.* Plin. *ep.* 1, 15, 3 und sonst oft. S. Böttiger Kleine Schr. III S. 225. Castellanus *De esu carnium* in Gronov. *Thes.* IX p. 384.

13) Martial. 10, 48, 12 und die Interpreten zu 13, 44. Castellanus l. l. p. 385 f.

14) Plin. *n. h.* 8, 209: *Hinc censoriarum legum paginae interdictaque cenis abdomina, glandia* (ob dies ein Nierenstück ist, oder was sonst, ist unsicher), *testiculi, volvae, sincipita verrina.*

15) Apicius 4, 2 p. 24 Bernh. schliesst ein Recept mit den Worten: *inferes ad mensam: nemo agnoscet, quid manducet.* Seneca *ep.* 95, 26: *Memini fuisse quondam in sermone nobilem patinam, in quam, quidquid apud lautos solet diem ducere, properans in damnum suum popina congesserat. — Piget iam esse singula: coguntur in unum sapores.*

in einem Wärmeapparat in das Zimmer gebracht,[1]) andere in Eis gesetzt,[2]) und die extreme Temperatur wie die scharfe Würze wurden der Gesundheit eben so schädlich als das Uebermaass von Speisen und Getränken, dem man nur gewachsen

Vomitive. war, wenn man durch Vomitive,[3]) die man entweder des Morgens, oder nach dem Bade oder nach der Mahlzeit nahm, sich immer aufs Neue einigermaassen in den Stand zu setzen suchte. Der Gebrauch des Vomitivs ist aber keine ausnahmsweise Sonderbarkeit einiger Schlemmer, wie z. B. Vitellius es war,[4]) sondern wird von den Aerzten in Rücksicht auf die einmal vorhandene Völlerei, wenn auch mit einer gewissen Beschränkung als nöthig anerkannt;[5]) ein Zeichen, wie das Uebermaass des Genusses in grösseren Kreisen allgemein geworden war.[6]) Welche

Folgen des Tafelluxus. Folgen diese Lebensweise hatte, schildern die Alten selbst; ein Geschlecht mit blassen Gesichtern, hängenden Wangen, geschwollenen Augen, zitternden Händen und dicken Bäuchen, schwachem Verstande und ohne Gedächtniss, aber zu sinnlichen Excessen krankhaft aufgeregt, das Siechthum in Leib und Seele tragend und selbst die ärztliche Hülfe nicht dazu in Anspruch nehmend, um die Gesundheit wieder zu erlangen, sondern um neue Kräfte zum Genuss, wenn auch nur vorübergehend zu erhalten, das sind die Römer, die Plinius[7]) und Galen beschreiben.[8])

---

1) Seneca *ep.* 95, 25: *quid? illa purulenta et quae tantum non ab ipso igne in os transferentur.* Ib. 78, 23: *quia non circa cenationem eius tumultus coquorum est ipsos cum obsoniis focos transferentium.* Sehr elegante Wärmemaschinen oder Kohlenbecken dieser Art haben sich in Pompeii gefunden, s. *Mus. Borb.* II, 46; III, 63; V, 44. Overbeck[4] S. 441 ff. Becker *Gallus* II S. 268.

2) Galen. X p. 468 K.: ἐδέσματά τε τὰ οὕτως (nämlich in Eis) ἐψυγμένα πολλάκις ἐθεάσω συγχωροῦντά με λαμβάνειν αὐτοῖς· ἐν οἷς ἐστι καὶ ἡ μέλκα, τῶν ἐν Ῥώμῃ καὶ τοῦτο ἓν εὐδοκιμούντων ἐδεσμάτων, ὥσπερ καὶ τὸ ἀφρόγαλα (gepeitschte Sahne). S. auch Galen. VI p. 813.

3) Hierüber handelt eingehend Daremberg zum Oribasius Vol. II p. 829 ff.

4) Sueton. *Vitell.* 13. Andere Beispiele bei Suet. *Claud.* 33. Martial. 3, 82, 9 und von einer Frau Martial. 7, 67, 10.

5) Celsus 1, 3 p. 18 Dar. Galen. VI p. 391 Kühn. Oribasius 8, 20. Vol. II p. 195 Dar.

6) Seneca *ad Helv.* 10, 3: *vomunt ut edant, edunt ut vomant, et epulas, quas toto orbe conquirunt, nec concoquere dignantur,* vgl. *de ben.* 7, 9, 3; und von den Saturnalien redend sagt er *ep.* 18, 4: *hoc multo fortius est, ebrio ac vomitante populo siccum ac sobrium esse.*

7) Plin. *n. h.* 14, 142. Vgl. Seneca *ep.* 95, 15—18.

8) Ausführlich redet davon Galen in der Einleitung des ersten Buches *de meth. med.* Vol. X p. 3. 4 Kühn.

An diesen traurigen Folgen hatte neben der Schwelgerei des Essens auch das Uebermaass des Trinkens seinen Antheil.

Die Comissatio.

Bei dem Essen nämlich wurde allerdings von Anfang an Wein gereicht, aber nach Belieben und im Ganzen mässig getrunken, da das Trinken den Geschmack für die Feinheit der Speisen abstumpft.[1]) Das eigentliche Trinken begann erst nach der Cena und zwar entweder beim Nachtisch oder erst später Abends bei der sogenannten *comissatio*.[2]) Man trank dabei *more Graeco*,[3]) d. h. nach einem bestimmten Comment;[4]) es wurden Kränze und Salben verabreicht[5]) und ein Praeses, *magister bibendi*,[6]) *arbiter bibendi*,[7]) *rex*,[8]) erwählt, eine Gewohnheit, die in Griechenland ursprünglich bei solchen Mahlen vorkommt, welche nicht von einem Gastgeber, sondern auf gemeinsame Kosten *mos Graecus.* *magister bibendi.*

---

1) S. z. B. Hor. *sat.* 2, 8, 14 ff.

2) *Comissatio* wird von κῶμος abgeleitet. Dass sie nach der *cena* folgte, zuweilen in einem anderen Locale, lehren Suet. *Domit.* 21: *Convivabatur frequenter ac large sed paene raptim: certe non ultra solis occasum, nec ut postea comissaretur*, und Liv. 40, 7, 5, wo Demetrius nach Beendigung der *cena* sagt: *Quin comissatum ad fratrem imus?* Die *comissatio* ist dargestellt auf den drei pompeianischen Gemälden *Not. d. Scavi* 1884 p. 47 ff. Niccolini *Supplem.* tav. 12.

3) Cic. *in Verr.* 1, 26, 66: *Mature veniunt: discumbitur. Fit sermo inter eos et invitatio, ut Graeco more biberetur.*

4) Cic. *Tusc.* 5, 41, 118: *Mihi quidem in vita servanda videtur illa lex, quae in Graecorum conviviis obtinetur: Aut bibat, inquit, aut abeat.*

5) Bei dem Mahle der Arvalen (*Acta* 27 Mai 218; vgl. 17 Mai 241) heisst es: *post epulas — unguenta et coronas acceperunt.* Vgl. Henzen p. 13. Dies ist griechische Sitte. Nicostratus bei Athenaeus 15, 33 p. 685^d:

καὶ σὺ μὲν
τὴν δευτέραν τράπεζαν εὐτρεπῆ ποίει·
κόσμησον αὐτὴν παντοδαποῖς τραγήμασιν,
μύρον στεφάνους λιβανωτὸν αὐλητρίδα λαβέ.

Nepos *Ages.* 8: *unguenta, coronas, secundamque mensam servis dispertiit*, und mehr bei Marini *Atti* p. 573. Kränze und Salben sind auch bei Horaz wesentliche Theile des Mahles; Kränze erwähnt er z. B. von Rosen *od.* 2, 11, 14; 3, 29, 3, von Eppich und Myrten 2, 7, 24, von Eppich und Epheu 4, 11, 3. 4; Salben 2, 7, 8; 2, 11, 16 u. ö. (Vgl. Pierson im Rhein. Mus. N. F. XV [1860] S. 55) und Martial will 10, 19, 20 seine Gedichte gelesen wissen

Cum regnat rosa, cum madent capilli,

d. h. bei einer *comissatio*. Ausführlich handeln über die *coronae* Plin. *n. h.* 21, 1 ff., und von Neueren Paschalius *Coronae, opus X libris distinctum.* Lugd. Bat. 1671 (und mit neuem Titel 1681). 8. Garcke *De Horatii corollis convivalibus.* Altenburg 1860. Becker *Gallus* III p. 315—324 (Göll S. 443 ff.). Lenz a. a. O. S. 154—185.

6) *Magisterium* nennt sein Amt Cic. *Cato mai.* 14, 46.

7) Horat. *od.* 2, 7, 25.

8) *Regna vini* Horat. *od.* 1, 4, 18. Ueber die Sache giebt einiges Material Christ *De magisteriis veterum in poculis Comm.* II. Lips. 1745. 1749. 4.

veranstaltet wurden,[1]) auch in Rom mit der Einrichtung der *sodalitates* im Jahre 550 = 204 aufgekommen zu sein scheint[2]) und namentlich bei Volksbewirthungen üblich war, bei welchen für jeden Tisch ein eigener Wirth ernannt wurde.[3]) Es wurde der Reihe nach herumgetrunken, so dass man von oben (*a summo*)[4]) oder auch von einer beliebigen Person[5]) anfing; der *magister*, welcher durch Würfel bestimmt wurde,[6]) schrieb die Mischung des Weines und das Maass, welches getrunken werden sollte, vor.[7]) Da es auf starkes Trinken abgesehen war, so mischte man, wie dies im ganzen Alterthum gewöhnlich ist, den Wein mit Wasser, und zwar in der Regel mit warmem (*calida*), [8]) was der Gesundheit zuträglicher erachtet und alten

Mischung des Weins.

---

1) Pollux. 6, 11: ὁ μὲν οὖν συνιστὰς τὸ συμπόσιον ἑστιάτωρ, ἑστιῶν, ξενίζων, συμποσίαρχος —· καὶ ἄλλως δὲ καλεῖται συμποσίαρχος ὁ ἐν ἰσοτελεῖ τινι κοινωνίᾳ κατὰ κλῆρον ἢ κατὰ δόγμα προαιρεθεὶς τοῦ συμποσίου ἐπιμελητής. ⟨Dies ist der, welcher das Mahl besorgt, *magister cenarum* (Mommsen *De coll.* p. 108). Ueber den *magister bibendi* bei den Griechen s. Becker *Charikles* II[2] S. 283 (352 Göll). Hermann Privatalterth.[3] S. 248. Bei Plautus *Stichus* 697. 705 heisst er *strategus.*⟩

2) Cic. *Cat. mai.* 14, 46: *Me vero magisteria delectant a maioribus instituta, et is sermo, qui more maiorum a summo adhibetur in poculo.* Und kurz vorher § 45: *Primum habui semper sodales. Sodalitates autem me quaestore constitutae sunt, sacris Idaeis Magnae Matris acceptis. Epulabar igitur cum sodalibus.* Freilich würde, wenn meine Vermuthung richtig ist, dann Cato mit Unrecht sagen, die *magisteria* seien *a maioribus* eingeführt; sie würden nämlich zu seiner Zeit erst in Gebrauch gekommen sein. Cicero wird aber eine bestimmte chronologische Angabe nicht beabsichtigt und nur gewusst haben, dass die Sache alt war, was auch Varro bezeugt bei Nonius p. 142, 8: *In conviviis quis* (vielleicht *quasi*) *instituti potandi modiperatores magistri.* ⟨Cicero bringt die *magisteria* gar nicht mit den *sodalitates* in Verbindung, trennt sie vielmehr ausdrücklich durch die verschiedene Zeitbestimmung, welche sicher beabsichtigt ist. Er ist aber offenbar der Meinung, dass auch die altrömische Sitte eine Art *magister bibendi* kannte.⟩

3) Varro *de l. L.* 5, 122: *Praeterea in poculis erant paterae, ab eo, quod latum Latini ita dicunt, dictae. Hisce etiamnunc in publico convivio antiquitatis retinendae causa, quom magistri fiunt, potio circumfertur.*

4) Plaut. *Asin.* 891: *Da puere ab summo.* Vgl. Cic. l. l. 46.

5) Plaut. *Most.* 347: *Da cito ab Delphio cantharum circum.* Vgl. Plaut. *Persa* 821: *Age circum fer mulsum.*

6) Horat. *od.* 1, 4, 18; 2, 7, 25 und sonst oft.

7) Cic. *in Verr.* 5, 11, 28: *Iste enim praetor severus ac diligens, qui populi Romani legibus nunquam paruisset, illis legibus, quae in poculis ponebantur, diligenter obtemperabat.* Daher lobt Horaz *sat.* 2, 6, 67 das Trinken ohne *magister:*

Prout cuique libido est,
Siccat inaequales calices conviva, solutus
Legibus insanis, seu quis capit acria fortis
Pocula, seu modicis uvescit laetius.

8) S. Freinsheim *De calidae potu* in Gronov. *Thes.* Vol. IX p. 493—516. Butius *De potu antiquorum* in Graevii *Th.* XII p. 1 ff. Gebauer *De caldae et caldi apud veteres potu.* Lips. 1721. 8. Rink *De aqua calda.* Altdorf 1741. 4.

Leuten[1]) so wie Kranken[2]) immer empfohlen wurde. Die Mischung machte man beim Essen im eigenen Becher,[3]) indem man sich Wasser, warmes oder kaltes, nach Belieben eingiessen liess. Denn viele liebten das Gemisch auch kalt,[4]) und tranken entweder Wein mit Eis[5]) oder kühlten das Getränk in kaltem Wasser,[6]) indem sie Wein und Wasser in einen Brunnen[7]) oder in ein Kühlgefäss (ψυκτήρ, βαύκαλις, *gillo*)[8]) setzen liessen, und zwar pflegte man nach einer Erfindung des Nero[9]) das Wasser, um es vollkommen rein zu haben, erst zu kochen, dann zu kühlen.[10]) Bei der *comissatio* aber wurde die Mischung nicht in den einzelnen Bechern, sondern in einem κρατήρ gemacht, in den man zuerst den Wein eingiesst (ὑποχέειν), dann das Wasser hinzu giesst (ἐπιχέειν).[11]) Der Apparat, den man hierzu Kühlung des Weins.

1) Philo *de vita contempl.* 9. II p. 483 Mang.
2) Martial. 6, 86. Seneca *ep.* 78, 23—25.
3) Man liess sich die *calida* reichen; *calida praebetur*, Seneca *de ira* 1, 12, 4; 2, 25, 1. Tac. *ann.* 13, 16: *innoxia adhuc ac praecalida et libata gustu potio traditur Britannico; dein, postquam fervore aspernabatur, frigida in aqua affunditur venenum.* Epictet. 1, 13, 2: Οταν δὲ θερμὸν αἰτήσαντός σου μὴ ὑπακούσῃ ὁ παῖς κ. τ. λ. Ammian. 28, 4, 16: *ut, si aquam calidam tardius attulerit servus, trecentis adfligi verberibus iubeatur.*
4) Dass die Griechen theils warmes, theils kaltes Wasser beim Mahle brauchten, lehrt ausführlich Athenaeus 3, 94 p. 121[f]. 122 ff.; dasselbe thaten die Römer. Martial. 14, 105:

Frigida non desit, non deerit calda petenti.

Juvenal. 5, 63:

Quando rogatus adest calidae gelidaeque minister?

Galen. X p. 492 K.: καὶ πίνουσιν οἱ μὲν θερμόν, οἱ δὲ ψυχρόν. Varro *de r. r.* 3, 5, 16.
5) Seneca *ep.* 78, 23: *vino nivem diluere.* Martial. 5, 64; 6, 86; 9, 22, 8; 12, 17, 6. Dies heisst *potare nivem* Martial. 14, 117. χιόνα πίνειν. Jacobs *ad Anth. Gr.* VI p. 35. 266.
6) Galen. Vol. VI p. 813.
7) Plut. *quaest. conviv.* 6, 4, 1 p. 840 Dübn.
8) Ueber ψυκτήρ s. Athen. 11 p. 502[c] f.; über βαύκαλις Jacobs *ad Anth. Gr.* X p. 43; über *gillo* die Stellen bei Forcellini. Ausführlich handelt über dies Gefäss Ussing in *Annali d. Inst.* 1849 p. 139 ff. vgl. Jahn *Villa Pamfili* S. 42.
9) Plin. *n. h.* 31, 40.
10) Plin. *n. h.* 19, 55: *Hi nives, illi glaciem potant. — decoquunt alii aquas. mox et illas hiemant.* Plutarch. *quaest. conviv.* 6, 4, 1 § 3 p. 840 Dübn. Martial. 2, 58. Oribasius 5, 1. Vol. I p. 311 Daremb.; und dazu Daremb. p. 625 f. Savaro *ad Sidon. Apoll. epist.* 2, 2 p. 117. Dies ist die *decocta*, Juven. 5, 49:

Si stomachus domini fervet vinoque ciboque,
Frigidior Geticis petitur decocta pruinis.

Martial. 14, 116. 117. Athen. 3, 94 p 121[e]. 122[e]. Galen. X p. 467 K.: ἐνίοις μὲν οὐ μόνον τὸ πρόσφατον ἔδωκα πηγαῖον, ἀλλὰ καὶ τὸ διὰ χιόνος ἐψυγμένον, ὡς ἐν Ῥώμῃ σκευάζειν ἔθος ἔχουσι, προθερμαίνοντες τὴν κατασκευήν, ἣν αὐτοὶ προσαγορεύουσι δηκόκταν.
11) S. Cobet in *Mnemosyne* VII 2 p. 141.

crater. brauchte, war ein dreifacher: [1]) der κρατήρ selbst, der Untersatz desselben, ὑποκρατήριον [2]) und der darauf liegende [3]) siebartige Trichter, ἠθμός, [4]) ὑλιστήρ, [5]) *colum*, *saccus*, [6]) *sacculus*, [7]) dessen man sich auch beim Abfüllen des Weines bediente, [8]) und durch den man den Wein nochmals goss, um ihn von dem Bodensatze (*faex*) zu reinigen und ihn dadurch zugleich milder colum. zu machen. [9]) Auf das *colum* konnte man auch das Eis legen, wenn man kalt trinken wollte, und den Wein darüber eingiessen. [10]) Geschöpft [11]) und in die Becher gegossen wurde die cyathus. Mischung mit einem Schöpflöffel, [12]) der das Maass eines *cyathus* ($2\frac{1}{2}$ Pr. Cubikzoll oder $\frac{1}{12}$ des *sextarius*) oder ein diesem wenigstens commensurables hatte. Das Charakteristische der *comissatio* ist nun, dass man eine bestimmte Anzahl *cyathi* auf einmal Maass des Trunkes. austrinkt, und hiefür ist der technische Ausdruck κυαθίζειν oder κυαθίζεσθαι, [13]) *ad numerum bibere*. [14]) Es ist nicht nöthig anzu-

1) So heisst es in der Sigeischen Inschrift *C. I. Gr.* n. 8.: κρητῆρα δὲ καὶ ὑποκρητήριον καὶ ἠθμὸν ἐς πρυτανήιον ἔδωκεν Συκεεῦσιν.

2) Der Untersatz heisst auch ὑποκρητηρίδιον, βάθρον ὑποκρατήριον, ὑπόθημα τοῦ κρατῆρος, ἐπίστατον. Ueber diese und andere Bezeichnungen s. Böckh *ad C. I. Gr.* I p. 20. 3) ἠθμὸς ἐπικρητηρίδιος Pollux 10, 108.

4) Suidas s. v. Jacobs *ad Anth. Gr.* IX p. 155.

5) Ueber diese Bezeichnung und den Gebrauch des Trichters handelt erschöpfend Daremberg zu Oribasius I p. 633.

6) *Saccus* ist eigentlich ein Tuch, das denselben Zweck hat; *linum* Martial. 8, 45, 3. Nach Hor. *sat.* 2, 4, 54 verliert aber dadurch der Wein an Geschmack.

7) Lucilius bei Cic. *de fin.* 2, 8, 23.

8) Schneider zu Columella 12, 19, 4.

9) S. Gronov. *Lectiones Plautinae.* Amstelaed. 1740. 8. p. 49. Daher *defaecare* Plin. *n. h.* 18, 232, *saccare, colare, liquare, eliquare, vires auferre* (Madvig *ad Cic. de fin.* 2, 8, 23. Heindorf *ad Hor. sat.* 2, 4, 54); *sacco vires (vini) frangere* Plin. *n. h.* 14, 138; *vina saccis castrare* Plin. *n. h.* 19, 53. Ausführlich handelt hievon Plut. *quaest. conviv.* 6, 7 p. 842 Dübn. Solche *cola vinaria* sind mehrfach erhalten. S. F. Venuti *Sopra i coli vinari degli antichi* in *Saggi di diss. d. accad. di Cortona.* Roma 1735. 4. T. I p. 80. *Mus. Borb.* II, 60; III, 31; VIII, 14 flg. 4. 5. Becker *Gallus* III S. 304 (S. 429 Göll). Winckelmann II S. 70; III S. 247. (Man findet häufig Schöpfgefässe mit hineinpassendem Sieb, so dass man erst schöpfen, dann durch Herausheben des Siebes den Bodensatz entfernen konnte. Overbeck Pompeji[4] S. 445. Lisch Römergräber in Mekelnburg (Jahrb. d. Vereins für mekelnb. Gesch. 1870) p. 7 n. 3. 4; p. 18 n. 4. 5; Tf. I n. 3. 4; Westd. Zeitschr. 1882 p. 484 f. Tf. VIII n. 36. 37.)

10) Martial. 14, 103. 104 u. ö.

11) S. die Vasengemälde bei Panofka Bilder a. L. XII, 2. 3.

12) Abbildungen s. bei Visconti *Musée Chiaramonti.* Milan 1822. 8. p. 349, pl. *a* III n. 8. *Mus. Borb.* IV, 12; IX, 15. Becker *Gallus* III S. 283 (S. 404 Göll).

13) Pseudo-Asconius p. 178 Or., der diesen Gebrauch erklärt, ist leider völlig corrumpirt. Aber das Wort ist an sich deutlich und die Sache aus der folgenden Darstellung verständlich. 14) Ovid. *fast.* 3, 532.

nehmen, dass die grösseren Becher, welche man zu diesem Zwecke brauchte,[1] und die möglicher Weise die Grösse eines *sextarius* (1/2 Quart) haben mochten, etwa durch Kreise in 12 Theile getheilt waren,[2] in der Art, wie Galen dies bei einem Oelhorne erwähnt;[3] denn man hatte das Maass an dem *cyathus*, mit welchem man einschenkte; aber man trank wirklich eine bestimmte Anzahl *cyathi*. Es kommt namentlich vor, dass getrunken wird

eine *uncia*, d. h. ein *cyathus*,[4]
ein *sextans*, d. h. zwei *cyathi*,[5]
ein *quadrans*, d. h. drei *cyathi*,[6]
ein *triens*, d. h. vier *cyathi*,[7]
ein *quincunx*, d. h. fünf *cyathi*,[8]
eine *hemina*, κοτύλη, d. h. sechs *cyathi*,[9]
ein *septunx*, d. h. sieben *cyathi*,[10]
ein *bes*, d. h. acht *cyathi*,[11]
ein *dodrans*, d. h. neun *cyathi*,[12]

---

1) Hor. *sat.* 2, 8, 35: *Et calices poscit maiores.* *epod.* 9, 33. Petron. 65. Cic. *in Verr.* 1, 26, 66: *poscunt maioribus poculis.*

2) Dies vermuthete Hultsch Metrologie, 1. Aufl. S. 92; in der 2. Aufl. S. 119 hat er diese Vermuthung aufgegeben.

3) Galen. Vol. XIII p. 616 K.; vgl. Hultsch Metrol.² S. 120.

4) Martial. 1, 106.

5) Suet. *Aug.* 77: *Vini quoque natura parcissimus erat. Non amplius ter bibere eum solitum super cenam — Nepos tradit. Postea quotiens largissime se invitaret, senos sextantes non excessit,* d. h. er trank im Ganzen 1/2 Quart.

6) Celsus 3, 15 verschreibt einem Kranken *vini quadrantem.* Dass dies ein eigenes Gefäss war, wie Hultsch Metrol.² S. 118 will, scheint mir nicht nöthig anzunehmen; Martial. 9, 93 giesst in die Mischung einen *quadrans* Falerner, wohl bloss ein Maass.

7) *Triens* scheint allerdings ein Becher von bestimmtem Maass zu sein. Martial. 4, 82, 5; 6, 86, 1; 8, 51, 24; 10, 13, 5. Prop. 4, 10, 29.

8) Martial. 11, 36, 7.

9) Seneca *de ira* 2, 33, 4: *propinavit illi Caesar heminam.* Martial. l. l.

10) Martial. 3, 82, 29:

Septunce multo deinde perditus stertit.

Martial. 8, 51, 25; 12, 28, 1. Plaut. *Persa* 5, 1, 19:

Age, puere, a summo septenis cyathis committe hos ludos.

11) Martial. 11, 36, 7.

12) Dies meint doch wohl Horaz in der vielbesprochenen und von Peerlkamp ganz verurtheilten Stelle *od.* 3, 19, 11, wo er die Wahl stellt zwischen dem *quadrans* und dem *dodrans* und sich für den letzteren entscheidet. Auch die griechische Regel: ἢ πέντε πίνειν ἢ τρί' ἢ μὴ τέσσαρα versteht Plautus *Stich.* 707 von der Zahl der *cyathi*, nicht von dem Mischungsverhältnisse des Weines und Wassers, wie dies bei Plut. *quaest. conviv.* 3, 9, 1, 3 p. 728 Dübn. auf scherzhafte Weise geschieht, und sonst auch vorkommt. Siehe die Erklärer zu Horaz a. a. O. und Becker *Gallus* I S. 202 (S. 206 Göll).

ein *dextans*, d. h. zehn *cyathi*,
ein *deunx*, d. h. elf *cyathi*;[1])
und zwar trinkt man mit diesen Maassen entweder einem anderen zu, dem man den Becher hinreicht,[2]) worauf jener ihn dann ganz leeren muss,[3]) oder man bringt einen Trinkspruch[4]) oder eine Gesundheit aus, bei welcher so viel *cyathi* erfordert werden, als der Name der gefeierten Person Buchstaben enthält;[5]) hauptsächlich kommt es immer darauf an, in einem Zuge und ohne abzusetzen den Becher so zu leeren, dass kein Tropfen zurückbleibt.[6]) Bei dem Ausbringen der Gesundheit ist

Trinksprüche.

1) Den *dextans* scheint Martial. 1, 26, 9 als das Maximum anzugeben:
A copone tibi faex Laletana petatur,
Si plus quam deciens, Sextiliane, bibis.
Doch erwähnt er, freilich in einer übertriebenen Schilderung, auch den *deunx* 6, 78, 6.

2) *Propinare.* Cic. *Tusc.* 1, 40, 96: (*Theramenes*) *Propino, inquit, hoc pulchro Critiae.* — *Graeci enim in conviviis solent nominare, cui poculum tradituri sint.* S. Athenaeus 10, 41 p. 432[d]. Bei Plautus *Persa* 5, 1, 21 trinkt Toxilus seiner Amica zu mit den Worten: *Bene mihi, bene meae amicae,* worauf diese sagt:
Bene omnibus nobis. Hoc mea manus tuae poclum donat,
Ut amantem amanti [dare] decet.
Das *donare* scheint Formel zu sein; denn auch Kritias bei Athenaeus l. l. sagt, die Lacedämonier hätten die Sitte gehabt, jeder aus seinem Becher zu trinken,
μηδ' ἀποδωρεῖσθαι προπόσεις ὀνομαστὶ λέγοντα.
Beispiele dieser Sitte s. bei Verg. *Aen.* 1, 737. 738. Martial. 2, 15; 8, 6, 13. Juvenal. 5, 127. Plaut. *Stich.* 710. Seneca *de ira* 2, 33, 4.

3) Plaut. *Curcul.* 359: *propino magnum poculum: ille ebibit.*

4) Ambrosius *de Helia et ieiunio* 17: *Bibamus, inquiunt, pro salute imperatorum, et qui non biberit, sit reus in devotione.* — *Bibamus pro salute exercituum* — *pro filiorum sanitate.* Solche Trinksprüche sind auch bei Hor. *od.* 3, 19, 9 ff. gemeint. Auch bei den Griechen that man beim Schlusse des Mahles den Trunk des Zeus Soter und des ἀγαθὸς δαίμων. S. O. Jahn Vasensammlung König Ludwig's S. CXI.

5) Martial. 1, 71:
Laevia sex cyathis, septem Justina bibatur,
Quinque Lycas, Lyde quattuor, Ida tribus.
Omnis ab infuso numeretur amica Falerno.
11, 36, 7:
Quincunces et sex cyathos bessemque bibamus,
Gaius ut fiat, Julius et Proculus.
9, 93, 3:
Nunc mihi dic, quis erit, cui te, Calocisse, deorum
Sex iubeo cyathos fundere? Caesar erit.

6) S. die Beschreibung bei Plin. *n. h.* 14, 139 ff. besonders 145: *Torquato rara gloria, quando et haec ars suis legibus constat, non labasse sermone, — plurimum hausisse uno potu, plurimum praeterea aliis minoribus addidisse, optima fide non respirasse in hauriendo neque exspuisse nihilque ad elidendum in pavimentis sonum ex vino reliquisse, diligenti scito legum contra bibendi fallacias.* Dreihundert Jahre später schildert denselben Comment Ambrosius *de Helia et ieiunio* c. 13: *Cernas poculorum diversorum ordines, aciem ordinatam putes; vasa exposita aurea et argentea. — Deinde procedente potu longius, contentiones di-*

die Formel *bene tibi* oder *bene te*, [1]) *vivas*, ζήσειας, χαῖρε; auch kam wohl mancher andere Spruch vor, den wir noch auf Trinkbechern selbst erhalten sehen.[2])

Unterhaltung beim Trinken.

Seit alter Zeit sorgte man wie bei der Cena so bei diesen Gelagen auch für eine besondere Unterhaltung, wenn gleich für verständige Leute das Gespräch der Gäste für die beste Würze des Mahles galt.[3]) Altherkömmlich und für das Tischopfer erforderlich war ein *tibicen*,[4]) später finden sich *citharoedi*,[5]) *lyristae*,[6]) Sänger aller Art,[7]) *symphoniaci*[8]) und andere *acroamata*;[9]) auch las der Hausherr entweder selbst etwas vor, was für die Gäste zuweilen eine wenig interessante Unterhaltung war,[10]) oder liess etwas vorlesen,[11]) gewöhnlich etwas Poeti-

---

versae et magna certamina, quis bibendo praecellat. Nota gravis, si quis se excuset, si quis temperandum forte vinum putet. Et haec donec ad mensas perveniatur secundas. At ubi consummatae fuerint epulae, et putes iam esse surgendum, tunc de integro potum instaurant suum, et cum consummaverint, tunc inchoare se dicunt. Tunc deferuntur phialae, tunc maximi crateres. — Mensura proponitur, certatur sub iudice, sub lege decernitur. Und c. 17, 64: *Per cornu etiam fluentia in fauces hominum vina decurrunt, et si quis respiraverit, commissum flagitium, soluta acies, loco motus habetur.* Man sieht aus der letzten Stelle, dass das ῥυτόν (Trinkhorn), aus dessen Spitze man den Weinstrahl in den Mund laufen liess (Athenaeus 11 p. 497), und das öfters bildlich dargestellt ist (Helbig Wandgem. 433. 1448 = *Pitt. d. Ercol.* V, 46 p. 201; I, 14 p. 79), zu diesem Trinkcomment gehört.

1) Plaut. *Persa* 5, 1, 21 ff. *Stich.* 709. Tibull. 2, 1, 31. Ovid. *a. a.* 1, 601. *fast.* 2, 637, und mehr bei Brisson. *De form.* I c. 110 ff.

2) Auf den Inschriften der Trinkgefässe spricht zwar der Becher selbst, *Anth. Pal.* II p. 649, 89:

πῖνε, λέγει τὸ τόρευμα, καὶ ὄργια μάνθανε σιγῆς,

aber der Spruch ist oft ein allgemein gültiger Trinkspruch, wie *Hilaris vivas cum tuis feliciter; dulcis anima vivas;* ζήσειας (Dio Cass. 72, 18: ἐφ' ᾧ καὶ ὁ δῆμος καὶ ἡμεῖς παραχρῆμα πάντες τοῦτο δὴ τὸ ἐν τοῖς συμποσίοις εἰωθὸς λέγεσθαι ἐξεβοήσαμεν· Ζήσειας); χαῖρε, χαῖρε καὶ πίε. Siehe über diese und ähnliche Becherinschriften O. Jahn Vasensammlung König Ludwig's S. CXI ff. Jahrb. des Vereins von Alterthumsfr. im Rheinl. XIII S. 105 ff.; XVI S. 71 ff.; XXI S. 57 ff. Raoul-Rochette *IIme Mém. sur les antiq. Chrét. des Catacombes* in *Mém. de l'Institut., Acad. des Inscr.* XIII p. 196—199.

3) Cic. *Cat. mai.* 14, 46. Plut. *quaest. conviv.* 7, 8, 4 § 12. Martial. 9, 77, 5: *Quod optimum sit quaeritis convivium?*
In quo choraules non erit.
Savaro *ad Sidon. Apoll.* 1, 2 p. 20.

4) Quintil. *inst.* 1, 10, 20: *Sed veterum quoque Romanorum epulis fides ac tibias adhibere moris fuit.* Dass man den *tibicen* beim Tischopfer brauchte, sagt Plut. *quaest. conviv.* 7, 8, 4 § 6.

5) Plut. *quaest. conv.* 7, 8, 4. Vgl. zu dem folgenden oben S. 151 ff.

6) Einen *lyristes* liess auch der jüngere Plinius spielen *ep.* 1, 15, 2.

7) Hor. *epist.* 2, 2, 9.

8) Macrob. *sat.* 2, 4, 28 (von einem Mahle des Augustus).

9) Plin. *ep.* 6, 31, 13. 10) Martial. 5, 78, 25; 3, 44; 3, 50.

11) Plin. *ep.* 1, 15, 2; 3, 5, 11; 9, 17, 3.

sches,[1]) oder einen *comoedus*,[2]) eine Stelle des Menander vortragen.[3]) Aber alle geistigen Anregungen dieser Art hatten in Rom ein kleines Publicum; viel beliebter waren die sinnlich aufregenden Vorstellungen der Mimen,[4]) Possenreisser,[5]) Sängerinnen,[6]) Flötenbläserinnen[7]) und Tänzerinnen[8]) aus Gades[9]) und Syrien,[10]) welche üppige Tänze[11]) mit Castagnetten (κρόταλα)[12]) aufzuführen pflegten (*crotalistriae*),[13]) und verschiedenartiger Gaukler;[14]) ja selbst die campanische Sitte, Gladiatoren beim Mahle kämpfen zu lassen,[15]) hat in Rom, wenn auch nur vereinzelt, Anklang gefunden.[16]) Fehlte es an anderer Unterhaltung, so halfen unanständige Lieder[17]) oder die Würfel aus.

Unterschied des griechischen und des römischen Trinkgelages.

Das, was die Römer den *Graecus mos* nennen, war somit doch sehr verschieden von den allerdings auch sinnlichen und oft ausgelassenen Freuden des griechischen Mahles; in Rom fehlten die geistigen Genüsse, welche wenigstens in guter alter Zeit die griechische Geselligkeit auszeichneten; statt ihrer prädominirte der asiatische Luxus, welcher, im Jahre 567 = 187 durch das Heer des Cn. Manlius nach Italien verpflanzt,[18]) immer

---

1) Persius 1, 30:

Ecce inter pocula quaerunt
Romulidae saturi, quid dia poemata narrent.

Homer und Vergil werden gelesen Juvenal. 11, 179 ff. und darüber ein Gespräch angeknüpft. Juvenal. 6, 434 ff. Martial selbst will vorgelesen sein bei der *comissatio*, 4, 82, 5 ff. 10, 19, 20. 2) Plin. *ep.* 1, 15, 2; 3, 1, 9; 17, 3.

3) Dieser wird bei Plut. *quaest. conviv.* 7, 8, 3, 6 p. 867 Dübn. zu diesem Zwecke besonders empfohlen.

4) Plut. *quaest. conviv.* 7, 8, 4, 3 p. 868 Dübn.; *planipedes* Macrob. *sat.* 2, 1, 9.

5) S. hierüber Jahn *ad Pers. proleg.* p. LXXXIV ff. Hieher gehören die *cinaedi*, *scurrae*, *moriones* (Plin. *ep.* 9, 17), *nani* (Lampr. *Al. Sev.* 34), *derisores* (Jahn *Spec. epigr.* p. 145), *sabulones* (Macrob. *sat.* 2, 1, 9).

6) *psaltriae* Macrob. *sat.* 2, 1, 5, *citharistriae* Sidon. Apoll. *epist.* 9, 13.

7) Hiezu gehören die *ambubaiae*, Hor. *sat.* 1, 2, 1, und daselbst die Erklärer.

8) S. O. Jahn in Berichte der Sächs. Gesellsch. d. Wiss. Phil.-hist. Cl. 1851. S. 168 ff.

9) Martial. 5, 78, 26; 6, 71, 2; 14, 203. Juvenal. 11, 162.

10) Verg. *Copa* 1.

11) S. über diese Art der Tänze Jacobs *ad Anth. Gr.* IX p. 129.

12) Jahn a. a. O. S. 169. 13) Propert. 5, 8, 39.

14) Hieher gehören die *petauristae* und Equilibristen. Auch Frauen liessen sich in Kunststücken aller Art sehen. S. Panofka Bilder ant. Lebens XII, 4. 6.

15) Liv. 9, 40, 17. Silius Italicus 11, 51—54. Strabo 5 p. 250 extr.

16) Nicolaus Damascenus bei Athenaeus 4 p. 153[f]. Es war dies allerdings nur ein Excess, der vom Verus (Capitolin. *Ver.* 4, 9) und Heliogabal (Lamprid. *Hel.* 25, 7) berichtet wird.

17) Quint. *inst.* 1, 2, 8: *Omne convivium obscenis cantibus strepit.*

18) Liv. 39, 6, 8: *tunc psaltriae sambucistriaeque et convivalia ludionum oblectamenta addita epulis* u. s. w.

mehr überhand nahm und, alle Freude an geistiger Anregung ertödtend und den ganzen Genuss auf die Völlerei concentrirend,[1]) sich von der Hauptstadt aus über das ganze Reich verbreitete.[2]) Am verhängnissvollsten wurde aber diese Richtung für Rom selbst. Denn in Griechenland war das Gelage ein Vergnügen für Männer, dem zwar Hetaeren, aber nicht die Frauen des Hauses beiwohnten;[3]) in Rom, wo Frau und Kind sich aus der alten Zucht emancipirt hatten, aber doch in der Gesellschaft ihre herkömmliche Stellung behaupteten, ergriff die Schwelgerei das ganze Haus; Frau und Kinder waren gegenwärtig bei den Gelagen, sie hörten und sahen, worüber sie hätten erröthen sollen;[4]) die Frau zechte mit den Männern um die Wette;[5]) die Sängerinnen und Possenreisser waren Haussclaven;[6]) die Kinder sahen ihre Väter in dem Zustande sinnloser Trunkenheit[7]) und die Sclaven brachten ihre Herren lächelnd zu Bette.[8])

So erhalten wir am Ende unserer Darstellung das vollständige Gegenbild zu der Schilderung, mit welcher wir dieselbe begannen: von den charakteristischen Eigenschaften der alten Familie, der *gravitas* des Hausherrn, der stolzen *austeritas* der

---

1) Galen in der Einleitung zu der *Methodus medendi* Vol. X p. 3 K. schildert das aller Schwelgerei ausschliesslich ergebene Leben der Römer seiner Zeit und fährt dann fort: ἐς ἑσπέραν δὲ κοινῇ πάντων αὖθις συναθροιζομένων εἰς τὰ συμπόσια, κἀπειδὰν ἐμπλησθῶσιν οἴνου, οὐ λύρας ἐν κύκλῳ περιφερομένης ἢ κιθάρας ἤ τινος ἄλλου τῶν μουσικῶν ὀργάνων, ὧν ἅπτεσθαι πάλαι κατὰ τὰς τοιαύτας συνόδους καλὸν ἐνενόμιστο, — ἀλλ' οὐδὲ λόγων τινῶν ἀνακοινουμένων, οἵους ἐν τοῖς συμποσίοις συνέγραψαν ἡμῖν οἱ παλαιοὶ γινομένους, ἀλλ' οὐδ' ἄλλου τῶν καλῶν οὐδενός, ἀλλὰ προπινόντων μὲν ἀλλήλοις, ἁμιλλωμένων δὲ περὶ μεγέθους ἐκπωμάτων· ἄριστος γὰρ ἐν τούτοις οὐχ ὁ πλείστων ἁψάμενος ὀργάνων μουσικῶν ἢ λόγων φιλοσόφων, ἀλλ' ὁ παμπόλλας καὶ μεγίστας ἐκπιὼν κύλικας.

2) Philo *de vita contempl.* 6, II p. 478 Mang.: Ἴσως δὲ ἄν τις ἀποδέξαιτο τὴν ἐπιπολάζουσαν νυνὶ πανταχοῦ τῶν συμποσίων διάθεσιν, κατὰ πόθον τῆς Ἰταλικῆς πολυτελείας καὶ τρυφῆς, ἣν ἐζήλωσαν Ἕλληνές τε καὶ βάρβαροι.

3) Cic. *in Verr.* 1, 26, 66: *negavit moris esse Graecorum, ut in convivio virorum accumberent mulieres.* 4) Plut. *quaest. conviv.* 7, 8, 4 § 4.

5) Seneca *ep.* 95, 20: *Non mutata feminarum natura, sed vita est; nam cum virorum licentiam aequaverint, corporum quoque virilium incommoda aequarunt. Non minus pervigilant, non minus potant, et oleo et mero viros provocant. Aeque invitis ingesta visceribus per os reddunt et vinum omne vomitu remetiuntur.* Juvenal. 6, 425 ff. 6) S. oben S. 152.

7) Die Excesse, die bei solchen Mahlen vorkamen, werden oft erwähnt. Gewöhnlich war das Ende eine Schlägerei, bei welcher man sich die Köpfe einschlug und auch wohl die Finger und die Nasen abbiss. So beschreibt Lucian. *conv.* 43 ff. das Ende eines Mahles, an dem Frauen Theil nehmen, und ebenso Philo *de vita contempl.* 5.

8) Ambrosius *de Helia et ieiunio* 13, 50: *Rident servuli dominorum opprobria manibusque suis portant militem bellatorem.*

Hausfrau, der strengen Zucht der Kinder und der Sclaven ist nichts mehr übrig geblieben; alles ist in das Gegentheil verkehrt und das Leben der Familie hat jeden sittlichen Halt verloren.

Achter Abschnitt.

Das Begräbniss.[1]

Die Zusammengehörigkeit des Einzelnen mit der Familie und dem Staate, welche in den ersten Abschnitten dieses Buches als den Römern eigenthümlich nachgewiesen wurde, manifestirt sich noch einmal, wenn der Tod diesen Zusammenhang zu zerreissen scheint. Von seinen Ahnen selbst in das Grab geführt, von seinen Nachkommen geleitet, vor der Bürgerschaft, wenn er in derselben irgend eine erhebliche Stellung eingenommen, öffentlich gepriesen, lebt der Abgeschiedene fort, als Glied seiner Familie, in Andenken erhalten durch ein im Hause für alle Zeiten aufgestelltes Bildniss sowie durch die an seinem Grabe stattfindende Todtenfeier; ja auch der Bürgerschaft bleibt er in frischer Erinnerung durch die Inschrift seines Denkmals und die Vorführung seines Bildes, so oft ein neues Glied der Familie zu seinen Ahnen versammelt wird.

Geschichte der röm. Gräber.

Das Grab und das Begräbniss hat in Rom seine eigene Geschichte, über deren verschiedene Perioden die seit dem Jahre 1872 bei der Anlage eines neuen Stadttheils vorgenommenen Grabungen eine unerwartete und sehr erwünschte Aufklärung

---

1) Das Material über diesen Gegenstand findet man grossentheils in der fleissigen Arbeit von J. Kirchmann *De funeribus Romanorum libri quatuor*, Lubec. 1637 (Lugd. Bat. 1672). 12., welche den kürzeren Darstellungen von Baehr in Creuzer's Abriss der Röm. Ant. S. 437—479, von Becker *Gallus* hrsg. von Rein III S. 344—388 (S. 481 ff. Göll), Willenborg Ueber Leichenfeierlichkeiten bei den Römern. Vechta 1858. 4. zu Grunde liegt. Einen wesentlichen Zuwachs hat dasselbe durch die Gräberfunde selbst erhalten, über welche ausser den unten besonders anzuführenden Berichten im Allgemeinen Urlichs Ueber die Gräber der Alten im Neuen Schweizerischen Museum I. Jahrg. 3. H. (1861) S. 149—175, und in Beziehung auf das Detail Raoul-Rochette *Troisième Mémoire sur les antiquités chrétiennes des Catacombes* in *Mém. de l'Acad. des Inscr.* Vol. XIII (1838) p. 529—788 vortrefflich handelt. Die Schrift von Fr. Eug. Guasco *I riti funebri di Roma pagana*. Lucca 1758. 4. ist nicht von wissenschaftlicher Bedeutung.

gegeben haben.[1]) Es ergab sich aus denselben, dass von der *porta Esquilina* nördlich bis zur *porta Viminalis* und südlich bis zum *Amphitheatrum castrense* noch am Ende der Republik eine ausgedehnte Nekropolis lag, welche seit Augustus allmählich verschüttet und in Gartenanlagen verwandelt worden ist. Maecenas war vielleicht der erste, welcher hier seine Gärten anlegte,[2]) und später gab es hier eine grosse Anzahl von Gärten, wie die *horti Pallantiani*,[3]) benannt von Pallas, dem Freigelassenen des Claudius, die *horti Spei veteris*,[4]) die *horti Epaphroditiani*,[5]) die *horti Tauriani* und andere.[6]) Unter den auf diesem grossen Leichenfelde aufgedeckten Gräbern lassen sich nach Lanciani drei Arten unterscheiden, welche drei verschiedenen Epochen angehören.[7])

1. Die ältesten und am tiefsten liegenden sind Grabkammern, welche in den Felsen gehauen sind. Die im Jahre 1873 bei dem Kloster S. Eusebio unmittelbar an dem Servianischen Walle entdeckte bildete ein Rechteck von 3,80 Meter Länge und 1,93 Meter Breite und war auf vier Leichen eingerichtet, welche mit den Füssen nach der Thür zu lagen. Vier andere, welche offenbar später hinzugekommen waren, hatten aus Mangel an Platz nicht in diese Stellung gebracht werden können.[8]) Felsengräber.

---

1) Ausführlich berichtet hierüber Rud. Lanciani im *Bullettino della commissione archeologica municipale* I (1873) p. 66ff.; II (1874) p. 33—88; 195—223; III (1875) p. 41—56; 190—203.

2) Die Anlagen erwähnt Horat. *sat.* 1, 8, 8:

Huc prius angustis eiecta cadavera cellis
conservus vili portanda locabat in arca;
hoc miserae plebi stabat commune sepulcrum. — —
Nunc licet Esquiliis habitare salubribus atque
aggere in aprico spatiari, quo modo tristes
albis informem spectabant ossibus agrum.

Den Maecenas nennen nur die Scholiasten zu der Stelle. Porphyrio: *Novis hortis* (v. 7) *ideo dixit, quod, cum Esquilina regio prius sepulcris et bustis vacaret, primus Maecenas salubritatem aeris ibi esse passus hortos instituit.* Commentator Cruquianus: *Antea Esquilina regio sepulcris servorum et miserorum erat dedicata: Maecenas autem considerans aeris salubritatem hortos eo loco constituit.*

3) Frontin. *de aquis* 1, 20.

4) Lamprid. *Heliogab.* 13, 5. Preller Die Regionen S. 131. Becker Topographie S. 550.

5) Frontin. *de aquis* 2, 68.

6) Lanciani in *Bull. municip.* II (1874) p. 55ff.

7) Auch in der Nekropolis von Praeneste, in welcher im October 1877 neue Ausgrabungen angestellt worden sind, unterscheidet man drei, verschiedenen Zeitaltern angehörige Arten von Gräbern: 1) Grabkammern von Steinen, 2) Sarkophage für Leichen oder Steinkasten für die Asche, von Peperin, 3) Sarkophage aus grossen Ziegeln. *Comptes rendus de l'Académie des Inscriptions et Belles-Lettres* 1878 p. 17. Vgl. *Notizie degli scavi di antichità* 1877 p. 327f.

8) Lanciani a. a. O. II p. 49.

Steinkasten. 2. Die zweite Classe von Gräbern, welche in einer drei Meter höheren Bodenschicht vorgefunden wurde,[1]) bilden die mit Deckeln versehenen Steinkasten, die wieder zweierlei Art sind, nämlich Cinerarien und Sarkophage. Die Cinerarien gehen in ihren Dimensionen nicht über 0,60 × 0,40 × 0,55 M. hinaus, sind aus einem Stück gearbeitet und haben die Form eines kleinen Häuschens, in welcher sie auch in der Nekropolis von Marzabotto bei Bologna[2]) vorkommen; die Sarkophage sind aus mehreren Stücken zusammengesetzt und mit einem flachen Deckel versehen. In beiden sind nur Thongefässe und Bronzen, nicht eiserne Geräthe gefunden worden.

Gemauerte Grab-kammern. 3. Die dritte Periode ist durch Grabkammern repräsentirt, welche durchschnittlich 5 M. lang, 4 M. breit und aus Quadern desselben Steines construirt sind, aus welchem die innere Wand des Servianischen Walles besteht.[3]) Sie gehören der Zeit der Republik an, wie man aus dem durch eine Inschrift[4]) bezeichneten Grabe des *collegium tibicinum* ersieht, welches nach Jordan's Ansicht etwa in die Zeit des Sulla zu setzen sein dürfte.[5]) *puticuli.* Zu ihnen sind auch die oft erwähnten *puticuli* (Brunnengräber)[6]) zu rechnen, d. h. Massenbegräbnisse, in welche die Leichname von armen Leuten, die kein eigenes Grab kaufen konnten, und von Sclaven[7]) unverbrannt übereinander geworfen und der Verwesung überlassen wurden. Es sind rechtwinklige Gruben von 4 × 5 Meter Weite; ihre Tiefe ist nicht wohl zu bestimmen, da ein Fussboden, wie ihn die Privatgräber haben, nirgends sichtbar geworden ist;[8]) sie muss aber beträchtlich gewesen

---

1) Lanciani a. a. O. III p. 193 tav. XX.

2) S. G. Gozzadini *Di un' antica necropoli a Marzabotto nel Bolognese.* Bologna 1865. fol. und *Di ulteriori scoperte nell' antica necropoli a Marzabotto.* Bologna 1870. fol. In der letzteren Schrift ist eine Aschenkiste der Art tav. I n. 2 abgebildet und p. 12 besprochen.

3) Lanciani a. a. O. III p. 43.

4) *C. I. L.* VI, 3877.

5) Jordan in Bursian's Jahresbericht. Bd. IV. Zweite Abth. S. 182 ff.

6) Varro *de l. L.* 5, 25: *a puteis puticoli, quod ibi in puteis obruebantur homines, nisi potius, ut Aelius scribit, puticulae, quod putescebant ibi cadavera proiecta. Qui locus publicus ultra Exquilias.* Festi *ep.* p. 216: *Puticuli sunt appellati, quod vetustissimum genus sepulturae in puteis fuerit, et dicti puticuli, quia ibi cadavera putescerent.* Festus p. 217b, 8. Frontin. *de controv. agr.* in *Gromatici* ed. Lachm. p. 55, 8: *Sunt in suburbanis loca publica inopum destinata funeribus; quae loca culinas appellant.* Vgl. p. 21, 15; 86, 9. Commentator Cruquianus *ad Hor. sat.* 1, 8, 10: *Commune sepulcrum. a puteis fossis ad sepelienda cadavera pauperum locus dictus est Puticuli. Hic etiam erant publicae ustrinae.*

7) Horat. *sat.* 1, 8, 8 ff.

8) Lanciani a. a. O. III p. 191.

sein, da diese Kammern den Zweck hatten, möglichst viele aufeinander liegende Leichen aufzunehmen. Hingerichtete Verbrecher warf man nicht einmal in die *puticuli*, sondern liess sie auf dem Felde als eine Beute der Hunde und Raubvögel liegen,[1] und noch Horaz schildert den Platz als bedeckt mit unbegrabenen Leichen und weissen Knochen.[2] Als derselbe dann in Parkanlagen verwandelt wurde, scheint das Armengrab und die Richtstätte nur in grössere Entfernung von der Stadt gelegt zu sein,[3] denn Hinrichtungen fanden noch immer in der Kaiserzeit ausserhalb des Esquilinischen Thores statt.[4]

Von dem Ritus der ältesten Begräbnisse wissen wir nur das Eigenthümliche, dass sie in der Stille der Nacht[5] bei Fackelschein[6] stattfanden, wie es für die Bestattung unerwachsener Kinder,[7] *acerba funera*,[8] und unbemittelter Leute,[9] die man

Aeltester Ritus. Begräbniss bei Nacht.

---

1) Nach Dionysius 20, 16 wurden im J. 478 = 276 4500 Mann von der aufrührerischen Besatzung von Rhegium nach Rom transportirt und hingerichtet: καὶ οὐδὲ ταφῆς ἔτυχον, ἀλλ' ἑλκυσθέντες ἐκ τῆς ἀγορᾶς εἰς ἀναπεπταμένον τι πρὸ τῆς πόλεως χωρίον (es ist der *campus Esquilinus* gemeint) ὑπὸ οἰωνῶν καὶ κυνῶν διεφθάρησαν.

2) Hor. *sat.* 1, 8, 17: *albis informem spectabant ossibus agrum. epod.* 5, 99: *post insepulta membra different lupi Et Esquilinae alites.*

3) Porphyrio *ad Hor. sat.* 1, 8, 14: *Nunc licet Esquiliis habitare salubribus. scilicet quia promotae longius ustrinae, salubres factae sunt Esquiliae.*

4) Tac. *ann.* 2, 32; 15, 60. Suet. *Claud.* 25. Vgl. Becker Topographie S. 555 f.

5) Servius *ad Aen.* 11, 143: *apud Romanos moris fuit, ut noctu efferrentur ad funalia, unde etiam funus dictum est, quia in religiosa civitate cavebant, ne aut magistratibus occurrerent aut sacerdotibus, quorum oculos nolebant alieno funere violari.* Donat. *ad Terent. Andr.* 1, 1, 81. 88. Die Priester, welche keinen Leichnam sehen dürfen, sind der *pontifex* und der *flamen Dialis.* S. Staatsverwaltung III S. 296. 317.

6) Serv. *ad Aen.* 1, 727: *funalia — a funibus, quos ante usum papyri cera circumdatos habuere maiores. Unde et funera dicuntur, quod funes incensos mortuis praeferebant.* 6, 224: *Facem de fune, ut Varro dicit, unde et funus dictum est. Per noctem autem urebantur, unde et permansit, ut mortuos faces antecedant.* Isidor. *orig.* 20, 10, 5.

7) Serv. *ad Aen.* 11, 143: *moris Romani (erat), ut impuberes noctu efferrentur ad faces ne funere immaturae subolis domus funestaretur, quod praecipue accidebat in eorum, qui in magistratu erant, filiis.* Seneca *de brevitate vitae* 20, 5. *de tranq. animi* 11, 7: *totiens praeter limen immaturas exsequias fax cereusque praecessit.*

8) Tac. *ann.* 13, 17 vom Begräbniss des Britannicus: *Festinationem exsequiarum edicto Caesar defendit, maioribus institutum referens subtrahere oculis acerba funera neque laudationibus et pompa detinere.* Seneca *ep.* 122, 10: *Quantulum enim a funere absunt et quidem acerbo, qui ad faces et cereos vivunt?* Serv. *ad Aen.* 3, 64: *nam Polydori funus, utpote adhuc pueri, acerbum est.* Vgl. 11, 28.

9) Festi *ep.* p. 368, 17: *Vespae et Vespillones dicuntur, qui funerandis corporibus officium gerunt, — — quia vespertino tempore eos efferunt, qui funebri pompa duci propter inopiam nequeunt.* Dionys. 4, 40: νυκτὸς ἐκκομίζει

auf einer einfachen Bahre hinaustrug,[1]) und bei nachträglicher Beisetzung (*translatio cadaveris*)[2]) immer üblich geblieben ist, von Kaiser Julian aber wieder für alle Begräbnisse vorgeschrieben wurde.[3]) »Der Tod«, sagt der Kaiser in seinem Erlasse, »ist Ruhe, für Ruhe aber eignet sich die Nacht. Daher geziemt es sich, glaube ich, in ihr die Bestattung der Verstorbenen vorzunehmen, da so etwas bei Tage zu thun aus vielen Gründen zu vermeiden ist. Denn jeder wendet sich in der Stadt zu einem anderen Geschäfte und voll ist alles von Leuten, welche in die Gerichte oder auf den Markt oder vom Markte gehen, oder bei der Arbeit sitzen oder zum Opfer ziehen, um ihre schönen Hoffnungen von den Göttern sichern zu lassen. Da legen nun irgendwelche Leute einen Todten auf die Bahre und drängen sich mitten durch die so beschäftigten. Das ist auf keine Weise zu dulden. Denn unangenehm empfinden es häufig die, welchen das begegnet, theils weil sie es für eine böse Vorbedeutung halten, theils weil die, welche sich zum Opfer begeben, nicht herantreten dürfen, ohne sich vorher zu reinigen. —— Die heiligen Plätze und die Tempel der Götter sind geöffnet, die aber gehen grade bei dem Tempel vorbei, den Todten tragend, und der laute Missklang der Wehklage dringt bis zu den Altären.« Die Störung religiöser Handlungen durch die Erscheinung des Todten ist in der That als der Hauptgrund zu betrachten, aus welchem man die Begräbnisse auf den Abend oder die Nacht verlegte; er verlor erst an Bedeutung, als die solennen Begräbnisse aufkamen, deren Effect auf die Theilnahme der zuschauenden Menge berechnet war. Mit ihnen änderte sich die alte Sitte[4]) und es blieb von ihr nichts übrig, als der Ge-
Fackeln. brauch der Fackeln, welche auch zu der Zeit, in welcher man bei Tage begrub, bei keinem Leichenbegängnisse fehlten.[5]) Die

τὸ σῶμα τῆς πόλεως, ὡς τῶν ἐπιτυχόντων τινός. Solch ein Begräbniss heisst *tacitum funus*. Seneca *de tranq. animi* 1, 13. Ovid. *trist.* 1, 3, 22. *plebeium funus* Propert. 3, 13^b, 24.

1) Fulgentius p. VIII, 1 Lersch. Martial. 8, 75, 14.

2) Pauli *sent. rec.* 1, 21, 1. Vgl. Staatsverwaltung III S. 297.

3) Das Edict, in verkürzter lateinischer Fassung erhalten im *Cod. Theod.* 9, 17, 5, ist jetzt im griechischen Text aus dem Cod. 366 der Marcusbibliothek in Venedig herausgegeben von Hertlein im *Hermes* VIII S. 167ff.

4) Dass Begräbnisse aller Art in späterer Zeit bei Tage stattfanden, lehrt schon die bekannte Stelle Horat. *sat.* 1, 6, 42: *At hic, si plostra ducenta Concurrantque foro tria funera, magna sonabit Cornua quod vincatque tubas.*

5) So sagt Vergil von dem Begräbnisse des Pallas *Aen.* 11, 142:

Fackel ist ein Symbol wie der Hochzeit (s. S. 55 Anm. 2) so des Begräbnisses geworden [1]) und kommt als solches noch in dem christlichen Beerdigungsritus der ersten Jahrhunderte zur Anwendung. [2])

Solenne Begräbnisse sind in Rom nur bei hochgestellten Personen und Mitgliedern vornehmer Familien üblich. Sie wurden schon früh dazu benutzt, den Glanz und das Ansehen des Hauses dem Volke vor Augen zu stellen und daher mit einer Pracht ausgestattet, welche die erste Veranlassung zu den Luxusgesetzen gegeben hat. [3]) Die zehnte Tafel der Decemviralgesetze enthielt bereits beschränkende Anordnungen über die Räucherung vor dem Paradebette, [4]) die Kränze und Kleidungsstücke, mit welchen der Leichnam decorirt wurde, die Zahl der *tibicines*, [5]) die Construction des *rogus*, [6]) die Besprengung der Asche (*respersio*), [7]) das Leichenmahl [8]) und die dem Todten in das Grab mitzugebenden Gegenstände. [9]) Ebenso bezog sich auf diese Art des Luxus die *lex Cornelia sumptuaria* des Sulla, [10])

Solenne Begräbnisse.

Luxus bei denselben.

Arcades ad portas ruere et de more vetusto
funereas rapuere faces; lucet via longo
ordine flammarum et late discriminat agros,

und Tacitus *ann.* 3, 4 vom Begräbnisse des Germanicus: *Dies, quo reliquiae tumulo Augusti inferebantur, modo per silentium vastus, modo ploratibus inquies; plena urbis itinera, conlucentes per Campum Martis faces.* Vgl. Verg. *Aen.* 7, 337. Persius 3, 103. Martial. 8, 43. Schliesslich dienten die Fackeln zum Anzünden des *rogus.* Calpurnius Flaccus *declam.* 29: *facem nubenti praeferam, an rogum iacentis accendam?*

1) So sagt Plutarch *An seni sit gerenda resp.* 9, 2, p. 963 Dübner: ἐπὶ τὴν δᾶδα καὶ τὴν κορωνίδα τοῦ βίου προελθεῖν, und häufig wird die Hochzeits- und Leichenfackel zusammen erwähnt, wie bei Propert. 5, 11, 46: *Viximus insignes inter utramque facem.* Vgl. Ovid. *fast.* 2, 561. Ovid. *heroid.* 2, 120.

2) S. Aringhi *Roma subterranea* I c. 18. 19. Von dem Begräbnisse des Kaisers Justinian heisst es bei Corippus in *laud. Justini* 3, 39: *Maestaque funereas accendunt agmina ceras.*

3) Vgl. E. Labatut *Les funérailles chez les Romains. L'édit et les lois somptuaires.* Paris 1878. 8. H. Baudrillart *Histoire du luxe privé et public depuis l'antiquité jusqu'à nos jours.* Tome II. Paris 1878. p. 484 ff.

4) Hierauf bezieht sich die *acerra* bei Cic. *de leg.* 2, 23, 60. Vgl. Festi *ep.* p. 18, 7: *Acerra ara, quae ante mortuum poni solebat, in qua odores incendebant.*

5) Cic. *de leg.* 2, 23, 59.

6) Cic. *de leg.* 2, 23, 59: *rogum ascea ne polito,* worauf ich weiter unten zurückkomme.

7) Cic. a. a. O. 60: *ne sumptuosa respersio.* Vgl. das Gesetz des Numa bei Plin. *n. h.* 14, 88: *vino rogum ne respargito.* Festi *ep.* p. 263, 14: *Resparsum vinum dixerunt, quia vino sepulcrum spargebatur.*

8) Dabei war die *circumpotatio* verboten. Cicero a. a. O.

9) Cicero a. a. O.: *Neve aurum addito. Cui auro dentes iuncti escunt, ast im cum illo sepelirei ureive se fraude esto.*

10) Plutarch. *Sulla* 35. Orelli *Index legum* p. 276.

und es gehörte zu den Obliegenheiten der Aedilen, nicht nur in Beziehung auf den Strassenverkehr und die Feuerpolizei eine Aufsicht über die Leichenzüge und Verbrennung zu üben,[1]) sondern auch die Beobachtung der über die Begräbnisse bestehenden Verordnungen zu überwachen.[2]) Von wie unvollständigem Erfolge indess diese Maassregeln waren, lehrt nicht nur das Beispiel des Sulla, welcher der erste war, der sein eigenes Gesetz überschritt,[3]) sondern auch die am Ende der Republik und in der Kaiserzeit allgemeine Regel feierlicher Bestattungen, auf welche wir nunmehr näher einzugehen haben.

Ritus derselben. Starb ein Mann aus einer Familie der Nobilität und hatten ihm seine um das Sterbebette versammelten Verwandten die *conclamatio.* Augen zugedrückt[4]) und die Weheklage (*conclamatio*) erhoben,[5]) Ausstellung der Leiche. so wurde der Leichnam, nachdem er mit warmem Wasser ge-

1) Auch hierüber enthielten die XII Tafeln eine Bestimmung. Cic. *de leg.* 2, 24, 61: *Duae sunt praeterea leges de sepulcris, quarum altera privatorum aedificiis, altera ipsis sepulcris cavet. Nam quod rogum bustumve novum vetat propius sexaginta pedes adici aedes alienas invito domino, incendium ut arceatur vetat.* Von ähnlichem Inhalt ist das kürzlich gefundene, zuerst von Lanciani *Bull. arch. municip.* 1875 p. 190 ff. herausgegebene, dann von Mommsen *C. I. L.* VI p. 848 n. 3823 folgendermaassen ergänzte Senatusconsult: — — *eisque curarent tu[erenturque ar]bitratu aedilium pleibeium [quei]comque essent; neive ustrinae in eis locis regionibusve, nive foci ustrinae causa fierent; nive stercus terramve intra ea loca fecisse coniecisseve velit quei haec loca ab paago Montano [redempta habebit].*

2) Cic. *Phil.* 9, 7, 17: *Et cum Ser. Sulpicius — — ita de republica meritus sit, ut iis ornamentis decorari debeat, senatum censere — — aediles curules edictum, quod de funeribus habeant, Ser. Sulpicii — — funeri remittere.* Die Auswanderung der Tibicines nach Tibur hatte ihren Grund darin, dass, wie Ovid. *fast.* 6, 663 sagt, *aedilis, pompam qui funeris irent, artifices solos iusserat esse decem.* Wie hier die Aedilen nach der Vorschrift der zwölf Tafeln verfahren, so auch in einem anderen Falle, über den es in der Inschrift *C. I. L.* VI, 1375 heisst: *ex venditione Attalicorum, quae eis per edictum aedilis in sepulcrum C. Cesti ex testamento eius inferre non licuit.*

3) Plutarch. *Sulla* 35.

4) Dies heisst *operire oculos morientibus* Plin. *n. h.* 11, 150. Seneca *contr.* 9, 27, 5 p. 268 Bursian; *premere* Verg. *Aen.* 9, 489; Ovid. *am.* 3, 9, 49; *condere* Ovid. *trist.* 3, 3, 44; *heroid.* 1, 113; 10, 120; *tegere* Ovid. *trist.* 4, 3, 44; *claudere* Lucan. *Phars.* 3, 740.

5) *Mortui conclamantur* Serv. *ad Aen.* 6, 218; Lucan. *Phars.* 2, 23; Liv. 4, 40, 3. Vgl. Seneca *de tr. an.* 11, 7; *Post conclamata suprema* Quintil. *decl.* 8, 10. Ammian. 30, 10, 1. *Clamor supremus* Ovid. *trist.* 3, 3, 43. (Die *conclamatio* bestand vielmehr darin, dass der Todte wiederholt beim Namen gerufen wurde, um den vielleicht nur scheintodten zu wecken. Serv. l. l.; es scheint, dass Donat. *ad Ter. Eun.* 2, 3, 56 und Apul. *met.* 1, 6 die *conclamatio* von der Todtenklage unterscheiden. Einige Reliefs (Maffei *Mus. Veron.* p. 420) scheinen darauf zu führen, dass zu gleichem Zweck auch Blasinstrumente angewandt wurden; vgl. Petron. 78.)

waschen[1]) und mit Spezereien gesalbt[2]) war, vollständig gekleidet[3]) und, wenn der Todte ein Amt verwaltet hatte, mit den Insignien dieses Amtes[4]) angethan, auch wohl in besonders kostbarem Gewande[5]) und Schmucke[6]) auf ein Paradebett gelegt (*componebatur*), und so in dem Atrium des Hauses,[7]) das Fussende der Eingangsthür zugewendet,[8]) ausgestellt.[9]) Neben

---

1) Nach Serv. *ad Aen.* 6, 218 geschah auch dies, um einen etwa scheintodten zu erwecken.

2) Lucian. *de luctu* 11. Persius 3, 104.

3) Und zwar in die *toga.* Juvenal. 3, 172. Martial. 9, 57, 8. Paulus *Dig.* 15, 3, 19. Artemidor. *oneir.* 2, 3. Die Bekleidung im Allgemeinen erwähnt auch Ulp. *Dig.* 11, 7, 14 § 4. Marcian. *Dig.* 30, 113 § 5. Andere Stellen s. bei Savaro *ad Sidon. Apoll. epist.* 3, 3, p. 191 (ed. 1609). Lactant. 2, 4, 9: *defunctorum corpora odoribus ac pretiosis vestibus illita et convoluta humi condunt.* So auch bei den Christen. Euseb. *hist. eccl.* 7, 22. Aringhi *Roma subt.* I p. 101—130.

4) Liv. 34, 7, 3.

5) *Vestes purpureae* Verg. *Aen.* 6, 221; *pretiosae* Val. Max. 5, 5, 4. Lactant. 2, 4, 9; *auratae* Suet. *Nero* 50. Hieronymus *vita S. Pauli primi eremitae* 17, Vol. II p. 13 Vallars: *Cur mortuos vestros auratis obvolvitis vestibus?* Ueber Goldstoffe, die in italischen Gräbern vielfach gefunden sind, siehe die Nachweise bei Raoul-Rochette a. a. O. p. 644—650. 735. 736.

6) Männer nehmen ihren Ring ins Grab mit, wie z. B. im Grabe der Scipionen der Siegelring eines der Scipionen gefunden wurde (E. Braun Die Ruinen und Museen Roms S. 83); die grosse Anzahl noch erhaltener Ringe und Ringsteine verdankt ihre Erhaltung den Gräbern. Auch den Frauen werden Ringe (Prop. 5, 7, 9) und Schmucksachen mitgegeben. Quint. *decl.* 373. *Dig.* 34, 2, 40 § 2. Raoul-Rochette a. a. O. p. 650. 651. Campana *Di due sepolcri* p. 22. O. Jahn Röm. Alterthümer in Flamersheim (Jahrb. d. Vereins v. Alt. im Rheinlande. 33. 34, 1863 S. 236 ff.). Um dieser Kostbarkeiten willen wurden schon im Alterthum die Gräber häufig beraubt. Quint. *decl.* 373 und mehr bei Savaro *ad Sidon. Apoll. epist.* 3, 12, p. 209 (ed. 1609). Goth. *ad Cod. Th.* 9, 17. Christliche Bischöfe nehmen ebenfalls ihren Ring ins Grab mit. Aringhi *Roma subt.* I p. 127.

7) Wenn Augustus' Leiche nach Suet. *Oct.* 100 *in vestibulo domus* ausgestellt wurde, so geschah dies aus dem Grunde, um allem Volke den Zutritt zu gewähren (wenn nicht hier unter *vestibulum* das Atrium zu verstehen ist; s. oben S. 228 A. 5). Aus demselben Grunde stellte man Leichen auf dem Forum aus, wie die der Virginia (Dionys. 11, 39), des Caesar (Dio Cass. 44, 35, 4), des Drusus (Dio Cass. 55, 2, 2), oder an anderen zugänglichen Orten, wie die Leiche der Octavia bei dem Ἰούλιον ἡρῷον (Dio Cass. 54, 35, 4), d. h. der *aedes Divi Julii* (Suet. *Oct.* 100) auf dem Forum. Siehe Detlefsen *De comitio* in *Annali d. Inst.* 1860 p. 154.

8) Plin. *n. h.* 7, 46. Darauf geht auch Seneca *ep.* 12, 3.

9) Lucian. *de luctu* 11: μετὰ ταῦτα δὲ λούσαντες αὐτοὺς καὶ μύρῳ τῷ καλλίστῳ χρίσαντες — καὶ στεφανώσαντες τοῖς ὡραίοις ἄνθεσι προτίθενται. Das technische Wort ist nämlich προτίθεσθαι, Dio Cass. 44, 35, 4; 58, 2, 1; 59, 3, 7, sowohl von der Ausstellung im Hause als von der Ausstellung für den Zweck der Leichenrede; wogegen das Zurechtlegen der Leiche lateinisch *lecto componere*, Pers. 3, 104. Ovid. *met.* 9, 504. Seneca *de brev. vitae* 20, 3, oder *collocare*, Suet. *Oct.* 100. Capitol. *Ant. P.* 5, 1, griechisch διατίθημι heisst. Euseb. *hist. eccl.* 7, 22 und daselbst Valesius. Eine bildliche Darstellung der πρόθεσις giebt das Basrelief bei Brunn *Monumenti degli Aterii* in *Annali d. Inst.* 1849 p. 363—400, *Mon. d. Inst.* V t. 6—8, auch in Garucci *Mon. del Museo Lateranense* tav. 37. Eine todte Frau liegt auf einem Paradebette, 4

ihm lagen die Ehrenkränze, die er im Leben bei Kriegsthaten oder Wettkämpfen erworben,[1] und Blumen;[2] vor dem Lectus waren Rauchpfannen aufgestellt[3] und in dem Vestibulum des Hauses zum Zeichen der Trauer Zweige von Rothtannen (*picae*)[4] und Cypressen[5] angebracht. Bekannt und nicht zu bezweifeln

---

Fackeln sind an den 4 Ecken des *lectus*, zwei *acerrae* daneben aufgestellt. Am Kopfende des *lectus* sitzen drei Frauen, offenbar die Leidtragenden (Serv. *ad Aen.* 9, 486: *nam apud maiores funereas dicebant eas, ad quas funus pertinebat, ut sororem, matrem.* Vgl. Bode *Scriptores rerum myth.* Cellis 1834. 8. I p. 191, 37), die Hände über den Knien faltend, welche Stellung regelmässig für Trauernde ist. S. Apul. *met.* 3, 1. Corte *ad Lucan.* 2, 292 und die von Garucci beigebrachten Stellen Basilius *Homil. in famem et siccitatem Opp.* Paris. 1722. Vol. II p. 63: Οἱ γεωργοὶ δὲ ταῖς ἀρούραις ἐπικαθήμενοι καὶ τὰς χεῖρας κατὰ τῶν γονάτων συμπλέκοντες (τοῦτο δὴ τῶν πενθούντων τὸ σχῆμα) τοὺς ματαίους ἑαυτῶν πόνους δακρύουσι. Pausan. 10, 31, 5. Plin. *n. h.* 28, 59: *adsidere — digitis pectinatim inter se inplexis.* Nili *narrat.* ed. 1639 p. 115 = p. 684 ed. Migne. Paris 1860. 8.: ἐκάθισα τὰς χεῖρας περιπλέξας τοῖς γόνασι καὶ τὸ πρόσωπον ἐπὶ τούτων κατακλίνας τοὺς κόλπους ἐπλήρουν δακρύων. Am Fussende des Bettes sitzen zwei *praeficae* und eine Flötenbläserin; an der Seite des Bettes stehen drei andere Personen mit aufgelöstem Haare, sich an die Brust schlagend. Andere Todtenausstellungen s. *M. of the British Museum* V pl. 3 fig. 5. *Mus. Gregor.* II, 91. Die Zeit der Ausstellung wird nicht in allen Fällen gleich gewesen sein. Servius *ad Aen.* 5, 64 giebt sie auf sieben Tage an und die siebentägige Ausstellung kommt bei dem Begräbniss des Kaisers Septimius Severus (Herodian. 4, 2, 4) und noch im J. 359 n. Chr. auch in Asien vor (Ammian. 19, 1, 10); der Commentator Cruquianus sagt dagegen zu Horat. *epod.* 17, 47: *Apud antiquos moris fuit, ut triduo corpus defuncti iaceret domi — — et post triduum in rogum ponebatur. — — item post triduum cinis in urnam condebatur et tumulo mandabatur.* Seine Nachricht scheint zwar nur auf Interpretation mehrerer Vergilischen Stellen zu beruhen, ist aber an sich wahrscheinlich, da der wirkliche Leichnam sieben Tage nicht ausgestellt werden konnte, und die Ausstellung einer Portraitfigur, wie sie bei der Apotheose des Septimius Severus stattfand (Herodian a. a. O. Vgl. S. 355 Anm. 2) nur für besondere feierliche Leichenbegängnisse anzunehmen sein wird.

1) Cic. *de leg.* 2, 24, 60: *Illa iam significatio est, laudis ornamenta ad mortuos pertinere, quod coronam virtute partam et ei, qui peperisset, et eius parenti sine fraude esse lex impositam iubet.* Plin. *n. h.* 21, 7: *Semper tamen auctoritas vel ludicro quaesitarum fuit; namque ad certamina in circum per ludos et ipsi descendebant et servos suos equosque mittebant. Inde illa XII tabularum lex: qui coronam parit ipse pecuniave eius, virtutis suae ergo duitor ei.* Serv. *ad Aen.* 11, 80: *in antiquis disciplinis relatum est, quae quisque virtute ornamenta consecutus esset, ut ea mortuum eum decorarent.* Skelette mit goldenen Kronen auf dem Haupte sind mehrfach in etruskischen und anderen italischen Gräbern gefunden worden. *Bull. d. Inst.* 1835 p. 203—205. Raoul-Rochette a. a. O. p. 653.

2) Tertull. *de coron.* 10: *nam et mortuorum est ita coronari.* Minucius Felix *Oct.* 12, 6. Dionys. 11, 39 und öfter. S. Aringhi *Roma s.* I p. 129.

3) Sie heissen nach Festus *ep.* p. 18, 7 *acerrae.* Die XII Tafeln enthielten hierüber einschränkende Bestimmungen. Cic. *de leg.* 2, 24, 60.

4) Plin. *n. h.* 16, 40.

5) Plin. *n. h.* 16, 139. Serv. *ad Aen.* 2, 714; 3, 64: *Moris autem Romani fuerat, ramum cupressi ante domum funestam poni, ne quisquam pontifex per ignorantiam pollueretur ingressus.* 3, 680; 4, 507; 6, 216. Festi *ep.* p. 63, 15 s. v. Vgl. Horat. *od.* 2, 14, 23. Dass auch dies nur bei grösseren Leichen-

ist ferner, dass Griechen und Römer dem Todten eine Münze als Fährgeld für den Charon in den Mund legten und es fragt sich nur, wie alt dieser Gebrauch ist. Bei den Griechen wird die Sitte vielleicht zuerst von Aristophanes,[1]) später häufig erwähnt[2]) und durch freilich nicht zahlreiche Gräberfunde bezeugt;[3]) die römischen Schriftsteller gedenken derselben erst in der Kaiserzeit,[4]) aber Münzen befanden sich schon in dem Grabe der Furii in Tusculum aus der Zeit vor dem zweiten punischen Kriege[5]) und Skelette mit Münzen im Munde sind in den Praenestinischen Gräbern des 5. und 6. Jahrhunderts der Stadt zu Tage gekommen.[6]) Ganz allgemein war aber der Gebrauch in der Kaiserzeit in Rom wie ausserhalb Roms. Ficoroni entdeckte bei den von ihm an der *porta Appia* veranstalteten Ausgrabungen eine Anzahl von Skeletten, welche Münzen der ersten Kaiser zwischen den Zähnen hielten;[7]) in dem von Campana an der *via Latina* untersuchten ersten Columbarium lag die Leiche einer jungen Frau in reichem Schmucke, im Munde eine Bronzemünze der Faustina, Frau des Antoninus Pius;[8]) in dem 1865 eröffneten Grabmale von Civitavecchia aus der Zeit der Antoninen war in jedem Sarkophag die Leiche mit einer Münze versehen.[9]) Ebenso fand man in Cöln zwei Gerippe in Steinsärgen; beide hatten eine Münze im Munde, die eine von Traian, die andere von Constantin dem Jüngeren.[10]) In manchen Mitgabe einer Münze.

---

bestattungen vorkam, sagt Lucan. *Phars.* 3, 442: *Et non plebeios luctus testata cupressus.* 1) Aristophan. *Ran.* 140. 270.

2) Lucian. *de luctu* 10 und Hemsterhuys zu d. St. Mayor *ad Juven.* 3, 267.

3) Raoul-Rochette a. a. O. p. 664. Eine griechische Graburne, in welcher unter Knochen ein Obolos lag, s. bei Birch *History of pottery.* Vol. I p. 203.

4) Juvenal. 3, 267. Propert. 5, 11, 7. Apul. *met.* 6, 18.

5) *C. I. L.* I p. 27 n. 65—72.

6) *Annali d. Inst.* 1855 p. 76. *C. I. L.* I p. 28. Münzen römisch-campanischer Prägung in einem cornetaner Grabe: *Bull. d. Inst.* 1870 p. 57. Asse mit Theilstücken derselben, absichtlich verstümmelt, häufig in etruskischen Gräbern: *Bull. d. Inst.* 1870 p. 59; 1876 p. 14. Asse, Münzen des Caesar und Augustus in Gräbern von Este: *Bull. d. Inst.* 1882 p. 77 f. *Aes rude* in altetruskischen und campanischen Gräbern: Zannoni *Scavi della Certosa* p. 71; vgl. *Bull. d. Inst.* 1881 p. 271. 276.

7) Ficoroni *La bolla d'oro.* Roma 1732. 4. p. 35. p. 43: *ne' lati sotto il pavimento e per lo più fuori all' intorno di esse camere vi erano cadaveri interi di gente ordinaria, ricoperti da tegoloni composti a guisa di casuppole e nelle loro bocche tra li denti avevano medaglie di bronzo mezzane de' primi imperatori.* Vgl. p. 47. 8) Campana *Di due sepolcri* p. 23.

9) G. B. de Rossi *Bull. dell' Instituto* 1865 p. 42 ff. Vgl. noch *Not. d. scavi* 1878 p. 156; 1879 p. 56. 76. 185.

10) Jahrb. des Vereins von Alterthumsfreunden im Rheinlande V S. 377.

Gegenden erhielt sich diese Sitte bis in die Zeit des Christenthums und des Mittelalters.[1])

funus privatum. Das Begräbniss wird regelmässig von der Familie, in ausnahmsweisen Fällen jedoch, in welchen dem Verstorbenen eine besondere Auszeichnung gewährt werden sollte, auf Grund eines *funus publicum.* Senatusconsultes[2]) durch die Behörden des Staates ausgerichtet. Der Staat weist dabei den Platz an und die Quaestoren geben die Ausführung in Entreprise. Könige, die als Gefangene in Italien starben, wie Syphax und Perseus,[3]) Personen, die im Dienste des Staates ihr Leben geopfert hatten,[4]) wie Hirtius und Pansa[5]) und die in der Schlacht bei Mutina Gefallenen,[6]) erhielten ein solches *funus publicum* und in der Kaiserzeit wird dasselbe öfter als vorher verdienten Personen,[7]) selbst Freigelassenen,[8]) insbesondere aber den Kaisern und den Mitgliedern der kaiserlichen Familie,[9]) auch den Frauen,[10]) bewilligt. Ebenso wurden in den Municipien Männer und Frauen *publico funere* begraben und auch hier ist die Formel: *Huic decuriones funus publicum — — locum sepulturae decreverunt.*[11]) Etwas anderes ist es dagegen, wenn das Volk freiwillig eine Sammlung veranstaltet, damit jemand standesgemäss begraben werden kann, wie dies bei dem Tode des Agrippa Menenius,[12]) Valerius Publicola,[13]) Q. Fabius Maximus[14]) und Scipio Serapio[15]) geschah. Denn hiezu fehlten in alter Zeit den Hinterbliebenen öfters die Mittel.[16]) Bei Magistraten indess, mochten sie ein *publicum* oder *privatum funus* erhalten, richtete sich der Apparat desselben nach dem Range, den der Verstorbene bekleidet hatte,[17]) und

---

1) Jahrb. des Vereins von Alterthumsfreunden im Rheinlande VII S. 83; XVII S. 111. Vgl. Raoul-Rochette a. a. O. p. 664—71. 752.

2) Das Formular dazu s. bei Cic. *Phil.* 9, 7, 15—17.

3) Val. Max. 5, 1, 1.

4) Cic. *Phil.* 9, 7.

5) Val. Max. 5, 2, 10.

6) Dio Cass. 46, 38, 2.

7) Tacitus *ann.* 3, 48; 6, 11. Dio Cassius 54, 12, 2.

8) So erhielt dasselbe Sphaerus, *Augusti libertus et paedagogus.* Dio Cass. 48, 33, 1.

9) Beispiele sind Marcellus (Dio Cass. 53, 30, 5); Agrippa (54, 28, 5).

10) So der Atia, Mutter des Augustus (Dio Cass. 47, 17, 6); der Livia (Dio Cass. 58, 2, 2).

11) Orelli 3853 = 4052 = *C. I. L.* IX, 2855. Vgl. Orelli 4050. 4051. 7004. 7011. 7054. *C. I. L.* III, 3055. 3128. 3137; X, 3903. 4761. 5583. Wilmanns 296 ff. *Publicum funus* einer Frau *C. I. L.* X, 1784.

12) Liv. 2, 33, 11.

13) Liv. 3, 18, 11.

14) Val. Max. 5, 2, 3.

15) Plin. *n. h.* 21, 10.

16) Liv. *epit.* 48: *M. Porcius Cato funus filii in praetura mortui tenuissimo, ut potuit — nam pauper erat — sumptu fecit.*

17) S. Mommsen Staatsrecht I² S. 424.

die höchste Classe der Begräbnisse bildete das *censorium funus*,[1]) bei welchem der Todte im Purpurgewande bestattet ward.[2])

Die Aufforderung zur Theilnahme an jedem solennen Leichenzuge erging durch einen öffentlichen Aufruf (davon *indictivum funus*),[3]) bei welchem der Herold mit den Worten einlud: *Ollus Quiris leto datus.*[4]) *Exsequias, quibus est commodum, ire iam tempus est.*[5]) *Ollus ex aedibus effertur.*[6]) Hat sich auf diesen Ruf das Gefolge eingefunden, so wird der Zug in der Art einer *pompa circensis* oder *triumphalis* von den *dissignatores*[7]) geordnet; an der Spitze des Zuges geht ein Musikcorps von Leichenbläsern (*siticines*);[8]) denn *tubae*,[9]) *tibiae*[10]) und auch wohl *cor-* Einladung. Ordnung des Leichenzuges.

1) Das *censorium funus*, welches Tacitus viermal erwähnt (*ann.* 4, 15; 6, 27; 13, 2. hist 4, 47) ist nicht, wie Gutherius *De iure manium* 2, 2, p. 193, Ryckius *ad Tac. ann.* 4, 15, Nipperdey zu Tac. *ann.* 3, 5 annehmen, ein nach einem censorischen Edicte angeordnetes öffentliches Begräbniss, sondern ein solches, wie es einem gewesenen Censor zukommt, auch wenn er von seinen Verwandten begraben wird.

2) Mommsen a. a. O. S. 425 Anm. 5.

3) Festi *ep.* p. 106, 13 s. v. Festus p. 334b, 27. Varro *de l. L.* 5, 160; 7, 42. *Funus indicere* Suet. *Caes.* 84. Cic. *de leg.* 2, 24, 61. *de prov. cons.* 19, 45.

4) Varro *de l. L.* 7, 42. Festus p. 254a, 34. Die Formel *leto datus est* *C. I. L.* X, 2039a.

5) Terent. *Phorm.* 5, 9, 37. *exequias ire* wie *infitias ire* Sil. Ital. *Pun.* 15, 395. Ovid. *am.* 2, 6, 2.

6) Varro *de l. L.* 5, 160.

7) Cic. *de leg.* 2, 24, 61 sagt: *dominusque funeris utatur accenso atque lictoribus.* Es scheint, dass dieser *accensus* derselbe ist, der sonst *designator* oder *dissignator* genannt wird (Hor. *epist.* 1, 7, 5: *dum ficus prima calorque Designatorem decorat lictoribus atris*) und der zu dem Todtengräberpersonal gehört, von dem weiter unten die Rede ist. Acron. *ad Hor.* l. l.: *Designatores dicuntur, qui ad Lucum Libitinae funeri praestanti conducuntur, ut defuncti cum honore efferantur.* Schol. Cruq. eod. l.: *Dissignatores sunt funerum mancipes et ordinatores.* Tertullian. *de spect.* 10 nennt sie *arbitri funerum. Designatores et libitinarii* stellt zusammen Seneca *de ben.* 6, 38, 4; ein *praeco idem dissignator* Orelli 3212 = *C. I. L.* X, 5429; alle diese, *praecones, dissignatores* und *libitinarii* sind nach der *lex Julia* (*C. I. L.* I, 206 lin. 94 = *Tab. Heracl.* ed. Dirksen p. 54) von Municipalämtern ausgeschlossen, weil sie einen *sordidus quaestus* haben.

8) Ateius Capito bei Gell. 20, 2 erklärt *siticines, qui apud sitos canere soliti essent, hoc est vita functos et sepultos, eosque habuisse proprium genus tubae, qua canerent, a ceterorum tubicinum differens.* Nonius p. 54. Diese Tuba nennt Ovid. *am.* 2, 6, 6 *longa tuba*, und es scheint ein besonderes, tief klingendes Instrument gewesen zu sein, dessen sich die τυμβαῦλαι bedienten. S. Kirchmann l. l. lib. 2 c. 4. 5.

9) Persius 3, 103 und der Schol. das. Serv. *ad Aen.* 11, 192. Propert. 2, 7, 12; 3, 13b, 20; 5, 11, 9. Ovid. *her.* 12, 140. Plutarch. *de soll. animal.* 19, 6, p. 1191 Dübner: ἔτυχε δέ τις ἐκείνῃ τῶν πλουσίων ἐκκομιζόμενος ὑπὸ σάλπιγξι πολλαῖς u. ö. Auch Petron. 78 geht auf das Begräbniss; denn dass man bei der *conclamatio* die *tubae* gebraucht habe (Jahn *ad Pers.* l. l.). ist weder an sich wahrscheinlich noch nachweisbar. (Vgl. oben S. 346 A. 5.)

10) Servius *ad Aen.* 5, 138 macht eine, wie es scheint, nur auf einem Schlusse aus zwei Dichterstellen beruhende Distinction: *Sed sciendum, maioris*

nua[1]) gehören zu jedem Begräbnisse, und schon die XII Tafeln beschränkten die Zahl der *tibicines* auf zehn;[2]) an sie schliessen sich in alter Zeit, wenigstens bis zu den punischen Kriegen die Klagefrauen (*praeficae*),[3]) welche die *naenia*, d. h. ein Loblied auf den Verstorbenen[4]) singen; es folgen, wie in der *pompa circensis*, Tänzer und Mimen,[5]) denen ebenso wie bei dem

---

aetatis funera ad tubam solere proferri. Persius (3, 103): *Hinc tuba; minoris vero ad tibias, ut Statius de Archemoro* (Th. 6, 121) *tibia cui teneros suetum deducere manes.* Denn *tibiae* kommen bei allen Begräbnissen vor. Suet. *Caes.* 83. Dio Cass. 74, 5, 3. Ovid. *fast.* 6, 657. Ovid. *tr.* 5, 1, 48. Festi *ep.* p. 93, 1 s. v. *Funebres tibiae.* (Vielleicht waren *tibiae* bei allen Begräbnissen, die *tuba* ausserdem nur bei Erwachsenen üblich.) Eine elfenbeinerne *tibia* fand Ficoroni (*Bolla d'oro* p. 41) in einem römischen Grabe.

1) Seneca *ludus de morte Claud.* 12. Petron. 78. Hor. *sat.* 1, 6, 44.

2) Cic. *de leg.* 2, 23, 59. Ovid. *fast.* 6, 664.

3) Non. p. 66: *Praeficae dicebantur apud veteres, quae adhiberi solent funeri mercede conductae, ut et flerent et fortia facta laudarent. Plautus in Frivolaria: Superaboque omnes argutando praeficas. Idem Truculento* (496): *Praefica, quae alios collaudare, eapse sese vero non potest. Lucilius lib. XXII:*

Mercede quae
Conductae flent alieno in funere praeficae
Multo et capillos scindunt et clamant magis.

Varro de vita P. R. lib. IV: dein naeniam cantari solitam ad tibias et fides eorum qui ludistricas (*ludis Troicis* Scal.) *cursitassent. haec mulier vocitata olim praefica usque ad Poenicum bellum.* Varro *de l. L.* 7, 70: *praefica dicta, ut Aurelius scribit, mulier, ad luctum quae conduceretur, quae ante domum mortui laudeis eius caneret.* Festi *ep.* p. 223, 16 s. v. Gloss. Labb.: *Praefica* ἡ πρὸ τῆς κλίνης ἐν τῇ ἐκφορᾷ κοπτομένη. Hor. *a. poet.* 431. Aesop. *fab.* 201 Schneider. Auch in etruskischen Monumenten kommen *praeficae* vor, so auf einem Cippus von Clusium Dennis S. 596, abgeb. Inghirami *Mus. Chius.* I tav. 53—56; auf einem anderen, ebenfalls von Clusium bei Abeken Mittelitalien Taf. VIII; auf einer Aschenkiste von Sarteano Dennis S. 632; auf einem Cippus von Perugia Dennis S. 667.

4) Nonius p. 145 s. v. *nenia*: *Varro de vita P. R. lib. IV: Ibi a muliere, quae optima voce esset, perquam laudari. dein naeniam cantari solitam ad tibias et fides.* Augustin. *de civ. dei* 6, 9. Cic. *de leg.* 2, 24, 62: *honoratorum virorum laudes in concione memorentur, easque etiam cantus ad tibicinem prosequatur, cui nomen neniae.* Festi *ep.* p. 163, 1 s. v. Wenn es wahr ist, dass die *praeficae* nur bis zu den punischen Kriegen sich erhielten, so wird doch die *naenia* noch viel später erwähnt. Bei Caesar's Leichenbegängniss wurde *inter ludos* eine *naenia* gesungen, Suet. *Caes.* 84, wie Appian. *b. c.* 2, 146 sagt, nach der Rede des Antonius auf dem Forum; noch bei dem Begräbniss des Germanicus vermisste man *meditata ad memoriam virtutis carmina* (Tac. *ann.* 3, 5), und der *cantus funebris* wird oft erwähnt, Cic. *pro Mil.* 32, 86. Quintil. *inst.* 8, 2, 8. Lucan. *Phars.* 8, 734, und noch beim *funus* des Pertinax Dio Cass. 74, 4, 5, wo er aber von Männer- und Knabenchören, nicht von Frauen ausgeführt wird. Der alte Ausdruck für diese Klage war *lessum facere alicui.* Cic. *de leg.* 2, 23, 59. Bei Plaut. *Trucul.* 431 haben die HS. *lausum*; s. Schoell z. d. St. Die Gesänge wurden zum Theil neu gedichtet, wie bei Caesar's Begräbniss, zum Theil müssen sie alt und hergebracht gewesen sein, da Cato bei Gell. 18, 7, 3 die *voces praeficarum* als geschmacklos und veraltet bezeichnet.

5) Dionys. 7, 72 beschreibt einen solchen Festzug, in welchem σατυριστῶν χοροί in dem Costüme von Silenen und Satyrn tanzten, und fährt fort: εἶδον δὲ καὶ ἐν ἀνδρῶν ἐπισήμων ταφαῖς ἅμα ταῖς ἄλλαις πομπαῖς προηγουμένους τῆς

Triumphe alle Freiheit des Scherzes gestattet war, und von denen auch wohl einer den Verstorbenen selbst repräsentirte.[1]) Aber den wesentlichsten und glänzendsten Theil des Zuges bildete die Procession der Ahnenbilder.[2]) Die Wachsmasken (*imagines*)[3]) nämlich, welche jedes Haus im Atrium bewahrte, wurden bei solchen Leichenzügen aus ihren Schränken genommen[4]) und als Masken geeigneten Personen, gewöhnlich Schauspielern, angelegt, welche, je nach dem Range der Ahnen mit der praetorischen, consularischen oder censorischen Amtstracht angethan, in der ganzen Pracht der Amtsinsignien auf hohen Wagen sitzend, jeder unter Vortritt seiner Lictoren der Leiche voranzogen.[5]) Die Ahnen erscheinen, um den Todten in die Unterwelt abzuholen,[6]) und führen daher den Zug.[7]) Je grösser ihre Zahl, desto feierlicher war das Begräbniss; zuweilen waren der Wagen hunderte,[8]) da die Ahnen der verwandten Familien mit aufzogen.[9]) Dazu kamen noch wie bei den Triumphen, die

Die *imagines*.

κλίνης τοὺς σατυριστῶν χοροὺς κινουμένους τὴν σικίννην ὄρχησιν, μάλιστα δ' ἐν τοῖς τῶν εὐδαιμόνων κήδεσιν. Suet. *Caes.* 84.

1) Suet. *Vesp.* 19: *Sed et in funere Favor archimimus personam eius ferens imitansque, ut est mos, facta et dicta vivi, interrogatis palam procuratoribus, quanti funus et pompa constaret, ut audiit sestertio centies, exclamavit, centum sibi sestertia darent ac se vel in Tiberim proiicerent.* Auch bei dem Triumph zog solch eine Maske des Triumphators selbst dem Zuge voran. Appian. *Lib.* 66.

2) So sagt M. Aemilius Lepidus bei Liv. *ep.* 48: *imaginum specie, non sumptibus nobilitari magnorum virorum funera solere.* Man sagt: *imagines ducuntur.* Cic. *de or.* 2, 55, 225: *imagines ducunt funus* Hor. *epod.* 8, 11 und dazu Porphyr.

3) S. oben S. 241.

4) Val. Max. 8, 15, 1.

5) Polyb. 6, 53, 6: Ταύτας δὴ τὰς εἰκόνας ἔν τε ταῖς δημοτελέσι θυσίαις ἀνοίγοντες κοσμοῦσι φιλοτίμως· ἐπὰν δὲ τῶν οἰκείων μεταλλάξῃ τις ἐπιφανής, ἄγουσιν εἰς τὴν ἐκφοράν, περιτιθέντες ὡς ὁμοιοτάτοις εἶναι δοκοῦσι κατά τε τὸ μέγεθος καὶ τὴν ἄλλην περικοπήν. οὗτοι δὲ προσαναλαμβάνουσιν ἐσθῆτας, ἐὰν μὲν ὕπατος ἢ στρατηγὸς ᾖ γεγονώς, περιπορφύρους· ἐὰν δὲ τιμητής, πορφυρᾶς· ἐὰν δὲ καὶ τεθριαμβευκὼς ἤ τι τοιοῦτον κατειργασμένος, διαχρύσους. αὐτοὶ μὲν οὖν ἐφ' ἁρμάτων οὗτοι πορεύονται, ῥάβδοι δὲ καὶ πελέκεις καὶ τἄλλα τὰ ταῖς ἀρχαῖς εἰωθότα συμπαρακεῖσθαι, προηγεῖται κατὰ τὴν ἀξίαν ἑκάστῳ τῆς γεγενημένης κατὰ τὸν βίον ἐν τῇ πολιτείᾳ προαγωγῆς. Diodor. *exc.* l. XXXI, 25, 2, p. 519 W.: καὶ τῶν προγόνων ἕκαστος προηγεῖται τοιαύτην ἔχων διασκευὴν καὶ κόσμον, ὥστε τοὺς θεωμένους διὰ τῆς ἐκ τούτων ἐμφάσεως γινώσκειν ἐφ' ὅσον ἕκαστοι τιμῆς προήχθησαν καὶ μετέσχον τῶν ἐν τῇ πολιτείᾳ καλῶν.

6) Benndorf Antike Gesichtshelme S. 75 Anm. 1.

7) Hor. *epod.* 8. 11: *Esto beata, funus atque imagines Ducant triumphales tuum.* Silius Italicus *Punic.* 10, 566 von dem Begräbniss des Aemilius Paulus: *Non coniux native aderant, non iuncta propinquo Sanguine turba virum, aut celsis de more feretris Praecedens prisco exsequias decorabat imago.*

8) Nach Servius *ad Aen.* 6, 862 betrug bei dem Begräbniss des Marcellus die Zahl der *lecti* 600, bei dem Begräbniss des Sulla 6000, welche letztere Zahl indess schwerlich richtig ist.

9) Tac. *ann.* 3, 76 vom Begräbniss der Junia: *viginti clarissimarum fami-*

Denkmäler der Thaten des Verstorbenen, Spolien, Bilder unterworfener Städte und Völker, [1] zuletzt die Lictoren mit gesenkten Fasces [2] und die Fackelträger. [3] Endlich folgte der Verstorbene selbst auf einem hohen Paradebette [4] liegend und unverdeckt, [5] oder auch aufgerichtet in Kleidung und Haltung wie ein Lebender. [6] Im letzten Falle wurde er durch ein plastisches Portraitbild (*effigies*), [7] d. h. eine bekleidete Holzfigur mit Wachslarve repräsentirt, wie sie nicht allein in Griechenland zur Herstellung von Götterbildern gebraucht wurde, [8] sondern auch in Rom bei den Lectisternien zur Anwendung kam, [9] während der Leichnam selbst in einem innerhalb der Bahre befindlichen Sarge (*capulus*) [10] verschlossen war. Am ausführlichsten wird diese *effigies* beschrieben bei den Begräbnissen des Caesar, [11] Augustus, [12]

Das Paradebett

und die *effigies* des Todten.

---

liarum imagines antelatae sunt. 4, 9 vom Begräbniss des Drusus: *funus imaginum pompa maxime illustre fuit, cum origo Juliae gentis Aeneas omnesque Albanorum reges et conditor urbis Romulus, post Sabina nobilitas, Attus Clausus ceteraeque Claudiorum effigies longo ordine spectarentur.* Die *longa pompa* erwähnt auch Propert 3, 13b, 3 Haupt.

1) Dio Cassius 56, 34, 3. Tac. *ann.* 1, 8. Dio Cass. 74, 4, 5.

2) Tac. *ann.* 3, 2. 3) S. oben S. 344.

4) ἐπὶ μεγίστης ἐλεφαντίνης κλίνης Herodian 4, 2, 2.

5) Als etwas Auffälliges erwähnt Velleius 2, 4, 6, dass der jüngere Scipio *velato capite* begraben wurde, weil sein Gesicht die Spuren der Ermordung trug, und von Britannicus erzählt Dio Cass. 61, 7, 4: τὸν δὲ Βρεττανικὸν φαρμάκῳ δολοφονήσας ὁ Νέρων, ἐπειδὴ πελιδνὸς ὑπὸ τοῦ φαρμάκου ἐγενήθη, γύψῳ ἔχρισεν. ὑετὸς δὲ διὰ τῆς ἀγορᾶς αὐτοῦ ἀγομένου πολύς, ὑγρᾶς ἔτι οὔσης τῆς γύψου, ἐπιπεσών, πᾶσαν αὐτὴν ἀπέκλυσεν, ὥστε τὸ δεινὸν μὴ μόνον ἀκούεσθαι ἀλλὰ καὶ ὁρᾶσθαι.

6) Polyb. 6, 53, 1: ποτὲ μὲν ἑστὼς ἐναργής, σπανίως δὲ κατακεκλιμένος.

7) Vom Germanicus wurde nur die Asche beigesetzt und doch sagte man in Rom: *Ubi illa veterum instituta, propositam toro effigiem, meditata ad memoriam virtutis carmina et laudationes?* Tac. *ann.* 3, 5.

8) Quatremère de Quincy *Le Jupiter Olympien.* Paris 1815. fol. p. 14.

9) S. Staatsverwaltung III S. 181 f. Der Archimimus, welcher nach der S. 353 Anm. 1 angeführten Stelle des Sueton bei dem Begräbnisse des Vespasian den verstorbenen Kaiser parodirte, befand sich nicht auf dem Leichenwagen. Den Possenreissern war allerdings auch bei dem Leichenbegängniss ihr Scherz gestattet, und die Erzählung des Sueton kann richtig sein, aber der Scherz fand nebenher im Gefolge statt. Die Leiche des Kaisers, welcher die Söhne desselben folgten und die ganze Trauerfeierlichkeit galt, konnte weder durch eine lebende Person repräsentirt, noch von derselben verhöhnt werden.

10) Serv. *ad Aen.* 6, 222. Vgl. Anm. 12.

11) Appian. *b. c.* 2, 147: ὧδε δὲ αὐτοῖς ἔχουσιν ἤδη καὶ χειρῶν ἐγγὺς οὖσιν ἀνέσχε τις ὑπὲρ τὸ λέχος ἀνδρείκελον αὐτοῦ Καίσαρος ἐκ κηροῦ πεποιημένον· τὸ μὲν γὰρ σῶμα, ὡς ὕπτιον ἐπὶ λέχους, οὐχ ἑωρᾶτο. τὸ δὲ ἀνδρείκελον ἐκ μηχανῆς ἐπεστρέφετο πάντῃ καὶ σφαγαὶ τρεῖς καὶ εἴκοσιν ὤφθησαν ἀνά τε τὸ σῶμα πᾶν καὶ ἀνὰ τὸ πρόσωπον θηριωδῶς ἐς αὐτὸν γενόμεναι.

12) Dio Cass. 56, 34: μετὰ δὲ τοῦτο ἡ ἐκφορὰ αὐτοῦ ἐγένετο. Κλίνη ἦν ἔκ τε ἐλέφαντος καὶ χρυσοῦ πεποιημένη καὶ στρώμασιν ἁλουργοῖς διαχρύσοις

Pertinax[1]) und Septimius Severus,[2]) aber erwähnt wird sie schon bei der Bestattung des Sulla[3]) und wahrscheinlich geht ihr Gebrauch noch weiter zurück. Dass die Leiche auf einem Wagen gefahren wurde, scheint dagegen nicht alte Sitte zu sein; denn in der Regel trugen den Todten[4]) seine Söhne,[5]) Verwandten und Erben,[6]) auch wohl die in seinem Testamente freigelassenen Sclaven,[7]) welche immer, den geschorenen Kopf mit dem *pilleus*, dem Zeichen der gewonnenen Freiheit bedeckt,[8]) als Bedienung des Verstorbenen, vor oder neben der Bahre gehend, oder, wenn ein Leichenwagen gebraucht wurde, auf der Bahre stehend,[9]) ihrem Herrn den letzten Dienst erwiesen, zuweilen auch Freiwillige aus Dankbarkeit[10]) und bei Begräb-

---

κεκοσμημένη· καὶ ἐν αὐτῇ τὸ μὲν σῶμα κάτω που ἐν θήκῃ συνεκέκρυπτο, εἰκὼν δὲ δή τις αὐτοῦ κηρίνη ἐν ἐπινικίῳ στολῇ ἐξεφαίνετο, καὶ αὕτη μὲν ἐκ τοῦ παλατίου πρὸς τῶν ἐς νέωτα ἀρχόντων, ἑτέρα δὲ ἐκ τοῦ βουλευτηρίου χρυσῇ καὶ ἑτέρα αὖ ἐφ' ἅρματος πομπικοῦ ἤγετο. In diesem Falle wurden also zwei Bilder von den designirten Magistraten und den Senatoren getragen, ein drittes gefahren.

1) Dio Cass. 74, 4, 2: ἐν τῇ ἀγορᾷ τῇ Ῥωμαίᾳ βῆμα ξύλινον ἐν χρῷ τοῦ λιθίνου κατεσκευάσθη καὶ ἐπ' αὐτοῦ οἴκημα ἄτοιχον περίστυλον — — ἐτέθη, καὶ ἐν αὐτῷ κλίνη — — ἐκομίσθη στρώμασι πορφυροῖς καὶ διαχύσοις κεκοσμημένη, καὶ ἐς αὐτὴν εἴδωλόν τι τοῦ Περτίνακος κήρινον, σκευῇ ἐπινικίῳ εὐθετημένον ἀνετέθη, καὶ αὐτοῦ τὰς μυίας παῖς εὐπρεπής, ὡς δῆθεν καθεύδοντος, πτεροῖς ταῶνος ἀπεσόβει.

2) Herodian 4, 2, 2: τὸ μὲν γὰρ σῶμα τοῦ τελευτήσαντος πολυτελεῖ κηδείᾳ καταθάπτουσιν ἀνθρώπων νόμῳ, κηροῦ δὲ πλασάμενοι εἰκόνα πάντα ὁμοίαν τῷ τετελευτηκότι ἐπὶ μεγίστης ἐλεφαντίνης κλίνης εἰς ὕψος ἀρθείσης προτιθέασιν ἐν τῇ τῶν βασιλείων εἰσόδῳ, χρυσοϋφεῖς στρωμνὰς ὑποστρωννύντες.

3) Plut. *Sulla* 38.

4) So beschreibt Vergil die Bestattung des Misenus: *Aen.* 6, 222: *Pars ingenti subiere feretro.*

5) Den Q. Caecilius Metellus Macedonicus Cos. 611 = 143 trugen seine vier Söhne, von welchen drei Consuln gewesen waren, der letzte *consul designatus* war, zu Grabe. Velleius 1, 11, 7. Plin. *n. h.* 7, 146. Cic. *Tusc.* 1, 35, 85. Val. Max. 7, 1, 1: *Metellum filii et generi umeris suis per urbem latum rogo imposuerunt.*

6) Horat. *sat.* 2, 5, 85. 7) Persius 3, 106.

8) Nonius p. 528: *Qui liberi fiebant, ea causa calvi erant, quod tempestatem servitutis videbantur effugere, ut naufragio liberati* (vgl. Juvenal. 12, 81) *solent. Plautus in Amphitruone* (462): *Ut ego hodie raso capite calvus capiam pilleum.*

9) Liv. 38, 55. Appian. *Mithr.* 2. *Cod. Just.* 7, 6, 5: *Sed et qui domini funus pilleati antecedunt vel in ipso lectulo stantes cadaver ventilare videntur, si hoc ex voluntate fiat vel testatoris vel heredis, fiant illico cives Romani.* Das *ventilare* erklärt Dio Cass. 74, 4: καὶ αὐτοῦ μυίας παῖς εὐπρεπής, ὡς δῆθεν καθεύδοντος, πτεροῖς ταῶνος ἀπεσόβει. Als *pilleati* gehen auch dem Triumphator die aus der Gefangenschaft Befreiten voraus. Liv. 30, 45, 5 und mehr bei Göll *De triumphi Romani origine, permissu, apparatu, via.* Schleiz 1854. 8. Dionysius 4, 24 sagt, er habe Leute gekannt, die, um diesen Theil des Zuges recht glänzend zu machen, ihre sämmtlichen Sclaven freigelassen hätten.

10) Plut. *Aemil. Paul.* 39. Plin. *n. h.* 18, 16. Lucan. *Phars.* 8, 732.

nissen der Kaiser Magistratspersonen und Senatoren,[1]) während geringere Leute von Todtengräbern (*vespillones*) auf einer *sandapila* hinausgetragen wurden.[2]) An die Leiche schliesst sich das Gefolge der Freunde und das theilnehmende Publicum,[3]) Männer und Frauen,[4]) laute Ausbrüche des Schmerzes nicht zurückhaltend,[5]) und Blumen, Haarlocken und andere Liebeszeichen auf die Bahre werfend;[6]) die Söhne mit verhülltem Haupte, die Töchter unverhüllt und mit aufgelöstem Haar,[7]) die Beamten ohne die Insignien ihres Ranges, die *fasces*, den *latus clavus* und den goldenen Ring,[8]) die Frauen ohne Purpur und Goldschmuck,[9]) alle in schwarzen Kleidern.[10])

In dieser Ordnung bewegt sich der Zug nach dem Forum, wo er vor den Rostra Halt macht;[11]) das Paradebett wird vor

---

1) Diese Ehre wurde zuerst Sulla zu Theil (Appian. *b. c.* 1, 106), dann Caesar (Suet. *Caes.* 84), hernach den Kaisern.

2) Suet. *Domit.* 17. Eutrop. 7, 23. Ammian. 29, 2, 13. Festi *epit.* p. 368, 17 s. v. *Vespae.* Sidon. Apoll. *epist.* 2, 8 und daselbst Savaro p. 134. Die *sandapila* ist mit einem Kasten (*capulus*) versehen und heisst deshalb λάρναξ, Dio Cass. 65, 18, 2 und daselbst Fabricius. 72, 6, 2.

3) Das heisst *prosequi.* Magistratspersonen und alle, die officiell dem Zuge beiwohnen, gehen vor der Leiche. Vales. *ad Ammian.* 29, 2. (Die hier angeführten Stellen reichen nicht über das 2. Jahrh. n. Chr. hinauf.)

4) Plut. *q. R.* 14, p. 329 Dübner.

5) Dass der *planctus mulierum*, das Schlagen an die Brust, das Zerreissen der Wangen, das Auflösen der Haare, in dessen Beschreibung die Dichter sich überbieten, nicht nur im Hause vorkam, sondern auch bei dem Leichenzuge, zeigen Stellen wie Lucian. *de luctu* 12: οἰμωγαὶ δὲ ἐπὶ τούτοις καὶ κωκυτὸς γυναικῶν καὶ παρὰ πάντων δάκρυα καὶ στέρνα τυπτόμενα καὶ σπαραττομένη κόμη καὶ φοινισσόμεναι παρειαί. Propert. 3, 13b, 27:

Tu vero nudum pectus lacerata sequeris,
Nec fueris nomen lassa vocare meum.

Serv. *ad. Aen.* 3, 67: *Varro dicit mulieres in exsequiis et luctu ideo solitas ora lacerare, ut sanguine ostenso inferis satisfaciant.* Schon die XII Tafeln verboten dies: *mulieres genas ne radunto*, Cic. *de leg.* 2, 23, 59. Festus p. 273b, 30. Plin. *n. h.* 11, 157.

6) Dionys. 11, 39. Ueber die Haarlocken s. Propert. 1, 17, 21. Ovid. *fast.* 3, 562. *her.* 11, 116; über *frondes, flores, taeniae* s. Welcker *Annali* IV (1832) p. 381.

7) Plut. *q. R.* 14, p. 329 Dübn. *Funus passis prosequi crinibus* Petron. 111.

8) Liv. 9, 7, 8. 9) Liv. 34, 7, 10. Pauli *rec. sent.* 1, 21, 14.

10) Juvenal. 10, 245. Propert. 5, 7, 28. Macrob. *sat.* 3, 15, 4. Tac. *ann.* 3, 2 u. ö. Festi *epit.* p. 236, 6 s. v. *praetexta pulla.* Artemidor. *onir.* 2, 3. Dionys. 5, 17. Von den Frauen sagt Varro bei Nonius p. 549 s. v. *pullus: Ut dum supra terram essent, ricinis lugerent, funere ipso ut pullis pallis amictae.* Nonius p. 550 s. v. *Anthracinus.* Cato bei Serv. *ad Aen.* 3, 64. In der Kaiserzeit kommt es indessen vor, dass die Frauen nur die bunten Kleider ablegen und in weissen Kleidern trauern. Herodian. 4, 2, 3. Plutarch *q. R.* 26. (Wenn also diese bei Paulus *r. sent.* 1, 21, 14 untersagt werden, so geht das wohl nur auf die Männer.)

11) Polyb. 6, 53. vgl. Dionys. 5, 17; 11, 39. Plut. *Lucull.* 43. Hor. *sat.* 1, 6, 43.

der Rednerbühne abgesetzt, die Ahnenbilder steigen von ihren Wagen und lassen sich auf elfenbeinernen Stühlen nieder,[1]) die Begleitung stellt sich im Kreise auf, ein Sohn oder Verwandter des Verstorbenen[2]) besteigt die Bühne und hält dem Todten die Grabrede (*laudatio*),[3]) im Falle nicht, wie es bei dem *publicum funus* üblich war, ein vom Senate beauftragter amtlicher Redner fungirte.[4]) *Die laudatio.*

Die *laudatio funebris* ist eine den Römern eigenthümliche Feierlichkeit, welche nichts gemein hat mit den seit den Perserkriegen bei den Griechen vorkommenden Lobreden auf die in der Schlacht gefallenen Soldaten,[5]) und in Rom von den frühesten Zeiten an durch die ganze Periode der Republik und der Kaiserherrschaft bis in die christlichen Jahrhunderte nachweisbar ist. Wir erfahren, freilich immer gelegentlich, dass eine solche Grabrede 245 = 509 dem gegen die Etrusker in der Schlacht gefallenen Consul Brutus von seinem Collegen P. Valerius Poblicola;[6]) 274 = 480 dem Consul C. Manlius Cincinnatus von seinem Collegen M. Fabius Vibullinus;[7]) 284 = 470 dem Appius Claudius, Cos. 283 = 471 von seinem Sohne;[8]) 459 = 295 dem Consul Decius, der sich in der Schlacht bei Sentinum devovirte, von seinem Collegen Q. Fabius Maximus Rullianus;[9]) 541 = 213 dem

---

1) Polyb. 6, 53, 9: ὅταν δ' ἐπὶ τοὺς ἐμβόλους ἔλθωσι, καθέζονται πάντες (die Masken) ἑξῆς ἐπὶ δίφρων ἐλεφαντίνων. οὗ κάλλιον οὐκ εὐμαρὲς ἰδεῖν θέαμα νέῳ φιλοδόξῳ καὶ φιλαγάθῳ. 2) Polyb. l. l. 2.

3) Ueber die *laudatio* handeln Kirchmann lib. 2. c. 18, 19. Taylor in seiner Ausgabe des Lysias. London 1739. 4. p. 680 ff. Doering *De laudationibus funebr.* Gothae 1804. 4. Herm. Graff *De Romanorum laudationibus commentatio.* Dorpat 1862. 8. Hübner *Hermes* I S. 440 f. Mommsen Staatsrecht I^2 S. 426 Anm. 2.

4) Quintilian. *instit.* 3, 7, 2: *Nam et funebres laudationes pendent frequenter ex aliquo publico officio, atque ex senatusconsulto magistratibus saepe mandantur.*

5) Dies entwickelt ausführlich Dionysius 5, 17: ὀψὲ γάρ ποτε Ἀθηναῖοι προσέθεσαν τὸν ἐπιτάφιον ἔπαινον τῷ νόμῳ, εἴτ' ἀπὸ τῶν ἐπ' Ἀρτεμισίῳ καὶ περὶ Σαλαμῖνα καὶ ἐν Πλαταιαῖς ὑπὲρ τῆς πατρίδος ἀποθανόντων ἀρξάμενοι, εἴτ' ἀπὸ τῶν περὶ Μαραθῶνα ἔργων. — — Ῥωμαῖοι δὲ πᾶσι τοῖς ἐνδόξοις ἀνδράσιν, ἐάν τε πολέμων ἡγεμονίας λαβόντες ἐάν τε πολιτικῶν ἔργων προστασίας συνετὰ βουλεύματα καὶ πράξεις ἀποδείξωνται καλάς, ταύτην ἔταξαν εἶναι τὴν τιμήν, οὐ μόνον τοῖς κατὰ πόλεμον ἀποθανοῦσιν, ἀλλὰ καὶ τοῖς ὁποιᾳδήποτε χρησαμένοις τοῦ βίου τελευτῇ, ἐξ ἁπάσης τῆς περὶ τὸν βίον ἀρετῆς οἰόμενοι δεῖν ἐπαινεῖσθαι τοὺς ἀγαθούς, οὐκ ἐκ μιᾶς τῆς περὶ τὸν θάνατον εὐκλείας. Ueber die λόγοι ἐπιτάφιοι der Griechen s. Taylor a. a. O. p. 680 ff. und besonders Diodor. 11, 33.

6) Dionys. 5, 17. Plut. *Pobl.* 9. Aurel. Victor *de vir. ill.* 10.

7) Liv. 2, 47, 11. 8) Liv. 2, 61, 9. Dionys. 9, 54.

9) Aurel. Vict. *de vir. ill.* 27.

Sohne des Q. Fabius Maximus Cunctator von seinem Vater;[1]) endlich dem L. Metellus Cos. 503 und 507 (251. 247) von seinem Sohne Q. Metellus Cos. 548 = 206,[2]) und dem Sulla von einem berühmten Redner[3]) gehalten wurde; wir wissen ferner, dass, um nur einige Beispiele anzuführen, Augustus dem Marcellus[4]) und dem älteren Drusus,[5]) Tiberius dem Augustus,[6]) Tacitus dem Verginius Rufus,[7]) Arulenus Rusticus dem Paetus Thrasea, Herennius Senecio dem Helvidius Priscus[8]) die Leichenrede hielt, und von christlichen Reden derselben Art sind uns inschriftlich zwei Fragmente erhalten.[9]) In den Familien aufbewahrt und häufig auch herausgegeben,[10]) bildeten diese Reden eine Quelle für die Geschichtschreibung, welche allerdings von den Alten selbst als unzuverlässig und absichtlich gefälscht bezeichnet wird.[11]) Wem indessen die Ehre gesetzlich zukam, nach seinem Tode öffentlich gepriesen zu werden, wird nirgends ausgesprochen, sondern der Anspruch auf dieselbe allen hochgestellten Leuten (*honorati*,[12]) ἐπιφανεῖς,[13]) ἔνδοξοι)[14]) zugeschrieben, was für die ältere Zeit ohne Zweifel unrichtig ist. Die auf den Rostra gehaltene Rede ist eine *contio* d. h. eine in die Volksversammlung gehörige Rede.[15]) Der Redner wendet sich

---

1) Plut. *Fab.* 24. Cicero *Cat. mai.* 4, 12. 2) Plin. *n. h.* 7, 139.
3) Appian. *b. c.* 1, 106. 4) Servius *ad Aen.* 1, 712.
5) Suet. *Claud.* 1. 6) Dio Cass. 56, 35 ff.
7) Plin. *ep.* 2, 1, 5. 8) Tacitus *Agric.* 2.
9) Herausgegeben von De Rossi *Bullettino di archeologia cristiana* 1864 p. 34 ff. und *Roma sotterranea* Tomo III p. 243 ff.
10) Herausgegeben war die Rede des Q. Fabius Maximus Cunctator auf seinen Sohn (Plut. *Fab.* 24. Cicero *Cat. mai.* 4, 12), des Q. Caecilius Metellus auf seinen Vater (Plin. *n. h.* 7, 139), des Q. Fabius Maximus auf den älteren Scipio (*Schol. Bobiens.* p. 283), des Caesar auf die Julia (Suet. *Caes.* 6) und Servius *ad Aen.* 1, 712 citirt auch einen Ausdruck aus der Rede des Augustus auf den Marcellus.
11) Cicero *Brut.* 16, 62: *Et Hercules hae quidem (laudationes mortuorum) exstant: ipsae enim familiae sua quasi ornamenta ac monumenta servabant et ad usum, si quis ejusdem generis occidisset, et ad memoriam laudum domesticarum et ad illustrandam nobilitatem suam. Quamquam his laudationibus historia rerum nostrarum est facta mendosior. Multa enim scripta sunt in eis, quae facta non sunt, falsi triumphi, plures consulatus, genera etiam falsa et ad plebem transitiones, cum homines humiliores in alienum eiusdem nominis infunderentur genus.* Liv. 8, 40, 4: *Vitiatam memoriam funebribus laudibus reor falsisque imaginum titulis, dum familiae ad se quaeque famam rerum gestarum honorumque fallenti mendacio trahunt. Inde certe et singulorum gesta et publica monumenta rerum confusa.* 12) Cic. *de leg.* 2, 24, 62.
13) Plutarch *Fab.* 24. 14) Dionysius 5, 17.
15) *funebris contio* Cic. *de or.* 2, 84, 341. Vgl. *de leg.* 2, 24, 61: *Reliqua sunt in more, funus ut indicatur — — honoratorum virorum laudes in contione memorentur.*

nicht an die Verwandten des Todten, sondern an die versammelte Bürgerschaft, welche er *Quirites* anredet.[1] Die Bürgerschaft zu versammeln und zu derselben zu reden steht aber nicht dem Privatmann, sondern dem Magistrate zu. Es ist daher wahrscheinlich, dass ursprünglich die *laudatio* nur Magistraten von besonderem Verdienst auf Beschluss des Senates bewilligt und die Rede von einem fungirenden Magistrate gehalten worden ist, dass erst in der Blüthezeit der Nobilität der Anspruch auf dies Verdienst allgemein erhoben wurde, dass aber auch dann ein Senatsbeschluss oder eine Erlaubniss der Behörde nachgesucht werden musste,[2] wie auch in den Municipien jeder öffentlichen *laudatio* ein Beschluss der Decurionen zu Grunde liegt.[3] Wer nicht diese Erlaubniss nachsuchte oder erhielt, konnte immer entweder vor dem ausgestellten Leichnam oder am Grabe[4] sprechen, wobei er dann allerdings nur die Leidtragenden zu Zuhörern hatte.[5] Wann zuerst einer Frau eine solenne Laudation auf dem Forum zu Theil geworden sei, war den gelehrten Römern sehr zweifelhaft. Plutarch lässt es 358

---

1) So heisst es in der *laudatio* des älteren Scipio *Schol. Bobiens.* p. 283: *eodem tempore periit, cum et vobis et omnibus, qui hanc rempublicam salvam volunt, maxime vivo opus est, Quirites*, und ebenso lässt Dio Cass. 56, 41 den Tiberius seine *laudatio* auf Augustus halten.

2) Dies berichtet übrigens ausdrücklich Dionysius 9, 54. Als nämlich 284 = 470 der Consul Appius Claudius starb, bat sein Sohn die Consuln und Tribunen τὴν νόμιμον ἐκκλησίαν αὐτῷ συναγαγεῖν καὶ τὸν ἐν ἔθει Ῥωμαίοις ὄντα ἐπὶ ταῖς ταφαῖς ἀγορεύεσθαι τῶν ἀγαθῶν ἀνδρῶν λόγον ἐπιτρέψαι περὶ τοῦ πατρὸς διελθεῖν. Und bei dem Tode der Junia, Frau des Cassius und Schwester des Brutus, welche in ihrem Testamente den Kaiser Tiberius nicht bedacht hatte, sagt Tacitus *ann.* 3, 76: *Quod civiliter acceptum neque prohibuit, quominus laudatione pro rostris ceterisque solemnibus funus cohonestaretur.* Es war also auch damals eine Erlaubniss nöthig.

3) Häufig kommt dies in den spanischen Provinzen vor. *C. I. L.* II, 1065: *huic ordo municipi Flavi Arvensis ob merita laudatio(nem), impensam funeris, locum sepulturae — decrevit.* Ebenso n. 1089. 1186. 1286. 1342. 2150. 2188. 2344. 2345. 3251. 3252. 3746. Allerdings wird in allen diesen Fällen ein *funus publicum* bewilligt, wie es auch in der Inschrift von Benevent, *C. I. L.* IX, 1783 heisst: *hos decuriones funere publico de foro e tribunali efferendos — cens(uerunt)*, aber die Erben verzichteten auf die *impensa funeris* und nahmen nur die Ehre an (*C. I. L.* II, 2344. 2345. 3252), so dass die Bewilligung hauptsächlich die *laudatio* betraf.

4) Lucian. *de luctu* 23: Καίτοι καὶ ἀγῶνας ἔνιοι διέθεσαν καὶ λόγους ἐπιταφίους εἶπον ἐπὶ τῶν μνημάτων.

5) Mommsen Zwei Sepulcralreden, Abhandl. der Berliner Acad., Phil.-Hist. Cl. 1863 S. 464 bemerkt, dass die Rede auf die Turia nicht den Charakter einer *contio* hat und überhaupt nicht an ein Publicum, sondern an die Verstorbene gerichtet ist. Er hält sie daher für eine Grabschrift; ich glaube, sie kann auch gehalten worden sein, aber nicht auf den *rostra,* sondern am Grabe.

= 396,[1]) Livius 364 = 390[2]) geschehen, beide, wie es scheint, nur einer Vermuthung folgend; Cicero ist dagegen der Meinung, dass zuerst Q. Lutatius Catulus Cos. 652 = 102 seiner Mutter Popilia diese Auszeichnung verschafft habe,[3]) und statuirt in seinen Gesetzen dieselbe nur für Männer.[4]) Die Frauen republikanischer Zeit, von deren *laudatio* besonders berichtet wird, sind alle aus der Familie des Caesar; Julia, seine Tante, Wittwe des Marius, Cornelia, seine Frau, Tochter des Cinna, deren Begräbniss er selbst als Quaestor 686 = 68 benutzte, um in seinen Reden die Politik des Marius und Cinna zu verherrlichen;[5]) Julia, seine Schwester, Frau des M. Atius Balbus und Grossmutter des Octavian,[6]) endlich Julia, seine Tochter, Frau des Pompeius.[7]) Von da an wird die *laudatio* bei den Frauen nicht nur des kaiserlichen Hauses,[8]) in welchem sogar mehrfache Grabreden üblich wurden,[9]) sondern auch in den Familien der Nobilität regelmässig,[10]) und wir besitzen aus dieser Zeit noch drei inschriftlich erhaltene Reden, von welchen wenigstens eine, die Rede des Hadrian auf die ältere Matidia, auf den *rostra* gehalten worden ist.[11])

Ort des Begräbnisses.

War die Rede beendigt, so ging der Zug nach dem Orte des Begräbnisses, welcher ausserhalb der Stadt,[12]) und zwar,

---

1) Plutarch *Camill.* 8.

2) Livius 5, 50, 7: *matronis gratiae actae honosque additus, ut earum sicut virorum post mortem solemnis laudatio esset.* 3) Cic. *de or.* 2, 11, 44.

4) Cic. *de leg.* 2, 24, 61: *Reliqua sunt in more, funus ut indicatur — — honoratorumque virorum laudes in contione memorentur.*

5) Sueton. *Caes.* 6. Plutarch *Caes.* 5. Drumann III S. 140.

6) Octavian hielt ihr die Rede. Suet. *Oct.* 8. 7) Dio Cass. 39, 64.

8) So hielt der Livia Caligula (Tac. *ann.* 5, 1. Suet. *Cal.* 10), der Drusilla, Schwester des Caligula, ihr Mann M. Lepidus (Dio Cass. 59, 11), der Poppaea Nero die Rede. Tac. *ann.* 16, 6.

9) Der Octavia, welche 743 = 11 starb, hielt Augustus vor dem Tempel des Caesar, Drusus auf den Rostra eine Rede (Dio Cass. 54, 35, 4), ebenso dem Augustus zuerst Tiberius *pro aede Divi Juli*, dann der jüngere Drusus *pro rostris* (Suet. *Oct.* 100); dem Antoninus Pius Marcus Antoninus und Verus (Capitolin. *M. Ant. phil.* 7, 11).

10) Für diese Zeit also ist richtig, was Suet. *Caes.* 6 sagt: *Iuliam laudavit e more pro rostris* und Plutarch. *de mulierum virt.* 1, p. 300 Dübn.: Ἄριστα δὲ ὁ Ῥωμαίων δοκεῖ νόμος ἔχειν, ὥσπερ ἀνδράσι καὶ γυναιξὶ δημοσίᾳ μετὰ τὴν τελευτὴν τοὺς προσήκοντας ἀποδιδοὺς ἐπαίνους. Vgl. Tac. *ann.* 3, 76.

11) Es ist die Rede des Q. Lucretius Vespillo auf seine Frau Turia, herausgegeben Orelli 4859, *C. I. L.* VI, 1527 und von Mommsen Abh. der Berliner Acad. Ph.-hist. Classe 1863 S. 455 ff., die Rede des Hadrian auf die ältere Matidia, herausgegeben und erklärt von Mommsen a. a. O. S. 483 ff. und die Rede auf die Murdia, edirt Or. 4860, *C. I. L.* VI, 10230 und von Rudorff in Zeitschrift für Rechtsgeschichte IX (1870) S. 287 ff.

12) In ältester Zeit sollen die Römer ihre Todten in ihrem Hause (Serv.

wenn nicht jemand sein Grab auf eigenem Landbesitz hatte, [1]) vor den Thoren an den Seiten aller Landstrassen zu liegen pflegte, an welchen die Monumente mit ihren Inschriften die Augen der Vorübergehenden auf sich zogen und so das Gedächtniss des Todten erhielten.[2]) Alle grossen Strassen, welche von Rom ausgehen, waren mit Grabmälern besetzt, welche zum Theil erst im 16. und 17. Jahrhundert zerstört worden sind; [3]) im Norden

---

ad Aen. 5, 64; 6, 152) und innerhalb der Stadt (Dionys. 3, 1. Serv. *ad Aen.* 11, 204 und über diese Stellen Staatsverwaltung III S. 296 Anm. 7) begraben haben, während die etruskischen Nekropolen immer ausserhalb der Städte liegen. Dennis S. 464. 601. Aber schon Numa's Grab lag nach der Tradition am Janiculum (Becker Topographie S. 656) und die XII Tafeln enthielten das Verbot: *hominem mortuum in urbe ne sepelito neve urito* (Cic. *de leg.* 2, 23, 58), welches immer in Gültigkeit blieb und sich auch in der *lex Coloniae Genetivae* c. LXXIII findet, wo es heisst: *Nequis intra fines oppidi coloniaeve, qua aratro circumductum erit, hominem mortuom inferto neve ibi humato neve urito neve hominis mortui monimentum aedificato.* (*Ephem. epigr.* III p. 94 und dazu Mommsen p. 110.) In Rom wurden von demselben nur die Vestalinnen (Servius *ad Aen.* 11, 206) und einzelne Personen *virtutis causa* dispensirt. So hatten die Valerii und Fabricii ein Erbbegräbniss auf dem Forum, welches sie aber später nicht wirklich gebrauchten (Mommsen *C. I. L.* I p. 285^{b}. Cic. *de leg.* 2, 23, 58. Plutarch *q. R.* 79. Plut. *Pobl.* 23. Dionys. 5, 48), und in seltenen Fällen werden auf Grund nicht nur eines Senatsbeschlusses, sondern einer *lex* (Mommsen *C. I. L.* I p. 186 ad n. 635) solche Begräbnisse auf dem Campus Martius angewiesen. Strabo 5 p. 236: Διόπερ ἱεροπρεπέστατον νομίσαντες τοῦτον τὸν τόπον (den Campus Martius) καὶ τὰ τῶν ἐπιφανεστάτων μνήματα ἐνταῦθα κατεσκεύασαν ἀνδρῶν καὶ γυναικῶν. Dio Cass. 48, 53, 5. Silius Ital. 13, 659:

Tumulus vobis censente senatu
Mavortis geminus surgit per gramina campo.

Hier war das Grab des Sulla (Liv. *ep.* 90. Plut. *Sulla* 38. Appian. *b. c.* 1, 106), der Julia, Frau des Pompeius (Dio Cass. 39, 64. Liv. *ep.* 106), des Hirtius und Pansa (Liv. *ep.* 119), des Augustus (Becker Topogr. S. 639), des Agrippa (Dio Cass. 54, 28); selbst von den Kaisern nach Augustus sagt Eutrop. 8, 5: (*Traianus*) *solus omnium intra urbem sepultus est.* Das Verbot der XII Tafeln ist nachmals mehrfach erneuert worden, durch ein Senatusconsult (Serv. l. l.), ein Rescript des Hadrian (*Dig.* 47, 12, 3 § 5) und spätere Verfügungen Capitolin. *Ant. P.* 12, 3. Pauli *r. s.* 1, 21 § 2. 3. *Cod. Theod.* 9, 17, 6. *Cod. Just.* 3, 44, 12. vgl. Dirksen Die *Scriptores Hist. Aug.* S. 169—185.

1) Liv. 6, 36, 11. Martial. 10, 43. Orelli *Inscr.* 4495.

2) Varro *de l. L.* 6, 45. *Lex de sepulcris* in *Gromatici veteres* p. 271: *Nam monumentum plurimis est constitutum rationibus. Est unum, quod ad itinera publica propter testimonium perennitatis est constitutum.* Vgl. Nissen Pompeianische Studien S. 540 f. Die Absicht, die Theilnahme der Lebenden zu erhalten, sprechen unzählige Grabinschriften aus, welche die Vorübergehenden anreden. Vgl. Propert. 4, 16, 30: *non iuvat in media nomen habere via.*

3) Ueber die Gräberfunde bei Rom s. namentlich Piranesi *Le antichità romane*, Roma 1756, tom. II; ausserdem Ficoroni *La bolla d'oro.* Roma 1732. 4. Parte seconda p. 29—76. Die Gegenstände, welche er selbst bei der Ausgrabung von 92 Gräbern gefunden hat, sind grossentheils in die Sammlung des Duc de Blacas gekommen. Raoul-Rochette a. a. O. p. 657. Vgl. Bartoli *Gli antichi sepolcri ovvero Mausolei Romani ed Etruschi trovati in Roma ed in altri luoghi celebri.* Roma 1728. fol.

die *via Flaminia*,[1]) deren Monumente schon bei der alten *porta Ratumena* am Fusse des Capitols mit dem Grabmal des C. Poblicius Bibulus[2]) beginnen, und an welcher das Grab der *Nasonii*[3]) liegt; die *via Cassia*, welche sich bei dem *pons Milvius* von der *Flaminia* abzweigt;[4]) die *via Salaria*[5]) und *Nomentana*;[6]) im Osten die *via Tiburtina*,[7]) *Praenestina*[8]) und *Labicana*;[9]) im Süden die *Appia*, wie unter den Strassen die schönste, so auch unter den Begräbnissorten der prächtigste;[10]) die *via*

1) Gräber dieser Strasse erwähnen Martial. 6, 28, 5; 11, 13. Statius *silv.* 2, 1, 176. Juvenal. 1, 171. Orelli 4370 = *C. I. L.* VI, 2120. Vgl. Aringhi *Roma subt.* II p. 337 ff.

2) S. Becker Topographie S. 135 und die Inschrift des Grabes Orelli 4698 = *C. I. L.* I, 635 = VI, 1319. Hier war auch das Grab der alten Claudier. Suet. *Tib.* 1.

3) Dies in den Fels gehauene und mit Bildern geschmückte Grab ist bekannt gemacht in *Picturae antiquae cryptarum Romanarum et sepulcri Nasonum del. a* P. Bartoli, *illustr.* a Belloro et Causseo. Rom. 1738. fol. (italien. Originalausg. 1680). Ueber die Lage desselben s. p. 94.

4) Ficoroni p. 57 ff.

5) Sie heisst bei Prudent. *c. Symm.* 1, 405 *densisque Salaria bustis.* Vgl. *Schol. Pers. ad* 2, 36. *Digest.* 35, 1, 27. Gräberfunde daselbst s. Bartoli a. a. O. p. 93. Orelli 4358 = *C. I. L.* VI, 10241. Aringhi *Roma subt.* II p. 214 ff. Hier wurden bis nach *porta Pinciana* hinüber namentlich viele Soldatengräber (Praetorianer und *cohortes urbanae*) gefunden. Die in der Villa del Cinque gefundenen bei Piranesi II, 48—54.

6) Aringhi *Roma subt.* II p. 144 ff.

7) Plin. *ep.* 7, 29, 2. Columbarium der *Auruncеii*, *Bull. d. Inst.* 1880 p. 36.

8) S. *Bullettino della commissione arch. municipale* 1874 p. 47. Hier war das Grab des T. Quinctius Atta, *scriptor togatarum.* Euseb. zu Ol. 175, 3.

9) An ihr war der Kaiser Didius Julianus begraben. Spart. *Did. Jul.* 8. Gräber daselbst entdeckt Bartoli a. a. O. p. 93. 185. Orelli 4517. 7321 (= *C. I. L.* VI, 10237. 10239). Hier war, bei Tor Pignattara, der Begräbnissplatz der *equites singulares.* *C. I. L.* VI p. 766 ff. Gräber zwischen der *Labicana* und *Praenestina* *C. I. L.* VI p. 976 ff. Das Grab der *Arruntii* Piranesi II, 7—15. Eine andere Gruppe Brizio *Pitture e sepolcri scoperti sull' Esquilino.* Roma 1876. 4.

10) Canina *La prima parte della via Appia.* Roma 1853, 2 voll., auch in *Gli edifizj di Roma antica* vol. IV. Hier waren die Gräber des Atticus (Nepos *Att.* 22), des Kaisers Septimius Severus (Spartian. *Geta* 7, 2), des Gallienus (Aurel. Vict. *epit.* 40, 3), und vieler anderer (Plin. *n. h.* 29, 9. Cic. *Tusc.* 1, 7, 13: *an tu egressus porta Capena, cum Calatini, Scipionum, Serviliorum, Metellorum sepulcra vides, miseros putas illos?*). Noch im J. 1550 sagt Leandro Alberti *Descr. d'Italia* p. 126 (141b): *Camminando adunque da Roma per questa via Appia, da ogni lato scorgonsi sepolcri molti antichi, chi intiero, chi mezzo e chi quasi del tutto rovinato.* Hier ist das Grab der Scipionen, dessen Inhalt sich jetzt im Vaticanischen Museum befindet, entdeckt 1780, abgeb. bei Canina *Edifizj* IV, 169; *Via Appia* II, 3 und Piranesi *Monumenti degli Scipioni con illustraz. di* E. Q. Visconti. Roma 1785 f.; die Inschriften bei Orelli 550 ff. und *C. I. L.* I p. 11—21, n. 29—39; VI, 1284—1294; das Denkmal der Caecilia Metella, Gemahlin des Crassus, abg. bei Canina *Edifizj* IV, 272 f.; *Via Appia* II, 16, und verschiedene Columbarien, von welchen das bekannteste das 1725 und 1726 am zweiten Meilensteine ausgegrabene der Sclaven und Frei-

Latina,[1]) die bei S. Cesareo von der appischen Strasse abgeht und an einem grossen Gräberfelde liegt, das von ihr selbst, der *via Appia* und der aurelianischen Mauer eingeschlossen wird; die *via Tusculana*,[2]) die *Ostiensis*[3]) und *Laurentina*;[4]) endlich im Westen die *Aurelia*.[5])

Arten der Gräber.

Die Gräber nun, welche an diesen Strassen liegen, sind nicht nur ihrer architektonischen Form, sondern auch ihrer Bestimmung nach verschieden. Was die Form betrifft, so finden sich unterirdische Grabkammern von der Art, wie sie die Nekropolen von Caere, Vulci und Corneto darbieten,[6]) neben Freibauten von kleineren und grösseren Dimensionen und verschiedenartigstem Baustil.[7]) Was die Bestimmung betrifft, von welcher wir hier zunächst zu reden haben, so sind zu unterscheiden

---

gelassenen der Livia ist; s. oben S. 135; ferner die in der Vigna Codini, Henzen *Ann.* 1856 p. 8 ff. *C. I. L.* VI p. 908 ff. Vgl. Canina *Annali d. Inst.* 1853 p. 149. *Monumenti* V tav. 58. Begräbnissplatz der Flottensoldaten zwischen dem 2. u. 3. Meilensteine, *C. I. L.* VI, 3093. Ferner christliche Gräber Aringhi *Roma subt.* I p. 444 ff. Eine Schilderung des jetzigen Zustandes der Gräberstrasse s. bei Braun Die Ruinen und Museen Roms. Braunschweig 1854. 8. S. 80—93.

1) Juvenal. 1, 171; 5, 55. Orelli 4353 = *C. I. L.* VI, 10245 und mehr bei Aringhi *Roma subt.* II p. 2 ff.; an ihr ist Domitian begraben. Suet. *Dom.* 17. An der *porta Latina* lag das von Campana 1832 gefundene Columbarium. Campana *Due sepolcri.* Ueber zwei Gräber an dieser Strasse s. Fortunati *Relazione degli scavi — lungo la via Latina.* Roma 1859. 4. Petersen *Annali d. Inst.* 1860 p. 348 ff.; 1861 p. 190 ff.; über ein griechisches Grab daselbst Secchi *Monumenti inediti d'un antico sepolcro scoperto su la via Latina.* Roma 1843. fol.

2) Das unter dem Namen *Monte del grano* bekannte Grab bei Piranesi II, 31—35. Bartoli *Gli antichi sepolcri* 80—86.

3) Innerhalb der Mauer bei der *porta Ostiensis* liegt das Monument des Cestius, abg. bei Canina *Edifizj* 280; *Archit. rom.* 210. Die Inschr. Or. 47. 48 = *C. I. L.* VI, 1374. 1375; ausserhalb sind Columbarien (Ficoroni p. 50) und andere Gräber. Aringhi *Roma subt.* I p. 404—443. Fea *Relazione di un viaggio ad Ostia.* Roma 1802. 8. p. 10.

4) Ueber die Lage dieser Strasse vgl. Canina *Bull. d. Inst.* 1846 p. 120 ff. Ein Grab an derselben erwähnt Gell. 10, 2, 2.

5) An ihr ist Galba begraben, Suet. *Galba* 20, und sind verschiedene Gräber entdeckt worden. Ficoroni p. 51. Bartoli a. a. O. p. 193. 195. Fabretti *Inscr.* p. 10. *C. I. L.* VI p. 1073. 1076. 1456. Aringhi *Roma subt.* I p. 343—356.

6) Das Grab der Scipionen besteht aus einer Kammer mit zwei Pfeilern in der Mitte, ebenso das Grab der Nasonii aus einer unterirdischen Kammer.

7) Auf eine Erörterung der architektonischen Form des Grabes, welche in Italien nach dem Charakter der Zeit und der Gegend verschieden ist, kann hier nicht ausführlich eingegangen werden. Ich verweise auf Abeken Mittelitalien S. 233—259, und in Betreff der etruskischen Gräber auf Dennis. Die Hauptformen der Gräber findet man zusammengestellt bei Guhl und Koner II S. 98 ff. Vgl. auch Overbeck Pompeji [4] S. 400 ff. Die besten Sammlungen sind Piranesi *Antich. romane* II und Bartoli *Antichi sepolcri;* dazu Canina *Via Appia.*

Familienbegräbnisse, Columbarien und Grabstätten für unbemittelte Leute, endlich Gräber einzelner Personen.

Familienbegräbnisse.

Jede Gens hat ihren gemeinsamen Begräbnissplatz, und zu den wesentlichen Rechten der Gentilen gehört die Theilnahme an den gentilicischen Heiligthümern 1) und Grabstätten; 2) zweigte sich von der Gens eine Familie selbständig ab, so war damit die Errichtung eines neuen Begräbnissplatzes verbunden, 3) in welchem die Genossen desselben Namens, 4) einschliesslich ihrer Freigelassenen, auch wohl der Clienten und Freunde 5) ihre Ruhestätte fanden. Gentilbegräbnisse dauerten bis in die Kaiserzeit; 6) aber auch nachdem die Zusammengehörigkeit der Gentes sich gelockert hatte, galt dieselbe Einrichtung für die Erbbegräbnisse der Familien; 7) dem ausgestossenen Gliede der Fa-

---

1) S. Staatsverwaltung III S. 126 ff.

2) Cic. *de off.* 1, 17, 55: *Magnum enim, eadem habere monumenta maiorum, iisdem uti sacris, sepulcra habere communia.* Cic. *de leg.* 2, 22, 55: *Tanta religio est sepulcrorum, ut extra sacra et gentem inferri fas negent esse; idque apud maiores nostros A. Torquatus in gente Popilia iudicavit.* Mommsen *De coll. et sodal.* p. 26.

3) S. oben S. 14 Anm. 8. Ein solches Familiengrab ist das der Scipionen, welches nach dem Aussterben derselben auf die Cornelii Lentuli überging. S. Mommsen *C. I. L.* I p. 14 f.

4) Cic. *Top.* 6, 29: *gentiles sunt inter se, qui eodem nomine sunt.* Daher auf den Grabinschriften die Formel *ne de nomine exeat familiae.* Orelli 4386. 4387. 4428. *C. I. L.* VI, 13203. 10848; X, 6707. 8343; vgl. Or. 4395. 4403. 4417. 4421. 4430. *C. I. L.* II, 4332; V, 7454; X, 3071. 7750. Ebenso in Testamenten. *Dig.* 32, 38 § 1: *Fundum Cornelianum de nomine meorum exire veto.* 31, 88 § 6. Huschke *T. Flavii Syntrophi donationis instrumentum.* Vratislaviae 1838. 4. p. 8. 16. Die Formel *ne de familia nominis mei exeat* (*Dig.* 31, 77 § 11. Huschke a. a. O. p. 32) bezieht sich auf die *liberti* und ihre Nachkommen, so wie auf den *sub conditione nominis ferendi* eingesetzten Erben.

5) Cic. *pro Arch.* 9, 22 und dazu Schol. Bob. p. 358 Or.: *Q. Ennius, quem superior Africanus dilectum familiarissime etiam communicato sepulcri honore dicitur in maiorum suorum numerum redegisse.* Die Freigelassenen wurden, als ihre Zahl wuchs, nicht mehr regelmässig zu dem Familiengrabe zugelassen, sondern nur, wenn ihnen diese Ehre im Testamente des Grabinhabers ausdrücklich zuerkannt wurde, Orelli 4400. 4402. *C. I. L.* VI, 14823, oder wenn sie Erben waren. Ulp. *Dig.* 11, 7, 6: *Liberti autem nec sepeliri nec alios inferre poterunt, nisi heredes exstiterint patrono: quamvis quidam inscripserint monumentum sibi libertisque suis fecisse. Et ita Papinianus respondit et saepissime idem constitutum est.* Dass dies indessen eine späte Bestimmung ist, ergiebt sich aus dem gleich zu erwähnenden namentlichen Ausschluss der undankbaren *liberti.*

6) Ein *sepulcrum gentilicium Quinctiliorum* Vellei. 2, 119, 6; *Domitiorum* Suet. *Nero* 50; *Lutatiae gentis* Val. Max. 9, 2, 1; *Serviliorum* Cic. *Tusc.* 1, 7, 13; *Cinciorum* Festi *ep.* p. 57, 5 s. v. *Cincia*; Festus p. 262b, 5. Ueber das Begräbniss der Furii in Tusculum s. *C. I. L.* I, 65—72. Ritschl *De sepulcro Furiorum Tusculano. Opuscula* IV p. 257.

7) Familien- und Erbbegräbnisse sind an sich nicht identisch. Gaius *Dig.* 11, 7, 5: *Familiaria sepulcra dicuntur, quae quis sibi familiaeque constituit, hereditaria autem, quae quis sibi heredibusque suis constituit.*

milie[1]) und dem undankbaren Freigelassenen[2]) war in dem gemeinsamen Erbbegräbniss der Familie der Platz versagt. War aber das Grab nur für eine Person oder für eine beschränkte, namentlich bezeichnete Anzahl von Personen eingerichtet,[3]) so wurde auch in diesem Falle vorgesehen, dass es mit der überlebenden Familie in Verbindung blieb,[4]) und statt der Tage, an welchen sich die Gentilen zu einer regelmässigen Todtenfeier an den gemeinsamen Grabstätten vereinigten, wurden testamentarisch gewisse Todtenfeste angeordnet, welche auch dem einzelnen Grabe die fortdauernde Theilnahme der Angehörigen sicherten. Das Grab ist überhaupt nach der übereinstimmenden Ansicht des Alterthums eine Wohnung, in welche der Verstorbene einzieht,[5]) um dort eine andere und bessere, aber doch seinem früheren Leben entsprechende Existenz zu beginnen;[6])

---

1) Suet. *Oct.* 101: *Julias, filiam neptemque, si quid iis accidisset, vetuit sepulcro suo inferri.* Dio Cass. 56, 32, 4.

2) In dem Testamente des Dasumius *C. I. L.* VI, 10229 erhalten alle freigelassenen Dasumier Antheil an dem Begräbnisse bis auf einen, den Hymnus. S. Rudorff Test. des Das. in Savigny's Zeitschr. XII, 3 S. 381—383. Aehnliche Fälle Orelli 4434. 4435. 4436.

3) Hieher gehören die Formeln *alius inferetur nemo* Orelli 4394 = *C. I. L.* X, 5921; *hoc monumentum heredem non sequitur* Orelli 4389. Orelli zu *n.* 4397. Petron. 71.

4) T. Flavius Syntrophus, ein *caelebs*, bestimmt in einer Urkunde Orelli 7321 = *C. I. L.* VI, 10239, dass sein Begräbnissplatz auf seine Freigelassenen und deren Nachkommen übergehen und immer bei dem Namen der Flavii bleiben solle, so dass, wenn die Freigelassenen ausstürben, der letzte Flavier seinem Erben die Verpflichtung auflegen solle, wieder den Namen Flavius anzunehmen.

5) S. Raoul-Rochette a. a. O. p. 531—538. Petron. 71: *Valde enim falsum est, vivo quidem domos cultas esse, non curari eas, ubi diutius nobis habitandum est.* Daher heisst das Grab auf Inschriften häufig *domus*. *C. I. L.* III, 2165. 3171; V, 2255; VIII, 7541. 8751. 9949; *domus aeterna*: s. die Indices zum *C. I. L.*, namentlich V *p.* 1214; VIII *p.* 1122.

6) Ueber die auf griechischen und römischen Grabmonumenten gewöhnliche Darstellung eines Familienmahles (L. Friedlaender *De operibus anaglyphis.* Regiom. 1857. 8. p. 50 ff. A. Conze Reise auf den Inseln des thrakischen Meeres. 1860. 4.) handelt erschöpfend L. Stephani Der ausruhende Hercules in *Mémoires de l'Acad. de Pétersbourg*, Série VI, *Sciences pol. hist. phil.* Vol. VIII. 1855. p. 253 ff. Er nimmt an, dass diese Darstellungen sich auf die Freuden beziehen, die den Menschen im künftigen Leben erwarten, stellt ein Verzeichniss solcher Reliefs zusammen, die in Athen (p. 299—303 = 47—51 d. Separatausg.), den vaticanischen Sammlungen (p. 303—306 = 51—54) und im südlichen Russland (p. 306—307 = 54—55) vorhanden sind, und gewinnt folgendes allgemeine Resultat: Die Etrusker richteten das Grab zu einer wohnlichen Kammer für den Körper ein, während die Seele nach ihrer Ansicht in einer anderen Welt fortlebt. Das einzelne Individuum trat dabei mehr oder weniger in den Hintergrund. Die Griechen und Römer trieb dagegen der Wunsch, das Andenken des Individuums durch ein μνῆμα, *monumentum*, zu verewigen. Was den Menschen überhaupt nach dem Leben erwarte, hielten sie für über-

Einrichtung derselben. es hat daher den Charakter eines Hauses,[1]) welches sowohl für den Todten selbst als für die Zusammenkünfte der Familie bei den Todten einer bestimmten Einrichtung bedarf. Daher werden dem Todten Kleider,[2]) Geld, Schmuck, ein Ameublement,[3]) Lebensmittel und Ess- und Trinkgeschirre mitgegeben,[4]) dem Krieger seine Waffen,[5]) dem Handwerker oder Künstler sein

---

flüssig anzudeuten, so lange sie hierüber einen bestimmten Glauben hatten. Erst als dieser aufhörte, und man des Trostes bedürftig wurde, verwandelte man das Denkmal des Abgeschiedenen in ein Mittel der Beruhigung über das künftige Schicksal des Todten; dies geschah aber erst bei dem Beginn der christlichen Zeitrechnung. Namentlich im 2. und 3. Jahrhundert fangen die Grabschriften an, die Unsterblichkeit entweder zu leugnen oder zu versichern, p. 289—295 = 37—43. Wenn aber Stephani p. 310 (58) die genannten Reliefdarstellungen als »einen Hinweis auf den Tod als einen durch reichlichen Genuss von Speise und Trank versüssten Schlaf« (eine αἰώνιος μέθη p. 289 = 37) deutet und hiebei namentlich die von Marini *Iscr. Alb.* p. 116. 117 zusammengestellten Inschriften zu Grunde legt, so kann man zwar zugeben, dass diese materielle Auffassung des Gedankens von dem Fortleben der Seele wirklich vorkam, darf aber doch annehmen, dass jeder nach der Niedrigkeit oder Hoheit seiner eigenen Gesinnung diese gewöhnlichen Grabdarstellungen gemeiner oder edler gedeutet hat, und dass namentlich an das Wiedersehen und Zusammenleben der Familienmitglieder in jenem Leben gedacht werden konnte. Ausführlich handelt hierüber E. Petersen in *Annali* d. *Inst.* 1861 p. 357 ff. 364. 412.

1) Auch in Bezug auf die architektonische Anlage ist dies bei etruskischen und römischen Gräbern der Fall; in denen von Cervetri (Caere) ist die ganze Construction die des Hauses; in der Mitte das *atrium*, daranstossend die *triclinia*, Dennis S. 379; ähnlich construirte Gräber giebt es aber auch unter den römischen. S. über ein Grab an der *via Latina Annali d. Inst.* 1861 p. 348 ff.

2) Hierin wurde besonders Luxus getrieben und ein aedilicisches Edict verbot daher *Attalicas vestes* in das Grab zu legen. *C. I. L.* VI, 1375.

3) In dem zu Basel gefundenen Testamente (Kiessling *Anecdota Basileensia.* Basil. 1863. 4.; Hübner *Annali* 1864 p. 200 ff. Wilmanns n. 315) verordnet der Testator: [*cellam quam*] *aedificavi memoriae, perfici volo ad exemplar quod dedi ita ut exedra sit eo loco.* — — *Lectica* (d. h. ein tragbarer *lectus*) *fiat sub exedra et II subsellia ad duo latera ex lapide transmarino. Stratus ibi sit quod sternatur per eos dies, quibus cella memoriae aperietur, et II codices et cervicalia duo paria cenatoria et abollae II et tunica.* In etruskischen Gräbern sind die Wände von Bänken und Stühlen umgeben, die aus dem Felsen gehauen sind. Dennis S. XXXVI.

4) Catull. 59, 2:

Uxor Meneni, saepe quam in sepulcretis
Vidistis ipso rapere de rogo cenam.

Terent. *Eun.* 3, 2, 38. In den Gräbern selbst findet sich Wein, Wasser, Eier, Brod, Geflügel, Austern, Messer, Löffel. S. die Nachweisungen bei Raoul-Rochette a. a. O. p. 676—686. Vgl. Festi *ep.* p. 65, 12: *Culina vocatur locus, in quo epulae in funere comburuntur.* (Diese Bedeutung kann *culina* haben *C. I. L.* X, 4765; dagegen scheint es III, 2811; IX, 4079 das Grab oder Denkmal selbst zu bedeuten.)

5) Raoul-Rochette a. a. O. p. 606—621. So in den Gräbern von Bomarzo in Etrurien (Dennis S. 151), von Tarquinii (Dennis S. 249), Vulci (das. S. 282), Perugia (das. S. 679). Die Funde aus diesen Gräbern befinden sich im *Museo Gregoriano.* S. Dennis S. 701.

Handwerkszeug,[1]) der Frau ihre Toilettengegenstände, Kämme, Nadeln, Messer, Spangen, Gefässe von Alabaster, Terracotta, Glas, Elfenbein und Knochen, sowie Toilettenkästchen (*cistae*),[2]) dem Kinde sein Spielzeug;[3]) die ganze Masse von Gegenständen des häuslichen Lebens, welche unsere Museen bewahren, stammt zum grossen Theile aus Gräbern her.

⟨Die dem Todten beigegebenen Gegenstände sind nach den Zeiten und den Gegenden verschieden, die vorliegenden Beobachtungen aber nicht reichhaltig genug, um über die Entwickelung dieser Gebräuche auch nur eine Uebersicht zu geben. Im Grossen und Ganzen darf man den Gang der Dinge etwa folgendermaassen auffassen. Für die Männergräber der ältesten Periode ist namentlich das häufige Vorkommen von Waffen, Rüstungsstücken und anderen auf den Krieg bezüglichen Gegenständen bezeichnend.[4]) Neben diesen treten mit der Zeit mancherlei Ackerbaugeräthe auf.[5]) Die Ausstattung der jüngeren Gräber veranschaulicht in der ausgiebigsten Weise die verschiedenen Liebhabereien der darin beigesetzten Personen. In den Frauengräbern der älteren Zeit finden sich namentlich Hausgeräthe, während in den jüngeren Schmucksachen und Toilettengegenstände die Hauptrolle spielen. Für die letztere Gattung ist besonders bezeichnend der chiusiner Sarkophag der Sejanti[6]) und die zahlreichen neben demselben gefundenen Toilettengegenstände.[7])⟩

Zu der Einrichtung des Grabes gehören namentlich Götterbilder und Opferapparat,[8]) Lampen und Candelaber, die nicht bloss eine symbolische Bedeutung haben, sondern an gewissen

---

1) So finden sich chirurgische Instrumente, Schreibzeug (*Not. d. scavi* 1878 p. 113; 1879 p. 185; 1882 p. 314), Ackergeräthe und Werkzeuge aller Art in Gräbern. Raoul-Rochette *IIIme Mém.* p. 622.

2) Dennis S. 451. Raoul-Rochette a. a. O. p. 560. Ueber die *cistae* wird im zweiten Theile dieses Bandes besonders gehandelt werden.

3) Plin. *ep.* 4, 2. Raoul-Rochette a. a. O. p. 623—640. *Bullettino dell' Instit.* 1829 p. 20. Vgl. oben S. 120 Anm. 7.

4) Vgl. z. B. das *tomba del guerriero* genannte Grab in Corneto, *Ann. d. Inst.* 1874 p. 249—266, *Mon.* X t. 10, 10d.

5) In Vulci enthalten die Gräber seit Ende des 6. Jahrh. v. Chr. beinahe regelmässig ein *rallum*: *Bull. d. Inst.* 1880 p. 213 f.; 1883 p. 43. 162. 167; 1884 p. 166. 167.

6) *Mon. d. Inst.* XI tav. 1, *Ann.* 1879 p. 87 ff. tav. d'agg. *AB.*

7) *Bull. d. Inst.* 1877 p. 201 f.

8) Raoul-Rochette a. a. O. p. 541 ff. In dem Testament Wilmanns n. 315 wird angeordnet: *Araque ponatur ante id aedificium ex lapide Lunensi.*

Tagen angezündet und fortdauernd im Stande erhalten werden; [1]) Gefässe, [2]) aufgestellt am Kopfende und zur Seite des Todten, oder aufgehängt an kupfernen Nägeln, [3]) bestimmt für Wohlgerüche, [4]) Getränke und Speisen, [5]) auch wohl theils zur Decoration, theils für den Gebrauch der *cenae funebres.* [6]) Gemalte Vasen kommen als Aschenkrüge zwar in etruskischen, nicht aber in römischen und latinischen Gräbern vor, [7]) wohl aber dienten sie, insofern sie nicht auf dem Rogus mitverbrannt wurden, [8]) zum Schmucke der Grabkammer. [9]) Die bildlichen Vorstellungen auf den in Etrurien, Campanien und Sicilien gefundenen enthalten durchaus keine Beziehung auf Grab und Tod und lassen schliessen, »dass diese Gefässe nicht als ein Symbol der Trauer, sondern als eine Erinnerung an das Leben dem Verstorbenen in das Grab mitgegeben sind.« Nur in Lucanien und Apulien fanden sich wie in Attica und Aegina Vasen mit sepulcralen

---

1) Raoul-Rochette a. a. O. p. 563—572. So verordnet jemand in der Inschrift *C. I. L.* VI, 10248: (*ut*) *omnib*(*us*) *K*(*alendis*) *Nonis Idibus suis quibusq*(*ue*) *mensibus lucerna lucens sibi ponatur* und *C. I. L.* II, 2102 heisst es: *propter quam* (*Septimiam Adventam defunctam*) *rogamus parentes pientissimi collegas succedentes deincepsque successores, sic, ne quis vestrum talem dolorem experiscatur, ut huiius manibus lucerna quotidiana ex ratione publika vestra poni* (*placeat*). So wird am Todestage das Grab erleuchtet. Suet. *Oct.* 98. *Dig.* 40, 4, 44: *Maevia decedens servis suis nomine Sacco et Eutychiae et Hirenae sub conditione libertatem reliquit his verbis: Saccus servus meus et Eutychia et Hirene ancillae meae omnes sub hac conditione liberi sunto, ut monumento meo alternis mensibus lucernam accendant et solemnia mortis peragant.* Vgl. Orelli 4416. Es galt auch als ein gutes Werk, eine brennende Lampe in oder auf ein Grab zu setzen. *C. I. L.* X, 633 = Orelli 4838:

Quisq(*uis*) *huic tumulo posuit ardente lucernam,*
Illius cineres aurea terra tegat.

Auch die Candelaber, die in Gräbern gefunden wurden, waren in wirklichem Gebrauch; in Vulci fand man sie mit Dochten versehen. Raoul-Rochette a. a. O. p. 570. Die Sitte ging in das Christenthum über. Aringhi *Roma subterr.* I p. 102. 103.

2) Die gemalten Vasen sind fast ohne Ausnahme in Gräbern gefunden worden. Jahn Vasensammlung König Ludwig's S. LXXXV f.

3) Dennis S. 301. 391.

4) Zu diesen gehören die kleinen Glasgefässe, welche man früher Thränenfläschchen, Lacrimatorien, nannte, s. Roulez *Sur les vases vulg. app. Lacrimatoires* in *Bull. de l'Acad. de Bruxelles.* Tom. V n. 4. 5.

5) Zuweilen, z. B. in Vulci, findet sich ein ganzer Küchenapparat, Kessel, Kohlenbecken, Feuerzangen, Feuerschaufeln in dem Grabe. Campanari bei Gerhard Etr. Spiegel I S. 32.

6) Raoul-Rochette a. a. O. p. 584 ff.

7) Derselbe p. 587—590. *Bull. d. Inst.* 1876 p. 169—171; 1878 p. 177—180; 1884 p. 124—126. *Not. d. scavi* 1881 p. 368—370.

8) O. Jahn Vasensammlung König Ludw. S. CI Anm. 733.

9) Raoul-Rochette p. 590. 591.

Vorstellungen, die für den Zweck des Begräbnisses angefertigt zu sein scheinen.[1])

Tutela sepulcri. Zu dem Denkmal selbst gehört bisweilen ein Grundstück mit Aeckern und Gärten, welche mit einer Mauer umfriedigt[2]) und zur Unterhaltung (*tutela*)[3]) des Grabes und zur Versorgung desselben mit Speisen, Rosen und anderen Erfordernissen bestimmt sind.[4]) Solche Gräber heissen *cepotaphia*.[5]) *cepotaphia.* Es gehören zu ihnen aber oft noch verschiedene andere Localitäten, eine *ustrina* (auch *ustrinum*),[6]) *aediculae* mit Statuen der Verstorbenen,[7]) *ustrina* und andere zugehörige Localitäten. ein Gebäude für die Versammlung beim Leichenmahle,[8])

---

1) O. Jahn a. a. O. S. CXXXIV—CXXXIX.

2) *Hortus cinctus maceria* Orelli 4373. 4509 = *C. I. L.* VI, 13823. 10876; ib. X, 2244; *horti* Or. 4395 = *C. I. L.* II, 4332; *agellus* Or. 4561, mit Wein, Obst, Blumen und Gras n. 4517 = *C. I. L.* VI, 10237; *hortulus sive pomarium*, *Not. d. scavi* 1883 p. 345. Petron. 71: *Omne genus etiam pomorum volo sint circa cineres meos et vinearum largiter.* Martial. 1, 116, 1:

Hoc nemus aeterno cinerum sacravit honori
Faenius et culti iugera pulchra soli.

Serv. *ad Aen.* 5, 760: *Nemora enim aptabant sepulcris, ut in amoenitate animae forent post vitam.* S. besonders die Inschr. der Claudia Semne Orelli 4456, erläutert von Uhden in F. A. Wolf Museum der Alterthumswiss. I S. 534 ff. und die Inschr. Herzog *Provinciae Galliae Narb. hist.* App. p. 46 n. 223. (In Rom kann dies bei der Kostbarkeit des Terrains und der Kleinheit der Gräbermasse (4 × 4, 3 × 2 Fuss) nur selten gewesen sein; häufiger höchstens bei grossen gemeinsamen Gräbern, wie Or. 4517 = *C. I. L.* VI, 10237.)

3) *C. I. L.* VI, 1395 = Orelli 4371: *huic monumento tutelae nomine cedunt agri puri iugera decem.* Quintil. *inst.* 7, 9, 4: *ut si quis corpus suum inculto loco poni iubeat circaque monumentum multum agri ab heredibus in tutelam cinerum, ut solent, leget.* S. Huschke *T. Flav. Syntr. inst. don.* p. 13.

4) *C. I. L.* V, 2176 = Orelli 4418: *hortos cum aedificio huic sepult(urae) iuncto vivos donavit, ut ex redditu eor(um) largius rosae et escae patrono suo et quandoq(ue) sibi ponerentur.* Vgl. *C. I. L.* V, 7454 = Or. 4417. War bei dem Begräbniss kein Grundstück, so musste für die Unterhaltung des Grabes, der Lampen und die Bestreitung der Todtenfeste ein Capital fundirt werden. Orelli 4412. 4413. 4414. 4415. 4416. *C. I. L.* V, 4990. X, 107.

5) Orelli 4514. 4515. 4516. 4518. 6359. *C. I. L.* VI, 8505. 10675. X, 2066. Fabretti p. 115 n. 294. Goens *De cepotaphiis.* Trai. ad Rh. 1763. Jahn *ad Pers.* 1, 40 p. 87. (Cepotaphien kommen nur in späten Inschr. vor. Bei Or. 4516 misst es 200 □Fuss, konnte also nicht bestimmt sein, irgend welchen Ertrag zu bringen.)

6) Daher *monumentum et ustrinum* Orelli 7371 = *C. I. L.* VI, 11576; vgl. X, 6414; *ustrina* V, 3554. 8308; *ustrinae* Or. 4517 = *C. I. L.* VI, 10237. Dagegen: *huic monumento ustrinum applicari non licet.* Or. 4385 = *C. I. L.* VI, 4410. (*Ustrina* waren meist nur bei grossen, gemeinsamen Gräbern (Columbarien). Ein noch erhaltenes am 5. Meilenstein der *via Appia* Fabretti p. 231. Canina *Via Appia* t. 32.)

7) Orelli 4456: *aediculae, in quibus simulacra Claudiae Semnes in formam deorum.* S. hierüber Uhden a. a. O. S. 540—546.

8) *apparitorium* Orelli 4433 = 4132 = *C. I. L.* IX, 1618 und mehr Beispiele bei Marini *Atti* II p. 616. Ein solches Gebäude ist erhalten neben dem Grabmal der Naevoleia Tyche in Pompeii, abgeb. bei Overbeck Pompeji ⁴ S. 412.

eine *area* vor dem Monumente,[1]) Lauben oder Pavillons,[2]) Brunnen,[3]) endlich ein Häuschen für einen oder mehrere *liberti* (*taberna*), welche für freie Wohnung und freien Unterhalt aus den Revenüen des Grundstücks die Aufsicht über die ganze Anlage übernehmen,[4]) auch wohl Wirthschaftsgebäude.[5])

columbaria. Die zweite Classe der Gräber bilden die *columbaria*,[6]) d. h. grosse Gewölbe mit langen über einander liegenden Reihen klei-

---

1) Orelli 4523; *area ante monumentum* n. 4510; *area maceria cincta n.* 4400 = *C. I. L.* VI, 14823. Die Construction eines Grabmales ist genau beschrieben Orelli-Henzen 7365 = *C. I. L.* III, 2072 (vgl. Mommsen's Anm.): *Vestibulum et ambitus monumenti a bathro clatror(um) intra loricam quae spectat in merid(iem) ad viam munitam long(um) P(assus) XXXII lat(um) P. LV et a bathro clatrorum a parte dext(ra) et sinist(ra) et a post omnium angulorum IIII lat(um) P. quinos denos.* Die *lorica* ist die gemauerte Substruction des ganzen Monumentes, θωράχειον (*C. I. Gr.* 3278 u. das. Boeckh. vgl. 3281. 3169), sie ist umgittert und hat von 4 Seiten Stufenaufgänge (*bathra*); das Grabmal ist 25 *passus* breit, der *ambitus* hinten und rechts und links 15 *passus* breit, vorn aber ist die *area* 15 + 15 + 25 = 55 Schritt breit und 32 Schritt tief. Vgl. die Grundrisse von Gräbern bei Jordan *Forma urbis Romae* tab. 34.

2) Orelli 4456: *hortus, in quo tricliae*; 4337: *commune est puteum et iter ad tricleam*; auch *trichila* Verg. *Copa* 8; *C. I. L.* VI, 10237; *trichilla* Murat. 1008, 9; *tricla C. I. L.* VI, 4305. Das Wort kommt öfters vor (siehe Marini *Atti* II p. 616. Uhden a. a. O. S. 538) und bezeichnet einen Pavillon mit festen Wänden, wie man aus der Inschr. *Anmali d. Inst.* 1860 p. 434: *ne quis velit parietes aut triclias inscribere aut scariphare* ersieht.

3) Orelli 4456.

4) Die *custodia sepulcri* und die Schlüssel dazu haben die Freigelassenen, Orelli 4366, oder es wird auch ein bestimmter *libertus* zum *procurator custodiae sepulcri* (Orelli 4367 = *C. I. L.* VI, 9832) ernannt und für denselben eine *taberna* (Orelli 4353. 4369. 4371 = *C. I. L.* VI, 10245. 2204. 1396) erbaut. Petron. 71: *Ceterum erit mihi curae, ut testamento caveam, ne mortuus iniuriam accipiam; praeponam enim unum ex libertis sepulcro meo custodiae causa.* Ausführlich handelt von der *custodia sepulcri* und der Stiftung dazu die Verfügung des T. Flavius Syntrophus, Orelli-Henzen 7321 = *C. I. L.* VI, 10239. Huschke *T. Flavii Syntrophi instrumentum donationis ined.* Vratisl. 1838. 8. p. 28f. Vgl. auch Rudorff Test. des Dasumius in Savigny's Zeitschr. XII, 3 S. 372ff. und das Testament bei Wilmanns n. 315: *Colaturque id aedificium et ea pomaria et lacus arbitratu Philadelphi et Veri libertorum meorum impensaque praestetur ad reficiendum restituendum, si quid ex iis vitiatum corruptumve fuerit* u. s. w. *C. I. L.* III, 656: *hic — legavit libertis matris et suis posterisque eorum fundos Aemilian(um) et Psychian(um), ne unquam de familia exeant, sed ut ex reditu eorum ii, qui s(upra) s(cripti) s(unt) moniment(um eiu)s et parentium eius colant et ipsi alantur.* Vgl. Le Bas et Waddington III p. 294 n. 1195[a] und andere Beispiele bei Borghesi *Oeuvres* VI p. 441. Bei Orelli 5756[a] = *C. I. L.* VI, 5173 wird Priapus als *custos sepulcri* bezeichnet. Auch die juristischen Quellen erwähnen solcher Verfügungen in Testamenten. *Dig.* 33, 2, 34 pr.: *Libertis libertabusque meis — fundum, ubi me humari volui, dari volo, ut, qui ab his decesserit, portio eius reliquis adcrescat. Dig.* 34, 1, 18 § 5; 35, 1, 71 § 2. Mehr s. bei Rudorff a. a. O.

5) Eine Scheune, *nubilare* (*nubilarium* Varro *de r. r.* 1, 13, 5. Colum. 1, 6, 24) wird erwähnt Orelli 4369 = *C. I. L.* VI, 2204.

6) Dieses technische Wort kommt in Inschriften nicht für das ganze Monument, nur für die Einzelnische vor. Orelli 4513. 4544. *C. I. L.* VI, 8122. 8125. 8126. 8128. 8129 u. ö.

ner Nischen, in deren unterer Fläche in der Regel je zwei Aschenurnen (*ollae*) in die Wand des Grabes eingelassen sind.[1]) Ihre Aehnlichkeit mit den Taubenhäusern[2]) hat den Grund zu der Benennung gegeben. Sie gehören fast alle der Zeit von Augustus bis Claudius an; einzeln kommen sie bis zur Zeit Hadrian's vor. Reiche Familien, deren Freigelassene zu zahlreich waren, um in dem Familienbegräbniss Platz zu finden, wie z. B. die Statilii Tauri[3]) und die Volusii,[4]) die Junii Silani[5]) und namentlich die Kaiser bauten solche gemeinsame Grabstätten ihren Sclaven und Freigelassenen;[6]) aber auch für arme Leute, welche nicht die Mittel hatten, sich ein eigenes Grab zu kaufen, errichteten Speculanten ein gemeinsames Begräbniss, in welchem man einen Platz erwerben konnte.[7]) Gewöhnlich indess ist ein Columbarium von einer *societas* oder *sodalitas* errichtet und zwar entweder einem Collegium, welches, obgleich zu religiösen oder gewerblichen Zwecken gestiftet, auch ein gemeinsames Begräbniss hatte, oder einer blossen Begräbnisssocietät (Sterbekasse).[8]) Einer solchen gehört das 1852 an der *via Appia* entdeckte Columbarium, welches über die Verfassung einer solchen Actiengesellschaft hinreichenden Aufschluss

---

1) (Die Columbarien dienten ausschliesslich zur Beisetzung der Asche. Die wenigen dort gefundenen ganzen Leichen stammen aus späterer Zeit. Die im Monument der Livia waren bedeckt mit Ziegeln, welche Stempel aus dem J. 134 n. Chr. trugen.)

2) S. Schneider im *Index scr. rei rust. s. v.* Ueber die Einrichtung der römischen Columbarien handeln Fabretti *Inscr.*; Gori *Columbarium Liviae Augustae.* Florent. 1727. fol. Jahn *Specimen epigraphicum.* Kiliae 1844. 8. Henzen *Annali* 1856 p. 9 ff. Wilmanns I p. 117. Gatti *Bull. d. comm. arch. com.* 1882 p. 1 ff. Die Inschriften *C. I. L.* VI p. 875 ff.

3) Ueber das neuerdings auf dem Esquilin entdeckte Columbarium dieser Familie s. *Bullettino della commissione arch. municipale* 1875 p. 151 ff. *Notizie degli scavi* 1876 p. 9 ff. 1877 p. 314 ff. *C. I. L.* VI p. 994 ff.

4) Dies Columbarium wurde 1826 in der Vigna Ammendola an der *via Appia* aufgefunden. Die Inschriften *C. I. L.* VI p. 1043. Ueber dasselbe und die Familie der Volusii s. Mommsen in Borghesi *Oeuvres* VI p. 332 ff.

5) *C. I. L.* VI p. 1066.

6) Von dieser Art ist das an der *via Appia* entdeckte Columbarium der Livia (oben S. 135), am besten beschrieben von Ghezzi *Camere sepolcrali de' liberti e liberte di Livia Augusta e d'altri Cesari.* Roma 1731. *C. I. L.* VI p. 877. Ferner das der Marcella *C. I. L.* VI p. 908, das der Kinder des Drusus, ib. p. 899, beide zwischen *via Appia* und *Latina.*

7) Zwei solche Columbarien fand im J. 1840 Campana *Bull. d. Inst.* 1840 p. 135, welche mit vortrefflichen Abbildungen bekannt gemacht sind. S. *Di due sepolcri del seculo di Augusto scoverti tra la via Latina e l' Appia presso la tomba degli Scipioni da* Gio. Pietro Campana. Roma 1840. fol. *C. I. L.* VI p. 926 ff.

8) S. hierüber Staatsverwaltung III S. 138 ff.

giebt.[1]) Die Gesellschaft, aus *ingenui*, *liberti* verschiedener Familien und *servi* bestehend, ist in *decuriae* getheilt, von denen jede einen *decurio* wählt.[2]) Ausserdem hat die Gesellschaft einen oder zwei *curatores*, die den Vorsitz führen,[3]) den Bau besorgen,[4]) aus eigenen Mitteln zu demselben beitragen,[5]) die Grabstellen assigniren,[6]) und auf ein Jahr gewählt werden;[7]) einen *quaestor*[8]) und einen *sacerdos*;[9]) auch ein *quinquennalis* kommt, wie bei anderen Collegien, vor.[10]) Die Mitglieder haben ausser einer einmaligen Capitaleinzahlung laufende Beiträge zu leisten;[11]) der *ex collata pecunia curatoris arbitratu* unternommene Bau wird von der Gesellschaft abgenommen[12]) und darauf die Antheile (*partes viriles*,[13]) *sortes*) an die Theilnehmer verloost, welche dieselben parcelliren und an einzelne Personen verkaufen kön-

1) Henzen *Annali d. Inst.* 1856 p. 8 ff. *C. I. L.* VI p. 939 ff. Dies Columbarium enthält 9 Reihen von *loculi* übereinander, die *loculi* für je zwei *ollae*, im Ganzen Raum für 600 Urnen.

2) *C. I. L.* VI, 4474. 4485. 4490. 4494. 5208. Auch Frauen können Decurionen sein; n. 4484 *Helpis decurio*, n. 4459. 5362. Dass die Decurionen von den Decurien gewählt werden, schliesst Henzen aus dem Umstande, dass sie sich gegen die Decurie liberal benehmen. n. 4421: *C. Claudius Marcellae minoris l. Phasis decurio monumentum dedicavit et decuriae epulum dedit d. s. p. Huic decuria ex aere collato imaginem decreverunt.* n. 5531: *Nepos dec. pavimentum in ossuario et subscalaria d. s. p. d. C. Caesare L. Paullo cos.* (754). Vgl. auch 4710.

3) Dies scheint nach der Analogie anderer Collegien anzunehmen. S. Henzen *Ind. X* zu Orelli *Inscr.* p. 176. Dass das Collegium zwei Curatores hat, geht aus der Inschr. *C. I. L.* VI, 4419 = Or. 7211 hervor, welche Henzen so liest: *C. Memmius Caiae lib. Alexander Eros Sex. Pompei d. s. p. d. d. curatores iterum pavimentum.* Sie kommen auch sonst vor. Or. 2417. 7189 (= *C. I. L.* VI, 10234. 7281), während andere Collegien nur einen Curator haben. Or. 7183. 7372 = *C. I. L.* VI, 10332. Or. 7214 = ib. 10326.

4) *C. I. L.* VI, 10326. 10332.

5) *C. I. L.* VI, 4709: *Tata curator primus dedit munus cum hominibus VI, ollas DC, titulos marmoreos II.*

6) *C. I. L.* VI, 4483.

7) Orelli 738 = *C. I. L.* X, 770. Or. 4366. 4057 = *C. I. L.* VI, 10333.

8) *C. I. L.* VI, 4451. 4467. 4474. 4481.

9) *C. I. L.* VI, 4496 = Orelli 7213. Vgl. Orelli 2168. 2169. 3909. 4094 (= *C. I. L.* V, 3415. 5894. 4459. 4416).

10) *C. I. L.* VI, 4418. 4496 (= Orelli 7212. 7213).

11) Staatsverwaltung III p. 139 ff. Der Curator ist oft seiner Verdienste wegen davon befreit (*immunis*). *C. I. L.* VI, 4712. 10332 = Or. 7372.

12) *C. I. L.* VI, 10332 = Or. 7372: *L. Licinius L Ɔ l. Alexa curator sociorum secundus. Is monumentum ex pecunia collata sociorum aedificavit arbitratu suo.* n. 10326 = Or. 7214: *C. Causinius Scolae l. Spinter in hac societate primus cur(ator) factus est et hoc monumentum edificandum expoliend(um) curavit, sociisque probavit.*

13) *C. I. L.* VI, 10326 = Or. 7214: *habet partes viriles IIII, oll(as) XX*: der *curator* hatte als Auszeichnung vier Antheile; *rata pars* ib. n. 11035. Ueber ein Grab einer *societas* von 36 Mitgliedern s. Gatti *Bull. d. comm. arch. comun.* 1882 p. 1 ff. *C. I. L.* VI p. 1437.

nen.[1]) Zu diesem Zwecke wurden die *sortes* vorläufig durch eine mit dem Namen des betreffenden *socius* bezeichnete *tessella* markirt,[2]) später aber die einzelnen Grabstätten (*loci*)[3]) von dem Käufer oder Inhaber der Stelle (*ius*)[4]) mit einem bleibenden *titulus* versehen.

Begräbnissplätze für Arme.

Ausserdem gab es für arme Leute, welche weder ein eigenes Grab, noch eine Stelle in einem Columbarium besassen, öffentliche Begräbnissplätze,[5]) deren Einrichtung zuweilen auch wohlthätige Menschen freiwillig übernahmen.[6]) Ein solcher allgemeiner Begräbnissplatz war in Rom auf dem *campus Esquilinus*, bis Maecenas dort seine Gärten anlegte.[7])

Die Katakomben.

Verschieden von allen bisher besprochenen römischen Grabstätten sind sowohl ihrer baulichen Anlage als ihrer Bestimmung nach die christlichen Katakomben. Im alten Rom gab es nur Privatbegräbnisse, für welche keine andere als polizeiliche Vorschriften bestanden, in der jüdischen und christlichen Gemeinde Roms dagegen galt der Grundsatz, dass die Glaubensgenossen auch nach dem Tode zusammen blieben, Andersgläubige aber von dem gemeinsamen Begräbnissplatze ausgeschlossen waren. Die Katakomben dienten daher als Friedhof einer religiösen Gemeinde, welche sich in ihnen zur Feier des Andenkens verstorbener Frommen und zu regelmässigen Andachtsübungen versammelte. An sie knüpfen sich die ältesten Nachrichten über die Entwickelung des christlichen Cultus, weshalb an diesem Orte ihrer nur vorübergehend gedacht werden kann.[8])

---

1) Jahn *Spec. ep.* p. 60, 3: *Sibi et suis A. Fabius A. l. Philarcurus curator tert(ius) ex sortitione ollas sex et emtas ollas duas de Cn. Cornelio Felice ex sort(e) prim(a) et a Maclonio Sabin . . ex sorte ter(tia) ollas. . .* C. I. L. VI, 5242. 5290.

2) Henzen *Ann. d. Inst.* 1856 p. 12 ff.; *ollae distributae et inscriptae* C. I. L. VI, 4418. *tessellae CC* n. 4709. (Von Henzen l. l. p. 13 als Inschrifttafeln erklärt; doch ist vielleicht besser an die Steinchen eines Mosaikfussbodens zu denken.)

3) *C. I. L.* VI, 11041 ff. Gatti a. a. O. p. 11.

4) Die erworbene Stelle selbst heisst *ius*. *C. I. L.* VI, 4618. 4619. 4940. 5017. 5159. 7459. Or. 7314. 7327.

5) S. oben S. 342.

6) Orelli 4404.

7) S. Becker Topographie S. 538. 540 und oben S. 341.

8) Eine kurze Schilderung der Katakomben giebt Mommsen Die Katakomben Roms in der Zeitschrift Im neuen Reich. Bd. I (1871) S. 113 ff. Ausführlich handeln über dieselben Bosio *Roma sotterranea*, Roma 1632. P. Aringhi *Roma subterranea*. Tom. I. II. Romae 1651. fol. auch Lutet. Parisior. 1659. fol. F. Xav. Kraus Die röm. Katakomben. Freiburg im Breisgau 1873. 8. G. B. de Rossi *La Roma sotterranea cristiana*. Tomo I. II. III. fol. Roma 1864—1877.

Art der Bestattung.

Begraben und Verbrennen.

Was die Art der Bestattung betrifft, so ist der von den Alten selbst bemerklich gemachte Unterschied, dass die Todten bei den Orientalen begraben,[1] bei den Griechen[2] und Römern[3] aber verbrannt werden, nur von bedingter Richtigkeit.[4] Allerdings liegt bei jeder der beiden Verfahrungsweisen eine verschiedene Ansicht zu Grunde. Das Begräbniss bettet den Menschen in seinem Todesschlafe zur sanften Ruhe[5] und legt ihn in den Schooss der mütterlichen Erde, deren Kind er ist;[6] in der Verbrennung wird der Todte als ein Opfer den Göttern dargebracht[7] und sein Geist erhebt sich zum Himmel, dem er angehört.[8] Das Verbrennen beruht sonach auf einer anderen Auffassung der Bedeutung des Todes, abgesehen von dem praktischen Vortheile, welchen es für die Gesundheitsrücksichten und die bequemere Anlage zahlreicher Grabstätten auf dem kostbaren Boden grosser Städte darbietet, und es ist daher eine ursprünglich nationale Differenz in diesen Gebräuchen möglicher Weise anzunehmen;[9] aber historisch nachweisbar ist sie nicht. ⟨Die ältesten bei Corneto, Vulci, Chiusi und anderen Städten Etruriens entdeckten Gräber,[10] und die ähnlichen um den Albaner See beobachteten Grabstätten[11] beweisen, dass die Etrusker wie die Latiner in der ersten Zeit nach ihrer Ankunft

---

1) Lucian. *de luctu* 21. 2) Lucian. a. a. O.

3) *Ut Romanus mos*, sagt Tacit. *ann.* 16, 6.

4) S. Jacob Grimm Ueber das Verbrennen der Leichen in den Abhandl. der Berliner Academie 1849 S. 191—274. ⟨Soweit die bisherigen Beobachtungen ein Urtheil gestatten, haben die Griechen vor der dorischen Wanderung ihre Todten stets beigesetzt, wobei sie bisweilen ein eigenthümliches Mumificirungsverfahren vornahmen (Helbig Das homerische Epos aus den Denkmälern erläutert S. 39—43). Dagegen herrschte in der homerischen Epoche ausschliesslich die Verbrennung. In der späteren Zeit waren in Athen beide Arten der Bestattung nebeneinander im Gebrauch; so schon in der alten, beim Dipylon entdeckten Nekropole, *Ann. d. Inst.* 1872 p. 135. p. 147 n. 47. 48. p. 167.⟩ Vgl. Ross Archaeol. Aufsätze. 1855 S. 23. Dodwell *A classical and topographical tour through Greece.* 1819. 4. I p. 447. Plato *Phaed.* p. 115e: ὁρῶν μου τὸ σῶμα ἢ καόμενον ἢ κατορυττόμενον. Strabo 10 p. 486: οὐ γὰρ ἔξεστιν ἐν αὐτῇ τῇ Δήλῳ θάπτειν οὐδὲ καίειν νεκρόν.

5) Daher die Grabschriften *sit tibi terra levis*, *molliter ossa cubent* und der Ausdruck κοιμητήριον. 6) Cic. *de leg.* 2, 22, 56.

7) J. Grimm a. a. O. S. 194.

8) *C. I. Gr.* n. 1001:

Γαῖα μὲν εἰς φάος ἦρε Σίβυρτιν, γαῖα δὲ κεύθει
Σῶμα· πνοὴν δ' αἰθὴρ ἔλαβεν πάλιν, ὥσπερ ἔδωκεν.

9) Grimm führt aus, dass ackerbauenden Völkern das Begraben, ursprünglich nomadischen das Verbrennen eigenthümlich gewesen sei.

10) Die sogen. *tombe a pozzo.* S. Helbig *Ann. d. Inst.* 1884 p. 111 ff.

11) Die wichtigste Litteratur bei Helbig Die Italiker in der Poebene S. 82 A. 4.

am Gestade des Mittelmeers ihre Todten verbrannten. Später gingen beide Völker zur Bestattung über, und zwar geschah dies in einer Epoche, in welcher sie, wie der Inhalt der hierher gehörigen Gräber beweist, sowohl mit den Phöniciern wie mit den Griechen Handelsbeziehungen hatten. Die Periode der Bestattung wird in Etrurien bezeichnet durch die sogenannten *tombe a fossa*, [1]) in Rom durch eine unterhalb des servianischen Agger entdeckte Gruppe von Gräbern, [2]) durch die während der Jahre 1883 und 1884 auf dem Esquilin gefundenen Kastengräber [3]) und durch die auf S. 341 erwähnten Grabkammern. Seit dem Ende des sechsten Jahrhunderts v. Chr. begegnen wir im südlichen Etrurien Bestattung und Verbrennung neben einander. [4]) Dass die beiden Gebräuche während des fünften Jahrhunderts v. Chr. in Rom gleichzeitig zur Anwendung kamen, ergiebt sich aus einem Gesetz der XII Tafeln, wo das *sepelire* und *urere* neben einander vorkommt. [5]) Wenn nach römischem Pontificalrecht das *glebam in os iniicere* als die wesentlichste Ceremonie bei jedem Begräbniss galt, [6]) wenn ein *piaculum* beging, wer es unterliess, auf einen unbestatteten Leichnam eine Hand voll Erde zu werfen, [7]) so beruht dies offenbar auf Anschauungen, welche aus der Zeit des Begrabens stammen. Der Gebrauch, der zu verbrennenden Leiche ein Glied abzuschneiden und dasselbe besonders zu begraben, weil dadurch erst die Familie ihrer Pflichten entledigt werden konnte, [8]) muss aufge-

1) Helbig *Ann. d. Inst.* 1884 p. 113 ff.

2) In der *Vigna Spithover.* M. St. de Rossi *Bull. comun.* 1885 p. 47.

3) *Arche a capanna*, auf Piazza Vittorio Emanuele und Umgegend; leider noch nicht beschrieben. Vgl. M. St. de Rossi *Bull. comun.* 1885 p. 39.

4) Z. B. *Bull. d. Inst.* 1884 p. 123—126.

5) Cic. *de leg.* 2, 23, 58.

6) Cic. *de leg.* 2, 22, 57.

7) S. die Beweise Staatsverwaltung III S. 296.

8) Varro *de l. L.* 5, 23: *Et quod terra sit humus, ideo is humatus mortuus, qui terra sit obrutus. Ab eo, quom Romanus combustus est, si in sepulcrum eius abiecta gleba non est, aut si os exceptum est mortui ad familiam purgandam, donec in purgando humo est opertus (ut Pontifices dicunt, quoad inhumatus sit), familia funesta manet.* Festi *ep.* p. 148, 11: *Membrum abscidi mortuo dicebatur, cum digitus eius decidebatur, ad quod servatum iusta fierent reliquo corpore combusto.* Plut. *q. R.* 79: διὰ τί τοῦ θριαμβεύσαντος, εἶτα ἀποθανόντος καὶ καέντος, ἐξῆν ὀστέον λαβόντας εἰς τὴν πόλιν εἰσφέρειν καὶ κατατίθεσθαι, ὡς Πύρρων ὁ Λιπαραῖος ἱστόρηκεν; Cic. *de leg.* 2, 24, 60: *Cetera item funebria, quibus luctus augetur Duodecim sustulerunt. Homini, inquit, mortuo ne ossa legito, quo post funus faciat. Excipit bellicam peregrinamque mortem.* Der Sinn der letzten, vielbesprochenen Stelle (Moser *ad Cic. de leg.* p. 679. Dirksen Zwölftafelfragm. S. 672) ist: wenn jemand im Kriege oder in der Fremde stirbt, so kann man ein Glied seines Körpers aufbewahren und

kommen sein, als die Periode des Begrabens zu Ende ging, und das Verbrennen wieder aufzukommen anfing.⟩[1]) Kinder, ehe sie Zähne haben, werden immer begraben,[2]) desgleichen arme Leute;[3]) und in vielen Familien erhielt sich die Sitte des Begräbnisses bis in späte Zeit, wie z. B. in der *gens Cornelia* Sulla der erste war, welcher verbrannt, nicht begraben wurde.[4]) Wie in Rom und Latium, so ist in ganz Italien die zwiefache Art der Bestattung nachweisbar. Bei den Oskern wurden die Todten in alter Zeit begraben.[5]) Von den Etruskern war schon die Rede. In denselben Gräbern finden sich hier Aschenurnen und Skelette auf Betten oder in Sarkophagen.[6]) Das Begraben ist vorherrschend in Tarquinii (Corneto)[7]) und Orvieto,[8]) das Verbrennen in Chiusi, Volterra[9]) und Perugia,[10]) in der Nekropolis der Certosa bei Bologna fanden sich 287 Gräber für begrabene, 130 für verbrannte Leichen[11]) und in der von Marza-

daheim begraben; dies geschah z. B. mit dem Kopf des Varus (Vellei. 2, 119, 6); wenn er aber in der Heimath bestattet wird, soll man nicht nach dem Verbrennen des Leichnams noch eine eigene Feier für das Begraben des *os resectum* ansetzen, sondern dasselbe gleich nach der Verbrennung begraben. Dies war nämlich nach dem *ius pontificium* nöthig, weil erst durch die Bestattung desselben bei den *feriae denicales* die Familie aufhörte *funesta* zu sein. Cic. *de leg.* 2, 22, 55: *Neque necesse est, edisseri a nobis, qui finis funestae familiae, quod genus sacrificii Lare verbecibus fiat, quemadmodum os resectum terra obtegatur.* Der von mir entwickelten Ansicht ist auch Lübbert *Commentationes pontificales.* Berol. 1859. 8. p. 71 ff. Wenn Plutarch's Nachricht, dass es bei dem Begräbniss eines Triumphators frei stand, ein *os resectum* in der Stadt zu begraben, gegründet ist, so ist diese vielleicht dadurch zu erklären, dass bei einem *funus triumphale* die ganze Bürgerschaft als Theilnehmerin der Trauer, wie sonst die *familia*, als *funesta* betrachtet wurde. ⟨Es hängt dies vielmehr zusammen mit dem verdienten Magistraten bisweilen bewilligten Begräbniss in der Stadt. Mommsen Staatsrecht I² S. 426 A. 1.⟩

1) Ueber obiges s. Helbig *Ann. d. Inst.* 1884 p. 125 ff.

2) Plin. *n. h.* 7, 22. Juvenal. 15, 140.

3) S. oben S. 332 Anm. 7. Vgl. J. Grimm a. a. O. S. 196.

4) Plin. *n. h.* 7, 187. Cic. *de leg.* 2, 22, 56. Die Sarkophage des Scipionengrabes sind noch vorhanden. In Praeneste dauerte die Sitte des Begrabens bis zur Kaiserzeit fort. Mommsen *C. I. L.* I p. 28 n. 74—165; in der *lex Tudertina* ib. p. 263, welche nach Mommsen schon der Kaiserzeit angehört, werden beide Arten der Beerdigung neben einander gestellt: *locus, ubi quis adversus ea humatus sepultusve erit, purus et religione solutus esto.*

5) Von Duhn *Bull. d. Inst.* 1878 p. 160.

6) z. B. in Cervetri *Bull. dell' Inst.* 1836 p. 59; in Corneto Raoul-Rochette a. a. O. p. 618—620; in Veii Dennis S. 38; in Volterra *Bull. dell' Inst.* 1860 p. 191.

7) Dennis S. 240.

8) *Annali dell' Instituto* 1877 p. 95 ff.

9) Dennis S. 588. Bertrand *Sépultures à incinération de Poggio Renzo près Chiusi* in *Revue archéol.* Nouvelle série. XV. année. Vol. XXVII (1874) p. 209 ff.

10) Dennis S. 668.

11) Ant. Zannoni *Gli scavi della Certosa di Bologna.* Bologna 1876 ff. fol. p. 19.

botto bei Bologna liegen ebenfalls Grabstätten beider Art bei einander. [1]) Und dies gilt für die meisten Völker des Alterthums, die Inder, [2]) die Griechen, [3]) die Einwohner von Grossgriechenland, Sicilien und Africa. [4]) In Rom sind indessen Sarkophage im ersten Jahrhundert noch selten, sie werden häufiger seit den Antoninen und kommen in regelmässigen Gebrauch im 3. und 4. Jahrhundert, [5]) in welcher Zeit das Christenthum der Verbrennung allmählich ein Ende machte. Macrobius sagt, zu seiner Zeit seien Leichen nicht mehr verbrannt worden, [6]) allein so schnell verschwand die heidnische Sitte des Verbrennens nicht. Noch Carl der Grosse fand es vor und verbot es. [7]) Der Umstand, dass der älteste Ritus der Bestattung, welchen das Pontificalrecht vorschrieb, sich auf das Begraben allein bezog, nach Einführung der Verbrennung aber der neuen Sitte angepasst werden musste, hat in den Nachrichten der Alten wie in den Ansichten der Neueren eine Verwirrung veranlasst, welche sich namentlich in der Definition des *novemdial*, der *feriae denicales* und des *silicernium* kund giebt, [8]) und es wird deshalb geboten sein, das Verfahren bei dem Begraben und bei dem Verbrennen gesondert zu behandeln.

---

1) G. Gozzadini *Di un' antica necropoli a Marzabotto nel Bolognese.* Bologna 1865. fol. p. 5. Derselbe *Di ulteriori scoperte nell' antica necropoli a Marzabotto.* Bologna 1870. fol. p. 3. 5. 20.

2) H. Zimmer Altindisches Leben. Berlin 1879. 8. S. 401 ff.

3) Oben S. 374 A. 4.

4) Millin *Monum. ant.* Paris 1802. 4. Vol. I p. 106. Dennis S. 27. Ueber Syracus s. *Annali dell' Inst.* 1877 p. 37 ff. Interessant ist als Berichtigung der bekannten Lessing'schen Abhandlung, dass die Darstellung des Todes als Skelett und selbst ein Todtentanz aus dem Alterthum nachgewiesen ist. S. v. Olfers Ueber ein merkwürdiges Grab bei Kumae, Abh. der Berliner Academie. Hist.-phil. Cl. 1830 p. 1—47. Raoul-Rochette a. a. O. p. 719—724. A. de Jorio *Scheletri Cumani.* Napoli 1810. 8. tav. 1.

5) S. Cavedoni *Marmi Modenesi* p. 92 ff. Bruzza *Iscrizioni antiche Vercellesi* p. XLVIII ff. Ueber die grosse Zahl noch erhaltener Sarkophage s. die Nachweisungen bei Raoul-Rochette a. a. O. p. 694—708. Millin *Mon. ant. inéd.* Vol. I p. 105—124. Urlichs Ueber die Gräber der Alten im Neuen Schweizerischen Museum I (1861) S. 149—175. Gori *Mon. Liv. Aug.* p. 6—34. Inschriftliche Erwähnung des Sarkophags *C. I. L.* VI, 18378, aus dem Jahr 165 n. Chr. Unverbrannte Leichen und Aschenurnen neben einander in späterer Zeit: *Bull. d. Inst.* 1881 p. 12 ff. *Not. d. scavi* 1878 p. 154; 1880 p. 143. 296. 363; 1881 p. 180 ff.; 1883 p. 56. 83.

6) Macrob. *sat.* 7, 7, 5: *licet urendi corpora defunctorum usus nostro seculo nullus sit.*

7) S. hierüber Wylie *The burning and burial of the dead* in *Archaeologia* XXXVII (1857) p. 455—478, besonders p. 463.

8) Diese Verwirrung gelöst zu haben ist ein Verdienst von Lübbert *Commentationes pontificales* p. 70 ff., welcher indessen das von Lipsius zu Tac. *ann.* 6, 5 beigebrachte Material unbenutzt gelassen hat.

Verfahren bei dem Begraben. Bei dem Begräbniss wurde der Todte, wenn der Zug an dem Grabe angelangt war, im vollen Schmucke[1]) auf dem *lectus*,[2]) auf welchem er ausgestellt worden war,[3]) in das Grab getragen[4]) oder auch von dem *lectus* genommen und in einen Sarkophag[5]) gelegt und es folgte nun ein religiöser Act, der den doppelten Zweck hatte, das Grab zu einem *locus religiosus*[6]) zu machen und die leidtragende Familie, sowie das Sterbehaus, welche durch die Berührung der Todten verunreinigt sind,[7]) zu lustriren. Das Grab wird geheiligt durch das Opfer eines Schweines,[8]) die Familie und das Haus lustrirt durch ein Opfer an die Laren[9]) und der Tag, an welchem dies geschieht, sind die *feriae denicales*.[10]) Es ist dies aber der Begräbnisstag selbst, an welchem gleich nach dem Begräbnisse ein Leichenmahl (*silicernium*), welches zu den Mitteln der Lustration gehört, am Grabe stattfand.[11]) Hierauf folgt eine neuntägige Trauerzeit, wie sie der Staat auch in Zeiten des Unglücks, namentlich in Folge von Prodigien anordnete,[12]) das *novemdial*. Wenn Servius sagt, diese Zeit habe davon ihren Namen, dass der Todte sieben Tage lang ausgestellt, am achten verbrannt und am neunten beigesetzt

feriae denicales.

silicernium.

novemdial.

---

1) In etruskischen Gräbern kommen Skelette in voller Rüstung und in reichem Goldschmuck vor. So in Cervetri, Dennis S. 391; ebenso in Vulci, Dennis S. 282. Dies wird im alten Rom wahrscheinlich auch üblich gewesen sein.

2) Ein *lectus* aus Bronze, in Cervetri gefunden, *Mus. Gregor.* I tav. XVI, 8.

3) Daher stehen auch die Salbengefässe (λήκυθοι), welche zum Salben des Leichnams gedient hatten, im Grabe neben dem *lectus*. O. Jahn Vasensammlung König Ludwig's S. LXXXVI.

4) In den Gräbern von Caere lagen die Leichname gewöhnlich auf der Felsenbank selbst, selten in Sarkophagen. Dennis S. 383.

5) Statt der bekannten steinernen Sarkophage kommen auch Holzsärge vor: *Bull. d. Inst.* 1880 p. 15. *Not. d. scavi* 1883 p. 128. Jahrb. d. Vereins im Rheinl. 69 S. 18. Westd. Zeitschr. 1883 S. 29. Bleisärge: *Not. d. scavi* 1878 p. 69; 1881 p. 133; 1882 p. 49; 1883 p. 102; Leichen in zwei in eineinder geschobenen halben Amphoren: *Not. d. scavi* 1881 p. 30. *Recueil de Constantine* 1882 p. 410 f.

6) Staatsverwaltung III S. 143 f.

7) Varro *de l. L.* 5, 23. Cic. *de leg.* 2, 22, 57 und die S. 348 Anm. 9 angeführten Stellen.

8) Cic. *de leg.* 2, 22, 57: *Nam siti dicuntur ii, qui conditi sunt. Nec tamen eorum ante sepulcrum est, quam iusta facta et porcus caesus sit.*

9) Cic. *de leg.* 2, 22, 55: *Neque necesse est edisseri a nobis, quae finis funestae familiae, quod genus sacrificii Lari [verbecibus] fiat.*

10) Festi *ep.* p. 70, 9: *Denicales feriae colebantur, cum hominis mortui causa familia purgabatur.* Die *feriae denicales* gehören zu den *feriae privatae*. Festus p. 242ᵇ, 29. Cic. *de leg.* 2, 22, 55. Gellius 16, 4, 4. Colum. 2, 21 (22), 4.

11) Varro bei Nonius p. 48, 8: *Funus exequiati laute ad sepulcrum antiquo more silicernium conferimus [id est περίδειπνον] a quo pransi discedentes dicimus alius alii »vale«.* Festi *ep.* p. 295, 2: *silicernium genus farciminis, quo fletu familia purgabatur.*

12) Staatsverw. III S. 250 Anm. 11.

worden sei,[1]) also das *novemdial* vom Todestage bis zum Begräbnisstage rechnet, so ist dies nichts als seine eigene auf einer Stelle des Horaz beruhende Combination, welche in dreierlei Beziehung sowohl mit sicheren Thatsachen als mit allen übrigen Nachrichten in Widerspruch steht. Die siebentägige Ausstellung war keine allgemeine, sondern eine ausnahmsweise bei sehr vornehmen Familien übliche Sitte,[2]) die Ansetzung des Begräbnisses auf den neunten Tag aber in dem Falle unmöglich, dass dieser Tag ein öffentlicher Feiertag war, an welchem Begräbnisse nicht gestattet wurden;[3]) die Behauptung endlich, dass die Verbrennung am achten, die Beisetzung am neunten Tage erfolgte, passt einmal nicht auf die ältere Zeit, in welcher eine Verbrennung überhaupt nicht statt fand, und ist zweitens auch insofern falsch, als, wie wir weiter unten sehen werden, das Trocknen der Asche mehrere Tage erforderte. Dagegen ist genügend bezeugt, dass das *novemdial* von dem Begräbniss an gerechnet wurde.[4]) Dies ist die Zeit der Trauer,[5]) nach deren Beendigung man an die Regulirung der Erbschaft geht,[6]) sie

---

1) Serv. *ad Aen.* 5, 64: *apud maiores ubiubi quis fuisset extinctus, ad domum suam referebatur — — et illic septem erat diebus; octavo incendebatur, nono sepeliebatur. Unde Horatius (epod.* 17, 48): *Novemdiales dissipare pulveres.*

2) S. oben S. 347 Anm. 9.

3) Columella 2, 21 (22), 4: *Feriis publicis hominem mortuum sepelire non licet.* Cic. *de leg.* 2, 22, 55: *Eas (ferias denicales) in eos dies conferre ius, ut ipsius neque publicae feriae sint.*

4) Porphyr. *ad Horat. epod.* 17, 48: *novemdiale dicitur sacrificium, quod mortuo fit nona die qua* (lies *quam*) *sepultus est.* Donatus *ad Terent. Phorm.* 1, 1, 5: *in nuptiis etiam septimus dies instaurationem voti habet* (es wurden, wie aus Terenz hervorgeht, an diesem Tage den Verehelichten nochmals Geschenke dargebracht), *ut in funere nonus dies, quo parentalia concluduntur.* Apuleius *metam.* 9, 30. 31 erzählt von einem Todesfall: *exanimem — — ultimo lavacro procurant peractisque feralibus officiis prosequente comitatu tradunt sepulturae. Die sequenti filia eius accurrit — — iamque nono die rite completis apud tumulum solemnibus familiam suppellectilemque — ad hereditariam deducit auctionem.*

5) Augustinus *in Genesin* I, Vol. III p. 315 ed. Bened.: *Nescio, utrum inveniatur alicui Sanctorum in scripturis celebratum esse luctum novem dies, quod apud Latinos novemdial appellant.* Von Hadrian sagt Dio Cass. 69, 10, 3: ὅθεν οὐ θαυμαστὸν εἰ καὶ τὴν Πλωτίναν ἀποθανοῦσαν — — ἐτίμησεν, ὡς καὶ ἐπὶ ἡμέρας ἐννέα μελανειμονῆσαι.

6) S. Apuleius a. a. O. Ganz dasselbe verordnet nach meiner Ansicht Justinian *Nov.* 115 c. 5 § 1: ἔγνωμέν τινας τελευτήσαντός τινος τὸν πατέρα ἐκ τῆς ταφῆς τοῦ οἰκείου παιδὸς ἀναλύοντα ὀνόματι χρέους κρατῆσαι. — — Θεσπίζομεν τοίνυν, μηδενὶ παντελῶς ἐξεῖναι τοὺς κληρονόμους τοῦ τελευτῶντος — — πρὸ τῆς τῶν ἐννέα ἡμερῶν προθεσμίας, ἐν αἷς πενθεῖν δοκοῦσιν, αἰτιᾶσθαι ἢ καθ' οἷον δήποτε τρόπον παρενοχλεῖν. — — Μετὰ δὲ τὴν τῶν ἐννέα ἡμερῶν παραδρομὴν εἴ τις κατὰ τῶν τοιούτων προσώπων τινὰς ἔχειν νομίσειεν ἀγωγάς, ταύτας κατὰ τοὺς νόμους ἐγγυμναζέτω.

sacrificium novemdiale. *cena novemdialis.* schliesst am neunten Tage mit einem *sacrificium novemdiale*, das den Manen des Todten dargebracht wird, 1) und einer *cena novemdialis*, 2) bei welcher besondere auf das Todtenopfer bezügliche Speisen, 3) namentlich Eier, 4) Linsen und Salz 5) üblich waren, aber die Trauer bereits abgelegt wurde. 6) Fanden zu Ehren des Todten Spiele statt, wie dies bei dem Tode des Aemilius Paulus 7) und sonst öfters vorkam, 8) so wurden auch diese wenigstens ursprünglich am neunten Tage nach dem Be- *ludi novemdiales.* gräbnisse gefeiert 9) und heissen daher *ludi novemdiales.* 10)

Verfahren bei dem Verbrennen. Für das Verbrennen blieben die Vorschriften des pontificalen Rechtes natürlich, soweit es möglich war, ebenfalls in Gültigkeit, allein sie erlitten doch diejenigen Modificationen, welche durch das dabei stattfindende sachliche Verfahren bedingt wurden. Dies Verfahren war ein doppeltes. Sollte für einen einzelnen Leichnam ein neues einfaches Grab errichtet werden, so grub man eine Grube von etwa 1 Meter Tiefe, schichtete in derselben, oder, wenn ihr Umfang dazu nicht ausreichte, über derselben den Holzstoss auf, dessen verbrannte Kohlen schliesslich mit den Resten des Todten in die Grube fielen, sonderte dann die Gebeine des Todten aus, legte sie in eine Urne und setzte diese mitten in die Asche, worauf man die Grube mit Erde zuwarf und darüber einen *tumulus* erhob. Ein solches *bustum.* Grab, in welchem der Todte verbrannt ist, heisst *bustum* 11) und

1) Porphyrio a. a. O. 2) Tacit. *ann.* 6, 5. 3) Dio Cass. 67, 9, 3.

4) Juvenal 5, 85. Eier finden sich öfters in Gräbern. Raoul-Rochette a. a. O. p. 679.

5) Plut. *Crass.* 19. Genaueres über diese Speisen s. bei Kirchmann lib. IV c. 7.

6) Bei einem Leichenmahle dieser Art, das der Praetor Arrius (s. über ihn Borghesi *Oeuvres* I p. 70. 71) gab, erschien Vatinius in Trauerkleidern. Darüber sagt Cic. *in Vat.* 12, 30: *Atque etiam illud scire ex te cupio, quo consilio aut qua mente feceris, ut in epulo Q. Arrii, familiaris mei cum toga pulla accumberes? quem unquam videris, quem audieris, quo exemplo, quo more feceris? — Cedo, quis unquam cenarit atratus? ita enim illud epulum est funebre, ut munus sit funeris, epulae quidem ipsae dignitatis.* 7) Polyb. 32, 14, 5.

8) Liv. *epit.* 16; lib. 23, 30, 15; 31, 50, 4; 39, 46, 2. Serv. *ad Aen.* 3, 67; Nicolaus Damasc. in Müller *Fr. hist. Graec.* III p. 417 und mehr bei Friedlaender in Staatsverwaltung III S. 473. 508. 533.

9) Bei Vergil. *Aen.* 5, 64 finden die Leichenspiele für den Anchises zwar ein Jahr nach dem Tode desselben, aber neun Tage nach dem Begräbnisstage statt und bei Statius *Theb.* 6, 238 wird Archemorus auf dem Rogus verbrannt und die Leichenspiele beginnen erst am neunten Tage nachher (*Roscida iam novies coelo dimiserat astra Lucifer*).

10) Servius *ad Aen.* 5, 64: *Unde etiam ludi, qui in honorem mortuorum celebrabantur, novemdiales dicuntur.*

11) Festi *ep.* p. 32: *Bustum proprie dicitur locus, in quo mortuus est com-*

erhält, wenn die durch das *ius pontificium* angeordneten, unten zu besprechenden Bedingungen erfüllt werden, auch die Heiligkeit des *sepulcrum*. Gräber dieser Art sind, wenn auch vielleicht nicht in Rom, so doch in Italien nachweisbar.[1] War dagegen ein Familiengrab bereits vorhanden, wie es bei den feierlichen Bestattungen, welche wir hier im Auge haben, als Regel anzunehmen ist, so wurde die Verbrennung nicht im Grabmonument, sondern auf einem in der Nähe liegenden, besonders dazu bestimmten Platze vollzogen, welcher den Namen *ustrina*[2] hat und nicht zu den *loca religiosa* gerechnet wird. *ustrina.* Hier richtete man den Rogus auf, zuweilen als ein künstliches Gebäude von behauenem Holze[3] in Form einer Ara,[4] mit Malerei geschmückt[5] und von Cypressen umgeben.[6] Auf den Rogus wird der *lectus* mit dem Todten gesetzt;[7] was der Verstorbene im Leben gebraucht oder lieb gehabt hat, Kleider,[8] Ausstattung des *rogus.* Schmuck, Geschirre,[9] Waffen und Jagdgeräthschaften,[10] Pferde, Hunde und Vögel,[11] wird ihm mitgegeben; auch das Gefolge

---

bustus et sepultus; — — ubi vero combustus quis tantummodo, alibi vero est sepultus, is locus ab urendo ustrina vocatur, sed modo busta sepulcra appellamus. Servius *ad Aen.* 11, 201: *Bustum dicitur id, quo mortuus combustus est ossaque eius ibi iuxta sunt sepulta.*

1) Solche Gräber finden sich in Vercellae in Gallia Transpadana. Sie sind auf dem Boden ganz mit Kohlen bedeckt, in welchen zuweilen die Urne steht, zuweilen aber auch nicht. Im letzteren Falle hat ein *ossilegium* nicht stattgefunden und liegen die Reste des Todten in den Kohlen. Bruzza *Iscrizioni antiche Vercellesi.* Roma 1874. 8. hat *Introduzione* p. LI sowohl diese Gräber als das Verfahren bei deren Anlage ausführlich beschrieben und von dem *bustum* zuerst eine Vorstellung gegeben. Vgl. *Not. d. scavi* 1879 p. 182; 1880 p. 201; 1881 p. 130.

2) S. oben S. 369.

3) Die XII Tafeln verboten dies: *rogum ascia ne polito.* Cic. *de leg.* 2, 23, 59.

4) Serv. *ad Aen.* 6, 177.

5) Plin. *n. h.* 35, 49.

6) Ovid. *trist.* 3, 13, 21: *Funeris ara mihi ferali cincta cupresso.* Verg. *Aen.* 6, 216. Varro bei Servius zu dieser Stelle. Silius Italicus *Pun.* 10, 535.

7) Tibull. 1, 1, 61. Appian. *b. c.* 1, 48.

8) Lucan. 9, 175 ff. Lucian. *Nigrin.* 30.

9) Von den Gegenständen, welche in den Gräbern vorgefunden worden, hat zwar ein Theil zur Ausstattung des Grabes gedient, ein Theil ist aber mit dem Todten verbrannt worden„ so namentlich die Gefässe aus dem Hausgebrauche des Todten. Raoul-Rochette a. a. O. p. 589. 590.

10) In einem Testamente (Wilmanns n. 315) heisst es: *Volo autem omne instrumentum meum, quod ad venandum et aucupandum paravi, mecum cremari cum lanceis gladeis cultris retibus plagis laqueis — — et omni medicamento et instrumento illius studi — — ita ut inde nihil subtrahatur, et vestis polymitae et plumatae quidquid reliquero et stellas omnes ex cornibus alcinis.*

11) Plin. *ep.* 4, 2, 4: *habebat puer mannulos multos et iunctos et solutos, habebat canes — luscinias, psittacos, merulas: omnes Regulus circa rogum trucidavit.*

wirft auf den Rogus als letztes Geschenk[1]) Kleider oder Teppiche,[2]) Räucherwerk,[3]) Kuchen[4]) und andere Gaben, worauf dann die nächsten Verwandten[5]) und Freunde[6]) oder die begleitenden Behörden[7]) mit abgewendetem Gesichte[8]) den Holzstoss anzünden. War das Feuer ausgebrannt, so löschte man

Löschen des *rogus.*

die glimmenden Kohlen mit Wasser oder auch mit Wein,[9]) worauf das Leichengefolge, nachdem es dem Todten noch einmal das letzte Lebewohl zugerufen,[10]) nach Hause zurückkehrte. Nur die nächsten Verwandten blieben noch zurück,[11]) sammel-

ossilegium. Begraben des *os resectum.* *feriae denicales.*

ten die Gebeine in einem Tuche,[12]) begruben das *os resectum,*[13]) und vollzogen die Reinigungsopfer, welche für die *feriae denicales* vorgeschrieben waren, wodurch dann die Pflicht gegen den Todten erfüllt,[14]) das Grab geweiht[15]) und die Familie von der Berührung mit dem Todten gereinigt war.[16]) Zugleich wurde

---

1) Suet. *Caes.* 84. Valer. Flaccus *Argon.* 3, 313. Statius *silv.* 3, 3, 37. Tibull. 2, 4, 44. Silius Ital. *Pun.* 10, 562.

2) Verg. *Aen.* 6, 221. Plutarch. *Cat. min.* 11. Suet. *Caes.* 84. Tacit. *ann.* 3, 2. Silius Ital. 10, 571.

3) Plin. *n. h.* 12, 83. Lucan. 8, 729. Statius *silv.* 2, 1, 157—165 und sonst oft.

4) *C. I. L.* III, 2919: *C. Arrenus C. f. Maximus aed(ilis), honorat(us) ab ordine Jadestin(o) loco, lib(is) in funus, statua pedestri.* Catull. 59: *saepe quam in sepulcretis vidistis ipso rapere de rogo cenam, cum devolutum ex igne prosequens panem ab semiraso tunderetur ustore.*

5) Dio Cass. 76, 15.

6) Appian. *b. c.* 1, 48.

7) z. B. bei dem Begräbniss des Pertinax die Consuln. Dio Cass. 74, 5, 5.

8) Verg. *Aen.* 6, 224.

9) Verg. *Aen.* 6, 226. Statius *silv.* 2, 6, 90.

10) Die Formel des Zurufs ist *salve, vale, ave.* Verg. *Aen.* 2, 644 mit Servius' Bemerkungen. Serv. *ad Aen.* 1, 219; 3, 68; 11, 97. Orelli 4731 ff. Die ausserdem üblichen Formeln, wie *sit tibi terra levis,* welches in verschiedenen Modificationen in Dichterstellen und Grabinschriften vorkommt, siehe bei Kirchmann l. 3 c. 9. Orelli 4731—4760 und vollständiger Wilmanns II p. 692. 693. Servius *ad Verg. Aen.* 6, 218 lässt die *ultima conclamatio* bei dem Anzünden des Rogus stattfinden, so dass diese demnach von der *valedictio* verschieden ist.

11) Propert. 5, 1, 127. Seneca *de ira* 2, 33, 6. *Cons. ad Helv.* 2, 5. Tibull. 1, 3, 5.

12) Dies heisst *ossa legere* und wird ausführlich beschrieben von Tibull. 3, 2, 9—26.

13) S. oben S. 375.

14) Dies ist das *iusta facere defuncto.*

15) Auch das *bustum* wird hierdurch erst ein *sepulcrum.* Festi *ep.* p. 32. Cicero *de leg.* 2, 22, 57: *Nec tamen eorum ante sepulcrum est quam iusta facta et porcus caesus est. — Nam prius quam in os iniecta gleba est, locus ille, ubi crematum est corpus, nihil habet religionis: iniecta gleba tumulus, ubi humatus est, ex gleba vocatur ac tum denique multa religiosa iura complectitur.*

16) Varro *de l. L.* 5, 23. S. oben S. 378 Anm. 7.

das Leichenmahl am Grabe gefeiert,[1]) nach dessen Beendigung jeder wieder an sein Geschäft ging.[2])

Erst nach einigen Tagen,[3]) nachdem die Asche an der Luft getrocknet war, bargen die nächsten Verwandten dieselbe in einer Urne von Thon,[4]) Glas,[5]) Marmor,[6]) Alabaster[7]) oder an- Beisetzung der Asche.

1) Apuleius *Florida* 4, 19 erzählt, dass der Arzt Asclepiades einmal einen Mann zu Grabe tragen sah, der noch Spuren des Lebens zeigte: *Iam miseri illius membra omnia aromatis perspersa — iam eum pollinctum, iam cenae paratum contemplatus — — confestim exclamavit vivere hominem: procul igitur faces abigerent, procul ignes amolirentur; rogum demolirentur, cenam feralem a tumulo ad mensam referrent.*

2) Seneca *ep.* 99, 6: *Innumerabilia sunt exempla eorum, qui liberos iuvenes sine lacrimis extulerint, qui in senatum aut in aliquod publicum officium a rogo redierint et statim aliud egerint.*

3) Vom Begräbnisse des Augustus sagt Dio Cassius 56, 42: πραχθέντων δὲ τούτων (nach der Verbrennung) οἱ μὲν ἄλλοι ἀπηλλάγησαν, ἡ δὲ Λιουΐα κατὰ χώραν πέντε ἡμέρας μετὰ τῶν πρώτων ἱππέων μείνασα τά τε ὀστᾶ αὐτοῦ συνελέξατο καὶ ἐς τὸ μνημεῖον κατέθετο. Vgl. Sueton. *Oct.* 100: *Reliquias legerunt primores equestris ordinis — ac Mausoleo condiderunt.* Eine Sclavin, deren bleierne Graburne in Puteoli gefunden ist, wurde nach der Inschrift derselben (*C. I. L.* I p. 210^a^ = X, 1935) zwei Tage nach ihrem Tode beigesetzt: *obieit VI eidus Octobres — — ossua conlecta IV idus Oct.* Vielleicht ist aber nur der Tag der Verbrennung gemeint. Der *dies, quo ossa lecta sunt*, wird noch mehrfach erwähnt: *C. I. L.* I, 822 ff.; VI, 10293: *IIII Idus Mai ossa inlata.*

4) Propert. 3, 13^b^, 32; Thonurnen sind in den ältesten Gräbern das gewöhnliche; so die Hüttenurnen (oben S. 216). Aus Thon sind die *ollae* der Columbarien. Eine *amphora vinaria* als Aschengefäss *C. I. L.* X, 2039^a^. Vgl. auch Overbeck Pompeji [4] S. 412. 414. *Not. d. scavi* 1878 p. 360. Jahrb. d. V. v. A. im Rheinl. 66 (1879) S. 96. Bemalte Vasen in Etrurien; s. oben S. 368 A. 7.

5) Oefters vorkommend, z. B. in England, *Archaeologia Cambrensis* III. 1848 p. 187; *Rev. archéol.* N. S. 39 (1880) p. 61; in Deutschland, Jahrb. d. Vereins von Alt. im Rheinlande. 33. 34 (1863) S. 237 ff.; 69 (1880) p. 19. 80; in Frankreich, *Rev. archéol.* N. S. 37 (1879) p. 308; in Pompeii im Grabe der Naevoleia Tyche drei Glasgefässe mit Knochen. Overbeck Pompeji [4] S. 414. *Not. d. scavi* 1879 p. 55. 329; 1881 p. 41.

6) (Abbildungen marmorner Aschengefässe (*urnae, cineraria*) bei Montfaucon *Ant. expl.* V, 1 pl. 20 ff. Boissard *Antiquitat. roman. Monumenta Matthaeiana* III, 52 ff. Bouillon *Musée des antiques* III. Sie sind theils rund, und zwar entweder gefäss- oder cylinderförmig, theils viereckig, dann häufig als Tempel, als Hütte, oder als Altar gestaltet, oft sehr reich sculpirt, häufig mit Inschriften. Von den Urnen sind zu unterscheiden die *arae* (oft uneigentlich *cippi* genannt), selbständige, mit Inschrift versehene Monumente in Altarform, 1—$1^1/_2$ m hoch, welche oben eine durch einen Deckel geschlossene Einhöhlung zur Aufnahme der Asche haben; auch hiervon Beispiele in den angef. Werken. Unklar bleibt, was unter *obrendarium* (Inschr. Fabretti 14, 63. 15, 66) zu verstehen ist. In Etrurien sind besonders beliebt Miniatursarkophage, auf deren Deckel der Verstorbene gelagert dargestellt ist. Gori *Mus. etr.* III cl. 3, 1 ff.)

7) Dennis S. 420. Von Alabaster ist die jetzt im Louvre befindliche Graburne des P. Clodius, Sohnes des bekannten Tribunen. *C. I. L.* VI, 1282. Schöne Alabasterurne aus dem Mausoleum des Augustus in der *Galleria delle statue* n. 421. *Not. d. sc.* 1879 p. 202; 1880 p. 132; 1881 p. 66.

deren Steinarten,[1]) Blei,[2]) Bronze,[3]) Silber[4]) oder Gold,[5]) und mit blossen Füssen und ungegürtet[6]) in das Grabmal tretend, setzten sie die Urne bei.[7])

In dem dreifachen Act des Verbrennens, der *glebae iniectio* und der Beisetzung der Asche lag eine Veranlassung, die Leichenfeier mehrmals zu begehen. Daher verboten die XII Tafeln ausdrücklich die Trennung der beiden ersten Acte,[8]) und es mag ebenfalls auf einer amtlichen Anordnung beruhen, dass die Niederlegung der Asche selbst bei der kaiserlichen Familie in aller Stille vor sich ging.[9]) Dagegen blieb das *no-*

novemdial. *vemdial* auch bei dieser Art der Bestattung üblich und wurde von dem Tage der Verbrennung an gerechnet, so dass Horaz im Rechte ist, wenn er die in den ersten Tagen der neuntägigen Frist noch nicht in das Grab gelegten Reste des verbrannten Todten[10]) *novemdiales cineres* nennt.[11])

Die Besorgung des Leichenbegängnisses.

Die Besorgung des Begräbnisses wurde in der Regel in Entreprise gegeben (*funus locatur*);[12]) die *libitinarii* am Tempel der Libitina, welche ein eigenes Geschäft aus der Uebernahme der Bestattungen machten (*libitinam exercent*),[13]) stellen nicht nur die für die Dienstleistungen nöthigen Personen, die *pollinctores*, *vespillones*, *sandapilarii*, *praeficae*,[14]) *dissignatores*, *fossores* (Todtengräber),[15]) *ustores*,[16]) sondern auch die Geräthschaf-

---

1) Travertinurnen in Chiusi Dennis S. 589.

2) *Not. d. scavi* 1878 p. 311. 347; 1881 p. 145. Bleicylinder in einer Thonurne *Bull. d. comm. arch. comun. di Roma* 1883 p. 271 f. *Not. d. scavi* 1883 p. 47.

3) Verg. *Aen.* 6, 228. Dennis S. 661.

4) In einem athenischen Grabe wurde das silberne Aschengefäss in einem steinernen Gehäuse vorgefunden. *Bull. d. Inst.* 1860 p. 116.

5) Trajan's Aschenkrug war von Gold. Eutrop. 8, 5.

6) Suet. *Oct.* 100. Tibull. 3, 2, 18. Auf dem Relief bei Visconti *Museo P. Clement.* V p. 217 pl. XXXIV, welches eine Beisetzung darstellt, ist die Frau ohne Gürtel und mit blossen Füssen.

7) Dies heisst *componere* oder *condere*. Orelli 4832 (= *C. I. L.* X, 5469). 4717. Tibull. 3, 2, 26.

8) S. oben S. 375 Anm. 8.

9) Sie geschah bei der Bestattung des Augustus durch Livia. Dio Cass. 56, 42, 4.

10) Es sind die *semiusti cineres ac tabe obliti*, welche bei Devotionen gebraucht werden. Tac. *ann.* 2, 69.

11) Horat. *epod.* 17, 48.

12) Val. Max. 5, 2, 10. Plin. *n. h.* 7, 176. Seneca *de tr. an.* 11, 10. *ep.* 99, 22.

13) Val. Max. l. l. Horat. *sat.* 2, 6, 19. Mehrmals wird erwähnt, dass bei grosser Sterblichkeit die Libitina für die Begräbnisse nicht ausreichte. Liv. 40, 19, 3; 41, 21, 6.

14) S. über diese Kirchmann l. 2 c. 6. Vgl. oben S. 341.

15) Orelli-Henzen 7403 = *C. I. L.* VI, 7543.

16) Cic. *pro Mil.* 33, 90. Catull. 59, 5. Lucan. *Phars.* 8, 738.

ten,[1]) Wagen, Fackeln u. s. w. Im Tempel der Libitina wurden schon seit Servius Tullius alle Todesfälle gemeldet[2]) und darüber später ein Register geführt.[3])

Ueber die jährlich wiederkehrenden Todtenfeste, zu deren Feier die Erben verpflichtet waren, und durch welche dem Todten ein dauerndes Andenken gesichert und seine Verbindung mit den lebenden Familiengliedern erhalten wurde, die *feralia*, *parentalia*, die Rosen- und Veilchentage und die in Testamenten oft besonders angeordneten Gedenkfeste ist bereits Staatsverfassung III S. 298ff. eingehend gehandelt worden. Culte der Manen.

1) Plut. *q. Rom.* 23. Val. Max. l. l. 2) Dionys. 4, 15.
3) Suet. *Nero* 39: *pestilentia unius autumni, quo triginta funerum milia in rationem Libitinae venerunt.*